W0011075

DIE EVANGELISCH-LUTHERISCHE KIRCHE

VERGANGENHEIT UND GEGENWART

2., neubearbeitete Auflage

Herausgegeben von

VILMOS VAJTA

EVANGELISCHES VERLAGSWERK FRANKFURT/M.

Die ursprünglich auf Englisch geschriebenen Beiträge (Kap. 3, 9, 11, 12, 16–19) wurden von Frau Helga Voigt ins Deutsche übersetzt.

Gesamtredaktion und Lektorat: Walter Schmidt

1. Auflage 1977, 2., neubearbeite Auflage 1983
ISBN 3 7715 0179 2
Erschienen im Evangelischen Verlagswerk GmbH, Frankfurt/M.
© Alle Rechte, einschließlich dem der Übersetzung, vorbehalten
Druck: J. F. Steinkopf Druck + Buch GmbH, Stuttgart
Bindearbeiten: Großbuchbinderei Riethmüller, Stuttgart

INHALT

6

KAPITEL 9

Andreas Aarflot

Typen lutherischer Frömmigkeit

VORWORT ZUR 1. AUFLAGE (AUSZUG)

Dieses Buch ist eine Selbstdarstellung der evangelisch-lutherischen Kirche. Theologen und Kirchenführer schreiben über die Vergangenheit und Gegenwart ihrer eigenen Kirche und stellen den ihr spezifischen Auftrag, der von der Reformation her vermittelt worden ist, in historischen und theologischen Untersuchungen vor. Ein solches Unternehmen ist nicht ohne Risiko. Zunächst können auf einem beschränkten Raum nur eine Auswahl diesbezüglicher Probleme behandelt werden. Die Autoren und der Herausgeber haben jedoch die Hoffnung, daß sie eine repräsentative Auswahl getroffen haben, die sowohl den Kenner der evangelisch-lutherischen Kirche, wie auch den außerhalb dieser Tradition stehenden Leser sachlich zufriedenstellen kann. Vielleicht liegt aber ein Risiko auch darin, daß hier keine Stimme „von außen" zur Sprache kommt. Es ließe sich ja fragen, ob wir uns selbst ausreichend kennen und ob nicht das Unbewußte, das sicherlich zum Phänomen des Luthertums wie zu jeder Kirche gehört, von Außenstehenden nicht noch geeigneter in Erinnerung gebracht werden könnte.

So riskant unser Unternehmen auch sein mag, so meinten wir doch, daß in der heutigen Situation für die evangelisch-lutherische Kirche, wie auch für die Kirche Jesu Christi überhaupt, von entscheidender Bedeutung ist, wie eine Kirche sich selbst versteht oder mindestens wie sie sich selbst verstanden haben möchte. Die Identität unserer Kirche ist deshalb zum Gegenstand eines Studienprojektes des Instituts für ökumenische Forschung in Straßburg (Frankreich) gemacht worden. Der Plan dieses Buches wurde im Forschungsstab gemeinsam ausgearbeitet. In diesem Rahmen möchte der vorliegende Band seine Funktion erfüllen. Er verhilft zur eigenen Identitätsfindung und versucht die Frage zu klären, welche Aufgabe dieser Identität innerhalb der gesamten Christenheit zukommt: Hat die „lutherische Stimme" innerhalb der Ökumene ein besonderes Charisma zu vertreten? Wie hat unsere Kirche dieses zum Ausdruck gebracht? Wo ist unsere Tradition zu kurz gekommen? Hat die Kirche eventuell ihre Identität verloren? Wie kann sie zur Auferbauung der Kirche Jesu Christi ihren ursprünglichen Ruf zur Buße und Erneuerung der gesamten Christenheit inmitten der gegebenen Verhältnisse der sich wandelnden Welt wieder laut werden lassen? Die Problematik, die in diesen Fragen liegt, soll in diesem Buch nicht verschwiegen, sondern im Gegenteil ehrlich untersucht werden. Deshalb geht es zuletzt nicht um ein Buch lutherischer Selbstrechtfertigung, sondern um eine Gewissenserforschung in der historischen Stunde unserer Gegenwart, damit wir das Bekenntnis von Jesus Christus besser verkörpern und den Dienstauftrag unseres Herrn besser ausführen können.

Institut für ökumenische Forschung
Straßburg/Frankreich   Der Herausgeber

VORWORT ZUR 2. AUFLAGE

Die positive Aufnahme der 1. Auflage dieses Buches hat eine Neuauflage erforderlich gemacht. Die Neubearbeitung bringt einige wesentliche Ergänzungen. Zunächst einen Artikel über die lutherische Rechtfertigungslehre. Dieser wurde von mehreren Lesern vermißt. Fast völlig neu geschrieben ist der Artikel über die „Dritte Welt", da die Entwicklungen der letzten Jahre erhebliche Veränderungen aufweisen. Andere Artikel (von Franklin Sherman, Harding Meyer, E. Theodore Bachmann) sind durch die Berücksichtigung der neuesten Entwicklungen ergänzt worden. Im Anhang wurden Literaturverzeichnis, Informationen und Statistik über die lutherischen Kirchen und Organisationen auf den neuesten Stand gebracht.

Das Institut für ökumenische Forschung in Straßburg (Frankreich) hat wesentlich das Zustandekommen dieser neuen Auflage gefördert.

Das Erscheinen des Bandes im Jahre des Lutherjubiläums möge dazu verhelfen, die Kirchen lutherischen Bekenntnisses besser kennenzulernen und ihre Gegenwart an der Vergangenheit wieder nachzuprüfen.

Der Herausgeber

Teil I

Von der Reformbewegung zur Kirchenbildung

Die Existenz einer evangelisch-lutherischen Kirche ist keineswegs eine Selbstverständlichkeit. Sie ist nur als historische Entwicklung unter dem Druck von divergierenden — auch nicht-theologischen! — Faktoren zu erklären. Der theologische Ansatz der Reformation reicht zur Kirchwerdung nicht aus. Denn die Reformation ist primär als ein Ruf innerhalb der einen und unteilbaren Kirche, als Ruf zu ihrer theologischen und pastoralen Erneuerung zu verstehen. Die Kirchenspaltung ist kein reformatorischer Grundsatz, sondern eine unausweichliche Notwendigkeit geworden. Dabei spielt die Verwicklung der damaligen Kirche in die europäische Politik eine wesentliche Rolle. Deshalb ist die theologische Auseinandersetzung der Reformationszeit notwendigerweise eine Entscheidung über das Verhältnis der Kirche zur weltlichen Macht. Erst so konnte es zu einem Zusammenstoß zweier verschiedener Konzeptionen, die im Grunde theologische Motivierungen sein wollten, auf dem politischen Schlachtfeld kommen. Die Aufgabe der historisch orientierten Beiträge, die in diesem ersten Teil unseres Bandes vorliegen, ist es, dem Gesamtkomplex dieser Entwicklung nachzugehen.

Im einleitenden Beitrag (Kap. 1) soll der ursprüngliche Ruf Martin Luthers zur Reformation der Kirche vorgestellt werden. Hier wird ersichtlich, daß der theologische Neuansatz Luthers sich keineswegs lediglich von seiner Persönlichkeit her erklären läßt. Das Echo seines Rufes liefert den Gegenbeweis. Durch das Eingreifen Roms und der mit ihm politisch Verbündeten werden sowohl die Universitäten und Gemeinden als auch die politischen Machtverhältnisse im Reich erschüttert. Die theologisch-kirchliche Auseinandersetzung bringt nicht nur einen kanonischen Prozeß, sondern auch einen Prozeß vor dem Kaiser und den weltlichen Fürsten mit sich. Die religiöse Frage wird vor den Reichstag gebracht. Verteilte Sympathien für oder gegen die Reformation begleiten die Wirkungen der Verkündigung des Evangeliums in seinem reformatorischen Neuansatz.

Da diese politischen Machtfaktoren zu keiner Entscheidung führen konnten, war das Ergebnis der theologischen Spaltung eine entspre-

chende politische Spaltung im Reich. Erst aufgrund dieser Tatbestände
kommt es dazu, daß die Sache der Reformation durch die ihr inne-
wohnende kirchenbildende Kraft zu eigener Institutionalisierung gezwungen wird. Diesen historischen Entwicklungen nachzugehen, ist ein
wesentlicher Beitrag zum Selbstverständnis der evangelisch-lutherischen
Kirche. Der folgende Beitrag (Kap. 2) zeigt, daß es zunächst weithin zu
einem Provisorium nebeneinander lebender kirchlich-theologischer Tendenzen kommt, die sogar eine territoriale Verteilung mit sich bringen.
Erst das Aufhören der Autorität Roms und seiner Bischöfe haben dazu
geführt, daß eine „lutherische Kirche" als Institution heranwächst. Sie
stellt aber unmittelbar das Problem des Verhältnisses zur weltlichen
Obrigkeit in neuer Weise. In die Lücke, die durch Aufhören der päpstlichen und der kaiserlichen Autorität entstanden ist, tritt nun die Auseinandersetzung der Reformatoren mit den einzelnen Fürsten, die sich
besonders in der Frage des Visitationsrechtes zuspitzt.

In den vorliegenden Beiträgen, die der historischen Entwicklung in verschiedenen Gebieten Europas nachgehen, soll dem Leser klargemacht
werden, in welch unterschiedlicher Weise die notwendig gewordene
Kirchenbildung der Reformation vorgeht. Neben den ausgeglichenen
politischen Kräften im Reich sind besonders zwei Gebiete für das Luthertum von entscheidender Bedeutung. Zunächst treten die skandinavischen Länder in den Blickpunkt (Kap. 3). Der Übergang der Kirche
zur Reformation geschah in einer Weise, wie der ursprüngliche Ruf ihn
gemeint hat. Die Ansätze reformatorischer Theologie fanden sich im
skandinavischen Bereich durch eine starke königliche Macht unterstützt,
der die Unabhängigkeit von Rom politisch willkommen, die religiöse
Erneuerung des Volkes durch die Wirksamkeit nationaler Reformatoren sympathisch war. Zwar geschah der Übergang zur Reformation
nicht ohne Widerstände, die sowohl durch katholische Sympathien wie
auch durch späteres Auftauchen calvinistischer Tendenzen die lutherische Reformation gefährdeten. Die religiösen Kräfte der nordischen
Reformation waren aber genügend stark, um sich manchmal sogar im
offenen Konflikt mit der Obrigkeit und ihren politischen Vorstellungen
durchzusetzen.

Anders verlief die Entwicklung in den europäischen Ländern, die von
einer katholischen Obrigkeit regiert wurden. Die lateinischen Völker
sind der lutherischen Reformation nicht deshalb fremd geblieben, weil
ihnen die „germanische Art" nicht angemessen war. Es war besonders
das Bündnis zwischen der päpstlichen und der jeweiligen weltlichen
Macht, das den Ruf zur Reformation der Kirche durch schwere Verfol-
gungen unterdrückt hat. Daß es trotzdem zu evangelisch-lutherischen

Kirchen (besonders in den osteuropäischen Ländern) gekommen ist, wurde durch schwere Opfer erkämpft. Daß dies für das Selbstverständnis dieser lutherischen Minderheitskirchen bis zum heutigen Tage eine entscheidende Bedeutung hat, wird im Kap. 4 eindrucksvoll gezeigt. Dieser historische Hintergrund hindert den ökumenischen Dialog auf beiden Seiten. Die lutherischen Minderheiten haben schon im Zeitalter der Reformation viele Hoffnungen auf Hilfe der evangelisch gewordenen Länder genährt. Durch den Eingriff des schwedischen Königs, Gustav Adolf II. für die Religionsfreiheit sind Tendenzen der Reformation unterstützt worden, die damals die langsam errungene Freiheit zur eigenen Existenz, heute das entschiedene politische Eintreten für die Freiheitsrechte der Menschen zur Folge hat.

Durch die folgenden Beiträge wird der Weg vom Ruf zur Reformation der Kirche zur notgedrungenen Bildung selbständiger evangelisch-lutherischer Kirchen aufgezeichnet. Die Autoren wollen nicht nur den historischen Vorgang schildern, sondern auch darauf aufmerksam machen, daß die „Morphologie des Luthertums" im jeweiligen historischen Kontext entscheidende Unterschiede zeitigt. Im Werden der evangelisch-lutherischen Kirche kann dieser Kontext zunächst als national-politischer bezeichnet werden. Der Bogen spannt sich vom Zentrum des Ursprungslandes der Reformation, wo das religiöse Gleichgewicht, das konfessionelle Zeitalter und die damit verbundene Toleranz historisch sich befestigt hat, über den nördlichen Typus der einheitlichen Nationalkirche bis zum Typus der sich als Minderheit durchsetzenden bekennenden Kirchen des zentral- und osteuropäischen Raumes.

I. Kapitel

LUTHERS RUF ZUR REFORMATION DER KIRCHE

BERNHARD LOHSE

Reform und Reformation

Die Reformation des 16. Jahrhunderts hat zu der bis heute nicht überwundenen Spaltung der abendländischen Kirche sowie zu der Entstehung verschiedener Konfessionskirchen geführt. Dieses Ergebnis entsprach jedoch nicht Luthers ursprünglicher Absicht. Was Luther wollte, war vielmehr die Reformation der ganzen Kirche gemäß dem Neuen Testament. Auch Luthers katholische Gegner wollten von einer Spaltung der einen Kirche nichts wissen. Daß die Kirche ihrem Wesen nach nur eine sein kann, war vielmehr die selbstverständliche Voraussetzung auf allen Seiten. Die Frage konnte allenfalls sein, ob die Kirche, wie sie vorhanden war, ihrem wahren Wesen untreu geworden sei; aber der Streit um wahre und falsche Kirche war etwas anderes als die Bemühung, getrennte Kirchen wieder einander näherzubringen. Freilich war die Vorstellung von der einen Kirche im Grunde ein Ideal, dem die Wirklichkeit niemals voll entsprochen hatte. Spaltungen hatte es zu allen Zeiten gegeben. Manche der von der Großkirche getrennten Gemeinschaften der alten Kirche würden heute Konfessionen oder Denominationen heißen. Im Mittelalter kam es zu dem bis heute nicht überwundenen Schisma zwischen Abendland und Morgenland. Aber auch im Westen konnte die Kircheneinheit nur durch den Einsatz massiver Machtmittel gegen Bewegungen wie die Katharer, Albigenser und Waldenser mit Mühe aufrechterhalten werden. Was die von Wyclif (gest. 1384) ausgehende Bewegung betrifft, so konnte Rom sich nicht mehr voll durchsetzen. Insbesondere gelang es den Hussiten trotz der Hinrichtung ihres Führers Huß (1415), sich zu behaupten. Die Hussiten konnten sogar in den „Prager Kompaktaten" von 1433 eine gewisse Anerkennung durch die Kirche erlangen. Auf jeden Fall gaben sie dem Abendland ein erstes Beispiel einer von Rom unabhängigen Kirche.

Zu diesen „ketzerischen" Bewegungen wäre es nicht gekommen, wenn nicht seit dem hohen Mittelalter auf vielen Gebieten ein starker Verfall der Kirche und der Theologie eingetreten wäre. Die Auswüchse des Heiligenkultes oder im Ablaßwesen, besonders bei dem Totenablaß, oder auch zahlreiche Mißstände bei der Besetzung der kirchlichen Ämter waren doch eher Folgen als Ursachen dieses Verfalls. Manche dieser Ursachen hätten sich von der Kirche allein nur sehr schwer beheben lassen. Das gilt vor allem im Hinblick auf die päpstliche Machtpolitik und die Entwicklung des Kirchenstaates zu einem Territorium, das sich von anderen Ländern im Grunde nur durch die Vorherrschaftsansprüche seines päpstlichen Herrn unterschied. Eine Änderung dieser Zustände hätte zugleich eine Verschiebung im Gleichgewicht der europäischen Mächte mit sich bringen müssen, wie sie jedoch erst auf Grund der Reformation möglich wurde.

Dabei bedingte gerade die Schwierigkeit, mit den eingetretenen Mißständen innerkirchlich fertig zu werden, daß die Kritik an dem Verfall der Kirche und auch die mancherlei vorhandenen Reformbewegungen radikaler wurden. Auf den Reformkonzilien des 15. Jahrhunderts konnte man zwar das Papstschisma überwinden, entschied jedoch zugleich, daß das Konzil über dem Papst stehe. Die Spannungen zwischen Papst und Konzil, wie sie im 15. Jahrhundert aufgetreten waren, veranlaßten im 16. Jahrhundert die Päpste, sich lange Zeit gegen ein Reformkonzil zu sperren. Eher hatten schon begrenztere Bewegungen wie die Reform der Orden Erfolg, allerdings auch nur auf Teilgebieten. Nicht zuletzt führte die *Devotio moderna* mit ihrer stillen und tiefen Frömmigkeit zu einer Verinnerlichung. Aber die von vielen geforderte „Reform an Haupt und Gliedern" konnte von solchen Kräften nicht ausgehen.

Manche dieser spätmittelalterlichen Reformbewegungen haben für Luther und vielleicht mehr noch für die von ihm ausgehende reformatorische Bewegung durchaus Bedeutung gehabt, sofern eben der Boden für eine Reform bereitet war. Gleichwohl ist Luthers Ruf zur Reformation der Kirche im Kern etwas anderes gewesen als die Kritik an den Mißständen und die Reformbewegungen in der Zeit vor ihm. Was Luther angriff, waren in erster Linie nicht Mißstände in bestimmten Bereichen des kirchlichen Lebens, sondern der Verfall in Theologie und Verkündigung. Gewiß fehlte es schon beim jungen Luther nicht an Kritik auch an Verfallserscheinungen etwa im Mönchtum. Viel wichtiger war jedoch die Kritik, die Luther gegen das falsche Streben nach Sicherheit oder Selbstgerechtigkeit vorbrachte. Nur von dieser grundsätzlichen Ablehnung der Eigengerechtigkeit her gewann die Auseinandersetzung mit einzelnen Mißständen ihre Brisanz. Der Ruf zur Reformation der Kirche, wie er von Luther 1517 an die Öffentlichkeit drang, ist also aus einer neuen Theologie hervorgegangen und nur von ihr her verständlich.

Der theologische Neuansatz beim jungen Luther

Diese neue Theologie war bei dem frühen Luther noch nicht fertig da, sondern wurde von ihm vor allem bei den Vorbereitungen seiner Vorlesungen Schritt um Schritt gewonnen. An diesen Vorlesungen, die Luther 1513 bis 1515 über die Psalmen, 1515/16 über den Römerbrief, 1516/17 über den Galaterbrief und 1517/18 über den Hebräerbrief hielt, läßt sich in vielfacher Hinsicht der theologische Fortschritt, den Luther machte, beobachten.

Zunächst hat Luther mit einer ungewöhnlichen Intensität um den Schriftsinn gerungen. In der Psalmenvorlesung ging es ihm besonders um die christologische und die sogenannte tropologische Auslegung. Was das erste betrifft, so war die christologische Auslegung der Psalmen an sich nichts Neues. Ohne Vorbild in der Tradition war es jedoch, daß Luther nicht nur die Hoheitsaussagen der Psalmen über den „Sohn" oder den „König" auf Christus bezog, sondern auch die Aussagen über das Leiden und die Gottverlassenheit. Mit Hilfe der tropologischen Auslegung, die seit langem der „Anwendung" diente, deutete Luther die Schriftworte radikal auf den Einzelnen und die Kirche. Von daher hat Luther in unerhörter Schärfe das göttliche Wort als Gericht verstanden, das der Mensch in Demut und Glauben anzunehmen hat; wenn der Mensch so Gott recht gibt, wird ihm die göttliche Gerechtigkeit zuteil. Die harte Gerichtsbotschaft sollte bald zum Grundthema des Rufes zur Reformation werden.

In der Römerbriefvorlesung hat Luther seine Auffassung über Gerechtigkeit, Rechtfertigung und Glauben weiter entwickelt. Daß die Gerechtigkeit stets die „fremde", uns „zugerechnete" ist, sagte er hier von Anfang an. Ebenfalls findet sich hier zuerst die Vorstellung, daß der Glaubende „Sünder und Gerechter zugleich" ist, Sünder nämlich, sofern er auf sich blickt, Gerechter aber, sofern er auf die Erfüllung der göttlichen Verheißung hofft. Diese Neubestimmung von Gerechtigkeit und Rechtfertigung führte in den folgenden Vorlesungen zu einer immer weitergehenden Umgestaltung zahlreicher Lehrstücke.

Der reformatorische Durchbruch

Es ist umstritten, wann Luther seine reformatorische Erkenntnis gehabt hat. Manche Forscher datieren sie auf 1518; mehr Wahrscheinlichkeit dürfte jedoch das Jahr 1514 für sich haben. Diese Erkenntnis war für Luther persönlich wie auch für sein gesamtes Schriftverständnis von

Bedeutung. Was die persönliche Hilfe dieser Erkenntnis betrifft, so war Luther 1505 aus Sorge um sein Seelenheil ins Kloster gegangen. Allerdings hatte die Frage, wie er einen gnädigen Gott bekommen könne, ihm immer wieder zu schaffen gemacht. Verschärft wurden seine Anfechtungen durch die Frage, ob er zu den Verdammten gehöre. Diese Anfechtungen hatten ihre wesentliche Ursache darin, daß die spätmittelalterliche Theologie weithin lehrte, der Mensch könne von sich aus Gott über alles lieben und die Gebote erfüllen, und daß Luther mit ganz besonderem Ernst diesen Lehren gemäß zu leben suchte. Bei ehrlicher Selbstprüfung mußte Luther jedoch feststellen, daß der Mensch allenfalls den äußeren „Schein" der Werke erreichen, jedoch nicht die Gebote in ihrem eigentlichen Sinn erfüllen könne. So konnte es für Luther keine Heilsgewißheit geben. Es ist allerdings nicht berechtigt, Luther für besonders skrupulös zu halten. Auch die Versuche, seine Anfechtungen aus einem Konflikt mit seinem Vater oder als Suche nach der eigenen Identität zu interpretieren, haben keine ausreichende Basis in den Quellen.

In theologischer Hinsicht besagte Luthers reformatorische Erkenntnis, daß Gottes Gerechtigkeit nicht die richtende, sondern die schenkende sei, durch die er uns gerecht macht; diese Gerechtigkeit kann der Mensch sich in keiner Weise durch Leistung erwerben, er kann sie vielmehr nur im Glauben empfangen. So verstand Luther jetzt den Vers Röm. 1, 17, der ihm vorher schweren Anstoß bereitet hatte. Die reformatorische Erkenntnis war damit zugleich eine exegetische und eine existentielle, ohne daß man den einen dieser beiden Aspekte ausschließlich betonen dürfte. Wenn auch eine psychoanalytische Deutung dem Wesen von Luthers Anfechtungen im entscheidenden schwerlich gerecht wird, so haben Luther und die von ihm bestimmte Reformation doch eine besondere Eigenart darin, daß sie das Wort Gottes vor allem als Trost inmitten der Anfechtungen verstehen.

Die Anfänge des Streits mit Rom

Luther war seit 1512 Theologieprofessor in Wittenberg. Gemäß seinem Doktoreid wußte er sich mit verantwortlich für die kirchliche Lehre und Verkündigung. Neben seinen Vorlesungen hat er stets Predigten gehalten; zudem hatte er längere Zeit auch verschiedene Ämter in seinem Orden inne, die er gewissenhaft versah. Die bedeutendsten Auswirkungen in breiteren Kreisen erlangte er jedoch durch akademische Disputationen. Solche Disputationen gehörten damals zum wissenschaftlichen Alltag. Luther griff in seinen Disputationen jedoch zuweilen Fragen von größter theologischer Tragweite auf. Besonders wichtig war die „Disputation gegen die scholastische Theologie" vom 4. September 1517, in welcher Luther auf das schärfste mit den „Pelagianern" seiner Zeit abrechnete und auch den Einfluß der aristotelischen Philosophie auf die Theologie kritisierte. Bezeichnenderweise betonte Luther am Schluß dieser Thesen, er meine, nichts gesagt zu haben, was nicht mit der katholischen Kirche und den Kirchenlehrern übereinstimme (WA 1, 228, 34—36).

Eine ungleich größere Wirkung erzielten jedoch die „95 Thesen über den Ablaß", die Luther am 31. Oktober 1517 an seinen kirchlichen Oberen, Erzbischof Albrecht von Mainz, schickte. Wahrscheinlich hat Luther diese Thesen auch an die Tür der Schloßkirche zu Wittenberg angeschlagen. Auf jeden Fall erreichten die Thesen, da Luther sie auch manchen Freunden zusandte, in kürzester Zeit eine ungeheure Publizität. Mit Recht vernahm man aus ihnen eine Stimme, wie man sie bislang noch nicht gehört hatte. Das Neue in den 95 Thesen bestand nicht so sehr in bestimmten Einzelanschauungen, die etwa hier zum ersten Mal vertreten wären, als vielmehr darin, daß die 95 Thesen im Grunde ein einziger Bußruf an die Kirche waren. Gewiß wandte Luther sich zunächst gegen den Ablaß. Luther lehnte den Ablaß noch nicht schlechterdings ab, grenzte ihn jedoch ein auf die zeitlichen, von der Kirche verhängten Strafen; über das Fegefeuer gestand er der Kirche keine Verfügungsgewalt mehr zu. Vor allem wandte Luther sich aber gegen das falsche Vertrauen auf den Ablaß. Neu war in den Thesen auch das Bußverständnis: Luther verstand die Buße nicht als Sakrament, sondern als Grundhaltung des Glaubenden. Die erste These lautet: „Unser Herr und Meister Jesus Christus hat mit seinem Wort ‚Tut Buße' usw. gewollt, daß das ganze Leben der Gläubigen Buße sein sollte" (WA 1, 233, 10 f.). Buße ist dabei nicht nur eine innere Gesinnung, sondern äußert sich stets auch „in verschiedenen Tötungen des Fleisches" (WA 1, 233, 14 f.).

Indirekt enthielten die 95 Thesen auch schon eine neue Auffassung über das geistliche Amt. Der Papst kann, so sagte Luther, keine Schuld anders erlassen als durch die nachträgliche Erklärung und Bestätigung, daß sie von Gott erlassen sei (WA 1, 233, 20—22). Bischöfen und Seelsorgern schärfte er ihre Pflicht ein, unrechte Ablaßpredigt zu unterbinden. Viel wichtiger sei die Predigt des Evangeliums: „Der wahre Schatz der Kirche ist das hochheilige Evangelium der Ehre und Gnade Gottes" (WA 1, 236, 22 f.).

Die Auffassungen, die Luther in den 95 Thesen vertrat, konnten durchaus nicht als unkatholisch bezeichnet werden. Trotzdem hatte man
weithin das Gefühl, sie enthielten implizit wesentlich mehr als explizit.
Es ist von daher verständlich, daß viele romtreue Theologen Luther
scharf entgegneten und ihn schon der Häresie verdächtigten; der be-
deutendste unter ihnen war Johann Eck. Nur sperrten sie sich zugleich
gegen die vom Neuen Testament herkommende kritische Anfrage an
die damalige Kirche und verteidigten selbstgerecht die kirchliche Autorität. Sehr bald wurde Luther der Häresie bezichtigt; der kirchliche
Prozeß gegen ihn wurde eingeleitet. Dabei war es gefährlich, daß man
Luther als Erneuerer früherer Irrlehren ansah, vor allem derjenigen
von Johann Huß.

In seinen „Erläuterungen zu den Disputationen über die Kraft der Ablässe" (1518) hat Luther vieles von dem, was in den Thesen selbst nur
angedeutet war, näher ausgeführt. Hier zeigte sich, daß es ihm letztlich
um nicht mehr und nicht weniger als um die Autorität Christi ging.
Christus ist gleichsam „der göttliche Gesetzgeber" (WA 1, 533, 15). Das
heißt, daß allein sein Wort, nicht das des Papstes, in der Kirche maßgebend sein muß (WA 1, 543, 3–9). Von daher muß es auch verstanden
werden, wenn Luther hier zum ersten Mal eine Reformation der Kirche
forderte: „Die Kirche bedarf einer Reformation. Diese ist nicht Aufgabe eines Menschen, des Papstes, auch nicht die vieler Kardinäle, wie
beides das letzte Konzil erwiesen hat, sondern der ganzen Welt, ja Gottes allein. Die Zeit aber für diese Reformation kennt nur der, der die
Zeiten geschaffen hat. Inzwischen können wir so offenkundige Fehler
nicht leugnen. Die Schlüsselgewalt wird mißbraucht und dient der
Geldgier und dem Ehrgeiz. Die Flut ist in Gang gekommen; es steht
nicht in unserer Macht, sie aufzuhalten" (WA 1, 627, 27–33).

Luthers Verständnis von Reformation

Luthers Ruf nach einer Reformation der Kirche erschöpfte sich weder
damals noch später in der Forderung, bestimmte Reformen einzufüh-
ren. Luther hat nicht die Durchsetzung eines Programmes angestrebt.
Vielmehr rief er nach einer Reformation, weil die geistliche Kraft der
Kirche schwach geworden war und Gottes Wort kaum noch Glauben
fand. Die Reformation, die letztlich nur Gott selbst herbeiführen kann,
ist darum zunächst Gericht über den Unglauben und die Selbstgerechtigkeit der Menschen. Diese Reformation setzt sich allein in der Weise
durch, daß in der Kirche von neuem Gottes Wort verkündet wird.

Dieses Verständnis von Reformation ist auch für Luthers eigenes Selbstverständnis maßgebend. Luther hat sich im ganzen nicht als Reformator verstanden. Er hat keine besonderen Offenbarungen für sich beansprucht. Wenn er später gelegentlich sagen konnte, er habe das Evangelium nicht von Menschen, sondern allein vom Himmel durch unsern Herrn Jesum Christum, so daß er sich wohl einen Knecht und Evangelisten nennen könnte (WA Br 2, Nr. 455, 39—45), so dachte er doch nicht an irgendeine neue Mitteilung des Geistes, sondern an die Erneuerung der endgültigen Offenbarung Gottes in Jesus Christus. Bezeichnend ist auch, daß Luther wiederholt betont hat, die „Sache" sei nicht sein, sondern Jesu Christi. Auch den Titel „Prophet" hat Luther im ganzen nicht für sich beansprucht, obwohl er sich gelegentlich den „Propheten der Deutschen" nennen konnte. Luthers Selbstverständnis war also ausschließlich an der Sache orientiert, für die er sich einsetzte und die er als die Sache Gottes selbst ansah. Insofern ging es ihm bei der Reformation letztlich um das Schriftverständnis: mit seiner Berufung auf die Schrift wollte Luther stehen oder fallen.

Allerdings darf Luthers Grundsatz „Die Schrift allein" nicht im biblizistischen oder fundamentalistischen Sinne mißverstanden werden. Luther hat sich zwar durchaus sowohl im Streit mit Rom als auch später bei der Auseinandersetzung mit Zwingli auf bestimmte einzelne Schriftworte berufen, deren Autorität ihm jenseits jeder Diskussion feststand. Andererseits hat Luther aber auch an manchen Schriften im Kanon Kritik üben können; so vor allem am Jakobusbrief, weil hier im Grunde die „Werkgerechtigkeit" vertreten werde. Freilich besteht bei Luther zwischen der Bindung an den Buchstaben und der Kritik der Schrift nur scheinbar ein Widerspruch; denn die Schrift muß im entscheidenden auf Christus hin und von ihm her verstanden werden.

Die „Theologie des Kreuzes" und die „Theologie der Herrlichkeit"

Diese Gedanken sind von Luther freilich erst im Verlauf der Auseinandersetzung mit Rom in voller Konsequenz entwickelt worden. Luthers katholische Gegner haben jedoch nicht ganz mit Unrecht schon bei der Entgegnung auf die 95 Thesen weniger Luthers Kritik am Ablaß zu widerlegen versucht als vielmehr die ekklesiologischen Konsequenzen aufweisen wollen. Nach ihrer Meinung stellte Luther die Autorität des Papstes und die der Konzilien in Frage. Die Auffassung, die Luther in den „Erläuterungen" zum ersten Mal formulierte, nicht das Sakrament, sondern der Glaube an das Sakrament rechtfertige (WA 1, 544, 40 f.), gefährdete ihrer Meinung nach die Objektivität der sakramentalen Heilsgabe. Dabei haben Luthers Gegner sich im wesentlichen nur um den Nachweis bemüht, daß Luther häretische Ansichten vertrete, die schon längst verurteilt worden seien. Eine eigentliche Auseinandersetzung um die Sachfragen hat darum in der ersten Zeit nach Luthers Auftreten in der Öffentlichkeit so gut wie gar nicht stattgefunden; später war es für ein sachliches Gespräch im Grunde zu spät, da die Fronten viel zu sehr verhärtet waren.

Insofern muß man sagen, daß weder in Rom selbst noch auch nur in den führenden Kreisen der deutschen Theologie und Kirche eine nennenswerte Bereitschaft vorhanden war, Luthers Ruf zur Reformation ernst zu nehmen. Eine solche Bereitschaft hätte vorausgesetzt, daß man sich nicht selbstsicher im Besitz der vollen Wahrheit gewußt hätte und daß man die herkömmliche Art, mit Häretikern umzugehen, gegenüber Luther nicht angewandt hätte. Man hätte also mindestens mit der Möglichkeit rechnen müssen, daß die Kirche damals in manchem nicht dem Neuen Testament entsprach.

Aus diesen Gründen erklärt es sich, daß die 95 Thesen zwar ein ungeheures Echo fanden, daß aber die offiziellen Organe der Kirche entweder gar nicht oder nur ablehnend reagierten. Allerdings nahm der kanonische Prozeß gegen Luther anfangs nur einen sehr schleppenden Verlauf, da man in Rom dem „Mönchsgezänk" in Deutschland keine große Bedeutung beimaß. Dafür setzte sich jedoch die theologische Kontroverse in Deutschland fort.

Im Frühjahr 1518 hat Luther auf der „Heidelberger Disputation" seine neue Theologie in die bis dahin schärfsten Formeln gefaßt. Hier findet sich zuerst der Begriff der „Theologie des Kreuzes", und zwar im Gegenüber zur „Theologie der Herrlichkeit". Das Gesetz Gottes kann, so sagte Luther, den Menschen nicht zur Gerechtigkeit bringen; um wieviel weniger können das die Werke der Menschen. Vielmehr seien auch die besten Werke Gottes, wie unscheinbar sie auch aussehen mögen, unsterbliche Verdienste. Nach dem Sündenfall sei der freie Wille ein leerer Begriff; wenn er tue, was in seinen Kräften stehe, so sündige er tödlich. „Der Theologe der Herrlichkeit nennt das Böse gut und das Gute böse; der Theologe des Kreuzes nennt die Dinge, wie sie sind. Jene Weisheit, welche Gottes unsichtbares Wesen aus den Werken erkennt und schaut, bläht auf, macht blind und verstockt. Das Gesetz wirkt den Zorn Gottes, tötet, verflucht, klagt an, richtet und verdammt alles, was nicht ‚in Christus' ist. Nicht ist jene Weisheit an sich schlecht und nicht ist das Gesetz zu fliehen, aber ohne die Theologie des Kreuzes mißbraucht der Mensch das Beste auf das schlimmste. Nicht der ist gerecht, der mit ganzer Kraft Werke tut, sondern der ohne Werke mit ganzer Kraft an Christus glaubt . . . Die Liebe Gottes findet ihren Gegenstand nicht vor, sondern schafft ihn sich; die Liebe des Menschen hingegen entsteht an ihrem Gegenstand" (WA 1, 354, 21—36).

Die Apostrophierung der Scholastik als „Theologie der Herrlichkeit", die Luther hier vornahm, kann nicht als historisches Urteil akzeptiert werden. Sie wird den großen Scholastikern, wie vor allem Thomas von Aquin, in keiner Weise gerecht; sie trifft in dieser pauschalen Form auch für viele spätmittelalterliche Theologen nicht zu. Gleichwohl handelt es sich hier nicht nur um ein prophetisches Gerichtsurteil über eine Theologie, die die zahllosen Mißbräuche in Kirche und Frömmigkeit nicht vom Neuen Testament her zu korrigieren wußte; vielmehr trifft diese Polemik gegen die „Theologie der Herrlichkeit" wesentliche Tendenzen und Gestalten in der Theologie des ausgehenden Mittelalters zu Recht. Freilich waren diejenigen, die von Luther in dieser Weise angegriffen wurden, durchaus nicht bereit, die schroffe Alternative zwischen der Theologie der Herrlichkeit und der Theologie des Kreuzes gelten zu lassen.

Um so wichtiger war es, daß Luther durch die Art, wie er in Heidelberg disputierte, den größten Eindruck machte: es war dies sein erstes Auftreten vor einer größeren Öffentlichkeit. Unter den studentischen Zuhörern befanden sich auch Martin Bucer und Johannes Brenz, die damals für Luthers Sache gewonnen wurden; später haben sie als Reformatoren in Straßburg und in Württemberg gewirkt.

Der kanonische Prozeß gegen Luther

Inzwischen lief das Verfahren gegen Luther in Rom weiter. Am 7. August 1518 erhielt Luther die Aufforderung, innerhalb von sechzig Tagen in Rom zu erscheinen und sich wegen seiner Lehre zu verantworten. Silvester Prierias, der dem Papst ein Gutachten angefertigt hatte, das Luther zusammen mit der Vorladung erhielt, hatte die Autorität der Kirche und des Papstes als die wichtigsten Streitpunkte bezeichnet. Wäre Luther damals nach Rom gegangen, so wäre er schwerlich lebend zurückgekommen. Luther ersuchte jedoch auf Rat juristischer Freunde den sächsischen Kurfürsten Friedrich den Weisen, die Verlegung des Verfahrens nach Deutschland zu erwirken.

Ein solcher Antrag hatte damals Aussicht, angenommen zu werden. Gerade zu jener Zeit wurde auf dem Reichstag zu Augsburg über die Nachfolge des alten Kaisers Maximilian verhandelt. Die Kurie suchte

vor allem zu verhindern, daß der spätere Karl V. Kaiser würde, weil
sie die Umklammerung des Kirchenstaates durch ein habsburgisches
Weltreich fürchtete. Die Mehrzahl der Kurfürsten wollte jedoch Karl
wählen. So wurde Friedrich, der gegen die Wahl Karls war, vorüber-
gehend zum wichtigsten Parteigänger des Papstes in der deutschen Politik; und der Kurie mußte alles daran liegen, ihn bei Laune zu halten.
Darum konnte Friedrich leicht durchsetzen, daß Luther durch Kardinal
Cajetan in Augsburg verhört werden solle. In einem „*Breve*" vom
23. August 1518 sagte der Papst, Cajetan solle Luther als notorischen
Ketzer vorladen. Falls Luther widerriefe, solle er in Gnaden angenommen werden; sonst jedoch solle Luther verhaftet und nach Rom ausgeliefert werden.
Das Verhör vor Cajetan fand im Oktober 1518 in Augsburg statt.
Cajetan wollte an sich ein Gespräch vermeiden und verlangte von Luther den Widerruf seiner Irrtümer, das Versprechen, diese in Zukunft
nicht mehr zu lehren, sowie die Zusicherung, den Frieden der Kirche
nicht zu stören. Erst als Luther wissen wollte, worin denn seine Irrtümer bestünden, konnte Cajetan eine Diskussion nicht umgehen. Bei
dieser Erörterung ging es um die Auffassung von dem „Schatz der
Kirche", wie er aus den überschüssigen Verdiensten Christi und der
Heiligen entstanden sein soll. Luther gab sich nicht damit zufrieden, die
Ansicht des Kardinals anzuhören, sondern widersprach ihm scharf. Er
bestand darauf, daß er, solange er nicht eines Irrtums überführt sei,
auch nicht zum Widerruf gezwungen werden könne. Nach dem Verhör
appellierte Luther „Von dem schlecht unterrichteten Papst an den besser zu unterrichtenden Papst": er lehnte seine römischen Richter als be-
fangen ab und forderte eine Vernehmung durch gelehrte päpstliche
Kommissare an einem sichereren Ort als Rom. Den Widerruf, welchen
Cajetan gefordert hatte, lehnte Luther noch einmal ab.
Luther hatte bis dahin wiederholt darauf hingewiesen, daß die Ablaßlehre kirchlicherseits noch nicht entschieden sei und daß er deshalb als
Doktor der Theologie über sie disputieren dürfe. Cajetan hatte gespürt,
daß die Position der Kurie in diesem Punkt schwach war. Auf seine
Veranlassung und auf Grund eines Entwurfes von ihm lieferte der
Papst schnell das Fehlende nach: in der Dekretale „*Cum postquam*"
vom 9. November 1518 entschied Leo X., daß der Papst kraft seiner
Schlüsselgewalt im Ablaß aus dem Schatz der überschüssigen Verdienste Sündenstrafen erlassen kann; dieser Ablaß werde den Lebenden
durch Absolution, den Toten durch Fürbitte gewährt. So sollte nun
niemand mehr Unkenntnis der kirchlichen Ablaßlehre vorschützen
können. Sehr viel Beachtung fand diese Dekretale allerdings nicht.

Luthers Ruf nach einem Konzil

Seinerseits wurde auch Luther schärfer: am 28. November 1518 appellierte er in Wittenberg vor Notar und Zeugen an das bald und rechtmäßig im Hl. Geist zu berufende Konzil. Luther folgte dabei im Wortlaut der Appellation der Sorbonne, die bei dem Streit um die „gallikanischen Freiheiten" im März 1518 ebenfalls an ein Konzil appelliert hatte.

Seit Ende 1518 waren damit die verschiedenen Kräfte mit Luthers Sache befaßt, die auch in den folgenden Jahrzehnten über den Ruf Luthers zur Reformation mit bestimmen sollten, nämlich außer Luther und seinen Anhängern die weltlichen Autoritäten, sodann natürlich die Kurie und schließlich die in Kirche und Welt vorhandenen Reformkräfte, die nicht mehr vom Papsttum, sondern allenfalls von einem Konzil Besserung der Mißstände erhofften. Luthers Sache war damit in ein Geflecht unterschiedlicher Tendenzen und Ziele hineingezogen und ließ sich im Grunde weder inner-kirchlich noch rein politisch entscheiden. Kompliziert wurde die weitere Auseinandersetzung nicht zuletzt dadurch, daß man in Rom die größte Sorge vor einem neuen Konzil hatte, während Karl V., der 1519 die Nachfolge Maximilians antrat, als treuer Sohn der katholischen Kirche nur von einem Konzil die nötige Reform erwartete. Die Reform, die von breiten Kreisen erhofft wurde, war aber nicht identisch mit der Reformation, wie Luther sie anstrebte.

So ging die Auseinandersetzung weiter. Auf der „Leipziger Disputation" im Sommer 1519 zwischen Eck und Luther wurde vor allem über die Autorität des Papstes und die der Konzilien gestritten. Luther äußerte, von Eck provoziert, daß sowohl der Papst als auch Konzilien irren können; das Konstanzer Konzil habe bei seiner Verurteilung von Huß geirrt. Damit hatte Luther eine Ansicht geäußert, die eindeutig häretisch war. Zugleich hatte Luther zum Ausdruck gebracht, was er im Grunde schon vorher vertreten hatte, daß die Hl. Schrift die einzige Quelle des Glaubens und der Lehre sei. Ein höchstes kirchliches Lehramt ließ Luther nicht mehr gelten. Dabei muß berücksichtigt werden, daß zwar die Unfehlbarkeit des Papstes, die 1870 auf dem I. Vaticanum als Dogma definiert wurde, damals noch nicht allenthalben akzeptiert war, daß aber die Unfehlbarkeit der Konzilien feststand. Luthers Äußerungen in Leipzig fanden daher breiteste Beachtung. Die Universitäten Köln und Löwen forderten die Verbrennung seiner Schriften. Herzog Georg von Sachsen, der in Leipzig als Gastgeber fungiert hatte, wurde ein scharfer Feind Luthers. Auch sonst taten sich mächtige Gegner zusammen, um die von Wittenberg ausgehende Bewegung zu bekämpfen. Andererseits galt Luther seit Leipzig weithin als Held der Nation.

Luthers drei reformatorische Hauptschriften

Neben seinen Vorlesungen und Predigten veröffentlichte Luther vor allem seit 1518 eine große Zahl deutscher und lateinischer Schriften, in denen er Fragen der Lehre und Frömmigkeit behandelte. Obwohl diese Schriften sehr große Verbreitung fanden, haben doch die sogenannten drei reformatorischen Hauptschriften des Jahres 1520 die größte Bedeutung erlangt, weil Luther hier seine Forderung nach einer Reformation präzisierte und nun doch ein gewisses Programm entfaltete, das er jedoch nicht gesetzlich verstanden wissen wollte.

Die erste dieser Schriften, *„An den christlichen Adel deutscher Nation von des christlichen Standes Besserung"*, ist dem Kaiser gewidmet, auf den Luther damals noch Hoffnung setzte. Vor allem aber wollte Luther auf die „Not und Beschwerung" aufmerksam machen, „ob Gott jemand den Geist geben wolle, der elenden Nation Handreichung zu tun" (WA 6, 405, 15—20). Allerdings warnte Luther, „daß wir uns ja mit großem Ernst vorsehen und nicht etwas anheben im Vertrauen auf große Macht oder Vernunft, auch wenn aller Welt Gewalt unser wäre. Denn Gott kann und will es nicht leiden, daß ein gutes Werk angefangen werde im Vertrauen auf eigene Macht und Vernunft. Er stößt es zu Boden" (WA 6, 405, 27—31).

Nach Luther haben die „Romanisten" drei Mauern um sich errichtet, mit denen sie jede Reformation verhindert haben, wodurch die ganze Christenheit grauenvoll zu Fall gekommen ist. Die erste Mauer bedeutet: wenn man ihnen mit weltlicher Gewalt zugesetzt hat, so haben sie dagegen gesagt, weltliche Gewalt habe kein Recht über sie, vielmehr stehe die geistliche Gewalt über der weltlichen. Was die zweite Mauer betrifft, so haben sie, wenn man sie mit der Hl. Schrift „strafen" wollte, entgegnet, daß niemand als der Papst die Schrift auslegen dürfe. Drohe man ihnen schließlich mit einem Konzil, so haben sie hier eine dritte Mauer errichtet, indem sie die Einberufung eines Konzils allein dem Papst zuschreiben. Bislang ist es nach Luther nicht gelungen, diese drei Mauern zu überwinden.

Gegen die erste Mauer stellte Luther seine Lehre vom allgemeinen Priestertum aller Getauften. Diese Lehre hat bei Luther keineswegs nur

Bedeutung im Zusammenhang mit der Polemik gegen Rom. Sie ist vielmehr bei ihm bereits in der Römerbriefvorlesung vorbereitet und von ihm auch schon in dem „Sermon von dem Neuen Testament" (1520) vorgetragen worden. Ihre volle Zuspitzung hat diese Lehre freilich erst in der Polemik gegen die drei „Mauern" erhalten. Luther lehnte von ihr aus die mittelalterliche Einteilung in den geistlichen sowie den weltlichen Stand ab. „Denn alle Christen sind wahrhaftig geistlichen Standes; es ist unter ihnen kein Unterschied, als allein hinsichtlich des Amtes . . . Die Taufe, das Evangelium und der Glaube, die machen allein ein geistliches und ein Christenvolk . . . Wir werden allesamt durch die Taufe zu Priestern geweiht . . . Was aus der Taufe gekrochen ist, das mag sich rühmen, daß es schon zum Priester, Bischof und Papst geweiht sei, obwohl es nicht einem jeden ziemt, solches Amt auch auszuüben" (WA 6, 407, 13–408, 13). Von daher fiel für Luther die erste Mauer hin.

Die Lehre vom allgemeinen Priestertum war aber auch das entscheidende Argument gegen die beiden anderen Mauern. Wenn alle Getauften Priester sind, dann darf nicht der Papst allein das Recht der Schriftauslegung haben, sondern dann kann grundsätzlich jeder Christ, wenn er ein besseres Schriftverständnis hat, „sich des Glaubens annehmen . . . und Irrtümer verdammen" (WA 6, 412, 37 f.). Dann haben aber auch alle Christen Recht und Pflicht, gegebenenfalls für das Zusammentreten eines Konzils zu sorgen. Luther verwies darauf, daß die ersten ökumenischen Konzile von den Kaisern einberufen waren, und meinte, daß zu seiner Zeit niemand besser als das „weltliche Schwert" ein Konzil zustande bringen könne, „weil sie (nämlich die weltlichen Obrigkeiten) nun auch Mitchristen sind, Mitpriester, mitgeistlich, mitmächtig in allen Dingen" (WA 6, 413, 27–31). Es geschah also von der Lehre vom allgemeinen Priestertum her, daß Luther die weltlichen Obrigkeiten aufrief, für eine Reformation zu sorgen.

Im übrigen machte Luther in der Schrift „An den Adel" eine Fülle von konkreten Reformvorschlägen, die keineswegs utopisch, sondern grundsätzlich durchführbar waren. Der Papst sollte die dreifache Krone ablegen und sich mit einer gewöhnlichen Bischofskrone begnügen. Die Zahl der Kardinäle sollte vermindert werden. Die ausbeuterische Finanzwirtschaft des päpstlichen Hofes sollte reformiert werden, wofür Luther Beispiele anführte. Die Wallfahrten nach Rom sollten beendigt werden. Die Zahl der Orden sollte vermindert und der Zwang, die Gelübde einzuhalten, aufgehoben werden. Die zahlreichen kirchlichen Feste sollten vermindert werden. Das Fasten sei freizustellen. Die Ablässe müßten vollständig abgeschafft werden. Mit den Böhmen sollte

Rom sich verständigen. An den Universitäten müßten Reformen eingeführt werden, durch welche das Studium der Sprachen, der Mathe-
matik und der Geschichte vermehrte Bedeutung erhalten sollte (WA 6,
458, 32—37); andererseits sollte die aristotelische Philosophie nicht als
philosophische Grundlage vermittelt werden. Im wirtschaftlichen Bereich sollte dem Luxus und dem Zinsnehmen gewehrt werden.
Luther wollte diese Vorschläge nicht als gesetzliches Programm verstanden wissen. Trotzdem zeigt diese Schrift, wie gründlich Luther sich mit
den vielfältigen Mißständen sowie mit möglichen Reformen befaßt
hatte. Eine Chance zur Durchführung dieser umfassenden Reformen
von Kirche und Welt hätte allerdings nur dann bestanden, wenn sich
der Kaiser und die überwiegende Mehrheit der deutschen Stände dieses
Programm hätten zu eigen machen können. Ohne nachhaltige politische
Unterstützung waren höchstens Teilreformen in manchen Territorien
zu erwarten. Verglichen mit den teilweise utopischen Reformvorstel-
lungen bei Karlstadt oder vollends bei Thomas Müntzer, haben Luthers Vorschläge jedoch nirgends den Boden der Wirklichkeit verlassen.

Während Luther in der Schrift „An den Adel" die Reform der Kirche
und teilweise auch des weltlichen Bereiches forderte, ging es ihm in der
Schrift „*Von der babylonischen Gefangenschaft der Kirche*" um die Reform der Lehre, und zwar insbesondere der Sakramentslehre. Hatten
die Sakramente schon seit der Frühzeit im Leben der Kirche große Bedeutung gehabt, so galten sie im Mittelalter fast ausschließlich als
Gnadenmittel. Im Mittelalter hatte sich die Zahl von sieben Sakramenten — Taufe, Firmung, Eucharistie, Buße, Letzte Ölung, Priesterweihe,
Ehe — durchgesetzt und war auf dem Konzil zu Florenz 1439 für verbindlich erklärt worden. Bereits auf dem 4. Laterankonzil 1215 war die
Lehre von der Transsubstantiation dogmatisiert worden, nach der beim
Abendmahl unter den Konsekrationsworten des Priesters die Substanz
von Brot und Wein in die von Leib und Blut Christi verwandelt wird.
Das ganze Leben der Christen war begleitet von den verschiedenen
Sakramenten; die Gnade war im Grunde nur in Form der Sakramente
zu haben. Im Zentrum stand dabei die Eucharistie. Sie wurde seit lan-
gem als „Opfer" verstanden. Das besagte an sich, daß das einmalige
Kreuzesopfer Jesu Christi in der Eucharistie durch das Opfer der
Kirche wieder gegenwärtig gesetzt wird. In der Theologie des späteren
Mittelalters und mehr noch in der Volksfrömmigkeit war jedoch die
Opfervorstellung häufig eine sehr viel gröbere, wurde das „Opfer"
doch auch zugunsten der Verstorbenen dargebracht. Wegen der aber-
gläubischen Furcht vor Mißbrauch hatten die Laien im hohen Mittel-

alter mehr und mehr auf den Genuß des Weines verzichtet, und die Kirche hatte diese Änderung mit dem Kelchentzug bestätigt. Allerdings lehrte man, daß die geweihte Hostie allein auch die ganze Sakramentsgabe enthalte. Das eigentlich Problematische war dabei, daß die Kirche sich bei der Entwicklung der Sakramentslehre im Grunde immer weniger um die neutestamentlichen Aussagen kümmerte.

Luther hatte schon vor 1520 eine neue Sakramentslehre entwickelt und in seinen verschiedenen Sakramentssermonen den Gedanken der „Gemeinschaft" mit Christus und allen Heiligen in das Zentrum gerückt. 1520 hatte Luther dann, früher als in den reformatorischen Hauptschriften, in seinem „Sermon von dem Neuen Testament" die Abendmahlslehre zuerst von den Einsetzungsworten her entfaltet. In der Schrift „Von der babylonischen Gefangenschaft der Kirche" griff Luther nun die katholische Sakramentslehre auf das schärfste an. Kritischer Maßstab gegenüber der katholischen Sakramentslehre war ihm dabei allein das Neue Testament. Daß Luther diese Schrift nicht auf deutsch, sondern auf lateinisch verfaßte, geschah aus Rücksicht auf die breite Masse des Volkes: die umwälzenden Gedanken sollten vorerst nur den Gelehrten vorgetragen werden.

Luther lehnte zunächst die Siebenzahl der Sakramente ab. Statt dessen ließ er nur drei oder zwei Sakramente gelten, nämlich Taufe, Abendmahl und allenfalls noch die Buße, bei der jedoch das der Verheißung hinzugefügte „Zeichen" fehlt. Wichtig ist aber auch, daß Luther nicht mehr zunächst das Wesen des Sakraments definierte, um von einer solchen Definition aus die Besonderheit von Taufe und Abendmahl herauszuarbeiten, sondern Taufe und Abendmahl allein auf Grund ihrer Stiftung deutete.

Sodann wandte Luther sich beim Abendmahl gegen die „babylonische Gefangenschaft" dieses Sakraments, die einmal in dem Kelchentzug, zum anderen in der Aufnötigung der Wandlungslehre besteht. Was den Kelchentzug betrifft, so stellte Luther die Frage, mit welchem Recht die Kirche an der von Christus eingesetzten Form etwas geändert habe. Bei der Transsubstantionslehre war es nicht die zugrundeliegende Auffassung von Christi Gegenwart im Sakrament, die Luther angriff, als vielmehr die Tatsache, daß eine solche Lehre, die doch nur der Versuch einer Erklärung sein konnte, dogmatisiert wurde. Luther hielt an der Gegenwart von Christi Leib und Blut fest, lehnte aber eine Wandlung des Brotes ab.

Am schlimmsten war für Luther die dritte babylonische Gefangenschaft des Abendmahls, daß nämlich die Messe ein gutes Werk und ein Opfer sein soll. Luther hat in diesem Punkt die Meßopfertheologie etwa eines

Thomas von Aquin sicher nicht zu Recht getroffen; aber gegen viele spätmittelalterliche Anschauungen war sein Angriff berechtigt. Luther war sich darüber im klaren, daß er in der Messe das Zentrum der katholischen Kirche traf: würde man sie von Grund auf ändern, so müßte man zugleich „den größten Teil der heute herrschenden Bücher und fast die gesamte Gestalt der Kirche aufheben und ändern und eine ganz andere Gottesdienstordnung einführen oder vielmehr wiederherstellen" (WA 6, 512, 17—20).

Eine revolutionäre Änderung hatte Luther freilich weder in seiner Schrift „An den Adel" noch in der „Über die babylonische Gefangenschaft der Kirche" im Auge. Im Gegenteil, Luther lehnte gewaltsame Maßnahmen ab und wollte lediglich „die Gewissen unterweisen, daß ein jeder die römische Tyrannei leide in dem Bewußtsein, daß ihm sein Recht am Sakrament (*scil.* durch den Kelchentzug) mit Gewalt geraubt sei um seiner Sünde willen" (WA 6, 507, 21—24). Aber es war kaum vorstellbar, daß seine Anhänger eine solche Haltung längere Zeit akzeptieren würden.

Die dritte reformatorische Hauptschrift, „*Von der Freiheit eines Christenmenschen*", diente der Entfaltung einer neuen Ethik auf der Grundlage der reformatorischen Rechtfertigungslehre. Luther formulierte hier das paulinische Verständnis der christlichen Freiheit neu in den Sätzen: „Ein Christenmensch ist ein freier Herr über alle Dinge und niemandem untertan. Ein Christenmensch ist ein dienstbarer Knecht aller Dinge und jedermann untertan" (WA 7, 21, 1—4).

Bann und Acht

Während Luther seine reformatorischen Hauptschriften ausarbeitete, war freilich der kanonische Prozeß gegen ihn zum Abschluß gekommen. Am 15. Juni 1520 wurde die Bannandrohungsbulle in Rom ausgefertigt, durch welche Luther aufgefordert wurde, innerhalb von sechzig Tagen nach dem Anschlag der Bulle zu widerrufen. In dieser Bulle wurden 41 Sätze, die recht willkürlich aus Schriften Luthers entnommen waren, verurteilt. Sie betrafen vor allem Luthers Auffassung von Sünde, Buße, Reue, Beichte oder vom unfreien Willen. Es wurde aber auch Luthers Ansicht, das Verbrennen von Häretikern sei gegen den Willen des Hl. Geistes, verdammt, also die traditionelle Ausrottung von Irrlehrern verteidigt. Luther hat diese Bulle zusammen mit anderen Schriften des päpstlichen Rechtes und der Scholastik am 10. Dezem-

ber 1520 öffentlich verbrannt. Der endgültige Bann gegen Luther erfolgte am 3. Januar 1521.
Ende 1520 hatten schon Bemühungen eingesetzt, Luther auf den nächsten Reichstag zu laden. Nach langem Hin und Her und entgegen dem
Willen des päpstlichen Nuntius Aleander wurde Luther tatsächlich vor
den Wormser Reichstag zitiert. Allein diese Tatsache zeigt, daß es beachtliche politische Kräfte in Deutschland gab, die nicht bereit waren,
dem Bann des Papstes ohne weiteres die Acht des Reiches folgen zu
lassen. In Worms lehnte Luther am 18. April 1521 den Widerruf seiner
Lehren ab, es sei denn, er werde durch Zeugnisse der Schrift oder durch
klare Vernunftgründe überführt; gegen sein Gewissen könne und dürfe
er jedoch nicht handeln. In dem „Wormser Edikt", das vom Kaiser am
26. Mai 1521 unterzeichnet, jedoch auf den 8. Mai 1521 zurückdatiert
wurde, wurde Luther hauptsächlich wegen seiner „Irrtümer" in der
Schrift „Von der babylonischen Gefangenschaft der Kirche" in die
Reichsacht getan; ein Gleiches galt für Luthers Anhänger.
Es zeigte sich nun aber, wie weit die reformatorische Bewegung bereits
verbreitet war. Der sächsische Kurfürst Friedrich der Weise ließ Luther
fürs erste an einen sicheren Ort, nämlich auf die Wartburg, bringen. In
der erzwungenen Muße der Monate auf der Wartburg hat Luther vor
allem seine Übersetzung des Neuen Testaments in rund elf Wochen verfaßt. Es war nicht die erste deutsche Übersetzung des Neuen Testaments; aber sie war doch den früheren Übersetzungen weit überlegen,
weil Luther nicht aus der lateinischen *Vulgata*, sondern aus dem griechischen Urtext übersetzte und weil er mit sprachschöpferischer Kraft den
Sinn des Textes von seiner reformatorischen Theologie aus erfaßte. In
der Schrift „Von den Mönchsgelübden" griff Luther die Gelübde an,
sofern man durch sie ein besonderes gutes Werk leisten oder einen voll-
kommeneren Stand als im Weltleben erreichen wolle. Gerade diese
Schrift führte dazu, daß viele Mönche und Nonnen die Klöster verlie-
ßen. In manchen Teilen des Reiches hörte das katholische Kirchenwesen
praktisch auf zu bestehen, ohne daß schon abzusehen war, wie ein
evangelisches Kirchenwesen aussehen würde.

Die Wittenberger Unruhen: Luther und Karlstadt

Während Luther auf der Wartburg weilte, nahm die reformatorische
Bewegung ihren Fortgang. Freilich wurde nun zum ersten Mal offenbar,
daß es in ihr unterschiedliche Kräfte und Zielsetzungen gab. Sie waren
sich zwar einig in dem Kampf gegen Rom, nicht aber hinsichtlich des

weiteren Vorgehens bei der Einführung von Reformen. Gerade in Wittenberg wollten manche bei dem Aufweis des Widerspruches zwischen der damaligen katholischen Kirche und dem Neuen Testament nicht stehenbleiben, sondern praktische Reformen einführen. Die Wittenberger Augustiner sowie Karlstadt, Luthers älterer Fakultätskollege, begannen mit Änderungen der Messe. Am Weihnachtsfest 1521 feierte Karlstadt die erste deutsche Messe, wobei er Brot und Wein austeilte. Unter seiner maßgeblichen Beteiligung wurde am 24. Januar 1522 die „Ordnung der Stadt Wittenberg" verabschiedet. Die Heiligenbilder sollten aus den Kirchen entfernt werden. Die „Zwickauer Propheten", die um die Jahreswende 1521/22 in Wittenberg auftraten und auf Grund von Offenbarungen des Geistes einschneidende Reformen verlangten, machten selbst Melanchthon unsicher und vermehrten die allgemeine Unruhe. Die kurfürstliche Regierung wußte nicht, ob und wie sie eingreifen sollte.

Da kehrte Luther Anfang März 1522 entgegen dem Rat des Kurfürsten von der Wartburg nach Wittenberg zurück. In den *„Invokavit*-Predigten" vom 9. bis 16. März 1522 nahm Luther zu den Vorgängen Stellung. Mit großem Ernst hielt er seinen Wittenbergern vor, daß wir alle zum Tode gefordert sind und keiner für den anderen sterben wird; darum müßten alle die Hauptstücke des Glaubens, die einen Christen angehen, wohl kennen. Luther kritisierte die eingeführten Reformen nicht als solche, wohl aber den Mangel an Geduld und Liebe sowie die fehlende Rücksicht auf die „Schwachen". Auch hätte man „die Obersten" dazunehmen sollen; denn dann hätte man gewußt, „daß es aus Gott geschehen wäre" (WA 10 III, 9, 10—13).

Die Differenzen, die hier zuerst in der evangelischen Bewegung auftraten, waren in der Tat tiefgreifend, sosehr man im Grunde hinsichtlich der Reformen als solcher übereinstimmte. Für Karlstadt ging es letztlich um den Gehorsam gegen das göttliche Gesetz, wobei freilich die Leitung und Deutung des Geistes das Gesetz aktualisiert. Karlstadt war gegebenenfalls bereit, auch ohne den Kurfürsten zusammen mit dem Rat der Stadt die nötigen Schritte zu tun. Luther hingegen betrachtete die Fragen der Reformen unter dem Gesichtspunkt der paulinischen Freiheit. Von daher konnte Luther hinsichtlich des Zeitpunktes und des Umfanges von Reformen sehr flexibel sein. Ihm kam es vor allem darauf an, das falsche Verständnis bestimmter kirchlicher Riten, nämlich im Sinne einer Werkgerechtigkeit, zu beseitigen. Zudem war Luther nicht bereit, ohne die Obrigkeit vorzugehen, ohne daß die Gründe für diese Haltung Luthers ganz deutlich sind; allerdings hatte Luther sich ja bereits in der Schrift „An den christlichen Adel" an die weltlichen Obrigkeiten gewandt. In den folgenden Jahren haben sich die Differenzen, die damals zuerst sichtbar wurden, wesentlich vertieft; zugleich klärten sich aber auch die verschiedenen Standpunkte. Was Luther betrifft, so hat er in seiner Schrift „Von weltlicher Obrigkeit, wie weit man ihr Gehorsam schuldig sei" (1523) die Grundsätze seiner sogenannten Zwei-Reiche-Lehre entfaltet. Im Zusammenhang der damaligen Diskussion ist hier wichtig, daß Luther eine klare Unterscheidung zwischen geistlichen und weltlichen Dingen traf. Diese Schrift war u. a. dadurch veranlaßt worden, daß in manchen Territorien Luthers Übersetzung des Neuen Testaments verboten und die Auslieferung der vorhandenen Exemplare befohlen war. Durch eine solche Maßnahme haben die Fürsten nach Luther in den geistlichen Bereich eingegriffen; das aber stehe ihnen genauso wenig zu, wie Bischöfe in den weltlichen Bereich hineinregieren dürften. Ketzerei sei vielmehr „ein geistlich Ding". Gegen Ketzerei dürfe man nur mit dem Wort vorgehen.

Die Reichstage und die reformatorische Bewegung

Freilich konnte die reformatorische Bewegung damals nur durch den Schutz weltlicher Obrigkeiten vor dem drohenden Untergang bewahrt werden. Das „Wormser Edikt" hätte an sich die Handhabe dazu geboten, die Reformation im Keim zu ersticken. Wenn es dazu nicht kam, so lag das außer an dem deutschen Partikularismus daran, daß Karl V. immer wieder durch lange Kriege mit Frankreich, später auch mit den Türken, daran gehindert wurde, wirksame Maßnahmen zu ergreifen. Das „Reichsregiment", das in seiner Abwesenheit tätig wurde, war ein viel zu schwaches Organ, als daß es sich hätte durchsetzen können, selbst wenn in ihm eine einhellige Meinung vorhanden gewesen wäre. Die Reichstage zu Nürnberg 1522/23 und 1524 brachten deshalb auch in der Religionsfrage keine Entscheidung. Papst Hadrian VI., der sich in seinem kurzen Pontifikat (1522/23) ehrlich um eine Reform der Kurie bemühte, ließ am 3. Januar 1523 vor dem Reichstag ein Schuldbekenntnis verlesen; nur durch Reue und Demut könnten Prälaten und Geistliche, welche die Hauptschuld an den Mißständen in der Kirche trügen, zum rechten Weg zurückkehren. Im Grunde kam jedoch dieses Schuldbekenntnis zu spät. Außerdem gelangten Hadrians Reformbemühungen nicht über erste Ansätze hinaus. Statt dessen befürworteten viele in Deutschland, da man von der Kurie keine Besserung erwartete, ein Nationalkonzil; doch davon wollten weder der Papst noch der Kaiser etwas wissen. So blieben alle Versuche auch der altgläubigen Fürsten, Reformen zu erreichen, vorerst vergeblich.

Hatte Luther zunächst wegen des allgemeinen Verlangens nach Reformen allenthalben Anhänger gefunden, so traten mit der Zeit die Unterschiede zwischen den verschiedenen Bewegungen hervor. 1522/23 kam es zu einem Aufstand von Reichsrittern, deren bedeutendster Franz von Sickingen war. Die tiefere Ursache dieses Aufstandes war die Tatsache, daß die Zeit der Ritter vorbei war. So gab es unter nicht wenigen Rittern Sorgen um die wirtschaftliche Existenz sowie utopische nationale und religiöse Erwartungen. Manche Ritter hatten ihre Hoffnung auf Luther gesetzt, der jedoch zu keiner Zeit daran dachte, mit den Rittern gemeinsame Sache zu machen.

Der Bauernkrieg, Thomas Müntzer und Luther

Sehr viel folgenreicher, auch für das Verständnis des Rufes zur Reformation, war der Bauernaufstand 1524/25. Die Ursachen der Bauernerhebung waren vielfältig. Gewiß drückte wirtschaftliche Not zahlreiche Bauern, die zudem von dem verarmten niederen Adel ausgeplündert wurden. Bedeutsamer war jedoch der Verlust mancher Rechte, veranlaßt durch die tiefgreifende wirtschaftliche Umschichtung, wie sie in dem Aufblühen der Städte sowie in der Entwicklung einer Industrie zum Ausdruck kam. Dagegen beriefen sich die Bauern auf das alte oder das göttliche Recht, das wiederhergestellt werden müsse. Luthers reformatorisches Verständnis der christlichen Freiheit schien ihnen das entscheidende Argument gegen die noch mancherorts vorhandene Leibeigenschaft zu liefern. So setzten gerade viele Bauern ihre Hoffnung auf die Reformation.

Gleichzeitig trat Thomas Müntzer mit seiner Verkündigung eines Geist-Christentums hervor. Er war von der Mystik und wohl auch von manchen hussitischen Ideen beeinflußt, hatte eine Zeitlang sich als Anhänger Luthers verstanden, um jedoch seit 1521 seine Geisttheologie zu vertreten. 1524 spitzte sich der Gegensatz zwischen Luther und Müntzer auf das schärfste zu. Für Müntzer machte Luther es den Menschen zu leicht, indem er einen „honigsüßen Christus" verkündige. Vielmehr müßten die Menschen die äußerste Tiefe der Anfechtung erfahren, damit dann aus dem Grund der Seele ein Wort auftaucht, das sich als Gottes Wort erweist. Wenn Luther unterschied, wie der Mensch „vor Gott" und „vor der Welt" steht, so machte Müntzer diese Differenzierung nicht mit. Eine Reformation der Kirche ohne gleichzeitige Reformation der Welt war ihm nicht vorstellbar. Vielmehr sollte sich die neue Geist-

kirche sofort auch bis hinein in die Gestalt des politischen Lebens auswirken, ohne daß Müntzer hier freilich schon konkretere Vorstellungen
entwickelte.

Die Bauernerhebung und die Geistkirche, die Müntzer anstrebte, waren
an sich zwei ganz verschiedene Bewegungen. Aber als sich die Bauern
erhoben, machte Müntzer sich ihre Sache zu eigen und rief in flammen-
den Aufrufen Bauern und Bergknappen in Thüringen zum Kampf
gegen die Fürsten auf. Die Herrschaft sollte dem Volk gegeben werden.
Zugleich müßten aber die Gottlosen ausgerottet werden, da sie kein
Recht hätten zu leben. So sollte es zu der „Veränderung der Welt" und
der „unüberwindlichen zukünftigen Reformation" kommen. Die Grenzen zwischen diesem Zustand, der durch die Herrschaft der Erwählten
gekennzeichnet ist, und dem künftigen Reich Christi wurden für Müntzer fließend.

Luther hat sich sowohl von den aufständischen Bauern als auch von
Thomas Müntzer distanziert und insofern sein Verständnis von Reformation näher präzisiert. Den Bauern, aber auch Müntzer warf Luther
vor, daß sie mit dem Anspruch, als Christen ihre Sache zu vertreten,
das erste Gebot übertreten, da der Begriff „christlich" für kein welt-
liches Programm benutzt werden dürfe. Weiter wollten sie in eigener
Sache richten. Schließlich sprach nach Luther gegen die Bauern die Tatsache, daß sie zuerst Gewalt anwandten. Dagegen war Luther der
Meinung, daß ein Christ nicht zur Gewalt greifen dürfe, es sei denn, er
tue dies im Amt oder Auftrag der Obrigkeit; vielmehr müsse ein Christ
bereit sein zu leiden. Dabei hat Luther es allerdings unterlassen, die
weithin berechtigten Forderungen der Bauern anzuerkennen.

Besonders gegen Müntzer erhob Luther den Vorwurf, daß er Gottes
Reich und das weltliche Reich miteinander vermische, wodurch sowohl
das Gesetz als auch das Evangelium verfälscht würden. Schließlich sei
Müntzer ein falscher Prophet, dessen Botschaft im Grunde Hybris sei.
Die Entscheidung im Kampf zwischen Bauern und Obrigkeiten war
darum für Luther zugleich eine Entscheidung über Recht oder Unrecht
von Müntzers Prophetie.

Im Blick auf die Reformationsgeschichte hatte der Bauernkrieg die
Konsequenz, daß die Reformation weithin aufhörte, eine breite Volksbewegung zu sein: das Bauerntum war politisch und kirchlich zur Ohnmacht verurteilt. In den Städten setzte sich freilich die reformatorische
Bewegung noch für längere Zeit kräftig fort. Im Blick auf die Durchsetzung der Reformation ergab sich daraus die weitere Folge, daß sie
noch stärker als vorher schon auf die Unterstützung und Mitwirkung
der Obrigkeit angewiesen war.

Humanismus und Reformation

Schließlich kam es aber auch zur Scheidung zwischen dem Humanismus und der Reformation. Auch hier hatte es Gemeinsamkeiten gegeben, die sogar besonders weit reichten. Der Humanismus hatte schon vor der Reformation die Forderung gestellt, daß man stets auf den Urtext zurückgehen müsse, und insofern in mancher Hinsicht dem reformatorischen Schriftprinzip den Weg bereitet. Außerdem hatten viele Humanisten Kritik an der scholastischen Theologie geübt und auch darin der Reformation vorgearbeitet. Endlich waren die Humanisten für Reformen eingetreten, die teilweise mit dem übereinstimmten, was auch die Reformation wollte. Viele Humanisten betrachteten Luther mit kaum verhohlener Sympathie; etliche hatten sich der reformatorischen Bewegung angeschlossen, allen voran Philipp Melanchthon. Freilich hatte es auch immer Unterschiede gegeben, die von den führenden Humanisten ebenso wie von Luther und anderen Reformatoren empfunden wurden. Der Humanismus war eine Bewegung, die sich auf gebildete Kreise beschränkte und dem stürmischen Vordringen der Reformation in allen Schichten des Volkes reserviert gegenüberstand. Zudem wollten viele Humanisten bei aller Kritik an den Mißständen der Kirche doch einen Bruch mit Rom vermeiden. Und in theologischer Hinsicht gab es nicht zu übersehende Differenzen zwischen der reformatorischen Theologie und dem reform-katholischen Humanismus. Erasmus, der Führer der humanistischen Bewegung, hatte lange Zeit eine offene Stellungnahme vermieden. Auf Drängen von Fürsten und kirchlichen Würdenträgern entschied er sich schließlich gegen Luther. 1524 erschien seine Schrift „Vom freien Willen". Gegen Luther betonte Erasmus hier, daß der Mensch doch eine gewisse Entscheidungsfreiheit gegenüber Gott haben müsse; Gottes Wille sei die Erstursache, der menschliche Wille die Zweitursache des Heiles. Ohne eine solche Beteiligung des menschlichen Willens hielt Erasmus die Begründung der Ethik für gefährdet.

In seiner Antwort „Vom unfreien Willen" (1525) griff Luther die Position des Erasmus scharf an. In den Dingen, die „unter uns" sind, mag es eine Entscheidungsfreiheit geben, nicht aber in denjenigen, die „über uns" sind. Daß der menschliche Wille Gott gegenüber nicht frei, sondern gebunden ist, mag dem natürlichen Menschen nicht einleuchten. Aber angesichts des Kreuzes Christi müssen wir bekennen, daß das Heil in keiner Weise eine menschliche Möglichkeit ist, sondern allein von Gott kommt und allein im Glauben an Gott ergriffen werden kann.

Der Bruch mit dem Humanismus brachte vorerst die letzte wichtige

Scheidung zwischen der Reformation und anderen Reformbewegungen. Mögen die Distanzierungen zwischen Luther einerseits und Karlstadt, den Rittern, den Bauern, Müntzer und den Humanisten andererseits auch der Klärung über das Wesen und die Ziele der Reformation gedient haben, so kam es durch sie doch auch zu einer gewissen Verengung und Verhärtung. Die großen Erwartungen, mit denen man weithin zunächst den Reformator begrüßt hatte, wichen einer Ernüchterung, teilweise sogar einer Resignation. Für Luther und seine Anhänger bedeutete dies jedoch, daß die eigentliche Arbeit der Reformation erst begonnen hatte. Der Ruf zur Reformation der Kirche war zwar von vielen gehört und bejaht worden, er war aber auch bei nicht wenigen auf Ablehnung gestoßen. Es stand kaum noch zu hoffen, daß die Reformation der ganzen Kirche erreicht werden könnte. In Betracht kamen höchstens noch Teillösungen.

Der Reichstag zu Speyer 1526

Dafür sollte der Reichstag zu Speyer 1526 Möglichkeiten eröffnen. Karl V. hatte einen Sieg über Frankreich errungen und meinte, er könne nunmehr das „Wormser Edikt" in Deutschland durchführen. Aber da schloß kurz vor dem Beginn der Verhandlungen des Reichstages der Papst aus Sorge vor einem Übergewicht des Kaisers die Liga von Cognac mit den Gegnern Karls V. Damit war Karl V. um die Früchte seines Sieges gebracht. Als der Reichstag begann, zogen die Sachsen und Hessen mit der lateinischen Losung der Reformation ein: „Gottes Wort bleibt in Ewigkeit"; auch nahmen sie nicht mehr an den katholischen Messen teil. Damit wurde offenkundig, daß das „Wormser Edikt" nicht durchführbar war.

Ein Ausschuß von geistlichen und weltlichen Fürsten arbeitete ein Gutachten über die herkömmlichen Zeremonien und die Beseitigung von Mißständen aus. Danach sollten zwar die sieben Sakramente, also auch die Messe, beibehalten werden; aber Messen gegen Geld sollte es nicht mehr geben. Die Texte der Liturgie sollten den Gemeinden deutsch verlesen werden. Den Laienkelch sollte man bis zu einer Konzilsentscheidung zugestehen; die Priesterehe sei besser als der verbreitete Konkubinat von Priestern. In Vertretung seines kaiserlichen Bruders lehnte Erzherzog Ferdinand jedoch diese Vorschläge ab.

Andererseits spitzte sich die politische Lage des Reiches durch das Vordringen der Türken in Ungarn im Sommer 1526 derart zu, daß der Reichstagsabschied vom 27. August 1526 mit der Zustimmung Ferdinands auf eine einheitliche Behandlung des „Wormser Ediktes" verzichtete. Zwar hieß es, daß in Glaubensdingen keine Neuerungen eingeführt werden sollen. Auch erklärte man, daß ein allgemeines Konzil oder notfalls ein deutsches Nationalkonzil am ehesten die Religionseinheit wiederherstellen könne. Aber man beschloß doch auch, daß die Stände bis zu einem Konzil mit ihren Untertanen also leben, regieren und es halten wollen, „wie ein jeder solches gegen Gott und kaiserliche Majestät hoffet und vertrauet zu verantworten".

An sich bezog sich dieser Beschluß lediglich auf die Frage der Durchführung des „Wormser Ediktes", die hiermit erneut vertagt wurde. Aber aus diesem Beschluß hat man in den evangelischen Territorien sehr schnell, entgegen dem ursprünglichen Sinn, das Recht zur Einführung der Reformation abgeleitet. Auf Grund dieses Reichstagsbeschlusses wurde nunmehr in verschiedenen Territorien mit dem Aufbau eines evangelischen Kirchenwesens begonnen.

Wenn diese Deutung des „Speyerer Beschlusses" auch an sich nicht berechtigt war, so blieb den Territorien im Grunde nichts anderes übrig, als je für sich diejenige Entscheidung zu treffen, zu der weder der Papst noch das Reich in der Lage waren. Die bloße, stets erneute Vertagung von Beschlüssen sowie die offenkundige Unfähigkeit der Kirche, sich selbst zu reformieren, ließen keine andere Wahl. Der Speyerer Reichstag von 1526 hat somit den Weg für die Bildung von evangelischen Landeskirchen freigegeben. Die Frage einer gesamtkirchlichen Regelung war damit noch nicht entschieden, aber zusätzlich erschwert.

II. Kapitel

DIE KIRCHENBILDENDE KRAFT
DER DEUTSCHEN REFORMATION
(von 1530 bis 1648)

FRIEDRICH WILHELM KANTZENBACH

Die Ausbreitung der lutherischen Reformation

Der Übergang der Reformationsgeschichte von den zwanziger zu den dreißiger Jahren des 16. Jahrhunderts ist ein fließender. Beim zweiten Reichstag zu Speyer im Jahre 1529 wehrten sich die „Protestanten" gegen Mehrheitsbeschlüsse in religiösen Fragen, und sie behaupteten sich erneut vor dem Reich, doch auch das Jahr 1530 bildet nicht den deutlichen Übergang zur „Verwirklichung" der reformatorischen Bewegung. Das seit Jahren in Entstehung begriffene reformatorische Kirchenwesen galt als eine Art von Provisorium, da man die Hoffnung auf die Wiederherstellung der kirchlichen Einheit noch nicht begraben hatte. Die *Confessio Augustana,* die evangelische Diskussion über das Konzil und selbst Luthers Schmalkaldische Artikel (1537) sind dessen Zeuge. Um 1560 begann das konfessionelle Zeitalter im strikten Sinne dieses Begriffs. Konfessionelle Bekenntnisse kamen in rascher Folge heraus, besonders reformierte; die Lutheraner schlossen ihre Bekenntnisbildung mit dem Konkordienbuch von 1580 ab. Um 1560 hatte das Luthertum die wichtigsten Phasen seiner Ausbildung schon hinter sich, im Unterschied zum missionarisch-aktiven Calvinismus und auch zum Katholizismus, der das Konzil von Trient noch aufzuarbeiten hatte. Das Luthertum fand sich notgedrungen mit seinem Besitzstand in Deutschland und seiner Verbreitung im Norden und im europäischen Osten ab und richtete seine ganze Aktivität auf die theologischen Streitfragen. Der Augsburger Reichstag von 1555 sanktioniert die konfessionelle Spaltung Deutschlands. Der „Augsburger Religionsfriede" eröffnet somit das konfessionelle Zeitalter. Es entwickelte sich jetzt eine seltsame konfessionelle Abkapselung. Ein Gespräch über die Wahrheit des Evangeliums, bei dem man etwas lernen konnte und wollte, war unter den gegebenen Voraussetzungen kaum möglich. Gewiß gab es mancherlei Formen von konfessioneller Verwirrung und Vermischung; selbst naive Bikonfessionalität und legalisierte Mischformen lassen sich während des ganzen 16. Jahrhunderts und noch darüber hinaus beobachten. Der Ausbau des protestantischen Landeskirchentums und die Reorganisation des katholischen Kirchenwesens unter dem Einfluß des Konzils von Trient liefen nebeneinander her und berührten sich kaum innerlich in dem Sinne, daß es zum Dialog über die gemeinsamen Nöte und Aufgaben gekommen wäre. Die Frage nach der Einheit der Kirche wurde auf beiden Seiten kurzatmig beantwortet.

In der Verbreitung des Luthertums zwischen 1530 und dem Ende des alten Deutschen Reiches (1806) können drei Hauptgruppen unterschieden werden, die lutherische Kirche in Deutschland und in dessen Einflußbereich die reformatorische Bewegung im Osten und Südosten, die lutherischen Kirchen in Dänemark, Schweden, Norwegen und Finnland, die sich als national geeinte lutherische Kirchen im Norden entwickelten, und seit dem 17./18. Jahrhundert schließlich die Lutheraner in Nordamerika. Die Hauptmasse der Lutheraner findet sich auch heute noch in diesen drei Bereichen.

Wenn die lutherische Reformation in Italien, Spanien und Frankreich nicht einwurzeln konnte, so hing dies vor allem damit zusammen, daß die Unterstützung der Fürsten und der Obrigkeit nicht zu gewinnen war, da die Reformation den Monarchen, die schon die Kirche und ihren Reichtum kontrollierten, zu wenig zu bieten hatte. Die Herrscher empfanden die neue Lehre nicht als Hilfe für ihre Interessen. In Amerika etablierten sich die lutherischen Kirchen als Freikirchen im Unterschied zum deutschen Landeskirchentum und zum skandinavischen Nationalkirchentum. Entsprechend den politisch-soziologischen Gegebenheiten entwickelte sich das Kirchenwesen im 16. Jahrhundert nahezu deckungsgleich mit den Territorien bzw. Städten, in denen die Reformation eingeführt oder abgelehnt wurde. Im Unterschied zur heutigen gesellschaftlichen Mobilität, die eine zunehmende Konfessionsmischung im Gefolge hat und die Christenheit zu einer Weltdiaspora macht, gab es eine Diaspora im 16. Jahrhundert erst in spärlichen Ansätzen. Darum fehlte es auch an innerer Auseinandersetzung mit dem konfessionell Andersgläubigen.

Der Bauernkrieg von 1525 bedeutete für die Ausbreitung der Reformation in Deutschland keinen Stillstand. Er stellte wohl einen spürbaren Knick in der reformatorischen Bewegung dar, aber deren Volkstümlichkeit war mit den Enttäuschungen, die der Ausgang des Bauernkrieges bereitete, doch nicht völlig dahin.

Ihre Impulse hat die norddeutsche Reformation der Predigt der lutherischen Prädikanten zu verdanken. Bugenhagen hat bei seinem kirchenordnenden Werk die Ansätze für eine Gemeindekirche im Auge

gehabt und an schon vorhandene genossenschaftliche Strukturen angeknüpft. Aber auch in den norddeutschen Städten setzte sich schließlich
die Tendenz zur Obrigkeitskirche durch. Insgesamt konnte die Reformation zwischen 1530 und dem Schmalkaldischen Krieg große Erfolge
buchen. Die Reformation greift nach vielen Teilen Europas aus.

Das Selbstverständnis der lutherischen Kirche

Luthers Absage an das kanonische Recht (1520) war die Konsequenz
aus einem im Christusevangelium verwurzelten Kirchenverständnis.
Am 10. Dezember 1520 verbrannte er die kanonischen Rechtsbücher
vor dem Elstertor in Wittenberg. Wichtiger noch als die Verbrennung
der Bannbulle war bei diesem Akt die Absage an das kanonische Recht.
Die Frage, ob er gewalttätig die Einheit der Kirche zerbrochen habe,
bewegte Luther in seinen anfechtungsreichen Stunden auf der Wartburg nach dem Wormser Reichstag von 1521. Er wollte nicht eine
„neue" Kirche ins Leben rufen und der alten katholischen antithetisch
gegenüberstellen. Er hat vielmehr die die Reformation durchführenden
Gemeinden als die eine, katholische Kirche verstanden. So hat Luther
ein tieferes Verständnis der Einheit der Kirche ermöglicht. Nicht der
durch ein sichtbares Haupt geleitete Organismus, nicht die starre Uniformität der Riten, nicht die Geschlossenheit aller Lehraussagen, nicht
der Zentralismus der Verwaltung verbürgen die Einheit der Kirche,
sondern der Gehorsam gegenüber dem Haupt der Kirche, Jesus
Christus.
Luther dachte von Anfang an bei seiner Arbeit an die eine Christenheit und Kirche. Er wies auf die Übereinstimmung seiner Lehre mit der
der alten Kirche oft und eindrucksvoll hin. An Versuchen, über den Bereich der abendländischen Kirche hinaus die Verbindung mit der morgenländischen Kirche aufzunehmen, hat es nicht gefehlt. Melanchthons
Beziehungen reichten über Ungarn und Siebenbürgen bis zum Patri-
archat von Konstantinopel. Die *Confessio Augustana* wurde um ihrer
ökumenischen Bedeutung willen auch ins Griechische übertragen. Die
Reformatoren stehen nach dem Zeugnis der *Confessio Augustana* in der
einen Kirche. Der moderne Konfessionsbegriff ist von dieser grundlegenden Bekenntnisschrift fernzuhalten. Einerseits wehrt sich Luther
unermüdlich gegen die Verwechslung der geistlichen Wirklichkeit Kirche
mit einer rein äußeren Kirche. Die wahre Kirche führt ihr Leben in der
Verborgenheit. Andererseits steht auch äußerer Anspruch gegen Anspruch, so daß die öffentliche Verkündigung des Wortes Gottes und

das, was aus ihr folgt, sich der Überprüfung stellen muß. Hier ist Luther nun der Überzeugung, daß der Kampf um die reine Lehre geführt werden muß und daß dieser auch etwas mit der Unterscheidung von wahrer und falscher Kirche zu tun hat.

Wenn Luther 1520 das kanonische Recht verbrannte und gegen dessen Verwechslung mit göttlichem Recht protestierte, so bedeutete dies doch keine Ablehnung des göttlichen Rechtes, das sich auf die Hl. Schrift stützen kann, nicht im biblizistischen Sinne, sondern im Sinne des Bezugs auf den evangelischen Sachgehalt der Schrift.

In scharfer Gegenüberstellung von menschlichem und göttlichem Recht argumentiert die *Confessio Augustana* zugunsten dessen, was das Evangelium fördern kann. Die polemischen Motive werden CA 28 zusammengefaßt und ins Positive gewandt. Der traditionelle Begriff des göttlichen Rechts ist eigentlich nicht mehr am Platz. Man spricht deshalb im Bekenntnis lieber vom *„mandatum Dei"*: *„Ecclesiastica (potestas) suum mandatum habet evangelii docendi et sacramenta administrandi"* (CA 28, 12). Das göttliche Gesetz manifestiert sich in der Christenheit an einigen wenigen, klar umrissenen und aufzählbaren Gegebenheiten wie am Vollzug der Sakramente Taufe und Abendmahl, an der Verkündigung des Evangeliums und dem beidem funktional zugeordneten geistlichen Dienstamt. Welcher Abstand sich später zum Bekenntnisdenken Luthers auftat, zeigt das Reichsrecht seit 1555. Aus dem geistgewirkten Zeugnis der Brüder und Väter von der Wahrheit des Evangeliums wird das vom Akte des Bekennens gelöste Bekenntnisdokument, eine zur Staatsdoktrin gehörige Urkunde, die kraft menschlicher Verfügungsgewalt gilt. So streitet man sich vor dem Forum der Reichsorgane, ob die *Confessio variata* oder *invariata* durch die Reichsgewalt in Geltung gesetzt worden sei. Die Wahl wurde dem Reichsstand zur freien landesherrlichen Entschließung überlassen, bezeichnend für den Prozeß innerer Säkularisierung.

Politische Motive in der Bekenntnisbildung sind bei Luther und Melanchthon ganz eingebettet in die religiöse Betrachtungsweise. Aber diese unterscheidet sich bei den zwei Hauptbeteiligten doch wesentlich. Luther ist bestimmt von seiner prophetisch-apokalyptischen Geschichtsauffassung und rechnet mit Gottes Zorn, Strafe und Gnade. Er sieht die Geschichte unter dem Aspekt des Kampfes zwischen Gott und Satan und die Kirchengeschichte als das Widereinander der Söhne Kains und Abels. Um der sittlich-politischen Verantwortung willen hat Melanchthon sich stets um den theologischen Konsensus bemüht. Protestantische Solidarität mußte für ihn, um seine Gewissensnöte zu lindern, im theologischen Konsensus wurzeln. Seine Bemühungen um das Bekenntnis sind also sittlich motiviert und politische Motive fehlen insofern keineswegs.

Luther hingegen ist an den politischen Motiven wenig interessiert und fragt bei seinen Entscheidungen prinzipiell nach der Vereinbarkeit mit dem Worte Gottes. Sein Traditionalismus ist anders begründet als der Melanchthons, nämlich christologisch-soteriologisch, während dieser mit mehr formalen, historisch-kritischen Mitteln die kirchliche Einheit nachweisen möchte, die eben auch ein eminentes Politikum darstellt. Die lutherischen Bekenntnisschriften setzen die altkirchlichen Bekenntnisse voraus und bejahen sie. Um der evangelischen Heilswahrheit stimmt man in die altkirchlichen Bekenntnisse ein und betont dadurch die als verpflichtend empfundene Einheit der Kirche. Als Ende 1536 die Möglichkeit eines allgemeinen Konzils sich endlich zu konkretisieren schien, befaßte sich Luther eingehend mit den altkirchlichen Symbolen. In seinen Schmalkaldischen Artikeln handelt er im ersten Teil „Von den hohen Artikeln der göttlichen Majestät", von denen er sagt, daß sie „in keinem Zank noch Streit" sind, „weil wir zu beiden Teilen die selbigen gläuben und bekennen". Da aber Luther bezweifelt, ob man daraus bei den Gegnern auch wirklich die richtigen Konsequenzen zu ziehen bereit sei, ließ er im endgültigen Text nur das Wort „bekennen" stehen. Im Anschluß an die hohen Artikel von der göttlichen Majestät äußert sich Luther über die Einheit von Christusbekenntnis und Rechtfertigungsglauben, ohne dabei die altkirchlichen Grundlagen der Christologie anzutasten. Über die drei altkirchlichen Symbole orientiert die 1538 erschienene Schrift „Die drei *Symbola* oder Bekenntnis des Glaubens Christi in der Kirchen einträchtiglich gebraucht". Er will mit dieser Schrift erneut unter Beweis stellen, daß er das glauben und bekennen will, was „in der ganzen Kirchen bisher gehalten, gelesen und gesungen" wurde. Dieses ökumenische Verständnis des Glaubens in Kontinuität mit der alten Kirche ging in die Geschichte des Luthertums ein. Es wurde erst in der Aufklärung geschwächt, ja abgewehrt.

Die Behauptung des Luthertums im politischen Feld

Friedrich der Weise hatte in Kursachsen dem Reformationswerk mehr Schutz als entschlossene Förderung zuteil werden lassen. Anders sein Nachfolger Johann der Beständige (geb. 1467), der Luthers „Deutsche Messe oder Ordnung des Gottesdienstes" von 1526 den Pfarrern des Landes empfahl. Gegenüber dem altgläubigen Fürstenbündnis zu Dessau schloß Johann mit anderen evangelischen Fürsten das Torgauer

Defensivbündnis von 1526. Der politische Erfolg zeigte sich schon auf dem ersten Reichstag von Speyer im selben Jahr. Er schuf mit seinem Abschied die ersten staatsrechtlichen Bedingungen für die lutherischen Landeskirchen. Die konfessionelle Spaltung Deutschlands wird mit dem Beschluß dieses Reichstags evident. Jeder Reichsstand ist bis zum Zustandekommen eines Konzils oder einer Nationalversammlung ermächtigt, in Sachen des „Wormser Edikts" „für sich also zu leben, zu regieren und zu halten, wie ein jeder solches gegen Gott und kaiserliche Majestät hofft und vertraut zu verantworten".

Auch der zweite Reichstag von Speyer von 1529 konnte mit dem von der Mehrheit des Reichstages verabschiedeten Beschluß, sich von dem Reichstagsabschied von 1526 zu distanzieren, die eingeleitete Entwicklung nicht mehr rückgängig machen. Im Jahre 1529 protestierten darum die evangelischen Reichsstände dagegen, daß der einstimmig beschlossene Reichstagsabschied von der Reichstagsmehrheit außer Kraft gesetzt und die Wormser Beschlüsse erneut als geltend bezeichnet wurden. Man protestierte also gegen einen Zustand der Rechtlosigkeit und legte Verwahrung gegen gewaltmäßige Durchführung des „Wormser Edikts" ein. Hinter dem Protest steht aber auch tiefe Gewissensnot. Aus Gründen des Gewissens ist der Fürst zum Eintreten für die Wahrheit des Evangeliums verpflichtet. Der einzelne Fürst nimmt dabei die gewissensmäßige Verantwortung, von der das Heil abhängt, nicht nur für sich selbst wahr, sondern auch für die ihm anbefohlenen Menschen. Der von Papst Clemens VII. nach Speyer 1529 entsandte Nuntius kündigte die Einberufung eines Konzils zum Sommer 1530 an, aber der Papst konnte sich nicht entschließen, es wirklich einzuberufen. Dagegen erklärte sich Clemens VII. damit einverstanden, daß der Kaiser 1530 die deutschen Stände nach Augsburg einberief, um die Glaubensfrage auf einem Reichstag zu bereinigen. Sollte dem Reichstag dies nicht gelingen, so war an ein Generalkonzil gedacht.

Die Protestanten konnten in Augsburg (1530) nicht als Einheit auftreten, da besonders die Differenz in der Abendmahlslehre, die beim „Marburger Religionsgespräch" im Oktober 1529 zwischen Luther und Zwingli nicht hatte behoben werden können, zwischen ihnen stand. Von den drei Bekenntnissen, der *Confessio Augustana*, der *Confessio Tetrapolitana* (oberdeutsch) und der *Fidei Ratio* (Zwingli), durfte am 25. Juni nur erstere öffentlich vor den Ständen des Reiches verlesen werden. Der Schiedsspruch des Kaisers fiel zugunsten der Altgläubigen aus, gegen deren „*Confutatio*" Melanchthon die „Apologie der *Confessio Augustana*" stellte, ohne daß sie verlesen werden durfte. Von einem Konzil wollte der Papst nach wie vor nichts wissen. Der Kaiser drohte den Protestanten nun mit Gewalt. Am 23. September 1530 reiste Kurfürst Johann von Sachsen von Augsburg ab. Er mußte der Meinung sein, der Kaiser werde die Protestanten zum Gehorsam zwingen. Doch Karl V. hatte kein Geld, wurde auch von der Kurie, von Heinrich VIII. von England und Franz I. von Frankreich nicht unterstützt. Die Lutheraner hatten sich außerdem mittlerweile im Schmalkaldischen Bund vereinigt. Ende Oktober 1530 führten Verhandlungen in Torgau zum „Schmalkaldischen Bündnis". Die von Luther gewiesene Richtung des unbedingten Verzichts auf Gegenwehr wurde mit Luthers Zustimmung korrigiert. Seine Meinungsänderung in Sachen des Widerstandsproblems rechnet mit der Tatsache, daß sich im Herbst 1530 die Lage durch die scharfen kaiserlichen Reichstagsabschiede geändert hatte. Luther nennt Karl einen Tyrannen, der sich nicht an seine Wahlversprechen halte. Er stimmte somit zu, daß es Fälle geben könne, für die Juristen den Widerstand als erlaubt ansahen. Die Juristen müßten die Rechtslage beurteilen und prüfen, ob der Anwendungsfall gegeben sei. Am 29. Dezember 1530 kamen die Unterzeichner der „Augsburger Konfession", darunter Johann von Sachsen, Philipp von Hessen, Wolfgang von Anhalt, Albrecht und Gebhard von Mansfeld, Georg von Brandenburg, der sich vertreten ließ, nebst den Beauftragten von zehn oberdeutschen Städten in Schmalkalden zusammen. Sie verbündeten sich zu gemeinsamem Widerstand, falls das Evangelium auf dem Wege der Machtpolitik unterdrückt werden sollte. Das Bündnis wurde offiziell am 27. Februar 1531 geschlossen. Sieben oberdeutsche und sieben niederdeutsche Städte kamen bald hinzu. Das Bündnis hatte sofort respektable Folgen, denn die Wahl Ferdinands zum römischen König wurde vom Bund nicht anerkannt (Oktober 1531). Frankreich und England fühlten sich als natürliche Bundesgenossen der Schmalkaldener. Karl V. mußte, nicht zuletzt um der Türken willen, gegen die er die Hilfe auch der Protestanten benötigte, 1532 den Nürnberger Anstand bewilligen. Bedeutsam für die innere und äußere Stabilisierung des Luthertums war die Abendmahlskonkordie zwischen den Wittenbergern und den Oberdeutschen unter Butzers Führung, mit Ausschluß jedoch der Zwinglianer (1536). Butzer bekannte, das Brot sei wahrhaftig der Leib Christi und werde durch den Austeilenden allen Empfangenden, auch den Unwürdigen (nicht aber den Gottlosen: *impii*), gegeben, wenn die Einsetzungsworte nicht verfälscht werden. Luther erkannte die Oberdeutschen als Brüder an. Die Konkordie war trotz verschiedener Auslegung kein Kompromiß. Sie öffnete den Oberdeutschen den Anschluß an das Luthertum Wittenberger Prägung.

Konzilshoffnung und Religionsfrieden

Nach dem Reichstag von 1530 trat die Konzilsfrage in ein neues Stadium. Der Papstwechsel im Jahre 1534 gab ihr unmittelbare Aktualität. Papst Paul III. schickte den Nuntius Peter Paul Vergerius 1535 nach Deutschland, um katholischen und protestantischen Fürsten die Zusage zu einem Konzil abzugewinnen. Ein Nationalkonzil auf deutschem Boden sollte aber von vornherein ausgeschlossen sein. Wenngleich Luther sich nicht denken konnte, was bei einem päpstlichen Konzil Positives herauskommen könnte, weigerte er sich nicht, zum Konzil zu kommen, ganz gleich, ob dieses nun in einer päpstlich-italienischen oder in einer anderen Stadt gehalten werden würde. Er wollte seinen Standpunkt öffentlich geltend machen. Der Nuntius täuschte sich, wenn er mit Luthers Bereitwilligkeit auch der Zustimmung des Kurfürsten sicher zu sein glaubte. Der Kurfürst wollte Garantien für ein freies, christliches Konzil haben. Selbst Melanchthon, der sich bisher als sehr konzilswillig erwiesen hatte, mißtraute den Zusagen des Nuntius und legte dar, was unter einem freien, christlichen Konzil zu verstehen sei. Am 2. Juni 1536 wurde von Papst Paul III. tatsächlich das Konzil auf den 23. Mai 1537 nach Mantua ausgeschrieben. Luther befaßte sich mit dem Konzilsproblem in einer Disputation vom 10. Oktober 1536. Er stellte fest, daß einem Konzil oder einer Bischofsversammlung nicht auf mechanische Weise geistliche Autorität zukomme. Man müsse einen Unterschied zwischen repräsentierender und rechter Kirche machen. Der Anspruch eines Konzils, die Kirche zu repräsentieren, sei sozusagen äußere Larve, die Gott nicht ansehe. Alleiniges Kriterium für die Echtheit der Autorität der lehrenden Kirche sei die Übereinstimmung mit der Autorität der Apostel bzw. der Schriftautorität. Diesen Gesichtspunkt hat Luther in weiteren Überlegungen zur Frage eines rechten christlichen Konzils immer wieder geltend gemacht.

Luther hat seine Einstellung zum Konzilsplan des Papstes in seinen Schmalkaldischen Artikeln ausgesprochen. Diese Artikel hatte er im Auftrag des Kurfürsten für die Bundesversammlung der Schmalkaldener zu entwerfen. Bei Beschickung des Konzils wären sie dort zur Sprache gekommen. Luther geht in seinen Artikeln mit dem Papsttum in ein scharfes Gericht. Die Christenheit werde durch den Papst nur verdorben, und deshalb könne die Kirche nicht anders regiert und erhalten werden, als daß „wir alle unter einem heubt Christo leben". Komme es zu einem Konzil, so würde es darauf ankommen, vor dem Papst und Teufel zu bekennen.

Luthers Artikel sind nicht sofort als offizielles Dokument von den

Schmalkaldenern anerkannt worden. Sie konnten in eigener Verantwortung von den Theologen unterschrieben werden und haben sich erst allmählich als eine Bekenntnisschrift im lutherischen Protestantismus durchgesetzt. 1538 hat Luther aus Anlaß der Drucklegung seiner Artikel diesen ein Vorwort mitgegeben. Das Konzil war vom Papst vertagt worden, und Luther gab die Hoffnung auf, noch bei Lebzeiten ein freies Konzil zu erleben. Dennoch bringt er seine bleibende evangelische Konzilshoffnung bemerkenswert stark zum Ausdruck. Trotz der Einsicht in die menschliche Aussichtslosigkeit eines Konzils nach seinen Vorstellungen ist Luther durchaus noch nicht konzilsmüde. Den unbestrittenen Höhepunkt in Luthers Konzilstheologie stellen seine tiefen und schönen Überlegungen in der Schrift „Von den *Conciliis* und Kirchen" aus dem Jahre 1539 dar.

In Ergänzung zu Luthers Schmalkaldischen Artikeln verfaßte Melanchthon seinen „Traktat über den Primat und die Gewalt des Papstes" (1537). Die in dem Traktat behandelte Frage der bischöflichen Jurisdiktion und des päpstlichen Primats sollte die Ausführungen der *Confessio Augustana* zu diesem Themenkreis ergänzen. Melanchthon schrieb die Schrift im Auftrag der zu Schmalkalden 1537 versammelten Theologen und weltlichen Vertreter der Reformationsbewegung, die ihre Unterschrift unter das Dokument setzten, so daß der Traktat zu den Bekenntnisschriften gehört. Das göttliche Recht des Papsttums wird scharf bestritten, aber ein menschliches Recht wollte Melanchthon nicht leugnen. Das göttliche Recht in der Kirche betrifft allein die Ordination und Einsetzung von Bischöfen oder Pastoren. Die Obrigkeiten werden als hervorragende Glieder der Kirche für das Werk der Reformation in Anspruch genommen. Sie haben die Reformationspflicht. Melanchthon unterscheidet sich darin von Luther, daß er der Obrigkeit als Obrigkeit diese Pflicht aufbürdet, während Luther ihr die Funktion des „Notbischofs" in genauer Unterscheidung von ihrer weltlichen Macht angewiesen hatte.

Als 1538 auch der Konzilsversuch von Viacenza gescheitert war, schlug der Kaiser mit der Ära der kaiserlich einberufenen Religionsgespräche von sich aus die Taktik des Ausgleichs mit den Protestanten ein. Besonders die humanistisch-erasmisch eingestellten Theologen auf beiden Seiten waren dafür sehr ansprechbar, und tatsächlich kam man sich bei den Religionsgesprächen in Hagenau, Worms (1540) und Regensburg (1541) in einigen Problemkreisen nahe, zum Beispiel in der Erbsündenlehre und scheinbar auch in der Rechtfertigungslehre. Die Vorstellung von einer doppelten Rechtfertigung, die Luther stets kritisiert hatte, sollte weiterhelfen. Christus wurde dabei einerseits als alleiniger Heils-

mittler verstanden, andererseits wurde die volle Rechtfertigung mit
Hilfe scholastischer Distinktionen abhängig gemacht vom Handeln im
Glauben. Die Regensburger Verhandlungen vom 21. April bis zum
3. Mai 1541 knüpften an das schon in Worms entstandene sogenannte
Regensburger Buch an. Es trug die Handschrift der beiden Vermittler
Martin Butzer und Johannes Gropper. Die Kurie sandte nach Regensburg den Kardinal Contarini, der am ehesten für eine Verständigung
mit den reformatorischen Theologen die theologischen und erfahrungs-
mäßigen Voraussetzungen mitbrachte. Contarini bemühte sich zweifellos, in der Rechtfertigung den Protestanten entgegenzukommen, aber
die sakramentale „Eingießung" und „Einwohnung" der Gnade *(gratia
inhaerens)* war auch ihm eine selbstverständliche Voraussetzung. Luther hielt von den Kompromissen mit Hilfe scholastischer Unterscheidung nichts. In der Ekklesiologie und Sakramentenlehre blieb es ohnehin beim Dissensus.

Der Schmalkaldische Bund bot trotz seiner Schwäche in der Führung
und in den finanziellen Möglichkeiten lange Jahre eine gewisse Gewähr dafür, daß der Kaiser unter den ihn bedrängenden außenpoliti-
schen Verhältnissen nicht gewaltsam gegen die Evangelischen vorgehen
werde. Doch erstmals 1543 wurde der Kaiser unruhig wegen seines
fragwürdigen Erbschaftsanspruchs auf Geldern, wobei zugleich die
Religionsfrage eine gewichtige Rolle spielte. Herzog Wilhelm von
Cleve hatte sich der Reformation angeschlossen und förderte dadurch
reformatorische Meinungen des Kurfürsten von Köln, Hermann von
Wied. Der Übergang Kölns zur Reformation hätte das katholische
Übergewicht im Kurfürstenkollegium gefährdet. Der ganze nieder-
rheinische Katholizismus hätte vielleicht der Reformation zufallen
können. Deshalb griff der Kaiser unter Bruch der Wahlkapitulation zur
Gewalt und besetzte Geldern. Er schöpfte durch diesen reibungslosen
Vorgang Hoffnung für ein kriegerisches Unternehmen gegen die Protestanten. Seine Taktik, Reichstage und Religionsgespräche einzuberufen,
setzte er zugleich bis 1546 fort. Es schien so, als ob er den friedlichen
Ausgleich bevorzugte, und die Protestanten ließen sich täuschen. Als der
Kaiser gegen die Protestanten rüstete, konnte unter dem irrigen Eindruck, der Krieg habe mit der Religion gar nichts zu tun, sogar Moritz
von Sachsen veranlaßt werden, den Glaubensbrüdern in den Rücken zu
fallen. Die militärische Entscheidung fiel zugunsten des Kaisers am
24. April 1547 bei Mühlberg, nahe Torgau.

Die schwäbischen und elsässischen Städte nahmen am Schmalkaldischen
Krieg teil, während einige der fränkischen Städte neutral blieben. In
Süddeutschland mußten die Städte die Hauptlast des Krieges tragen.

Karl V. nutzte den errungenen Erfolg nicht maßvoll. Das kaiserliche
„*Interim*" als der Versuch, die katholische Gottesdienstordnung mit der
Gewährung von Laienkelch und Priesterehe zu verbinden, erwies sich
weithin als undurchführbar.

Aktiver Träger der Mißstimmung wurde
Moritz von Sachsen, der mit der sächsischen Kurwürde für seinen Verrat belohnt worden war, jetzt aber sich mit Unterstützung Frankreichs
gegen die „viehische Servitut", zu der der Kaiser Fürsten und Volk
gezwungen hatte, wandte. Im Frühjahr 1552 schlug er los und errang
gegen den Kaiser einen überraschenden Sieg, auf den der Passauer
Friede folgte. Die Fürsten standen hinter dem Passauer Vertrag von
1552. Sie hatten dem Reich gedient, wenn sie Karl V. Türkenhilfe lei-
steten, und sie hatten des Kaisers von der Universalmonarchie der
Habsburger her bestimmten dynastischen Interessen mehr als vertretbar nachgegeben. Lutherische und altgläubige Fürsten legten sich nun
darauf fest, daß Frieden im Reiche sein solle, unabhängig von der
Frage, was zur Erziehung der Glaubenseinheit zu tun sein, ja sogar unabhängig von der Frage, ob die Einheit überhaupt noch erreicht werden
könne. Bei allen Beteiligten lebte freilich der Gedanke an einen baldi-
gen Religionsausgleich. Die Waffenruhe und die Sicherung des Reichs-
gedankens wurden also nur dadurch möglich, daß man zunächst einmal
von einer Lösung der Glaubensfrage auf der Ebene des Gesamtreiches
absah und sich mit der Anerkennung verschiedener Lösungen auf Län-
derebene, Territorialebene, Ortsebene begnügte. Mit der Territorialisierung des Problems, die als rettende Lösung erschien, war aber schon die
Weiche für den Religionsfrieden von Augsburg (1555) gestellt, der das
Problem der staatlichen Anerkennung und des geordneten Miteinanders
zweier Arten „katholischen" Christentums zu lösen hatte.

Luther betrachtete sich stets als Gegner des Papstes, nicht als Rebell
gegen den Kaiser. Sein Festhalten an Kaiser und Reich machte letzten
Endes in Konsequenz dieser Haltung die lutherische Kirche in den Religionsfrieden des 16. und 17. Jahrhunderts zum integrierenden Bestandteil des Reichsverfassungsrechtes. Ganz allgemein bedeutet „Augsburg
1555" die Wiederaufnahme und reichsrechtliche Ausgestaltung von
Passau 1552. Beschlossen wurde, nicht ohne heißes Ringen noch bis in
die letzten Tage, ja Stunden der Verhandlungen hinein, ein „Fried-
stand" unbedingter Geltung bis zu einer „freundlichen" und ohne
Zwang erfolgenden endgültigen „Vergleichung" in Glaubenssachen.
Der Kaiser, der König und alle Reichsstände waren zur Handhabung
des Friedens und zur Hilfe für jeden verpflichtet, der durch Verletzung
des Friedens geschädigt werden sollte. Das Reichskammergericht hatte
den Frieden zu beachten und zu schützen.

Kein Landesherr war gehindert, seinen Untertanen das Leben in der einen oder der andern Konfession zu erlauben. Er konnte also theoretisch sowohl beide zulassen als auch lediglich eine von beiden seinen Untertanen genehmigen. Diese dem Landesherrn gelassene Willkür, über das Bekenntnis seiner Untertanen zu bestimmen, hieß in der Fachsprache der Juristen das *„ius reformandi"*, das „Reformationsrecht".

Wo ein Landesherr sei, da herrsche auch ein Glaube: *„Ubi unus dominus, ibi sit una religio"*, was erst später, nach dem Frieden von 1555, von den Juristen auf die Formel *„cuius est regio, eius est in religione dispositio"* („wer das Gebiet besitzt, besitzt auch das Anordnungsrecht in Glaubensdingen") gebracht und erst im 17. Jahrhundert in das Schlagwort *„cuius regio, eius religio"* gepreßt wurde. In diesem Falle, daß der Territorialherr in seinem Gebiet nur eine der beiden Konfessionen anerkenne, sollten die der andern angehörigen Untertanen (außer denen der kaiserlichen Erblande, was für die Geschichte der Niederlande wichtig wurde) laut Paragraph 23 des Religionsfriedens das Recht haben, sich einem etwaigen Religionszwang durch Auswanderung unter Verkauf von Hab und Gut zu entziehen. Leibeigene empfingen zwar das Auswanderungsrecht grundsätzlich ebenfalls; ihre Leibherren sollten aber das Recht haben, sie trotz ihrer Umsiedlung in ein anderes Reichsland weiterhin als Leibeigene zu betrachten.

Nun war in einer Reihe von Gebieten schon vor 1555 durch Landesvertrag das lutherische Bekenntnis, in einigen andern der römische Katholizismus als die herrschende Religion zwischen dem Landesherrn und den Ständen festgelegt. Solche Verträge hob der Religionsfriede nicht auf, noch machte er künftig derartige Beschränkungen der landesherrlichen Bestimmung über das Bekenntnis unmöglich. Infolgedessen konnte das willkürliche *„ius reformandi"* in erster Linie dort geübt werden, wo, wie in einer Reihe geistlicher Gebiete und in kleineren Graf- und Herrschaften, keine schützenden Landesverträge und keine landständischen Rechte existierten; darüber hinaus kamen solche Gebiete in Frage, deren Landesherr sich zu offenem oder getarntem Bruch einschlägiger Bestimmungen entschloß.

Die Lutheraner mußten es dulden, daß dem Artikel 18 des Friedensvertrages, zwar ausdrücklich nicht als gemeinsamer Beschluß des Reichstages, wohl aber als kaiserliche Verordnung, das *„Reservatum ecclesiasticum"* in aller Form eingefügt wurde. Danach sollte jeder hohe Geistliche, der von der römischen Kirche zum Luthertum übertrete, sein geistliches Amt und seine Pfründen automatisch verlieren. Diese scheinbar ganz auf Einzelpersonen zugeschnittene Bestimmung bedeutete in Wirklichkeit eine weitgehende Ausschließung der Möglichkeit für einen geistlichen Fürsten, sich an die Spitze seiner evangelisch gesinnten Untertanen zu setzen und sein Territorium der Reformation zuzuführen. Das war bei der Größe und Vielzahl der geistlichen Gebiete insbesondere in Süd- und Westdeutschland eine entscheidende Eindämmung der Reformation, deren Folgen die Konfessionskarte in Deutschland bis 1803 deutlich machte.

Die katholische Seite konnte insofern mit dem Religionsfrieden zufrieden sein, als der Ausbreitung der evangelischen Einschränkungen auferlegt waren. Aber diese gelangen im Hinblick auf die weltlichen Stände nicht so gut, wie man gehofft hatte. Der „Geistliche Vorbehalt" konnte die weitere Ausdehnung der Reformation doch nicht wesentlich hemmen. Alle Hochstifte und Bistümer östlich von Münster, Minden, Paderborn und Fulda und nördlich von Würzburg, Bamberg, Prag und Breslau wurden evangelisch: Bremen, Lübeck, Ratzeburg, Schwerin, Cammin, Verden, Osnabrück (teilweise), Magdeburg, Merseburg, Havelberg, Brandenburg, Lebus, Naumburg und Meißen. Erst auf der Linie Münster—Bamberg brach sich die nach Südosten vorstoßende Welle. Für die Wahrung des katholischen Besitzstandes in den geistlichen Gebieten wurde der kölnische Streit (1580—1583) entscheidend. Hier kam es zu einer zwiespältigen Bischofswahl. Der evangelische Gebhard Truchseß von Waldburg stand gegen den katholischen Herzog Ernst von Bayern. Bayern stützte diesen mit Waffengewalt. So war der Nordwestpfeiler der geistlichen Fürstenmacht in Deutschland wieder gefestigt. Um diese Zeit bestieg in Würzburg der eifrige Förderer der Gegenreformation Julius Echter von Mespelbrunn den Bischofsstuhl. Die vom Süden ausgehende gegenreformatorische Bewegung brach das Vorwärtsdringen der reformatorischen Strömungen in den geistlichen Gebieten Nordwestdeutschlands.

Die lutherische Kirche als Institution

Im Gegensatz zu Calvin ist keine einzige Kirchenordnung juristischer Art auf Luther zurückzuführen. Von Hunderten von Kirchenordnungen anderer Verfasser stammen beispielsweise nur acht von Luther, nämlich drei Gottesdienstordnungen, zwei Taufordnungen, zwei Ordinationsordnungen und eine Trauordnung. Luther überließ die Gesetzgebungsarbeit anderen Mitarbeitern, besonders Bugenhagen, der der Verfasser von Kirchenordnungen für Braunschweig, Hamburg, Lübeck, Pommern und Schleswig-Holstein wurde und der die Reformation in Dänemark und den nordischen Ländern beeinflußte. Nicht erst die Reformation hat das Landeskirchentum erfunden. Der Begriff „Landeskirche" bekam aber seine letzte Zuspitzung erst durch die Tatsache, daß die organisatorische Einheit der Kirche durch die Reformation der Verkündigung und Lehre nicht gewahrt werden konnte. Darum fiel die Kirche der Reformation in eine Fülle von territorialen Einzelkirchen auseinander. Jeder Fürst, Herzog, Graf, jeder Magistrat einer freien Stadt konnte, ja mußte zwangsläufig die kirchenleitenden Rechte eines obersten Bischofs wahrnehmen. Die Visitationen stellten, wenn man sie am kanonischen Recht messen wollte, einen geradezu revolutionären Akt dar. Die Landesfürsten suchten ihn zu rechtfertigen, indem sie zwar nicht selbst lehren wollen, aber die Verantwortung für das übernehmen, was in den Gemeinden ihres Territoriums gelehrt wird. Luther leitete diese Rechte niemals aus dem Wesen des Staates ab. Er mußte faktisch mit dem Landeskirchentum rechnen, wollte aber keine „Staatskirche". Die hervorragenden Glieder der „Kirche", der „Christenheit", sprach er auf ihre christliche Verantwortung hin seit 1520 an, ohne ahnen zu können, daß die Obrigkeiten sich bald überwiegend nicht mehr als Mandatare der Gemeinde, sondern als deren Herren verstehen würden.

Luther verstand sich als ein das christliche Gewissen schärfender Prediger und Lehrer, nicht als Organisator eines neuen Kirchenwesens, so wichtig seine prinzipiellen Stellungnahmen auch waren. Eine einheitliche, übergreifende Gesamtorganisation des lutherischen Kirchenwesens hat er weder erreichen können noch wollen.

Die reformatorischen Organisationsbestrebungen richteten sich deshalb auf ein Territorium, vom Kurfürstentum über Grafschaften bis hin zu den Reichsstädten. Die Kirchenordnungen der Reformationszeit zeigen bei vielen sachlichen Übereinstimmungen in den Aussagen über das Verständnis von Gottesdienst und Lehre doch sehr eindrucksvoll die Eigenarten der Territorialkirchen auf. Die äußere Gestaltung des Kirchenwesens war von zahlreichen politischen und soziologischen Faktoren abhängig.

Es gehört zu den Belastungen des evangelischen Kirchenwesens, daß die theologischen Lehren der Reformation über die Kirche und ihr Recht nur in sehr gebrochener Weise in der rechtlichen Ordnung des Verhältnisses von Staat und Kirche realisiert worden sind. Die reformatorischen Thesen wurden überlagert und verschüttet vom paritätisch-bikonfessionellen Reichskirchenrecht des Augsburger Religionsfriedens (1555) und des Westfälischen Friedens einerseits und andererseits von dem absoluten Territorialstaatsrecht des konfessionell geschlossenen Territorialstaates. Die Ordnung von 1555 und 1648 bringt ein schwer durchschaubares Kompromißsystem mittelalterlicher und moderner, theologischer und staatsrechtlicher, konfessionell-kirchlicher und politisch-säkularer Elemente und Rechtsstrukturen. Luther hätte am liebsten an die Bischöfe angeknüpft, wenn es um die Verkündigung und Leitung der Kirche ging. Die *Confessio Augustana* (Art. 28) will über die Frage Auskunft geben, ob und unter welchen Voraussetzungen die bisherigen Bischöfe als Reichsfürsten in ihren geistlichen Funktionen noch anerkannt werden können. Das Bekenntnis unterscheidet zwischen der *potestas gladii* bzw. *civilis* und der *potestas ecclesiastica*. Diese wird beschränkt auf die eigentliche Wirkgewalt des *ministerium ecclesiasticum* in Wortverkündigung und Sakramentsverwaltung. So wird sie von den altgläubigen Bischöfen gefordert. Sie können also nur als Bischöfe anerkannt werden, wenn sie die reine Wortverkündigung und Sakramentsverwaltung zulassen. Man stand natürlich noch ganz unter dem Eindruck der vielhundertjährigen Tradition einer episkopalen Struktur, die in ihrem soziologischen Kontext das Mittelalter tiefgehend geprägt hatte. Zum Teil setzten sich in lutherischen Kirchen noch die spätfeudalen Akzente fort. Es stand hinter der Auffassung von CA 28 jedoch eine prinzipielle Einsicht: Bei Ausübung der geistlichen Wortgewalt in Predigt und Absolution sollte auf jede äußere Gewalt verzichtet werden. Die *iurisdictio ecclesiastica* als *iurisdictio episcoporum* ist durch göttliches Recht den Bischöfen befohlen wie jedem Pfarrer auch. Geistliche Leitung steht unter dem Worte Gottes und ist ihm Gehorsam schuldig. Mit dieser Überordnung des Wortes versteht es sich von selbst, daß es nicht nur Bischöfe sein dürfen, die Amtsträger ordinieren. Wo Bischöfe evangelisch lehren, da sollen sie es tun, wo sich keine finden — und dies ist in Deutschland die Regel —, kann die Ordination zum geistlichen Amt grundsätzlich von jedem evangelischen Pfarrer vorgenommen werden, wenn auch Formen eines spezifischen Ordinationsamtes sich früh herausbilden mochten. Diese beruhten auf menschlichen Abstufungen im Rahmen des einen Amtes. Luther hätte auch in späteren Jahren gern das bischöfliche Amt festgehalten. Als in Naumburg 1542 ein evangelischer Bischof eingesetzt werden konnte, hat Luther dabei mitgewirkt.

Als evangelische Bischöfe wurden, Luthers Meinung ganz entgegen, auch weltliche Herren eingesetzt. 1544 wurde etwa Herzog August von Sachsen Administrator des Bistums Magdeburg, 1545 Herzog Joachim von Münsterberg Nachfolger des evangelisch gewordenen Bischofs von Brandenburg. Selbstverständlich sahen regierende Fürstenhäuser darin eine gute Chance, durch familieneigene Bischofsstühle territorialen Zuwachs zu erhalten. Die Interessenpolitik der Landesfürsten verfuhr entsprechend mit den Bistümern Magdeburg, Halberstadt, Minden; ähnlich war das Schicksal von Merseburg und Naumburg. Das evangelische Bischofsamt scheiterte letztlich an der Interessenpolitik der Landesfürsten. Luther wollte eine Kirche aus der Verantwortung des allgemeinen Priestertums. An diesem allgemeinen Priestertum hatte auch die weltliche Obrigkeit vollen Anteil, so daß Luther ihr bei der Anordnung des Visitationswerkes und bei der Leitung des Kirchenwesens eine wichtige Rolle zumaß. Dabei unterschied er scharf zwischen dem weltlichen und dem geistlichen Regiment, in dem jeweils andere Autoritäten gelten. Die Visitation war an sich bischöfliche Pflicht, aber die Bischöfe entzogen sich dieser Aufgabe. So wandte sich Luther notgedrungen an den Kurfürsten als vornehmstes Gemeindeglied. Als solches, nicht als höchster Amtsträger im weltlichen Regiment, sollte der Fürst „aus christlicher Liebe" seinen Beistand gewähren und Visitatoren berufen. Diese sollten ein kirchliches Amt wahrnehmen, auch wenn sie als Laien an der Visitation beteiligt waren. Der Vorwurf, Luther habe durch Zustimmung zu den Visitationen durch geistliche *und* weltliche Beamte letztlich die Gemeinden dem Staat ausgeliefert, ist einigermaßen geschichtsfremd. Die örtlichen Gemeinden konnten ihre Finanzen nicht selbständig ordnen. Eine Behörde, die das kirchliche Finanzwesen zentral lenkte, existierte nicht. Erst viel später wuchs die Finanzverwaltung den Konsistorien zu. Man mußte also wohl oder übel den Staat, der viel kirchlichen Besitz eingezogen hatte, für die Sanierung der kirchlichen Finanzen einspannen. Die Visitation zwischen 1527 und 1529 hatte umfassende Aufgaben zu bewältigen. Geeignete Geistliche sollten in ihrem Dienst gestärkt und wirtschaftlich unabhängig werden, das verfallende Klosterwesen sowie die Kirchenvermögen bedurften der Bestandsaufnahme und Verwaltung, die Schulen sollten gefördert werden. In der Visitation sah Luther das wesentlichste Stück von Kirchenleitung: *visitatio est gubernatio*, Visitation ist Leitung.

Wenn auch die Visitationen im Auftrag des Fürsten gemeinsam von Theologen und fürstlichen Räten durchgeführt wurden, so sollte die eigentliche Leitung der Kirche nicht durch äußere Gewalt, sondern durch Gottes Wort *(non vi sed verbo)* geschehen. Daran hat Luther stets festgehalten. Für die spätere Entwicklung ist er deshalb nicht einfach haftbar zu machen. Die Erfahrungen beim kursächsischen Visitationswerk nötigten ihn zu seinen Katechismen von 1529.

1527 wurde in Kursachsen das Amt des Superintendenten in den Amtsstädten geschaffen. Durch Bugenhagens Kirchenordnungen (1528 Braunschweig, 1529 Hamburg, 1531 Lübeck, 1534 Pommern, 1537

Dänemark, 1542 Holstein, 1543 Braunschweig-Wolfenbüttel, 1544 Hildesheim) wurden auch Superintendenten mit bischöflichem Charakter als Leiter von äußeren und inneren Kirchenangelegenheiten weithin eingeführt. Aber die hoffnungsvollen Ansätze wurden nicht fruchtbar. Dies hatte folgenden Grund: Visitationen waren ihrer Natur nach ja nur in bestimmten Zeiträumen durchführbar. Darum brauchte man auf Dauer „Behörden" zur Entscheidung aktueller kirchenrechtlicher Fragen, vor allem auch eherechtlicher Probleme. Anfang Februar 1539 wurde ein Konsistorium für den Kurkreis in Wittenberg eingesetzt. Seine eigentlichen Väter Justus Jonas und Kanzler Brück hatten eine landesherrliche Behörde mit allen Rechtsformen einer solchen daraus machen wollen, einschließlich der Strafkompetenz von Leibesstrafen bis Gefängnis. Luthers Protest bewirkte, daß das Konsistorium ein reines Ehegericht wurde und mit geistlichen Sachen nichts zu tun hatte. 1543 entstand das Konsistorium von Leipzig, 1544 das Merseburger und Meißener Konsistorium. Luther war aus guten Gründen gegen die Bildung von Konsistorien als Behörden des landesherrlichen Kirchenregiments. Er empfand sie als bedrohliche Konkurrenz des Bischofsamtes, was bereits zu seiner Zeit in der Auseinandersetzung zwischen Georg von Anhalt als Bischof von Merseburg und den sächsischen Theologen, die eine konsistoriale Ordnung anstrebten, in Erscheinung trat. Er empfand die Konsistorien als Schrittmacher des Staatskirchentums. Lehrreich ist der Vergleich zwischen Luthers Vorrede zum „Unterricht der Visitatoren" und der *„Constitution* und artikel des geistlichen *Consistorii* zu Wittenberg" (1542). Hier knüpft man an die römische Rechtsprechung an, distanziert sich von den päpstlichen Mißbräuchen, rezipiert aber entsprechend den altkirchlichen Symbolen auch kanonisches Recht.

Im März 1544 hat Herzog Moritz eine Theologenkonferenz nach Leipzig berufen, die ein umfassendes Gutachten über die Fragen der Kirchenordnung erarbeitete. Besonders am geistlichen Charakter des Konsistoriums war dem Gutachten gelegen, es sollte nur mahnen, raten und leiten, nicht strafen nach weltlicher Weise. Das Konsistorium erscheint hier, Luthers Wollen nahe, als Organ der kirchlichen Selbstzucht, nicht als landesherrliche Behörde, wie in den Vorschlägen der Wittenberger. Leider hat sich diese Konzeption nicht durchsetzen können. Moritz ging auf das Gutachten nicht ein, weil ihm damals die geistliche Führung durch einen Bischof für Merseburg den Vorzug zu verdienen schien. Die weitere Entwicklung führte dann leider dazu, daß durch das Ringen von zwei Gruppen mit ihren Konzeptionen für den Bau der Kirche letztlich die Rolle des Landesherrn noch stärker aufgewertet wurde.

Wenn nicht der Schmalkaldische Krieg einen Umschwung herbeigeführt hätte, wäre vielleicht die bischöfliche Verfassung der Kirche unter landesherrlicher Oberhoheit durchgedrungen. Die von Melanchthon verfaßte „Wittenberger Reformation" von 1545 spricht von Kirchengerichten und meint damit die Konsistorien. Diese sind keineswegs nur Verwaltungsorgane. Sie sind Strafgerichte, zwar nicht mit dem Schwert, aber „mit Gottes Wort und Sonderung oder Auswerfung aus der Kirchen". Sie geben dem Pfarrer für seinen Dienst am Bindeschlüssel den nötigen Rückhalt. Doch ist nun auch von einer Zuständigkeit in Fällen die Rede, „welcher weltliche Obrigkeit nicht achten will". Damit werden die Konsistorien zu einer Verlängerung des strafenden Armes der Obrigkeit in Bereichen, die dem weltlichen Strafrecht verschlossen sind. Wenn die Richter des Konsistoriums die Strafe der Exkommunikation verhängt haben, publizieren die Pfarrer diese Strafe. Melanchthon wollte den Staat auf dem Gebiet der Strafrechtspflege der Kirche dienstbar machen. Werner Elert sieht darin ein theokratisches Motiv bei Melanchthon. Dem wird so sein, doch die Dinge verliefen ganz anders, als Melanchthon hoffte. Es entstand das landesherrliche Kirchenregiment, „bei dem schließlich die Kirchengewalt zum Anhängsel der fürstlichen Souveränität und die Kirche zum Ressort des Staates wurde" (W. Elert). Auch Johannes Brenz (1499–1570) hat zunächst in Württemberg versucht, die Organisation der Kirche eigenständig vom Kirchengericht her zu entwickeln und dabei der Gemeinde eine wichtige Rolle zu sichern. Vielleicht hat er ursprünglich sogar den synodalen Gedanken vertreten. Aber auch er geriet in den Sog des staatskirchlichen Zentralismus, der eine Eigenverantwortlichkeit der Gemeinden nicht gestattete. Ebenso scheiterten gründlich die Ansätze in Hessen, wo Landgraf Philipp von Hessen mit dem Theologen Franz Lambert von Avignon eine Gemeindekirche in der Homburger Kirchenordnung 1527 vorgesehen hatte.

Das landesherrliche Kirchenregiment gestaltete sich als Zwilling des politischen Partikularismus. Die Konsistorien als landeskirchliche Behörden gaben den entscheidenden Einfluß den Juristen. Die lutherische Kirche wurde eine bürokratisch regierte landesherrliche Konsistorialkirche. Trotz des Widerspruches Luthers strebte die neue Behörde, um von dem Willen der weltlichen Beamten unabhängig zu sein, als selbständig zu handhabende Exekutivmittel den großen Bann, als weltliche Strafe gedacht, an. Leibesstrafe, Geldbuße und Gefängnis konnten verhängt werden.

Die Aufgaben einer National- oder Generalsynode traten dank der Bemühungen Melanchthons in den dreißiger und vierziger Jahren wie-

derholt in den Vordergrund und hielten die Hoffnung, daß eine deutsche Gesamtsynode zusammentreten würde, lebendig. Dazu ist es allerdings nicht gekommen. Statt dessen gewannen die Synoden im Rahmen
der landeskirchlichen Visitationen an Bedeutung. Die Synoden mußten
jedoch vom Landesherrn einberufen werden und nahmen in den fünfziger Jahren den Charakter von theologischen Kommissionen an, die
je nach der Einstellung des Landesherrn der einen oder anderen Partei
das zahlenmäßige Übergewicht garantierten. Eine allgemeine evangelische Synode kam nicht zustande, und der alternde Melanchthon erwartete sich angesichts der theologischen Zerklüftung auch keinen Erfolg von ihr. Er setzte seine Hoffnung eher auf die freilich gleichfalls
zerstrittenen Universitäten.

Das konfessionelle Zeitalter

Mit dem Religionsfrieden von 1555 wurde das Reformationsrecht zu
einem folgenschweren landesherrlichen Recht. Es sollte für die Abgrenzung der Territorien und Gebiete eine entscheidende Rolle spielen. Die
Frage, wer jeweils die wirkliche landesherrliche Gewalt habe, war 1555
noch nicht überall eindeutig geregelt, zum Beispiel gab es in Franken
und Schwaben bis zum Untergang des alten Reiches Streitigkeiten und
Auseinandersetzungen darüber, wer in bestimmten Fällen der Landesherr sei. Volle Klarheit brachte erst der moderne Begriff des Staates, der
ein Staatsgebiet in sich schließt. Der mittelalterliche Personenstaat wandelte sich zum modernen Flächenstaat. Das Reich hielt 1555 an der
Tatsache fest, daß es in ihm nur eine Religion gebe, die beiden Konfessionen galten als zwei Ausprägungsformen derselben, und von sich
aus gab keine den Anspruch auf, „katholisch" zu sein. Der erste Schritt
zu einer formalen konfessionellen Toleranz war getan, wenn auch keine
Partei der anderen in ihrem Einflußbereich gleichberechtigte Duldung
gewähren wollte. Und doch war zugleich auch der erste Schritt zu einer
inhaltlichen Toleranz getan, insofern beide Parteien etwas geschaffen
hatten, was über ihr eigenes Wollen und Verstehen hinauswies und
schließlich im Toleranzgedanken der Aufklärung mit seinen politischen
Implikationen Gestalt gewann. Die Stabilisierung des reformatorischen
Kirchenwesens war mit dem Reichstag zu Augsburg 1555 nicht abgeschlossen, sie machte sogar jetzt erst Fortschritte. Die Reformation tritt
allerdings in ihre „konfessionelle Phase" ein. Nach dem Religionsfrieden bildet sich das Luthertum als Konfessions-Kirche mit den Merk-
malen aus, die bis zur Höhe der Aufklärung für die meisten Landeskirchen charakteristisch waren.

Die alte Einteilung der Pfarreien mit Filialen, Pfründen, Stiftungen usw. blieb im wesentlichen bestehen. Die Ehegerichtsbarkeit blieb dem geistlichen Gericht vorbehalten, und es galten die gleichen Ehehindernisse bei Verwandtschaft wie im kanonischen Recht. Dennoch hatte man ein feines Empfinden für Grenzüberschreitungen. Das wurde in dem mutigen, opferbereiten Kampf gegen das kaiserliche „Interim" (1548) deutlich, als viele Pfarrer lieber ihre Existenz aufs Spiel setzten als mehrdeutige Zeremonien und Formulierungen zu akzeptieren.

Die evangelischen Obrigkeiten konnten nach 1555 oft mehr Befugnisse wahrnehmen als die alten katholischen Obrigkeiten und die Bischöfe. Sie verfügten über die Kirchengüter. Die Obrigkeit übte, indem sie praktisch die Rechtsnachfolge des früher zuständigen Bischofs antrat, die episkopale Jurisdiktion. Bei der Feststellung von Kult und Bekenntnis sprach sie das letzte Wort. Das Kirchenvermögen ging an den Landesherrn über, der es auch für kirchliche Zwecke verwandte, aber nicht immer und nicht ausschließlich. Nach der Theorie, daß zu reformatorischen Zwecken auch Leistungen für den evangelischen Staat oder die allgemeine Wohlfahrt gehörten, galt es als erlaubt, den strapazierten Staatsfinanzen durch die Kirchengüter aufzuhelfen. Durch die theologischen Kämpfe nach dem Tode Luthers wuchs der Obrigkeit unbeabsichtigt eine Schlichtungs- und Entscheidungsfunktion zu, wobei es nicht selten zu Konflikten kam, die schon in der Orthodoxie, vor Aufkommen des Pietismus, zu herber Kritik an dem seine Grenzen überschreitenden landesherrlichen Summepiskopat („Cäsaropapie") veranlaßte.

Nach dem Augsburger Religionsfrieden unternahm als erster Fürst Herzog Christoph von Württemberg Schritte zur Bereinigung des innerlutherischen Gegensatzes zwischen den Flacianern und den Adiaphoristen und Majoristen. Bei einem Gespräch mit den Katholiken in Worms (11. September bis 28. November 1557) dokumentierte sich die Zerrissenheit in blamabler Weise. Die ernestinischen Theologen reisten ab. Der Frankfurter (1558) und der Naumburger Fürstentag führten nicht weiter. Die territoriale Bekenntnisbildung macht in dieser Situation rasche Fortschritte. Führend werden in der Erarbeitung einer abschließenden, die landeskirchlichen *Corpora doctrinae* überhöhenden Bekenntnisschrift Braunschweig-Wolfenbüttel und besonders Württemberg. Ende August 1568 wird von Württemberg Jakob Andreae nach Wolfenbüttel geschickt, um für seine Konkordienpläne zu werben. Seit 1570 zeichnet sich der Weg zum Konkordienwerk immer klarer ab. 1575 liegt die Schwäbisch-Sächsische Konkordie vor, und 1577 ist aus den literarischen Vorstadien die Konkordienformel fertig entwickelt.

Wo die Konkordienformel (FC) eingeführt war, wachte man über allen Abweichungen von dieser Generallinie. Alles, was als krypto-calvinistisch galt, wurde unnachsichtig geahndet, bis hin zu Leibesstrafen und vereinzelt sogar zu Todesurteilen. Es lebte im lutherischen Kirchentum die Idee von der absoluten Wahrheit und Verbindlichkeit des Glaubens weiter. Man wird das Abschirmungsbedürfnis des Luthertums für nicht weniger stark halten dürfen als das des Calvinismus und Katholizismus. Fanatismus gab es im konfessionellen Zeitalter auf allen Seiten. Durch unzutreffende Vergleiche der christlichen Gegner, etwa mit Juden, Türken, Moslems, trug man nicht nur zur Lieblosigkeit in der Auseinandersetzung bei, sondern man leistete der Säkularisierung der konfessionellen Auseinandersetzung Vorschub. Man leugnete die den Christen gemeinsamen Grundlagen.

Seit dem Konkordienbuch (LC) von 1580, in dem die lutherischen Bekenntnisschriften gesammelt veröffentlicht wurden, entstanden theologische Systeme im Rahmen der lutherischen Orthodoxie. Mit Hilfe des der Schulphilosophie unentbehrlichen Aristoteles vollzog sich unter Zustimmung Melanchthons die Ausbildung einer protestantischen Scholastik. Wittenberg und Leipzig wetteiferten in Konkurrenz miteinander, und ihre Lehrer wiesen auch Unterschiede auf, die jedoch nur relative Bedeutung hatten gegenüber dem schon fortschrittlicheren Jena, wo Johann Gerhard von 1616 bis 1637 lehrte und eine Summe der Theologie, unter Einschluß des katholischen Erbes, vorlegte, mit Abgrenzung von den irenischen und ethischen Tendenzen der Helmstädter Theologie unter Führung von Georg Calixt (1586–1651). Die natürliche Theologie als Vorbau der *theologia revelata* bahnte der Aufklärung den Weg.

Die lutherischen Juristen haben sich vor und während des Dreißigjährigen Krieges auf den bedrohten Religionsfrieden von 1555 berufen und versucht, aus seinen zum Teil nur dürftigen Bestimmungen ein staatskirchenrechtliches System zu entwickeln. Aus dem Provisorium des Religionsfriedens wurde eine paritätische Ordnung entwickelt, ehe diese sich in den Bestimmungen des Westfälischen Friedens (1648) gesetzlich durchsetzte. Der Gedanke des staatsrechtlichen Ausgleichs verdrängte die offen gebliebene theologische Wahrheitsfrage. Das *ius reformandi* wird für beide Konfessionen proklamiert; es wird zum rein formalen Herrschaftsrecht des Landesherrn. Die theologische Wahrheitsfrage wurde ausgeklammert, und von den Juristen postuliert, man müsse in reichsrechtlichen Überlegungen nicht entscheiden, welche Konfession die wahre sei. Man beschränkte sich auf die staatsrechtliche Argumentation, ohne zu sehen, daß man sich damit in Gegensatz zum bisherigen Staatskirchenrecht und zur mittelalterlichen Auffassung von der kaiserlichen Schutzfunktion für die eine Kirche stellte. Der Kirchenbegriff des Reiches mußte, „eben in dem Bestreben, eine universale Ordnung zu bleiben, seine Absolutheit aufgeben" (M. Heckel). Der westfälische Kongreß von Münster, wo die Katholiken tagten, und Osnabrück, wo die Protestanten sich einfanden, kam 1648 zu drei Friedensverträgen. Die kirchlich-religiösen Normen des Friedens stehen unter dem Vorzeichen der Toleranz und der konfessionellen Parität. Bis zum Ausbruch des Dreißigjährigen Krieges war das Verhältnis der Konfessionen zueinander im Passauer Vertrag von 1552 und im Augsburger Religionsfrieden von 1555 geregelt. Den Reichsständen, die die Reformation eingeführt hatten, war zugesichert, deshalb keine Gewalt erleiden zu sollen. Auch für die Zukunft wurde den Landesherren die freie Wahl der Religion zugesichert. Aber das Recht auf freie Religionswahl wurde noch nicht auf die Untertanen ausgedehnt, denen nur das Recht der Auswanderung zugestanden wurde.

Demgegenüber bedeutet der Westfälische Friede einen unübersehbaren Fortschritt. Der „Passauer Vertrag" und der „Augsburger Religionsfrieden" wurden bestätigt. Statt 1552 wurde als Normaljahr für den beiderseitigen Besitzstand das Jahr 1624 genannt. Seit 1552 waren besonders in Norddeutschland eine Reihe von geistlichen Gebieten evangelisch geworden. Die österreichischen Erblande waren vom Frieden ausgenommen und blieben offiziell der Reformation verschlossen.

Der Friede brachte eine Lockerung des starren Grundsatzes *„cuius regio eius religio"*, der Parität ohne Toleranz bedeutete. Das Normaljahr 1624 implizierte eine gewisse Mischung der Konfessionen. Wenn ein Fürst die Konfession wechselte, konnte er seine Untertanen nicht mehr mit Zwang nachziehen, konnte aber doch neben ihnen Untertanen dulden, die seinen Glauben teilten. Auf solcher Rechtsgrundlage konnten zum Beispiel in lutherische Städte reformierte Hugenotten einwandern. Wo Andersgläubigen der öffentliche Kultus nicht gestattet wurde, konnte doch die häusliche Andacht zugestanden werden. Der Besuch von Gottesdiensten außerhalb der Landesgrenzen wurde teilweise möglich.

Der Westfälische Friede stellte nüchtern fest, daß eine Wiedervereinigung mit politischen Zwangsmitteln nicht möglich war und nach den Erfahrungen des Krieges nicht mehr versucht werden sollte.

Was im Augsburger Religionsfrieden von 1555 als Provisorium gedacht war, wird als Definitives anerkannt, auch wenn die römische Kirche gegen die Rechtsgleichheit von drei Konfessionen im Reichsverband protestierte.

III. Kapitel

DIE REFORMATION
IN DEN SKANDINAVISCHEN LÄNDERN

CARL-GUSTAV ANDRÉN

Allgemeine Merkmale

Die nordischen Länder — Dänemark, Norwegen, Island, Schweden und
Finnland — weisen in konfessioneller Hinsicht eine große Homogenität
auf. Diese Tatsache steht weitgehend in Zusammenhang mit der Art
und Weise, in der die Reformation in diesen Ländern durchgeführt
wurde. Ende des 14. Jahrhunderts bildeten die skandinavischen Länder
eine Union unter dem König von Dänemark. Doch starke nationale
Unabhängigkeitsbewegungen, vor allem in Schweden, aber auch in
Norwegen, stellten immer wieder die Union in Frage; und lange Zeit-
abschnitte hindurch war sie überhaupt aufgelöst. Auch in den ersten
beiden Jahrzehnten des 16. Jahrhunderts kam es zu langwierigen
Kämpfen für und gegen die Union. Für eine kurze Zeit — von 1520 bis
1521 — gelang es König Christian II. von Dänemark (1513–1523)*,
die Gegner der Union in Schweden für sich zu gewinnen; und damit
bildete Skandinavien zum letzten Mal eine wirkliche politische Einheit
unter der Führung des dänischen Königs. Von 1521 an gab es zwei politische Bündnisse — das eine bestand aus Dänemark, Norwegen und Island, das andere aus Schweden und Finnland. Infolgedessen war das
Verhältnis zur Reformation sowie ihre Durchführung in der beiden
Regionen unterschiedlich.

Zur Zeit der Reformation waren die kirchlichen Verhältnisse in den
verschiedenen skandinavischen Ländern in vielerlei Hinsicht ähnlich.
Die römisch-katholische Kirche hatte seit langer Zeit festen Fuß gefaßt. Das vielfältig entwickelte kirchliche Leben wurde nicht nur durch
das kanonische Recht, sondern auch durch detaillierte Diözesanstatuten
geregelt. Das intensive Bemühen, eine größere Uniformität unter den
Diözesen zu erreichen, äußerte sich u. a. in der Veröffentlichung von
Meßbüchern, Brevieren und Manualen. Die künstlerische Ausgestaltung

---

* Datenangaben beziehen sich im Falle von Königen auf die Regierungszeit,
im Falle anderer Personen auf biographische Daten.

der Kirchen gewann an Bedeutung; und zu Beginn des 16. Jahrhunderts wurden an diesem Punkte beachtliche Resultate erzielt. Die Kirchenzucht wurde *de facto* aufrechterhalten; und es gab in den Gemeinden in Dänemark, Norwegen, Island, Schweden und Finnland kaum eine Entwicklung, die dem Niedergang der Kirche auf dem Kontinent entsprochen hätte.

Doch gab es auch Anomalien; und die waren natürlich der Kritik ausgesetzt. Diese bezog sich zunächst auf die politische und wirtschaftliche Betätigung der Bischöfe und auf den Ablaßverkauf, der in Skandinavien von dem päpstlichen Legaten Acrimboldus betrieben wurde, der dadurch Mittel für den Bau des Petersdoms in Rom zu beschaffen suchte. Poul Helgesen (1485–1535), ein dänischer Bibelhumanist, betrachtete diese Art von Aktivität ganz einfach als den Hauptgrund für den Verlust des Prestiges der römisch-katholischen Kirche in Skandinavien und als ein Einfallstor für den lutherischen Glauben.

Der Bibelhumanismus des großen Gelehrten Erasmus von Rotterdam fand besonders in Dänemark weite Verbreitung. Die reformkatholischen Bemühungen bildeten eine entscheidende Grundlage für das reformatorische Denken. Auch der aufkommende Nationalismus war ein Wegbereiter der Reformation. Der König machte dem Papst gegenüber bestimmte Ansprüche geltend, vor allem das Recht, Bischöfe zu ernennen.

Im Lichte dieser allgemeinen Grundzüge wollen wir nun den Verlauf der Reformation in Skandinavien verfolgen.

Dänemark

Die Reformation wurde über Schleswig und die norddeutschen Handelsstädte nach Dänemark gebracht. Ihre verschiedenen Phasen sind eng mit drei Königen verbunden, nämlich Christian II. (1513–1523), Frederik I. (1524–1533) und Christian III. (1536–1559). Zwei von ihnen haben Luther persönlich gekannt. Christian II., der 1521 versucht hatte, den Kurfürsten von Sachsen dazu zu bewegen, Luther unter anderem zu einem Besuch nach Kopenhagen zu entsenden, hielt sich 1523 in Wittenberg auf, nachdem er auf Grund eines Aufstandes gezwungen worden war, Dänemark zu verlassen. Der spätere König Christian III. war schon 1521 bei dem Reichstag in Worms dabei, als Luther in Anwesenheit des deutschen Kaisers sich verteidigte. Diese Erfahrung hat ihn entscheidend beeinflußt. Der wichtigste theologische Beitrag zur Reformation in Dänemark kam von einem Schüler Luthers, Hans Tausen (1494—1561), der ein Mönch des Johanniterordens war. Er war im Geist des Bibelhumanismus ausgebildet worden, und nach seinem Aufenthalt an der Universität von Löwen war er Lektor sowohl für Griechisch als auch für Hebräisch, was ziemlich ungewöhnlich war. Er kam mit Luther 1523 durch seine Studien in Wittenberg in Berührung. In den Skibykrøniken von Poul Helgesen wird er als der „Fahnenträger aller Lutheraner in Dänemark" beschrieben.

Die Zeit Christians II. war eine Periode der Vorbereitung für die Reformation. Der König versuchte, eine skandinavische Großmacht unter der Führung eines starken Monarchen zu schaffen, der die Unterstützung der Bürger und Kaufleute hat. Die wichtigste Institution des Landes — die Kirche — würde sich der königlichen Macht fügen müssen, wenn dieses Ziel erreicht werden sollte. Darum verfolgte der König eine nationale Kirchenpolitik, die für die Zukunft von großer Bedeutung war. Zugleich wollte er die Kirche von innen her reformieren, in Übereinstimmung mit dem Geist des Humanismus.

Wie bereits erwähnt, breitete sich der Bibelhumanismus weitgehend in Dänemark aus, was vor allem seinem hervorragenden Vertreter, Poul Helgesen, zu verdanken war, der eine der entscheidensten Persönlichkeiten der dänischen Reformation war und der auch vom König unterstützt wurde. Poul Helgesen, der 1519 Dozent für biblische Theologie an der Universität von Kopenhagen war, übte heftige Kritik an der vorherrschenden scholastischen Theologie und an den derzeitigen Aktivitäten der Kirche. Die Kirche sollte durch gründliche humanistische Studien von innen her reformiert werden. In verschiedenen Punkten, vor allem aber im Hinblick auf die Schrifttreue, übernahm Poul Helgesen in seinen Vorlesungen die Lehre Luthers und wurde darum als Lutheraner angesehen. In der grundlegenden Frage der Bedeutung des Glaubens jedoch unterschied er sich von Luther. Er verstand unter Glauben die rechte Frömmigkeit und Lebensweise. Die dänischen Reformatoren sind alle stark vom Bibelhumanismus durch Poul Helgesen beeinflußt worden, der auch zwischen dem Alten und dem Neuen eine Verbindung fand.

Christian II. selbst war eindeutig durch die Bibelhumanisten beeinflußt, die positiv zur Reform standen. Das geht auch ganz klar aus seinem Entwurf einer Kirchenordnung hervor. Dieser Einfluß scheint ihn auch dazu inspiriert zu haben, mit Wittenberg in Kontakt zu treten, von wo er nicht nur Karlstadt und Melanchthon, sondern auch Luther für Kopenhagen gewinnen wollte. Karlstadt ging 1521 als Universitätslehrer, königlicher Berater und Prediger dorthin, doch er stellte fest, daß die Ideen der Reformation noch keineswegs die Billigung des dänischen Königs fanden; und so kehrte er nach einigen Wochen nach Wittenberg zurück. Erst 1523 wurde Christian II. ein wirklich überzeugter Lutheraner; und da hatte er Dänemark schon verlassen, weil man ihn unter anderem beschuldigt hatte, er hätte Häretiker in Kopenhagen predigen lassen.

Als Frederick I. 1524 an die Macht kam, versprach er, der lutherischen Häresie entgegenzutreten, doch in der Praxis übte er die gleiche Toleranz wie die deutschen Reichstage. Das bedeutete unter anderem, daß Predigen in Übereinstimmung mit der Bibel erlaubt war, bis eine allgemeine Synode in der religiösen Kontroverse entschieden haben würde. Auch die führenden römischen Katholiken sowie die Humanisten beklagten sich darüber, daß der Regierungswechsel nicht zu den erwarteten Verbesserungen für die Kirche geführt hatte. Die sozialen und politischen Veränderungen, die Christian II. eingeleitet hatte, wurden eingestellt. Indirekt begünstigte das die Reformation unter den Bürgern und Bauern. Der deutsche Bauernaufstand löste ähnliche Aufstände in Dänemark aus, die vornehmlich von der reaktionären Aristokratie hervorgerufen und durch einen Aufruf des verbannten Königs, Christian II., angeregt wurden. Auch in der Zukunft griff er noch ein, indem er zum Beispiel reformatorische Veröffentlichungen drucken ließ. Die Übersetzung des Neuen Testaments ins Dänische, die 1524 erschien, war für den Fortschritt der Reformation von großer Bedeutung. Das war die erste reformatorische Ausgabe in einer Landessprache außerhalb der deutschen Grenzen. Die Grundlage für die dänische Übersetzung war die erasmische lateinische Übersetzung von 1516 und Luthers deutsche Übersetzung von 1522.

Das Jahr 1526 war der eigentliche Startpunkt für die Reformation in Dänemark. An vielen Orten wurden regelmäßig reformatorische Predigten gehalten, und nach der Versammlung des Adels in Odense wurde formal der Bruch mit Rom vollzogen. Denn es wurde beschlossen, daß von nun an ein neu gewählter Bischof die Bestätigung seiner Wahl beim König und nicht beim Papst einholen sollte. Eine weitere Versammlung wurde 1527 in Odense abgehalten, auf der der König einen Antrag des königlichen Rates ablehnte, daß er gegen die Häresie einschreiten sollte. Auf diese Weise wurde eine gesetzliche Grundlage für die Beibehaltung der freien evangelischen Predigt geschaffen. Die dänische Kirche ragte heraus als eine reform-katholische Nationalkirche, die auf dem Evangelium gegründet ist und keine Beziehung zu Rom hat.

Ende der zwanziger Jahre wurden zahlreiche Gemeinden manchmal etwas drastisch reformiert, wie zum Beispiel Viborg — die Stadt, aus der Hans Tausen stammt —, wo mit Genehmigung des Königs eine

Reihe von Kirchen niedergerissen und einige Klosterkirchen in Ge-
meindekirchen verwandelt wurden. In Sønderjylland wurde die Reformation von Herzog Christian, dem späteren König Christian III., stark
unterstützt; und 1528 führte er in etwa sechzig der dortigen Gemeinden die Haderslev Artikel als eine lutherische Kirchenordnung ein.
Darin wurde unter anderem verordnet, daß die Messe auf Dänisch gehalten werden sollte. Hans Tausens schriftstellerische Tätigkeit in
Viborg war für die ganze Kirche äußerst wichtig — nicht zuletzt sein
dänisches Gesangbuch, seine Agende und später seine Predigtsammlung.
Von großer Bedeutung für die Liturgie war der sogenannte *Malmö-
mässan* von 1528. Er baute auf Luthers deutscher Messe von 1523 und
der süddeutschen Nürnberger Messe von 1525 auf.

Ausländischem Beispiel folgend berief Frederick I. 1530 eine Versammlung des Adels zu einem Streitgespräch zwischen den römisch-katholischen Prälaten und den evangelischen Predigern nach Kopenhagen ein;
denn ihm lag daran, daß die Religion überall in gleicher Weise reformiert und gelehrt wird. Die Versammlung wurde jedoch vom Ausland
her bedroht, und die religiösen Fragen wurden zugunsten der politischen außer acht gelassen. Doch die Prediger verfaßten eine Reihe von
Glaubensartikeln — *Confessio Hafniensis* (1530) —, die durch einen
allgemeinen Protestantismus einerseits und einen radikalen Bibelhumanismus andererseits gekennzeichnet waren. Das geplante Religionsgespräch fand nie statt, und die Versammlung traf keinerlei Entscheidungen im Hinblick auf die Reformation — doch die Artikel brachten die Meinung der führenden Reformatoren in Dänemark zum Ausdruck.

Die folgenden Jahre waren durch inneren politischen Aufruhr gestört.
Christian II., der in die römisch-katholische Kirche zurückgekehrt war,
war eine ständige Bedrohung. Er landete mit einer Armee in Norwegen,
wurde jedoch 1532 gefangengenommen. Als Frederick I. 1533 starb,
war die Thronfolge noch ein ungelöstes Problem. In dem gleichen Jahr
versuchten die Bischöfe, ihre Macht wiederzugewinnen. Ein Bürgerkrieg — mit dem Zentrum in Kopenhagen und Malmö — brach aus, und
zwar auf der Basis der religiösen Demokratie der Mittelklasse und der
Opposition gegen den König, die Aristokratie und die vorherrschende
römisch-katholische Kirche. Herzog Christian war siegreich in diesem
Machtkampf und bestieg 1536 den Thron als König Christian III.
Mehrere Bischöfe wurden als Urheber des Krieges abgesetzt, und ihr
Besitz wurde beschlagnahmt.

Mit dem Dekret von 1536 hat die Reformation endgültig in Dänemark
die Oberhand gewonnen. Im darauffolgenden Jahr wurden die kirch-

lichen Verhältnisse sowohl verfassungsmäßig als auch liturgisch durch die *Kirkeordinansen* geregelt, eine Kirchenordnung mit Anweisungen für den Glauben, die Gottesdienste und Amtshandlungen, die von Luther und Bugenhagen gebilligt war. Ein evangelisches Meßbuch *(Alterbogen)* erschien ebenfalls. Im gleichen Jahr wurden sieben neue reformatorische Bischöfe, Superintendenten genannt, von dem deutschen lutherischen Reformator Johann Bugenhagen geweiht. Da Bugenhagen selbst nicht zum Bischof geweiht worden war, bedeutete dies einen endgültigen Bruch mit der alten Kirche. Somit hatte das west-dänische Luthertum unter Christian III. mit dem Herrscher als Oberhaupt über die radikale und demokratische lutherische Bewegung Ostdänemarks gesiegt. Die Bibel Christians III. von 1550/51 — über Generationen hinaus die dänische Kirchenbibel — und Hans Thomissöns Gesangbuch von 1564 wurden die entscheidenden Bücher der Reformation. Zur Annahme von Glaubensartikeln kam es erst 1665, als „*Kongeloven*" — ein Verfassungsrecht — auf die Heilige Schrift und die *Confessio Augustana* Bezug nahm.

Norwegen

Politisch gehörte Norwegen zu Dänemark, doch im religiösen Bereich gab es in Norwegen nichts Vergleichbares zu den dramatischen Ereignissen der zwanziger Jahre in Dänemark, obwohl der Bibelhumanismus dort auch bekannt war.

Von Luther inspirierte Prediger scheinen gegen Ende des Jahrzehnts sporadisch aufgetreten zu sein, doch hat es nie eine nationale Bewegung gegeben. Der norwegischen Kirche unter Erzbischof Olav Engelbriktsson (1480—1538) gelang es, sich aus der Krise der Reformation herauszuhalten. Trotzdem führte die Landung Christians II. in Norwegen zu keinem positiven Ergebnis für die Zukunft der römisch-katholischen Kirche. Und nach dem Sieg Christians III. in Dänemark floh der Erzbischof aus Norwegen. Was in Dänemark geschah, bestimmte auch das Schicksal der Kirche in Norwegen. Man könnte sagen, daß die Reformation in Norwegen in gewissem Maße unter Zwang eingeführt worden ist. Die grundlegenden Dokumente der dänischen Reformation wurden auch in Norwegen für gültig erklärt. Die *Kirkeordinansen* von 1537 enthielt einen besonderen Abschnitt über Norwegen, in dem es unter anderem hieß, daß der Herrscher verspricht, Superintendenten nach Norwegen zu schicken, um für die Predigt des Wortes Gottes zu sorgen. Ein Teil des Eigentums der norwegischen Kirche wurde eingezogen, und Kirchen und Klöster mußten einen großen Teil ihrer Silber-

und Goldschätze abliefern. Offiziell wurde die lutherische Reformation Ende der dreißiger Jahre des 16. Jahrhunderts in Norwegen durchgeführt, doch die Bevölkerung blieb noch zu gewinnen; und für lange Zeit schien sie ziemlich gleichgültig zu sein. Erst 1607 erhielt Norwegen eine eigene evangelische Kirchenordnung, obwohl es die Bibelübersetzung und das Gesangbuch mit Dänemark gemeinsam hatte.

Island

Auch für Island war die Entwicklung in Dänemark entscheidend. Aufgrund der zahlreichen Handelsverbindungen mit Deutschland wurde die Reformation schon früh in Island bekannt. Es gab zwei isländische Pfarrer, die lutherische Predigten hielten. Einer von ihnen, Odd Gottskalksson (1500–1556), übersetzte das Neue Testament ins Isländische; und es wurde 1540 in Roskilde gedruckt. Schon 1538 wurde die dänische *Kirkeordinans* dem *Allting*, dem isländischen Reichstag, unterbreitet. Die neue Bewegung wurde von den beiden Bischöfen von Island bekämpft; doch von 1550 an wurde jeder Widerstand gegen die neuen Ideen aufgegeben, und Island schloß sich als eine lutherische Nationalkirche der dänischen Reformation an.

Schweden

Während des Mittelalters war es der schwedischen Kirchenprovinz gelungen, in vieler Hinsicht ihre Selbständigkeit gegenüber der weltlichen Macht des Königs im eigenen Land sowie der geistlichen Macht der römisch-katholischen Kirche aufrechtzuerhalten. Als Mitglieder des königlichen Rates hatten die Bischöfe eine prominente politische Stellung inne und beteiligten sich aktiv an der Regierung des Landes. Als Christian II. 1520 die Gegner der Union erfolgreich geschlagen hatte, wurden zwei Bischöfe mit einigen anderen prominenten Schweden beim Blutbad von Stockholm (1520) hingerichtet.

Die Reformation in Schweden und Finnland war dadurch gekennzeichnet, daß sie lange Zeit hindurch von einigen wenigen Männern abhängig war, die sowohl Führer des Landes als auch der Kirche waren. 1521 wurde Gustav Eriksson Vasa Führer der nationalen Unabhängigkeitsbewegung, die sich nach den Ausschreitungen in Stockholm bildete. 1523 wurde er zum König von Schweden gewählt und regierte bis 1560. Zu Beginn der Befreiungsbewegung legte Gustav Vasa ein Gelübde ab, daß er die römisch-katholische Kirche und ihre Privilegien verteidigen würde; doch er hatte es sich zum Ziel gemacht, eine starke

königliche Macht in einem unabhängigen Land zu schaffen; und sein
Ehrgeiz, dieses Vorhaben zu verwirklichen, machte ihn äußerst emp-
fänglich für die Ideen der Reformation. Er wurde angeregt durch den
Archidiakon von Strängnäs, Laurentius Andreae (1470–1552), der
1523 Gustav Vasas Kanzler wurde. Durch sein Studium im Ausland
hatte er sich nicht nur mit dem kanonischen Recht und den Schriften
der apostolischen Väter, sondern auch mit den Reformideen des späten
Mittelalters vertraut gemacht. Er hatte die Gaben eines hervorragenden
Staatsmannes. Das war von großem Gewinn, als er in den zwanziger
Jahren in Zusammenarbeit mit Gustav Vasa dem Programm der schwedischen Nationalkirche seine endgültige Gestalt gab.
Der schwedische Reformator, Olavus Petri (1493–1552), der von 1518
bis 1552 wirkte, war auch Diakon in Strängnäs gewesen. Nachdem er
bei Peder Galle an der Universität von Uppsala den Thomismus studiert hatte, verbrachte Olavus Petri die ereignisreichen Jahre 1516 bis
1518 an der Universität Wittenberg, wo er alte Sprachen, Jura und
Theologie studierte. Wie Hans Tausen aus Dänemark erwarb er gute
Kenntnisse in Griechisch und Hebräisch. Er erlebte aus nächster Nähe
die wichtigsten Ereignisse im Zusammenhang mit dem Auftreten Luthers als Reformator; doch wurde er auch durch den Bibelhumanismus
beeinflußt, der seine zukünftige Tätigkeit mitprägte. Durch Olavus
Petris Predigten zu Beginn der zwanziger Jahre wurden die Gedanken
der Reformation in ganz Schweden eingeführt und verbreitet.
Zu den hervorragenden Persönlichkeiten der schwedischen Reformation
gehörte auch Olavus Petris Bruder, Laurentius Petri (1499–1573), der
der erste evangelische Erzbischof der Kirche von Schweden wurde. Er
hatte diesen Posten von 1531 bis 1573 inne. Auch er hatte in Wittenberg als Schüler Luthers studiert. Die lange Zeit, die es diesen Männern
zu wirken vergönnt war, ermöglichte die Kontinuität, die für die Entwicklung der schwedischen Reformation so entscheidend war.
Charakteristisch für die Situation in der Kirche von Schweden war die
Tatsache, daß im Jahre 1522 fünf der sieben Diözesen keinen Bischof
hatten. Übriggeblieben waren nur der alte Bischof von Wäxjö und
Hans Brask (1464–1538) von Linköping. Der letztere wurde der erste
und fähigste Wortführer für die römisch-katholische Kirche gegen die
Reformation. Ein anderer Verteidiger des römisch-katholischen Glaubens war Peder Galle (1450–1538), der Doktor der Theologie an der
Universität von Uppsala war. Nur einer der neu gewählten Bischöfe,
Petrus Magni von Västerås (gest. 1534), war 1524 vom Papst ernannt
und geweiht worden. Als Gustav Vasa um die Bestätigung und Weihe
des neu gewählten Bischofs nachsuchte, berief er sich auf die Unabhän-

gigkeit des Staates gegenüber der Kirche und bat um den Erlaß der Kosten, die mit der Weihe verbunden sind. Der Papst wies diesen Vorschlag zurück, was zur Folge hatte, daß die Beziehungen zwischen dem schwedischen Staat und dem Papsttum abgebrochen wurden — früher als in irgendeinem anderen Staat in Europa. Zugleich wurde der Einfluß des Mönchswesens dadurch beeinträchtigt, daß es seinen Schwerpunkt auf die missionarische Tätigkeit in Lappland legte. Die Bischöfe verloren erheblich an Macht und Autorität, zum Teil, weil die neuen Bischöfe nicht geweiht worden waren, und zum Teil, weil sie sich Reformen gegenüber aufgeschlossen zeigten.

Der Bischof von Linköping, Hans Brask, warnte seine Zeitgenossen wiederholt vor der lutherischen Häresie, die sich in das Land einschlich. Nichtsdestoweniger stieß die Reformation auf Zustimmung. Die Hauptgedanken der neuen Kirchenpolitik wurden 1524 in einem Brief an das Kloster Wadstena dargelegt. In diesem Brief, der von größter Bedeutung für die schwedische Reformation war, vertrat Laurentius Andreae die Überzeugung, daß die Bibel die höchste Autorität ist, daß infolgedessen das, was im Lande geschah, nicht die Einführung eines neuen Glaubens bedeutete, daß Luthers Lehre nicht verworfen werden darf, ohne im Lichte des Wortes Gottes geprüft worden zu sein, daß die Kirche das christliche Volk war und daß darum das Geld der Kirche dem Volk gehörte.

In den darauffolgenden Jahren fand eine Reihe von Ereignissen statt, die die allgemeine Richtung der Entwicklung aufzeigen: Olavus Petri ließ sich in Stockholm nieder, wodurch sein Einfluß zunahm. 1524 wurde ein deutscher Lutheraner, Nicolaus Stecker, zum Pfarrherrn der Hauptstadt ernannt. Im nächsten Jahr heiratete Olavus Petri, und die Liturgie bei seiner Trauung war offensichtlich evangelisch. 1526 wurde das Neue Testament auf Schwedisch in der königlichen Druckerei in Stockholm gedruckt. Die religiöse Frage wurde in den Mittelpunkt gerückt, als der König — in Übereinstimmung mit dem, was in Deutschland geschah — ein Religionsgespräch in Uppsala über gewisse praktische Probleme der Kirche ankündigte. Das Streitgespräch fand nie statt, da Peter Galle sich weigerte, an der Diskussion teilzunehmen und nur eine schriftliche Antwort gab, die von Olavus Petri sowohl mündlich als auch schriftlich zurückgewiesen wurde.

Von religiösen und politischen Aufständen bedrängt, mußte Gustav Vasa 1527 einen Reichstag nach Västerås einberufen unter dem Vorwand, daß der König abdanken wollte und daß man hinsichtlich der christlichen Lehre zu einer Einigung kommen müßte. Der König wurde dazu bewogen, nicht abzudanken; ein religiöses Streitgespräch kam zu-

stande; der Reichstag verpflichtete sich, den König gegen die Unruhen
in der Provinz Dalecarlia zu unterstützen, eine Verminderung des
kirchlichen Eigentums zu billigen, dem Adel die Erlaubnis zu erteilen,
bestimmte Besitztümer, die der Kirche übertragen worden waren, wieder an sich zu nehmen; und schließlich äußerte er den Wunsch, daß das
reine Wort Gottes überall im Land gepredigt werden möge. Das bedeutete einerseits, daß das Toleranzprinzip angewandt wurde, und andererseits, daß das Wort Gottes als die höchste Autorität in kirchlichen
Fragen angesehen wurde. Die Beschlüsse des Reichstags von Västerås
bedeuteten keine Verwerfung des römisch-katholischen Glaubens und
der römisch-katholischen Liturgie, doch sie legten die Grundlage für die
Umwandlung Schwedens in ein evangelisches Land mit einer bischöflichen Nationalkirche unter der Leitung des Königs.

Die Durchführung der Beschlüsse von Västerås leitete einen neuen Zeitabschnitt für die schwedische Reformation ein. Im Jahre 1528 wurden
die gewählten Bischöfe von Petrus Magni, dem Bischof von Västerås,
geweiht, der selbst die Weihe in Rom empfangen hatte. Auf diese Weise
wurde in Schweden die apostolische Sukzession gewährleistet. Unmittelbar darauf wurde Gustav Vasa zum König gekrönt. Die Verminderung des kirchlichen Eigentums wurde durchgeführt, was zur Folge
hatte, daß die Klöster binnen kurzem nicht mehr in der Lage waren,
ihre Funktion zu erfüllen.

In verschiedenen Veröffentlichungen über dringende theologische und
kirchliche Fragen entfaltete Olavus Petri das evangelische Kirchenpro-
gramm im Geiste Luthers, wenngleich auch bibelhumanistisches Gedankengut in seinen Schriften zu finden war. 1529 wurde eine Synode in
Örebro einberufen, um über die Einheitlichkeit der Gottesdienste zu
beschließen. Das war die letzte Gelegenheit, bei der Vertreter der
Klöster an einer Synode teilnahmen. In dem Beschluß der Synode
wurde sowohl die Bedeutung von Predigt und Lehre als auch von Zucht
und Ordnung betont. Die Liturgie wurde nicht geändert, erhielt jedoch
eine evangelische Interpretation. Es kam auch nicht zum unmittelbaren
Bruch mit der römisch-katholischen Tradition; denn die Synode veranlaßte keine ausgedehnten Reformen. In Zusammenhang mit der Synode von Örebro veröffentlichte Olavus Petri ein Meßbuch in Schwedisch, das eine Überarbeitung des römisch-katholischen Manuals war.

Im Jahre 1529 wurde der Fortschritt der Reformation durch Unruhen
und Aufstände in Südschweden gehindert, wo man fürchtete, daß der
König die lutherische Häresie unterstützt. Durch eine Verordnung des
Stadtrates von Stockholm wurde verfügt, daß evangelische Gottesdienste in Schwedisch gehalten werden sollten; und von 1530 an war

das in der Hauptstadt die einzige zulässige Form. Daraufhin veröffentlichte Olavus Petri *Svenska Mässan,* ein Meßbuch, das auf Luthers *Formula Missae* von 1523 und der Nürnberger Messe aufbaute, eine Postille, sowie eine erweiterte Ausgabe eines schwedischen Gesangbuches — alles wesentliche Schritte auf dem Wege zu einem evangelischen Gottesdienst in Schweden.

Der Bischofssitz von Uppsala war lange Zeit vakant gewesen; doch 1531 wurde Laurentius Petri, der Bruder von Olavus Petri, zum Erzbischof ernannt und vom Bischof von Västerås, Petrus Magni, geweiht. Unruhen sowohl im Ausland als auch im Lande selbst verzögerten in gewissem Umfang den Fortschritt der Reformation. Die Reformatoren wurden an den Rand gedrängt, der König übernahm selbst die Führung als Haupt der Kirche, und die römisch-katholische Reformbewegung verstärkte ihre Aktivität.

Mitte der dreißiger Jahre, nachdem die politischen Verhältnisse sich zugunsten der Reformation stabilisiert hatten, trat diese Bewegung in ihre dritte Phase ein. Im Zusammenhang mit Gustav Vasas zweiter Eheschließung im Jahre 1536 rief der Erzbischof die anderen Bischöfe und einige prominente Geistliche zu einer Synode in Uppsala zusammen. Dort wurde beschlossen, daß die Geistlichen das Evangelium predigen sollten, daß die schwedische Messe so bald wie möglich in allen Kirchen eingeführt werden sollte, daß das schwedische Ritual bei Taufen sowie bei anderen Amtshandlungen gebraucht werden sollte und daß das Gesetz des Zölibats aufgehoben werden sollte. Durch diese wurden die reformatorischen Bücher seitens der Kirche sanktioniert; und zugleich hatten die lutherischen Reformatoren damit über die Reformkatholiken gesiegt. Die Kirche von Schweden trat als eine evangelisch-lutherische Nationalkirche hervor.

Gustav Vasas vorsichtige Haltung gegenüber Änderungen in der Liturgie trat auch in diesem Falle zutage; denn die Beschlüsse erfuhren keinerlei offizielle Bestätigung. Die Einführung der vorgeschriebenen Gottesdienstordnung führte zu neuen Unruhen und veranlaßte den König, kurzerhand einzugreifen und zu weitgehende Liturgiereformen zu untersagen. Den Reformatoren wurde wieder einmal keine Beachtung geschenkt, und der König berief einen neuen Ratgeber, den pommerschen Theologen Georg Normann (1500—1553), der von Luther und Melanchthon empfohlen worden war. Um 1540 herum machte die Anpassung der schwedischen Kirchenverfassung an die pommersche sichtbare Fortschritte. Zu Beginn des Jahres 1540 gab Gustav Vasa ein Dekret heraus, in dem verfügt wurde, daß in allen schwedischen Gemeinden eine umfassende Reform der Lehre und des Gottesdienstes durchgeführt werden sollte. Die Befolgung des Dekrets sollte von Normann durch allgemeine Visitationen überwacht werden. Auf diesen Inspektionsreisen sind Kunstschätze und Silbergeräte, die den Kirchgemeinden gehörten, ziemlich rücksichtslos konfisziert worden. Das war eine der Ursachen der sogenannten „*Dackefejden*" (1542—1543), einer Revolte in Småland, die vornehmlich gegen Gustav Vasas Handelspolitik gerichtet war. Wohl fand die Reformation starke Unterstützung durch die Herausgabe der gesamten Bibel in Schwedisch im Jahre 1541, die auf der deutschen Bibel von 1534 aufbaute, sowie durch die offiziellen Ausgaben der schwedischen Messe und des Manuales in Schwedisch; doch Aufstände überall im Land zeigten, daß es noch viele Anhänger der römisch-katholischen Kirche gab und daß es darum nötig war, Schweden dem Einfluß des römischen Katholizismus zu entziehen. Das geschah auf dem Reichstag von 1544, wo die Mitglieder sich verpflichteten, nie den jetzt in Schweden herrschenden Glauben aufzugeben. Somit wurde Schweden offiziell zu einem evangelisch-lutherischen Land.

Die Reformation in Schweden konsolidierte sich in den letzten Regierungsjahren Gustav Vasas. Gewisse calvinistische Elemente versuchten ohne Erfolg, sich während der Regierungszeit Erik XIV. in den sechziger Jahren durchzusetzen. Im Jahre 1571 wurde ein wichtiger Schritt vollzogen, als die Kirchenordnung — die von Erzbischof Laurentius Petri verfaßt worden war — von König Johann III., einem der Söhne Gustav Vasas, bestätigt wurde. Unter dem Motto aus 1. Kor. 14, 40 „Lasset aber alles ehrbar und ordentlich zugehen" erläßt die Kirchenordnung Bestimmungen, gibt geistlichen Rat und liturgische Richtlinien. Die Kirchenordnung ist weder ein Kirchengesetz noch eine Sammlung von Glaubensartikeln, obwohl sie grundlegende dogmatische Erwägungen enthält, die die erste offiziell gebillige Lehräußerung in Schweden bilden. Die Quellen der Kirchenordnung stammen aus der schwedisch-mittelalterlichen und reformatorischen Tradition und aus einigen deutschen Kirchenordnungen. Die Zeit Johann III. (1568 bis 1592) war durch den sogenannten „liturgischen Streit" gekennzeichnet. Der König, der mit der römisch-katholischen Prinzessin von Polen, Katarina Jagellonica, verheiratet war, bemühte sich, die Kirche von Schweden mit der römisch-katholischen Kirche in Einklang zu bringen. Er begeisterte sich für die Schriften der Kirchenväter und veröffentlichte 1576 eine neue Liturgie, genannt „*Röda boken*" („Das Rote Buch"), die unmittelbar auf der römischen Messe aufbaute, doch durch Elemente aus der schwedisch-reformatorischen Tradition umgestaltet war.

Nach dem Tod Johann III. wurde 1593 eine „Synode" in Uppsala gehalten. Es handelte sich um eine große Kirchenversammlung, an der der Prinzregent Carl, Herzog von Södermanland, die Ratsmitglieder und einige andere Adlige teilnahmen. Das Dekret der Synode lehnte die katholischen Bestrebungen ab. Die Heilige Schrift wurde als einziges Richtmaß für die Lehre anerkannt. Die drei alten Glaubensbekenntnisse der Kirche und die *Confessio Augustana* wurden als die wahre Interpretation der Heiligen Schrift zusammen mit dem Dekret der Synode angenommen. Damit wurde die Kirche von Schweden endgültig den lutherischen Kirchen auf dem Kontinent gleichgestellt, und das Luthertum wurde zur offiziellen Religion des Landes erklärt.

Finnland

Die Reformation in Finnland nahm den gleichen Gang wie in Schweden. Der führende Mann war Mikael Agricola (1510—1557), der in den dreißiger Jahren in Wittenberg studiert hatte. Er kehrte mit einem Empfehlungsbrief von Luther selbst zurück und wurde zum Rektor der Hochschule von Turku (Åbo) ernannt, auf der der finnische Klerus seine Ausbildung erhielt. Seine zahlreichen Veröffentlichungen, vor allem eine finnische Übersetzung des Neuen Testaments aus dem griechischen Urtext (1548), ein Manual, ein Meßbuch und ein Gebetbuch, waren für die Durchführung der Reformation im Geiste Luthers von großer Bedeutung. 1554 wurde Agricola Bischof von Turku. Paul Juusten, Bischof von Viborg, führte seine Aufgabe weiter und veröffentlichte einen finnischen Katechismus und ein finnisches Meßbuch.

*

Im Hinblick auf das Voranschreiten der Reformation weisen die skandinavischen Länder gewisse Unterschiede auf. Nur in Dänemark war es eine allgemeine nationale Bewegung; und der Bibelhumanismus hatte dort eine stärkere Position als in den anderen Ländern. Im Hinblick auf liturgische Fragen war Skandinavien in zwei Gruppen gespalten: Schweden und Finnland folgten Luthers *Formula Missae,* während Dänemark und Norwegen ihre Tradition auf Luthers Deutscher Messe aufbauten. Die apostolische Sukzession wurde in Schweden und Finnland, nicht aber in Dänemark und Norwegen aufrechterhalten.
Doch die Ähnlichkeiten sind auffallend. Verfassungsmäßig haben die skandinavischen Kirchen die Form von Nationalkirchen unter der Lei-

tung eines Landesherren. Die bischöfliche Macht war wirtschaftlich nicht zuletzt durch die Beschlagnahme von Besitztümern beschnitten. Politisch förderte die Reformation die Gründung starker Nationalstaaten und führte zu einem wirtschaftlichen Aufschwung in allen von ihnen. In kultureller Hinsicht war die Veröffentlichung reformatorischer Bücher und noch mehr die Übersetzung der Bibel in die Landessprachen sprachlich von großer Bedeutung. Doch vor allem bewirkte die Reformation in den skandinavischen Ländern eine Neubelebung der Kirche, die weder der Reformkatholizismus noch der Bibelhumanismus zu erreichen vermocht hatten. Das konfessionelle Luthertum war für die skandinavischen Länder kennzeichnend; es hat ihnen seit Mitte des 16. Jahrhunderts zu einer beachtlichen kirchlichen Einheitlichkeit verholfen.

Die Reformation in den nordischen Ländern weist viele ähnliche Züge auf und unterscheidet sich dadurch von dem, was auf dem Kontinent geschah. Der verhältnismäßig schmerzlose Verwandlungsprozeß (in den Gemeinden und auf persönlicher Ebene hat er jedoch sicher eine Generation gedauert) ist teilweise darauf zurückzuführen, daß die Reformation in diesen Staaten mit einem wachsenden Nationalbewußtsein so eng mit der königlichen Macht verbunden war, daß verheerende Bürgerkriege vermieden werden konnten. Zugleich spielten natürlich die Leistungen der einzelnen Reformatoren eine wesentliche Rolle.

IV. Kapitel

GESCHICHTSERFAHRUNG
UND EKKLESIALES SELBSTVERSTÄNDNIS
IN DEN OSTEUROPÄISCHEN LUTHERISCHEN
MINDERHEITSKIRCHEN

WILHELM DANTINE

Einleitung

Ein Versuch wie dieser, die Geschichtserfahrung der lutherischen Minderheitskirchen in Osteuropa mit ihren Folgen in eine Gesamtdarstellung des Luthertums einzubringen, muß sich dessen von vornherein bewußt bleiben, daß er nur bruchstück- und skizzenhaft einige wichtige Zeichen ihres ekklesialen Bewußtseins herauszugreifen vermag. Zu vielfältig stellt sich schon das prägende historische Erlebnis dar, das sich in jenen weiten Räumen mit ihren verschiedenen soziokulturellen Hintergründen im Zuge abwechslungsreichster Geschehnisse in einer Fülle von zum Teil widersprechenden Aspekten widerspiegelt, als daß davon ein einheitliches Bild entworfen werden könnte. Man würde einer trügerischen Illusion nachjagen und zugleich die geschichtliche Wirklichkeit verstümmeln, wollte man versuchen, das in zahllosen Facetten glitzernde Licht der diese Kirche mitformenden Erinnerung in eine uniforme Schablone einzugießen. Im Gegenteil, die pluralistische Vielfalt gehört als wesentlicher Charakterzug eines Gesamtbildes deutlich hervorgehoben.

Das bedeutet freilich keinen Mangel an grundlegenden Gemeinsamkeiten, und auf eine von diesen sei gleich zu Beginn verwiesen. Alle lutherischen Minoritäten sind durch die schmerzliche Erfahrung bestimmt, daß sie aus dem Erwartungshorizont einer umfassenden kirchlichen und gesellschaftlichen Reformbewegung schicksalhaft herausgerissen wurden und — zu einer ekklesialen Minderheitexistenz gerinnend — mühsam nach einem Eigenverständnis dieses ihres konfessionellen Sonderdaseins erst zu suchen hatten. Es fehlte ihnen ja von ihrem lutherischen Bekenntnis her jene selbstgenügsame sektiererische Freude an einer solchen Minderheitexistenz, die für andere Glaubensgemeinschaften eigentümlich sein mag; das freimachende Evangelium hatte sie stets auf die Umwelt und in die Mitverantwortung für die Gesellschaft ihrer Region ge-

wiesen. Diese konnte nie gleichgültig sein; nicht einmal in schlimmster
Belastung durch grausame Unterdrückung oder gar im Verlust der Heimat vermochten sie diese Verantwortung abzuwerfen, wie exemplarisch
die Salzburger Emigranten bewiesen, wenn sie, vom Erzbischof Firmian
1731 aus dem Lande gejagt, dennoch so lange in ihrem gottesdienstlichen Fürbittengebet für diesen, ihren „gnädigen Landesfürsten" vor
Gott eintraten, bis sie ein neues Land gefunden hatten, das sie als seine
Bürger aufnahm. Mag uns heute auch diese Form von Untertanentreue
wegen der in ihr sich manifestierenden patriarchalisch-feudalen Hin-
tergrundstruktur seltsam und so kaum mehr nachahmenswert erscheinen, so bleibt dennoch die Erkenntnis dieser Art von Gesellschaftsver-
bundenheit dieser leidenden Lutheraner wichtig, um so mehr, als sich
zeigen wird, daß solche duldende Devotion keineswegs die einzige Ausdrucksform der politischen Verantwortung ihres Glaubens geblieben ist.
Durch dieses Wissen um die Umweltsverantwortung erfuhr die Minder-
heitsexistenz weder eine Verherrlichung noch wurde sie als Zielvorstel-
lung proklamiert oder sonstwie ideologisiert. Wenn diese Kirchen nicht
an jenem glückhaften Schicksal teilnehmen durften, das anderswo zu
einem Landeskirchen- oder Staatskirchenwesen führte, in dem sich lutherischer Glaube unmittelbar und maßgeblich an der gesellschaftspoli-
tischen Gestaltung beteiligen konnte, so suchten die Minoritätskirchen
notgedrungen andere, recht unterschiedliche, Wege der Umweltsmitver-
antwortung gemäß den jeweiligen regionalen Gegebenheiten und
denen, die die geschichtliche Stunde eröffnete.
An ein kennzeichnendes Beispiel darf hier erinnert werden: daß die
Lutheraner in den habsburgischen Erblanden im 16. Jahrhundert auf
eine geschlossen landeskirchliche Organisation verzichten mußten, hinderte sie nicht, auf der Basis einer Kirchenordnung ihre Kirche von
unten her zu bauen und z. B. ein glänzendes und beispielgebendes
Schulwesen zu errichten (Johannes Kepler in Graz und Linz!) und
überdies als loyale Gefolgsleute des Landesherrn dem Vaterland in allen Treuen zu dienen. Als ihre Führungskräfte durch die Verfolgung in
die Emigration und die Gemeinden in den Untergrund gedrängt wurden, erlosch naturgemäß die Funktionsdauer dieses Modells, jedoch
wird durch dieses gut die prinzipielle Ermöglichung einer politisch-
gesellschaftlichen Flexibilität beleuchtet, die für eine solche Art von
Minderheitserfahrung kennzeichnend sein dürfte.
Diese Vorüberlegungen haben gezeigt, welches Gewicht die geschichtlichen Verhältnisse und Vorgänge für das kirchliche Bewußtsein der
lutherischen Minoritäten besitzen, so daß es notwendig wird, einen

groben Überblick auf die historische Entwicklung zu geben, ehe wir den Versuch unternehmen, einige Schwerpunkte des ekklesialen Selbstverständnisses herauszuarbeiten.

Der Weg in das Minderheitsschicksal

Die lutherische Reformation hatte sich mit einer Art Selbstverständlichkeit nach dem Osten und Südosten hin ausgebreitet, wobei politische und nationale Grenzen keineswegs Halt geboten, sondern nur Übergangsstellen markierten. Wie an dem erwähnten österreichischen Beispiel deutlich wird, hinderte zunächst auch ein latenter oder bewußter obrigkeitlicher oder kirchlicher Widerstand kaum den räumlichen Vormarsch: von Slowenien und Kroatien über Ungarn und Polen bis in dessen nördliche Provinzen im baltischen Livland spannte sich der Bogen massiverer oder auch geringerer lutherischer Infiltration, für die häufig schon ein länger seßhaft gewordenes deutsches Bürgertum, oder im Norden auch deutsche Ritterorden, gleichsam die Gleitkufen abgaben.

So wenig hier von einer bewußt gesteuerten konfessionellen Strategie zu merken war, so effizient erschien einige Jahrzehnte hindurch die Präsenz des lutherisch verstandenen Evangeliums in diesen nunmehr erschlossenen neuen Räumen. Freilich darf dabei nicht die Faszination außer acht gelassen werden, die der, die evangelische Predigt stets begleitende, Humanismus sowohl für die deutschen Bürger als auch besonders für ungarische und polnische Adelssöhne besaß, die in Wien, Basel, Krakau, aber Melanchthons wegen auch in Wittenberg studierten; diese Mitgift hat nicht wenig für die nachfolgende Entwicklung zu bedeuten, auch wenn hier wiederum ein sehr bunter und oft widerspruchsvoller Wirkungskatalog aufzuzählen ist. Die Anfälligkeit für Sozinianismus und Unitariertum ist hier ebenso in Rechnung zu stellen wie der insbesondere bei den Magyaren folgenreiche Übergang zum Calvinismus, andererseits aber auch bestimmte Strukturelemente des siebenbürgischen Luthertums und im nur scheinbaren konträren Gegensatz dazu nicht zuletzt die Erfolge des Jesuitenordens, der in geschickter Ausnützung der humanistischen Ambivalenz hinsichtlich einer konfessionellen Orientierung gezielt die Gegenreformation voranzutreiben wußte. Freilich muß ebenfalls bewußt bleiben, daß das humanistische Ferment nur deshalb in so variablen Erscheinungen seine Rolle spielen konnte, weil mit regionalen Kräftekonstellationen verbunden universelle Gegenbewegungen sich seiner zu bedienen verstanden. So entstand das bunte Mosaik einer politischen und konfessionellen Landschaft, das trotz mannigfaltigen Szenenwechsels sich in etwa bis heute durchgehalten hat. Alles in allem betrachtet zeitigten diese Vorgänge jedoch eine für unsere Fragestellung wesentliche Gesamterscheinung: den Stopp des offenen lutherischen Vormarsches und die Zementierung lutherischer Konfessionskirchen im Minderheitsstatus.

Nur im Norden der osteuropäischen Flanke vermochten sich geschlossene lutherische Territorien in gewisser Analogie zu mitteleuropäischen und skandinavischen Landeskirchen zu etablieren, was u. a. durch die schwedisch-russischen und schwedisch-polnischen Verhältnisse bedingt war, einerseits in Finnland, andererseits im sogenannten Baltikum, wo den lutherischen Deutschen noch im polnischen Reich 1561 durch das *„Privilegium Sigismundi Augusti"* evangelischer Glaube und deutsche Sprache garantiert worden war, was sie in ihrer wechselvollen Geschichte innerhalb ihrer Zugehörigkeit zu Schweden, Rußland und dann zu Estland, Lettland und Litauen bis zu ihrer „Rückkehr ins Reich" Adolf Hitlers sich zu erhalten wußten. Wesentliches und noch während des Ergebnis war darüber hinaus ihre Fähigkeit, an Entstehen und Wachsen eigenständiger estnischer und lettischer lutherischer Volkskirchen mitzuwirken.

In Polen selbst wurde allerdings die einst für das Luthertum so offene Tür gründlich verrammelt, wobei es zunächst die Konkurrenz calvinistischer Gruppen und des unter Adeligen und bürgerlich Gebildeten bedeutsam werdenden Sozianismus war, die den lutherischen Einfluß zurückdrängte. Dann aber schuf die römische Gegenreformation ein nahezu geschlossenes katholisches Volkskirchentum besonderer Prägung, das selbst heute noch als kraftstrotzendes Bollwerk der Kirche Roms gegenüber dem Osten aufzutreten vermag. Die lutherische Kirche wurde nahezu ins Getto gedrängt und manifestiert sich seit langem als Minderheitskirche *par excellence*, wobei deutschsprachige und polnische Gruppen, vielfältig in Gegensätzlichkeiten verwickelt, im gleichen Maße Anteil an diesem Status hatten.

Böhmen und Mähren hatten überhaupt nur partiellen Anteil an lutherischem Kirchentum, da dort die österreichische Gegenreformation siegreich blieb und selbst die tschechische Brüderkirche, aus deren Mitte einige Gemeinden das lutherische Bekenntnis angenommen hatten, konnte sich erst nach langer Unterdrückung als geduldete Minderheit neu organisieren, wie es ja ähnlich dem österreichischen Luthertum gegangen war. Eine relative Ausnahme bildet die slowakische lutherische Kirche, die bis 1918 das Schicksal der Kirchen unter der ungarischen Krone teilte und die bis heute noch eine relativ geschlossen siedelnde Minderheitsvolkskirche repräsentiert.

In Ungarn wurde das Luthertum nach anfänglich großer Breitenwirkung und auch politischen Erfolgen — der Reichstag hatte jedoch erst 1548 die lutherische Konfession als „geduldet" anerkannt, Calvinismus und Unitarismus aber verboten — bald in einen Zwei-Fronten-Krieg verwickelt. Der Calvinismus verstand es zunehmend, zu einer Art „magyarischen" Konfession zu werden und konsolidierte sich um den geistigen Mittelpunkt Debrecen seit der Annahme einer *„Confessio Ecclesiae Debreciensis"* (1562), und der *„Confessio Helvetica Posterior"* durch eine Synode in Debrecen im Jahre 1567. So wurden die Lutheraner schon gegen Ende des 16. Jahrhunderts, da das Land zu neunzig Prozent protestantisch war, in eine Minoritätsrolle gedrängt, wobei ihre west- und nordungarischen Stützpunkte durch die nationale Problematik der dort siedelnden Deutschen und Slowaken mit dem magyarischen Element einerseits gestärkt, andererseits aber wieder im Blick auf ihre Gesamtposition im Lande unterminiert wurden.

Von der zu Beginn des 17. Jahrhunderts von den Habsburgern entschlossen vorangetriebenen katholischen Gegenreformation wurden die lutherischen Gemeinden in voller Härte betroffen, partizipierten allerdings auch an den Früchten der vom streitbaren ungarischen Calvinismus ausgefochtenen „Freiheitskriege", die durch die Initiative der Siebenbürgischen Fürsten mehrmals die Religionsfreiheit wieder durchsetzen konnten. Der Preßburger Reichstag proklamierte sie 1608, die Friedensschlüsse von Preßburg* 1626 und Linz 1645 versuchten sie zu sichern. Dann aber, vor allem unter der langen Regierung Leopold I. (1657—1705) brach die Gegenreformation vollends über die Lutheraner herein; sie wurde mit besonders brutalen Mitteln, z. B. Verschickung von Pastoren in den Sklavendienst in Galeeren, durchgesetzt, und nur mit äußerster Mühe konnte 1681 ein Gesetz erreicht werden, das in einigen wenigen „inartikulierten Gemeinden" den öffentlichen lutherischen Gottesdienst gestattete.

In solcher Restexistenz hielt sich eine lutherische Minderheit bis zum Toleranzedikt Josef II. vom Jahre 1781 durch, das ja auch den österreichischen Protestanten endlich die „Duldung" und damit die Ermöglichung des Aufbaues eines eigenen Kirchenwesens brachte. Demgegenüber vermochte die reformierte Kirche ihre Religionsfreiheit und auch ihre kirchliche Organisation in einem gewissen Umfang zu erhalten, auch wenn sie schwere Einbußen hinnehmen mußte und ihre zahlenmäßige Überlegenheit im Lande an die Katholiken verlor. Immerhin blieb dem ungarischen Luthertum das Schicksal der österreichischen Luthe-

---

* Heute Bratislava in der Tschechoslowakei.

raner erspart, die über hundertfünfzig Jahre hindurch nahezu total in den Untergrund abgedrängt worden waren, und so entgingen sie auch der totalen Aufsaugung durch andere „nationale" Konfessionen, dem magyarischen Calvinismus und Katholizismus. Wesentlich härter noch traf das Schicksal das nur in schwachen Ansätzen vorhandene Luthertum in Kroatien, das völlig ausgelöscht wurde, und die lutherischen Slowenen, die sich nur in wenigen Gemeinden bis heute zu erhalten wußten.

Eine eigenartige und bedeutsame Rolle spielte das unter türkischer Patronanz stehende autonome Fürstentum Siebenbürgen. In jenem Raum stießen verschiedene nationale und religiöse Kulturen unmittelbar aufeinander, was zum Zusammenleben zwang. Zur Abwehr des Mongolensturmes war es schon 1437 zu einer „Brüderlichen Einigung" in Transsylvanien zwischen dem magyarischen Adel, dem eigenständigen Volk der Székler und dem relativ geschlossen siedelnden „Siebenbürger Sachsen" gekommen. Nach dem großen Türkensieg bei Mohács 1526 kam es zur Gründung des autonomen Fürstentums Siebenbürgen, dem es während seines wechselvollen Bestandes durch eineinhalb Jahrhunderte hindurch unter calvinistischer Führung gelungen war, im eigenen Land, aber auch, wie schon erwähnt, mit zum Teil großen Wirkungen in Ungarn, als erstes europäisches Staatswesen zu Idee und Realisierung einer politisch gewährleisteten Religionsfreiheit vorzustoßen. Schon 1557 beschloß der Landtag von Thorenburg* das Prinzip politisch gesicherter religiöser Gleichberechtigung, in das nach einem Religionsgespräch von Weißenburg 1566 neben Katholiken, Lutheranern und Reformierten auch die „Antitrinitarier" (bzw. Sozinianer, seit 1600 „Unitarier" genannt) ausdrücklich aufgenommen wurden, so daß man seit jenem weiteren Landtag in Thorenburg vom Jahre 1568 von Siebenbürgen als dem „Land der vier rezipierten Religionen" sprach. Die zusätzliche Anerkennung der Unitarier ist aus zwei Gründen von historischer Bedeutung, einmal, weil sich allmählich das autonome széklerische Volkstum mit diesem Bekenntnis zu identifizieren begann und durch dieses sich in gewisser Weise zu bewahren vermochte, dann aber, weil diese Sonderkonfession bis heute als solche Bestand hatte, und zwar auf ungarischem und rumänischem Staatsgebiet, was wiederum auf dem Wege einer starken Überseeauswanderung zur Stärkung der Unitarischen Kirchen in Amerika beitrug.

Im Zuge und Schutz dieser Entwicklung vermochten die Siebenbürger Sachsen ihr lutherisches Kirchentum auszubauen und bis heute zu er-

---

* Heute Turda in Rumänien.

halten. Die enge Verbindung deutscher Nationalität, Sprache und Kultur in einer relativ geschlossenen Region wurde wesentlich durch die von Johannes Honterus 1542 verfaßte „*Reformatio ecclesiae Coronensis*" begründet, die 1547 zur „Kirchenordnung aller Deutschen in Siebenbürgen" umgearbeitet wurde. Dieses nationale wie auch lutherisch-konfessionelle Minderheitenstatut — 1572 hatte die Synode von Mediasch (Medgyes) * das Augsburgische Bekenntnis angenommen — stellt gewissermaßen die klassische Gestalt des Zustandes dar, in den die lutherische Bewegung auf dem Wege nach Osten eingetreten war.

Dieser knappe Überblick wäre noch dadurch zu ergänzen, daß die lutherischen Kräfte zwar später wieder einen beachtlichen Zuwachs erfuhren, der aber trotz seiner im einzelnen wichtigen Aspekte an der Gesamtsituation nichts mehr geändert hat. Die von verschiedenen Herrschern im 18. und 19. Jahrhundert ins Land gerufenen deutschen Kolonisten, die zu einem Großteil lutherischer Konfession waren, siedelten in Wolhynien und an der Wolga, in Bessarabien und in der Dobrutscha, in der ungarischen Donaulandschaft, wohin aber auch lutherische Slowaken gerufen wurden, im serbischen und rumänischen Banat.

Diese lutherischen deutschen Minoritäten haben die bunte Palette der nationalen Variationen beträchtlich belebt und regional manche charakteristische Veränderungen bewirkt, ohne jedoch das Gesamtbild im wesentlichen zu ändern. Im gegenwärtigen Geschehen wollen sie vielfach wie erratische Blöcke erscheinen, an denen der Zeitstrom irgendwie vorbeigegangen sei. Manche dieser Kirchen möchti sich in der Tat auch so verstehen, während reformatorisch bestimmter Glaube stets nach lebendiger Funktion ekklesialer Existenz suchen und fragen läßt. Es bedarf einer Analyse der elementaren Antriebe, die dieses Minderheitskirchentum seinerzeit motiviert hat, um Antworten für solches Fragen zu finden.

Schwerpunkte des Ringens um die Erhaltung des reformatorischen Erbes

Die von diesen Minderheitskirchen bewährte Treue gegenüber dem reformatorischen Erbe in der Gestalt der Bewahrung lutherischer Lehrtradition und des Festhaltens an den Bekenntnisschriften liegt in der kirchengeschichtlichen Rückschau eindeutig und offen zutage und ist daher nicht als solche Gegenstand unserer Rückfragen. Es geht vielmehr darum, die zur Bekenntnistreue des Glaubens hinzutretenden, und jene

---

* Heute rumänisch.

stützenden Motive herauszufinden, um sie auf ihre Eigentümlichkeit hin zu untersuchen. Dies kann für das sich im Laufe der Zeit herausbildende und auch heute noch wirkungskräftige kirchliche Selbstverständnis von großer Bedeutung sein. Aus der vorausgehenden historischen Skizze lassen sich einige durchsichtige Schwerpunkte erheben:

Die von uns schon anfangs akzentuierte generelle Umweltsoffenheit des lutherischen Glaubens brachte eine starke Orientierung am allgemeinen politischen Geschehen mit sich, die sich überdies zwangsläufig infolge der äußeren und inneren Abhängigkeit von jenem verstärken mußte. Diesen Minoritäten wurden nicht, wie oftmals den etablierten lutherischen Territorialkirchen, die Teilnahme an der politischen und gesellschaftlichen Mitverantwortung von eigenkonfessionellen landesherrlichen Entscheidungen mehr oder weniger abgenommen, sondern sie mußten sich *nolens volens* leidend oder streitend an der politischen Geschichte höchst existentiell beteiligen, auch wenn sich in der Regel das Fehlen eines, für den verschwisterten Calvinismus so charakteristischen, strategischen Willens deutlich bemerkbar macht. Exemplarisch gilt dies selbst für das österreichische Luthertum, obwohl es so lange von der offiziellen Bildfläche verschwunden zu sein schien. Nicht nur, daß das Ergebnis der siegreichen Gegenreformation für das österreichische Staatswesen selbst ein merkwürdiges Trauma zurückließ, so daß für dieses die Verfolgung der Protestanten, dann deren „Duldung" und später ihre Gleichberechtigung bis heute eine bedeutsame politische Existenzfrage darstellt, sondern auch für dieses österreichische Luthertum selbst ist bis in die Gegenwart seine politische Rolle von wesentlicher Bedeutung gewesen, wenn diese auch in recht verschiedener Weise artikuliert worden ist. Es ließe sich im einzelnen nachweisen, in welchem Maße diese kleine Gruppe an der Gesamtgestaltung des modernen österreichischen Staates und des allgemeinen politischen und gesellschaftlichen Bewußtseins mitbeteiligt war, oder gar — um auch problematische Erinnerungen nicht zu scheuen — in der sogenannten Los-von-Rom-Bewegung an politischen Aktivitäten vorrangig engagiert schien. Ähnliches läßt sich für die ungarische und insbesondere für die siebenbürgische Szene belegen.

Letztere ist deshalb so interessant, weil dort, wie wir sahen, schon vor der Reformation Sachsen, Ungarn und Székler sich zu einem Schutzbündnis zusammengefunden hatten, das dann später in der Gestaltung des Religionsfriedens seine besonderen Früchte erntete. Diese waren aber nur dadurch zu gewinnen, daß sowohl die türkische Übermacht gegenüber den katholischen Habsburgern als auch der politische Elan der calvinistischen Siebenbürger Fürsten entsprechend, und zwar politisch, genutzt wurde. Freiheit und Unabhängigkeit der „Sachsen" war nicht das Entgelt für einen apolitischen Fatalismus, sondern das Ergebnis nüchterner, zielstrebiger Politik. Und hatte nicht schon der Erasmusschüler Honterus sehr bewußt, und im Blick auf seine theologische Vorbildung und Vorliebe im Grunde recht überraschend, sich mit einer nachweisbaren Kehrtwendung für die Augsburgische Konfession, für Wittenberg, gewissermaßen also für die „deutsche" Reformation entschieden, was auf lange hin eine bewußte geistige wie politische Orientierung an das „Mutterland der Reformation" bedeuten mußte und faktisch auch bedeutet hat?

Auch die österreichischen Protestanten hatten sich nicht gescheut, beim von den Türken bedrängten Kaiser gegen militärische und finanzielle Unterstützung religiös-kirchliche Zugeständnisse einzuhandeln. Freilich blieb dieser lutherische Einsatz in der Politik oft eigentümlich gebrochen, wie der Umstand beweist, daß die Schlacht am Weißen Berge* 1618 bloß deshalb, mit unabsehbaren Folgen für die ganze europäische Geschichte, den Protestanten verlorenging und den Katholiken einen epochalen Sieg einbrachte, weil das wohlgerüstete Ersatzheer der niederösterreichischen lutherischen Stände, lange Gewehr bei Fuß stehend, um ganze 24 Stunden zu spät zur Hilfe für den protestantischen Kurfürsten von der Pfalz aufbrach: die lutherischen Führer und Prediger konnten sich so lange nicht einig werden, ob es recht sei, gegen den Kaiser zu streiten. Aber war diese „theologische" Verzögerung nicht letztlich auch eine „politische" Entscheidung gewesen?

Zur politischen Dimension gehört naturgemäß auch die „nationale", die uns schon mehrfach begegnete. Kein Wunder angesichts der regional zwar unterschiedlichen, aber in diesen Räumen überall präsenten Konfrontationen verschiedener Volksgruppen, die im Zeichen des allgemein erwachenden Nationalbewußtseins sich entsprechend auswirken mußten. Slowenen, Kroaten, aber auch Litauer, Letten und Esten haben mindestens partiell unter der Einwirkung des lutherisch bestimmten Auftrages, das Evangelium jedermann in seiner Muttersprache zu vermitteln, ihre autonome Schriftsprache und die Grundlagen ihrer nationalen Literatur gewonnen, auch wenn diese Völker nur zum Teil dann ein eigenes lutherisches Kirchentum entwickelt haben. Das Phänomen des sächsischen Deutschtums in Siebenbürgen ist trotz seiner spezifischen Einmaligkeit von exemplarischem Rang, hatte es sich doch späterhin

---

* Heute Bîela Hora in der Tschechoslowakei.

auch noch gegenüber dem wachsenden Druck der griechisch-orthodoxen Walachen und damit des kommenden rumänischen Nationalismus zu erwehren. Zweierlei dürfte für dieses deutsche Nationalbewußtsein charakteristisch sein: das Bedürfnis, inmitten einer konfessionell und national pluralistischen Gesellschaft eine eigene geschlossene Gesellschaft zu bilden und in dieser sich sozusagen einzuigeln, andererseits jedoch, wenn auch mit dem ersten Moment zutiefst verschwistert, wurde das Bekenntnis vor allem als behütende „Grenze" verstanden, auf der man trotzig zu verharren vermochte, und zwar selbst dann noch, wenn schon im Innern des eigenen Konfessionskörpers sein theologischer Gehalt kaum noch ehrlich verifiziert wurde. Hinsichtlich des ersten Momentes bedarf es keines weiteren Nachweises, daß sich hier ein fundamentales Element völkischer Individuation auswirkte, das auch dort noch höchst effizient zu werden vermag, wo kein konfessionelles Bekenntnis als Verbindungskitt mehr zur Verfügung steht; es gibt aber auch weltweite Beispiele dafür, daß das lutherische Bekenntnis in nationaler Diaspora zusätzlich eine fast unüberbietbare Treueverhaftung der deutschen Kultur gegenüber vermittelt, wie das in diesen Räumen u. a. an den Wolgadeutschen zu beobachten ist. Der andere charakteristische Zug manifestiert einen der Hintergründe, der in gewisser Hinsicht auch das Drängen auf Religionsfreiheit erklärlich und möglich gemacht hat: die Grenzfunktion des Bekenntnisses bekräftigt nicht nur den von uns schon ausgesprochenen Verzicht auf eine nach außen wirkende missionarische Strategie, sondern wirkt sich im Einklang mit der nationalen Sicherungsfunktion in einem introvertierten Konfessionalismus aus, der darauf verzichtet, den Wahrheitsanspruch des Evangeliums wenigstens dialogisch in ein offenes Gespräch mit den „anderen" einzubringen. Die uns heute angesichts des aufgebrochenen weltweiten Ökumenismus beunruhigende Dialog-Unwilligkeit breiter Kreise im osteuropäischen Luthertum hat hier schon seine tiefreichenden Gründe, wenngleich nicht übersehen werden darf, daß wesentliche Antriebskräfte von außen in ein solches Verhalten drängen.

Auch andere Volksgruppen konnten am lutherischen Bekenntnis einen analogen Rückhalt finden, wie etwa für die Slowaken und Ungarn zu belegen ist; bei letzteren ist freilich zusätzlich festzustellen, daß im Aufeinanderprall der nationalen Selbstbehauptungstendenzen zwischen Deutschen und Ungarn das gemeinsame lutherische Bekenntnis sich oftmals unfähig erwies, dem starken Magyarisierungstrend Paroli zu bieten, wie ja auch umgekehrt im späten 19. und 20. Jahrhundert der deutsche Nationalismus in lutherischen Gemeinden jeden Dialog mit ungarischen Lutheranern blockierte, wie sich etwa in den Gemeinden des 1921

an Österreich angeschlossenen Burgenlandes zeigt. Dabei darf freilich
auch nicht übersehen werden, daß alle diese Volksgruppen in jenem
Zeitraum unter dem gewaltigen Druck des die östliche Welt weithin
beherrschenden Panslawismus standen, der nicht nur verstand, die
orthodoxen Kirchen als nationalistisches Instrument zu gebrauchen,
sondern sich bald auch extrem säkularistischer Phänomene bediente.

Jener Mangel an Dialog-Willigkeit hat freilich auch noch andere
Gründe, die jedenfalls bewußter noch als Motivation wirken und empfunden werden: die geschichtliche Erfahrung mit der römisch-katholischen Gegenreformation. Die Erinnerung an die umfassende Brutalität
ihrer Durchsetzung, die vielfach nicht die nichtkatholischen Konfessionen, sondern vielfach auch die damit verbundenen Volkstümer zu
spüren bekamen, ist tief verwurzelt. Nach wie vor sind Lutheraner in
unserem gesamten osteuropäischen Betrachtungsfeld gegenüber katholischen Gesprächspartnern von tiefstem Mißtrauen erfüllt, das seine Nahrung noch zusätzlich darin findet, daß auch die offizielle katholische
Kirche dieser Räume dem ökumenischen Zug der römischen Leitung
ihrerseits mißtraut; selbst auf dem Höhepunkt des II. Vatikanischen
Konzils stand man dessen innerkirchlichem und dem nach außen gerichteten Dialog weitgehend abweisend gegenüber. Man könnte fast
sagen, daß in jenem Gesamtraum die Epoche der Gegenreformation
noch nicht abgeschlossen sei und mindestens unterschwellig noch weiter-
existiert.

Man wird der vor allem gefühlsmäßigen Verankerung dieses antirömi-
schen Affektes nicht gerecht werden können, wenn man nicht auch hier
wieder die politische Komponente in ihrer Bedeutung wahrnimmt. Die
mühsam erkämpfte Religionsfreiheit ist ja gerade als religiöse und theologische Größe von eminenter politischer Brisanz, wie weltweit an Idee
und Schicksal der allgemeinen Menschenrechte dargetan werden kann,
und eben diese Verklammerung ist es, die die Sorge vor einer nationalen
und konfessionellen Übervorteilung wachhält. Die Erfahrung, daß sich
Rom jeweils nur mit Waffengewalt die Freiheit der Religionsausübung
abringen ließ, schlägt noch immer zu Buche. Anderseits werden wir
heute an die in Österreich wie im östlichen Luthertum verbreitete ökumenische Zurückhaltung Rom gegenüber nicht ohne kritische Rückfrage
belassen können. Sie betrifft deren eigene Geschichte und die in dieser
in außerordentlicher Weise geleistete Mitverantwortung für die Religionsfreiheit, der wir uns nun nochmals thematisch zuzuwenden haben.

Auf die historischen Zusammenhänge und die eminente Bedeutung der Ereignisse in Siebenbürgen und dann auch Ungarn wurde oben schon genügend hingewiesen. Auch wenn das allgemeine historische Bildungsbewußtsein die Zusammenhänge noch immer nicht genügend reflektiert, so darf doch behauptet werden, daß sich jene politisch gesicherte Religionsfreiheit in der Mitte des 16. Jahrhunderts als ein epochales Ereignis darstellt. Hier ist ein Stein ins Rollen gebracht worden, der zu einem fundamentalen Baustein der modernen Weltgesellschaft geworden ist. Wenn später aufgrund der Deklaration der Menschenrechte in der amerikanischen und französischen Revolution in nahezu allen demokratischen Staaten die Religionsfreiheit zum ersten aller humanen Grundrechte gemacht worden ist, und sogar die katholische Kirche auf dem II. Vatikanischen Konzil die „Erklärung über die religiöse Freiheit" beschlossen hat und diese vom Papst promulgiert wurde, so stellt sich dies letztendlich als eine Frucht jener Realisierung von Bekenntnisfreiheit in Siebenbürgen dar. Welche Folgen diese schon zunächst im Rahmen der südosteuropäischen Geschichte und dann aber weit darüber hinausgehend haben konnte, läßt sich aus einem Detail ersehen, dem vielleicht symbolische Bedeutung zugesprochen werden kann. Die Revolution des Jahres 1848 in Wien ist undenkbar ohne die gleichzeitige in Ungarn: am 13. März wurde auf den Straßen Wiens die berühmte Rede Ludwig Kossuths vor dem ungarischen Abgeordnetenhaus mit der Forderung nach einer demokratischen Verfassung verlesen. Kossuth, lutherischer Herkunft und auf einer reformierten kirchlichen Hochschule ausgebildet, als Politiker auch um eine Versöhnung des lutherisch-reformierten Gegensatzes bemüht, verkündet ein Jahr später von der Kanzel des Betsaales der ehrwürdigen reformierten theologischen Fakultät in Debrecen aus vor dem Forum eines rechtmäßig einberufenen ungarischen Rumpfparlamentes die Absetzung der Habsburger und die Ausrufung einer ungarischen Republik — er wurde zum ungarischen Nationalhelden und später immer wieder ins Parlament gewählt, obwohl er als Emigrant im Ausland leben und sterben mußte. Was immer er aber den Ungarn bedeuten mag, er verhalf berechtigtem nationalem Verlangen zum Durchbruch, und dies im leidenschaftlichen Einsatz für Freiheit und Selbstbestimmung von Völkern, Religionen und Einzelnen. Die ungarische Revolution besitzt für den Durchbruch zu einer gesamtgesellschaftlichen Freiheitsordnung eine gewisse Schlüsselstellung: der Wiener Historiker Hugo Hantsch, ein Benediktiner, bestätigt in seiner „Geschichte Österreichs" ausdrücklich, daß das ungarische Problem nur im „Zusammenhang und Zusammenwirken liberaler und nationaler, reformatorischer und sezessionistischer Ideen entstand".

Zweifellos hat sich die reformatorische Freiheitsidee in vielfältiger Hinsicht von ihrem Geburtsschoß emanzipiert, ist aber dennoch auch im Bewußtsein der Kirchen, insbesondere des Kirchenvolkes, verankert, wie man sich heute ohne Mühe jederzeit überzeugen kann. Schwieriger scheint es indessen heute für das theologische Denken geworden zu sein, die nicht selten harten Kontraste, in die eine einseitige Vertretung der genannten Schwerpunkte führen kann, in ihrem inneren Zusammenhang zu begreifen. Vielleicht liegt aber gerade hier ein geschichtliches Vermächtnis vor, das die Minderheitskirchen einem verfestigten Mehrheitsluthertum vermitteln können.

Ergebnisse

Der zeitgenössische Beobachter der lutherischen Minderheitskirchen hat möglicherweise ebenso wie diese selbst Mühe, sich einer resignativen Stimmung hinsichtlich der Frage nach Sinn und Auftrag ihrer Existenz zu erwehren, jedenfalls dann, wenn ihm eine nicht selten vorgetragene museale Erhaltungsmotivation nicht befriedigt. Die Einzelergebnisse der vorgeführten Analyse mit ihrem reichen Zubehör von konkreten Phänomenen stellen sich weithin in der Gestalt zementierter, verkirchlichter oder auch säkularisierter und voneinander isolierter Verfestigungen dar, wodurch sowohl ein aktuell-horizontaler Dialog als auch dialogisch bestimmte Zukunftsaspekte weitgehend blockiert erscheinen. Jedoch könnte ein durch eine solche Analyse erzielter Ernüchterungseffekt auch eine Verwandlung und Auflockerung einbringen, wenn den Vertretern von Minderheitskirchen, aber auch lutherischer Großkirchen, dabei die Erkenntnis des Reichtums aufgeht, der in der Geschichtserfahrung der Minoritäten verborgen liegt. Das Minderheitskirchentum hat bisher kaum seine eigene Gestaltwerdung theologisch reflektiert, wie ja überhaupt die Ekklesiologie insgesamt, die lutherische miteingeschlossen, das Problem der Minderheitskirche, die nicht freiwillig, sondern schicksalhaft in diese Gestalt geraten ist, bis heute nicht ernsthaft diskutiert hat. Eine der Folgen davon war, daß meist die „Großkirchen" bedauernd-großmütig auf die Minoritäten herab- und die Minoritäten sehnsüchtig-hoffnungslos zu jenen aufschauten, bzw. die letzteren an der Gestalt der Großen ihr Idealmaß nahmen. Die Einsicht in den belastenden, aber fruchtbaren Reichtum der Minoritäten könnte einen Erkenntnisprozeß in Gang setzen, der beiden Gestalten, und damit dem Gesamtluthertum zugute käme, weil so erst der nötige innerkirchliche Dialog und damit die Voraussetzung auch für einen umfassenden, die Kirche Roms einschließenden, Dialog zu erwarten ist. Die Minderheitskirchen müßten, ungehemmt von offenen oder geheimen Minderwertigkeitskomplexen, auf ihr Recht pochen, im Gesamtkosmos lutherischen Kirchentums als gleichwertige Partner gehört zu werden.

Teil II

Die Wandlungen der lutherischen Kirche und Theologie von der Reformation bis zur Neuzeit

Eine selbständige evangelisch-lutherische Kirche ist in der zweiten Hälfte des 16. Jahrhunderts historische Tatsache geworden. Luther starb, nachdem er seine Hoffnung auf ein Konzil, das die Spaltung hätte lösen können, aufgegeben hatte. Er war trotzdem des festen Glaubens, daß die Kirche Jesu Christi auch unter seinen Gegnern sich durchsetzt. Da der Religionsfriede nur die Duldung verschiedener „katholischer" Kirchen erbrachte, stellte sich für die evangelisch-lutherische Kirche die Frage, wie sie ihren ursprünglichen reformatorischen Ansatz mitten in der Spaltung durchhalten kann. Welches Profil bekam nun diese selbständige Kirche, wofür mußte sie weiterhin einstehen? Wie konnte sie den Gedanken der einen Kirche erhalten und pflegen? Nachdem die Hoffnung auf eine Vereinigung scheiterte und einerseits die römisch-katholische Kirche, anderseits die reformierte Kirche — zwar auf seiten der evangelisch-lutherischen Kirche, aber von ihr doch wesentlich verschieden — sich entwickelten, nahmen die Dinge eine andere Wendung, als im Aufbruch der Reformation beabsichtigt war. Von nun an bekam die evangelisch-lutherische *Kirche* selbst eine eigene Geschichte, die bis zum heutigen Tage dauert. Welche Erfahrungen haben die Wandlungen der Jahrhunderte für das Leben und Lehren und damit für das Selbstverständnis dieser Kirche eingebracht?
Auf diese Fragen versucht dieser zweite Teil des Buches unter mancherlei Aspekten zu antworten. Er soll ein Beispiel gelebter Konfessionalität und des Suchens der eigenen Identität darstellen. Dieser Versuch kann am zweckmäßigsten durch einen Querschnitt der faktischen geschichtlichen Strömungen geschehen. Dabei soll aber die grundlegende Frage mit beachtet werden, welche Art von Identität die historischen Wandlungen für die evangelisch-lutherische Kirche bezeugen? Das Reflektieren über dieses Problem soll dem Leser helfen, das kontinuierliche Bemühen um die Bewahrung der eigenen Identität deutlich zu machen. Nicht die triumphalistische Selbstbejahung, sondern der

ständige Kampf um die Verwirklichung der Reformation der Kirche —
nunmehr auch in der eigenen Geschichte — gibt den Grundton sämt-
licher folgender Beiträge an. Erst so kann eine Erneuerung, die sich aus
der Buße nährt und damit Christus als einzigen Herrn und Erlöser
bekennt, immer neu verwirklicht werden.

Die so verstandenen Ansätze der Identität der evangelisch-lutherischen
Kirche werden an zentralen Problemen des historischen Erbes themati-
siert. „Schrift und Bekenntnis" ist ein geläufiger „lutherischer" Akzent.
Deshalb behandeln die beiden ersten Beiträge — je für sich — die genannten Problemkreise (Kap. 5 und 6). Luther hat in einer besonderen geschichtlichen Situation seine Rechtfertigungslehre entworfen.
Die lutherischen Bekenntnisschriften schließen sich daran an (Kap. 7).
Daß aber diese „Situation" immer die existentielle Begegnung Gottes,
die Bezeugung seines Wortes durch die Hl. Schrift in der konkreten
Geschichte sowohl des Einzelnen (Gewissen) wie auch des Volkes (vor
den Herrschern dieser Welt) voraussetzt, darf nicht aus den Augen
verloren werden. Damit sind Schriftprinzip und Schriftdeutung genauso verbunden wie allgemeines Bekenntnis und aktuelles Bekennen:
die beiden Begriffspaare finden ihre volle Situationsbestimmung in
der gottesdienstlichen Versammlung der Gemeinde und der damit eng
verbundenen Spiritualität (oder Frömmigkeit), mit denen die nachfolgenden Beiträge sich beschäftigen (Kap. 8 und 9).

Diese Akzente lutherischer Identität sind thematisch mehr oder weniger unangefochten. Doch sind damit auch die wesentlichen Voraussetzungen der spezifischen Entfaltung geistlichen und kirchlichen Lebens
gegeben, die von anderen Kirchen als Probleme lutherischer Konfessionalität gesehen werden. Das geistliche Amt und die Kirchenordnung
werden oft als Defizit auf dem Konto lutherischer Theologie verbucht.
Deshalb ist die Standortbestimmung, wonach Verkündigung und Sakramentsverwaltung das Amt schon als „göttliche Stiftung" einsetzen,
von wesentlicher Bedeutung für das Verstehen der lutherischen Identität (Kap. 10). Wenn dadurch die strukturelle Dimension des Lebens
der Kirche in dieser Welt bei Lutheranern als vernachlässigt angesehen
wird, so taucht damit das parallele Problem des Ortes der Sozialethik
als des Lebens der Kirche in dieser Welt in der evangelisch-lutherischen
Kirche auf. Um nur das Paradeexempel theologischer Diskussionen
(nämlich die Lehre von den beiden Reichen) zu nennen, wird gerade
hier eine spezifisch-lutherische Grundüberzeugung kritisiert, die zwar
ihre Schwächen, aber auch ihre Stärke aufweisen kann. Beides wird einsichtig gemacht in Auseinandersetzungen mit den Mächten heutiger Gesellschaft (Kap. 11). Daß gerade diese mißverstandene Lehre jedoch für

das Verständnis der Mission der Kirche grundlegend ist und in unserer „weltlich" gewordenen Welt sogar den Schlüssel zum Sendungsauftrag der Kirche anbieten kann, wird manche Leser heilsam überraschen. Diese umstrittene Lehre kann aber eine Begründung für die Mission der Kirche anbieten, die von der Last der „Missionsgeschichte" befreit und gleichwohl in die gegenwärtige Situation hinein spricht. Gerade die Neuinterpretation dieser traditionellen Lehre von den beiden Reichen muß — gegen die Pervertierungen, in der sie im 19. Jahrhundert gedeutet wurde — die Befreiung des Weltlichen und folglich die Befreiung für den universalen Dienst der Kirche in der Welt besonders hervorheben und artikulieren können (Kap. 12). Deshalb ist es berechtigt, im abschließenden Beitrag dieses Teiles das Problem des Verhältnisses der evangelisch-lutherischen Kirche zur Ökumene anzugehen. Das konfessionelle Element, das in der Identität unserer Kirche besonders hervortritt und das Christliche in einer spezifischen Weise artikuliert, wird oft gegen das Ökumenische ausgespielt. Wie der letzte Beitrag zeigt, ist es im Interesse der Gesamtökumene notwendig, den Grundimpuls der lutherischen Reformation zu bewahren (Kap. 13). Durch ihn wird die Kontinuität der ständig in der Geschichte verbleibenden Kirche mit der Intention des Evangeliums, ihrer Existenzberechtigung, gewahrt. Damit bekennt sich die evangelisch-lutherische Kirche nicht primär zu ihrer partikulären Geschichte in der Reformationszeit, sondern zum Ursprung und Fundament der Kirche überhaupt.

Die hiermit angedeutete thematische Orientierung wird in den Beiträgen in kurzen Querschnitten, kirchen- und dogmengeschichtlich, vorgestellt und kritisch gesichtet. Dabei ergibt sich durchgehend das Schema einer geistesgeschichtlichen Entwicklung der letzten Jahrhunderte: der reformatorische Ansatz Luthers und der Bekenntnisschriften enthielt Tendenzen, die dialektisch zusammengehalten wurden, aber in der nachfolgenden Zeit zur einseitigen „Reinkultur" führten. In der Orthodoxie entfaltet sich nicht nur eine Theologie, die die Probleme der Reformationszeit in die Kanäle der Schultheologie hineinleitet und verständlich macht. Gleichzeitig geschieht die schicksalhafte Übernahme von Fragestellungen, die von der konfessionellen Kontroverse her diktiert wurden und vom Gegner übernommene Denkstrukturen entfalten. Schriftprinzip und Schriftdeutung fallen auseinander, dem Bekenntnis wird kirchengründende Funktion zugeschrieben, das gottesdienstliche Leben wird in die Bahnen des disziplinarisch geordneten Gesellschaftslebens eingeordnet.

Zwar wird in der Orthodoxie das gemeinschaftlich-korporative Element der Spiritualität durch die Bindung an die Gnadenmittel noch beibehalten, aber eben dies führt zu einer Veräußerlichung, die im Pietismus auf heftige Kritik stößt. Nun wird die individuelle Erfahrung hervorgehoben und in psychologischen Kategorien beschrieben. Die Lehre vom allgemeinen Priestertum verfehlt ihre Intention: weder das kirchliche Amt noch die damit verbundenen kirchlichen Strukturen werden im Verhältnis zu ihr geklärt. Eine der reformatorischen Botschaft entsprechende Kirchenordnung und eine soziale Ethik finden keine Verbindung zu ihr.

Die Missionsbewegungen, die ihren entscheidenden Impuls gerade vom Pietismus her bekommen haben, sind genauso wie die sozialdiakonischen Initiativen auf diesem individualistischen Boden des Pietismus erwachsen. Sie sind nicht imstande, der als kollektiv heranwachsenden Gesellschaft die Einsicht zu schenken, daß die Verkündigung der Kirche sich zu Gottes gutem Schöpfungswerk bekennt und damit den durch die historischen Wandlungen hindurch handelnden Gott in wechselnden Gesellschaftsordnungen entsprechend zur Sprache bringen kann.

Die Herausforderungen der Neuzeit fordern eine Neubesinnung der evangelisch-lutherischen Kirche und Theologie. Sie leiten auf den reformatorischen Ursprung zurück, nicht um die Geschichte zu wiederholen, die alten kirchlichen und gesellschaftlichen Ordnungen zu restaurieren, sondern um den Mut zu ähnlichen existentiellen Entscheidungen aufzubringen, den die Väter der Reformation in ihrer Zeit aus dem göttlichen Auftrag geschöpft haben.

Die Wandlungen der Kirchengeschichte zeigen mit unausweichlicher Härte nicht nur die Treue zum Erbe, sondern genauso die Fehlentwicklungen auf. In der Schicksalsstunde der gegenwärtigen Christenheit ist die evangelisch-lutherische Kirche durch ihr konfessionelles Bewußtsein an ein neues Hören auf die Lehre aus den Wandlungen ihrer Geschichte erinnert. Um ihrer eigenen Identität willen ist sie auf die mit ihr zusammenlebenden Kirchen und deren spezifisches Zeugnis angewiesen. Wenn heute bilaterale Gespräche unter den Kirchen geführt werden, in denen die evangelisch-lutherische Kirche ihre volle Teilnahme anbietet, so ist dies vielleicht die Rückkehr einer geschichtlichen Stunde vor vierhundertfünfzig Jahren — aber mit neuen Anforderungen und neuen, durch die Geschichtsentwicklungen veränderten Partnern. Dem Leser wird die Beobachtung sicherlich nicht entgehen können, daß die vorliegenden Beiträge alle einen ökumenischen Ausklang haben. Ob es um die Aufgabe der Schriftauslegung, des aktuellen Bekenntnisses, der gegenwärtigen gottesdienstlichen Spiritualität oder um die Fragen des kirchlichen Amtes, der christlichen Teilnahme an den gesellschaftlichen Problemen unserer Zeit oder um die besondere Sendung der apostoli-

schen Verkündigung unter den Völkern geht — immer klingt am Ende
dasselbe Thema auf: diese Aufgaben können wir nur in Gemeinschaft
mit der ganzen ökumenischen Christenheit lösen. Das ist genau die
Rückkehr der geschichtlichen Stunde der Reformation: das Aufeinan-
dergewiesensein, das Miteinandersein im brüderlichen Ringen um den
Auftrag der einen Kirche in der heutigen Welt.
Die historischen Beiträge des ersten Teiles dieses Buches haben uns gezeigt, welche geschichtliche Stunde der christlichen Einheit damals gelebt wurde. Sie hat damals die spaltenden Kräfte in Gang gesetzt, obwohl noch lange ein „Provisorium" zwischen den „beiden katholischen
Kirchen" herrschte. Heute ist im Kielwasser der ökumenischen Bewegung unseres Jahrhunderts und der mit ihr verbündeten missionarischen Bewegung einerseits, und durch das II. Vatikanische Konzil anderseits eine neue Öffnung unter den Konfessionen entstanden, die die
Möglichkeit eines gegenwärtigen erneuten „Provisoriums" der Einheit
der Kirche enthält. Die heute konvergierenden Kräfte könnten die neue
geschichtliche Stunde vorbereiten, in der nun die „Wiedervereinigung"
angesichts des bleibenden Auftrags der Kirche jeden nach seinen spezifischen Gaben anerkennt und in die Einheit des Hl. Geistes heimholen
wird.
Eine solche Versöhnung der vielfältigen Charismen steht nicht gegen
die spezifische Konfessionalität der evangelisch-lutherischen Kirche. Sie
ist kein Identitätsverlust, sondern eine Aktualisierung des ursprünglichen Rufes der Reformation zur Erneuerung der gesamten Christenheit auf Erden. So soll der ökumenische Ausklang dieses zweiten Teiles
unseres Buches als Identitätsfindung in den sich wandelnden Zeiten aufgefaßt werden. Der ökumenische Beitrag der evangelisch-lutherischen
Kirche kann damit sichtbar werden: in allen Kirchen, die den Namen
Jesu Christi bekennen, sein Evangelium verkündigen und die von ihm
eingesetzten Sakramente verwalten, kann die eine, heilige, apostolische
und katholische Kirche entdeckt werden, die wir mit dem Glaubensbekenntnis der alten Kirche bekennen. Erstaunlicherweise beinhaltet gerade diese *spezifische Konfessionalität* der evangelisch-lutherischen
Kirche die Verneinung einer Partikularkirche und die Öffnung zur
Ökumene. Dieses Selbstverständnis gegenüber unserer eigenen Kirche
zu wiederholen, ist die besondere Aufgabe dieser Beiträge.

V. Kapitel

DIE HEILIGE SCHRIFT

INGE LØNNING

Das Schriftprinzip der Reformation

Es gibt Bilder aus der Geschichte, die sich ein für allemal in die Erinnerung der Christenheit eingeprägt haben. Zu diesen gehört die Szene während des Reichstags zu Worms 1521: die Konfrontation von Kaiser, Reich und Kirche einerseits und der einsame Mönch allein, mit der Hl. Schrift, andererseits.

So eindrucksvoll dieses Bild ist, so wenig eindeutig ist es in seiner geschichtlichen Auswirkung. Die Neuzeit hat darin ihr Ideal der freien, sittlichen Persönlichkeit gesehen, das Individuum, das sich, von aller Bindung an äußere Autoritäten losgelöst, nur seinem eigenen autonomen Gewissen gegenüber verpflichtet weiß. Die lutherische Orthodoxie des 16. und 17. Jahrhunderts sah in der Gestalt Luthers auf dem Reichstag den festen und unerschütterlichen Vertreter der absoluten Schriftautorität und — auf Grund der Schriftautorität — der göttlichen Offenbarungswahrheit. Dem Selbstverständnis Luthers entspricht indes keine der beiden Versionen. Gemäß der Überlieferung enthält die folgenschwere Antwort, die vor dem Reichstag gegeben wurde, drei Hauptbegriffe: „Gottes Wort" — „Heilige Schrift" — „Gewissen". Für die Bestimmung der theologischen Eigenart des reformatorischen Schriftprinzips besteht nun das Interpretationsproblem in der gegenseitigen Zuordnung dieser drei Begriffe. Vielleicht ist darin auch der Ursprung einer der permanenten inneren Schwierigkeiten der lutherischen Tradition zu sehen.

Wir haben bewußt die Szene aus der dramatischen Durchbruchszeit der Reformation an den Anfang gesetzt. Wer die reformatorische Theologie in ihrer Eigenart begreifen will, muß vor allem die Situationsbezogenheit theologischen Denkens berücksichtigen. In Luthers Entwicklung geht es auf Schritt und Tritt um provozierte Theologie, die unmittelbar aus der kirchlichen Notlage und nicht aus wohlerwogenen, prinzipiellen Schreibtischüberlegungen hervorgegangen ist. Entscheidende Erkenntnisse werden Luther, gerade in Sachen des Schriftprinzips, von theologischen Gegnern wie Cajetan (Augsburg 1518) und Eck (Leipzig 1519) abgezwungen. Die Einsichten, die von „innen" her durch das intensive Schriftstudium gewonnen worden waren, wurden von „außen" her, durch die Konfrontation mit der kirchlichen Wirklichkeit erst recht theologisch profiliert.

Das reformatorische Schriftprinzip ist aus der stetigen Bemühung um die rechte Schriftauslegung erwachsen. Eingeleitet wurde die Entwicklung mit der zunehmenden Konzentration der Wittenberger Universitätstheologie auf die Schriftauslegung als *die* theologische Aufgabe schlechthin. Mit den Thesen Luthers gegen die scholastische Theologie (1517) wurde für eine grundlegende Reform des Theologiestudiums das Ideal der Schrifttheologie klar zum Ausdruck gebracht: wahre Theologie ist nur als Schriftauslegung möglich. Wichtige geschichtliche Voraussetzung für die Verwirklichung des Ideals war die Ausgabe des griechischen Neuen Testaments durch Erasmus (1516), ferner auch das allgemeine humanistische Interesse an der Geschichte der Antike und an den biblischen Sprachen. Was allmählich als eine methodische Erneuerung, als eine programmatische neue Art und Weise, Theologie zu treiben, in Erscheinung trat, war aber zugleich Ausdruck einer neuen Erfassung der *Sache* der Theologie. Sachverständnis und Methode lassen sich hier gar nicht voneinander trennen.

In der Vorrede zur Erstausgabe seiner gesammelten Schriften in Wittenberg 1539 (WA 50, 657—661) zeigt Luther „eine rechte Weise, in der *Theologia* zu studieren", an. Zum rechten Theologiestudium gehören demnach: Gebet *(oratio)*, Meditation *(meditatio)* und Anfechtung *(tentatio)*. Formal betrachtet ist diese Definition an sich nicht auffallend. Bemerkenswert ist aber, daß Luther die drei Merkmale des rechten Theologiestudiums mit Selbstverständlichkeit ausschließlich an die Aufgabe der Schriftauslegung bindet. Diese Bindung wird mit dem einfachen Hinweis auf die inhaltliche Eigenart der Schrift begründet; wer Theologie treiben will, muß vor allem wissen, daß die Hl. Schrift die Weisheit aller anderen Bücher zur Narrheit macht. Mit menschlicher Weisheit und Vernunft wird man darum die Aufgabe der Schriftauslegung niemals lösen. Die theologische Aufgabe ist *per definitionem* polemisch, und zwar gegen den Theologen selbst zu lösen. Die exklusive Schriftgebundenheit der Theologie ist somit notwendige und permanente Voraussetzung, weil die Schrift allein imstande ist, die menschliche Weisheit des Theologen zu überwinden.

Die Anspielung an die paulinische Ausdrucksweise sowie die Thematik der Umwertung aller Werte durch Gottes Offenbarung in Christus nach 1. Kor. 1—2 ist hier unverkennbar. Aus dem theologischen Grundgedanken des Gegensatzes von göttlicher und menschlicher Weisheit erwächst für Luther ein unentbehrliches Schriftprinzip. Nicht auf Grund irgendwelcher Beobachtungen formaler Art, sondern auf Grund der gehörten und geglaubten Botschaft der Hl. Schrift ist die einzigartige Qualität der Schrift zu erkennen. Das Evangelium von Gottes Gerechtigkeit liegt nicht nur außerhalb der Denkmöglichkeiten des Menschen, sondern muß den Menschen in seiner Existenz als Sünder „durchkreuzen". Durch die Verkündigung des Evangeliums, die immer aufs neue den Menschen von außen her trifft, bewirkt der Geist Gottes den Glauben und erschafft somit einen neuen Menschen. Die Verkündigung aber bleibt an die Schrift gebunden, weil das sachnotwendige *„extra nos"* des Evangeliums eben dadurch erhalten wird, daß das Evangelium in der Schrift sozusagen in Verwahrung bleibt.

Ohne Gebet um den Hl. Geist soll darum niemand an die Schrift herantreten. Für den Schriftausleger gibt es demgemäß nur die eine mögliche „Methode": zu meditieren. Was das heißt, erklärt Luther in der genannten Vorrede in überraschender Weise so: „Nicht allein im Herzen, sondern auch äußerlich die mündliche Rede und das buchstabische Wort im Buch immer treiben und reiben, lesen und wiederlesen, mit fleißigem Nachdenken, was der Hl. Geist damit meint". Wer diese theologische Methode praktiziert, begibt sich ins Zentrum des großen Streits um den Menschen hinein, wo Gott (der Wahrhaftige) mit dem Lügengeist (dem Satan) um das Gewissen kämpft. Die Anfechtungen sind Kennzeichen der rechten Situation der Theologie als Schriftauslegung. Wo Gottes Wort in dieser Welt am Werk ist, ist immer auch der Feind Gottes am Werk. Durch seine Angriffe wird paradoxerweise der Schriftausleger zum Erfahrungstheologen gemacht, der im Angefochtensein erst recht lernt, „wie recht, wie wahrhaftig, wie süß, wie lieblich, wie mechtig, wie tröstlich" das Wort Gottes ist. So entsteht die Gewißheit des angefochtenen Glaubens, das erst wahre Theologie, das heißt wahre Rede von Gott ermöglicht.

Wenn Luther den Gegensatz von göttlicher und menschlicher Weisheit durch die Kontrastbegriffe „Wort Gottes" und „Menschenlehre" zum Ausdruck bringt, ist auf diesem Hintergrund nicht an den Unterschied von Vollkommenheit und Unvollkommenheit zu denken. Dann wäre die Aufgabe der Schriftauslegung durch eine Potenzierung des menschlichen Erkenntnisvermögens zu lösen. Die geheimnisvollen Sätze der Hl. Schrift wären dann im Verhältnis zu alltäglichen menschlichen Aussagen als besonders tiefsinnige und darum schwer erkennbare Wahrheiten derselben Art anzusehen. Wenn man sich die Eigenart der Schriftaussagen in dieser Weise vorstellt, ist die folgerichtige und einzig sachgemäße Methode der Schriftauslegung die allegorische. Durch diese Methode ist der Ausleger ja imstande, den äußeren, alltäglichen „leiblichen" Sinn der Buchstaben zugunsten des tieferen geistigen Sinnes hinter sich zu lassen. Die menschliche Gestalt der Schrift ist dann als Vorstufe, der Wortsinn der Schriftaussagen als Durchgangsstadium zur eigentlichen göttlichen Qualität zu verstehen. Mit der menschlichen Gestalt der Schrift hat aber der Begriff „Menschenlehre" bei Luther nichts zu tun. Weil Gott in Christus wirklich Mensch wurde, kann die menschliche Gestalt keineswegs dem Worte Gottes unangemessen sein. Vielmehr entspricht die menschliche Gestalt dem Inhalt der Schrift, der Botschaft von der Menschwerdung Gottes, ganz genau. Wenn sich „Menschenlehre" zum „Wort Gottes" wie Wasser zum Feuer verhält, dann weil es um einen theologischen Inhalt geht, der dem Evangelium von der Menschwerdung Gottes entgegengesetzt ist. „Menschenlehre" schließt das Gewissen in das Gefängnis der religiösen Werkgerechtigkeit ein, das „Wort Gottes" allein setzt das Gewissen frei.

Das Prinzip *sola scriptura* ist theologisch notwendig, um „Menschenlehre" zu vermeiden und die Unableitbarkeit des Evangeliums sicherzustellen. Für Luther ist das Prinzip dabei zutiefst mit der Überzeugung von der Klarheit der Schrift verbunden. In demselben Gedankenzusammenhang verwurzelt ist auch die in den zwanziger Jahren des 16. Jahrhunderts zunehmende Konzentration auf den Wortsinn der Schriftaussagen unter immer schärferer Kritik der allegorischen Auslegung. Mit der Lehre vom mehrfachen Schriftsinn wird auch das exklusive Recht des kirchlichen Lehramtes, die Schrift verbindlich auszulegen, hinfällig. Die traditionelle Vorstellung von dem Hl. Geist als Autor der Schrift erhält nun eine eigenartige Profilierung durch die Feststellung, daß es weder im Himmel noch auf Erden einen einfältigeren Verfasser gibt als den Hl. Geist. Seine Worte können nur den einen, einfältigen, alltäglichen, historischen Sinn haben, und als Christuszeugnis besitzen sie eben in diesem Sinne die Klarheit, die das menschliche Gewissen befreit, indem sie Gewißheit stiften.

„Geist", „Christuszeugnis" und „Klarheit der Schrift" gehören für Luther notwendig zusammen. Geschichtlich wird das so gedacht: in dem Werk Jesu hat Gott alles zum Heil der Menschen vollbracht; das Werk des Hl. Geistes besteht nun darin, „Christum zu treiben", das heißt die Heilsgabe des Werkes Jesu dem Glauben auszuteilen. Im Glauben wird der Mensch als Geschöpf Gottes und somit erst recht als Mensch offenbar, indem er Gott dem Schöpfer die Ehre gibt und Jesus Christus sein läßt. Seit Pfingsten geschieht dies alles durch die kirchengründende Predigt des Evangeliums; der Heilsplan Gottes, der in der „Schrift" (das heißt dem Alten Testament) versiegelt war, wurde durch die mündliche Christus-Proklamation der Apostel an den Tag gebracht. In der apostolischen Christus-Proklamation (aber auch durch sie) wurde die Schrift klar, und in der Weiterführung dieser Christus-Proklamation in der Verkündigung des Evangeliums bis an das Ende dieser Welt bleibt sie es auch. So ist das Neue Testament eigentlich nicht als Schrift, sondern als „Eröffnung der Schrift" zu verstehen, und Luther kann ganz folgerichtig in seinen Vorreden zum Septembertestament von 1522 den Römerbrief als „ein helles Licht, fast genugsam, die ganze Schrift zu erleuchten" bezeichnen. Dementsprechend kann auch gesagt werden, daß die Kirche kein „Federhaus", sondern ein „Mundhaus" ist, und daß es eigentlich gar nicht neutestamentlich sei, Bücher zu schreiben. Wiederum ist diese theologische Einsicht exegetisch gewonnen. Aus der paulinischen Gegenüberstellung von „Buchstabe" und „Geist" in 2. Kor. 3, 6 hat Luther — in scharfem Gegensatz zum herkömmlichen Gebrauch derselben Aussage als Begründung der Theorie vom zweifachen Schriftsinn — die Gegenüberstellung und somit die Notwendigkeit der Unterscheidung von altem und neuem Bund, von Gesetz und Evangelium, von Dienst am Gesetz und Dienst am Evangelium herausgelesen. Schriftlichkeit als Merkmal des Gesetzes und Mündlichkeit als Merkmal des Evangeliums sind mehr als äußere, formale Kennzeichen, sie sind mit den beiden unterschiedlichen, aufeinander bezogenen Funktionen des Wortes Gottes verbunden. Der Schriftlichkeit entspricht die tötende Funktion des Gesetzes, der Mündlichkeit die lebendigmachende Funktion des Evangeliums. Mit den beiden Teilen der christlichen Bibel lassen sich diese beiden Funktionen nicht einfach identifizieren. Das neutestamentliche Evangelium ist ja eben als „Eröffnung" der alttestamentlichen Schrift zu verstehen. Die im Neuen Testament enthaltene apostolische Christus-Proklamation hat aber erst die Unterscheidung der beiden Funktionen ermöglicht und somit der zukünftigen Theologie (das heißt der Schriftauslegung der Kirche) ihre permanente Aufgabe gestellt.

Auf diesem Hintergrund darf die eigentümliche Freiheit verstanden werden, die Luthers Urteile in Sachen des neutestamentlichen Kanons kennzeichnet. Die wissenschaftlichen Voraussetzungen dieser Freiheit lagen in den allgemeinen geschichtlichen Erkenntnissen der durch den Humanismus geprägten Theologie des 16. Jahrhunderts vor. Man war sich wiederum der Komplikationen der neutestamentlichen Kanonsgeschichte bewußt geworden und suchte mittels historischer und literarkritischer Argumentation die altkirchliche Distinktion von unumstrittenen *(homologoumena)* und umstrittenen Schriften *(antilegomena,* die sieben Schriften: Jak., Hebr., 2. Petr., 2. und 3. Joh., Jud., Apok.) neu zu begründen und theologisch zu aktualisieren. Das Ziel der Anstren-

gungen war dabei, die Grenzen des Neuen Testaments (das heißt die
Grenzen des apostolischen Schrifttums) möglichst genau zu bestimmen.
Eigentümlich für Luthers Gestaltung der humanistischen Kanonkritik
ist vor allem, daß ihr diese Intention fehlt. In der Erstausgabe seiner
deutschen Übersetzung des Neuen Testaments tritt das schon im In-
haltsverzeichnis deutlich zutage: unbeziffert und von den übrigen
Schriften mit einem offenen Zwischenraum geschieden stehen hier vier
der traditionellen *Antilegomena:* Hebräer-, Jakobus- und Judasbrief
sowie die Apokalypse Johannis. In den Vorreden zu diesen vier Schriften wird nur zum geringsten Teil mit den herkömmlichen Argumenten
gearbeitet. Entscheidend sind weder literarkritische Beobachtungen
noch geschichtliche Überlieferungen der Kirche. Entscheidend ist das
theologische Grundkriterium des „Christum-Treibens", das allein
„apostolisch" von „nicht apostolisch" unterscheidet. Wenn man aber die
Frage stellt, ob Luther die vier ausgesonderten Schriften innerhalb oder
außerhalb des neutestamentlichen Kanons gestellt wissen will, läßt sich
keine begründete Antwort geben. In späteren Ausgaben wurde das In-
haltsverzeichnis des Neuen Testaments normalisiert, die auffällige Neugestaltung der Reihenfolge der Schriften blieb aber in lutherischen
Bibelausgaben bis in unsere Zeit erhalten. Die theologischen Urteile,
die er in den Vorreden seines Septembertestaments von 1522 formulierte, hat Luther selbst der Sache nach später nicht geändert. Seinen
Anhängern wurden sie aber bald so anstößig, daß man die Übersetzung lieber ohne die Vorreden drucken ließ.
Zur konfessionellen Eigenart des späteren Luthertums gehört aber das
Phänomen, das man in der Neuzeit paradoxerweise als einen „offenen
Schriftkanon" bezeichnet hat. Innerhalb der konsolidierten katholischen Theologie der Gegenreformation wurde der humanistisch geprägten Kanonkritik mit dem Kanondekret des Tridentiner Konzils von
1546 dogmatisch ein Ende gesetzt. Die authentischen Schriften werden
alle aufgerechnet, das Alte Testament nach dem griechischen Kanon der
alten Kirche, das Neue Testament mit ausdrücklicher Kennzeichnung
jeder einzelnen der 27 Schriften als apostolisch. Die meisten Bekenntnisse reformierter Prägung, die während des 16. und 17. Jahrhunderts
entstanden, enthalten parallele Definitionen der Hl. Schrift – nur mit
dem charakteristischen Unterschied, daß das Alte Testament hier nach
dem hebräischen Kanon festgelegt wird. In keiner der lutherischen Bekenntnisschriften findet man eine Lehraussage über den Umfang der
Hl. Schrift. Zur Kontroverse um den alttestamentlichen Kanon hat die
lutherische Tradition in der Praxis ihrer Bibelverbreitung niemals eine
eindeutige Stellung eingenommen. Theologisch ist somit die Frage nach

dem genauen Umfang der Hl. Schrift bis heute ein *Adiaphoron* geblieben.

Diese konfessionelle Eigentümlichkeit weist auf die Eigenart des reformatorischen Schriftprinzips Luthers zurück. Die Autorität der Hl. Schrift ist nicht – so wie es in der kirchlichen Tradition immer wieder geschieht – mit der Autorität eines Gesetzbuches zu vergleichen, die auf genau fixierten Aussagen (Paragraphen und Gesetzen) beruht und die in jeder neuen Situation einer vollmächtigen Auslegungsinstanz bedarf, um wirksam zu werden. Das Gesetzbuch einer christlichen Rechtsgemeinschaft ist die Hl. Schrift eben nicht. *Post Christum* wirkt aus der Hl. Schrift Alten und Neuen Testaments das Wort Gottes in seinen beiden Funktionen, es richtet den Menschen und richtet ihn dadurch als Gewissen auf. Urheber dieser Wirkung ist der Hl. Geist, der die Schrift in ständiger Bewegung auf die mündliche Verkündigung des Evangeliums hin hält. So bleibt der Geist Gottes, der bei der Entstehung der alttestamentlichen Schriften tätig war und durch die Christus-Proklamation der Apostel die Schrift endgültig eröffnete, weiterhin durch die Schrift als der einzige, der „Christum treibt", wirksam. Die Schriftautorität in ihrer theologischen Intentionalität kann man von daher nur recht erfassen, indem man den Ausdruck „der ewige *Wille* des Evangeliums" *(perpetua voluntas evangelii,* CA 28) hier berücksichtigt. Der Ausdruck wird von Melanchthon als Programm einer sachgerechten Schriftauslegung am Beispiel des Aposteldekrets (Apg. 15, 28 f.) demonstriert. Der Wortlaut des Dekrets („Der Hl. Geist und wir haben beschlossen . . .") entspricht eben der Frage nach dem bleibenden Willen des Evangeliums, wobei die Personifikation des Evangeliums von der unauflöslichen Zusammengehörigkeit von Geist und Evangelium her zu verstehen ist.

Eine Lehre von der Hl. Schrift enthält die *Confessio Augustana* nicht. Keiner der 28 Artikel dieser grundlegenden Bekenntnisschrift der evangelisch-lutherischen Tradition ist dem Schriftprinzip als Thema gewidmet. Schon die ersten Kritiker in Augsburg 1530 haben die Aufmerksamkeit darauf gelenkt, weil ihnen das Schweigen verdächtig war. Spätere Interpreten haben die Schwierigkeiten durch die These vom kirchenpolitischen Leisetreten Melanchthons lösen wollen. Von den Prämissen der reformatorischen Theologie her gibt es jedoch keinen Grund, etwas zu vermissen; tatsächlich ist das Schriftprinzip vom ersten bis letzten Artikel implizit vorhanden. Vielleicht läßt sich die eigenartige Formulierung in bezug auf das Aposteldekret im letzten Artikel sogar als eine Explikation desselben ansehen. Eben das ist ja die Frage, die das *„sola scriptura"* („durch die Schrift allein") beant-

wortet: wie setzt sich das Evangelium unter den Menschen durch, so
daß der Glaube entsteht, der Gott als Schöpfer erkennt und verehrt
und somit den Menschen als Geschöpf Gottes zu seinem wahren Selbst-
sein führt? Als formales Prinzip, das heißt von dem erkannten bleibenden Willen des Evangeliums abstrahiert, läßt sich — so darf man das
„Schweigen" der *Confessio Augustana* verstehen — das reformatorische
Schriftprinzip nicht herausstellen.

Theologie ist diejenige Erkenntnis von Gott und Mensch, die Gott als
den Rechtfertigenden, den Menschen jedoch als Sünder erfaßt. So definiert Luther in seiner Auslegung des 51. Psalms 1532 das eine un-
erschöpfliche Thema der Theologie (WA 40 II, 327 f.). Diese theologische Erkenntnis läßt sich zwar mühelos formulieren, ist aber in dieser
Welt nur in der Schule der Schriftauslegung und ihrer Anfechtungen
immer aufs neue zu gewinnen. Die Kirche in dieser Schule des Hl. Geistes festzuhalten, das ist die Funktion des *sola scriptura*. Weit entfernt
davon, starres Prinzip zu sein, bringt es im reformatorischen Gedan-
kenkontext die Unerschöpflichkeit der theologischen Thematik und die
volle Spannungsgeladenheit der theologischen Existenz zum Ausdruck.

Die Kontroverstheologie des 16. und 17. Jahrhunderts: *Entfaltung der Lehre von der Heiligen Schrift*

Die große Auseinandersetzung der Reformationszeit war die Auseinandersetzung um das rechte Verständnis von Evangelium und Kirche. Sie
wurde weithin als ein Streit um die rechte Schriftauslegung und von
daher auch um die rechte Lehre von der Hl. Schrift geführt. Haupt-
gegenstand der Kontroverse war dabei das von Luther verworfene
Auslegungsprimat des kirchlichen Lehramtes. Die Position der katholischen Gegenkritik ist in der ersten Phase, den Jahren um 1520 herum,
auf den Erweis einer notwendigen und unauflöslichen Verbundenheit
von Schriftautorität und Kirchenautorität konzentriert. Am Beispiel
Luthers meinte man das negativ nachweisen zu können: wer damit an-
fängt, die Lehrautorität der Kirche anzuzweifeln, endet folgerichtig —
wie es Luther in seinen Vorreden zum Neuen Testament demonstriert
hatte — darin, die Schriftautorität aufzulösen. Aufgrund ihrer Lehrvollmacht hat die Kirche den Bibelkanon festgelegt, aufgrund derselben
Lehrvollmacht ist es dem Amt der Kirche vorbehalten, die Schrift
autoritativ auszulegen.

Diese Position wird 1546 auch vom Tridentiner Konzil vertreten, jedoch mit einer charakteristischen Akzentverschiebung. Als Abwehr
gegen die reformatorische Theologie neigte die katholische Kontrovers-

theologie der Jahre um 1530 und 1540 herum mehr und mehr dazu, die Notwendigkeit der Kirchenautorität durch den Nachweis der materialen Insuffizienz der Schrift zu erhärten. Zwar enthält die Schrift die göttliche Offenbarung, so wie sie den Aposteln ein für allemal anvertraut wurde, sie enthält aber nicht die vollständige Offenbarungswahrheit. Erst durch die beiden gleichrangigen Erkenntnisquellen, die Hl. Schrift und die mündliche Tradition wird die eine und vollständige apostolische Offenbarung der Kirche übermittelt, so daß sie in der vollmächtigen Auslegung des Lehramtes immer präsent sein kann.

Wie das gegenseitige Verhältnis der beiden Größen „Schrift" und „Tradition" im Erkenntnisprozeß der lehrenden Kirche näher zu denken ist, wird vom tridentinischen Offenbarungsdekret offen gelassen. In der gegenreformatorischen Polemik aber ist die Tendenz unverkennbar, über die materiale Insuffizienz der Schrift hinaus auch die formale Unterlegenheit einer schriftlichen Offenbarungsvermittlung überhaupt zu unterstreichen. Die mündliche Überlieferung ist wegen ihrer Lebendigkeit und Flexibilität als Medium überlegen, wenn es darum geht, die Offenbarungsinhalte zu aktualisieren.

Antithetisch zu der gegenreformatorischen Theologie vollzieht sich mit der Institutionalisierung der Kirchenspaltung auf lutherischer Seite allmählich eine Explizierung und Formalisierung der Lehre von der Offenbarungsvermittlung. Das Schriftprinzip erhält dabei eine neue kontrovers-theologische Funktion, die nicht nur eine Statuierung der vollkommenen materialen Suffizienz der Schrift, sondern auch eine immer weitläufigere Verteidigung der Schriftlichkeit als gottgewollt und der göttlichen Offenbarung gemäß provoziert. Diese Entwicklung fängt in der zweiten Hälfte des 16. Jahrhunderts, vor allem mit Martin Chemnitz und Matthias Flacius, an und erreicht eine erste Vollendung am Anfang des 17. Jahrhunderts in der theologischen Systematik Johann Gerhards. Für die Schriftlichkeit als Wesensmerkmal der göttlichen Offenbarung beruft sich Chemnitz als erster auf den alttestamentlichen Dekalog als Vorbild: Gott hat die schriftliche Offenbarungsvermittlung nicht nur instituiert, er hat sogar selbst das Gesetz wörtlich aufgeschrieben und somit den Weg der Schriftlichkeit eröffnet und geheiligt. Die Sinaigeschichte zeigt mit unmißverständlicher Deutlichkeit, daß es Gottes Wille ist, die Reinheit seiner Offenbarung durch göttlich inspirierte Schriften erhalten zu lassen. Zu diesem alttestamentlichen Beweis fügt Gerhard eine neutestamentliche Parallele hinzu: Anfang und Vorbild der Schriftlichkeit ist im Neuen Testament das Aposteldekret (Apg. 15, 28), in dem der Hl. Geist ausdrücklich als der Urheber desselben bezeichnet wird.

Um 1600 ist die lutherische Theologie in eine Kontroverse mit den Katholiken geraten, in deren Verlauf sie dazu gedrängt wird, das Schriftwort unmittelbar auf Gott zurückzuführen, um die schriftliche Vermittlung als die einzig offenbarungsfähige nachweisen zu können. Dabei werden die Schriftaussagen immer häufiger als „*oracula Dei*" bezeichnet, und die ursprüngliche reformatorische Antithese von „Wort Gottes" (Christus als unsere fremde Gerechtigkeit) und „Menschenlehre" (Werkgerechtigkeit) wird unmerklich in den formalen Gegensatz von göttlich und menschlich, göttlichen Worten und menschlichen Worten transformiert. Auf diesem Weg ergibt sich zwangsweise: 1. die formale Identifikation von Schrift und Wort Gottes, 2. die Identifikation der göttlichen Offenbarungsqualität der Schrift mit ihrer nachweisbaren Übermenschlichkeit, 3. die Konzentration aller Aufmerksamkeit auf die Schriftwerdung der Offenbarung und 4. die Herleitung der Schriftautorität aus der Alleinwirksamkeit des Hl. Geistes beim Schreibakt.

Die biblischen Verfasser werden von Gerhard als „Organe des Geistes", „Hände Christi" und „Amanuensen Gottes" bezeichnet. Dieser Minimalisierung der menschlichen Aktivität entspricht die während des 17. Jahrhunderts immer weiter entwickelte Lehre von der Verbalinspiration. Diese Lehre, die erst in der Behauptung der göttlichen Qualität jedes Schriftzeichens der Bibel zu ihrer Vollendung kommt, hängt mit der zunehmenden Formalisierung und Intellektualisierung des Offenbarungsverständnisses zusammen. Wird das Verhältnis von Gott und Mensch primär als Erkenntnisproblem erfaßt, wird weiter der Gegensatz von göttlich und menschlich als Unterschied von Irrtumslosigkeit und Irrtumsfähigkeit verstanden, dann ist die Irrtumslosigkeit der Schrift grundlegende Voraussetzung aller Offenbarungstheologie. Es wird dann ein Hauptanliegen der Theologie, diese Irrtumslosigkeit nachzuweisen und zu verteidigen. Die Kanonsproblematik der Reformationszeit wird durch die formale Distinktion von „kanonische Bücher erster Ordnung" und „kanonische Bücher zweiter Ordnung" (die traditionellen *antilegomena*) dogmatisch erledigt und kann folgerichtig am Anfang des 18. Jahrhunderts von David Hollaz als belanglos erklärt werden.

Man darf die Schriftlehre der lutherischen Hoch- und Spätorthodoxie als eine anti-gegenreformatorische Position bezeichnen, die durch ihre theologische Strukturgleichheit mit der gegnerischen Grundlegung der Dogmatik gekennzeichnet ist. In dieser Gedankenstruktur fallen Schriftautorität und Schriftverständnis auseinander, und die reformatorische These von der Klarheit der Schrift wird unvermeidlich überfordert, wenn sie nun als Gegenstück zur Lehre von der im vollmächtigen Lehramt zusammenfließenden schriftlichen und mündlichen Offenbarungsvermittlung der Kirche die irrtumsfreie Repräsentation der einmal offenbarten Glaubenswahrheiten allein ermöglichen soll.

In der dogmatischen Praxis der lutherischen Orthodoxie hatte deren zunehmende Formalisierung der Schriftautorität die konfessionelle Doktrinalisierung der Schriftauslegung zur Folge.

Erbschaft der orthodoxen Schriftlehre: Pietismus, Aufklärung und Neuluthertum

Das imposante Lehrgebäude der orthodoxen lutherischen Dogmatik war gerade in seinem Fundament, der Lehre von der Hl. Schrift, verletzbar. Das rationale Offenbarungsverständnis, die Identifikation von Gotteswort und Schrift sowie die Rationalisierung der Schriftautorität in der Theorie von der Irrtumslosigkeit der verbalinspirierten Schrift mußte sowohl irrationale Reaktion als auch rationale Kritik provozieren. Im Verhältnis zur etablierten Schriftlehre der lutherischen Tradition lassen sich Pietismus und Aufklärung insofern als parallele Auflösungstendenzen betrachten.

Als Erweckungsbewegung und kirchliche Erneuerungsbewegung kreist der Pietismus mehr um den Bibelgebrauch als um die Schriftlehre. Die frühpietistische Reform des Theologiestudiums läßt sich dabei als die Restauration des ursprünglichen reformatorischen Ideals einer „Theologie als Schriftauslegung" verstehen. Wie die Wittenberger Universitätsreform am Anfang des 16. steht die Hallesche Reform am Anfang des 18. Jahrhunderts in Front gegen die philosophisch geprägte Theologie, diesmal in der Gestalt einer lutherischen Scholastik. Positiv wird die Linie vom Bibelhumanismus des 16. Jahrhunderts in der Konzentration auf das Studium der biblischen Sprachen und der historischen Bibelkunde weitergeführt. Theologisch erwächst aus dieser Reform ein Biblizismus mit Vorliebe für heilsgeschichtliche Konzeptionen an Stelle der konfessionellen Systematik der Orthodoxie. Die bibelpositivistische Tendenz dieser Theologie kommt — anders als in der reformatorischen Theologie — deutlich in dem zum Teil recht augenfälligen Interesse für den Chiliasmus zum Vorschein.

An der orthodoxen Verbalinspirationslehre rüttelt der Pietismus nicht direkt. Mit seinem bibeltheologischen Ideal und seiner gegen den Objektivismus der orthodoxen Offenbarungstheologie gerichtete Lehre von der *theologia regenitorum* führt er aber eine indirekte Korrektur in die ganze orthodoxe Lehre von der Schrift ein. Die individualisierende

Tendenz bereitet die Theorie der Personalinspiration vor, so wie das historische und philologische Interesse mit der aufkommenden historisch-kritischen Bibelforschung verwandt ist.

Die direkte und offene historische Kritik der orthodoxen Schriftlehre wird innerhalb der lutherischen Tradition zuerst in großer Breite mit Johann Salomo Semlers dreibändigem Werk zum Bibelkanon um 1770 verwirklicht. Mit der Lehre von der Hl. Schrift in den „Systemen und Kompendien" der Dogmatiker ist Semler seit langem unzufrieden, einfach weil er meint, die Unvereinbarkeit dieser Lehre mit den Daten der Kanonsgeschichte feststellen zu müssen. Zur theologischen Legitimation seines kritischen Vorhabens beruft er sich charakteristischerweise auf Luther und die lutherischen Theologen der zweiten Generation, sowie auf die Theologen der alten Kirche. Auf dem Hintergrund einer Theologie, die die Freiheit zur Kritik in vorbildlicher Weise praktizierte, ist die orthodoxe Schriftlehre geschichtlich als ein bedauerliches Zwischenspiel anzusehen, das je früher desto besser zum Abschluß gebracht werden darf.

Theologisch wird die Emanzipation der historischen Bibelforschung von der Dogmatik bei Semler und seinen Zeitgenossen durch die prinzipielle Unterscheidung von „Christentum", bzw. „Religion" und „Theologie" ermöglicht. Den Vorwurf, daß historische Bibelkritik die Grundlage der Religion zerstöre, weist Semler nicht nur mit dem Hinweis auf diese notwendige Unterscheidung zurück, er leitet darüber hinaus die Freiheit zur historischen Kritik direkt von der Eigenart des Christentums ab: „Die christliche Religion beruht gerade auf der Freiheit, zu untersuchen und zu prüfen, welche alle falschen und particulären Religionen geradehin verbitten und verbieten" („Abhandlung von freier Untersuchung des Canon", Bd. III, S. 405). Vom Anspruch des Christentums, die „wahre" Religion zu sein, ist somit das Recht und die Notwendigkeit der historischen Erforschung der Schrift herzuleiten. Daraus folgt einerseits, daß sich die etablierte Lehre der Dogmatik von der Hl. Schrift durch die immer verbesserte historische Erkenntnis korrigieren lassen muß, und andererseits die Unterscheidung von Göttlichem und Menschlichem *innerhalb* der Schrift. Die orthodoxe Identifikation von Schrift und Gotteswort wird durch die Gegenthese ersetzt, daß die Bibel „mehr als zur Religion Gehöriges" enthält (Lessing).

Die Aufklärung unterscheidet zwischen historischer und systematischer Theologie und legt somit den Grund für die weitgehende Disziplinverzweigung innerhalb der Theologie im 19. und 20. Jahrhundert. Doch erhält die historische Erforschung der Schrift eben durch diese Unterscheidung unmittelbare dogmatische Relevanz. Die Voraussetzungen

dafür sind wiederum in der orthodoxen Schriftlehre zu suchen; mit
ihrer Veräußerlichung der Offenbarungsqualität der Schrift mußte sie
die Historisierung der dogmatischen Fragestellungen fördern, die weithin das Schicksal der lutherischen Theologie des 19. und 20. Jahrhunderts wurde.

Seit den beiden letzten Jahrzehnten des 18. Jahrhunderts gehörten die
verdrängten kritischen Äußerungen Luthers wiederum zum Zitaten-
schatz der lutherischen Theologie. Für das reformatorische Schriftverständnis, das in der Antithese von „Schrift" und „Menschenlehre"
prägnant zum Ausdruck kam, gab es in der theologischen Problematik
der Aufklärung wenig Raum. Auf dem Hintergrund von Pietismus und
Aufklärung zeichnet sich in der ersten Hälfte des 19. Jahrhunderts das
Profil des Neuluthertums durch die Erneuerung des konfessionellen Bewußtseins ab. Gegen die Tendenz zu Biblizismus und Kritizismus
wurde das reformatorische Schriftprinzip nun durch ein zweites Prinzip
ergänzt, das die bedrohte Verbindung von Schriftautorität und Schriftverständnis wieder herstellen sollte. Aristotelisch formuliert wird das
Schriftprinzip zum „Formalprinzip der Reformation", die Lehre von
der Rechtfertigung durch den Glauben allein zum „Materialprinzip der
Reformation".

In der Nachbarschaft zu dieser wohlerwogenen Lehre von den beiden
Prinzipien der Reformation findet sich nun auch die Vorstellung von
der Schrift als *norma normans* und den lutherischen Bekenntnisschriften
als *norma normata;* erst durch die abgeleitete Norm der Bekenntnisschriften als rechte Schriftauslegung erhält die Hl. Schrift ihre theologische Eindeutigkeit. In konfessioneller Hinsicht eine befriedigende
Lösung. Es liegt aber auf der Hand, daß sie um den Preis eines Haupt-
anliegens des reformatorischen Schriftprinzips gewonnen wird: der
Lehre von der Klarheit der Schrift. Mit der Zweiteilung geht die theologische Pointe des reformatorischen Schriftprinzips unvermeidlich
verloren.

Historisch-kritische Bibelforschung und „Kampf um die Bibel" als Schicksal der lutherischen Theologie

Die lutherische Kirche ist mit gewissem Recht als „Professorenkirche"
bezeichnet worden. Die Reformation ging aus der mittelalterlichen
Universitätstradition hervor, und das neue konfessionelle Kirchentum
wurde durch die sorgfältige Erhaltung der akademischen Theologie gekennzeichnet. Von Luthers Bibelprofessur in Wittenberg her gibt es eine
natürliche Kontinuität zum staatskirchlichen Universitätswesen in den

lutherischen Ländern. Der äußeren Kontinuität entspricht eine innere: Luthers These vom Wortsinn als dem einzigen Schriftsinn forderte — zusammen mit der damit verbundenen These von der Klarheit der Schrift — eine intensive Bemühung um die Aufgabe der Schriftauslegung. Weder in der Praxis der Verkündigung noch in der theologischen Reflexion konnte diese Aufgabe, so wie Luther das Programm einer Theologie als Schriftauslegung aufstellte, ein für allemal „gelöst" werden. Eine Theologie, die sich mit irgendeinem Recht auf Luthers Reformation berufen will, kann mit der theologischen Aufgabe der Schriftauslegung einfach nicht fertig werden.

Die Rolle der lutherischen Theologie in der Entwicklung der modernen historisch-kritischen Bibelforschung läßt sich durch geradlinige Herleitung aus der Reformation nicht erklären. Auf dem weiteren geschichtlichen Hintergrund, den wir umrissen haben, läßt sich wohl aber *beides* erklären: daß einerseits gerade die lutherische Theologie eine führende Stellung in der Entwicklung einer kritischen Forschung einnehmen konnte, und daß andererseits dieselbe Forschung gerade innerhalb der lutherischen Tradition erhebliche theologische Schwierigkeiten bereiten und somit besonders heftige Reaktionen provozieren mußte.

Die klassische Lehrtradition der Orthodoxie hatte die Schriftautorität an die Lehre von der Verbalinspiration gebunden. Die Emanzipation der historischen Bibelforschung konnte nur durch reaktive Auflösung dieser Verbindung verwirklicht werden; gegen die Tendenz zur Identifikation von Schrift und Offenbarung ging es darum, die Menschlichkeit der Schrift zu retten. Wenn man die göttliche Eingebung nicht mehr unmittelbar mit den geschriebenen Buchstaben, sondern mit den menschlichen Autoren durch die Theorie von der Personalinspiration verband, konnte man in bezug auf die historische Mannigfaltigkeit der biblischen Literatur neue Freiheit gewinnen, ohne dabei die Vorstellung von der Inspiration als Grundlage der Schriftautorität aufgeben zu müssen.

Das dogmatische Problem, das durch die historisch-kritische Bibelforschung gestellt wird, läßt sich jedoch durch Modifikationen innerhalb der feststehenden Struktur des orthodoxen Offenbarungsverständnisses nicht lösen. Insofern als die Theorie der Personalinspiration nur als eine solche Modifikation zu verstehen ist, mag sie eher geeignet sein, das Problem zu verschleiern; man gewährt der kritischen Forschung durch quantitative Reduktion des Offenbarungsgutes einen Freiraum und meint, dafür der Offenbarung ein sturmfreies Gebiet sicherstellen zu können. Wo man die Grenzlinie zwischen Inspiriertem und Nicht-Inspiriertem, zwischen Gotteswort und Menschenwort zieht, macht da-

bei keinen prinzipiellen Unterschied mehr. Die theologische Entscheidung ist schon mit dem vorausgesetzten Gegenüber von „göttlich" (irr-
tumsfrei) und „menschlich" (irrtumsfähig) gefallen.

Der Streit zwischen „liberaler" und „positiver" Theologie, permanen-
tes Merkmal der lutherischen Tradition der zweiten Hälfte des 19. und
der ersten Jahrzehnte des 20. Jahrhunderts, läßt sich in seiner Heftig-
keit nur als eine durch gemeinsame Voraussetzungen bestimmte Auseinandersetzung verstehen. Einerseits führt der Streit in eine massive
Historisierung der dogmatischen Fragestellungen hinein; in der expan-
siven biblischen Einleitungswissenschaft sind Datierung, Verfasser-
schaft, Pseudonymität usw. unmittelbar als dogmatische Entscheidungs-
fragen umkämpft. Andererseits kann er zu weitgehender Abkapselung
der Lehrtradition von der Bibelforschung führen, mit restloser Ent-
theologisierung der Bibelforschung als Folge. So wird das Thema „der
historische Jesus", das im 19. Jahrhundert von liberaler Seite als Korrektiv zum Christusdogma ins Feld geführt wurde, für Generationen
neutralisiert, ehe es um 1950 herum aus dem Stillstand wieder auf-
bricht, nun aber um die Verbindung des nachösterlichen Kerygmas mit
dem historischen Jesus wieder sichtbar zu machen.

Der historischen Erforschung der Bibeltexte läßt sich auf die Dauer
keine Schranken setzen. Mit ihren wachsenden historischen Kenntnis-
sen der biblischen Umwelt und mit ihren ständig verfeinerten literar-
und traditionskritischen Methoden versetzte sie das Alte Testament in
die vorderorientalische Religionsgeschichte, und die neutestamentlichen
Schriften drohten, in ihren Bestandteilen spätjüdischer, hellenistischer
und frühkatholischer Herkunft auseinanderzufallen. Für das Verständnis einzelner Begriffe und Texte ist das analytische Verfahren der historischen Forschung hilfreich, in der Perspektive eines „Schriftprinzips"
und einer unentbehrlichen Rede von *der* Hl. Schrift wird es jedoch immer schwieriger, die Resultate theologisch zu bewältigen. Aus der laten-
ten Konfliktsituation kommt es bis heute zu neuen Konfrontationen,
die innerhalb der lutherischen Tradition kirchenspaltend wirken
können.

Das jüngste Beispiel einer solchen Konfrontation darf wohl als repräsentativ für den zweihundertjährigen Kampf um die Bibel in der lutherischen Tradition gelten. 1973 wurde von der *Lutheran Church Missouri Synod* eine Erklärung *(A Statement of Scriptural and Confessional Principles)* angenommen, in der die historisch-kritische Forschung
verworfen und die Schriftlehre der orthodoxen Theologie des
17. Jahrhunderts als normativ festgelegt wird. Aufgrund dieser Erklärung wurde der Rektor der höchsten theologischen Lehranstalt von der

Kirchenleitung suspendiert, wobei die Solidarität der Mehrheit der Professoren und Studenten mit ihrem Rektor zum offenen Schisma führte; den Theologen stand nur die Möglichkeit offen, sich als „Seminar im Exil" zu etablieren.

Eine derartige Institutionalisierung der Kontroverse ist ein Sonderfall, der in den meisten der lutherischen Kirchen kaum denkbar ist. Als Sinnbild mag es aber durchaus die Problemlage der wissenschaftlichen Theologie verdeutlichen. Kanzel und Katheder stehen nicht mehr, wie in Luthers Wittenberg, dicht nebeneinander. Vielmehr bekommt man den Eindruck, daß Verkündigung und Forschung weit voneinander entfernt sind. Wenn dies so ist, dann ist die akademische Theologie ihres eigentlichen Auftrages beraubt worden. Sie führt somit eine Existenz lediglich am Rande der Kirche. Die Aufgabe der Schriftauslegung, von der die Verkündigung des Evangeliums eigentlich abhängt, wird ausschließlich der kirchlichen Tradition überlassen. Es darf als Symptom einer Grundlagenkrise im neuzeitlichen Luthertum gelten, wenn eine heutige Kirchenleitung meint, ihre theologische Hilfe in derjenigen Phase der eigenen Tradition suchen zu müssen, die das verhängnisvolle Auseinanderfallen von Schriftlehre und Schriftauslegung einleitete.

Die Herausforderung der zweiten Hälfte des 20. Jahrhunderts: das Schriftprinzip im ökumenischen Horizont

Das reformatorische Schriftprinzip ist nicht im Horizont einer Konfessionskirche entstanden, sondern hängt zutiefst mit dem Verständnis der Kirche als *una sancta* zusammen. Es ist somit durchaus sinnvoll, wenn lutherische Theologie im 20. Jahrhundert angesichts einer weithin entkonfessionalisierten Bibelforschung die Sache des Schriftprinzips im ökumenischen Kontext zu verantworten hat. Erstarrten und aussichtslosen Fragestellungen, die durch die kontroverstheologische Entwicklung der nachreformatorischen Zeit festgelegt wurden, lassen sich so wieder auflösen, wie es für den Fragenkomplex von Schrift und Tradition die Montreal-Erklärung von *Faith and Order* 1963 demonstriert. Neue Fragestellungen, die für das ursprüngliche Anliegen des Schriftprinzips offen sind, ergeben sich aber dabei nicht von selbst.

Es steckt hier eine Herausforderung, die sich an den für die lutherische Kirche beiden wichtigsten Dokumenten der interkonfessionellen Lehrgespräche der letzten Jahre nachweisen läßt. Im katholisch-lutherischen Studienreport „Das Evangelium und die Kirche" stellen die Gesprächspartner mit einem Hinweis auf die Einsichten der modernen Bibelwissenschaft fest, daß die Lehre von der Rechtfertigung zwischen den beiden Konfessionen nicht mehr kontrovers ist — nur muß man die Frage offen lassen, welcher Stellenwert dieser Lehre innerhalb des Ganzen zukommt. Die „Leuenberger Konkordie" für Kirchen verschiedener reformatorischer Herkunft stellt mit einem ähnlichen Hinweis auf gemeinsame exegetische Einsichten weitgehende Übereinstimmung in traditionellen Kontroversfragen fest, klammert aber die hermeneutische Schlüsselfrage nach dem Verhältnis von Gesetz und Evangelium aus. Unverkennbar ist in beiden Fällen die implizite Forderung nach einem wahrhaft ökumenischen Schriftprinzip, das die Verbindung von exegetischer Einsicht und dogmatisch verpflichtender Lehre herzustellen vermag.

Das reformatorische Schriftprinzip, durch das anfängliche Bild vom Auftreten Luthers 1521 in Worms versinnbildlicht, stellt uns aber vor die schwierige Interpretationsfrage: wie verhalten sich die drei Begriffe „Wort Gottes" — „Hl. Schrift" — „Gewissen" zueinander? Das Identitätsproblem der lutherischen Theologie bestand bisher darin, daß man glaubte, sich dieser Frage durch eine formalisierte Lehre von der Schrift entledigen zu können. Wenn die Schrift als Autorität der Theologie aus dem Spannungsbogen von „Wort Gottes" und „Gewissen" (das heißt: der Mensch als von Gott Angeredeter) losgelöst wird, geht die theologische Pointe des Schriftprinzips unvermeidlich verloren. Weil „Wort Gottes" nicht formale Offenbarungskategorie, sondern Jesus Christus das „Wort Gottes" an dem Menschen ist, hat die Schrift ihre analogielose Sonderstellung nicht im Bereich des empirisch feststellbaren oder rational demonstrierbaren, sondern in bezug auf den Menschen als Gewissen. Durch die Schrift als Christuszeugnis vertreibt der Hl. Geist alle „Menschenlehre", das heißt alle Formen der erzwungenen Selbsterlösung des Menschen und sagt dem Gewissen die fremde Gerechtigkeit Christi zu. Darum fällt die Aufgabe der Theologie mit der Aufgabe der Schriftauslegung zusammen, weil der Hl. Geist durch die Schrift ständig auf die mündliche Zusage Christi in der öffentlichen Predigt und der Absolution drängt. Kirche sein heißt, aus dieser Zusage allein lebend, von dem Hl. Geist in die Ausrichtung derselben Zusage an alle Menschen getrieben zu werden.

Eben das ist es, was *sola scriptura* („durch die Schrift allein") geschieht. Empirisch feststellbar oder rational demonstrierbar ist das ebensowenig wie Gottes Offenbarung in Jesus Christus. Das bleibende ökumenische Vermächtnis des reformatorischen Schriftverständnisses ist darin zu sehen, daß es die Unauflöslichkeit des Dreiklanges „Wort Gottes" — „Hl. Schrift" — „Gewissen" als *das* Prinzip christlicher Theologie festhält und neuen Generationen ins Bewußtsein ruft.

VI. Kapitel

DAS BEKENNTNIS DER KIRCHE

Helmut Zeddies

Als charakteristische Eigenart lutherischer Kirche gilt ihr ausgeprägtes Verhältnis zum Bekenntnis. Dies scheint sie auch am deutlichsten von anderen Kirchen und Konfessionen zu unterscheiden. Das Bekenntnis wird dabei freilich in einem ganz bestimmten Sinn verstanden. Es geht nicht um das unmittelbare, spontane Zeugnis eines Menschen, mit dem er auf die Begegnung mit dem lebendigen Herrn antwortet; es geht hier auch nicht um das Bekenntnis, das bei einer Taufe abgelegt wird, und auch nicht um das gemeinsame Bekenntnis der zum Gottesdienst versammelten Gemeinde. Wenn nach lutherischem Verständnis vom Bekenntnis der Kirche die Rede ist, geht es (hoffentlich nicht nur, aber doch zunächst) um das Bekenntnis als dogmatische Aussage. Implizit ist sie natürlich in jeder Ausprägung von Bekenntnis enthalten. Während jedoch in den bekenntnishaften Aussagen der frühen Christenheit bis in die altkirchlichen Symbole hinein das Dogma noch in Lobpreis, Zeugnis und Gebet eingebunden war, verselbständigte es sich bereits in der Alten Kirche zum Typ des Lehrbekenntnisses, bei dem der Akzent nicht mehr auf dem Bekenntnisakt, sondern auf der richtigen Lehre liegt.

Ohne diese Strukturverschiebung sind auch die Bekenntnisse der Reformation kaum denkbar. Abgesehen von den beiden Katechismen Martin Luthers, die für die Unterweisung in Kirche, Haus und Schule bestimmt sind, stellen sie Lehrbekenntnisse dar, die angesichts akuter Gefährdungen des Glaubens und der Kirche formuliert und durch Unterzeichnung urkundlich autorisiert worden sind. Sie suchen die Einheit der Kirche durch das gemeinsame Bekenntnis sicherzustellen. Für die Rechtmäßigkeit ihrer Überzeugungen und Reformvorschläge nehmen sie in Anspruch, mit der Hl. Schrift und den in der einen Kirche Jesu Christi anerkannten Traditionen in Einklang zu stehen. So unübersehbar das Bemühen um Kontinuität sowohl in der zeitgeschichtlichen Tiefe wie in der konfessionellen Breite auch in den reformatorischen Bekenntnissen selber zutage tritt, so offenkundig ist andererseits jedoch auch, daß die lutherische Kirche es seit jeher mit einer Mehrzahl von Bekenntnisschriften zu tun gehabt hat. Dadurch sind neben Übereinstimmungen auch beträchtliche Unterschiede zwischen den Bekenntnistexten selber gegeben. Was dennoch Veranlassung sein kann, von einem oder gar dem Bekenntnis der Kirche zu sprechen, wird noch zu prüfen sein. Es schien uns wichtig, zunächst das theologische Umfeld anzudeuten, in das sich die Bekenntnisschriften der lutherischen Kirche als eine ganz bestimmte Ausprägung von Bekenntnis einfügen. Der Begriff „Bekenntnis" umschließt eine Vielfalt von Ausdrucksformen, Motiven und Funktionen. Die Lehrbekenntnisse der Reformation sind nur ein begrenzter Ausschnitt aus dem Gesamtzusammenhang. Dies sollte bei der weiteren Erörterung nicht außer acht bleiben. Es könnte helfen, die Bekenntnisschriften der lutherischen Kirche deutlicher in ihrer eigentlichen Absicht zu erkennen und sie von Erwartungen und Anforderungen freizuhalten, denen sie von vornherein nicht gerecht werden können, weil auch sie nur auf Fragen antworten können, vor die sie sich selbst gestellt sahen.

Entstehung und Wirkung der Bekenntnisse in der Reformationszeit

Die Bemühungen um die Einheit und Erneuerung der Kirche

Bemerkenswert sind die Entstehungsbedingungen der Bekenntnisse der lutherischen Reformation. Obwohl sie die Funktion theologischer Lehre haben, sind sie fast alle durch politische Ereignisse veranlaßt. *Confessio Augustana* und Apologie sind für den Augsburger Reichstag (1530) geschrieben worden, auf dem die evangelischen Fürsten und Reichsstädte in Deutschland die reichsrechtliche Anerkennung ihres Übertritts zur Reformation zu erreichen suchten. Sie war bereits zu einer politischen Angelegenheit geworden, als auf dem Reichstag zu Worms (1521) der Kaiser die Bekämpfung Luthers und seiner Reformbewegung zu einer Reichssache gemacht hatte. Den evangelischen Reichsständen lag daran, gegenüber dem Kaiser nachzuweisen, daß der von ihnen 1531 gebildete Schmalkaldische Bund ein rechtmäßiger Zusammenschluß im Rahmen des Reichsverbandes war. Dazu sollten die Schwabacher und Marburger Artikel (1529) dienen, die auch die Basis für die Einigungsverhandlungen der evangelischen Reichsstände untereinander darstellten. Die Schmalkaldischen Artikel (1537) sind von Martin Luther eigens für den Schmalkaldischen Bund zur Vorbereitung auf das in Mantua geplante Konzil verfaßt worden, das dann jedoch nicht zustande kam. Die Konkordienformel (1577) ist aus dem Bemühen entstanden, die durch die innerprotestantischen Lehrstreitigkeiten zerrisse

nen Territorien wieder aneinander anzunähern. Die sechsundachtzig
deutschen Reichsgebiete, die die Konkordienformel unterschrieben haben, verstanden dies keineswegs nur als Aufgabe der kirchlichen Einigung, sondern nicht weniger auch als politische Verpflichtung. 1580
sind alle Bekenntnistexte unter Einschluß der altkirchlichen Glaubensbekenntnisse und des Kleinen und Großen Katechismus Martin Luthers
im Konkordienbuch zusammengestellt worden. Es enthält auch Melanchthons Schrift „*Tractatus de potestate et primatu papae*". Die Schwabacher und Marbacher Artikel fanden dagegen keine Aufnahme.

Dies ändert jedoch nichts an der auffälligen Tatsache, daß die Bekenntnisschriften der Reformation ihrem Inhalt und ihren Verfassern nach
eindeutig theologische Dokumente sind, dabei aber aus politischen An-
lässen entstanden, politischen Zielen dienten und im politischen Bereich
auch zuerst rechtlich verbindlich gewesen sind. Verständlich wird diese
Ambivalenz auf dem Hintergrund der Idee vom *Corpus Christianum*.
Die Überzeugung des Mittelalters von der Einheit von Kirche und
Staat war weithin noch ungebrochen. Wie der römisch-katholische Kaiser wußten sich auch die evangelischen Reichsstände für Glauben und
Frömmigkeit ihrer Untertanen verantwortlich. Darum haben sie die
Bekenntnisse unterschrieben, eben weil sie es zu ihren Aufgaben als
weltliche Obrigkeit rechneten, für die kirchlichen Belange in ihrem Territorium einzutreten, wobei in ihrem Engagement für die Reformation
zweifellos auch politische Unabhängigkeitsbestrebungen gegenüber der
kaiserlichen Zentralgewalt eine Rolle gespielt haben.

Die Reformatoren haben offenbar diese Ambivalenz ihrer Bekenntnisschriften nicht gescheut. Das ist bedeutsam für das Verständnis, das sie
selber von ihnen gehabt haben. Sie wollten kein neues Bekenntnis schaffen, um darauf eine neue Kirche zu gründen. An der *Confessio Augustana* wird das geradezu exemplarisch deutlich. Ihr geht es um den
Nachweis, daß die Gebiete, die sich der Reformation angeschlossen haben, wie bisher zu der einen heiligen katholischen Kirche gehören. Trotz
der Anklagen, die die Vertreter der Reformation gegen die Mißstände
in Lehre, Kultus und Frömmigkeit dieser Kirche erheben, wissen sie
sich als ein Teil von ihr. Dabei nehmen sie für sich in Anspruch, das
Evangelium besser, das heißt schriftgemäßer zu kennen. Sich darin in
Übereinstimmung mit der Alten Kirche und ihren Glaubensbekennt-
nissen wissen zu können, bedeutet ihnen viel. Dieser Kontinuität entsprach ihr Bemühen, die Kirche zu erneuern, nicht aber sie zu verlassen,
um eine neue zu konstituieren. Gerade deshalb verlangten sie mit dem
Augsburger Bekenntnis die Anerkennung der Reformation.

Die Bildung der Landeskirchen in Deutschland

Erst mit dem Augsburger Religionsfrieden von 1555 erfüllte sich die Forderung nach der reichsrechtlichen Anerkennung der Reformation. Er brachte den evangelischen Ständen allerdings nicht die erhoffte uneingeschränkte Freiheit für die Verkündigung des Evangeliums nach reformatorischem Verständnis. Sie mußten sich mit der Zusage begnügen, daß dies in ihren eigenen Gebieten künftig unangefochten von der politischen Zentralgewalt möglich sein sollte. Den katholischen Ständen war diese Übereinkunft eine willkommene Schutzmaßnahme, um nicht weitere Territorien an die Reformation zu verlieren. So war der Friedensschluß ein Kompromiß auf der Grundlage des *Status quo*.

In Deutschland reichte die Integrationskraft des Augsburgischen Bekenntnisses, die ursprünglich der Einheit der ganzen Kirche Christi gegolten hatte, jedenfalls nur zur Bildung von Landeskirchentümern, die bis in die Gegenwart hinein die entscheidende Form der Kirchwerdung des deutschen Luthertums sind.

Es war nur folgerichtig, daß die Bekenntnisse, die vor Kaiser und Reich als reformatorische Lehre bezeugt und teilweise bereits rechtliche Geltung erlangt hatten, dann auch auf die Ausgestaltung der Territorialkirchen maßgebenden Einfluß erhielten. Sie wurden zur Richtschnur für kirchliche Lehre, Gottesdienst- und Kirchenordnungen. Sie waren Gegenstand der Lehrverpflichtung bei der Ordination. Für die Organisation und Leitung der neuen Kirchengebilde wurden die Fürsten und die Magistrate der Reichsstädte als *„praecipua membra ecclesiae"* (Tract. 54) in Anspruch genommen. Zur Bewältigung einer Notsituation gedacht, wuchs sich diese Maßnahme jedoch zu einer verhängnisvollen Fehlentwicklung aus, als die Territorialherren sich auf Dauer die Befugnisse eines *summus episcopus* zulegten. Kirchenhoheit wurde damit zu einem Bestandteil der Staatsgewalt und Kirchenleitung häufig genug zu einem Instrument der Politik. Territorialisierung und Politisierung der Kirche in Deutschland wurden dadurch in der Folgezeit nur noch weiter vorangetrieben.

Die Erneuerung der Kirchen in Skandinavien

Im Norden Europas ist die Entwicklung anders verlaufen. Es fällt auf, in welchem Maße auch in den skandinavischen Ländern die Durchsetzung der Reformation in einem Zusammenhang mit bestimmten politischen Entwicklungen steht. Sie hat dabei jedoch in jedem Fall die Unterstützung der staatlichen Zentralmacht gefunden. Die Reformation hat dadurch diese Länder von Anfang an als ganze erfassen können. Sie mußte nicht neue Kirchen bilden, sondern konnte die vorhandenen erneuern, und dies in einem Umfang, daß sie jeweils zumindest ein Volk umfaßt haben. In dieser Ausdehnung und Geschlossenheit haben sie sich im wesentlichen bis heute erhalten.

In Dänemark wurde die Reformation bereits 1536 durch Reichstagsbeschluß eingeführt. Die ersten Ansätze zur Bekenntnisbindung finden sich jedoch erst 1561 in einem 32 Artikel umfassenden Bekenntnis, das die Geltung der *Confessio Augustana* hervorhebt. Sie wurde 1574 in der unveränderten Fassung von 1530 als Bekenntnisschrift angenommen und ist Teil des Bekenntnisstandes, der 1683 im Dänischen Landrecht verbindlich festgelegt wurde. Als maßgebend für die Lehrgrundlage werden hier außerdem die Hl. Schrift, die altkirchlichen Symbole und Luthers Kleiner Katechismus genannt. Obwohl sich die dänische Kirche seit 1849 nicht mehr als Staats-, sondern als Volkskirche versteht, ist es nach wie vor Aufgabe des Staates, darüber zu wachen, daß der Bekenntnisstand nicht verletzt wird.

Wie Schweden war Norwegen durch die Union von Kalmar mit Dänemark verbunden. Es wurde dadurch von außen und von oben her an die Reformation herangeführt. Sie galt zunächst als Bestandteil der dänischen Fremdherrschaft und fand daher auch wenig Anklang. Erst als Norwegen 1607 eine eigene Kirchenordnung erhielt, konnte sich die Reformation hier durchsetzen. 1687 wurde der Bekenntnisstand der Kirche festgelegt; er entspricht dem der dänischen Kirche. Dem König obliegt es, die Einhaltung der Lehrgrundlage zu überwachen.

Im Unterschied zu Norwegen steht für Schweden die Reformation in unmittelbarem Zusammenhang mit der Wiederherstellung seiner nationalen Unabhängigkeit. 1527 wurde durch den Reichstag zunächst die politische Entmachtung der römisch-katholischen Bischöfe und die Einziehung der Kirchengüter verfügt, 1529 dann durch die Kirchenversammlung von Örebro die kirchliche Neuordnung eingeleitet. Seit 1544 bezeichnet Schweden sich offiziell als evangelisch-lutherisch. Der Bekenntnisstand wurde jedoch erst 1593 von der Kirchenversammlung in Uppsala festgelegt. Neben den drei altkirchlichen Symbolen wurde die *Confessio Augustana Invariata* als Lehrnorm anerkannt. Bemerkenswert ist, daß diese Entscheidungen nicht durch den König oder den Reichstag getroffen wurden. Anders als in Deutschland oder in den von Dänemark regierten Gebieten Skandinaviens, war in Schweden, zu dem bis 1809 auch noch Finnland gehörte, die bekenntnismäßige Entwicklung wie die Reformation überhaupt sehr viel stärker eine innerkirchliche Angelegenheit. Erst nach der Wende zum Absolutismus wurde

die Kirche von Schweden zum Ende des 17. Jahrhunderts eine Staatskirche, durch die sie für ihre eigene Rechtsetzung an die Träger der
politischen Macht gebunden wurde.

Die Entwicklung des Bekenntnisverständnisses

Das Bekenntnis als Lehrgrundlage in der lutherischen Orthodoxie

Schon bald nach der Entstehung der reformatorischen Bekenntnisse ist
die Geschichte der Kirche also anders verlaufen, als diese selber es ge-
wünscht hätten. Daß sie die Gründung neuer Kirchen gerade hatten
vermeiden wollen, war indessen zunächst auch der lutherischen Orthodoxie in Deutschland durchaus noch gegenwärtig. Sie betonte die
Katholizität des evangelischen Glaubens. Die Rezeption der altkirchlichen Symbole war ihr dafür ein wichtiger Beleg. Vor allem aber war
der Orthodoxie daran gelegen, im Anschluß an die Konkordienformel
den Unterschied zwischen Schrift und Bekenntnis zu unterstreichen. Die
Hl. Schrift war für sie in sich selbst glaubwürdig. Weil sie durch Gottes
Geist inspiriert war, bedurfte ihre Autorität keiner weiteren Begründung. Die Bekenntnisse, auch die der Reformation, können dagegen nur
in abgeleitetem Sinne Geltung beanspruchen, weil und insofern sie nämlich mit dem geoffenbarten Wort Gottes übereinstimmten.
Diese deutliche Unterordnung der Bekenntnisse unter die Schrift hat die
Orthodoxie jedoch nicht ihre Notwendigkeit überhaupt bezweifeln lassen. Sie war an ihnen auch keineswegs nur historisch als Glaubenszeug-
nissen früherer Zeiten interessiert. Für die Abwehr dogmatischer Irrtümer erschienen die Bekenntnisse nach wie vor unverzichtbar. Ihre
Auslegung der Hl. Schrift war unbezweifelbar richtig. Insofern waren
die Bekenntnisse auch der legitime Sollgehalt für den gegenwärtigen
Glauben der Kirche und darum zur Wahrung ihrer Identität unentbehrlich. Sie übernahmen damit regulative Funktionen für die kirchliche Lehre. Die Orthodoxie konnte für diese Auffassung ebenfalls einzelne Aussagen der Konkordienformel in Anspruch nehmen. Aus ihr
ergab sich dann der Religionseid, der an den Stätten öffentlicher Lehre
wie Kirchen, Schulen und Universitäten auf die Bekenntnisschriften abzulegen war.
Auch die lutherische Orthodoxie war über Deutschland hinaus wirksam. In Schweden bewirkte sie 1686 die Anerkennung der Konkordienformel. Die Bekenntnisgrundlage der Kirche von Schweden umfaßt
seitdem das ganze Konkordienbuch, wobei entsprechend der Entschei-

dung von 1593 die altkirchlichen Symbole und die *Confessio Augustana*
für die Lehre und Verkündigung der Schrift maßgebend sind, während
das Konkordienbuch zu ihrer Erklärung herangezogen wird. Auch in
Dänemark setzte sich die Theologie der Konkordienformel durch. Die
offizielle Einführung des Konkordienbuches scheiterte jedoch an dem
Widerstand des Königs, der es nicht für rechtgläubig genug hielt. Insgesamt gesehen war die Bekenntnisfrage für die Orthodoxie nicht von
hervorgehobener Bedeutung. Sie war nur mittelbar daran interessiert,
sofern es darum ging, die Einzigartigkeit der Hl. Schrift und das
System der kirchlichen Dogmatik abzusichern. Damit wurde freilich
das Fundament für ein Verständnis des Bekenntnisses als Lehrgrundlage der Kirche gelegt, das sich dann in der Theologie des konfessionellen Luthertums im Deutschland des 19. Jahrhunderts voll entfaltet hat.

Individualisierung und Relativierung des Bekenntnisses durch Pietismus und Aufklärung

Pietismus und Aufklärung haben bei aller Verschiedenheit ihrer
Motive und Zielstellungen für die Kirche zu einem überraschenden
Verstärkereffekt gleichgearteter Wirkungen geführt. Dem Pietismus ist
es um den einzelnen Menschen und sein persönliches Verhältnis zu Gott
zu tun gewesen. Ihm lag an dem aus der Hingabe des Herzens kom-
menden Bekennen. Das vorgegebene Bekenntnis der Kirche war ihm
dagegen als intellektualisiertes Dogma verdächtig. Die unmittelbare
Erfahrung des Heils war für ihn unabhängig von der äußeren Zugehörigkeit zur Kirche. Wichtiger war, daß die sich versammelten und
Zeugnis ablegten, die sich wirklich zum Herrn bekannt hatten. Bekenntnisverschiedenheit ist von daher nicht ein Zeichen der kirchlichen
Trennung, sondern der Vielfalt legitimer Ausdrucksformen des
Glaubens.
Diese Tendenz zur Relativierung und Individualisierung der ekklesiologischen Bedeutung der Bekenntnisse hat auch die Aufklärung bestimmt. Sie wollte nicht länger für kirchlich verbindlich erklärte theologische Ansichten früherer Zeiten akzeptieren, sondern den vermeintlich unmittelbaren Zugang zur Bibel als Quelle der Offenbarung wieder freilegen, indem der theologische Ballast des Mittelalters bis hin zur
altprotestantischen Orthodoxie beiseite geräumt wurde. Es erschien
nicht mehr länger tragbar, daß die Glaubensüberzeugungen des einzelnen einer unter Eid abzugebenden Lehrverpflichtung unterworfen
werden könnten. Das Wöllnersche Religionsedikt (1788) versuchte noch
einmal, die rechtliche Geltung der Bekenntnisse in Preußen zu sichern,

indem die der Aufklärung zuneigenden Pfarrer angewiesen wurden, sich in ihren Predigten aller Äußerungen zu enthalten, die im Widerspruch zur Lehre der Kirche stehen, auch wenn sie mit dieser nicht übereinstimmten. Dieser Versuch, die Bekenntnisschriften aus der öffentlichen Kritik herauszuhalten, offenbarte nur ihre faktische Bedeutungslosigkeit. Sie waren nur noch als Rechtsgrundlage der Territorialkirchtümer relevant, bis Preußen 1794 im Allgemeinen Landrecht die staatsrechtliche Sanktionierung der Bekenntnisse aufhob und den Staat für konfessionell neutral erklärte.

Ähnlich wie in Deutschland haben Pietismus und Aufklärung auch in Skandinavien die staatskirchliche Ordnung erschüttert. Die lange Zeit als selbstverständlich erscheinende Verbindung zwischen Kirche und Volk wurde als fragwürdig empfunden. Bauern und Bürgertum entfremdeten sich der Kirche. Das Verhältnis von Kirche und Staat erschien reformbedürftig. Vor allem in Schweden und Norwegen führte der Pietismus zu Erweckungsbewegungen, in denen oft Laienprediger sich um die geistliche Vertiefung der Menschen bemühten und sie — häufig gegen den Widerstand der Geistlichen und der Staatskirche — in Konventikeln sammelten. In Deutschland identifizierte sich der Staat auf Grund seiner Neutralitätserklärung nicht mehr mit der Kirche in seinem Territorium. Das erforderte für die Territorialkirchen einen eigenen Rechtsstatus. Soweit sie von der Reformation herkamen, war die rechtliche Grundlage dafür die Anerkennung der *Confessio Augustana*. Diese erhielt nun entgegen ihrer eigentlichen Absicht auch juristisch eine die Existenz konkreter Kirchentümer begründende Funktion.

Der kirchengründende Charakter des Bekenntnisses im konfessionellen Luthertum

Die staatsrechtliche wie die geistesgeschichtliche Entwicklung überhaupt ist auf die weitere Ausprägung des Bekenntnisverständnisses nicht ohne Auswirkung geblieben. Gegen den Rationalismus der Aufklärung setzte auch in Deutschland ein spürbarer religiöser Aufbruch ein. Er sah sich jedoch bald einer Krise gegenüber, als zu Beginn des 19. Jahrhunderts die Unionsbemühungen einsetzten, die über den nicht mehr als kirchentrennend angesehenen Bekenntnisunterschieden die kirchliche Einheit zwischen Lutheranern und Reformierten wieder herzustellen suchten. Während die Befürworter der Union sich dabei im Einklang mit der neu erwachten Religiosität ihrer Zeit wußten, sahen die Gegner darin den letzten massiven Angriff der Aufklärung, was zur Folge hatte, daß sich ein Teil der kirchlichen Erweckungsbewegung mit einer stark konfessionell bestimmten lutherischen Theologie verband.

Sie griff auf die in der Orthodoxie vorgebildete Auffassung vom Bekenntnis als der Lehrgrundlage der Kirche zurück, die sie unter erheblicher Vereinseitigung weiter ausbaute. Dem Bekenntnis wurde jetzt nicht nur als für Verkündigung und Lehre maßgebende Auslegung der Schrift entscheidende Bedeutung zugemessen; es wurde zu einem für die Kirche konstitutiven Merkmal erhoben und damit eine ihrer unabdingbaren Voraussetzungen. „Eine Kirche, die kein ... Bekenntnis zur Grundlage ihres konstituierten Gemeinwesens hätte, wäre eben gar keine Kirche, weil keine Glaubensgemeinschaft" (J. Fr. W. Höfling). Dementsprechend war das Bekenntnis auch für die Bemühungen um kirchliche Einheit unentbehrlich. Weil sich „die Einheit des Glaubens in der Einheit des Bekenntnisses zu erweisen" hat (Th. Harnack), war die Einheit mit anderen Kirchen nur denkbar, wenn diese den lutherischen Bekenntnisschriften zustimmten. Mit diesem dezidierten Bekenntnisbegriff suchten die Vertreter des konfessionellen Luthertums einen Damm gegen den drohenden Unionismus und seine Vergleichgültigung der Bekenntnisgrundlagen zu verstärken.

Für sie verband sich damit eine bemerkenswerte Einschätzung ihrer eigenen Kirche. Die lutherische Kirche stellte für sie die Verkörperung der einen universalen Kirche Christi dar, „von deren vollkommener Fülle alle anderen Kirchen leben" (W. Löhe). Über das theologische Verständnis von Kirche sind die konfessionellen Lutheraner im einzelnen durchaus verschiedener Ansicht gewesen. Einmütig waren sie jedoch in der Unverzichtbarkeit des Bekenntnisses und seiner kirchengründenden Funktion, die es zu einer *nota ecclesiae* werden ließ. Nicht zuletzt dieser Tatbestand und die verbreitete Furcht vor der Union machen den nachhaltigen Einfluß verständlich, den sie auf Kirche und Theologie bis weit in unser Jahrhundert hinein gehabt haben.

Ihre Ansichten gehen jedoch über das Verständnis, das die Bekenntnisschriften der Reformation von sich selbst und ihrer Aufgabe haben, erheblich hinaus. Wir haben bereits darauf hingewiesen, wie problematisch es ist, sie als Lehrgrundlage einer Kirche in Anspruch zu nehmen. Keinesfalls können sie jedoch zu kirchengründenden Dokumenten erhoben werden. CA 7 hat sich ja gerade um die Klarstellung bemüht, daß die Kirche durch nichts anderes als die Verkündigung des Evangeliums und die stiftungsgemäße Darreichung der Sakramente konstituiert wird. Hier sind eindeutige Verschiebungen im Sachgehalt von CA 7 festzustellen, die sich durch ungenügende Berücksichtigung der historischen Differenz zur *Confessio Augustana* ergeben haben. Sie stand erst an der Schwelle des konfessionellen Zeitalters und konnte darum nicht, wie das konfessionelle Luthertum dies getan hat, so unmittelbar zu getrennten, konfessionell bestimmten Partikularkirchen in Beziehung gesetzt werden, die ihr selber noch unbekannt waren. Der ökumenische Horizont, der sie gerade ausgezeichnet hat, ist dadurch auf die Vorstellung einer Bekenntniskirche verengt worden.

Für diese Fehlinterpretation des Augsburger Bekenntnisses gibt es jedoch durchaus erklärbare Ursachen. Sie liegen nicht nur in dem Bestreben, zur Abwehr von Aufklärung und Unionismus Gegenpositionen aufzubauen und dabei der Gefahr der Vereinseitigung erlegen zu sein. Der Bekenntnisbegriff des lutherischen Konfessionalismus bewegt sich in einem organologischen Denkschema, das der Philosophie des deutschen Idealismus entliehen wurde und das Luthertum des 19. Jahrhunderts (wie übrigens auch Schleiermacher, den Wegbereiter der preußischen Union) auch sonst stark beeinflußt hat. Als Deutungsprinzip allen Geschehens verstand sich die Organismusidee ebenfalls als eine Gegenbewegung zu der im Sinne eines mechanistischen Rationalismus verstandenen Aufklärung. Sie hatte die Harmonie des Ganzen im Blick, das aber nur in seinen Teilen begriffen werden konnte, so wie der einzelne immer als Teil des Ganzen zu sehen war. Dieses Denkmodell ermöglichte auch ein unmittelbares, evolutionistisches Verhältnis zur Geschichte, bei dem die Gegenwart aus der Vergangenheit emporwuchs und die Zukunft aus der Gegenwart sich erahnen ließ, über allem aber war in stetiger Entwicklung die Einheit alles menschlichen Lebens zu glauben.

Eben dieser Entwicklungsgedanke inspirierte dazu, die organologische Grundstruktur auch auf die Bekenntnisproblematik zu übertragen. Das ergab eine sich organisch entwickelnde Bekenntnisbildung, Verständnis für ihre Vielfalt und die Kontinuität ebenso wie für die darin enthaltenen Unterschiede und auch für die möglicherweise weitergehende Entwicklung. Das Ganze aber wurde zusammengehalten von einem durchtragenden Prinzip, eben *dem* Bekenntnis der Kirche, zu dem die Bekenntnisse der Reformation durch das konfessionelle Luthertum typisiert wurden. Vielfalt und Verschiedenheit besagen dadurch wenig für sich allein; sie sind aufgehoben und eingepaßt in das einheitliche Ganze. Auch neue Bekenntnisaussagen können sich mit Anspruch auf Gültigkeit nur innerhalb dieses Organismus entfalten. Dieses Verständnis von Bekenntnis hat Generationen hindurch die Theologie geprägt, ohne daß sie sich dessen voll bewußt gewesen ist, daß sie damit in philosophische Kategorien eingepaßt war, die den reformatorischen Bekenntnissen selber nur unzureichend gerecht werden konnten.

Die einigende Funktion des Bekenntnisses
bei den lutherischen Kirchen in den USA

Natürlich kam es längst nicht in allen Teilen Europas zu einer von der
politischen Territorialgewalt unterstützten kirchlichen Neu- oder Umgestaltung nach den Grundsätzen der Reformation. Wo die Landesherren sich weiterhin zum katholischen Glauben bekannten, entstanden
lutherische Kirchen und Gemeinden ohne ihre Beteiligung, wenn nicht
sogar gegen ihren Willen. Sie haben sich trotz der Gegenreformation
erhalten, stellen aber bis in die Gegenwart hinein wie etwa in Ost-,
Südost- und Süd- sowie in Westeuropa fast ausnahmslos eine konfessionelle Minderheit dar. Trotz ihrer zum Teil erheblichen zahlenmäßigen Stärke sind auch die Kirchen, die durch Einwanderer aus Europa
auf anderen Kontinenten entstanden sind, im Verhältnis zur Bevölkerungszahl gesehen, Minderheitskirchen geblieben. Auch hier vollzog
sich die Bekenntnisbindung ohne Mitwirkung politischer Institutionen.
Obwohl die Einwanderer die Lebensformen ihrer Heimatkirchen zu
verpflanzen suchten und auch für sich selbst die angestammte Sprache
und Kultur pflegten, ist doch der eigentliche Kristallisationspunkt ihrer
kirchlichen Identität das Bekenntnis geworden. Ein Beispiel dafür sind
die lutherischen Kirchen in den USA.
Soweit sie deutscher Herkunft waren, bot sich ihnen seit 1820 in der
Generalsynode ein loser Zusammenschluß an. Wegen der Frage der
Verbindlichkeit der *Confessio Augustana* als dem maßgebenden
lutherischen Bekenntnis kam es in ihr zu Auseinandersetzungen, die
zur Gründung des Generalkonzils (1867) führten. Dessen „*Fundamental Principles of Faith and Polity*" hoben das Augsburger Bekenntnis
als den eigentlichen Maßstab für die Identität der lutherischen Kirche
hervor, ohne deswegen auf andere Bekenntnisschriften zu verzichten.
Sie haben die Aufgabe, die *Augustana* vor Mißverständnissen zu schützen und sie zu interpretieren, ohne ihr jedoch sachlich Neues hinzuzufü-
gen. Damit hatte sich das Generalkonzil eindeutig für die Unterordnung der übrigen Texte des Konkordienbuches unter die CA entschieden, um dadurch zugleich die Einheit des reformatorischen Bekenntnisses postulieren zu können. Daß es auch Entwicklung und Neuansätze,
unter Umständen auch Fehlinterpretationen innerhalb des *corpus doctrinae* geben könnte, war damit in Abrede gestellt, ein geschichtliches
Verständnis der Bekenntnisschriften ausgeschlossen.
Im Unterschied dazu hielt die Generalsynode die „Augsburgische Konfession" in sich als Grundlage der lutherischen Kirche für ausreichend.
Die anderen Bekenntnisschriften der Reformation brauchten dafür

nicht in Anspruch genommen zu werden, zumal vor allem die Konkordienformel unter den Lutheranern nicht allgemein anerkannt wurde, sondern eher Auseinandersetzungen zwischen ihnen heraufbeschworen habe. Die Generalsynode näherte sich jedoch allmählich der Auffassung des Generalkonzils an, indem sie den Wert der „Bekenntnisse zweiter Ordnung" anzuerkennen bereit war. Ohne daß die Meinungsverschiedenheiten restlos beseitigt waren, schlossen sich die Mehrzahl der Synoden, die dem einen oder anderen Zusammenschluß angehört hatten, 1918 zur *United Lutheran Church of America* (ULCA) zusammen. Ihre Lehrgrundlage führte alle Bekenntnisschriften auf. Die gemeinsame Bindung an sie galt der ULCA als ausreichende Basis, um sich mit weiteren Synoden zu einer einzigen lutherischen Kirche in Amerika vereinigen zu können. Die Rechtgläubigkeit durch weitere Lehrerklärungen noch feststellen zu müssen, wurde nicht mehr als erforderlich angesehen.

Auf dieser Grundlage entstand 1962 die *Lutheran Church in America* (LCA), zu der sich die *ULCA*, die *Augustana Synod*, die *Suomi Synod* und die dänische *American Evangelical Lutheran Church* zusammenschlossen. Dadurch floß die skandinavische Bekenntnistradition mit ein, die bei prinzipieller Gleichheit im Verständnis des Bekenntnisses als Lehrgrundlage der Kirche doch auch bestimmte Unterschiede aufweist. Die Kirchen schwedischen und finnischen Ursprungs erkennen dem Bekenntnisstand ihrer Mutterkirchen entsprechend das gesamte Konkordienbuch an. Die Kirchen dänischer und norwegischer Herkunft haben sich dagegen — ihren Mutterkirchen gleich — nur an die altkirchlichen Symbole, die *Confessio Augustana* und Luthers Kleinen Katechismus gebunden.

Die unterschiedliche Geltung der reformatorischen Bekenntnisse ist nicht ohne Rückwirkung auf die „*Confession of Faith*" der LCA geblieben. Danach erkennt sie die altkirchlichen Symbole „*as true declarations of the faith of the Church*" und die unveränderte Augsburgische Konfession sowie Luthers Kleinen Katechismus „*as true witnesses to the Gospel*" an. Die anderen reformatorischen Bekenntnisse unter Einschluß der Konkordienformel gelten dagegen „*as further valid interpretation of the confession of the Church*". Im übrigen ist jedoch für die aus Skandinavien stammenden Lutheraner zu jeder Zeit die entscheidende Frage nicht die Anerkennung, sondern die Auslegung der Bekenntnisse gewesen. Anders als die vom deutschen Konfessionalismus beeinflußten Synoden konnten sie auch an den grundlegenden Aussagen der Bekenntnisschriften festhalten, ohne in allen dogmatischen Fragen eine völlig einheitliche Auffassung verlangen zu müssen, zumal wenn die Fragen ihnen von zweitrangiger Bedeutung zu sein schienen.

Sie unterscheiden sich darin besonders deutlich von der Missourisynode, die 1847 von Vertretern des deutschen Konfessionalismus gegründet wurde. Sie verlangte vollständige Lehreinheit als Voraussetzung jeder Form von Kirchengemeinschaft. Für sich selbst hat sie bei einer bewußt kongregationalistischen Kirchenordnung für Lehre und kirchliches Leben ein umfassendes einheitliches System unter Einschluß einer konsequent gehandhabten Lehrzucht entwickelt. Aus der Überzeugung von der göttlichen Inspiration und der damit gesetzten Unfehlbarkeit der Hl. Schrift ergibt sich für sie die uneingeschränkte Bindung an die lutherischen Bekenntnisschriften, weil sie nach den *Doctrinal Declarations* „die dogmatischen Entscheidungen der heiligen Schrift selber sind". Darum gilt die Bekenntnisverpflichtung auch für alle Lehren der Kirche. Schrift und Bekenntnis sind so stark einander angeglichen worden, daß nach Ansicht der Missouri-Synode die Schrift nach dem Bekenntnis und nicht umgekehrt auszulegen ist, weil sonst keine Gewähr für eine sachgerechte Schriftauslegung bestünde.

Um Kontakte zur Missouri-Synode bemühte sich vor allem die *American Lutheran Church* (ALC), zu der sich 1930 die Synoden von Ohio, Buffalo und Iowa zusammengeschlossen hatten, die im wesentlichen deutscher Herkunft waren. Die ALC, die ebenfalls das gesamte Konkordienbuch als Bekenntnisgrundlage anerkannt hatte, erarbeitete zusammen mit der Missouri-Synode ein „Gemeinsames Bekenntnis", das die Voraussetzung für Kanzel- und Abendmahlsgemeinschaft schaffen sollte, die von beiden Kirchen zunächst angenommen, von der Missouri-Synode danach jedoch als unzureichend zurückgewiesen wurde. Die ALC vereinigte sich darauf 1960 mit der norwegischen *Evangelical Lutheran Church* und der dänischen *United Evangelical Lutheran Church* zu *The American Lutheran Church*. In ihrer „*Confession of Faith*" kommt wiederum die unterschiedliche Geltung der Bekenntnisschriften zum Ausdruck. Die altkirchlichen Symbole werden zusammen mit der unveränderten Augsburgischen Konfession „*as a brief and true statement of the doctrines of the Word of God*" anerkannt und bekannt. Die übrigen Texte des Konkordienbuches werden „*as a further elaboration of and in accord with these Lutheran Symbols*" entgegengenommen. Für die Bildung der ALC sind ebensowenig wie bei der LCA weitere theologische Übereinstimmungen als erforderlich angesehen worden. Die schon vorhandene fundamentale Einheit war lediglich festzustellen und öffentlich kundzutun. Dies geschah, indem ihr mit Formulierungen gegenwärtigen Glaubens Ausdruck verliehen wurde. Auch dieser Tatbestand ist bemerkenswert im Blick auf das Bekenntnisverständnis, das hier zugrunde liegt.

Bekenntnis und Bekennen —
Bemühungen um die Aktualisierung der Bekenntnisse

Die „Theologische Erklärung von Barmen"

Wie haben die reformatorischen Bekenntnisse als Lehrgrundlage der lutherischen Kirche funktioniert? Sind sie in der Lage gewesen, immer und überall auf die Herausforderungen der Zeit Antwort zu geben? Mußte nicht zumindest in einer verständlichen Sprache und unter Zuspitzung auf die konkrete Situation erklärt werden, was sie meinen? Mit anderen Worten: bedürfen nicht auch die Bekenntnisschriften der Auslegung, um anwendbar werden zu können? Wie anders kann ein Bekenntnis sonst zum Bekennen führen?

Ein Zeugnis für das gemeinsame Bekennen, das in einer akuten Notlage der Kirche erforderlich wurde, ist die „Theologische Erklärung von Barmen" (1934). Um den Irrlehren der sogenannten Deutschen Christen zu begegnen und um den Angriffen der nationalsozialistischen Machthaber Widerstand zu leisten, fanden sich Lutheraner und Reformierte sowie Vertreter aus den unierten Kirchen in Deutschland in der Bekennenden Kirche zusammen. Die Bedrohungen, denen sich die Konfessionskirchen in gleicher Weise gegenübersahen, machten die gemeinsame Erklärung erforderlich. Daß sie möglich wurde, führen die Verfasser selber auf das gemeinsame Bekenntnis zu dem Herrn der einen heiligen Kirche zurück, das sie trotz ihrer unterschiedlichen Bekenntnisbindung zusammengeführt hat. Gerade die Treue gegenüber ihren überlieferten Bekenntnissen gebot ihnen, angesichts gemeinsamer Not und Anfechtung auch gemeinsam zu sprechen.

In sechs Thesen wurden den die Kirche zerstörenden Irrtümern die „evangelischen Wahrheiten" entgegengesetzt und Auffassungen, die damit unvereinbar sind, als falsche Lehre verworfen. Weil Jesus Christus das in der Hl. Schrift offenbarte eine Wort Gottes ist, kann die Kirche daneben keine anderen Wahrheiten oder Ereignisse als Quelle ihrer Verkündigung anerkennen (1). Jesus Christus ist Gottes Zuspruch der Vergebung, aber auch Gottes Anspruch auf unser ganzes Leben. Darum kann es keine Bereiche unseres Lebens geben, in denen wir nicht ihm, sondern anderen Herren unterstehen, oder nicht der Rechtfertigung bedürfen würden (2). Die Kirche hat mit ihrem Glauben und ihrem Gehorsam, ihrer Botschaft und ihrer Ordnung der Welt zu bezeugen, daß sie allein Eigentum des Herrn ist, der durch Wort und Sakrament gegenwärtig in ihr handelt. Sie kann deshalb die Gestalt ihrer Botschaft und ihrer Ordnung nicht ihrem Belieben oder politischen und weltanschaulichen Ansprüchen überlassen (3). Die verschiedenen Ämter in der Kirche dienen der Ausübung des der ganzen Gemeinde aufgetragenen Dienstes. Sie begründen keinen Herrschaftsanspruch. Für Führer, die sich um anderer Zwecke willen mit Herrschaftsbefugnissen ausstatten lassen, ist darum in der Kirche kein Platz (4). Der Staat hat nach göttlicher Anordnung für Recht und Frieden in der noch nicht erlösten Welt zu sorgen. Er darf darüber jedoch nicht die einzige und totale Ordnung menschlichen Lebens werden. Er kann die Bestimmung der Kirche nicht erfüllen, ebensowenig wie diese sich staatliche Aufgaben aneignen oder selber zu einem Organ des Staates werden darf (5). Weil der Auftrag der Kirche in der Verkündigung der Botschaft von der freien Gnade Gottes beruht, kann sie das Wort des Herrn nicht in den Dienst eigenmächtig gewählter Wünsche, Zwecke und Pläne stellen (6). Die Erklärung von Barmen ist sich dessen sehr wohl bewußt gewesen, was es angesichts der nicht ausgeräumten weitreichenden konfessionellen Gegensätze bedeutete, sich in dieser Weise gemeinsam äußern zu können. Sie hat auf die Bekenntnisverschiedenheit ausdrücklich Bezug genommen und damit das theologische Erbe aufgewiesen, vor dem die gemeinsame Erklärung zu verantworten ist, vor dem man sich dies aber auch zu tun getraut. Das Ereignis von Barmen wird dabei sicher nicht zufällig als „Theologische Erklärung" bezeichnet. Auf den Bekenntnisbegriff wurde offensichtlich verzichtet, obwohl es sich der Sache und auch dem Anlaß nach um Bekenntnisaussagen handelt. Aber man wußte auch, welche Schwierigkeiten sich ergeben müßten, wenn man mit einem Begriff arbeitete, der traditionell vorwiegend im Sinne einer für den Bekenntnisstand einer Kirche urkundlich relevanten Bekenntnisschrift verstanden würde. Mehr als dieser Aspekt von Bekenntnis war für die Barmer Erklärung jedoch das Bekennen, das angesichts der Verfälschung des Evangeliums gebotene situationsbezogene Zeugnis ausschlaggebend.

Die norwegische Erklärung „Der Grund der Kirche"

Die letzte Bemerkung über Barmen dürfte auch für das norwegische Dokument „Der Grund der Kirche" (1942) zutreffen, das sich selber im Untertitel auffälligerweise „Ein Bekenntnis und eine Erklärung" * nennt. Die Äußerung der lutherischen Kirche von Norwegen ist ebenfalls durch eine akute Bedrohung des christlichen Glaubens und des kirchlichen Dienstes durch die von den deutschen Nationalsozialisten

---

* Abgedruckt in: A. Johnson, Eivind Berggrav. Göttingen, 1960, S. 192–199.

eingesetzten Machthaber veranlaßt worden. In sechs Abschnitten entfaltet sie im Blick auf die konkrete Situation, was zu allen Zeiten „Der
Grund der Kirche" ist. Die Hl. Schrift ist Grundlage und Richtschnur
für christliche Lehre und christliches Leben „das evangelisch-lutherische
Bekenntnis der wahre und rechte Wegweiser in der Sache des Glaubens" (1). Weil der Herr seine Kirche selbst gegründet hat, kann sie
nicht zum Werkzeug irdischer Machthaber werden. Daß diese aus politischen Gründen Diener der Kirche des Amtes berauben, in das sie durch
die Ordination eingesetzt sind, und ihnen damit das Recht zur Verkündigung und Sakramentsverwaltung verweigern, ist darum untragbar (2). Als Gemeinschaft des Leibes Christi hat die Kirche mit allen
ihren Gliedern, auch den Verfolgten und Leidenden zusammenzuhalten (3). Auf Grund der Taufe sind die Eltern berechtigt und verpflichtet, ihre Kinder im Glauben der Kirche zu erziehen. Sie kann es nicht
zulassen, daß Kinder einem Unterricht zugeführt werden, der sie in
einer dem Christentum fremden Weltanschauung unterweist (4). Unter
Hinweis auf die Aussagen des Bekenntnisses über die beiden Regimente
wird festgestellt, daß Staat und Kirche ihren Auftrag von Gott haben.
Beide dürfen nicht in die Kompetenzen des anderen eingreifen. Weil der
Staat nach dem Bekenntnis „nichts mit den Seelen zu schaffen hat", ist
er nicht berechtigt, Glauben und Denken der Menschen vorzuschreiben
und damit über ihre Gewissen zu herrschen (5). Daß der Staat auf
Grund der norwegischen Verfassung Befugnisse für Verwaltung und
Ordnung der Kirche hat, bedeutet nicht, daß er mit seiner Macht und
nach politischen Gesichtspunkten sie beherrschen soll, sondern daß er
den Glauben zu schützen und den Dienst der Kirche zu unterstützen
hat (6).

Die Unterscheidung von „Bekenntnis" und „Erklärung" wird auch im
Text des Dokumentes zur Geltung gebracht. Während die drei ersten
Abschnitte mit den Worten „Wir bekennen" einsetzen, beginnen die anderen jeweils mit „Wir erklären". Sie setzen sich speziell mit den Konflikten von Staat und Kirche auseinander, während in drei vorausgehen-
gehenden Teilen die kirchliche Lehre über das Wort Gottes und die
Kirche entfaltet werden. Man kann vermuten, daß „bekennen" und
„erklären" voneinander abgesetzt worden sind, um deutlich zu machen,
mit welchen Aussagen man sich in unmittelbarer Nähe zum überlieferten Bekenntnis gewußt hat. Wenn es andererseits darum geht, angesichts konkreter Herausforderungen zu beschreiben, was den Grund der
Kirche ausmacht, dann gehören für die norwegische Kirche auch „Erklärungen" dazu. Bestandteil ihrer Lehrgrundlage ist das Dokument
jedoch nicht geworden, obwohl seine Bedeutung immer wieder unter-

strichen worden ist. Offenbar ist das Verhältnis zu den Bekenntnissen der Reformation doch nicht als ausreichend klar empfunden worden.

Rückwirkungen auf das Bekenntnisverständnis

Über den unmittelbaren Anlaß hinaus haben beide Erklärungen, die von Barmen und die aus Norwegen, dazu beigetragen, die Bekenntnisfrage zu dynamisieren, ihr neue Impulse zu vermitteln und sich der Vielschichtigkeit der Problematik wieder bewußt zu werden. Beide sind ein Ereignis aktuellen Bekennens gewesen, veranlaßt durch eine konkrete Situation, die einen neuen konfessorischen Akt verlangte. Diese Situation nötigte dazu, zu prüfen, wie sich angesichts der Herausforderungen zeitgemäß und sachgerecht zum Ausdruck bringen läßt, was die Intention der überlieferten Bekenntnisse ist. Die Bedeutung des Situationsbezuges war neu erkannt. Noch eine weitere Einsicht hängt damit zusammen: Bekenntnis ohne Bekennen ist steril. Darum kann es nicht darum gehen, die reformatorischen Bekenntnisse durch Rezitieren zu konservieren; sie sind durch Interpretieren zu aktualisieren, so daß in einer neuen Situation mit neuen Worten gesagt wird, was sie immer schon gemeint haben.

Natürlich müßte sich damit die Frage ergeben, wie sich solche Erklärungen zu den Bekenntnissen selber verhalten, die sie aktualisieren wollen. Die reformatorischen Texte müssen zumindest als interpretationsbedürftig, aber auch als interpretationsfähig anerkannt werden. Das aber ist eigentlich gar nicht zu entscheiden, wenn nicht auch ihre Situation, das heißt ihr Anlaß, ihre Intention und ihre Entstehungsbedingungen ins Bewußtsein gehoben werden. Die genannte Frage verlangt auch eine Auskunft darüber, wie die aktualisierende Interpretation von Bekenntnissen zu verstehen ist: ob nur vorgegebene Texte ausgelegt werden oder auch neue von vergleichbarem Rang entstehen können. Nach einem allgemein anerkannten Grundsatz ist Bekenntnisbildung prinzipiell unabgeschlossen, so daß also nicht nur eine Entfaltung, sondern auch eine Ergänzung der reformatorischen Bekenntnisse theoretisch durchaus im Bereich des Möglichen liegt. Wenn also Bekenntnis zum Bekennen führen soll, kann sich dann nicht auch aus dem Bekennen ein neues Bekenntnis ergeben?

Im Blick auf die „Theologische Erklärung von Barmen" ist die Antwort jedoch von lutherischer Seite zunächst meistens negativ ausgefallen. Die Erklärung galt als nicht ausreichend, nur als ein Mindestmaß von Wahrheiten, von der Fülle der evangelischen Wahrheit zu weit entfernt. Zu deutlich hafte ihr auch der Charakter des historisch Zufälligen an. Als Ruf zum Bekenntnis wollte man sie ernst nehmen, als Bekenntnis selber jedoch nicht anerkennen. Die Barmer Erklärung wurde dabei mit Maßstäben gemessen, die vermeintlich aus den Bekenntnisschriften gewonnen waren, denen diese jedoch selber nur schwer würden gerecht werden können. Tatsächlich wurde hier nach einem Bekenntnisbegriff geurteilt, der aus den Bekenntnissen *das* Bekenntnis der Kirche gemacht hat, das als geschlossenes einheitliches Lehrsystem kirchengründenden Charakter hat. So spricht diese Argumentation weniger gegen den Bekenntnischarakter der Theologischen Erklärung, als daß sie Auskunft über das Bekenntnisverständnis gibt, an dem sie gemessen wurde, das jedoch den Bekenntnissen der Reformation selber weder im Blick auf ihre Entstehungsbedingungen noch auf ihre eigentlichen Intentionen adäquat ist.

Schlußfolgerungen

In einer rückblickenden Zusammenschau fällt auf, wie in verschiedenen Epochen deutlich unterschiedliche Aspekte im Verständnis von Bekenntnis jeweils eine hervorgehobene Rolle gespielt haben. Es ist interessant zu sehen, in welchem Umfang daran geschichtliche Entwicklungen und philosophische Denkmuster beteiligt gewesen sind. Die besondere Betonung einzelner Gesichtspunkte hat wiederholt zu Vereinseitigungen geführt und dadurch das, was die Bekenntnisse der Reformation eigentlich gewollt haben, nicht selten entstellt.

Natürlich ist es ihnen um verbindliche Aussagen über Lehre und Leben der Kirche zu tun gewesen. Sie waren überzeugt, in dem Evangelium als Botschaft von der Rechtfertigung wieder das zur Geltung gebracht zu haben, was allein der tragende Grund der Kirche ist. Die Bekenntnisschriften waren jedoch nicht der Meinung, daß damit sie selber ein für die Kirche konstitutives Element geworden wären. Sie wollten nicht das Fundament der Kirche sein, sondern bezeugen, was für sie fundamental ist. Den reformatorischen Bekenntnissen kirchengründenden Charakter zuzuweisen und sie dabei unter Verkennung ihrer Vielfalt und ihrer Unterschiede zu *dem* Bekenntnis der Kirche zu vereinheitlichen, wie die konfessionell-lutherische Theologie in Deutschland dies getan hat, kann nur als nachträgliche theologische Legitimierung einer Entwicklung verstanden werden, die die Bekenntnisschriften (zumindest bis 1555) nicht gewollt haben. Sie wollten keine neue Kirche gründen, sondern die bestehende erneuern. Ihr Bemühen war darauf gerichtet, die Einheit der Kirche zu erhalten. Als dies mißlang, schwand bald auch das Bewußtsein der ökumenischen Verantwortung. Was blieb, war das Streben nach Einheit und Rechtgläubigkeit der Konfessionskirchen.

Es verdient festgehalten zu werden, daß die lutherische Orthodoxie in ihrem Bekenntnisverständnis nicht soweit ging wie das Luthertum des 19. Jahrhunderts, obwohl sie natürlich dessen Auffassung mit vorbereitet hat. Der Orthodoxie waren die Bekenntnisse als Auslegung der Hl. Schrift wichtig. Dadurch waren sie von ihr abgesetzt, aber zugleich auch von einer erheblichen Autorität, weil sie als Schriftauslegung eigentlich unfehlbar waren. Die Bekenntnisschriften verstanden sich selber als Auslegung der Schrift. Insofern nahm die Orthodoxie ihre Intention durchaus auf. Lehrnorm waren sie jedoch nur insoweit, als sie um des Evangeliums willen schwerwiegende dogmatische Fehlentwicklungen zu korrigieren suchten. Vor allem waren sie bereit, sich auch dazu dem Urteil der Schrift zu unterwerfen. Hier wird der Unterschied zur Orthodoxie sichtbar, die die Bekenntnisse aus diesem unmittelbaren funktionalen Bezug löste, indem sie sie zur Lehrgrundlage verselbständigte, über der sie ihr eigenes Lehrgebäude errichtete. Bis zu dem Gedanken, daß die Einheit der Kirche auf der Einheit der Lehre beruht, war es dann nicht mehr weit.

Das Bekenntnis als Lehrgrundlage — diese aus der Orthodoxie stammende Anschauung — war dann auch für die Kirchen in Skandinavien und später für die Einigungsbemühungen der lutherischen Kirchen in den USA von erheblicher Bedeutung. Diese fanden sich nicht von vornherein auf Grund der Bekenntnisgleichheit zusammen, sondern über den Spannungen, die sie wegen der Frage, welche Bekenntnisschriften als Lehrgrundlage zu gelten haben, miteinander auszutragen hatten. So sind eher die Differenzen ein Ausweis dafür, daß das Bekenntnis der eigentliche Ansatzpunkt ihrer Identitätsfindung gewesen ist. Sie haben andererseits aber wohl auch dazu beigetragen, daß man über ein ungeschichtlich doktrinales Bekenntnisverständnis kaum hinausgekommen ist. Das wiederum hat ein hermeneutisches Bemühen um die Bekenntnisse erschwert. Bei den bisher letzten Einigungsverhandlungen der nordamerikanischen Lutheraner scheint sich indessen eine andere Entwicklung bemerkbar gemacht zu haben. Hier sind die weiteren Schritte zur Einheit nicht eine Folge weiterer Lehrübereinstimmungen gewesen. Die Einheit ist als vorhanden festgestellt worden. Daß man sich gemeinsam den altkirchlichen und reformatorischen Bekenntnissen verpflichtet wußte, wurde als eine ausreichend tragfähige Basis angesehen, um die gewachsene Einheit anerkennen zu können.

Was nach dem Rückblick auf die wechselvolle Geschichte der lutherischen Bekenntnisse bleibt, ist die Frage, was Bekenntnisbindung heute bedeutet, wenn man ihrer ursprünglichen Absicht gerecht werden will. Wieweit die Bekenntnisse der Reformation in der Vergangenheit eigentlich zum Bekennen geführt haben, ist — von Ausnahmen abgesehen — aus ihrer Wirkungsgeschichte schwer zu ersehen. So eindeutig sie als Lehrbekenntnisse zu gelten haben, so sind sie zumindest zu einem Teil doch auch aus einem Akt unmittelbaren Bekennens hervorgegangen. Die Frage nach der Bekenntnisbindung ist darum heute die Frage nach der Freiheit, die Christen und Kirchen zum Zeugnis ermutigt, eben durch die Arbeit mit den überlieferten Bekenntnissen. Bekenntnisbindung ist dann weniger ein Vorsatz oder eine Absicht noch gar eine abgenötigte Erklärung, als vielmehr Bejahung einer Gebundenheit, in der man sich schon vorfindet. Es ist die Bindung an ein Bekenntnis als Ausdruck der erfahrenen und ihr nachdenkenden Zuwendung Gottes in Jesus Christus, die immer wieder sich ereignen will und als für Zeugnis und Dienst bestimmend anerkannt wird.

Wir glauben, daß die Bekenntnisse der Reformation letztlich Hilfe zu dieser „einfachen" geistlichen Bindung haben sein wollen, die frei macht zum Bekennen. Sie wollten es um der Einheit und Glaubwürdigkeit der Kirche willen. Gerade diesen Impuls, der über Jahrhunderte verschüttet war, hat das Luthertum erfreulicherweise wieder entdeckt. Seit es selber in die ökumenische Bewegung eingetreten ist, ist es sich auch des ökumenischen Charakters seiner Bekenntnisse von neuem bewußt geworden.

VII. Kapitel

RECHTFERTIGUNG DURCH DEN GLAUBEN DAS ERBE UND DIE GEGENWART

Vilmos Vajta

Das Erbe

Wenn man nach der „*Summa*" der Botschaft und der Lehre der Kirche lutherischen Bekenntnisses nach der Heiligen Schrift fragt, so ist die Antwort eindeutig: Rechtfertigung durch den Glauben allein in Jesus Christus. Mit ihr „steht und fällt die Kirche" (*articulus stantis et cadentis ecclesiae*). Man kann diese Rolle der Rechtfertigung verschieden beschreiben: Sie ist „die sinngebende Mitte des Bekenntnisses" (R. Prenter). Oder: Sie ist „*Mitte und Grenze* reformatorischer Theologie... *Mitte* – das heißt: Alles in reformatorischer Theologie ist auf sie bezogen; in ihr wird ja das *subiectum theologiae* zentral erfaßt. *Grenze* – das heißt: Alles, was außerhalb des durch diese Mitte Bestimmten und Zusammengefaßten liegt, ist *error et venenum in theologia*" (E. Wolf). Man kann sie auch „als hermeneutische Kategorie" bezeichnen, d. h. „sie erscheint als das durchgehende Verstehensgefüge, das sowohl die Aussagen wie die Aussage-Inhalte der Theologie schlechthin strukturiert" (G. Gloege).

Diese Botschaft prägt die Reflexion der Theologie von Luther her und findet ihren Ausdruck in den lutherischen Bekenntnisschriften wie auch in der konfessionellen Kontroverse der Reformationszeit und der nachfolgenden Theologie. Erst im gegenwärtigen ökumenischen Dialog ist die Frage nach dem möglichen *consensus* wieder aufgetaucht. Dieser *consensus* wurde in der Theologie als reformatorisches Erbe unter den getrennten evangelischen Kirchen nie in Frage gestellt. Historische Forschung hat ihrerseits nachgewiesen, wie nahe noch in den Religionsgesprächen der Mitte des 16. Jahrhunderts ein *consensus* mit dem römisch-katholischen Partner vorhanden war. Erst in den letzten Jahren ist aber die Frage zur Neubesinnung aktualisiert geworden. Dies hat jedenfalls vorausgesetzt, daß das Erbe Luthers und der lutherischen Bekenntnisschriften wieder neu durchgedacht und in seiner Grundintention nachgeprüft worden ist. Damit sind jahrhundertelange Gegensätze problematisch geworden.

Luthers „Entdeckung"

Der reformatorische Durchbruch Luthers ist im Ringen um die Exegese der *iustitia Dei* (Röm. 1, 17) entstanden. In seiner Frömmigkeit als Mönch und in seiner theologischen Arbeit fand er die traditionelle Deutung an die strafende Gerechtigkeit Gottes gebunden. Daher seine Existenzfrage: „Wie kriege ich einen *gnädigen* Gott?" In gewissem Sinne kann die gesamte Theologie Luthers als Ringen um diese einzige Frage und ihre Durchsetzung in der kirchlichen Verkündigung und der Arbeit der Theologie betrachtet werden. Sucht man eine zusammenfassende Schilderung, wie Luther von dieser Auffassung, die die spätmittelalterliche Theologie beherrschte, zur fröhlichen Entdeckung der *iustitia Dei passiva*, d. h. zum Glauben an Gottes uns rechtfertigende Gerechtigkeit, gekommen ist, so bietet sich seine Vorrede zur Gesamtausgabe seiner lateinischen Schriften aus dem Jahre 1545 als Quelle an (WA 54, 185 f; vgl. TR 5, 5518).

Die Luther-Forschung ist in der Bewertung dieses Textes als einer völlig authentischen Beschreibung der hermeneutischen Wandlung in Luthers Theologie einig. Die Frage, die zur Debatte steht (und vermutlich nie eine Antwort erhalten wird, die alle Forscher befriedigt), ist der Zeitpunkt dieser Wende: in der Frühzeit (um 1513) oder erst in der Spätzeit (1518)? Obwohl die letztere Zeitpunktbestimmung neuerdings wieder Anhänger gefunden hat, wird man doch an dem frühen Zeitpunkt festhalten müssen, da sonst alle Ansätze und sogar klare Auslegungen der früheren Jahre unverständlich blieben. Luthers „Entdeckung" ist in einem gewissen Sinne auch eine Entwicklung, die ihre völlig klare Entfaltung in den späteren Jahren erreicht. Deshalb ist die von Luther beschriebene *inhaltliche* Wendung das alles Entscheidende.

Entgegen der üblichen Deutung der strafenden Gerechtigkeit Gottes (*iustitia formalis seu activa*), „wodurch Gott gerecht ist und die Sünder und Ungerechten straft", findet Luther die schenkende Gerechtigkeit Gottes, die mit dem Glauben verbunden ist: „Da fing ich an, die Gerechtigkeit Gottes als eine solche zu verstehen, durch welche der Gerechte als durch Gottes Gabe lebt, nämlich aus dem Glauben. Ich fing an zu begreifen, daß dies der Sinn sei: Durch das Evangelium wird die Gerechtigkeit Gottes offenbart, nämlich die passive, durch welche uns der barmherzige Gott durch den Glauben rechtfertigt, wie geschrieben steht: ‚Der Gerechte lebt aus dem Glauben'" (LD, Bd. 2, S. 20). Dieses Verständnis von der *iustitia Dei* eröffnet ihm einen neuen hermeneutischen Weg zur Ganzheit der Heiligen Schrift. Er

hat den Schlüssel gefunden, mit dem sämtliche Grundbegriffe der
Schrift durch Gottes eigenes Handeln in neues Licht gerückt werden:
„Da zeigte mir die ganze Schrift ein völlig anderes Gesicht. Ich ging
die Schrift durch, soweit ich sie im Gedächtnis hatte, und fand auch
bei anderen Worten das gleiche, z. B.: ‚Werk Gottes‘ bedeutet das
Werk, welches Gott in uns wirkt; ‚Kraft Gottes‘ – durch welche er uns
kräftig macht; ‚Weisheit Gottes‘ – durch welche er uns weise macht.
Das gleiche gilt für ‚Stärke Gottes‘, ‚Heil Gottes‘, ‚Ehre Gottes‘“
(ib.).
Diese Ausführungen Luthers – obwohl an seinem Lebensende entstanden – beschreiben genau den Anfang reformatorischer Schriftauslegung
und können schon in der Frühzeit an seinen ersten Vorlesungen (Dic-
tata über die Psalmen, Römerbriefvorlesung usw.) verifiziert werden.
Luther beruft sich dabei auf Augustin, in dessen Schrift *„De spiritu
et littera“* er ein ähnliches Verständnis der göttlichen Gerechtigkeit
vorfand. Jedoch muß man beachten, daß Luther sich nicht schlechthin
mit der augustinischen Definition identifiziert. Denn Evangelium
heißt; daß Gott in Christus sowohl tötet wie lebendig macht. Tod
und Auferstehung Christi sind so in einem als Rechtfertigung, die
Gottes Gericht und Barmherzigkeit zum Ausdruck bringt, zu verstehen. Diese Einheit hat Augustin nicht in derselben Weise wie Luther
zusammengehalten. Deshalb bejaht der Reformator die Auslegung
Augustins die *iustitia dei* betreffend: „daß auch er ‚Gerechtigkeit
Gottes‘ in ähnlicher Weise auslegt“. Er fährt aber fort: „Und obwohl
dies noch unvollkommen geredet ist und nicht alles deutlich ausdrückt,
was die Zurechnung betrifft, so gefiel es mir doch, daß (hier) eine
Gerechtigkeit Gottes gelehrt werde, durch welche wir gerecht gemacht
werden“ (ib. S. 20 f.).
Dies wirft nämlich die Frage auf, ob bei Augustin einerseits Zorn und
Liebe Gottes im Bilde Gottes zusammengehalten werden oder doch
schließlich auseinanderfallen; und ob andererseits die *accusatio sui*
und der Glaube in Christus in der Rechtfertigung des Menschen zusammenfallen. Luther hält beide konsequent zusammen und entspricht
damit dem doppelten Rhythmus des Kerygmas. „Der Sinn dieser Entdeckung, die neue Deutung der *iustitia dei* in Röm. 1, 17, besteht
darin, daß Luther entgegengesetzt der mittelalterlichen Tradition, die
Einheit von Barmherzigkeit und Gerechtigkeit in Gott so absolut faßt,
daß ihm Gott nicht nur gnädig ist, indem er hier in der Zeit den
Menschen die heiligmachenden Gnadenmittel zur Verfügung stellt,
um dann am Ende der Zeit der strenge Richter zu werden, **sondern**
daß Gott auch als Richter gnädig ist und schon jetzt den Sünder als

gerecht annimmt, indem er ihm durch den Glauben Christus als Gerechtigkeit schenkt und gleichzeitig das Fleisch des Glaubenden richtet und tötet" (R. Prenter).

Aus dem, was Luther von seiner Entdeckung bezeugt, wird ersichtlich, warum es sich für ihn in der Lehre der Rechtfertigung entscheidend um das Verständnis des Evangeliums und damit der christlichen Lehre überhaupt handelte. Er hat deshalb konsequent diese Lehre als schlechthin entscheidend dargestellt: „Von diesem Artikel kann man nicht weichen oder nachgeben, es falle Himmel und Erden oder was noch bleiben will; denn es ‚ist kein ander Name, dadurch wir können selig werden' spricht S. Petrus Act. 4. ‚Und durch seine Wunden sind wir geheilet' (Jes. 53)" (Schm. Art. I, 1; vgl. auch WA 39, I, 205, 2). Luther bezeichnet diese Neuentdeckung als den Unterschied zwischen Gesetz und Evangelium (*discrimen inter legem et evangelium*), das in seiner Theologie als notwendige Bedingung der rechten theologischen Arbeit aufgefaßt wird. Als er dies entdeckt habe, so sagt er, „da riss ich herdurch" (WA-TR 5, Nr. 5518). Damit öffnet sich der Abstand zwischen einer Gerechtigkeit durch Werke des Gesetzes (auch wenn der Mensch dazu durch die „Gnade" befähigt wäre) und einer anderen Gerechtigkeit, die aus dem Glauben an Gottes Werk im Evangelium kommt, in dem sein Zorn/Strafe und seine Liebe/Barmherzigkeit im Christusgeschehen zusammengesehen werden. Eine aktive Gerechtigkeit, die vom Menschen gefordert wird, indem er Werke tun soll, gehört zum Forum des Menschenlebens. Sie besteht in einer *iustitia civilis*, die entsprechend ihren Lohn erhalten kann. Vor Gott gelten aber selbst die besten Werke nicht. Und zwar nicht nur deshalb, weil sie nicht vollkommen sind und vor Gott eine vollkommene Gerechtigkeit nicht erfüllen können, sondern weil sie überhaupt nicht vor das himmlische Forum gehören (Unterschied zwischen *coram Deo* und *coram hominibus*). Würde nämlich der Mensch grundsätzlich durch das Gesetz und das Tun seiner Werke errettet, dann wäre Christus seines eigentlichen Amtes enthoben, er wäre nur wie Mose ein Gesetzesverkündiger und brachte nicht das Evangelium von der befreienden Heilstat Gottes. Im Anschluß an Gal. 2, 21 sagt Luther dazu:„Wenn durch das Gesetz Gerechtigkeit kommt –'. Daher kann die menschliche Vernunft, auch wenn sie durch die Gesetze, und zwar durch die göttlichen Gesetze unterstützt wird, nicht die Gerechtigkeit schaffen, sondern reißt weg von der Gerechtigkeit und verwirft Christus. Denn wenn sie die Gerechtigkeit schaffen könnte, wäre Christus vergeblich gestorben. Setze du darum den Tod Christi ganz einfach allen Gesetzen entgegen und wisse mit Paulus nichts, als Jesus

Christus, und zwar den Gekreuzigten, so daß nichts heller sein kann
als er" (Im Großen Galaterbrief-Kommentar WA 40, I, 307, 15 nach
der Übersetzung von H. Kleinknecht).

Die Unterscheidung zwischen Gesetz und Evangelium ist also im
Grunde die Unterscheidung zwischen zwei entgegengesetzten Deutungen der Christuswirklichkeit. Indem Christus die „Erfüllung des
Gesetzes" bringt, erscheint er nicht als derjenige, der die Möglichkeit
schafft, von Gott geforderte Werke zu leisten, um durch solche Werke
unsere Gerechtigkeit vor Gott zu versichern, sondern: Christus ist die
Erfüllung der Verheißung Gottes, damit die Macht der vom Gesetz
bloßgelegten Sünde gebrochen und damit auch das Gesetz, das sich
dem Menschen als Heilsweg aufgezwungen hat, abgeschafft wurde.
Das Gesetz hat nur die Rolle, die Sünde zu entdecken, zu Christus zu
treiben, damit wir im Glauben an ihn die im Evangelium geschenkte
Gerechtigkeit Gottes empfangen (vgl. WA-DB 7, 7, 1–26 Vorrede
zum Römerbrief).

Im Glauben wird uns diese Gerechtigkeit *extra nos* (deshalb auch
iustitia aliena = „fremde Gerechtigkeit" genannt), d. h. in Christus,
geschenkt. In diesem Glauben rechtfertigt Gott den Menschen als den
Gottlosen (*iustificatio impii*). Eine Gerechtigkeit „auf der Basis der
Sünde und nicht auf der Basis der Heiligkeit" (A. Nygren) ist also dem
Menschen bereitet. Gerade darin liegt der Anstoß des Evangeliums
für die menschliche Vernunft (*ratio*). Der Glaube darf aber nicht
psychologisch als „Gläubigkeit", sondern als der *Christus praesens* verstanden werden: „Im Glauben selbst ist Christus gegenwärtig. Der
Glaube ist eine gewisse Erkenntnis oder Finsternis, die nicht sieht.
Und dennoch sitzt in dieser Finsternis Christus, der im Glauben
ergriffen wird, ... Gerecht macht also der Glaube, der jenen Schatz
ergreift und besitzt, nämlich den gegenwärtigen Christus (WA 40, I,
229, 15 nach der Übersetzung von H. Kleinknecht).

Luther hat sich gegen den Glaubensbegriff („der Sophisten und der
Schwärmer") ständig abgegrenzt, als wäre der Glaube eine Qualität im
Herzen mit Ausschluß Christi (*qualitas haerens in corde, excluso
Christo*). Dagegen betont er mit Hinweis auf Gal. 2, 20 den *Christus
praesentissimus*. „Außer diesem Christus höre ich und sehe ich nichts.
Das ist der wahre Glaube Christi und an Christus, durch diesen
Glauben werden wir Glieder seines Leibes von seinem Fleisch und
seinem Gebein. Darum leben, weben und sind wir in ihm" (ib. 546, 21
– übers. v. Kleinknecht). Durch Wort und Glaube wirkt Gottes Heiliger Geist in uns in verborgener Weise. Hätte Christus uns seinen Geist
nicht geschenkt, könnten wir Gottes rechtfertigendes Wirken durch

Töten des alten und Erweckung des neuen Menschen nicht aushalten. Deshalb ist es wichtig, daß der Mensch es im Glauben nicht mit einer *fides historica* zu tun hat, sondern den gestorbenen und auferweckten Christus als den in ihm Lebenden existentiell ergreift (vgl. die rechte Verwendung der persönlichen Pronomina, z. B. WA 40, I, 85 f., 299 etc.). Denn Christus ist „Erstling und Urbild aller seiner Werke... Ihn hat er gerade dann, als er ihn verherrlichen und in sein Königtum einsetzen wollte, wie es der fromme Gedanke aller Jünger so glühend wünschte und erwartete, ganz im Gegenteil zuerst sterben, zuschanden werden und in die Hölle fahren lassen. So hat er auch den heiligen Augustinus nur noch viel tiefer in Irrtum fallen lassen seiner Mutter zuwider, um ihr dann über alles Wünschen zu geben. So macht er's mit allen Heiligen" (Zu Röm. 8, 26 in der Vorlesung über den Römerbrief, zit. nach MA Erg. Bd. 2, 283 f. = WA 56, 377, 4).

Im Glauben wird Christi durch Tod und Auferstehung erwirktes Heilswerk dem Menschen zugesprochen, indem gleichzeitig der Kampf zwischen Fleisch und Geist durch den gegenwärtigen Christus *in nobis* wirksam wird. Dem Gang Christi vom Tod zum Leben entsprechend wird das geistliche Leben im Gläubigen wirksam. Mit dieser Existenz des Menschen im Glauben hängt Luthers Formel *simul iustus et peccator* (zugleich gerecht und Sünder) zusammen. Sie heißt jedenfalls nicht: im Glauben ein Gerechter, in den Werken ein Sünder. Aber durch das *simul* wird angedeutet, daß sowohl Tod wie Leben auf einmal im Menschen wirken, d. h. durch den Tod zum Leben gelangen. Gerade die größten Heiligen auf Erden haben nach Luthers Ansicht (und Beispiel!) sich immer wieder als Sünder vor Gott bekannt. Die Kirche selbst betet im Herrengebet um die tägliche Vergebung. Die Rechtfertigung des Menschen, durch die Taufe als Anteilnahme an Christi Tod und Auferstehung sakramental geschenkt, wird im täglichen geistlichen Kampf durchgehalten. Luther hat deshalb den Menschen, der aus der Rechtfertigung lebt, als einen bezeichnet, der durch das Wort der Sündenvergebung täglich die Heilung empfängt: er ist ein Kranker, der in der Behandlung des Arztes steht und auf die Genesung hofft, die ihm verheißen ist (vgl. Luthers Auslegung im Anschluß an das Gleichnis vom barmherzigen Samariter in WA 56, 272, 3 ff.).

Das *simul* erscheint für Luther als die Spannung der beiden Äonen, in der der Mensch vor der Parusie lebt. „*Peccator in re – iustus in spe*" bedeutet die Wirklichkeit der beiden Äonen im geistlichen Menschen. Die diesseitige Welt enthüllt immer wieder sogar die Gerechten als Sünder. Die Hoffnung einer zukünftigen Welt stärkt aber den

Glauben im Kampf und erhält ihn gegen alle bösen Angriffe des Teufels. Dieser hoffnungsvolle Glaube (*fides sine spe est nihil*, WA 40, I, 21, 33) führt nicht nur rein-zukünftige Güter mit sich. Er setzt schon jetzt Zeichen des zukünftigen Lebens. Rechtfertigung ist die Neuschöpfung der Welt durch den Schöpfer-Geist, der als Anfang der neuen Kreatur (*initium creaturae novae*) dem Gerechten zuteil geworden ist (WA 39, I, 83, 49). Der als *homo iustificandus* definierbare Mensch ist der für das zukünftige Leben Geschaffene (ib. 177, 3). So ist die Rechtfertigung des Menschen das im diesseitigen Äon verborgene Heilsmysterium des Todes und des Lebens Christi. „*Simul*" heißt in diesem Zusammenhang das „Schon jetzt" und das „Noch nicht" dieser neuen Welt der Gottesgerechtigkeit.

Das Bekenntnis der Väter

Die Neuentdeckung Luthers ist keine rein persönlich begrenzte Erfahrung. Sie wirkte allgemein in Verkündigung und Theologie als die befreiende Botschaft von der Last des Gesetzes. So hat die reformatorische Bewegung in der Rechtfertigung allein durch den Glauben das altkirchliche Bekenntnis in Abwehr der mittelalterlichen Fehlentwicklungen neu entfaltet. In der *Confessio Augustana* (CA), die vor dem Kaiser am Reichstag 1530 verlesen wurde, steht die Rechtfertigung als die beherrschende Mitte des kirchlichen Bekenntnisses. Zwar ist sie in einem besonderen Artikel summarisch formuliert, aber sie durchdringt das gesamte Bekenntnis und begründet positiv den Glauben der Kirche, indem sie gleichzeitig als Richtschnur für die Beurteilung der Mißbräuche dient, die mit dieser Lehre unvereinbar sind.
Trotz seiner Kürze ist der Artikel 4 der CA eine genaue Aussage sowohl was die positive Bedeutung wie auch die negative Abgrenzung der Heilstat Christi bedeutet: „gerecht aus Gnade um Christi willen durch den Glauben... nicht durch unsere Verdienste, Werke und Gott versöhnenden Leistungen (= Genugtun)". Als Schriftbeweis wird ganz pauschal Römer 3 und 4 angeführt. Gemessen am Aufbau der CA könnte man meinen, die Rechtfertigung werde hier auf einen einzigen Artikel beschränkt. Deshalb ist ihre Einbettung in den Zusammenhang des Bekenntnisses von entscheidendem Gewicht.
Rechtfertigung darf nach dem lutherischen Bekenntnis nur auf dem Hintergrund des trinitarischen Glaubens, der Einheit der drei göttlichen Personen in einem göttlichen Wesen, verstanden werden (CA 1). Die Annahme des Menschen in das Leben der Gnade (*in gratiam recipi*) ist die Hineinnahme in die göttliche Liebe der drei Personen

zueinander. Die Rechtfertigung des Menschen erhält ihre Motivierung
in der Liebe Gottes zu dem Sohn. Er hat durch seine Liebe den Heiligen Geist als Paraklet gesandt, damit die Menschen in diese göttliche
Gnade aufgenommen werden. Deshalb ist schon für die Rechtfertigung von grundlegender Bedeutung, daß in CA 1 diejenigen verworfen werden, die das Wort (*Verbum*) nur als „leiblich Wort oder
Stimme" und den Geist nur als „erschaffene Regung in den Kreatu-
ren" auffassen. Die theologiegeschichtliche Bedeutung dieser Abgrenzung hat keine nur begrenzte historische Relevanz, sondern ist als
entscheidend gerade für unsere Zeit hervorzuheben.

Weiterhin ist die anthropologische Einbettung des Rechtfertigungs-
artikels zu beachten (CA 2). Gerade die historische Entwicklung innerhalb des Luthertums hat nämlich den Streit aktualisiert, wie weit der
Sündenfall den Menschen als Gottes Ebenbild angegriffen hat. Der
Sündenfall hat zur Folge, daß der Mensch aus eigenen Kräften – ohne
Gottesfurcht und ohne Gottvertrauen – vor Gott sich rechtfertigen
möchte. Darin besteht das fundamentale Übel, das Gottes Zorn
wirkt bei denjenigen „so nicht durch die Tauf und heiligen Geist
neu geborn werden". Nun kann diese anthropologische Betrachtung
zu dem Mißverständnis verleiten, als wäre die Rechtfertigung eigentlich aus eigenen Kräften des Menschen möglich gewesen, falls er nicht
gefallen wäre. Dann wäre aber Rechtfertigung durch den Glauben nur
notwendig in einer Situation, in der der Mensch selbst nichts mehr
erfolgreich leisten kann. Wenn aber der Sündenfall den Verlust der
Gottesfurcht und des Gottvertrauens bedeutet, dann wird damit
angedeutet, daß der Mensch immer nur in seinem Gnadenverhältnis
zum dreieinigen Gott gerechtfertigt wird. Deshalb ist Glaubensgerech-
tigkeit nicht ein Ersatz nach dem Sündenfall des Menschen, sondern
die ursprüngliche Gottesliebe, die aus Gnade das Menschsein schenkt.
Schon Gottes Schöpfung des Menschen ist prinzipiell die Rechtfertigung allein durch den Glauben. Nie sind die Werke zur Rechtfertigung vor Gott bestimmt gewesen. Die Verneinung der Rechtfertigung
„*propriis viribus, meritis aut operibus*" ist als ursprüngliche Schöpfungsordnung Gottes zu verstehen. Der Mensch wurde als ein Wesen
geschaffen, das von Gott sein Leben empfängt. Er ist – wie Luther
sagte – ein *homo iustificandus*.

Die Rechtfertigung des Menschen geschieht „um Christi willen"
(*propter Christum*). Die Menschwerdung des Gottessohnes ist folglich
die Voraussetzung des Glaubens (CA 3). „Der Rechtfertigungsspruch
ist eine lebendige Person. Von dieser Person läßt er sich nie mehr
trennen, und infolgedessen auch nicht die ihn auslegende Rechtferti-

gungslehre" (G. Gloege). Die Vereinigung der göttlichen und der menschlichen Natur in Christus ist die Grundvoraussetzung dessen, daß durch die Rechtfertigung die Versöhnung mit Gott durch das Sich-Opfern Christi als Gerechtigkeit für die Menschheit gelten kann. Denn dieser Christus ist als „der barmherzige Richter" anstelle des Sünders getreten und wird bei seinem Wiederkommen die Seinen zu sich nehmen. „Christologische Fundierung wie eschatologische Orientierung der Rechtfertigung" (A. Peters) sind nach reformatorischem Bekenntnis unerläßlich für das Verständnis der Rechtfertigungslehre. Denn seit der Zeit der Aufklärung (über Kant und den deutschen Idealismus) besteht eine theologiegeschichtliche Linie, die die Rechtfertigungslehre als anthropologisches Schema aus ihrer theologischen Verankerung herauslöst. „Das anthropologische Schema der Rechtfertigung läßt sich existential interpretieren, ohne daß man die christozentrische Verankerung sowie die eschatologische Ausrichtung übernehmen muß. Es gibt eine a-christliche Säkularisation des reformatorischen Rechtfertigungszeugnisses von hohem denkerischen Niveau und weitreichender Geschichtsdynamik" (A. Peters). So ist der christologische Bezug der Rechtfertigungslehre gerade in der Auseinandersetzung mit den von der Existentialphilosophie beeinflußten theologischen Richtungen, die die Rechtfertigungslehre als „protestantisches Prinzip" in einer von der Christologie losgelösten Weise hervorheben, von höchster Aktualität.

„Durch den Glauben" (*per fidem*) – das ist die wichtige Präzisierung des reformatorischen Bekenntnisses der Rechtfertigung. Im Anschluß an den vorher ausgeführten Zusammenhang ist es eine evidente Notwendigkeit, daß „Glaube" (*fides*) hier nicht eine theologische Tugend – wie bei den Scholastikern – bezeichnet. Er ist engstens mit Christus und seinem Werk durch den Heiligen Geist verbunden. Daher kann hier nie von einer „fideistischen" Auffassung die Rede sein. Das Bekenntnis verwirft auch den „historischen Glauben" (*fides historica* – z. B. in CA 20, 23), den sowohl Ungläubige wie der Teufel selbst haben können. Er ist keine „schlecht Erkenntnis der Historien" (*otiosa notitia*), sondern Werk des Heiligen Geistes, wodurch wir gerechtfertigt werden (Apol. 4, 99). Hiermit ist zum Ausdruck gebracht, daß der Glaube sich am Werk Christi festhält und dies an die Person appliziert. Rechtfertigung durch den Glauben allein beschreibt folglich keinen psychologischen Vorgang, sondern das Wirken des Heiligen Geistes durch das Predigtamt (*ministerium docendi evangelii et porrigendi sacramenta*). Durch das Hören des Evangeliums bewirkt der Heilige Geist den Glauben, der daran glaubt, daß der Mensch

„propter Christum in gratiam recipi" (CA 5). So bildet die Präzisierung des Glaubensbegriffs im Rechtfertigungsgeschehen den ekklesiologischen Hinweis auf das Geisteswirken. Im Lichte dieses Glaubensbegriffs wird im kirchlichen Bekenntnis die Rede vom Handeln der Kirche entfaltet. Wenn es folglich heißt, daß Rechtfertigung *sola fide* (allein aus Glauben) geschenkt werde, so ist für die Verteidigung dieser These wichtig, daß damit nur die *opinio meriti* ausgeschlossen ist. „Durch das Wort *sola,* so wir sagen: allein der Glaub macht fromm, schließen wir nicht aus das Evangelium und die Sakrament, daß darum das Wort und Sakrament sollten vergeblich sein ... sondern unsern Verdienst schließen wir aus ... so preisen wir das Predigtamt und Wort höher und mehr denn die Widersacher" (Apol. 4, 74 [dt. Text]).

Dieses „Allein" im Glaubensbegriff entspricht dem „Gratis" des Gnadenbegriffs. Wir haben schon darauf hingewiesen, wie viel dem reformatorischen Bekenntnis an der Negation des menschlichen Vermögens der Sich-Selbst-Rechtfertigung liegt. Rechtfertigung durch den Glauben allein soll nämlich die Vorstellung unmöglich machen, als würde die göttliche Gnade nur ein Mittel sein, wodurch der Mensch ausgerüstet wird, um die Werke des Gesetzes zu leisten und Verdienste erwerben zu können. Der Gegensatz zwischen Gesetz und Evangelium wird hiermit an die Spitze gestellt. „Erfüllung des Gesetzes" geschah ausschließlich durch Christus, „der durch seinen Tod für unsere Sünden genuggetan hat" (*sua morte pro nostris peccatis satisfecit*). In der Apologie der CA (4, 122–182) wird dieses Problem eingehend erörtert, indem Liebe und Erfüllung des Gesetzes behandelt werden. Im Sinne der Theologie Luthers wird hier gegen die „Liebe" als eine Art *habitus* des Menschen polemisiert.

„Diesen Glauben will Gott als Gerechtigkeit, die vor ihm gilt, ansehen und zurechnen." So wird in CA 4 mit Hinweis auf Röm. 3 und 4 die Rechtfertigung als imputativer Akt Gottes bezeichnet. Diese Bestimmung muß als notwendige Folge des *extra nos* des Heilswirkens Gottes in Christus aufgefaßt werden. Durch die *imputatio* ist gleichzeitig angedeutet, daß Gott nicht eine Amnestie verkündigt, die nach forensischer Terminologie die Schuldfrage eigentlich nicht löst, sondern nur von der Strafe absieht. Durch Christus ist die Strafe voll und ganz erlitten worden (*satisfecit*), und gerade dieses wird uns im Glauben durch Gottes Gnadenspruch zugerechnet. Forensisch gesehen ist damit das Anstößige im Evangelium ausgesprochen. Denn damit ist durch Christi Heilstat eine vollgültige *iustificatio impii* gemeint. Dem angeführten biblischen Argument aus Röm. 4, wo das Beispiel Abra-

hams angeführt wird, muß aus diesem Grunde größtes Gewicht
zuerkannt werden. Dort wird nämlich vom Glauben an Gott gesprochen, „der die Gottlosen gerecht macht" (V. 5). Abraham steht hier
als der Typos der gesamten Menschheit. Er wird nicht auserwählt, weil
er glaubt, sondern aufgrund seiner Erwählung glaubt er wie der
Gottlose (von dem im angeführten Ps. 32 gesprochen wird). So ist
der Glaube kein geleisteter Verdienst, sondern die in Gottes Freispruch geschenkte Gegenwart des Heiligen Geistes. Obwohl die Rechtfertigung *extra nos* angerechnet wird, ist in ihr schon das Einwohnen
des Heiligen Geistes *in nobis* mitgegeben. Damit ist die Verbindung
zwischen einer imputativen Rechtfertigungslehre und der Neuwerdung
des Menschen durch *regeneratio* und *vivificatio* des im Glauben inne-
wohnenden Geistes gesichert.

Diese in der CA noch — von Luthers Theologie her — gegebene Verbindung ist erst in den nachfolgenden theologischen Streitigkeiten
unter lutherischen Theologen des 16. Jahrhunderts auseinandergefal-
len und durch die *Formula Concordiae* festgelegt worden (FC Ep
III, 8 und SD III, 18–24; 35–36 u. 40–41). Die von der FC gegen
die osiandersche Rechtfertigungslehre formulierte Lösung vollzieht
gewisse Tendenzen Melanchthons. Dadurch entsteht aber die Auflösung der Rechtfertigung als die alles bestimmende, sinngebende
Mitte der *doctrina evangelii*. Die *iustificatio* ist jetzt in der Gefahr,
ein besonderer Glaubensartikel neben der *regeneratio* und *sanctificatio*
des Menschen zu werden. Damit entsteht eine Tendenz entgegen der
Absicht der Theologie Luthers und des ursprünglichen Bekenntnisses.
Diese Spannung hat sich in der lutherischen Theologie der kommenden Jahrhunderte aufrechterhalten. Eine ernsthafte Korrektur ist nur
durch den Einfluß der Lutherforschung in der Neuzeit wieder ermöglicht worden.

Die Gegenwart

In einem Grußwort der 4. Vollversammlung des Lutherischen Weltbundes (LWB) in Helsinki (1963), die unter dem Hauptthema
„Christus heute" stand, heißt es u. a.: „Jesus Christus gestern, heute
und in Ewigkeit derselbe, das bedeutet, daß wir nicht Verwalter
eines Museums kirchlicher Altertümer sind, sondern daß wir die Gegenwart Gottes in Jesus Christus mitten unter uns heute bezeugen.
Das bedeutet nicht, daß wir die Antwort der Väter auf die Frage
nach dem gnädigen Gott preisgeben wollten – niemand hat das gemeint –, aber daß wir diese Antwort in unserer Generation neu

geben müssen, damit es dieselbe Antwort bleibt" (Offizieller Bericht). Dieser Hinweis bezieht sich konkret auf die Rechtfertigungslehre, die bei dieser Gelegenheit als theologisches Leitthema aufgrund langjähriger Vorbereitungsarbeit der Theologischen Kommission des LWB diskutiert werden sollte.

Die Vorgänge in Helsinki haben in der breiten Öffentlichkeit eine große Aufmerksamkeit gefunden. Aufgrund verschiedener Umstände wurde nämlich das betreffende Dokument nicht endgültig verabschiedet, sondern nach einer leichten Überarbeitung im Lichte der Diskussion erst ein Jahr später in letzter Formulierung veröffentlicht. Die gesamten Vorgänge sind im offiziellen Berichtsband der Vollversammlung, die Vorbereitungsarbeit mit ihren Ergebnissen in einem genauen Forschungsbericht unter dem Titel „Rechtfertigung heute" (J. Rothermundt) zugänglich. Wenn diese Diskussion hier als Beispiel der Gegenwartsproblematik dienen soll, so geschieht dies erstens weil sie „zu Unrecht als ‚Fiasko der lutherischen Rechtsfertigungslehre' in die Kirchengeschichtsschreibung einzugehen droht" (A. Peters); zweitens, weil der gesamte Versuch einer gegenwärtigen Interpretation der Rechtfertigungslehre fast sämtliche Probleme eines solchen Unternehmens aufweist. Aus diesem Grunde würde dieser Versuch deswegen eine größere Aufmerksamkeit verdienen, weil in den nachfolgenden Jahren gerade im Dialog mit römisch-katholischen Theologen der Weg zu einer Einigung in dieser Kontroversfrage eröffnet wurde. Die Debatte dürfte deshalb nicht aufgrund oberflächlicher Publizistik auf die Seite gelegt werden. Handelt es sich doch um die Kernfrage des Evangeliums.

Die innerlutherische Diskussion

Nicht nur die Vorbereitungsarbeit auf Helsinki, sondern auch die 450-Jahrfeier der *Confessio Augustana* (1980) hat lutherische Theologen darauf aufmerksam gemacht, welche gegenwärtige Situation die Botschaft und die Lehre der Rechtfertigung zu bestehen hat. Es wäre falsch, die Rechtfertigung nur als eine ererbte Kontroversfrage mit der römisch-katholischen Theologie anzusehen. Eine gegenwärtige Deutung hat die Aufgabe, einen viel weiteren Horizont zu beachten. Bleibt man noch im theologischen Raum, so ist es ohne weiteres einleuchtend, in welcher Weise gerade die exegetische Forschung die Heilige Schrift in einer anderen Weise zur Sprache bringt, als dies in der Reformationszeit möglich war. Die historisch-kritische Forschung hat nicht nur die neutestamentlichen Begriffe der Rechtfertigungslehre

präzisiert (wenn nicht sogar problematisiert), sondern die Frage
gestellt, in welcher Weise in anderen neutestamentlichen Begriffen eine
ähnliche Summe des Evangeliums zur Sprache gebracht werden kann.
Die Anerkennung anderer biblischer Bilder als evangelische Haupt-
motive haben andererseits dazu geführt, nach dem spezifischen Inhalt
der Terminologie der Rechtfertigung zu fragen. Dies verhilft zu einer
größeren Freiheit des Sprachgebrauchs in Verkündigung und Theologie unter gleichzeitiger Bejahung der Rechtfertigungsterminologie als
unaufgebbare Wahrheit. Selbst Luther – so wurde es u. a. beobachtet
– konnte etwa in seinen Katechismen ohne die Nennung der „Rechtfertigung" sich ausdrücken. Die Sache war trotzdem voll da.
Weiterhin hat man eine Änderung des Klimas unserer Kultur beobachtet. Nicht nur die Erosion theologischer Begriffe in unserer Zeit,
sondern die Erweiterung des Gesprächs der Kirche mit anderen Religionen oder mit nicht-christlichen Weltanschauungen zeigen eindeutig,
daß die Voraussetzung des Verständnisses für die Botschaft des Evangeliums die Suche nach einem gemeinsamen Vokabular enthält. Dabei
können nicht dieselben theologischen Argumente verwendet werden
wie in dem ausschließlich innerchristlichen Gebrauch. Obgleich beispielsweise die Rechtfertigungslehre die eschatologische Perspektive
unbedingt voraussetzt, so ist doch zu beachten, daß dem sogenannten
modernen Menschen diese Dimension weithin fremd geworden ist.
Deshalb muß die Theologie zunächst einen Zugang finden, damit
daran anknüpfend die Gerichtssituation vor Gott aktualisiert werden
kann.
Im Vorbereitungsdokument auf Helsinki „Über die Rechtfertigung"
(Dok. 3) ist deshalb zunächst an den elementaren Fragen (Gott,
Mensch, Jesus Christus, Glaube, Kirche, Werke usw.) die Entflech-
tung der Frage nach der Rechtfertigung versucht worden. Im genannten Grußwort der Vollversammlung hieß es dann sogar: „Der Mensch
von heute fragt nicht mehr: Wie kriege ich einen gnädigen Gott? Er
fragt radikaler, elementarer, er fragt nach Gott schlechthin: Wo bist
Du, Gott? Er leidet nicht mehr unter dem Zorn Gottes, sondern unter
dem Eindruck von Gottes Abwesenheit, er leidet nicht mehr unter
seiner Sünde, sondern unter der Sinnlosigkeit seines Daseins, er fragt
nicht mehr nach dem gnädigen Gott, sondern ob Gott wirklich ist."
Obwohl diese Aussage nicht ohne Widerspruch blieb, enthielt sie doch
eine fundamentale Frage nach der Möglichkeit der Ansprechbarkeit
des heutigen Menschen. Sie ist eine bleibende Anfrage an die Kirche
und ihre Verkündigung, die allzuoft die Grundbegriffe der biblischen
Botschaft als aus sich selbst verständlich für die heutigen Menschen

ansieht. „Das Evangelium muß in vielen anderen Formen in die menschliche Situation hineingesprochen werden" (Vorbemerkung der Theologischen Kommission zu „Rechtfertigung heute" = Dok. 75).

„Rechtfertigung heute" rechnet mit der Möglichkeit, der existentiell-religiösen Frage nach dem gnädigen Gott mit der Sinnfrage des Lebens als persönlicher Frage des heutigen Menschen näher zu kommen. Denn darin gründet „der Zwang, seine Existenz vor sich und seinen Mitmenschen zu rechtfertigen... Daher ist die Menschheit voll von Vertrauen auf die eigene Leistung" (Nr. 1). Die kritische Frage an die Kirche in ihrer Rechtfertigungsverkündigung ist deshalb: „Kann der Mensch in der heutigen geistigen Gesamtlage durch die Verkündigung der Kirche so auf die Wirklichkeit Gottes hingewiesen werden, daß er zur Frage nach der Rechtfertigung seiner Existenz *vor Gott* geführt wird?" (Nr. 3).

Die Antwort wurde so formuliert, daß darin die dem Menschen zuvorkommende Gnade Gottes als die überwältigende Erfahrung in Jesus Christus, der den von Gott abgefallenen Menschen aufsucht, in einigen zugespitzten Aussagen angesprochen wurde. Denn der Mensch, den Gott in Christus rechtfertigt, ist der Gottlose, der Sünder. Menschwerdung Gottes enthält den Vollzug von Gottes rechtfertigendem Handeln im irdischen Geschick des Gekreuzigten und Auferstandenen. Als Illustration dieser anstößigen Botschaft von Rechtfertigung des Gottlosen wird Jesu Mahlgemeinschaft mit den Sündern angeführt: „Daß Christus bei den Sündern ist, daß er als wahrer Mensch inmitten der Gottlosen lebt, ist die tröstliche Rechtfertigung des Menschen vor Gott" (Nr. 7). Damit wird nämlich angedeutet, daß es sich nicht nur um eine Freisprechung des Menschen handelt, als hätte Gott diese schon zuvor gefällt, sondern um den Vollzug der „richtenden Barmherzigkeit" Gottes am Menschen.

In der Diskussion in Helsinki wurden dann einige Fragen nach der Rolle des Glaubens gestellt. Denn das Dokument könne in seiner ungeschützten Formulierung so verstanden werden, „daß Gott dem Gottlosen *in seiner Gottlosigkeit* recht gibt" (W. Schanze). Daß Christus dem Sünder „ganz nahekommt, d. h. daß er sich in die Gemeinschaft mit den Sündern begibt" habe natürlich seinen guten Sinn. „Aber man kann trotzdem nicht sagen, Gott rechtfertigt den *Sünder*." Es fehle der Bezug zum Glauben, mit dem der Mensch das Erlösungswerk annimmt. Diese Anfrage wurde noch mehr verschärft dadurch, daß nach dem Gericht Gottes über die Sünde als im Glauben angenommenes Gericht gefragt wurde (E. Sommerlath). Diese an und für sich berechtigten Fragen waren im Hauptreferat G. Gloeges schon

dadurch beantwortet, daß dort die Einheit von Gericht und Barmherzigkeit Gottes im Rechtfertigungsgeschehen festgehalten wurde. Das
Dokument bringt dies Anliegen an anderer Stelle zum Ausdruck und
formuliert es in der Verbindung von Menschheit und Kirche: „Die
Kirche hat aber nur dann eine Verheißung für die Zukunft, wenn sie
Gottes Stimme an die gesamte Menschheit ist. Sie hat die ganze Welt,
Menschheit *und* Kirche, vor Gott zu rufen und ihnen Gottes Gericht
und rechtfertigendes Urteil zu verkündigen. Gott hat uns geliebt, da
wir noch seine Feinde waren, daher wissen wir: Gott liebt den Gottlosen, Gott rechtfertigt ihn, Gott hält seine Kirche für ihn offen"
(Nr. 15). Gewiß, hier ist das Problem des Glaubens nicht *expressis
verbis* angesprochen. Es wird statt dessen die Parallelität des Verhaltens Christi und der Kirche als Hingabe an die Welt genannt: „Wie
ihr Herr lebt sie unter den Sündern, sie ißt und trinkt mit ihnen, sie
nimmt sich ihrer Nöte an" (Nr. 13). Da dabei gerade die Sendung
der Kirche in die Welt gegen die Vorstellung einer Versammlung von
der Welt Abgesonderter angesprochen wird, ist dieses Einssein mit
Christus und seinem Weg implizit schon eine Aussage vom Glauben,
die jedoch näher hätte präzisiert werden können.

Der Hinweis darauf, daß die Mahlgemeinschaft Jesu mit den Sündern
im Gleichnis vom verlorenen Sohn gedeutet werden kann, d. h. „daß
Aufnahme in das Vaterhaus und Heimkehr, Vergebung und Umkehr,
Rechtfertigung und Glaube im Vollzug untrennbar sind" (Vorbem. 2),
reicht vielleicht doch nicht voll aus, wenn man bedenkt, daß die Umkehr des Sohnes aus der Erinnerung an das einmal unverdient gute
Leben im Vaterhaus entstanden ist. Gerade in diesem Zusammenhang
ist der öfter vorkommende Hinweis auf die Taufe von wesentlicher
Bedeutung (Nr. 10, 16, 18—19, 25).

Durch die Taufe wird die Teilhabe an Christi Tod und Auferstehung
geschenkt. Damit ist für den Christen das „Leben aus der Taufe"
sowohl als Vorbild wie auch als Nachfolge geschenkt. Ein wesentliches Problem der „Rechtfertigung aus dem Glauben allein" ist folglich das Verhältnis zwischen Glaube und Werken. „Glaube ohne
Werke?" hieß das Thema eines Hauptreferates. Es konnte an die
Bekenntnisaussage der Konkordienformel erinnern: „Der Glaube
allein ist nie allein" (FC-SD III, 41) und hat das Fragezeichen der
Themenformulierung mit dem klaren Satz gestrichen: „Der Glaube
ist kein Werk-Glaube, aber er bringt Glaubenswerke hervor"
(H. Brattgård). Im Einklang damit spricht die Vollversammlung vom
„prägenden Vorbild der opferbereiten Liebe Christi", das „das Geheimnis des Weizenkornes" als „das Lebensgesetz für das wahre

Menschsein" vor unsere Augen stellt (Nr. 22). Schon in der Vorarbeit
wurde vor Zerrbildern des Glaubens gewarnt („Über die Rechtfertigung", Nr. 57–62). Deshalb kann es sein, daß aus diesem Grunde die
sakramentale Entfaltung des Glaubens durch das Taufgeschehen mehr
in den Vordergrund gerückt wurde als eine Präzision des Glaubensbegriffs selbst.

An zwei weiteren Punkten kann noch die besondere Fragestellung für
eine Neuinterpretation der Rechtfertigungslehre heute angegeben wer-
den. Gegen eine individualistische Verkürzung der Rechtfertigung
spricht das Helsinki-Dokument in einem breiteren Horizont der
Menschheit. Der Dienst der Kirche ist, die Herrschaft Christi wirksam zu machen und eine neue Menschheit zu schaffen, ohne daß die
Kirche selbst an Christi Stelle träte (Nr. 9). Ist in den vorangehenden
Ausführungen im Dokument das Thema der Vollversammlung in
Evian (1970) schon aufgetaucht (Nr. 13), so ist auch das Thema von
Daressalam als heutige Entfaltung der Rechtfertigung deutlich anvisiert: „Die Gemeinschaft mit Christus läßt auch eine neue Gemein-
schaft unter den Menschen entstehen" (Nr. 11). Diese Gemeinschaft
der Menschheit ohne rassische und völkische Unterschiede, ohne Spaltung und im Frieden der Versöhnung wird deutlich als das Weltgeschehen am Leibe Christi bestimmt. Das Hauptreferat von
G. Gloege in Helsinki wollte schon durch seine Themaformulierung
(„Gnade für die Welt") dazu anregen, die Rechtfertigungslehre aus
dem anthropologischen Ansatz herauszuheben und in das weitere
Weltgeschehen Gottes hineinzufügen. Damit ist der weitere Punkt
angedeutet, der in dem Versuch der Neuinterpretation liegt, nämlich
die Einfügung des Rechtfertigungsgeschehens in den trinitarischen
Rahmen der Heilsökonomie Gottes. „Diese Botschaft (*sc.* Rechtfertigung) umspannt und erneuert die ganze Schöpfung. Der Ort, an dem
die rechtfertigende Tat Gottes dem Menschen zugesprochen wird, ist
die Kirche. Das ist die besondere Aufgabe der Kirche in Gottes Plan
mit seiner Schöpfung" (Nr. 12). Mit dieser kosmischen Ausweitung des
Rechtfertigungsgeschehens, die nämlich den Einzelnen aus seiner Isolierung herausholt und in einen neuen Sinnzusammenhang mit der
gesamten Menschheit stellt, ist nun der „Mut zum Sein" (Tillich)
verbunden. Im abschließenden Teil wird diese Problematik der
„Rechtfertigung heute" berührt: „Der Glaube an den gekreuzigten
und auferstandenen Herrn gibt dem Menschen den Mut zum Leben
in einer Welt, die durchsetzt ist mit dämonischen Gewalten und Versuchungen... Inmitten aller dieser Bedrohungen und Versuchungen
gibt die Rechtfertigung durch Jesus Christus dem Menschen einen

neuen Mut zum Sein. Durch seine Taufe in Christus bekommt er ein neues Verhältnis zur Welt" (Nr. 25).

Dies alles wird mit dem Grundton der Buße und nicht in triumphalistischer Selbstrechtfertigung der Kirche gesagt. Die kirchenkritischen Folgen der Rechtfertigungslehre sind an mehreren Punkten klar anvisiert. „Der Christ führt sein neues Leben nicht zu seinem Ruhm... Die Rechtfertigung bewahrt die Kirche vor der Gefahr, immer im Recht zu sein wollen" (Nr. 27). Mit dieser Einsicht ist vielleicht doch ein Ansatz in den Kirchen der Reformation wach gerufen worden, der das „aus dem Glauben allein" in einer Weise interpretiert, die für die Gegenwart den Glauben mit der Hoffnung für die Welt verbindet.

Ist diese Analyse der Vorgänge der innerlutherischen Diskussion über die Rechtfertigung richtig, dann kann — wenn auch mit gewisser Zurückhaltung — die mögliche Schlußfolgerung nur sein, daß sich das Weltluthertum seit einigen Jahrzehnten in der Tat wesentlich um die gegenwärtig aktuelle Interpretation des Erbes der Reformation bemüht. Bewußt oder unbewußt gehört diese innerlutherische Diskussion auch mit dem Thema der nächsten Vollversammlung in Budapest (1984) zusammen: „In Christus — Hoffnung für die Welt". Denn eine bessere Kurzbeschreibung dieses Themas könnte man kaum finden als den abschließenden Absatz von Helsinki: „Die Hoffnungen, mit denen die moderne Menschheit aufgebrochen ist, sind im Verblassen. Die Menschen aber, die Christus kennen, könnten dieser Welt heute eine neue Hoffnung geben. Alle anderen Versuche, den Menschen die Freude am Leben wiederzugeben, werden über kurz oder lang als Illusionen entlarvt. Christus ist heute unter uns im Gericht. Er bleibt unsere Hoffnung bis in die Ewigkeit" (Nr. 28).

Der Dialog mit den Katholiken

In der Reformationszeit wurde die Rechtfertigungslehre zur entscheidenden Frage der Wahrheit des Evangeliums. Der Dialog mit der römisch-katholischen Theologie und Kirche der Gegenwart muß aus diesem Grunde zur Lösung dieses Problems vorstoßen können. Wichtige theologische Vorarbeiten sind schon geleistet worden, und sie erlaubten eine Zusammenfassung der gegenwärtigen Situation in der Frage „Einig in der Rechtfertigungslehre?" (V. Pfnür, H. G. Pöhlmann, M. Bogdahn). Der offizielle Dialog hat die Rechtfertigung zwar nicht thematisiert. Aber schon in ihrer ersten Arbeitsphase hat sich die Studienkommission „Evangelium und Kirche" notwendigerweise zu dieser Frage geäußert. Als unbestrittenes Fazit wurde formuliert: „Heute zeichnet sich in der Interpretation der Rechtfertigung ein weitreichender Konsens ab" (Malta-Bericht, Nr. 26). Man konnte diese Aussage dadurch erreichen, daß man nach dem „Fundament und der Mitte des Evangeliums" fragte und meinte, daß dies „freilich nicht in eine theologische Formel eingefangen werden (kann); es besteht vielmehr in dem eschatologischen Heilshandeln Gottes in Kreuz und Auferstehung Jesu, das alle Verkündigung explizieren will" (Nr. 24). Damit wurde die Möglichkeit einer Konvergenz offengelegt.

Gleichzeitig wurde die Frage gestellt, welcher „Stellenwert" der Rechtfertigungslehre zukommt. Wichtige Andeutungen einer Konvergenz wurden klargelegt. Dies betrifft besonders die Ekklesiologie, die in der heutigen Diskussion oft als die eigentlich entscheidende Kontroverse betrachtet wird: „Die Kirche muß sich deshalb als Institution der Freiheit verstehen und verwirklichen. Strukturen, die diese Freiheit verletzen, können in der Kirche Christi nicht legitim sein" (Nr. 30). Weiterhin wurde von diesem Grundsatz her die Frage nach dem kirchlichen Amt geprüft und entscheidende Anstöße zu einem neuen Verständnis zwischen den beiden Traditionen aufgezeigt (Nr. 47—64, vgl. das Dokument des weiteren Dialogs „Das geistliche Amt in der Kirche").

In den Vereinigten Staaten wurde die letzte Phase des Dialogs ausdrücklich auf die Frage der Rechtfertigungslehre konzentriert. Die bisherigen Ergebnisse bestätigen die Andeutungen des Malta-Berichts und können deswegen in der heutigen Situation für die Auswertung des offiziellen Dialogs wichtige Anweisungen geben. Die neuerliche Diskussion um die *Confessio Augustana* hat diese wesentlichen Konvergenzen bestätigt. Sowohl in den Vorbereitungen auf Helsinki (J. Rothermundt) wie jetzt in den USA-Gesprächen zeigte sich aber die Notwendigkeit einer Klärung der Stellungnahme zum *Tridentinum*, die noch auf beiden Seiten aussteht. Die wichtigsten Problemkreise für diesen Dialog sollen kurz angedeutet werden.

Die christologisch-hermeneutische Frage muß in jedem Dialog an erster Stelle stehen. Im Dialog mit den Katholiken wurde deshalb die Frage nach dem Evangelium durch die Feststellung der Kriterien kirchlicher Verkündigung begleitet. Gerade dadurch wurde man zur Einsicht gebracht, daß die bleibende Wahrheit des Evangeliums sich nicht in einer Formel einfangen läßt, obwohl in einem bestimmten Sinn „die Rechtfertigung als Gesamtausdruck des Heilsgeschehens verstanden werden kann". In der lutherischen Tradition wurde immer die

Christus-Wirklichkeit als Inhalt der Rechtfertigungslehre verstanden. Dies geschah in einer Situation der Reformationszeit, wo die Spitze der paulinischen Rechtfertigungsverkündigung gegen die Bedingungen des Heilsempfangs in der Gesetzeserfüllung gerichtet war. In diesem Sinne kann darin ein Konsens festgestellt werden, daß „die Rechtfertigungsbotschaft als wichtige Explikation der Mitte des Evangeliums immer wieder neu zur Sprache gebracht werden (muß)" (Malta, Nr. 27). Paulus und die Reformation verkündigten eine auch für die katholische Theologie eindeutige Botschaft gegen jede Art von Gesetzlichkeit. So ist die Rechtfertigungslehre eine wichtige christologisch-hermeneutische Antwort auf die Frage nach dem Evangelium. „Dieses christozentrische Uranliegen der lutherischen Reformation, das freilich in den lutherischen Bekenntnissen und im heutigen Luthertum mitunter zu undeutlich ausgesprochen wird, trifft sich mit der Tendenz im gegenwärtigen Katholizismus, Christus in die Mitte von Kirche und Theologie zu rücken. Beide Kirchen erblicken in Christus ihren Urgrund, mit dem sie stehen und fallen" (H. G. Pöhlmann). Dieser christologisch-hermeneutische Konsens steht auch dann fest, wenn „das im Evangelium bezeugte Heilgeschehen auch in anderen dem Neuen Testament entnommenen Vorstellungen ... zum Ausdruck gebracht werden kann" (Nr. 27).

Die anthropologische Frage, die uns die Rechtfertigungslehre stellt, besteht darin, ob der Mensch als Schöpfung Gottes durch das ewige Wort, fleischgeworden in Jesus Christus, auf seine Gottesgemeinschaft als Gnadengabe vom Ursprung her hingewiesen ist. D. h.: Lebt der Mensch aus dem Glauben allein, indem er in die Gnade aufgenommen ist (*in gratiam recipi*, CA 4), oder wird ihm durch die Gnade nur die neue Kraft nach dem Sündenfall geschenkt, um mit seinen Werken sich zum Endgericht ausrüsten zu können. M. a. W.: Wird das *solus Christus* und die *sola gratia* in dem Sinne verstanden, daß der Mensch nur als empfangender *coram Deo* seine Gerechtigkeit erhält oder wirkt er selbst an seinem Heil mit, indem die Gnade als die Gabe aufgefaßt wird, die dem Menschen die Erfüllung des Gesetzes durch seine Werke erst ermöglicht (*cooperatio*). Die Klärung dieser anthropologischen Frage beleuchtet, worin die eigentliche Kontroverse besteht. Diese „kann nicht daran entstehen, daß das *Tridentinum* den Gerechtfertigten zum Gehorsam gegen Gottes Gebot verpflichtet sieht; auch nicht daran, daß der Mensch durch die Gnade Gottes zum willigen Einsatz befreit und mitgenommen wird und nicht nur ein passives Objekt des Handelns Gottes ist. Aber sie muß dort beginnen, das gehorsame Mitgehen des Menschen sei ein *Mitwirken* zur Bewahrung und Vollendung des Heils, dort also, wo die Werke unter die Bedingung der Seligkeit aufrücken" (J. Rothermundt). Die anthropologische Frage leitet grundsätzlich „zur kritischen Funktion der Rechtfertigungslehre" (*sine meritis!*).

Die soteriologisch-pneumatologische Frage ist, ob der rechtfertigende Glaube in der eschatologischen Perspektive des Heilshandelns Gottes oder in einer anthropozentrischen Denkstruktur definiert wird. Die Alternative zwischen einer imputativ-forensischen und einer real-effektiven Rechtfertigung des Menschen ist sicherlich der Grund dieser falschen Kontroverse. Deshalb wird im Dialog diese Alternative abgewiesen: Die Katholiken sehen die Heilsgabe Gottes „an keine menschlichen Bedingungen geknüpft", und die Lutheraner betonen, daß die individuelle Beschränkung auf die (imputative) Gerechterklärung des Sünders unbefriedigend ist. „Vielmehr wird durch die Rechtfertigungsbotschaft die im Christusgeschehen realisierte Gottesgerechtigkeit dem Sünder als eine ihn umfassende Wirklichkeit übereignet und dadurch das neue Leben der Glaubenden begründet" (Nr. 26). Die Gerechtmachung des Sünders durch den Heiligen Geist kann jedoch nur dann der Wahrheit des Evangeliums entsprechen, wenn die Rechtfertigung als die *iustitia aliena, extra nos, in Christo,* aufrechterhalten wird. Durch die Gegenwart seines Heiligen Geistes *in nobis* bekämpft Christus, was in diesem Zeitalter an uns fleischlich ist und schafft uns durch seinen Geist neu. Die „reale" Gerechtigkeit in uns darf nur unter dem Kampf und Sieg Christi als ein *Simul* der Heilsgeschichte (alter und neuer Äon, gerecht und Sünder zugleich) verstanden werden. Der Heilige Geist als Angeld (*arrabon*) der neuen Welt schafft ein „*initium creaturae*", – aber dies ist noch nicht die Herrlichkeit am Ende der Welt. Der Glaube ist folglich immer noch ein „angefochtener Glaube". Der Heilige Geist steht uns in diesem Kampf bis zum letzten Tag bei und erhält den Glauben bei der Verheißung Gottes.

Die sakramental-ekklesiologische Frage ist in der Lehre von der Rechtfertigung eingeschlossen. Wird sie näher präzisiert, so muß die Kirche als *creatura verbi* vom Evangelium her ihre Bestimmung erhalten. D. h.: Die Frage muß gestellt werden, ob die Kirche als das Werk des Heiligen Geistes mit der in Christus geschenkten Gerechtigkeit als Freispruch von Sünde und Tod um Christi willen die Menschheit erreichen will oder ob die Kirche sich als das „Gesetz" darstellt, das durch den Gehorsam zu ihr als der „göttlichen Institution" den Menschen das Heil schenkt. Evangelium und christliche Freiheit gehören in der Rechtfertigungsbotschaft zusammen. Jedoch bekennen die Lutheraner mit den Katholiken, daß der rechtfertigende

Glaube mit dem Predigtamt wesentlich verbunden ist (CA 5). „Da jedoch die christliche Freiheit an die Bezeugung des Evangeliums gebunden ist, bedarf es zu ihrer Vermittlung institutioneller Formen. Die Kirche muß sich deshalb als Institution der Freiheit verstehen und verwirklichen" (Nr. 30). Es gibt deshalb „Konsequenzen, die sich aus der Lehre von der Rechtfertigung für das Verständnis des Amtes ergeben" (Nr. 47). Es handelt sich um die „kritische Überordnung des Evangeliums" sowohl in der Verkündigung als auch in der Spendung der Sakramente. Die Kirche „verfügt" nicht über das Evangelium. Dies bestimmt auch das Verhältnis zwischen Evangelium und Tradition. „Beide Gesprächspartner waren sich einig, daß die Autorität der Kirche nur Dienst am Wort sein kann und daß sie über das Wort des Herrn nicht verfügen kann" (Nr. 21). Kirche als „Institution der Freiheit" ist folglich Treue zur göttlichen Verfügung im Dienst des Wortes und der Sakramente. Solche Treue bedeutet jedoch nicht Gebundenheit an gewordenes, historisches Recht, sondern steht in der Freiheit der Umstrukturierung der kirchlichen Ordnungen (Nr. 31 ff.).

Das teleologisch-eschatologische Problem des Endgerichts nach den Werken ist ein noch zu bearbeitendes Thema des Dialogs. Denn diese Frage scheint immer wieder Argumente gegen die Rechtfertigung *sola fide* zu wecken. Daher ist wichtig, daß das Problem auf die Tagesordnung des Dialogs gesetzt wird. Bisher wurde es nur in der vorbereitenden Arbeit auf Helsinki unter den Lutheranern behandelt (J. Rothermundt). Besonders im Blick auf die biblische Botschaft vom Endgericht und die Verurteilungen im *Tridentinum* drängt sich dieses Thema in den Vordergrund. Dabei ist es wichtig zu bemerken, daß die reformatorische Kritik gegen die Werkgerechtigkeit nicht mit der Frage des Endgerichts nach den Werken identifiziert werden darf. Wo Werke als Früchte des Heiligen Geistes entstehen, sind sie gar nicht mehr „Werke" im Sinne der Werkgerechtigkeit, sondern setzen den Glauben voraus (H. Brattgård). Im Endgericht werden nicht die Werke belohnt, die der Mensch deshalb getan hat, um vor Gott sein Heil zu gewinnen. Sie sind im Gegenteil „verlorene" Werke, unbewußt dem, der sie tat, verborgen in der Christusgemeinschaft des Glaubens. Als solche werden sie vom barmherzigen Richter im Jüngsten Gericht betrachtet: Sie sind Werke, die an ihm, d. h. aber: an der Person des bedürftigen Nächsten geschehen sind, der diese Werke benötigt. Die bekannte Perikope vom Endgericht (Matth. 25, 31—46) beantwortet also kaum die Frage, auf welcher Grundlage der Mensch gerichtet wird. Am letzten Tage wird der in der Bruderliebe tätige Glaube manifestiert. Hier und jetzt wird in diesen Werken der Liebe

auf die Liebe zu Christus Bezug genommen. Doch nicht so, als wäre
der Glaube damit aus dem Gericht verjagt, sondern, indem der
Glaube sich wirklich als der rechtfertigende bewährt, wird hier den
Gerechten das seit der Gründung der Welt vorbereitete Reich eröffnet.
So wird im Endgericht nach den Werken eigentlich der Glaube zur
Erscheinung kommen. Deshalb ist diese teleologisch-eschatologische
Frage nach dem Ort der Werke im Endgericht notwendigerweise als
Prüfstein jeder Rechtfertigungslehre anzusehen.

Ausblick

Durch den Dialog der Gegenwart ist eine alte Kontroversfrage in ein
neues Licht gerückt worden. Dies gilt für beide konfessionelle Positionen. „Es ist uns unmöglich, die traditionellen kontrovers-theolo-
gischen Positionen einfach zu wiederholen. Nicht nur die geschichtliche
Situation, in welcher diese entstanden waren, auch die theologische
Methode und Fragestellung haben sich durch die moderne Bibel- und
Geschichtswissenschaft tiefgreifend verändert und eine neue Sicht der
konfessionellen Unterschiede eröffnet. Deshalb müssen wir die Frage
nach dem Evangelium aus der heutigen theologischen und kirchlichen
Perspektive neu stellen" (Malta-Bericht, Nr. 15). In Verbindung mit
der 450. Jahrfeier der *Confessio Augustana* wurde diese Voraussetzung
durch gemeinsame Untersuchungen lutherischer und katholischer Theologen bestätigt. Im Jahre des 500. Geburtstages Martin Luthers werden vermutlich weitere Untersuchungen seiner Theologie diesen Trend
bestätigen können, damit das Erbe in der gegenwärtigen Neuinterpretation mit erneuter Kraft ihre ökumenische Spannweite bezeugen
kann.

VIII. Kapitel

DER GOTTESDIENST
UND DAS SAKRAMENTALE LEBEN

VILMOS VAJTA

Luthers Ansatz

Der Gottesdienst, der in der Kirche der lutherischen Reformation durch die Jahrhunderte gefeiert wurde, steht in enger Verbindung mit der abendländischen liturgischen Tradition. Die Reformation ist nicht als „liturgische Bewegung" zu verstehen, auch wenn ihre eindeutig liturgischen Folgen jedem Beobachter klar hervortreten. Man hat gerade diese Entstehungsgeschichte des lutherischen Gottesdienstes öfters falsch verstanden. Die lutherische Kirche gilt bis heute einigen als liturgisch wenig interessiert, während andere die Folgen der Reformation in liturgischen Dingen geradezu als zerstörerisch ansehen. Dabei spielen theologische Wert- und Vorurteile eine entscheidende Rolle. Es wird unsere Aufgabe sein, die Motive dieser Entwicklung aus der reformatorischen Theologie zu verstehen und die Wandlungen des lutherischen Gottesdienstes von seiner Grundentscheidung her zu interpretieren versuchen. So kann sich am Anfang des „lutherischen" Gottesdienstes die Anerkennung „einer christlichen, feinen Herkunft" des Gottesdienstes in der Zeit der reformatorischen Auseinandersetzungen mit der Freiheit verknüpfen, diesen üblichen Gottesdienst von falschen Zutaten zu reinigen und ihm zum frommen Gebrauch zu verhelfen. Der Satz der CA, mit dem Art. XXIV über die Messe eingeleitet wird, ist nicht aus apologetischer List entstanden, sondern drückt eine Grundüberzeugung aus: „*Retinetur enim missa apud nos et summa reverentia celebratur*". Dies kann gesagt werden, obwohl Luther den Vollzug des Gottesdienstes in der damaligen Kirche schon seit einem Jahrzehnt heftig angegriffen hatte.

Aber auch der neue Gottesdienst, der dann entstand, blieb in der lutherischen Kirche keine Schutzzone. Deshalb kann es nicht überraschen, daß die Geschichte des lutherischen Gottesdienstes selbst einen ähnlichen dialektischen Prozeß zwischen göttlicher Herkunft und liturgischer Verwirklichung durchläuft.

Das Wort

„Aber die Summe sei die, daß es ja alles geschehe, daß das Wort im Schwang gehe". Mit diesem Satz faßt Luther im Jahre 1523 das gottesdienstliche Anliegen seiner Tätigkeit während der ersten Jahre zusammen (WA 12, 37). Griff er nunmehr in die „Ordnung des Gottesdienstes" ein, so war dies nur eine notwendige Frucht seiner Predigt und sonstigen Unterweisung. Es geschah erst, nachdem schon andere mehr oder weniger geglückte Reformvorschläge gemacht hatten und seine Freunde es ihm eindringlich nahelegten.

So verstanden, ist die Verkündigung des Wortes als Besinnung auf die Quelle gottesdienstlichen Lebens anzusehen. Sie ist in der konkreten Situation eine Korrektur am Bestehenden und erwächst in ständiger Konfrontation mit diesem. Ohne das weiterlaufende Erbe liturgischen Lebens ist deshalb die lutherische Reform des gottesdienstlich-sakramentalen Lebens gar nicht zu verstehen. Darin unterscheidet sich eben diese Reform von manchen anderen der Reformationszeit und von späteren Werturteilen, die die Einbettung in das Erbe liturgischen Lebens nicht beachten. Luther war ohne Zweifel kein „Liturgiker", weder im Sinne seiner eigenen noch einer späteren Zeit. Instinktiv verstand er jedoch, daß an die Stelle einer „Werk" gewordenen Liturgie keine andere, „bessere" gestellt werden könne, ohne daß man in dieselbe Schuld geriet. Gewiß, er hat andere (zum Beispiel die reichen morgenländischen liturgischen) Traditionen kaum gekannt. Vermutlich aber wäre auch angesichts solcher liturgischen Schätze, die auf anderem Boden gewachsen sind, seine Forderung dieselbe gewesen, das heißt zunächst das Wort in Schwang zu bringen und erst als Folge davon eine neue Gestalt zu schaffen.

Griff er nun in seiner Verkündigung auf die Hl. Schrift als Quelle zurück und suchte er eifrig nach der „christlichen, feinen Herkunft", so war es doch nicht automatisch eine „biblische Ordnung", die in die Praxis umgesetzt wurde. Die Betrachtung der Einsetzungsworte „der Messe" dient dazu, den bestehenden Gebrauch zu prüfen und zum Glauben an die göttliche Verheißung zu führen. Dabei sind natürlich manche eingebürgerten Gebräuche fraglich geworden. Aber Luther wünscht zunächst Geduld, damit die Folgen als reife Früchte und aus dem Glauben heraus wachsen. Darin spiegelt sich ein Verständnis für die Geschichte der Gemeinde und ihrer Situation. Im 16. Jahrhundert forderte die Treue zur Quelle nicht einen abrupten Bruch mit dem Bestehenden, sondern nur dessen Korrektur.

Wenn an das liturgische Problem in dieser Weise herangegangen wird, liegt es in der Natur der Sache, keine fertigen Lösungen anzubieten. Zunächst entstehen nur neue theologische Deutungen, die von den dynamischen Möglichkeiten der liturgischen Formen Gebrauch machen. Erst der zweite Schritt bringt Alternativen für die liturgische Gestalt, die sich selbst im Leben der Gemeinde bewähren sollen.

Das lutherische Anliegen war von Anfang, durch die Verkündigung des Wortes die rettende Tat Gottes in Jesus Christus in der Gemeinde zu vergegenwärtigen. So war zunächst die Beziehung von Gottes Heilswerk zu der gottesdienstlichen Gemeinde herzustellen. Dies führte zur kritischen Betrachtung und schließlichen Abschaffung der „Privatmessen". Die Messe durfte nur als Messe der Gemeinschaft gehalten werden. Auch das Meßopfer als eine Theorie, die dem priesterlichen Dienst eine andere Dimension gegeben hat, mußte weichen. Doch zunächst tolerierte Luther den römischen Kanon als Übergangsmöglichkeit, vorausgesetzt, daß die Opfergebete sich nicht auf das Sakrament (Leib und Blut Christi), sondern auf die Darbringung der Gaben bezögen. Bald gab er aber diesen Gedanken preis und strich schließlich die Kanongebete als mit dem Wort Gottes unvereinbar.

Der Glaube

Bei Luther hängt die Predigt von den großen Taten Gottes ihrem Wesen nach eng mit dem Glauben zusammen. Wort und Glaube sind für ihn Korrelate. Nun hat man meistens gemeint, daß seine Auffassung vom Gottesdienst als „Reizung zum Glauben" und damit die wesentliche Verknüpfung des gottesdienstlichen Geschehens mit dem Glauben von der Rechtfertigungslehre her zu verstehen ist. So richtig diese Beobachtung auch ist — man müßte jedoch bedenken, daß Luther nicht einfach sein theologisches Apriori auf den Gottesdienst angewandt hat. Er stieß auf den Glauben von der Betrachtung des biblischen Sakramentsverständnisses aus. In der Hl. Schrift wird einzig Gottes Heilswerk in Christus als Sakrament/Mysterium bezeichnet. Das Christusgeheimnis, das unter verschiedenen Zeichen bei den Menschen gegenwärtig ist, verbindet sich wesentlich mit dem Wort, das dieses Geheimnis offenbart, und dem Glauben, der es zum Heil empfängt. So ist für Luther der Glaube in der Struktur des Sakramentes selbst gegeben. Durch den Glauben erhält das Christusgeheimnis existentielle Bedeutung, indem der Mensch in das Heil hineingenommen wird. Der Hl. Geist wirkt diesen Glauben, indem der Mensch bei den verschiedenen sakramentalen Zeichen verweilt. Gewiß, das Sakrament des Christusheils wird angeboten, unabhängig davon, ob der Mensch glaubt oder nicht. Würde der Begriff *ex opere operato* nur dies enthalten, könnte er innerhalb lutherischer Theologie seinen Ort finden. Aber nur dem Glauben gereicht die Gabe zum Heil. In diesem Sinne muß das Sakrament *„opus operantis"* werden (WA 2, 751). Wenn man diesen Ausdruck auf die ontologische Realität der Heilsgabe beziehen würde, wäre Luther mißverstanden. Es handelt sich bei ihm um die heilbringende Wirkung des Sakramentes in der menschlichen Existenz. Denn die gottesdienstlichen Handlungen wirken nicht anders als Werke Gottes, das heißt zum Heil dem, der glaubt, zum Gericht dem, der den Glauben ablehnt. Gerade darauf zielt die reformatorische Kritik an der zeitgenössischen Theologie, daß die Beziehung zum Glauben nicht gesehen wurde. Nur darf Glaube *(fides)* nicht anders als sakramentale Christuspräsenz verstanden werden. Es geht also nicht um eine psychische Funktion des Menschen, mit der er das Heil ergreifen könnte. Christus wirkt *(operans)* durch seinen Hl. Geist im Menschen. Damit gibt Luther dem Gottesdienst der Gemeinde seine eigentliche sakramentale Dimension. Erst dort, wo das Christusgeheimnis in der verborgenen Wirkung des Hl. Geistes in der gläubigen menschlichen Existenz zum Ziel kommt, ist das Heilsmysterium zum rechten Gebrauch gelangt.

Die so beschriebene personale Dimension des Glaubens hängt wesentlich mit der Frage der Anwendung der im Gottesdienst angebotenen Heilsgabe zusammen. Wie bekannt, hat Luther (und in seiner Nachfolge die lutherische Kirche) die katholische Praxis der Messe dort kritisiert, wo sie gehalten wurde, um die Früchte des Heils anderen als der gläubigen Gemeinde zukommen zu lassen. Das Sakrament des Altars, als Verheißung des Neuen Bundes, *„nulli communicari potest, nisi ipsi credenti soli propria fide"* (WA 6, 521). Dies erklärt die negative Haltung Luthers und der lutherischen Bekenntnisschriften gegenüber den Messen, die *pro vivis et mortuis* gehalten werden.

Man darf aber in diesem Zusammenhang auf Luthers Stellungnahme zur Kindertaufe hinweisen. Im Taufgottesdienst bringen Eltern, Paten und Gemeinde den Täufling vor Gott, damit er dem Kind Anteil gebe an Tod und Auferstehung Christi. Um die Kindertaufe zu rechtfertigen, bringt Luther das Argument der *fides aliena*, das er von Augustin übernimmt. Die Gemeinde der Gläubigen bringt das Kind *(offerre)* in Fürbitte vor Gott. Sie steht stellvertretend im Glauben vor Gott und erfleht den persönlichen Glauben für das Kind. Es scheint wichtig zu bemerken, daß die Taufe dem Kind nicht zum Heil gereichen kann ohne seinen eigenen Glauben, aber daß gerade dieser Glaube *per orationem Ecclesiae offerentis et credentis* (WA 6, 538) ermöglicht wurde.

Es wäre für die Frage der Anwendung der Heilsgabe des Gottesdienstes von hier aus ein neuer Ansatz gegeben. Die sakramentale Dimension des Glaubens, die sich in der Fürbitte für die Menschheit ausdrückt,
könnte den Gottesdienst der Kirche davor bewahren, nur Schutzraum
für die Gläubigen zu sein, anstatt für die Welt heilsvermittelnd einzutreten, das heißt dafür zu sorgen, daß „das Wort im Schwange gehe".

Das Zeichen

In Luthers Auseinandersetzung mit den Schwärmern, unter denen es
auch anabaptistische Tendenzen gab, wurde die Bedeutung der sakramentalen Dimension des Glaubens in einer neuen Weise aktuell. In der
Argumentation um den Glauben wurde eine Auffassung deutlich, die
die äußere Handlung beiseite legte und aus dem Glauben eine innere
Seelenqualität machte. Das widersprach deutlich Luthers Predigt vom
Glauben. Denn in seiner Wiederholung der augustinischen Aussage:
non sacramentum sed fides sacramenti iustificat (z. B. WA 2, 716; 6,
532) ist keineswegs zu überhören, daß *fides* ihren Bezug auf das Sakrament nimmt. Der Hl. Geist ist nicht gegen „äußerliche Dinge", sondern
erweckt den Glauben, indem er unseren Glauben an eben solchen erklärt. So ist bei Gottes Heilsverheißung immer auch das Zeichen/Siegel
dabei. Das Sakrament besteht aus Verheißung *und* Zeichen *(signum)*,
und diese beiden werden durch den Glauben miteinander verbunden.
Wer diese äußerlichen Dinge verachtet, ob es sich nun um das Wasser
der Taufe oder um Brot und Wein des Abendmahls handelt, verwirft
den Weg, den Gott für das Werk des Hl. Geistes in Jesus Christus er-
wählt hat. *„Sola fide"* steht nicht im Gegensatz zum sakramentalen
Zeichen, sondern zum Verdienstgedanken, der die äußere Haltung in
sich, ohne den Glauben, als heilbringend ansieht und aus ihr ein dem
Menschen verfügbares Werk macht (Ap. IV, 73). Hier gilt das *sola fide*,
das sich aber an das Zeichen gebunden weiß.
Die sakramentale Struktur des Handelns Gottes in der Heilsgeschichte
hebt diese besondere Bedeutung des Zeichens hervor. Was das Zeichen
bezeichnet, das geschieht auch nach der Verheißung in jedem sakramentalen Akt. Bei der Taufe zum Beispiel ist das Zeichen nicht das Wasser
in sich selbst, sondern das Eintauchen in das Wasser, worin Tod und
Auferstehung mit Christus bezeichnet und im Glauben empfangen werden (WA 6, 534). Das Altarssakrament vereint zu einem geistlichen
Leib alle Gläubigen, die davon leben: wie auch das Brot und der Wein
aus vielen zerstreuten Teilen zusammengepreßt und dem Körper zur
Nahrung gegeben werden (WA 2, 743 u. 748, vgl. 19, 511).

Der Symbolwert des Zeichens bekommt auf diese Weise einen besonderen Akzent. Wenn die Schwärmer die äußerlichen Dinge auf die Seite
schieben, verraten sie damit, daß sie die Schöpfung nicht mit dem Heilshandeln in Christus in Verbindung bringen können. Das Zeichen ist
aber nicht durch eine innere Seelenbewegung zu ersetzen, wie denn auch
Christus Fleisch geworden ist. Das Wort ist nicht „geistlicher" als dieses
äußere Zeichen, dem es deutend zugeordnet ist. Deshalb ist das leibliche
Essen und Trinken konstitutiv im sakramentalen Geschehen. Das Zeichen enthält etwas, das nicht auf andere Weise zum Ausdruck gebracht
werden kann. In diesem Sinne hat es genauso seinen Eigenwert neben
dem gesprochenen Wort, wie auch Gott in seiner Liebe nicht nur ein
Wort der Amnestie gesprochen, sondern seinen Sohn am Kreuz zum
Opfer gegeben hat.

Auf diesem Hintergrund läßt sich besser verstehen, warum Luther der
römischen Kelchentziehung ebenso widersprach wie der Verachtung der
Wassertaufe. Das ganze leibliche Leben der Christen war mit diesem
Zeichen verbunden: die Gemeinschaft des Leibes und Blutes Christi mit
der Gemeinschaft der Christen untereinander. Deshalb wurde das
Abendmahl besonders auch „das Sakrament der Liebe" genannt. Auch
die Wassertaufe mit ihrem Eintauchen und Herausheben war mehr als
„bloßes Zeichen". Sie erstreckte sich als wirksames eschatologisches Zeichen des Todes des alten Menschen und der Erneuerung des neuen
Menschen bis auf die tägliche Berufsausübung. Dort wurde Taufe praktiziert. Durch das äußerliche Zeichen berührt sich der Gottesdienst der
Gemeinde als besondere Feier mit dem „Gottesdienst des Alltags", dem
dadurch eine sakramentale Tiefe eröffnet wird. Liturgie und Diakonie
als Gottesdienst der Gemeinde fließen ineinander.

Entwicklung

Als Luther konkrete Vorschläge zur Gestalt des Gottesdienstes veröffentlichte, warnte er davor, diese als „nötiges Gesetz" anzusehen. Er
trat für die Freiheit und Wandlungsfähigkeit der Gestalt ein und vertraute der schöpferischen Dynamik des Glaubens.

Trotzdem sind seine Vorschläge grundlegende Modelle der Liturgie in
den Gemeinden und Ländern geworden.

Sein Freund, der Stadtpfarrer Johannes Bugenhagen aus Wittenberg,
wurde in viele deutsche und europäische Länder als Ratgeber gerufen,
obwohl die von Luthers reformatorischer Botschaft ergriffenen Theologen das Werk auch eigenhändig weiterführten. Es war aber trotzdem

nicht zu vermeiden, daß in den jetzt entstehenden Kirchenordnungen die reformatorische Dynamik doch in festgelegten Formen eingefangen worden ist, und man spricht mit einer gewissen Berechtigung von einer „neuen Sachwerdung" im Stil des mittelalterlichen Erbes, die der Höhe der reformatorischen Erneuerung nicht mehr gewachsen war (L. Fendt).

Pädagogie des Heils

Die theologischen Überlegungen der Orthodoxie haben das Erbe Luthers zu bewahren gesucht und den Begriff des *cultus Dei* sowohl für das liturgisch-gottesdienstliche Handeln als auch für das gesamte christliche Leben verwendet. Aber schon beginnt eine Terminologie, die ein Moment des lutherischen Ansatzes besonders hervorhebt, nämlich den Begriff der Verkündigung, die sogar als Lehre verstanden wird. Schon Melanchthon bringt in der Apologie (Art. 15) die Definition *„Praecipuus cultus dei est docere evangelium"*. Die Bemühung um theologische Klarheit in festen dogmatischen Lehrformeln ersetzt die prophetische Auffassung vom lebendigen Gotteswort. Die Lehrpredigt und der Unterricht werden nunmehr seinen Platz einnehmen.
Die Orthodoxie beschäftigt sich zum ersten Mal innerhalb des Luthertums mit der Technik der Predigt. In den jetzt sich entwickelnden Theorien taucht die mittelalterliche Tradition wieder auf. Luthers prophetische Formlosigkeit schlägt ins Gegenteil um: Es gibt genaue methodische Vorschriften für Prediger, das pädagogische Element überwiegt. Gewiß kann sich dieses Bemühen verschiedentlich auf Luther berufen, nur: ihm diente das Pädagogische als Teil eines Ganzen. Infolgedessen kommt es zu einer Akzentverschiebung, die später dann zu Folgen führte, die der Orthodoxie gar nicht erwünscht waren. Denn noch bewahrt sie, ja entwickelt sogar einen lutherischen Gottesdiensttypus, der die Einheit von Verkündigung und sakramentalem Handeln aufrechterhält. Aber die Lehrpredigt wächst sich innerhalb dieser Ordnung zu einem selbständigen liturgisch geprägten Akt (*exordium*, Gebet, offene Schuld, Lied usw.) aus, der unvermeidlich zum Zentrum wird, und dogmatisches Material beherrscht die biblische Botschaft in einer Weise, daß jene ihrer Dynamik beraubt wurde. Die Technik verhinderte, was sie hätte sichern sollen: die Freiheit des Gotteswortes.
Die durch die Predigtlehre gesicherte Rechtgläubigkeit wachte über das sakramentale Leben der Gemeinde. Die öffentliche Beichte der Gemeinde verbindet sich mit der Abendmahlsfeier, wie die Privatbeichte seinerzeit mit der Kommunion des Volkes in der Messe. Unter den landeskirchlichen Bedingungen entwickelt sich eine sakramentale Diszi-

plin, die der ehrfürchtigen Feier und der Prüfung des Gewissens dienen
sollte. Unter dem Einfluß der volkskirchlichen Einheitskultur wird aber
diese Kirchendisziplin mit den bürgerlichen Rechten verknüpft, und
der Zwang des sakramentalen Lebens entsteht aufs neue. Was die in-
nerste Intention der Seelsorge sein wollte, mußte in den gesetzlichen
Strukturen zur Aushöhlung der geistlichen Dimension des Gottesdienstes führen. Wo Bürgerrechte mit der Teilnahme am Gottesdienst und
am sakramentalen Leben verknüpft wurden, blieb der Raum für die
Heuchelei der Menge genauso offen wie im Mittelalter, wurde das
Risiko eines „äußerlichen Werkes" genauso akut wie in der Zeit, als
Luther das Wort ergriff. Evangelischer Gottesdienst und die mit ihm
verbundene sakramentale Dimension des Glaubens ließen sich eben
nicht ohne Schwierigkeiten in gesetzlichen Strukturen einschließen.

Inneres Leben

Die Reaktion des Pietismus, der die ursprüngliche geistliche Tiefe der
Reformation wieder beleben wollte, blieb nicht aus. Er knüpfte an Luther an und sah in der zeitgenössischen Praxis bloße Äußerlichkeiten,
die nicht mit der Erneuerung des inneren Menschen verbunden waren.
Die Argumente, daß inneres, geistliches Leben Mitbedingung des gottesdienstlich-sakramentalen Lebens sei, konnte man reichlich aus Luthers Kritik an der römischen Praxis beziehen. Es war ja nicht damit
getan, Rom und seine „babylonische Gefangenschaft" zu verlassen.
Ohne geistliche Erneuerung halfen auch die „evangelischen Ordnungen"
nichts. Gewiß verhält sich der beginnende Pietismus gegenüber diesen
Ordnungen noch pietätvoll, die sich in anderthalb Jahrhunderten seit
der Reformation entwickelt hatten. Taufe und Abendmahl wurden
zunächst nur auf ihre geistliche Bedeutung befragt und als solche ins
Bewußtsein gerufen. Ein vertieftes Studium des Wortes Gottes sollte
die Quelle wieder eröffnen. Daher kommt die Reaktion gegen die
Orthodoxie und der Wunsch einer die Bibel auslegenden, seelsorgerlich
und erbaulich ausgerichteten Predigt. Um dies zu erreichen, wird besonders auf die rechte Anwendung des Gotteswortes hingearbeitet.
Aus Luthers Trennung zwischen Gesetz und Evangelium aber wird bei
den Pietisten der verschiedenen Schattierungen ein auf verschiedene
Menschengruppen (die Sicheren, die Erweckten und die Begnadigten)
angewandtes Wort.
Dieser Trennung des Gotteswortes entspricht dann schließlich eine
Praxis, die das sakramentale Leben nach lutherischem Verständnis aufzulösen droht. Die Folge davon ist: Die verschiedenen Menschengrup-

pen werden in die *ordo salutis*-Lehre der Orthodoxie chronologisch
eingeordnet, und damit bricht die sakramentale Einheit des Handelns
Gottes auseinander. So wurde etwa in der Tauflehre bei Luther die
Teilhabe an Tod und Auferstehung Christi als sakramental-eschatologi-
sches Ereignis in der Taufe geglaubt und von einer effektiv-empirisch-
inhärenten Erneuerung unterschieden. Im Pietismus wird aber letztere
oft zum entscheidenden Ereignis und mit der Bekehrung des Menschen
identifiziert. Sie ist bei den radikalen Vertretern sogar zeitlich feststellbar. Als Wiedergeburt verstanden, erhält sie eine Bedeutung, die an sich
der Taufe sakramental im Glauben zugehört.

Ebenso verläuft die Entwicklung im Abendmahlsverständnis: das würdige Essen und Trinken wird den Wiedergeborenen zugeschrieben. Deshalb erhält der Akt der Vorbereitung auf die Kommunion und die damit abgeleistete Buße vorrangige Bedeutung. Die sakramentale Gabe
des Leibes und Blutes Christi wird durch das geistliche Essen und Trinken abgewertet; das Mahl ist zum Liebesmahl der kleinen Gruppe der
Gläubigen (wahrhaft Bekehrten) geworden. Wohlgemerkt: in beiden
Fällen wird „der äußerliche Gottesdienst" nicht preisgegeben, aber er
wird theologisch umgedeutet und damit seines eigentlichen Inhalts entleert. Ekklesiologisch wird dies die Abgrenzung der kleinen, gläubigen
Gruppe von den Nicht-Erweckten zur Folge haben. Wenn hier weiterhin mit Luther argumentiert wird, weil er doch einen Gottesdienst für
diejenigen, „die mit Ernst Christen sein wollen", vorgesehen hat, ist
doch offenkundig, daß sein eigentliches Anliegen des sakramentalen
Gottesdienstes verlorengegangen ist.

Der Pietismus hat zwar in einer Zeit äußerlichen, gesetzlich gewordenen gottesdienstlichen Lebens Luthers Argumente für das innere, geistliche Leben des Glaubens mit Recht hervorgehoben, aber seine sakramentale Begründung nicht mehr beachtet. So hat er trotz Beibehaltung
„des Äußeren" dieses von innen her entleert und den Weg zur Auflösung der gottesdienstlichen Formen theologisch vollzogen. Obwohl
viele dieser theologischen Aussagen durch die *ordo salutis*-Lehre der
Orthodoxie schon vorbereitet waren, bot doch erst der Ruf nach der
Praxis der Wiedergeborenen die Möglichkeit, das eigentlich sakramentale Geschehen zur Seite zu schieben. Es fiel dann beinahe von selbst, als
die rationale Kritik der Aufklärung einsetzte.

Tendenzen der Auflösung

Man hat mit einem gewissen Recht von der „Auflösung der gottesdienstlichen Formen" in der Zeit der Orthodoxie, des Pietismus und der

darauffolgenden Aufklärung und des Rationalismus gesprochen (P. Graff). Schon früh wurde aber darauf hingewiesen, daß diese These nur mit einer gewissen Vorsicht vertreten werden könne (Y. Brilioth). Denn der altlutherische Gottesdiensttypus behauptete sich in den deutschen Landeskirchen und noch mehr in den skandinavischen Ländern. Liturgisch gesehen war noch wenig „aufgelöst", und der eigentliche Bruch ist, wie schon angedeutet, erst mit der Aufklärung in Gang gekommen, und er hatte auch seine (geographischen) Grenzen. Immerhin steht neben dem altlutherischen Gottesdiensttyp, der auf der Einheit der Predigt- und Abendmahlsteile aufbaute und der von der Aushöhlung durch den Pietismus bedroht war, ein weiterer Typ, dem man wenig Aufmerksamkeit schenkte: Der mittelalterliche Predigtgottesdienst, der in einige (süddeutsche) lutherische Kirchenordnungen Eingang gefunden hatte.

Dies geschah unter dem Einfluß der Schweizer Reformation (E. Weismann, in: *Leiturgia*, Bd. III). Seit der Reformationszeit gab es im Grunde zwei Gottesdienstformen. Die Schweizer oder oberdeutsche Form fand deshalb Aufnahme, weil der Übergang zur sonntäglichen Kommunion entgegen der Sitte jährlicher Kommunion im Mittelalter nicht einfach war und weil die hervorgehobene Stellung der Predigt als charakteristisch reformatorisch empfunden wurde. Die Entwicklung ging weiter in die Richtung, daß später in diesen Typ das Abendmahl eingebaut wurde. Damit haben wir eine liturgisch einfachere Form des Abendmahlsgottesdienstes bei manchen lutherischen Kirchen (darunter übrigens Minderheitskirchen, die lange der gegenreformatorischen Verfolgung ausgesetzt waren).

Die Aufklärung und die Zeit des Rationalismus haben die pietistische Kritik *ad absurdum* geführt und den äußerlichen Gottesdienst — ohne seinen sakramentalen Inhalt — in den Dienst der Volkserziehung gestellt. Dies hat freilich nichts mehr mit der „pädagogischen Auffassung" des Gottesdienstes der Reformationszeit zu tun. Die Vernunft erhält die Rolle des Richters in Fragen der Religion und der Kultur und läßt damit den sakramentalen Bezugspunkt des Gottesdienstes endgültig fallen. Diese weitverbreitete kulturelle Entwicklung ficht überhaupt jede kirchliche Tradition an; sie ist übrigens auch innerhalb der katholischen Theologie wahrnehmbar.

Die sich nun entwickelnde Liturgik des Rationalismus gerät zwangsläufig in eine Auseinandersetzung mit dem reformatorischen Gottesdienst. Nach Meinung der neuen Theoretiker haben die alten gottesdienstlichen Ordnungen der vorangegangenen Jahrhunderte wohl zur Auferbauung der Gemeinde gedient. Die Verbesserungsvorschläge, die jetzt eingebracht werden, lösen das Kirchlich-Sakramentale zugunsten von Individualismus und Subjektivismus auf. Zwar können einzelne Elemente der liturgischen Tradition noch verwandt werden, aber die geistliche Triebkraft des lutherischen Ansatzes wird preisgegeben. War schon dem Pietismus das Liturgische gleichgültig, so sieht der Rationalismus überhaupt keinen „volkserzieherischen Wert" in ihm. Hier entstehen neue Ansätze, die sich in der nachfolgenden Geschichte der Liturgie Geltung verschaffen. So wird eine agendarische Ordnung als unnötige Bindung angesehen, und die neu entstehenden Privatagenden machen sich frei von, oder sie „verbessern" im günstigsten Fall die überkommenen Agenden. Da überall das Lehrhafte herrscht, besteht kein Verständnis mehr für das darstellende Handeln der Liturgie. Das Abendmahl wird zum „Anhängsel" des Gottesdienstes und sollte im „Anschluß an den Hauptgottesdienst" oder gar gänzlich getrennt von ihm gefeiert werden. Die neuen Vorschläge laufen schließlich alle auf die Auflösung der Grundstruktur des altlutherischen Gottesdienstes hinaus.

Der Widerstand

Doch sollten uns diese Tatbestände die tatsächliche Situation in den Gemeinden nicht verkennen lassen. Hier leistet der traditionelle lutherische Gottesdienst einen überraschend vitalen Widerstand. Verschiedene Reaktionen legen davon Zeugnis ab. So wurde die Einführung einer neuen Agende in Schweden 1811 von den Altgläubigen abgelehnt, und man erbat die Erlaubnis, die alte Agende (von 1693) weiterhin zu behalten. Auch die berühmte „preußische Agende" von 1821 mobilisierte das Altluthertum, obwohl Friedrich Wilhelm III. durch den Geist des altlutherischen Gottesdienstes beeinflußt war, aber zugleich seine Agendenreform mit der erzwungenen Einführung der Union verband. Kritisch wird die Lage deshalb, weil die verschiedenen Reaktionen auf die hartnäckigen gesetzlichen Bestimmungen der Obrigkeit stießen. So entstanden Spaltungen, wobei jeder Partner sein gutes Recht behauptete. Die Einheit der lutherischen Kirche aber litt schwer darunter. Einzelne Gruppen konnten sich der Verfolgung durch den Staat nur durch die Emigration entziehen, was bis heute seine Spuren hinterlassen hat. Man meint zuweilen an gewissen geschichtlichen Auseinandersetzungen mit dem Urteil, es habe sich um „konservative Kräfte" gehandelt, vorübergehen zu können. Doch darf die geschichtliche Rolle solcher Entwicklungen nicht verkleinert werden. Sie haben nämlich gewisse Fehlentwicklungen nicht zum Zuge kommen lassen und das weitere Wachsen liturgischen Lebens in richtige Bahnen gelenkt.

Während der ersten Hälfte des 19. Jahrhunderts ist der integrale Abendmahlsgottesdienst auch in den deutschen Landeskirchen noch weitgehend bewahrt worden, obwohl die regelmäßige, sonntägliche Feier nicht mehr allgemein verbreitet ist. In der schwedischen Kirche wird es erst im Jahre 1861 ermöglicht, das Abendmahl auch zu einem anderen Zeitpunkt als in der sonntäglichen Hochmesse zu feiern. Wenn aber in der zweiten Hälfte des 19. Jahrhunderts die Feier des hl. Abendmahls allmählich vom Hauptgottesdienst unabhängig wird, so ist dieses Phänomen in erster Linie aus der entstandenen „Abendmahlsnot", das heißt dem Mangel an sonntäglichen Kommunikanten, und nicht aus der Auflösung traditioneller gottesdienstlicher Formen zu erklären. Schon die Orthodoxie und der Pietismus haben die „würdige Feier" sehr energisch zu sichern versucht. Erst wo durch die Veränderung gesellschaftlicher Umstände und rechtlicher Gegebenheiten und durch die Aushöhlung der Liturgie im Zuge rationalistischer Argumente Gottesdienst und sakramentales Leben in der Kirche eine Sinnveränderung erlebten, ist die Feier in den Gemeinden selbst in Gefahr geraten. Eine neue Besinnung wird erforderlich, das Ererbte zu retten und durch Rückbezug auf die reformatorischen Grundanliegen eine Erneuerung des lutherischen Gottesdienstes zu fordern.

Die Erneuerung

Durch alle Wandlungen gottesdienstlich-sakramentalen Lebens in den evangelisch-lutherischen Kirchen muß jedoch beachtet werden, daß der lutherische Ansatz trotz mancher Tendenz zum liturgischen Verfall stets lebendig geblieben ist. Stärker hervortretend, nur in einzelnen charakteristischen Zügen wahrgenommen oder sogar in den Hintergrund gedrängt, war er doch immer da und behauptete sich gegen manche theologischen und kulturellen Strömungen.

Nun haben sich in der zweiten Hälfte des 19. Jahrhunderts entscheidende liturgische Erneuerungskräfte wieder in den Vordergrund geschoben. Man pflegt im Deutschland dieser Zeit von einem neuerwachten konfessionalistischen Luthertum zu reden. Auch in den skandinavischen Ländern entstehen bodenständige Erneuerungsbewegungen. Die angelsächsischen Erweckungsbewegungen gewinnen in lutherischen Kirchen an Boden, werden aber gleichzeitig durch reformatorische Ansätze korrigiert. Die Erneuerung des Verständnisses der Kirche des Amtes und des Bekenntnisses hat höchst bedeutende Folgen für das gottesdienstliche Leben.

Sakramentales Erwachen

Um die Tragweite dieser neuen Bewegung im Luthertum des 19. Jahrhunderts bewußt zu machen, sollen zwei Beispiele sakramentalen Erwachens hier erwähnt werden. Beide entstanden völlig unabhängig voneinander.

Zunächst sei an Wilhelm Löhe und seinen Einfluß auf die lutherischen Kirchen erinnert. Seine „Agende für christliche Gemeinden lutherischen Bekenntnisses", 1844 erschienen, unterscheidet sich von den üblichen Privatagenden, die reine Schreibtischarbeiten waren. Löhes liturgische Vorschläge erwachsen aus seiner Tätigkeit an den Neuendettelsauer Anstalten. Von dem organischen Wachsen des dortigen liturgischen Lebens zeugen die folgenden Neuauflagen und die von ihnen angeregten neuen Agenden lutherischer Landeskirchen in Deutschland wie auch bei Auswanderergemeinden in Übersee.

Löhe sieht die Grenzen der liturgischen Arbeit der Reformation, die mehr auf Säuberung von Mißbräuchen als auf Neugestaltung ausgerichtet war. So versucht er mit seiner Gemeinde genau dies letztere. Er hat Sinn für die Liturgie als darstellendes Handeln, stellt die verschiedenen schönen Künste in Gottes Dienst und, geleitet durch eine seinerzeit bahnbrechende ökumenische Offenheit, gestaltet gottesdienstliches und sakramentales Leben neu. In der Mitte dieser Erneuerung stehen die Abendmahlsfeier und ein reiches Gebetsleben. Der Gottesdienst wird in seinen beiden Dimensionen, das heißt als das Nahen Gottes zur Gemeinde und ihr Nahen zu ihm, als Begegnung Gottes und seiner Gemeinde, als das heute gegenwärtige Heilsgeschehen gefestigt. Er übernimmt und aktualisiert damit Luthers liturgische Anliegen. Mit ihm weiß Löhe sich auch darin verbunden, daß er von der dienenden Funktion aller liturgischen Ordnungen weiß. Wie für Luther, so kann für ihn die Kirche Kirche bleiben, „auch im Bettlergewand", wenn sie nur dem Auftrag des Evangeliums treu bleibt.

In den skandinavischen Ländern erwachen ähnliche liturgische Erneuerungskräfte aus der Reaktion gegen Pietismus und Rationalismus. In Dänemark wurde einer der größten Liederdichter der lutherischen Kirche in der Welt, Pfarrer N. F. S. Grundtvig, zum Vater einer gottesdienstlich-sakramentalen Erneuerung. Seine „Entdeckung" war, daß Christus mit seinem Wort *in der Gemeinde* als Tauf- und Abendmahlsversammlung gegenwärtig ist. Die Kirche begegnet den Menschen im *„Wort* der Taufe". „Nur im Bad (der Wiedergeburt) und am Tisch (des Herrn) hören wir Gottes Wort an uns". Nicht die Schrift als solche, sondern das gottesdienstlich-sakramentale Handeln Gottes ist das lebensschenkende Wort an die Menschheit; ihre existentielle Betroffenheit ist entscheidend. Das Taufbekenntnis *(Apostolicum)* ruft in die Gemeinde hinein, in der daraufhin der Lobgesang laut wird. Die Versammlung der Gemeinde geschieht durch die Sakramente: die Taufe am Anfang und das Abendmahl am Wege geben nach Grundtvig und dem sogenannten Grundtvigianismus dem Gottesdienst einen zentralen Ort für das christliche Leben. Die Predigt verweist den wachsenden Glauben zurück auf die Taufe und zugleich vorwärts zum Abendmahl. Ein Christ ist ein „Gemeindekind", das heißt sein Leben ist mitten in der sakramentalen Feier der Gemeinde verwurzelt. Grundtvigs Einfluß hat die sonntägliche Abendmahlsfeier der Gemeinde in der dänischen Kirche neu begründet und ihren Ort im Gottesdienst neu befestigt. Dieser Einfluß reichte bis nach Norwegen und prägte über Europa hinaus das gottesdienstliche Leben eines wesentlichen Teiles des amerikanischen Luthertums.

Die starke sakramentale Verwurzelung des christlichen Lebens unterscheidet Grundtvig und seine Nachfolger von den pietistisch geprägten — und teilweise angelsächsisch beeinflußten — Erweckungsbewegungen seines Jahrhunderts. Andererseits hebt sie ihn auch von den hochkirchlich orientierten Erneuerungsbestrebungen ab. Denn für ihn war die Kirche primär als Gemeinde entscheidend, und nicht in ihrer Institution. So erhält zum Beispiel das kirchliche Amt keine Sonderstellung, und dem Laien werden wesentliche Forderungen auferlegt, damit die Offenheit zum Volk und zum weltlichen Leben bewahrt werden kann. Gerade in diesen Abgrenzungen und Akzenten bewahrt seine Bewegung wesentlich lutherische Züge, ohne konfessionalistisch zu werden.

Restauration

Das ausgehende 19. Jahrhundert hinterläßt der Nachwelt die beginnenden liturgischen Erneuerungsbestrebungen. Diese nähren sich von den neu aufgearbeiteten historischen Quellen der liturgischen Tradition der Kirche. Es ist für diese liturgische Bewegung charakteristisch, daß sie quer durch die konfessionellen Traditionen hindurchläuft. Sie arbeitet zwar die jeweiligen Sondertraditionen in neuer Weise auf, bewirkt aber gleichzeitig einen Austausch unter diesen. Durch den Rückgriff auf altkirchliche Quellen öffnen sich neue Wege für das Verständnis der Anschauungen, die die Kirchen voneinander trennen. Mit der liturgischen Bewegung beginnt ökumenische Annäherung, die in der liturgischen Erneuerung der ersten Hälfte des 20. Jahrhunderts ihren ersten Niederschlag findet.

Die Erschließung der historischen Quellen lutherischer Tradition war schon seit Anfang des Jahrhunderts von der Forderung nach praktischer Umsetzung begleitet. Die „liturgische Bewegung" war zwar nicht einheitlich, strebte aber zu ihren verschiedenen Gruppen, die je ihre besondere Eigenart hatten, in allen Kirchen eine offizielle Überprüfung der geltenden gottesdienstlichen Ordnungen an. Diese sollten durch die neuen Ansätze geistlich gefüllt werden und geeignete Gestalt gewinnen.

Doch ist zu bemerken, daß die liturgische Erneuerung in ihrer ersten Phase sich ziemlich eng an die Tradition anschließt und zunächst nicht neuschöpferisch, sondern restaurativ ausgerüstet ist. Die Ordnungen in den Texten, Liedern und der Musik des Gottesdienstes enthält eine beinahe archaisierende Tendenz, die die subjektivistischen Tendenzen und romantisch-ästhetischen Niederschläge aus der Liturgie entfernt und an das reformatorische Erbe anknüpft. Dabei wird ihr zugleich besonders bewußt, in welch starkem Maße die lutherische liturgische Tradition aus mittelalterlichen und altkirchlichen Quellen gespeist wird. Die liturgische Erneuerungsbewegung gewinnt aus dieser Erkenntnis die Freiheit, die gemeinsamen liturgischen Schätze des Westens im Anschluß an die von den lutherischen Kirchen bewahrte Grundstruktur der abendländischen Liturgie zu übernehmen. Die Erneuerungsarbeit in den verschiedenen lutherischen Kirchen verlief im 20. Jahrhundert in eigentümlicher Weise parallel, obwohl der Zweite Weltkrieg erhebliche Kommunikationsschwierigkeiten schuf. In den neuen Ordnungen der Nachkriegszeit tritt jedoch eine einheitliche theologische und liturgische Tendenz hervor. Dies wird in der Arbeit der verschiedenen Ausschüsse des Lutherischen Weltbundes (zwischen 1952 und 1970) sichtbar.

Als allgemeine Beobachtung gilt: Der Grundtypus des lutherischen Gottesdienstes wird angereichert durch den liturgischen Schatz der Ökumene. Einige Beispiele machen dies einsichtig:

1. Die Gestalt des Eingangs: Im Verlauf der Geschichte hat sich das alte *Confiteor* (das in der Reformationszeit zum Gemeindeakt wurde) in vielen Fällen zu einer Beichthandlung ausgeweitet. Damit wurde die Privatbeichte ersetzt und gleichzeitig die Abendmahlsfeier an der Perspektive einer Bußhandlung orientiert. Um dem Abendmahl seinen Charakter als Danksagung und Freudenmahl zurückzugeben und der Beichte ihren Eigenwert zurückzugewinnen, ist man in den lutherischen Kirchen weithin zur Lösung dieser Verbindung von Beichte und Abendmahl geschritten. Damit wurde wieder die Möglichkeit gewonnen, die Beichte als selbständigen (öffentlichen) Gottesdienst oder als

seelsorgerliche Betreuung (Privatbeichte) zu gestalten. In der Abendmahlsfeier tritt der eucharistische Charakter besser hervor.

2. Der Wortgottesdienst hat sich schon immer an die überlieferte Meßordnung *(missa catechumenorum)* gehalten; doch wurde er oft abge-
kürzt und vereinfacht. Die liturgische Erneuerung führt in allen Ordnungen zu einer reicheren liturgischen Gestalt im Zuge der abendländischen Tradition (reichere Varianten zur *Kyrie* und *Gloria* werden aufgenommen, die altkirchlichen Kollektengebete bleiben erhalten, zwei,
mitunter drei Lesungen wurden von *Halleluja* und Lobpreisungen ein-
gerahmt). Nach altkirchlichem Vorbild unternimmt man in den USA
den interessanten Versuch, das *Kyrie* zum Fürbittengebet auszugestal-
ten. Dies zeigt, wie allgemein in den lutherischen Liturgien auch eine
Erneuerung der Gebetstradition erfolgt. An die Stelle der vorherrschenden Form des vom Pfarrer allein gesprochenen Gebets (Prosphonese)
treten die altkirchlichen (auch durch die Reformation vermittelten)
Formen des gemeinsamen Fürbittengebets (Ektenie, diakonisches Gebet,
Litanei). Das Mitbeten der Gemeinde soll gefördert werden. Das Kirchenjahr bestimmt wie seit der Reformationszeit nicht nur den Predigt-
text, sondern den gesamten Ablauf der Liturgie. Der Kirchengesang
nach reformatorischem Vorbild wird häufig wieder aufgenommen, sogar der gregorianische Gesang erlebt eine Erneuerung. Unter angel-
sächsischem Einfluß wird in USA der englische Psalmengesang *(chant)*
in die lutherische Liturgie eingeführt.

3. Die tiefgehendste Erneuerung erfolgt im Abendmahlsteil der Liturgie. Zunächst sei festgestellt, daß in fast sämtlichen lutherischen Agenden der Hauptgottesdienst wieder als Einheit von Wort- und Abendmahlsgottesdienst gefeiert wird. Dies ist aus der weltweiten eucharistischen Erneuerung innerhalb der lutherischen Kirchen zu erklären. Der
Abendmahlsteil der Gottesdienste, der infolge des Protestes der Reformation gegen den römischen Kanon den tiefsten Einschnitt erlitten hat,
hat sich in Richtung der ökumenischen Tradition entwickelt.

Die lutherische Kritik am Meßopfer hat auch das *Offertorium* (als Gebet und Darbringung) aus der Liturgie entfernt. Dies geschah eigentlich gegen die Feststellung Luthers, daß in urchristlicher Zeit natürliche
Gaben (zusammen mit Brot und Wein) als Dankopfer von der Gemeinde im Gottesdienst dargeboten worden sind. Die Verwechslung
dieses Dankopfers mit dem Opfer des Leibes und Blutes Christi (Meß-
opferbegriff) wirkte sich negativ auf dieses an sich berechtigte diakonische Element der Liturgie aus. Die Besinnung auf christliche Haushalterschaft brachte es mit sich, daß das Dankopfer ebenfalls wieder
Geltung erhielt. Dies geschah in Form der Einsammlung von Geld, in

einzelnen Fällen auch durch die Darbringung von Brot und Wein. Letzteres freilich wird oft aus Angst vor einem sakramentalistischen Mißverständnis vermieden, das Dankopfer wird vom Abendmahlsteil überhaupt losgelöst.

Das *Ordinarium* mit den Varianten, die sich vom Kirchenjahr her ergaben, ist in der lutherischen Tradition weitgehend beibehalten worden *(Praefatio, Sanctus-Benedictus* und *Agnus Dei)*, freilich wurden die klassischen Texte zuweilen durch das Kirchenlied der Gemeinde ersetzt. Aber ein zusammenhängendes eucharistisches Gebet hat die lutherische Tradition nicht überliefert. Nur die unabdingbaren Bestandteile der Einsetzung *(verba institutionis* und *communio* in beiderlei Gestalt) waren liturgisch entscheidend; sie wurden vom Vater Unser und einem *Postcommunio*-Gebet (Danksagungsgebet) umrahmt. Die Liturgien der Erneuerungsbewegungen bauen das große Danksagungsgebet weiter aus: sie übernehmen das Gebet um die Anrufung des Hl. Geistes (Epiklese), es wird aber nur auf die Gemeinde (und nicht auf die Elemente) bezogen; das Gedenken der großen Heilstaten Gottes (Anamnese) erklärt ebenfalls seinen Ort — der Feier wird die Präfation vorausgestellt. Ein Fürbittengebet (nach der Konsekration) kommt hinzu. Hier wird die Angleichung der lutherischen Liturgie an andere Ordnungen der Ökumene spürbar.

Dies steht keineswegs im Gegensatz zu den theologischen Prämissen der Reformation, holt aber nach, was in der geschichtlichen Polemik verlorengegangen, oder besser gesagt, liturgisch nicht neu gestaltet worden war.

Wie aus dieser kurzen Zusammenfassung hervorgeht, handelt es sich um eine Erneuerung innerhalb der kirchlichen Tradition. In einer Zeit, in der diese Tradition weithin vergessen zu werden drohte, wurde aber die Unzulänglichkeit einer solchen Erneuerung erkennbar.

Neubesinnung

Mit der eben geschilderten Entwicklung erreichte die sogenannte liturgische Bewegung ihren Höhepunkt. Die Arbeit, die in den offiziellen Gottesdienstordnungen geleistet wurde, ist ohne diesen Hintergrund nicht denkbar. Ähnliche Höhepunkte erreichte diese Bewegung auch in der katholischen Kirche, und zwar durch die Beschlüsse des II. Vatikanischen Konzils und die anschließend durchgeführten Reformen. In der Meßordnung kam es überraschenderweise zu alternativen eucharistischen Hochgebeten, die in ihrer Anlehnung an altkirchliche Vorbilder eine günstigere Basis für das ökumenische Verständnis bieten. So kann man heute in der abendländischen Liturgie beinahe von einer ökumenischen Grundstruktur des eucharistischen Gottesdienstes sprechen, die sich auch in den lutherischen Liturgien findet.

Man könnte meinen, daß mit dieser Annäherung der Konfessionen die Einheitsbestrebungen unter den Kirchen gefördert worden seien. So richtig diese Beobachtung auch ist, muß doch darauf aufmerksam gemacht werden, daß in der zweiten Hälfte des 20. Jahrhunderts der Kirche Probleme bewußt geworden sind, die auf gottesdienstlichem Gebiet zu völlig neuen Entwürfen geführt haben. Diese haben notwendigerweise eine Neubesinnung auf die Frage, was Gottesdienst sei und wie dieser in unserer Zeit gefeiert werden soll, hervorgerufen.

Gewiß bringt Wiederbelebung des kirchlichen Gottesdienstes für Menschen, die in der Tradition der Kirche groß geworden sind und weiter in ihr leben, eine Vertiefung ihres Glaubens mit sich. Aber in einer säkularisierten Umwelt gilt dies nicht mehr. Für Menschen ohne die liturgischen Erfahrungen einer früheren Generation wirkt der traditionelle Gottesdienst wie eine *disciplina arcana* und verschließt den Zugang zum Glauben. Die Aufgabe der Evangelisation kann nicht über die Erneuerung der liturgischen Tradition wahrgenommen werden. Hier müssen neue Wege versucht werden.

Aber traditionelle Gottesdienstordnungen werden innerhalb der Gemeinde selbst zum Problem. Die Not der Welt stellt mit ihren vielschichtigen menschlichen, politischen, ökonomischen Problemen für viele (besonders junge) Menschen neue Forderungen an die Christenheit. Die traditionellen Gottesdienste verschließen sich diesen Fragen gegenüber und wenden sich nur nach innen. Eine Hinwendung zur Welt mit ihren Problemen müßte nach Meinung dieser Menschen den traditionellen Rahmen sprengen. Die Verkündigung des Wortes Gottes sollte auf diese Probleme eingehen und in die konkrete Situation der Menschheit hinein die frohe Botschaft bringen. Die Mauer zwischen dem Gottesdienst der Kirche und dem des Alltags dürfte nicht länger geduldet, sondern die liturgische Feier müßte mit weltlichen Aktionsmöglichkeiten verbunden werden. Die Versammlungen so orientierter Gruppen konfrontierte die liturgisch-kirchliche Existenz der Gemeinde mit neuen, besonders heiklen politischen Problemen.

So verschob sich die traditionelle konfessionelle Problematik. Der Streit um den rechten Gottesdienst war nicht mehr eine Auseinandersetzung zwischen den Kirchen, sondern ging quer durch die Konfessionen hindurch. Gerade in einer Zeit, in der die liturgischen Traditionen sich einander annäherten, wurde die Tradition selbst durch die Säkularisation und durch sozial engagiertes Christentum in Frage gestellt. Dazu kam noch eine innerchristliche Problematik. Verschiedene transkonfessionelle Bewegungen schafften so etwas wie einen kirchlichen Pluralismus. Dieser beschränkte sich nicht darauf, verschiedene Akzente in der Verkündigung zu setzen, sondern suchte auch geeignete gottesdienstliche Ausdrucksformen der jeweils eigenen Frömmigkeit. Das Problem war an und für sich nicht neu, wie wir dies in der Entwicklungsgeschichte des lutherischen Gottesdienstes gesehen haben. Aber damals konnten die verschiedenen Akzente der Frömmigkeit noch innerhalb der traditionellen liturgischen Ordnungen ihren Raum finden, während diese neuen Bewegungen nicht zuletzt auch deshalb nach neuen liturgischen Ausdrucksformen suchten, weil sie sich im Traditionellen nicht mehr heimisch fühlten.

Dies alles führte dazu, daß die Kirchen in den letzten Jahrzehnten zu einem liturgischen Experimentierfeld geworden sind. Diese Herausforderung mußte aufgenommen werden, wenn die neue Entwicklung nicht an den Kirchen vorbeigehen sollte. So stehen die lutherischen Kirchen zusammen mit ihren Schwesterkirchen in der ganzen Welt vor einer neuen Etappe liturgischer Gestaltung, die diesmal freilich bis an die Fundamente der gesamten abendländischen Entwicklung geht. Gerade aus diesem Grunde ist diese Herausforderung insofern ökumenisch geworden, als der Dialog über den Gottesdienst der Zukunft uns alle danach fragt, was wir aus den eigenen Traditionen beitragen und was wir von anderen übernehmen können. Auf diese Weise ist die Arbeit an den offiziellen Gottesdienstordnungen in den meisten lutherischen Kirchen wieder lebhaft in Gang gekommen.

Die Grundlinien der Überlegungen können in folgenden Richtungen zusammengefaßt werden:

1. In allen Kirchen erfreut sich weiterhin die liturgische Erneuerung nach dem Zweiten Weltkrieg besonderer Hochschätzung. Da mit ihr auch eine geistliche Erneuerung verbunden war, möchte die Gemeinde an dieser liturgischen Gestalt gerne festhalten. So bewahrt man aus seelsorgerlicher Weisheit die alten Ordnungen, sucht aber gleichzeitig Übergangsformen und bemüht sich um neue Gestaltungen, die aber die bestehende Liturgie nicht verschwinden lassen.

2. Die altkirchlich-ökumenischen Strukturen selber will man zwar gerne beibehalten, aber es wird als notwendig angesehen, innerhalb dieser Strukturen Raum für die verschiedenen neuen liturgischen Elemente zu schaffen. Man formuliert neue Gebete, komponiert neue Lieder, fördert die Mitwirkung der Laien und sucht den Eindruck einer sterilen Stabilität mit Neuschöpfungen des Glaubens in der heutigen Gemeinde abzuwenden. So bleibt die strukturelle Ordnung erhalten,

begegnet uns aber jeweils in neuer Konkretisierung. Neben gelegentlichen Textvarianten innerhalb dieser Struktur sind voll durchgedachte sogenannte Themengottesdienste in Gebrauch gekommen. Das Thema kann dabei entweder Aktualitätscharakter haben oder einen Aspekt des christlichen Glaubens formulieren.

3. Auch wird mehrfach im lutherischen Raum versucht, sowohl für den Wortgottesdienst wie für die Abendmahlsfeier neue Strukturen zu finden. Sie zeichnen sich aufgrund der lokalen Verhältnisse und der verschiedenen Frömmigkeitstypen durch große Freiheit und Vielfalt aus. Neben dem Predigtgottesdienst (oft mit Dialogpredigt und Meditation) werden auch eigentliche Gebetsgottesdienste neu gepflegt. Für sie sind das freie Gebet und die Fürbitte unter aktiver Mitwirkung (möglichst) aller Teilnehmer kennzeichnend. Abendmahlsgottesdienste in neuer Gestalt betonen besonders den Gemeinschaftscharakter (Mahl) der Feier und weiten diesen über die Grenzen der Gemeinde aus, indem sie die Verbundenheit mit der gesamten Menschheit betonen. Selbstverständlich wurden Gottesdienste in neuer Gestalt bald zu Modellen, die wiederholt werden. Als außerordentlich fruchtbar haben sich die „Bibelmessen" in Schweden bewährt, deren Gestalt aus einer biblischen „Abendmahlssituation" herausgewachsen ist (Brotwunder, Jünger von Emmaus). Die Liturgie wird dabei dem biblischen Text untergeordnet, den sie interpretiert. Diese Beispiele bilden ein heilsames Gegengewicht zu den völlig freien liturgischen Kompositionen der „Phantasie für Gott".

Bemerkenswert ist, daß diese Modelle des gottesdienstlichen Schaffens die ekklesialen Strukturprobleme der heutigen Gemeinde widerspiegeln. Verschiedene Schichten der Gemeinde bevorzugen unterschiedliche liturgische Modelle, wobei es aus ekklesiologischen Gesichtspunkten wichtig ist, daß diese verschiedenen Tendenzen nicht auseinanderlaufen, sondern der „Erbauung" der gesamten Gemeinde dienen. In allen diesen Gestalten sollte aus der „Konsumentengemeinde" eine liturgisch schöpferische Gemeinschaft werden. Liturgische Traditionalisten wie Eiferer für neue Gestalten sollten in ihrer eigenen Weise zum Gotteslob der Gemeinde beitragen. Dies wird aber nur dann geschehen, wenn neben der Großgemeinde mit traditionellen Hauptgottesdiensten auch andere, mehr differenzierte Gruppierungen der einen *Ekklesia* Raum finden.

1. In neuerer Zeit ist es zur Bildung kleiner Gruppen innerhalb der Gemeinde gekommen, in denen die Gemeinschaft unter den Teilnehmern in intensiverer Form geübt wird als in der Anonymität der gro-

ßen Gemeinde. Nun sind gerade kleinere Gruppen für liturgische Experimente geeignet, weil sie nämlich für das sich entwickelnde Glaubensleben der Gruppe entsprechende liturgische Formen suchen. Das Spektrum solcher Gruppen reicht von gelegentlich sich versammelnden Menschen gemeinsamer Interessen (z. B. Jugend, Frauen, Mischehen, Diakonie usw.) bis zu fest geordneten Kommunitäten des gemeinsamen Lebens. In kleineren Kreisen tritt vielfach zur Vertiefung der Meditation des Wortes Gottes, des gemeinsamen Gebetes auch die eucharistische Feier (oft als Tischgemeinschaft). Aus diesen kleineren Gruppen, in denen konfessionelle Grenzen nicht selten übersprungen worden sind, sind oft Anstöße zu ökumenischen Gottesdiensten ausgegangen. Sie haben deshalb auch immer wieder neue Erfahrungen auf dem Gebiet der Liturgie anzubieten.

2. Hinzu kommt die unausweichliche Aufgabe, auch Gottesdienste mit vorrangig missionarischer Zielsetzung zu veranstalten. Gerade für die Vorbereitung solcher Angebote können kleinere Gruppen gute Dienste leisten. Die missionarische Aufgabe des Gottesdienstes muß in unserer Situation den säkularisierten Menschen, das heißt den ohne Vorkenntnisse zum Gottesdienst kommenden „Uneingeweihten" beachten. Deshalb wird man sich wieder neu auf das Problem der „Sprache der Liturgie" besinnen müssen. Eine Liturgie, die allgemeinverständlich ist, muß sich nicht unbedingt von der biblischen Sprache entfernen. Sie darf aber zu keiner Geheimsprache werden (wie es der traditionellen Liturgie in kirchlichen Umfragen oft angekreidet wurde). Neben der Sprache hat man aber auch in der lutherischen Kirche andere, zum Beispiel audiovisuelle, Ausdrucksformen der Kommunikation des Evangeliums entdeckt und zur Anwendung gebracht. Liturgie „als Spiel", als darstellendes Handeln, hat mancherorts größere Möglichkeiten, die Botschaft des Evangeliums zu vermitteln als die diskursive Rede. „Der Gottesdienst in einer rationalen Welt" (G. Schmidtchen) sucht erstaunlicherweise gerade irrationale Ausdrucksmittel für das irrationale Evangelium. Sie erreichen Menschen, die durch unsere traditionellen liturgischen Gestalten bisher der Botschaft nahezu entfremdet wurden.

Die hier geschilderte Neubesinnung auf die Probleme des Gottesdienstes ist, wie schon öfter betont wurde, keineswegs an eine Konfessionskirche gebunden, sondern ist die Frucht ökumenischen Austausches angesichts einer Situation, vor der alle Kirchen in ähnlicher Weise stehen. Dennoch kann man versuchen, diese Neubesinnung im Lichte lutherischer Theologie zu würdigen. Dies soll mindestens an zwei Punkten geschehen.

1. *Der ekklesiologische Aspekt.* Nach lutherischer Lehre ist die Rechtfertigung aus dem Glauben der *articulus stantis et cadentis ecclesiae.* Mit anderen Worten, wo die Rechtfertigungsbotschaft den Sünder als den von ihr Angesprochenen nicht in den Gottesdienst hineinnimmt, weil dieser nur zur Selbsterbauung der Gerechten dienen soll, wird die Existenz der Kirche und ihres Gottesdienstes gefährdet. Die Differenzierung der gottesdienstlichen Gemeinde in kleineren Gruppen mit eigenen gottesdienstlichen Ordnungen könnte die Befürchtung nähren, daß hier der Weg zu einer Isolierung bereitet würde. Dies könnte als ein Wiederaufleben der alten pietistischen *ecclesiolae*-Problematik erscheinen. Das Bedenken ist sicher berechtigt und muß berücksichtigt werden. Jedoch kann man darauf hinweisen, daß der Versuch der Bewahrung einer Einheitskultur (und konsequenterweise eines tradierten Einheitsgottesdienstes) niemals Ideal lutherischer Theologie gewesen ist. Die Einführung der Muttersprache in den Gottesdienst war eben dafür ein Beweis.

In einer pluralistisch differenzierten Welt ist es geradezu unmöglich, der Kirche die Mittel zu verweigern, mit denen sie in diese Welt eintreten kann. Wollte man dies tun, würde man aus der Kirche eine von den Menschen heutiger Zeit und Welt abgesonderte Gruppe machen, die aber ihre Abgrenzung nicht aus dem Evangelium, sondern aus dessen Gestaltwerdung in einer früheren Kultur sichern möchte. Das Befremden gegenüber einer gewissen traditionellen Liturgie bedeutet noch keineswegs die mangelnde Bereitschaft, das Evangelium in einer in neueren Kulturformen inkarnierten Gestalt anzunehmen. Die Offenheit gegenüber dieser Problematik, wie man sich der Welt anzunehmen habe, halten aber heute Vertreter dieser Haltung oft in einem gewissen Abstand zu einer in sich selbst geschlossenen Gemeinde, die eben nicht überzeugend als gottesdienstliche Gemeinschaft ihren Weg in die Welt findet. Die Gemeinschaft der Gesamtkirche kann heute eben deshalb von diesen kleineren Gruppen profitieren, weil die vielseitigen Aufgaben, die Rechtfertigungsbotschaft in alle Welt zu bringen, nach den jeweiligen Gnadengaben verteilt werden, die aufeinander angewiesen sind. Stellvertretend können so die Christen miteinander für die Welt eintreten und die „Annahme der Sünder" in differenzierten gottesdienstlichen Veranstaltungen wahrnehmen. Die lutherische Theologie muß dort ihre eigenen Intentionen entdecken und begrüßen können, wo die Gottesdienste nicht der Selbstrechtfertigung der Gemeinde dienen, sondern der Rechtfertigung der Verlorenen, unter denen die Glieder der Gemeinde sich ja selbst auch befinden.

Die Einheit des Gottesdienstes der Gesamtgemeinde würde erst dann gefährdet, wenn die Differenzierung nicht als notwendiger Dienst der verschiedenen Gnadengaben zur Erbauung des einen Leibes Christi verstanden und gewertet würde. Die Rechtfertigungsbotschaft müßte somit in Demut die verschiedenen Gaben aneinandergereiht betrachten und als Werk des Hl. Geistes die Einheit befestigen.

2. *Der liturgische Aspekt.* Der lutherische Ansatz konnte, was die liturgische Gestalt betrifft, zunächst als „konservativ" angesehen werden. Er war gegenüber den alten Ordnungen weitgehend tolerant und brachte nur Korrekturen am Bestehenden an. Wenn sich die heutige Neubesinnung auf die Aufgabe des Gottesdienstes sogar von der traditionellen Struktur der Ordnungen freimacht, wird dies manchmal als „Bruch" mit der Tradition der Väter und folglich als unzulässig angesehen. Nun muß man natürlich die Motive eines solchen Verfahrens genau prüfen, um ein rechtes Urteil fällen zu können.

Die Reformation war liturgisch „konservativ", weil sie eine in den Gottesdienstordnungen der Kirche aufgewachsene und an diese gewöhnte Gemeinde vor sich hatte. Die mittelalterliche Liturgie war das Erbe, das am Ausgangspunkt der Liturgiereform stand. In einer säkularisierten Welt liegt aber keinesfalls ein Bruch mit der Tradition vor, wenn ein anderer Anknüpfungspunkt gesucht wird, da es sich um Menschen handelt, die aus der alten Tradition entweder nichts mitgebracht haben oder ihren Ausdrucksformen fremd gegenüberstehen. Man darf deshalb die radikal neuen Versuche einer gottesdienstlichen Gestalt für unsere Zeit schon nicht *ab ovo* als „unlutherisch" oder sogar „schwärmerisch" ansehen.

Gewiß, die Reformationszeit hat den Versuch abgewiesen, eine neutestamentliche Ordnung des Gottesdienstes in biblizistischer Weise zu rekonstruieren. Damit wäre nur ein Werk (= die „rechte Ordnung") aufgerichtet, da Einheit in Zeremonien zur Einheit der Kirche nicht notwendig ist (CA 7).

Wenn sich heute neue Ordnungen an biblischen Vorbildern orientieren, so handelt es sich zunächst um etwas anderes. Der Versuch wird gewagt, den heutigen (säkularisierten) Menschen mit der Ursituation der Gemeinde, mit dem Wirken Jesu und seines Hl. Geistes zu konfrontieren. Deshalb ist es legitim, daß die neue Gemeinde im Glauben neue, geeignete Gestalten sucht, um ihren Gottesdienst zu feiern. Eine neuschöpferische liturgische Tätigkeit ist mit dem lutherischen Ansatz nicht unvereinbar. Daß sie mit dem Glauben der Gemeinde in allen Zeiten übereinstimmen sollte, ist zwar selbstverständlich, aber dieser Konsensus ist an der liturgischen Ordnung selbst nicht ablesbar. Für eine solche Ordnung können nur ganz allgemeine Richtlinien gelten, die konkret die Einsetzung durch den Herrn der Kirche sichern sollen.

Die Botschaft des Evangeliums von der Rechtfertigung in Jesus Christus ist eine Gabe göttlicher Offenbarung. Sie wird von außen an den Menschen herangetragen *(iustitia aliena)*. Darum muß der Gottesdienst in seiner Grundstruktur diese Hinwendung Gottes zur Menschheit widerspiegeln. Evangelium erwächst nicht aus menschlichen Überlegungen, sondern ist in der Geschichte Jesu und seines Hl. Geistes vorgegeben. Ein Gottesdienst entsteht folglich auf göttlichen Befehl und nicht als Produkt des Menschen, nicht aus der aktuellen Situation des Menschen, sondern aus der Geschichte Gottes mit seinem Volk. Der Aktualitätsanspruch des Gottesdienstes besteht nicht in sich selbst, sondern darin, daß die Aktualität mit Gottes geschichtlichem Wort konfrontiert wird. So ersetzt ein Zeitungsartikel oder eine Analyse der Situation der Menschheit (politische oder ökonomische Probleme) nicht die Vermittlung des in der Hl. Schrift verkündeten Gotteswortes. Das Empfangen des Evangeliums „von außen" (d. h. ohne daß eine logische oder experimentale Methode darauf schließen könnte) ist die Grundlage eines jeden Gottesdienstes im Sinne lutherischer Theologie. Deshalb wird die menschliche Antwort auf Gottes Handeln eine Liturgie prägen, die die Sprache des Lobgesangs der Beschenkten entwickelt. Sie ist wesentlich unterschieden von manchen gottesdienstlichen Experimenten, die ihren Ausgangspunkt lediglich beim Menschen und seiner Situation nehmen. Es ist nicht zu bestreiten, daß viele für den Gottesdienst der heutigen Gemeinde erarbeiteten Liturgien in ihren einzelnen Bestandteilen von dieser Grundregel wenig wissen und den Menschen in einer Weise in den Mittelpunkt stellen, die Gott nicht zu Worte kommen läßt. Manche zeitgenössischen Gottesdienstexperimente sind folglich von der einfachen Sprache des empfangenden Menschen abgewichen, weil sie an seine Stelle rationale Ausdrucksformen des sich selbst analysierenden Menschen (unter dem Namen des Gebets und der Meditation) gesetzt haben. Liturgie ist aber keine Intelligenzprobe der Gemeinde, sondern Darreichung der Heilsgabe und schlichte Danksagung für die empfangene Gabe. Dies kann sich in wechselnden Formen, an die jeweilige Situation der Gemeinde angepaßt, vollziehen. Die Chance der gehorsamen Neuschöpfung ist einer Generation gegeben, in der Menschen das Evangelium in ursprünglicher Frische empfangen.

Die Kirche des Gottesdienstes

Die lutherische Kirche hat in ihrer Geschichte aus theologischen Grundentscheidungen gelebt, die dem Gottesdienst einen vorrangig ekklesiologischen Ort angewiesen hat. In der *Confessio Augustana* wird Kirche so definiert: *Est autem ecclesia congregatio sanctorum*, in qua *evangelium pure docetur et recte administrantur sacramenta* (Art. 7). Kirche wird hier von ihrer *gottesdienstlichen* Funktion her verstanden. Sie ist durch den Gottesdienst konstituiert, der in der Gemeinde gehalten wird. Die *congregatio sanctorum* selbst entsteht also aus dem Gottesdienst. Sie lebt und wächst darin. Will man Kirche finden, muß man den Gottesdienst aufsuchen. In diesem Sinne ist Kirche kein Abstraktum, sondern konkrete Funktion: Gottesdienst der Gläubigen. Die Frage nach dem rechten Gottesdienst (und damit der wahren Kirche) wird in der lutherischen Tradition mit aller Schärfe gestellt. Eben weil sie ekklesiologisch begründet ist, kann sie niemals auf die Frage der liturgischen Ordnung beschränkt werden. Ordnungen werden als Produkte der Wortverkündigung und der Spendung der Sakramente verstanden. In dieser Perspektive sind sie „äußerliche Dinge", die ihren Wert nicht in sich selbst, sondern in ihrem Gebrauch im Glauben finden. Deshalb sind die Ordnungen variabel und dürfen im Zuge geschichtlicher Wandlungen auch verschiedentliche Gestalten gewinnen (vgl. Schlußwort Luthers zur „Deutschen Messe"). Konstant ist der Gottesdienst des Wortes und der Sakramente, in ihm wird Kirche zum Heil der Menschheit faßbar. In diesem Sinne ist der Gottesdienst als sakramentales Leben der Heilsteilhabe verstanden worden, und unter diesem Gesichtspunkt haben sich die lutherischen Kirchen seit der Reformationszeit mit ihm beschäftigt — und zwar höchst intensiv. Schon mit Luthers Ansatz gottesdienstlicher Reformen war die Heilsfrage eng verbunden. Der Dienst der Versöhnung durfte nicht verraten werden. Das Wort des Evangeliums und das sakramentale Zeichen mußten unangetastet in Geltung bleiben und „Reizung zum Glauben" werden.

In den dialektischen Wandlungen der Geschichte gottesdienstlichen Lebens in den lutherischen Kirchen sind freilich aus der Grundentscheidung der lutherischen Reformation heraus verschiedene Akzente des Gottesdienstes hervorgetreten und betont worden. Solange diese Wandlungen die göttliche Einsetzung nicht angetastet haben, konnten sie mehr oder weniger den lutherischen Ansatz bewahren. Erst dort, wo die Fundamente des Gottesdienstes durch Abwertung der Sakramente oder durch mißverständliche Verkündigung angetastet wurden, kann man von einer „Auflösung des Gottesdienstes" sprechen. Doch ist diese nicht einfach an den gottesdienstlichen Formen ablesbar.

Der lutherische Gottesdienst hat sich folglich nicht unverändert von der Geschichte gehalten. Er ist indes durch manche Auseinandersetzungen lebendig geblieben und gerade in unserem Jahrhundert sowohl erneuert wie durch Neubesinnung auf die ekklesiologische Bedeutung mit den Bestrebungen in der gesamten Ökumene in Beziehung gesetzt worden. Sein entscheidender Ansatz, nämlich die Heilsteilhabe in Verkündigung und Sakramentsdarreichung durch den Glauben an das Evangelium, wurde festgehalten. Dieser Ansatz kann auch in der Neubesinnung auf die gottesdienstliche Gestaltung in der heutigen Welt eine grundlegende Bedeutung gewinnen. Die Geschichte wird uns aber lehren, daß dies selbst innerhalb der lutherischen Kirche als eine bleibende Aufgabe angesehen werden muß.

IX. Kapitel

TYPEN LUTHERISCHER FRÖMMIGKEIT

ANDREAS AARFLOT

Es besteht ein zunehmendes Interesse an der inneren Dimension der Geschichte der Kirchen, die sich in den verschiedenen Ausdrucksweisen geistlichen Lebens widerspiegelt. Die institutionelle Seite der Kirche oder der Einfluß ihrer großen Persönlichkeiten haben eine lange Zeit hindurch mehr Beachtung gefunden als die verborgenen Strömungen, die das Leben der Gläubigen in der Kirche tragen.

Da wir in diesem Aufsatz den Versuch unternehmen wollen, einige der Typen lutherischer Frömmigkeit zu untersuchen, sollten wir uns zuerst einmal Gedanken über die Schwierigkeiten eines solchen Unternehmens machen. In methodischer Hinsicht besteht die Schwierigkeit zunächst darin, zuverlässige Quellen zu beschaffen. Das innere Leben einer Kirche, wie es sich im geistlichen Leben ihrer Glieder äußert, ist nur selten in der gleichen objektiven Weise erfaßbar wie andere Faktoren, die die Geschichte der Kirche bestimmen.

Wenn wir nach *Ausdrucksformen* der Frömmigkeit suchen, so können wir sie teils in schriftlichen Dokumenten wie Briefen, autobiographischen Aussagen, Erbauungsbüchern, Gebeten und Liedern finden, teils in Formen der Gemeindearbeit, in religiösen Bräuchen, im gemeinsamen traditionellen Lebensstil, in sittlichen Grundsätzen usw. Die Hauptquelle, auf die diese Studie sich bezieht, ist dasjenige Material, in dem die geistlichen Erfahrungen, Bedürfnisse und Anliegen der verschiedenen Altersstufen sich widerspiegeln, das heißt, die Literatur, die der persönlichen Frömmigkeit oder dem gemeinsamen gottesdienstlichen Leben gewidmet ist. Doch darüber hinaus möchten wir auch die bewußtere theologische Analyse und Beschreibung des inneren Lebens eines Christen miteinbeziehen und versuchen, die Haupttendenzen in diesem theologischen Material aufzuzeigen.

Wenn wir zunächst nach einer *Definition* des Begriffes „Frömmigkeit" suchen, dann gibt es auch hier verschiedene Möglichkeiten: die eine Begriffsbestimmung geht – in der Tradition Schleiermachers – von einem religiös-psychologischen Verständnis aus. Demnach wird Frömmigkeit als die rein subjektive Seite der Religion verstanden, als das Gefühl der „schlechthinnigen Abhängigkeit" Gott gegenüber.

In einem weiteren Sinne kann Frömmigkeit als ein Phänomen beschrieben werden, das die verschiedenen menschlichen Ausdrucksformen einer tatsächlichen Unterwerfung unter das Wort Jesu Christi umfaßt. Es ist die Antwort des christlichen Glaubens auf den Anspruch Gottes — in Lob, Danksagung und Bitte, durch Wort und Tat (I. Röbbelen). In gewisser Hinsicht mag der Begriff „Spiritualität" brauchbarer sein. Er scheint ein weiteres Feld von Assoziationen zu umfassen und ist „neutraler" im Hinblick auf die subjektiven und objektiven Faktoren der Frömmigkeit. In dieser Untersuchung werden die beiden Begriffe abwechselnd — ohne klare Unterscheidung — gebraucht.

Der Schwerpunkt der lutherischen Reformation: gemeinschaftliche und objektive Spiritualität

Martin Luthers Ausführungen zum Leben eines Christenmenschen haben einen eindeutig personalen Charakter. Im Grunde genommen bot immer die eigene Erfahrung — das Ringen seines Herzens um „einen gnädigen Gott" — die existentielle Dimension für seine Beschreibung des geistlichen Lebens des Menschen.

Aus seiner eigenen Erfahrung heraus legte Luther den Nachdruck auf das reuige Herz und die Tiefe des persönlichen Sündenbekenntnisses. Der „überaus harte Kampf gegen die Verzweiflung" (Apol. 20, 8) wird als die notwendige Voraussetzung für die echte Erfahrung der rechtfertigenden Gnade Gottes verstanden. Die triumphierende Freude eines Christen, der siegreiche Glaube kann nie voll und ganz erfahren werden ohne das Wissen von der Sünde als einer Wirklichkeit, zu der der Mensch in Ewigkeit verdammt ist, wenn er nicht in Ewigkeit durch die Vergebung der Sünden, die Christus zuteil werden läßt, davon befreit wird. Der Glaube ist das einzige Mittel, um die Gnade Gottes zu empfangen. Die Beziehung zwischen Gnade und Glaube kommt klar in der Terminologie zum Ausdruck, in der Luther seine Rechtfertigungstheologie dargelegt hat.

Gottes Gnade wurde als *favor* verstanden — die barmherzige Zuwendung zum Menschen —, und die Korrelation dazu im Herzen des Menschen war der Glaube als *fiducia*, das heißt Vertrauen, die kindliche, furchtlose Annahme der göttlichen Heilstat.

Diese demütige, gläubige Hingabe des Menschen an die verheißende Gnade Gottes ist in Luthers Theologie der einzig mögliche Ausdruck der Frömmigkeit. Zugleich schließt diese Haltung eine geistliche Wirklichkeit mit ein, die gewöhnlich als Heiligung bezeichnet wird. Die neue

Geburt und der neue Gehorsam sind Teil der Rechtfertigung. Dazu gehört auch eine neue Dimension der Freiheit, eine freudige Zuversicht, eine triumphierende Gewißheit der Zugehörigkeit zur Gemeinschaft Christi.

In diesem Sinne kann Heiligung im Denken Luthers nie etwas anderes sein als ein neuer Anfang. Das Leben eines Christen ist immer und in jeder Hinsicht von der Gnade Gottes abhängig. Von Gott her gesehen wird die Gnade in Beziehung zur Sündenvergebung als *favor* und in Beziehung zur Heiligung als *donum* — die Gabe Gottes als neue Lebenskraft — beschrieben. Doch in beiden Fällen ist die einzig angemessene Haltung des Menschen der Glaube. „Glaubstu, so hastu" ist die bekannte Formulierung Luthers in seiner Schrift „Von der Freiheit eines Christenmenschen" (WA 7, 24, 13). Außerhalb der Dimension des Glaubens stehen selbst die guten Werke eines gerechtfertigten Christen in der Gefahr, zu Todsünden zu werden (WA 2, 410, 35 ff.; 8, 68, 25 ff.).

Das Fortschreiten im christlichen Leben — die eigentliche „Frömmigkeit" — ist nur durch den Glauben möglich. Es ist immer ein „Neuanfang" — der Fortschritt besteht nicht in einer zunehmenden Lebensqualität, sondern in einer immer vollständigeren Auslieferung in die barmherzige Hand Gottes. „Fortschreiten heißt, immer von neuem beginnen" *(Proficere hoc est semper a novo incipere),* sagt Luther in der Römerbriefvorlesung (WA 56, 486, 7).

Und doch ist es ein Fortschreiten und keine wilde Flucht. Aber der Fortschritt kann nicht mit psychologischen Maßstäben gemessen werden. Es gibt keine faßbare fortschreitende Evolution der menschlichen Natur von der einfachen Offenheit gegenüber der Gnade Gottes bis hin zu einem Zustand, der als eine wirkliche Leistung menschlicher Frömmigkeit betrachtet werden könnte. Es geht nicht um einen Fortschritt im Bereich der menschlichen Fähigkeiten. Und dennoch ist das Leben eines Christen eine unermüdliche Wanderung. Es gibt einen Ausgangspunkt und ein Endziel. Doch dies sind Faktoren, die ihre Wurzeln in einer objektiven Wirklichkeit haben, die außerhalb der inneren Erfahrung des Menschen liegt. Das Leben eines Christen ist ein Vorgang, der vom „Auftauchen" aus der Taufe zur Auferstehung des Leibes führt.

Da dieses Endziel nur verstanden werden kann, wenn man es im Zusammenhang mit dem eschatologischen Heil sieht, ist auch das Leben eines Christen immer in dieser eschatologischen Dimension zu sehen. Die Entfaltung der Frömmigkeit und das „Wachsen" der Heiligung kann nie etwas anderes sein als die ständige Rückkehr zur „fremden" Gerechtigkeit, zur Rechtfertigung, die dem Sünder durch Glauben aus

Gnaden zuteil wird. Das ist die „Glaubens-Struktur" der christlichen Frömmigkeit, wie sie in der lutherischen Reformation verstanden wird.

Diese „Glaubens-Struktur" hat jedoch ihre funktionellen Formen, in denen die Frömmigkeit im Leben des einzelnen Christen und im Gemeinschaftsleben der Gläubigen Gestalt annimmt. Die Praxis der Frömmigkeit äußert sich in Gebet, Liebe und guten Werken. All dies wird als vom Hl. Geist bewirkt verstanden. Der Geist des Gebetes hat im Glauben seine Entsprechung. Der Geist der Gnade hat seine Entsprechung in der Liebe. Und die guten Werke werden als Früchte des Geistes verstanden.

Der Geist Gottes heiligt den Christen entsprechend der ersten und zweiten Gesetzestafel. In seiner Abhandlung „Von den *Conciliis* und Kirchen" (1539) spricht Luther von den verschiedenen Mitteln, durch die der Hl. Geist der Welt die wahre Kirche offenbart. Hier gebraucht er den Begriff „Heiltum" (WA 50, 629, 13 und 643, 2), um die Qualität der verschiedenen Gnadenmittel und Lebensäußerungen der Gläubigen in der Kirche zum Ausdruck zu bringen. Das Wort bezeichnet etwas, was mit dem Heil zusammenhängt, beinhaltet jedoch zugleich die Vorstellung des „Heilseins" oder eines „Heilmittels", einer Arznei, durch die die Gesundheit wiederhergestellt werden kann.

In Luthers eigener Theologie wird der Begriff im Zusammenhang mit seinem Verständnis des Lebens eines Christen als eine „Genesung" angewandt. Die Therapie ist vom Arzt verordnet worden, und der Patient ist ganz und gar in seine Hände ausgeliefert. Seine endgültige Gesundung kann nur durch den Glauben bewerkstelligt werden. Indem er dem Arzt und seiner Anweisung vertraut, kann der Patient schon seiner vollständigen Heilung sicher sein.

In diesem Heilungs- oder Heiligungsprozeß ist der Christ auf die Quellen der Gnade Gottes im Leben der Gemeinde angewiesen. Der „gemeinschaftliche Aspekt" der Frömmigkeit ist ein wesentlicher Zug in der Theologie der Reformation. In seinen Schmalkaldischen Artikeln zählt Luther unter den Segnungen Gottes durch das Evangelium auch das auf, was er „wechselseitige Unterhaltung und Tröstung der Brüder" *(mutuum colloquium et consolatio fratrum*, III, 4) nennt. Eine wesentliche Dimension der Frömmigkeit besteht bei Luther darin, daß sie in enger Beziehung zur christlichen Gemeinde und zur Praxis des Glaubens und der Liebe steht, die aus der sakramentalen Gemeinschaft erwachsen. Darum werden die „Arzneien" des Hl. Geistes — die Mittel, durch die er die Gläubigen heilt — mit den *„notae ecclesiae"* gleichgesetzt, das heißt das Evangelium, die Sakramente, das Predigtamt und die

„Schlüsselgewalt" sowie Lob, Gottesdienst, christliche Erziehung und die Gemeinschaft unter dem Kreuz (Von den *Conciliis* und Kirchen, 1539).

Die Frömmigkeit, die christliche Spiritualität oder die Praxis des christlichen Glaubens kann nie von der sakramentalen Gemeinschaft getrennt werden, in der Gottes Gnade am Werk ist: die Kirche als der Leib Christi. Das Gefühl der Ganzheitlichkeit, der Gemeinschaftsaspekt des Glaubens oder das kollektive Element des Christentums ist für das lutherische Verständnis von Frömmigkeit wesentlich.

Auf diesem Boden wächst die Praxis eines frommen Lebens wie Früchte an einem Baum — Gebet, Lobpreis und gute Taten sind Zeichen für das Wirken des Geistes im Leben eines Christen. Die Formen der Frömmigkeit werden in der Dialektik von Glauben und Liebe gesehen. Das ist das Grundverständnis von Spiritualität in der lutherischen Reformation.

Wenn Heiligung als das Wirken des Hl. Geistes verstanden wird, der die Menschen im Sinne der ersten und zweiten Gesetzestafel heiligt, dann kann die Frömmigkeit nicht allein auf den geistlichen Bereich des Lebens beschränkt werden. Die Qualität eines Christen offenbart sich im täglichen Berufsleben. In dieser Hinsicht verurteilt Luther den römisch-katholischen Gedanken des monastischen Lebens als Idealform geistlichen Tuns. Als Christen sind wir dazu berufen, Gott und unserem Nächsten zu dienen — im Kontext unseres täglichen Ringens um Erfüllung des göttlichen Willens, daß wir ein wahrhaft menschliches Leben führen (WA 10, I, 309, 14 ff.).

Dieser Gedankengang hängt eng zusammen mit der Vorstellung der dreifachen Lebensordnung, wie sie in den „Ständen" zum Ausdruck kommt: die Familie, die Obrigkeit und das öffentliche Amt von Wort und Sakrament in der Kirche. Diese vorgegebenen Lebensstrukturen in ihrer gegenseitigen Abhängigkeit bilden den Rahmen, innerhalb dessen die wahre Spiritualität des Menschen entfaltet und verwirklicht werden kann.

Neue Tendenzen in der nach-reformatorischen Frömmigkeit: Individuelle Erfahrung und psychologische Beschreibung des geistlichen Lebens

Die Entwicklung der lutherischen Frömmigkeit in der Zeit nach der Reformation ist stark von der Theologie Philipp Melanchthons her beeinflußt. Die wesentliche Akzentverschiebung zeigt sich im neuen Bußverständnis. Während bei Luther die Buße aus zwei Teilen besteht, der

Reue und dem Glauben, hat Melanchthon ein drittes Element hinzugefügt: den neuen Gehorsam. Und während Luther die Heiligung als
einen wesentlichen Teil der Rechtfertigung verstand, neigte die nach-
reformatorische Theologie dazu, eine logische Unterscheidung zwischen
diesen beiden Faktoren zu machen. Das führte dann zu einer zeitlichen
Trennung von Rechtfertigung und Heiligung in zwei unterschiedliche
Vorgänge. Daraus entwickelte sich schließlich ein kompliziertes System
des *ordo salutis* – ein Versuch, die verschiedenen psychologischen
„Schritte" in der Entwicklung des christlichen Lebens nachzuzeichnen.
Werner Elert hat darauf hingewiesen, daß die Theologie der lutherischen Reformation ein Menschenbild hat, das eine doppelte Subjektivität umfaßt, einmal auf den „Glauben" und einmal auf die „Psyche"
bezogen (Morphologie des Luthertums, Bd. I, S. 123 ff.). Die Glaubens-
Subjektivität ist das transzendentale Ich. Es ist völlig leer, einfach ein
punctum mathematicum. Die Gerechtigkeit, die durch das Glaubens-
Subjekt erlangt wird, ist im strengsten Sinne eine fremde *(aliena)* oder
angerechnete Gerechtigkeit.

Die psychologische „Subjekt-Seele" andererseits kann die transzendentale Wirklichkeit nur als Anklage *(accusatio)* erfahren. Es ist das er-
schrockene Gewissen des Menschen (CA 20, 15), das seine natürliche
menschliche Psychologie verrät. Von diesem letzten Begriff her haben
die orthodoxen Theologen ihr Konzept der „Heilsordnung" entwickelt.

Ein charakteristischer Grundzug in der orthodoxen Theologie der
Frömmigkeit ist der Begriff der *unio mystica.* Als letztes Ziel des geistlichen Lebens gilt es, auf mystische Weise mit Christus oder Gott vereint zu sein. Das Erbe der mittelalterlichen römisch-katholischen Mystik
ist in einem großen Teil der Erbauungsliteratur dieser Zeit unverkennbar. In dieser Hinsicht ist besonders Johann Arndt (1555–1621) er-
wähnenswert. Doch selbst in Liedern aus der Zeit von 1550 bis 1650
sind Tendenzen und Entwicklungen auf eine mehr innerlich ausgerichtete Frömmigkeit klar erkennbar.

Die Auswirkung dieser Entwicklung auf das Verständnis und die Darstellung der christlichen Frömmigkeit kann in folgenden Punkten aufgezeigt werden:

1. Es wird ein besonderer Nachdruck auf die *persönliche Buße* gelegt.
Von dem Frommen wird erwartet, daß er seine eigenen Fehler und Sünden in seinem Herzen oder im Angesicht seiner Glaubensgenossen be-
klagt. In den Liedern dieser Zeit findet man viele Zeichen einer tränen-
reichen Selbstverurteilung, die gelegentlich den Charakter einer Selbst-

geißelung annimmt. Eine oft affektierte Wehklage über die eigene natürliche Situation hat die mittelalterliche monastische Praxis der Selbstbestrafung ersetzt. Ein Tränenfluß ist an die Stelle des durch die Mönchspeitsche vergossenen Blutes getreten.

Doch dieses Empfinden geht oft mit einer nachdrücklichen Betonung des neuen Lebens Hand in Hand. Man sieht in der Buße nur dann einen Wert, wenn sie zu einer Erneuerung des eigenen Lebens führt. Während Luther die wahre Buße als die passive Form der Selbstanklage verstand (Schm. Art. III, 2), betonte sowohl die orthodoxe Theologie als auch der spätere Pietismus die aktive Haltung, die für den neuen Gehorsam kennzeichnend ist. Dadurch, daß die Heilung des Menschen auf diesen neuen Ausgangspunkt bezogen wurde, kam es zur akuten Gefahr des Synergismus.

2. Diese Tendenz hängt eng mit einer zunehmenden *Skepsis gegenüber den Möglichkeiten des natürlichen Menschen* zusammen, seine Bestimmung in dieser Welt zu erfüllen. Einerseits gibt es noch beredte Spuren des unerschrockenen lutherischen Glaubens an Gott, den Schöpfer und Erhalter der Welt. Andererseits ist diese Einstellung oft mit einem gewissen Fatalismus verbunden, was die Möglichkeiten des Menschen innerhalb der Grenzen seines irdischen Lebens betrifft. Der Tod wird als das unumstößliche Schicksal des Menschen verstanden. „Wir beginnen zu sterben an dem Tag, an dem wir geboren werden", so heißt es in einem der Erbauungsbücher der damaligen Zeit. Das Porträt Epikurs hat in vielen geistlichen Schriften dieser Zeit Gestalt angenommen.

Diese im großen und ganzen düstere Grundstimmung des Lebens hatte eine gewisse Askese zur Folge, eine Verleugnung des Lebens in dieser Welt und die Sehnsucht nach einem rein geistlichen Leben in einer anderen Welt. Diese Einstellung enthält gewisse Elemente einer neuplatonischen Anthropologie; und man wird an den Dualismus der alten Gnostiker erinnert, wenn man bestimmte Passagen der asketischen Literatur oder manche Zeilen aus Liedern dieser Zeitepoche liest.

Zugleich entspricht die Spiritualität der Orthodoxie in ihrem Grundton in vieler Hinsicht dem Empfinden zeitgenössischer Barock-Dichter. Ein gewisser Pessimismus, eine negative Distanz zur Welt, eine Art Melancholie und Einsamkeit des Herzens — dies sind Faktoren, die für die Lebenseinstellung sowohl der barocken als auch der orthodoxen Spiritualität kennzeichnend sind. Das Grundgefühl der damaligen Zeit kommt treffend in dem alten Spruch des Predigers zum Ausdruck: „Es ist alles ganz eitel" (Pred. 1, 2).

Manchmal wird der Mensch als ein Spielzeug in der Hand Gottes beschrieben. Gott spielt mit dem Schicksal der Menschheit. Er scheint nur widerstrebend zu helfen. Er gibt sich zornig und vorwurfsvoll den Menschen gegenüber. Und dennoch ermahnt der fromme Dichter seine Leser, ihr Vertrauen in Gott zu setzen. Sein Vorhaben ist immer gut. Das erinnert an die bekannte Idee der *larvae Dei* — der Masken Gottes — in Luthers Theologie. Doch die ernsthafte Anwendung dieser Vorstellung in den Schriften Luthers ist so verwässert worden, daß dabei wenig mehr herausgekommen ist als ein stoischer Fatalismus, der in das Vokabular orthodoxer Frömmigkeit gekleidet ist.

3. Ein anderer Zug der orthodoxen Spiritualität besteht darin, *vor einer veräußerlichten Form christlicher Glaubenspraxis zu warnen*, die als Deckmantel für eine unverbindliche religiöse Haltung dienen könnte. Der deutsche Schriftsteller H. Müller warnt vor den vier trügerischen „Kirchen-Idolen" in Gestalt der Kanzel, des Taufbeckens, des Beichtstuhls und des Altars. Die Betonung wird auf die Ernsthaftigkeit der persönlichen Glaubensbeziehung zu Gott gelegt. Das Bemühen des eigenen Herzens um echte Zeichen der Buße und eines lebendigen Glaubens wird wesentlich. Die Frömmigkeit wird stärker mensch-bezogen. Der schwedische Bischof J. Svedberg (1653—1735) spricht von der Notwendigkeit einer *theologia realis* anstelle der *theologia verbalis*.

4. Ein weiteres Merkmal dieser gleichen Entwicklung ist der stärker werdende *Appell an den menschlichen Willen*. Diese Tendenz tritt besonders in der sogenannten „englischen Predigt-Tradition" des späten 17. Jahrhunderts zutage. Dieser Tradition lag der Gedanke zugrunde, daß eine Predigt die Aufmerksamkeit der Zuhörer durch den Gebrauch schlagwortartiger Aussprüche, unerwarteter Textanwendungen, Illustrationen usw. wecken sollte. Alle diese Elemente sollten zum Appell an den Willen, zur Ermahnung führen, eine ernsthafte Änderung des Lebens vorzunehmen. „Gott ist gewillt, wenn ihr gewillt seid" — mag ein treffender Ausdruck dieser Tendenz sein.

Die „englische" Tradition hat auch einen starken Einfluß auf lutherische Pastoren gehabt, deren Predigten nach demselben Muster aufgebaut waren. In gewissem Sinne entsprach das Interesse dieser Prediger dem Schwerpunkt der Theologie von J. Arndt, dessen „Vier Bücher vom wahren Christentum" (1606) die Wiederherstellung der *imago Dei* im Menschen zum Ziel hatten. Von der mittelalterlichen Mystik beeinflußt, zeigte Arndt eine eindeutige Neigung zum Moralismus. Die Gnade wurde nicht mehr als bloße *favor* Gottes verstanden, sondern eher im Sinne der römisch-katholischen Theologie als die wirksame, verwandelnde Kraft des Geistes.

Diese Tendenz ist für einen großen Teil der Erbauungsliteratur dieser Zeit kennzeichnend und findet einen typischen Ausdruck zum Beispiel in Predigten über die Seligpreisungen aus der Bergpredigt (Matth. 5) oder in bestimmten Liedern, vor allem von Paul Gerhardt (1607 bis 1676), in denen das Thema von der neuen Natur des Menschen behandelt wird. In engem Zusammenhang mit dieser Darstellung der Verwandlung der menschlichen Natur steht der Wunsch, wie Gott zu werden oder in einer seligen Gemeinschaft mit ihm vereint zu sein. In vielen Liedern ist der höchste Grad der Glückseligkeit, Gott nahe zu sein, und das christliche Leben das Heilmittel gegen alles menschliche Unheil.

Diese exaltierte Atmosphäre der orthodoxen Frömmigkeit mag in gewissem Maße eine literarische Form gewesen sein. Nichtsdestoweniger deutet sie auf eine gefährliche Akzentverschiebung in der theologischen Grundlegung echter Spiritualität hin. Durch den Appell an den Willen des Menschen und die Beschreibung der Wonne eines frommen Herzens, das sich an der Betrachtung Gottes erfreut, wird das auseinandergerissen, was in der Theologie Luthers fest zusammengehalten war. Für ihn waren Glaube und gute Werke wie Wurzeln, Baum und Zweige. Das Vertrauen auf Gott umfaßte beides, seine rechtfertigende Gnade *und* seine Heiligung. Die Heiligung wurde als etwas verstanden, was in dem gleichen Akt des Glaubens empfangen und bewahrt wurde, in dem der Mensch sich der Vergebung der Sünden öffnet. In der Orthodoxie neigte man dazu, Heiligung in Wirklichkeit als Besserung des Lebens zu verstehen, und die endgültige Heiligung in die Sphäre der glückseligen Gemeinschaft mit Gott zu verlegen. Seltsamerweise bestand in der orthodoxen Theologie sowohl die Gefahr des Moralismus als auch des Quietismus.

Die Beziehung zu den objektiven Gnadenmitteln ist nie klar definiert worden. In dieser Frage gab es jedoch einige Vertreter der theologisch reflektierten orthodoxen Frömmigkeit, die die objektive Grundlage des Heils im Werke Christi „für uns" betonten und das Interesse der Gläubigen zugleich auf die Realität der Gnadenmittel lenkten. Ein trefflicher Vertreter dieser Tendenz war der berühmte Theologe J. Gerhard (1582 bis 1637) mit seiner ausgezeichneten Schrift „*Meditationes sacrae*" (1615).

Wesensmerkmale des geistlichen Lebens im Pietismus

In der Zeit zwischen 1675 und 1750 tritt der Pietismus in der Geschichte der europäischen Kirchen mehr in Gestalt einer Bewegung, einer Tendenz, einer Denk- und Lebensweise in Erscheinung, als in einer fest umrissenen Periode geschichtlicher Entwicklung. Das Erbe, das der Pietismus übernahm, war das geistliche Janusgesicht der Orthodoxie mit ihrem starren Konfessionalismus einerseits und ihrer blühenden Erbauungsliteratur andererseits.

Die historische Situation des Pietismus jedoch war gekennzeichnet durch den Durchbruch des Individualismus, die Sehnsucht nach einer neuen Welt und das wachsende Vertrauen in die Möglichkeiten, die dem natürlichen Menschen in die Hand gegeben waren. In gewissem Sinne war der Pietismus das kirchliche Gegenstück zur Aufklärung mit ihrer Philosophie und ihrem optimistischen Bild von Mensch und Gesellschaft. Will man die typische Denkweise der Spiritualität dieser Epoche untersuchen, dann stößt man auf eine erhebliche Abhängigkeit vom religiösen Denken der vorangehenden Epoche. Es ist aufschlußreich, daß in dieser Zeit mehr Erbauungsbücher aus der Orthodoxie nachgedruckt wurden, als die pietistischen Schriftsteller selbst produzierten. Darüber hinaus ist es bemerkenswert, daß die typisch „pietistischen" Elemente der Theologie und Praxis sehr oft verhältnismäßig unabhängig voneinander an verschiedenen Orten oder Zentren der europäischen Kirche aufgetaucht zu sein scheinen. Die Suche nach der Originalität oder dem schöpferischen Ursprung einer Idee oder eines Brauches erweist sich sehr oft als aussichtslos. Es scheint eine Art „Gemeinsamer Markt" von Ideen und Gedanken und ein bestimmtes allgemeines Denkmuster dieser Zeit gegeben zu haben, die Raum ließen für verschiedene Ausdrucksweisen ein und derselben Spiritualität zu verschiedenen Zeiten und an verschiedenen Orten.

Dazu gehört auch ein gewisser Gedankenaustausch zwischen verschiedenen konfessionellen Traditionen. Es ist eine bekannte Tatsache, daß die englische Erbauungsliteratur des 17. Jahrhunderts in die deutsche lutherische Tradition Eingang gefunden hat. Ein typisches Beispiel ist Lewis Baylys (1565—1631) *„The Practice of Piety"*, das ins Deutsche übersetzt worden ist *(„Praxis Pietatis")* und in zahlreichen Ausgaben auf deutschem Boden erschienen ist. Das Buch diente vielen ähnlichen Büchern der späteren pietistischen Tradition als Vorbild. Selbst die römisch-katholische Mystik ist von bestimmten pietistischen Schriftstellern beeinflußt worden.

Man sollte sich der Tatsache bewußt sein, daß die Frage der Frömmigkeit sowohl im Pietismus als auch in der Orthodoxie öfter indirekt in Form von Schriften, Gebetbüchern, Erbauungsbüchern und autobiographischen Werken behandelt worden ist als in theologischen Abhandlungen. Es ist beachtenswert, daß der Pietismus nicht einen einzigen repräsentativen dogmatischen Denker hervorgebracht hat. Die pietistische Theologie der Bekehrung zum Beispiel ist in den persönlichen Äußerungen A. H. Franckes (1663—1727) über seine geistliche Erleuchtung klarer zum Ausdruck gebracht als in irgendeinem seiner theologischen Bücher. Welches sind nun die wesentlichen Elemente des Frömmigkeitsbegriffes zur Zeit des Pietismus?

1. Zunächst ist eine weitere Abweichung von der lutherischen Tradition im Hinblick auf das grundlegende theologische Gedankengut festzustellen. Die entscheidende Schwerpunktverlagerung geschah von der Lehre der Rechtfertigung durch den Glauben zum Verständnis der Wiedergeburt als der „Wiederherstellung der *imago Dei* im Menschen". In gewisser Weise hat dieser Gedanke sogar in die Orthodoxie Eingang gefunden, vor allem durch J. Arndt. Doch zur Zeit des Pietismus gewann dieser Gedanke an Boden. Während der Schwerpunkt der Theologie der Reformation auf der objektiven Gnade Gottes im Akt der Rechtfertigung lag, richtete sich das Interesse der pietistischen Väter auf die Person, die gerechtfertigt worden war. Während die Orthodoxie die objektive Wirklichkeit des Heils als Gottes Werk am Menschen zum Ausgangspunkt nahm, konzentrierte sich der Pietismus auf die subjektiven Auswirkungen des Heils, so wie sie vom Menschen erfahren werden. Der Begriff „Glaube" war nicht mehr ohne weiteres verständlich. Er wurde durch andere Wörter wie „wahrer" Glaube, „lebendiger" Glaube usw. qualifiziert.

So wurde „Rechtfertigung durch den Glauben" schließlich als grundlegende Verwandlung des Menschen verstanden und nicht wie vorher als Akt der Tilgung der Sünden durch einen Rechtsspruch Gottes. Darin mag man mehr sehen als eine bloße Akzentverschiebung im Verhältnis zur orthodoxen Tradition. Es ist in der Tat so, daß viele pietistische Schriftsteller sich bewußt von der theologischen Position ihrer Vorgänger absetzten, selbst wenn sie in ihrer theologischen Grundposition lutherisch bleiben wollten. Im Gegensatz zur vorhergehenden Theologie wollten sie das Leben mehr als die Lehre, den Geist anstelle der Ordnung, die machtvolle Verwirklichung eines neuen Lebens anstelle einer nominellen Zugehörigkeit zu einer kirchlichen Tradition betonen. Das pietistische Verständnis des wahren christlichen Lebens war in vieler Hinsicht von der apostolischen Kirche inspiriert.

2. Das grundlegende theologische Denken des Pietismus scheint unter anderem zur Folge gehabt zu haben, daß das pietistische Verständnis von Frömmigkeit eine deutlich *individualistische Prägung* bekam. Die Bedeutung des Heils für die Gemeinschaft war nicht ausschlaggebend. Insofern sie in Erscheinung trat, wurde die Gemeinschaft der Gläubigen im Pietismus als eine Gruppe von Einzelnen verstanden, die alle ähnliche Erfahrungen gemacht hatten. Die Kirche war die Summe derer, die jeder für sich wiedergeboren waren und sich versammelten, um ihre Einsichten und Empfindungen auszutauschen.

Der führende dänische Dichter der pietistischen Ära, H. A. Brorson (1694–1764), behandelt die Kirche unter dem Thema „brüderliche Liebe". Die Kirche wird als ein Gebäude, ein Bau verstanden, zu dem die einzelnen Steine zusammengefügt sind. „So vereinigen sich alle frommen Herzen und bilden Gottes wahren Tempel". Diese Vorstellung entspricht der Definition der Kirche im Katechismus eines anderen dänischen Pietisten, E. Pontoppidan (1698–1764): „Die Kirche ist die Gemeinde heiliger Menschen, eine Gemeinschaft und Einheit im Geist". Diese Vorstellung wiederum führte zu einer Spiritualisierung des Verständnisses der Kirche und der Sakramente. Die Betonung lag auf der unsichtbaren Kirche, und die sakramentale Auswirkung der Taufe und des Abendmahls wurde in den geistlichen Gaben gesehen.

So wurden im Pietismus die Wurzeln der Frömmigkeit mehr und mehr in die persönlichen Empfindungen und Erfahrungen des einzelnen Christen verlegt. Der wahre Glaube wurde nicht durch die objektiven Gnadenmittel, sondern durch die innere Beziehung der Seele zum Herrn gespeist. Die Braut-Mystik nahm eine neue Gestalt an: die mystische „Eros"-Frömmigkeit mit ihrer massiven Sinnlichkeit.

3. Ein anderes wichtiges Element in der Frömmigkeit des Pietismus ist seine *Einstellung zur Welt*. Zunächst ist der Pietismus durch ein eindeutig negatives Verständnis des Menschen in seiner natürlichen Umgebung gekennzeichnet. Die menschliche Rasse wird als eine vollkommen verdorbene Menschheit angesehen. Infolgedessen wird die säkulare Gesellschaft als das Wirkungsfeld Satans verstanden. Vom Tode zum Leben kommen — das ist das Heil. Die Qualität des neuen Lebens in Christus nimmt in der pietistischen Literatur eine zentrale Stellung ein. Doch diese Qualität des Lebens wird in der Regel in moralischen Begriffen beschrieben. Das Interesse konzentriert sich oft auf die Notwendigkeit, sich von der Welt fernzuhalten. Frömmigkeit äußert sich in der Enthaltsamkeit gegenüber den sogenannten *Adiaphora*. Wichtig ist die Aufrechterhaltung der Grenze zwischen christlicher Gemeinschaft und Welt.

Doch das ist nicht alles, was zu sagen ist. Wie in der englischen puritanischen Tradition, so fällt auch im Pietismus eine Doppelhaltung gegenüber der Welt auf. Eine merkwürdig optimistische Note findet sich zumindest im Pietismus von Ph. J. Spener (1635—1705), der seine „Hoffnung auf bessere Zeiten" setzt (vgl. sein Buch mit diesem Titel). Das Programm des Pietismus ist als „Weltverwandlung durch Menschenverwandlung" Martin Schmidt) beschrieben worden. Es ist ein deutlicher Wunsch im Pietismus erkennbar, die Welt zu verbessern, Voraussetzungen für eine neue Menschheit zu schaffen und mit den bösen Mächten der Welt zu ringen, um den säkularen Lebensbereich vor der Herrschaft Satans zu bewahren. Das ist die Hauptmotivation für die praktischen Einrichtungen, die der Pietismus zu erzieherischen, sozialen und wirtschaftlichen Zwecken geschaffen hat.

Doch kann man wohl zu Recht sagen, daß in einem Großteil der pietistischen Literatur die Schöpfung Gottes nur geringe Beachtung findet. Der erste Artikel des Glaubensbekenntnisses wird in der Regel nur kurz dargestellt. Es besteht die Tendenz einer Überbetonung der christologischen Elemente im christlichen Glauben. Infolgedessen erfährt die „Hoffnung auf bessere Zeiten" leicht eine christokratische Deutung. Die alte lutherische Theologie der Welt als Gottes gute Schöpfung und des Dienstes im alltäglichen Leben des Christen in seinem weltlichen Beruf als wahre Form der Frömmigkeit ist eine Dimension, die in der Spiritualität des Pietismus fast ganz verlorengegangen ist.

Das Programm des Pietismus für eine bessere Welt enthält eine gewisse apokalyptische Note. Die Verbesserung der Bedingungen des irdischen Lebens, die karitative Arbeit, das Bemühen um bessere soziale Verhältnisse — das alles zielte auf die Verwirklichung des Reiches Gottes. Es waren Zeichen dafür, daß die Herrschaft Christi ernst genommen wurde. In diesem Sinne waren die guten Werke Zeugnisse für die Echtheit des Glaubens der Christen. Zugleich waren sie Ausdruck der Idee einer christlichen Gesellschaft, die das letzte Ziel der pietistischen Obrigkeit war. Zahlreiche Kirchengesetze und Vorschriften für die persönliche und gemeinschaftliche Frömmigkeit zeugen von dem starken Wunsch der Oberen, eine wahrhaft christliche Gemeinschaft auf Erden zu errichten. Welches Motiv auch immer dahinter gestanden haben mag, der sozial-ethische Impuls der pietistischen Frömmigkeit sollte als einer ihrer wertvollsten Beiträge anerkannt werden.

In diesem Zusammenhang ist es interessant festzustellen, daß gerade die Struktur der pietistischen Gemeinschaft ein Zeichen für den Abbruch sozialer Schranken war. Die *collegia pietatis* waren natürlich zunächst und vornehmlich ein Versuch, eine neue gemeinschaftliche Form individueller Frömmigkeit zu schaffen. Sie dienten einem religiösen Ziel und boten Gelegenheit für ein neues Zusammengehörigkeitsgefühl unter der Lenkung des Hl. Geistes und für einen Austausch gemeinsamer Erfahrungen. Nichtsdestoweniger brachten die *collegia pietatis* Menschen verschiedener sozialer Herkunft zu einer aktiven Form der Gemeinschaft zusammen. Es ist bezeichnend, daß der Pietismus vor allem auf Vertreter des Adels und der neuen bürgerlichen Mittelklasse der wachsenden Städte gewirkt zu haben scheint. Auch die soziale Einstellung der pietistischen Geistlichen erweckte eindeutig den Eindruck größerer Aufgeschlossenheit und Kommunikationsbereitschaft als die ihrer orthodoxen Vorgänger. Zugleich scheinen die pietistischen Versammlungen eine Anziehungskraft auf die unteren Bevölkerungsschichten, Arbeitslose, Handwerker usw. ausgeübt zu haben. Diese Tendenz ist noch typischer für das englische Äquivalent zum Pietismus, das heißt die methodistische Erweckungsbewegung mit ihrem starken Einfluß auf die Arbeiterklasse. Die geistliche Verwandtschaft zwischen denen, die von der pietistischen Bewegung berührt waren, scheint stärker gewesen zu sein als die sozialen Unterschiede.

4. Man könnte einen gewissen Widerspruch zwischen dieser mehr nach außen gerichteten Tendenz im Pietismus und der Neigung zur inneren, oft mystischen Kontemplation sehen, wie sie in den Formen der Frömmigkeit zum Ausdruck kommt, die sich in der Literatur dieser Zeit widerspiegeln. Es kann statistisch nachgewiesen werden, daß *die mystische Vereinigung der Seele mit Christus* in den Liedern dieser Epoche das vorherrschende Motiv war (I. Röbbelen). Das Leben des Christus wird als eine Wanderschaft verstanden, die von Trübsal und Heimsuchungen begleitet ist. Von diesem Standpunkt her wird die Welt als ein fremdes Land angesehen, durch das der Gläubige zum himmlischen Land der Freude und des Friedens zieht. Das Heil erfüllt sich in der eschatologischen Dimension, in der vollkommenen Gemeinschaft mit Gott. Doch während der Mensch auf seiner Wanderschaft voranschreitet, sucht die Seele die endgültige Gemeinschaft mit Gott durch mystische Kontemplation und Meditation vorwegzunehmen. Es besteht guter Grund, sich zu fragen, wie diese Haltung der Welt-Mißachtung mit den Elementen des Welt-Aktivismus vereinbart werden kann, von denen vorher die Rede war.

Durch seine meditative Grundstimmung neigt der Pietismus dazu, das Leben und Wirken Jesu Christi stärker zu betonen, als es in der vorhergehenden Zeit gewöhnlich getan wurde. So hat die Theologie des Pietismus einen eindeutig christozentrischen Charakter. Und dementsprechend kann man die Frömmigkeit dieser Zeit auch Jesus-Frömmigkeit nennen.

5. Ein letzter Aspekt lutherischer Frömmigkeit in pietistischem Gewande, der erwähnt zu werden verdient, ist *die universale Dimension der christlichen Gemeinschaft*. Da der Schwerpunkt auf der religiösen Erfahrung des Einzelnen liegt, transzendiert die Gemeinschaft der Gläubigen die konfessionellen Grenzen der jeweiligen Zeit. Es besteht ein ökumenisches Empfinden dafür, daß es gemeinsame Züge im persönlichen Leben von Christen verschiedener theologischer Traditionen gibt.

Das bedeutet nicht unbedingt eine Nichtachtung des eigenen konfessionellen Erbes. Die meisten pietistischen Theologen haben einen betont apologetischen Standpunkt in den theologischen Auseinandersetzungen ihrer Zeit bezogen. Doch mehrere von ihnen unterhielten freundschaftliche persönliche Beziehungen zu Vertretern anderer Denominationen, und einige bezeugten auch offen die Bereitschaft, eine gemeinsame Grundlage zu suchen, um die theologischen Unterschiede miteinander auszusöhnen, zumindest innerhalb der evangelischen Kirchen der Reformation. Doch auf der anderen Seite gibt es zahlreiche Beispiele für eine strenge pietistische Verhaltensregelung, die von den radikaleren Vertretern des Pietismus gefördert wurde. Die gesetzlichen Maßnahmen gegen unkontrollierte Konventikel, die in den skandinavischen Kirchen angenommen wurden, sind ein Beweis für diese Einstellung.

Eine *kritische Beurteilung* der Hauptelemente der pietistischen Frömmigkeit wird bei einer gewissen theologischen Schwäche des Systems ansetzen.

Zunächst ist die Frömmigkeit des Pietismus durch einen verhängnisvollen Individualismus gekennzeichnet. Das kann als eine Verzerrung des lutherischen Objektivismus angesehen werden, der für das Heilsverständnis, wie es in den Bekenntnisschriften der lutherischen Kirche zum Ausdruck kommt, so wesentlich ist. Wenn auch das ursprüngliche lutherische Frömmigkeitsverständnis eine stark persönliche Dimension enthielt, so suchte man doch in der Wirklichkeit des göttlichen Handelns außerhalb des Menschen die Hauptgrundlage für das Glaubensleben. Das ist die „Christus-für-uns"-Dimension.

Doch im Pietismus ist an die Stelle dieser Dimension der „Christus-in-uns"-Begriff getreten, der seinerseits die Frömmigkeit im Herzen des Christen begründete. Die Frömmigkeit wurde zu einem anthropologischen und nicht mehr wesentlich soteriologischen Phänomen, eher zu einer Frage der Psychologie als einer Frage des Glaubens.

Ein zweiter kritischer Punkt mit weitreichenden Konsequenzen ist die Unfähigkeit des Pietismus, die wahre Beziehung zwischen Schöpfung und Heil zu sehen. Das wiederum führt zu einer Vermischung von Gesetz und Evangelium. Die Welt wird nicht mehr als ein Teil der guten Schöpfung Gottes verstanden, über die er durch sein Gesetz herrscht. Das Ziel der Pietisten ist es, die Welt durch das Evangelium zu erobern und die Herrschaft Christi in dieser Welt Wirklichkeit werden zu lassen. Der barthianische Begriff des Reiches Gottes ist in der pietistischen Theologie in mancher Beziehung vorgebildet.

Ein dritter Punkt in der pietistischen Spiritualität, der kritisch beleuchtet werden muß, ist ihre eudämonistische oder utilitaristische Tendenz. Typisch dafür ist die erste Frage in dem oben erwähnten berühmten Katechismus von E. Pontoppidan, dem dänischen Theologen, aus dem Jahre 1737: „Liebes Kind, möchtest du nicht auf Erden glücklich und im Himmel selig sein?" — Natürlich wurde erwartet, daß das Kind antwortet: „O ja, das möchte ich sein!" Aus dieser eudämonistischen Denkweise erklärt sich manches, was von den Pietisten kirchlicherseits im sozialen und wirtschaftlichen Bereich unternommen worden ist. Damit hängt auch die Betonung des Glücks oder der Seligkeit als letztes Ziel der christlichen Frömmigkeit zusammen. Die Beschreibung der seligen Gemeinschaft mit Christus ist ein Thema, das in der pietistischen Literatur immer wieder vorkommt. Theologisch findet dieser Gedanke Gestalt in der mittelalterlichen *fruitio Dei* der Mystik, wo der Wunsch nach Glückseligkeit durch die Gnade befriedigt wird. Das ist weit entfernt vom Dienstaspekt der echten lutherischen Frömmigkeit, wo die Liebe zu Gott nicht in der Lust an Gott, sondern im Dienst für Gott ihren Ausdruck findet.

Einige wesentliche Tendenzen in der späteren lutherischen Frömmigkeit

Es ist schwierig, die spätere Entwicklung des Luthertums unter dem Aspekt der Frömmigkeit zu beurteilen. Mehrere, oft ganz verschiedene Tendenzen konnten in den letzten zweihundert Jahren nebeneinander in Erscheinung treten. Ein erschwerender Faktor ist die Verpflanzung lutherischer Kirchen auf amerikanischen Boden, wo die historische Entwicklung oft ihren eigenen Lauf genommen hat. Auf die Gefahr hin, die Dinge zu sehr zu vereinfachen, werden wir uns auf zwei Tendenzen konzentrieren, die in vielen lutherischen Kirchen in den letzten zweihundert Jahren festgestellt werden konnten.

1. Da ist zunächst eine bewußte *Hinwendung zur sakramentalen Dimension der Kirche* als Grundlage für ein wahrhaft geistliches Leben. Im Zuge des Pietismus und seines ideologischen Gegenstücks, der Aufklärung, fand ein neuer theologischer Akzent Eingang in die Bekenntnistheologie des 19. Jahrhunderts. Eine enthusiastische Liebe zur institutionellen Kirche verband sich mit einer starken Loyalität gegenüber der Kirchenordnung und einer tiefen Ehrfurcht vor der sakramentalen Gnade, wie sie durch das Amt der Kirche verwaltet wird.

Ein auffallendes Element dieser Frömmigkeit war die Tatsache, daß sie nicht einfach die absoluten Traditionen der Kirche als etwas Bewunderns- und Verehrenswertes hinnahm. Vielen Vertretern dieser Frömmigkeit lag die Mission und die soziale Verantwortung der Kirche sehr stark am Herzen. Die diakonischen Einrichtungen von Wilhelm Löhe (1808–1872) in Deutschland oder das soziale Bewußtsein der „jungkirchlichen Bewegung" in Schweden in der ersten Hälfte des 20. Jahrhunderts sind Anzeichen dieser neuen Entwicklung. Die Frömmigkeit des Christen sollte durch häufigen Gebrauch der Sakramente und durch aktive Beteiligung am gottesdienstlichen Leben der Kirche genährt werden. Doch zugleich äußerte sich echte Frömmigkeit in der Bereitschaft, die Nöte der Welt zu lindern.

Es ist kaum daran zu zweifeln, daß diese Art von „Kirchen-Frömmigkeit", wie sie zum Beispiel in einem Buch des schwedischen Schriftstellers und späteren Bischofs Bo Giertz (geb. 1905) zum Ausdruck kommt, in verschiedenen Kirchen bis heute ein bemerkenswertes Element lutherischer Frömmigkeit darstellt. Diese Frömmigkeit wie auch die Theologie ihrer stärksten Verfechter enthält im allgemeinen ein gewisses „hochkirchliches" Element. Doch dieses Element entspricht einer bestimmten konfessionellen Richtung in der vorherrschenden lutherischen Theologie, wie sie in der skandinavischen Tradition von Theologen wie Regin Prenter (geb. 1907) aus Aarhus, Dänemark, und L. Aalen (geb. 1906) von der unabhängigen lutherischen theologischen Fakultät in Oslo, Norwegen, vertreten wird.

Charakteristisch für diese Frömmigkeit ist der Versuch, die gleiche Objektivität in den Mittelpunkt zu rücken, von der die frühere lutherische Spiritualität bestimmt war. Der christliche Glaube, wie auch die Funktionen, in denen das christliche Leben zum Ausdruck kommt, haben ihre Wurzeln in der objektiven Wirklichkeit der Gnade Gottes, die vermittelt wird durch das Wort Gottes als Verheißung und durch die Sakramente als Gaben, durch die der Hl. Geist wirkt.

2. Neben dieser Tendenz kann man verschiedene *Spuren früherer Frömmigkeitsformen* finden. Durch die großen Erweckungsbewegungen in den traditionellen lutherischen Kirchen im vergangenen Jahrhundert sind die pietistischen Formen durch neopietistische Bewegungen erneuert worden Lange Zeit hindurch führten sogar einige der lutherischen Kirchen in Amerika die pietistischen Traditionen ihrer Mutterkirchen auf dem Kontinent fort. Der Pietismus im amerikanischen Luthertum ist bislang noch nicht wissenschaftlich untersucht worden. Im heutigen Luthertum scheint die Neigung zu bestehen, das Erbe des Pietismus zu verwerfen, und zwar meist unter dem Eindruck, daß der amerikanische Pietismus vornehmlich durch negative Standpunkte gekennzeichnet ist. Es trifft wahrscheinlich zu, daß die Pietisten auch oft an Traditionen festhielten, die mit ihrer ursprünglichen Herkunft zusammenhingen. Die Einwanderer brachten heimatliche Vorstellungen und Verhaltensweisen mit und erhielten sie aufrecht, um ihre ethnische Identität zu wahren. Religiöse Traditionen und Frömmigkeitsformen dienten als Verteidigungsmechanismen für ihre nationale Selbstbehauptung.

Auf diesem Hintergrund entstand eine neue Form von Frömmigkeit, teils in dem Versuch, sich von ethnischen Traditionen zu lösen und eine echt „amerikanische" Form des Luthertums zu schaffen, und teils als Antwort auf die neuen Herausforderungen unserer Zeit. Sie hat ihre stärksten Vertreter in den amerikanischen Kirchen, wenn sie auch in Europa nicht ohne Entsprechung ist. Man kann sie als eine „aktivistische" Frömmigkeit bezeichnen, da sie den Nachdruck auf das Handeln des Christen als wahre Äußerung seines inneren Lebens legt. Diese Auffassung hat ihre theologische Basis im Gedanken der christlichen Haushalterschaft und hängt mit bestimmten Maßstäben des sozialen Verhaltens zusammen, die im Denken der Amerikaner vorherrschend zu sein scheinen.

Die kritische Beurteilung dieses Typs von Spiritualität führt zu der Frage nach ihrer Beziehung zur objektiven Realität der Sakramente. Inwieweit macht diese Frömmigkeit wirklich Gebrauch von der sakramentalen Gnade Gottes? Ein weiteres Problem scheint darin zu liegen, wie bei diesem optimistisch wirkenden Versuch, die Welt zu verändern, die Gefahr des Moralismus vermieden werden kann.

Es gibt zweifellos zahlreiche andere Typen lutherischer Frömmigkeit, die man hätte erwähnen können. Es ist auch offensichtlich, daß es viele Abwandlungen der hier dargestellten Frömmigkeitsformen gibt. Es mag sogar Verbindungslinien von einer Form zur anderen geben. Doch in der Geschichte der lutherischen Kirchen sieht man an diesen Formen der Spiritualität, wie schwierig es ist, die ursprüngliche lutherische Tradition fortzuführen, für die die Frömmigkeit ein Wunder ist, das der Hl. Geist im sündigen Menschen vollbringt, indem er sich des Wortes und der Sakramente als „Mittel" bedient, um den Glauben im Menschen zu wirken *„ubi et quando visum est Deo"* (CA 5).

X. Kapitel

AMT UND KIRCHENORDNUNG

GÜNTHER GASSMANN

Eine Standortbestimmung

Bei einer ganzen Reihe von größeren Konfessionsfamilien gehören
deren Amtsverständnis, Amtsstrukturen und Kirchenordnung mit zu
den wesentlichen Elementen, ohne die eine Beschreibung des „Profils"
einer solchen Kirche unvollständig wäre. In einigen Fällen sind Amt
und Kirchenordnung sogar zu den entscheidenden Kennzeichen einer
solchen Kirche geworden. Sie haben gleichsam bekenntnishafte Bedeutung erhalten. Diese Tatsache kommt nicht zuletzt in der Selbstbezeich-
nung mancher Kirchen zum Ausdruck: Kongregationalistische Kirche,
Presbyterianische Kirche (Reformierte im englischen Sprachraum), Protestantische Episkopalkirche (Anglikaner in den USA), Bischöfliche
Methodistenkirche (in den USA). In diesen Kirchen, denen die römisch-
katholische Kirche, die orthodoxe und die anglikanische Kirche hinzu-
gezählt werden müssen, bilden Amt und Kirchenordnung in ihrer je
konfessionsspezifischen Ausprägung ein konstitutives Element ihres
Kircheseins und Selbstverständnisses. Dem entspricht schließlich, daß in
einigen Fällen die weltweite Gemeinschaft einer solchen Konfessionsfamilie im Amt und in der Amtsstruktur ein wesentliches oder sogar
das wesentliche Band ihrer Zusammengehörigkeit sieht (am deutlichsten
bei der römisch-katholischen Kirche und der anglikanischen Gemeinschaft).
Im Vergleich zu diesen Kirchen nehmen Amt und Kirchenordnung in
den lutherischen Kirchen und ihrer weltweiten Gemeinschaft nicht die
gleiche prägende, kennzeichnende und verbindende Stellung ein. Das
spezifisch „Lutherische" der aus der lutherischen Reformation hervor-
gegangenen Kirchen wie auch ihr Selbstverständnis lassen sich nicht
primär mit Hilfe ihres Amtsverständnisses, ihrer Amts- und Verfassungsstrukturen beschreiben. Auch ist deutlich, daß für das Band, das
die lutherischen Kirchen der Welt zu einer Gemeinschaft verbindet,
ganz andere Elemente (Bekenntnisse, gemeinsame Geschichte, usw.)

konstitutiv sind als gerade Amt und Kirchenordnung. Entsprechend sehen die lutherischen Kirchen die wesentlichen Unterscheidungsmerkmale zu anderen Konfessionen nicht im Amtsverständnis und in der Amtsstruktur begründet oder zum Ausdruck gebracht. Andere Konfessionen dagegen, in deren Selbstverständnis das Amt einen anderen Stellenwert besitzt, wissen sich vom Luthertum gerade auch in dieser Frage (römisch-katholische Kirche, orthodoxe Kirche) oder sogar fast ausschließlich in dieser Frage (viele Anglikaner) unterschieden und geschieden. Diese — nicht immer beachteten — unterschiedlichen Voraussetzungen und deren Folgerungen machen in unserer Zeit ökumenische Gespräche über die Amtsfrage zwischen lutherischen und anderen Kirchen nicht immer einfach.

Woher kommt es, daß im Bekenntnis, der Theologie und im Leben der lutherischen Kirchen einerseits dem Amt der Kirche eine wesentliche und unaufgebbare Bedeutung beigelegt und detaillierten Kirchenordnungen viel Sorgfalt und Interesse zugewandt wird, während andererseits die spezifischen Formen von Amt und Kirchenordnung nicht zu den wesentlichen und konstitutiven Ausdrucksformen der eigenen Konfessionalität gezählt werden? Die Gründe hierfür sind im theologischen Ansatz des Luthertums zu suchen. Gegenüber der in der Reformation neu herausgestellten Priorität des Evangeliums kommt dem Amt eine funktionale, dienende Stellung zu. Daraus folgt ein Desinteresse an einer eigenständig entfalteten Grundlegung einer Lehre vom Amt. Amtsstrukturen und Verfassungsformen werden in den Bereich der „*Adiaphora*", der Vielfalt der Gestaltungsmöglichkeiten unter dem Kriterium des Evangeliums verwiesen. Aus diesem Ansatz ergaben sich ein bleibender Konsensus in der zentralen Funktion des Amtes, eine durch die ganze Geschichte des Luthertums sich hindurchziehende Diskussion über die Begründung des besonderen Amtes und über sein Verhältnis zum allgemeinen Priestertum aller Getauften, faktische Ausprägungen des Verständnisses und der Praxis des Amtes, die heute zum Teil als Fehlentwicklungen zu beurteilen sind, und eine Vielfalt der Amts- und Verfassungsstrukturen, die auch weiterhin als legitim zu erachten ist, wenngleich deren je spezifischen Ausprägungen von theologischen und praktischen Überlegungen her auch zur Kritik herausfordern. Diese kurzen Hinweise deuten vielleicht an, warum Amt und Kirchenordnung in ihrem Stellenwert und in ihrer strukturellen Ausprägung kein konstitutives Element und Unterscheidungsmerkmal für lutherische Konfessionalität geworden sind.

Der reformatorische Aufbruch

Der Ansatz

Die Kritik der reformatorischen Bewegung lutherischer Prägung an der spätmittelalterlichen Kirche mußte unmittelbar deren Verständnis, Struktur und Praxis des Amtes und der Ämter treffen, weil diese als Form und Ausdruck eines unbiblischen Glaubensverständnisses samt dessen Konsequenzen erkannt wurden. Diese Kritik konnte somit die Amtsfrage nicht als Einzelaspekt innerhalb der Ekklesiologie behandeln, sondern mußte in ihr gleichsam das Strukturprinzip eines pervertierten Glaubensverständnisses sehen, aufdecken und überwinden. Die von den Reformatoren angeprangerte Häresie der spätmittelalterlichen Kirche bestand gleichsam in der Umkehrung des Verhältnisses von „Geist und Struktur" (vgl. den Titel des Buches von J. Pelikan: *„Spirit Versus Structure"*). Die institutionelle Struktur der Kirche (Ämter, Sakramente) war nicht mehr dienendes Instrument für die unmittelbare Begegnung des Menschen mit der freisprechenden Gnade Gottes in Jesus Christus (Evangelium). Statt dessen hatte der Klerus, durch Weihe und Stand mit höherer geistlicher Würde ausgestattet, eine Mittlerstellung zwischen Gott und Mensch eingenommen, die Gnadenmittel in seine Gewalt genommen, die Verkündigung des lebendigen Evangeliums weitgehend durch das Meßwesen ersetzt, die Bedingungen zur Erlangung des Heils eigenmächtig festgelegt und verwaltet, die Gewissen der Menschen durch unzählige Ordnungen beschwert, sein Herrschaftssystem bis weit in den säkularen Bereich hinein ausgedehnt.

Der Reformation ging es also darum, das auf den Kopf gestellte Verhältnis von Struktur und Geist wieder „auf die Füße" zu stellen. Dies geschah in der lutherischen Ausprägung der Reformation jedoch nicht in der Weise, daß das abgelehnte institutionelle System durch einen nun etwa biblisch begründeten Entwurf eines besseren Systems ersetzt wurde. Amt, Struktur und Institution als eigenständiges, umfassendes Thema kamen überhaupt nicht in den Blick. Aufgrund der Umkehrung des Verhältnisses von „Struktur und Geist" hatten sie ja einen neuen Stellenwert erhalten, von dem her auch eine Neubestimmung im Sinne einer umfassenden strukturellen, durchsystematisierten Ausdrucksform des Glaubens nicht mehr möglich war. Erst nachdem die Souveränität des Evangeliums, die freie und bedingungslose Zuwendung Gottes zum Menschen in Jesus Christus, vermittelt in der Kraft des Hl. Geistes durch Wort und Sakrament, wieder klar herausgestellt worden war, konnte und mußte auch vom Amt gesprochen werden, das dieser Zuwendung Gottes dient.

Dieser reformatorische Ansatz wurde in einer die weitere Entwicklung prägenden Weise zuerst in den Schriften Luthers und sodann, in einer für die lutherische Tradition verbindlichen Form, in den lutherischen Bekenntnisschriften entfaltet. In beiden Fällen vollzog sich diese Entfaltung jedoch nicht in einem umfassenden, systematischen Entwurf, von dem her alle später aufkommenden Fragen hätten beantwortet werden können.

Luthers Amtsverständnis

Luthers Amtsverständnis hat, gerade wieder in den letzten Jahren, eine Fülle von teils sehr unterschiedlichen Interpretationen provoziert. Seine Aussagen zum Amt hat er ja nicht systematisch entwickelt und zusammenhängend vorgelegt, sondern, wie seine gesamte Theologie, immer im Blick auf ganz konkrete Situationen, Fragen, Nöte und in Auseinandersetzung mit anderen Auffassungen formuliert. Überdies hat er in seinen theologischen Auffassungen Entwicklungen durchgemacht. Dabei zieht sich der reformatorische Grundansatz wie ein roter Faden deutlich durch seine verschiedenen Äußerungen zur Amtsthematik hindurch.

Das kirchliche Amt wird in seiner Stellung, Funktion und Würde ganz vom Wort Gottes, dem Evangelium, her bestimmt. Diesem kommt absoluter Vorrang zu. In seiner wunderbaren Gnade und Herablassung nimmt Gott jedoch Menschen in Dienst, damit sein lebendiges Evangelium durch Verkündigung und die Verwaltung der Sakramente nicht bei sich selbst bleibt, sondern zum Menschen kommt und ihn, durch das verwandelnde Wirken des Hl. Geistes, zum Glauben führt, im Glauben stärkt und die ganze christliche Gemeinde erbaut. Das Wort bedarf des Dienstes am Wort. Die Diener des Wortes aber haben keine eigenmächtige Stellung, ihr Amt besteht nicht für sich und an sich, sie sind vielmehr Instrumente, durch deren menschliches Reden und Handeln Christus selbst redet und handelt. In diesem Sinne, aber auch nur so, kann Luther von einer „*cooperatio*" sprechen: die Amtsträger haben „das Amt, den Namen und die Ehre, daß sie Gottes Mithelfer sind" (V. Vajta). Eine höhere geistliche Würde kommt aber diesen „Mithelfern Gottes" im Unterschied zu anderen Menschen nicht zu.

Die Person in ihrer Bedeutung oder auch Qualität tritt völlig hinter die dienende Funktion zurück, durch die Gott seinen Dienst an den Menschen durch Wort und Sakrament tut. Wo dieser Dienst geschieht, da ist das kirchliche Amt vorhanden, auch in einer häretischen Kirche, auch bei unwürdigen und ungläubigen Amtsträgern.

Die eigentliche und bis heute aktuelle Debatte über Luthers Amtsverständnis entzündet sich nicht an diesem reformatorischen Grundansatz, der nur eine Konsequenz der Rechtfertigungslehre und in den Interpretationen wohl unbestritten ist. Es geht in dieser Debatte vielmehr darum, daß Luther als Exponent von zwei unterschiedlichen Auffassungen zur Begründung des kirchlichen Amtes und zur Bezeichnung von dessen Verhältnis zur christlichen Gemeinschaft (Gemeinde) beansprucht wird, die sich durch die Geschichte des Luthertums hindurchziehen. Sie spielen allerdings in der Amtsdebatte mancher anderer Konfessionen ebenfalls eine beträchtliche Rolle. In Thesenform gebracht, lauten die beiden Auffassungen so: a. Das besondere kirchliche Amt beruht auf dem allgemeinen Priestertum aller Getauften. Aus Gründen der Ordnung werden ihm diejenigen Funktionen von der Gemeinde übertragen, die allen Getauften bzw. der ganzen Gemeinde zukommen (Delegationstheorie). b. Das kirchliche Amt beruht auf göttlicher Stiftung oder Einsetzung Christi. Es ist darum vom Priestertum aller Getauften unterschieden, aber nicht durch eine höhere geistliche Würde der Person geschieden (Institutionstheorie).

Beide Theorien können sich auf Aussagen Luthers berufen. Wurde in der Vergangenheit die eine oder die andere Linie seines Denkens als bestimmend hervorgehoben, so versuchen neuere Arbeiten über Luthers Amtsverständnis, beiden Linien gerecht zu werden. Sie tun dies, indem sie entweder von einer Spannung oder „Zweipoligkeit" in Luthers Amtsdenken sprechen, bei der letztlich aber der Nachdruck auf dem Gedanken der göttlichen Einsetzung liegt (z. B. H. Lieberg, H. Gerrish, K. Tuchel, R. Prenter) oder indem sie eine Entwicklung in Luthers Amtsdenken aufzuzeigen versuchen (L. Green). Deutlich ist jedenfalls, daß Luther häufig je nach dem Gegenüber, gegen das er polemisierte, die eine oder die andere Auffassung in den Vordergrund stellte. Beide Auffassungen können bei ihm aber auch unausgeglichen nebeneinander stehen. Eine einseitige, isolierte Bevorzugung nur der einen Gedankenlinie unter Berufung auf Luther ist daher ausgeschlossen. Letztlich ging es ihm auch gar nicht um eine theoretische Antwort auf die Frage, ob das Amt auf dem allgemeinen Priestertum oder auf direkter göttlicher Einsetzung beruht, ob dessen Autorität „von unten" oder „von oben" kommt. Seine Aussagen wurden von seinen reformatorischen Intentionen und ihrem jeweiligen polemischen Kontext bestimmt. Der hinter den verschiedenen Aussagen liegende Grundgedanke ist doch wohl der, daß Amt und allgemeines Priestertum so eng wie möglich zusammengesehen werden müssen und daß beide ihren Grund in Gottes Einsetzung haben. Von daher können einige Interpreten auch so folgern: Das

Amt ist nach Luther von Gott der Kirche als ganzer anvertraut. Alle sind zum geistlichen Stand geweiht und zur Amtsausübung fähig. Die Kirche beruft aber nur einige ihrer Glieder in dieses Amt, damit es öffentlich ausgeübt wird (W. Elert, R. H. Fischer).

Aus der „Zweipoligkeit" von Luthers Amtsverständnis folgt auch der unterschiedliche Nachdruck, den er einmal auf die Berufung der Amtsträger durch die Gemeinde (Vokation) und an anderer Stelle auf die gottesdienstliche Beauftragung mit Gebet und Handauflegung durch ordinierte Amtsträger (Ordination) legt. Auch hier war weitgehend der „Zweifrontenkrieg" gegen das römische Weiheverständnis einerseits und die schwärmerische Auffassung einer unmittelbaren Berufung durch den Hl. Geist andererseits für die unterschiedlichen Akzentsetzungen verantwortlich. Insgesamt gilt aber wohl, daß Luther Berufen und Ordinieren entweder als gleichbedeutend oder als zwei zusammengehörige Aspekte derselben Sache verstand und praktizierte. Und selbst dort, wo er die Berufung durch die Gemeinde als Verwirklichung des Priestertums aller Getauften und Glaubenden betonte, sah er im Wirken der Menschen ein Wirken Gottes selbst, der die Gemeinde zu solchem Tun bevollmächtigt hat.

Aus Gründen der bereits erwähnten Haltung der Freiheit gegenüber den Formen der Amtsstruktur waren Luther und die anderen Reformatoren bereit, die römischen Bischöfe anzunehmen. Und dies nicht nur für den Fall, daß sie sich der evangelischen Sache zuwandten, sondern auch dann schon, wenn diese nur bereit gewesen wären, evangelisch gesinnte Kandidaten zu ordinieren. Andererseits vertraten Luther und seine Gefährten doch ein neues Verständnis des Bischofsamtes. Vom Neuen Testament her argumentierend, betrachteten sie Pfarramt und Bischofsamt als *ein* Amt mit identischen Grundfunktionen. Damit lehnten sie die herrschende römische Lehre ab. Luther konnte daher beide Bezeichnungen unterschiedslos für denselben Amtsträger verwenden. Dem widersprach nicht, daß er eine im menschlichen Recht und in den konkreten Erfordernissen gesamtkirchlicher Existenz begründete Differenzierung der Ämter vornehmen konnte. Er wies die theologische und pastorale Funktion kirchlicher Aufsicht und Leitung, die über den Bereich einer einzelnen Gemeinde hinausreichen muß, als zusätzliche, besondere Aufgabe dem Stadtpfarrer zu (Stadtgebiet und einige umliegende Landgemeinden), der darum auch „Superintendent" genannt werden konnte und mit der Ausbildung von Kirchenordnungen ganz spezifische Aufgaben zugeteilt erhielt. Mit der von ihm vorbereiteten und mitvollzogenen Bischofsweihe und Einsetzung des Bischofs von Naumburg, Nikolaus von Amsdorf, 1542, hat er sich dann auch zur

Möglichkeit und Notwendigkeit eines evangelischen Bischofsamtes für ein größeres Gebiet bekannt.

Das Amtsverständnis in den lutherischen Bekenntnisschriften

Es entspricht dem oben Gesagten, daß Amt und Kirchenordnung in den lutherischen Bekenntnisschriften (BS) keinen eigenständigen dogmatischen Platz einnehmen. Im Hauptteil der *Confessio Augustana* findet sich nur eine knappe, grundlegende Aussage zum Verständnis des Amtes in Artikel 5: „Solchen Glauben zu erlangen, hat Gott das Predigtamt eingesetzt, Evangelium und Sakrament geben, dadurch er als durch Mittel den heiligen Geist gibt, welcher den Glauben, wo und wenn er will, in denen, so das Evangelium hören, wirket, . . .“ Aus diesem Satz sind einige grundlegende Feststellungen über das Amt der Kirche zu folgern, die von anderen Aussagen der BS gestützt werden: 1. Das Amt hat funktionalen Charakter. Es ist im entscheidenden Sinne zu nichts anderem da, als den Gnadenmitteln Wort und Sakrament zu dienen. 2. Gott allein ist der Herr dieser Mittel, er bedient sich ihrer, er wirkt durch sie, er ist Subjekt von Wort und Sakrament. Das Amt ist darum keine eigenständige ontologische oder institutionelle Größe, kein „Stand“. 3. Das Amt dient auf diese Weise Gott in seiner Zuwendung zu den Menschen und den Menschen in ihrer glaubenden Annahme dieser Zuwendung. 4. Dieser Dienst ist von Gott eingesetzt worden. Er ist darum nicht menschliche Erfindung, nicht eine in das Belieben der Kirche gestellte praktische Maßnahme. Diese Einsetzung durch Gott hat ihren ersten und grundlegenden Ausdruck in der Berufung, Beauftragung und Sendung der Apostel gefunden. 5. Das kirchliche Amt ist ein Dienst des Wortes *und* der Sakramente. Es ist weder im engen Sinne ein „Predigtamt“ noch im engen Sinne ein „Sakramentsamt“. 6. Aufgrund seiner dienenden Funktion ist das Amt nicht konstitutiv für die Kirche (das sind Wort und Sakrament), aber weil Wort und Sakrament dieses von Gott eingesetzten Dienstes bedürfen, um wirksam zu werden, ist es für die Kirche unbedingt *notwendig*.

Dieses dem Evangelium durch Wortverkündigung und Sakramentsverwaltung dienende Amt *ist der Kirche anvertraut* (Tract. 67 ff.). Die Kirche aber ist nichts anderes als das königliche Priestertum aller Getauften (Tract. 69). „Königliches Priestertum“ bedeutet, daß jedem getauften und glaubenden Glied der Kirche die Würde des „geistlichen Standes“ und damit die grundsätzliche Befähigung verliehen worden ist, in das Amt der öffentlichen Wortverkündigung und Sakramentsverwaltung berufen zu werden. Die Kirche hat das Recht und die Voll-

macht empfangen, Diener der öffentlichen Wortverkündigung und Sakramentsverwaltung zu wählen, zu berufen und zu ordinieren (Tract. 67 ff.). Das königliche Priestertum aller Getauften ist daher Voraussetzung des besonderen, von Gott gestifteten und der Kirche anvertrauten Dienstes der von der Kirche in dieses Amt Berufenen und Ordinierten. Das Amt steht somit in einer unlösbaren Verbindung mit dem Priestertum aller Getauften. Die Berufung in diesen Dienst sondert nicht vom allgemeinen Priestertum ab, vielmehr dient der von der Kirche bestellte und berufene Diener im Namen und Auftrag Gottes und mit dessen Gnadenmitteln dem Aufbau, der Förderung und Verwirklichung dieses Priestertums. Der Diener ist weder dessen Initiator, noch dessen Delegierter. Beides, das königliche Priestertum wie das öffentliche Amt sind Gaben und Auftrag Gottes an seine Kirche. Wesentlicher „Auftrag" des Amtes, das geht aus dem bisher Gesagten hervor, ist die Verkündigung des Evangeliums und die Spendung der Sakramente. Dieser Auftrag wird in der Apologie zur CA 28, 13 unter dem überkommen, nun aber evangelisch verstandenen Begriff der *„potestas ordinis"* zusammengefaßt. Damit wird der Gedanke an ein Opferamt ausdrücklich abgelehnt (Apol. 13, 9). Unter dem zweiten überkommen und ebenfalls übernommenen Begriff der *„potestas iurisdictionis"*, der wiederum neu, das heißt unter Ausschluß aller weltlichen Machtausübung (vgl. CA 28), verstanden wird, werden der Auftrag der Sündenvergebung (CA 25; Tract. 60), der rechten Lehre und der Kirchenzucht (unter Ausschluß menschlicher Zwangsmaßnahmen) zusammengefaßt (CA 28, 21; Apol. 28, 13 f.).
Es steht nicht im Widerspruch zum dienenden, funktionalen Charakter des Amtes, ja, es unterstreicht diesen in bestimmter Weise, daß man von einem „repräsentativen" Verständnis des Amtes in den BS sprechen kann. In der Verkündigung des Evangeliums und in der Verwaltung der Sakramente handelt der berufene Diener um der Berufung durch die Kirche willen nicht in eigener Person und für diese, sondern im Namen Gottes und an Christi Statt (Apol. 7, 28.47; 13, 12). Gott predigt durch ihn (Apol. 13, 12), er selbst ist es, der tauft (Gr. Kat., Taufe 10), seine Stimme ist es, der in der Absolution zu glauben ist (CA 25, 3; Apol. 12, 40), er segnet durch die vom Pfarrer gesprochenen Einsetzungsworte die Abendmahlselemente (FC-SD 7, 76 und 77–81). Die in diesem Zusammenhang als Begründung häufig zitierte Bibelstelle Lukas 10, 16 („Wer euch hört, der hört mich", vgl. CA 28, 22; Apol. 7, 28.47; 12, 40; 28, 18–19) unterstreicht zugleich den dienenden Charakter dieser Repräsentation: Das Tun und Reden des Menschen ist allein Instrument des Redens und Wirkens Christi. Die berufenen Diener re-

präsentieren nicht sich selbst, sondern Christus und durch und mit ihm Gott. Sie können dies, weil Gott durch Menschen, die von Menschen gewählt sind, predigen und wirken will (Apol. 13, 9). In ihren Stimmen sollen sie seine Stimme laut werden lassen. Wo dies geschieht, da ist Gott im Amt gegenwärtig (Apol. 13, 12).

Wenn die dienende Repräsentation des Amtes so verstanden wird, dann ist eine weitere Überzeugung der BS nur folgerichtig: Auf falsche Lehrer soll man nicht hören, da sie nicht an Christi Statt sind (Apol. 7, 47). Ungläubige und unwürdige Diener dagegen verkündigen das Evangelium und reichen die Sakramente an Christi Statt, die darum ihre Wirkung nicht verlieren (CA 8, 1–3; Apol. 7, 3.19.28.47; Gr. Kat., Abendmahl 5, 16). Auf diese Weise wird noch einmal die Souveränität des göttlichen Handelns gegenüber dem an Christi Statt wirkenden Diener unterstrichen. In dieser Überzeugung liegt auch die Zusicherung und Verheißung an die Gemeinde wie an den Amtsträger beschlossen, daß Gott auch durch Sünder wirkt.

Vom repräsentativen Wesen des Amtes her muß darum auch von einem „Gegenüber" von Amt und Gemeinde gesprochen werden. Nicht als Angehöriger eines besonderen Standes, aber als Träger des Auftrages Gottes und in Stellvertretung Christi steht der berufene Diener der Gemeinde gegenüber und repräsentiert damit letztlich das Gegenüber von Wort Gottes und Kirche.

Der Zugang zum öffentlichen Dienst der Wortverkündigung und Sakramentsverwaltung wird in den BS mit den Begriffen der „Berufung" *(vocatio)*, „Wahl" und „Ordination" beschrieben. Diese Begriffe werden nicht präzise unterschieden. Miteinander oder aber auch einzeln gebraucht (wie in CA 14), soll mit ihnen der ganze Prozeß der Wahl, Berufung, Ordination und Installation der Amtsträger bezeichnet werden. Wie das Amt der ganzen Kirche von Gott gegeben ist, so hat auch die ganze Kirche das Recht und die Pflicht empfangen, ist ihr von Christus befohlen worden, geeignete Diener zu wählen, zu berufen und zu ordinieren (z. B. Tract. 67; 69; 70; 72; Schm. Art. III, 10; Apol. 13, 11 und 12). Nur wer auf diese Weise „rechtmäßig berufen" *(„rite vocatus")* worden ist, darf das öffentliche Amt in der Kirche ausüben (CA 14; Apol. 14). Verwaltet wird die Ordination von Pfarrern/ Bischöfen nach göttlichem Recht (Tract. 65 und 72). (Der Begriff „göttliches Recht" wird in den BS nicht im Sinne eines Rechtssatzes, sondern als Hinweis auf das Gebot und die Verheißung göttlicher Stiftung verwendet.) Die BS sind nicht dagegen, daß die Ordination um der Einigkeit und Liebe willen auch weiterhin von (römischen) Bischöfen verwaltet wird, wenn diese rechte Bischöfe sein wollen (Schm. Art. III, 10, 1;

Apol. 14). Die Bezeichnung der Ordination (und des Amtes) als „Sakrament" in Apol. 13, 9—13, die auf einem weitergefaßten Sakramentsbegriff beruht, hat sich nicht allgemein durchsetzen können. Hinter diesem Schritt Melanchthons steht aber die Anwendung der auch sonst vom Wirken des Amtes ausgesagten Überzeugung, daß im berufenen und ordinierenden Handeln der Kirche durch ihre berufenen Diener Gott selbst der eigentlich Handelnde ist, er selbst durch das Berufungswort der Menschen/Kirche ins Amt beruft (Apol. 13, 12). An der Form der Ordination selbst zeigen sich die BS nicht sehr interessiert. Dies wurde den folgenden Kirchenordnungen überlassen. Daß aber die traditionelle Form der Handauflegung mit Gebet weitergeführt werden sollte, ist deutlich (Tract. 70, Apol. 13, 12).

Die BS kennen nur *ein* öffentliches Amt der Wortverkündigung und Sakramentsverwaltung. Die Begründung für diese Auffassung wird, unter Bezug auf Hieronymus, in der neutestamentlichen Gleichstellung von Presbytern und Episkopen gesehen (Tract. 62). Darum sind alle in dem einen Dienst, den Gott in der Kirche eingerichtet hat, gleich, ob sie nun Pastoren, Presbyter oder Bischöfe genannt werden. Sie haben alle den gleichen Auftrag (Tract. 60—61 und 74; CA 28, 8 und 21). Häufig werden darum „Bischöfe" im Zusammenhang mit Pfarrern genannt (CA 28; Apol. 28, 12; Tract. 60). Das bedeutet auch, daß von Pfarrern vollzogene Ordinationen nach göttlichem Recht gültig sind (Tract. 65 und Apol. 14, 1). Diese Beweisführung war in der damaligen Situation für die Reformatoren entscheidend. Denn ginge der Unterschied zwischen Pfarrer und Bischof auf eine Einsetzung oder Stiftung Christi zurück und besäße damit nur der Bischof nach göttlichem Recht die Ordinationsvollmacht, dann hätte der sich ausbildenden evangelischen Kirche ein gültiges Amt gefehlt.

Aus dieser Gleichsetzung folgte aber nicht, daß ein besonderes bischöfliches Amt abgelehnt wurde. Wenngleich im Sprachgebrauch der BS nicht immer deutlich ist, ob mit dem Titel „Bischof" ein Gemeindepfarrer, ein Hauptpfarrer einer Stadt (in Analogie zu den episkopalen Parochialkirchen *(paroikiai)* der ersten drei Jahrhunderte) oder ein Diözesanbischof gemeint ist, so deuten doch schon die Hinweise darauf, daß man die vorhandenen Bischöfe um der Einheit und Liebe willen anzunehmen und ihnen auch die Ordination zuzugestehen bereit war, sofern sie rechte Bischöfe wären und die evangelische Lehre nicht unterdrückten, eine Bereitschaft zur Weiterführung auch des traditionellen Bischofsamtes als eines übergeordneten, kirchenleitenden Amtes an (Apol. 14; Schm. Art. III, 10, 1). In den ausführlicheren und zum Teil auch positiven Aussagen zum Bischofsamt in CA 28 wird deutlich, daß

die grundlegenden, dem Bischof kraft göttlichen Mandats übertragenen
Aufgaben in der Evangeliumsverkündigung, Sakramentsverwaltung,
Zuspruch der Sündenvergebung (diese drei Funktionen können in
CA 28, 5—9 auch als „Schlüsselgewalt" bezeichnet werden), Bewahrung
rechter Lehre und der Kirchenzucht durch Gottes Wort bestehen.
Darum und darin sind ihnen die Pfarrer zum Gehorsam verpflichtet
(CA 28, 21 und 22). Dieser Gehorsam wird qualifiziert durch Gottes
Gebot, daß die Pfarrer und Gemeinden den Bischöfen dann die Ge-
folgschaft zu verweigern haben, wenn diese etwas gegen das Evange-
lium lehren oder festsetzen (CA 28, 23—28; Tract. 60—82). Gemäß
menschlichem Recht und um der guten Ordnung, der Einigkeit und
Liebe willen haben die Bischöfe (oder Pfarrer) das Recht, bestimmte
Regeln für das Leben der Kirche und ihren Gottesdienst zu erlassen,
in denen man ihnen auch Gehorsam schuldig ist (CA 28, 29 und
53 ff.).

In den wesentlichen Aufgaben des öffentlichen Amtes sind also Bischöfe
und Pfarrer in nichts unterschieden, es sind zwei Funktionen desselben
Amtes. Sie üben diese Aufgaben nur auf verschiedenen Ebenen aus, da
die Kirche Jesu Christi sowohl in der Ortsgemeinde als auch in der Gemeinschaft von Ortsgemeinden ihren Ausdruck findet. So ist es die besondere Aufgabe des Bischofs, in einem mehreren Ortsgemeinden
dienenden Amt dafür zu sorgen, daß in dieser Gemeinschaft das Evangelium recht verkündigt und die Sakramente ihrer Einsetzung gemäß
verwaltet werden. Als Ausdruck für den umfassenderen, auch der Einheit und Katholizität der Kirche dienenden Wirkungskreis seines Dienstes kann ihm auch die jedem Pfarrer zukommende Ordinationsvollmacht zugestanden werden. Daneben hat er nach menschlichem Recht
bestimmte kirchenleitende Aufgaben inne. Die Kriterien für diese Annahme des Bischofsamtes und einer episkopalen Struktur werden in der
Auseinandersetzung mit dem bestehenden Bischofsamt in CA 28 immer
wieder betont: Keine weltliche Machtausübung (Unterscheidung von
weltlichem und geistlichem Regiment), kein Handeln und Verordnen
gegen das Evangelium, keine Belastung der Gewissen durch unnötige
oder überholte Zeremonien, Ordnungen, Gesetze, usw. Ob sich aus all
diesen Aussagen eine grundsätzliche Forderung nach einer bischöflichen
Verfassung folgern läßt, ist umstritten. Ich meine, daß diese Frage wie
auch Einzelfragen der Kirchenordnung von den BS zwar offengelassen
werden, daß aber von den meisten Texten aus zumindest eine Offenheit
für und Tendenz hin zu einer episkopalen Struktur gefolgert werden
kann und nicht das Gegenteil. Episkopale Struktur meint aber dann,
daß die episkopalen Funktionen in — nach menschlichem Recht — unter-

schiedlicher Weise sowohl von Pfarrern und anderen Amtsträgern wie
auch Bischöfen ausgeübt werden können.

Es ist deutlich, daß das Amtsverständnis Luthers und der BS in ihren
Grundzügen übereinstimmen. Dem steht nicht entgegen, daß die stärkere Betonung der göttlichen Einsetzung des Amtes und, noch mehr,
das relativ geringe Interesse am allgemeinen Priestertum aller Getauften im Denken Philipp Melanchthons sich auch in dem von ihm verfaßten BS niedergeschlagen hat. Bei aller Bedeutung Luthers für die
Theologie und Lehre des Luthertums sollte aber betont werden, daß
allein die BS für Lehre und Praxis des Luthertums verbindliche Geltung
haben.

Die Entwicklung des Amtsverständnisses im deutschen Luthertum (16.–19. Jahrhundert)

Der hier nur in sehr knappen Umrissen mögliche Überblick über die
Entwicklung des Amtsverständnisses seit der Reformationszeit muß sich
auf den deutschen Bereich beschränken. Diese Begrenzung ist insofern
möglich und vertretbar, als von der deutschen lutherischen Theologie
bis ins 19. Jahrhundert hinein wesentliche und einflußreiche Impulse
auf das Luthertum Europas und das sich über diesen Kontinent hinaus
ausbreitende Luthertum ausgingen. Trotz mancher eigenständiger Ent-
faltungen in den anderen Ländern, finden die Entwicklungen im Amtsverständnis in der deutschen Theologie auch in diesen Ländern ihren
Niederschlag.

Die immer wieder sich verändernden geistigen und theologischen Voraussetzungen, die Ausgestaltung der Kirchenverfassung und die Praxis
der Kirche haben in der Geschichte des Luthertums ständig zu Modifikationen des Amtsverständnisses geführt. So hat die *lutherische Orthodoxie* des 16. und 17. Jahrhunderts, ihren allgemeinen Tendenzen folgend, auch die Amtslehre systematisch in alle Einzelheiten hinein entfaltet und den Gedanken der göttlichen Einsetzung des Amtes mit
Schriftbeweisen weiter verstärkt. Sie hat das Element einer moralischen Aufsichtspflicht des Amtsträgers über die Gemeinde hinzugefügt,
im Zusammenhang mit den kirchlichen Verfassungsformen der Zeit die
Rechte und Vollmachten des allgemeinen Priestertums stark zurückge-
drängt und mit der Hervorhebung des geistlichen Standes als des
„Lehrstandes" in der zu lehrenden Gemeinde ein intellektualisierendes
Verständnis des Amtes gefördert. Im *Pietismus* lutherischer Prägung
trat eine Gegenreaktion ein. Das Priestertum aller wahrhaft Gläubigen

wird gegenüber dessen Entmündigung durch die Strukturen des landesherrlichen Kirchenregiments zur Geltung gebracht. Damit verliert das
Amt seine hervorgehobene Stellung. Sein primär lehrhafter Charakter
wird durch die Funktion der Seelenführung ersetzt. Im individualistischen und vereinsrechtlich konzipierten Kirchenverständnis des *Rationalismus* verliert das Amt jede spezifische theologische Bedeutung.
Auch hier bleibt die bewußte Gegenreaktion in der Gestalt der *lutherischen konfessionellen Theologie* im 19. Jahrhundert nicht aus. Die
Amts- und Verfassungsfrage nimmt in dieser Theologie einen breiten
Raum ein. Dabei stehen sich in dieser Frage jedoch unterschiedliche Auffassungen gegenüber: a. Eine Reihe von Theologen betonen, daß das
Amt durch Christus göttlich eingesetzt worden ist. Es wird in ununter-
brochener Kontinuität durch diejenigen, die in diesem Amt stehen, in
der Ordination weitergegeben. Zu seinen Funktionen gehört auch die
Leitung der Kirche („Kirchenregiment"). Diese sollte darum (gegen
den Summepiskopat!) Bischöfen anvertraut werden (F. J. Stahl,
W. Löhe, A. F. C. Vilmar und deren Anhänger). b. Demgegenüber wird
von anderen Theologen herausgestellt, daß nach göttlichem Recht das
Amt dem allgemeinen Priestertum übergeben ist. Aus diesem geht das
besondere kirchliche Amt aufgrund der erkannten Gaben und der aus-
drücklichen Beauftragung durch die Gemeinde (verbunden mit der Ordination als kirchlicher Segenshandlung) hervor. Kirchenamt und
Kirchenregierung sind deutlich zu unterscheiden. Für eine bischöfliche
Verfassung besteht darum keine Notwendigkeit (J. W. F. Höfling,
J. v. Hofmann, J. Müller und andere). c. Den im einzelnen recht unterschiedlichen Vermittlungsversuchen zwischen diesen beiden Positionen
mußte es vor allem darum gehen, das Entweder-Oder der Bestimmung
des Ursprungs des Amtes zu überwinden. Sie bejahten die göttliche Einsetzung des Amtes, das nun aber als eine Gabe des Herrn an seine ganze
Kirche verstanden wurde. Kirchenamt und Kirchenregiment werden
unterschieden, letzteres wird aber auch nicht einfach als de *jure humano*
oder als sekundär betrachtet. Es kann als dem „Gnadenmittelamt"
gleichgestellt oder als ein ebenfalls vom Herrn seiner Kirche verliehenes
Amt verstanden werden. Die Frage, ob die Kirchenleitung in weltlichen
Händen liegen könne, wurde dennoch unterschiedlich beantwortet
(A. Harless, Th. Kliefoth, Th. Harnack und andere).

Dieser kurze Überblick zeigt, wie die unterschiedlichen Aspekte des
nicht systematisch entfalteten Amtsverständnisses der Reformationszeit in der kirchlichen Situation des 19. Jahrhunderts mit ihren spezifischen Fragestellungen jeweils einen besonderen Akzent bis hin zur
Vereinseitigung erhielten.

Amtsstrukturen und Kirchenordnungen in den lutherischen Kirchen

Es wurde bereits gezeigt, daß im Rahmen des lutherischen reformatorischen Ansatzes keine biblisch oder theologisch begründete Struktur der Ämter oder der Kirchenordnung als allein bestimmend herausgestellt wurde. In diesem Bereich sollte Freiheit für jeweils angemessene Gestaltungen herrschen. Diese Grundentscheidung hat sich für die Kirchwerdung des Luthertums in verschiedenen geographischen Bereichen und unter höchst unterschiedlichen Bedingungen in mehrfacher Weise ausgewirkt. Sie hat ein hohes Maß an Flexibilität und Anpassungsfähigkeit angesichts der verschiedenen Situationen und Bedingungen erlaubt. Sie hat, zweitens, eine bleibende innere Verbundenheit und auch äußerlich wachsende Gemeinschaft des Luthertums trotz dieser verschiedenen Ausgestaltungen von Amtsstruktur und Kirchenordnung ermöglicht. Sie hat schließlich aber auch zur Folge gehabt, daß im Luthertum häufig nicht genügend Kraft vorhanden war, um sich einer Übernahme kirchenleitender Funktionen durch staatliche Organe zu widersetzen oder eine Imitation staatlicher Ordnungen und Bürokratien — samt den entsprechenden Denkweisen — zu vermeiden.

Deutschland

In den deutschen Territorien, in denen die Reformation Eingang gefunden hatte, konnte eine kirchliche Neuordnung der oft chaotischen Verhältnisse nur mit Hilfe der Landesherrn geschehen. Diese interpretierten jedoch diesen „Liebesdienst", um den sie von Luther als Notmaßnahme gebeten worden waren, als ein ihnen zukommendes Recht. Unterstützt von entsprechenden theologischen Theorien, richteten sie in ihren Verwaltungen „Konsistorien" ein, die zunehmend die Leitung der Kirchen an sich zogen. So entstanden Theorie und Praxis des fürstlichen „Summepiskopats", auch wenn die Landesherrn nie die geistlichen Funktionen eines Bischofs ausgeübt haben. Dieser Übergang des Kirchenregiments in weltliche Hände stand im eindeutigen Widerspruch zu den Intentionen der Bekenntnisschriften und Luthers, der sich selbst scharf gegen die Anfänge dieser Entwicklung gewandt hatte. Bis weit ins 19. Jahrhundert hinein hielten es Theologen jedoch für möglich, diese Entwicklung theologisch zu rechtfertigen. Erst nach dem Wegfall des landesherrlichen Kirchenregiments, 1918, dem Schritte in Richtung auf eine größere kirchliche Eigenständigkeit im 19. Jahrhundert vorausgegangen waren, konnten und mußten die lutherischen Kirchen Deutschlands in einen Prozeß der Entfaltung eigenständiger Formen der Verfassung und Leitung eintreten, der nach 1945 zu einem vorläufigen Abschluß kam.

Das Bischofsamt, das in der Reformationszeit nur in einigen Gebieten Deutschlands und nur für kurze Dauer für eine regionale Kirche in einer evangelischen Form beibehalten oder wieder eingeführt werden konnte, wurde nach 1918 von allen lutherischen Kirchen als kirchenleitendes Amt übernommen. Es ist in unterschiedlicher Weise den Synoden und kirchenleitenden Behörden zugeordnet. Dagegen hat sich das Amt des Superintendenten (unter verschiedenen Namen) als „episkopales" Amt (vornehmlich mit Visitationsrecht) für einen kleinen geographischen Bereich seit der Reformationszeit bis zur Gegenwart durchgehalten.

Skandinavien

Der kennzeichnende Unterschied zur eben skizzierten Entwicklung in Deutschland war im skandinavischen Bereich der entschiedene Wille der Reformatoren wie auch der Könige, Bischofsamt und bischöfliche Verfassung in einem evangelischen Verständnis nach der Reformation der Kirche weiterzuführen. Daß das Amt des Bischofs als gute, nützliche kirchliche Ordnung, die unter Leitung „Gottes, des Hl. Geistes" eingeführt worden ist (schwedische Kirchenordnung von 1571), bezeichnet werden konnte und man an einer besonderen „Bischofsweihe" neben der Ordination zum Pfarrer festhielt, wurde nicht als Widerspruch gegen die reformatorische Gleichstellung von Pfarrer und Bischof betrachtet. Von entscheidender Bedeutung war jedoch, daß durch das Festhalten an einer bestimmten Konzeption der Leitung und Ordnung der Kirche ein Übergang des Kirchenregiments in die Hände der Landesherrn vermieden wurde. Auch wenn die dänischen und schwedischen Könige als „vornehmste Glieder der Kirche" und als Landesherrn gegenüber der Kirche eine besondere Stellung einnahmen, brauchten und wollten sie doch nicht als „Notbischöfe" oder als *„summus episcopus"* nach deutschem Vorbild zu fungieren. Auch wenn den Parlamenten bzw. Reichstagen in Dänemark (und später auch in Norwegen und Island) und Schweden (und seit 1809 auch in Finnland) gesetzliche Vollmachten in kirchlichen Fragen zukamen und noch zustehen, wurde auch dadurch die Kirche nicht in der gleichen Weise der Verfügungsgewalt der Landesherrn und seiner Bürokratien untergeordnet wie in Deutschland. In den Jahrhunderten seit der Reformation konnten die Kirchen ihre Eigenständigkeit immer mehr erweitern. Die enge Verbindung von Kirche und Staat wird heute zunehmend als anachronistisch empfunden und die Möglichkeit einer Trennung von Kirche und Staat vor allem in Schweden und zunehmend auch in Norwegen ernsthaft erörtert und geplant. Mit dem Bischofsamt (und dem in Schweden und in Finnland als *primus inter pares* verstandenen Erzbischofsamt) blieben auch die Domkapitel erhalten, während auf mittlerer Ebene die Pröpste die Aufsicht über mehrere Gemeinden innehaben und in einigen Fällen die Pfarrer in ihre Gemeinden einführen. Ein besonderes Merkmal der schwedischen Kirche ist, daß sie über die Reformation hinweg auch die apostolische Sukzession im (engeren) Sinne der ununterbrochenen direkten Weitergabe des Bischofsamtes durch bischöfliche Konsekrationen beibehalten hat. Einige Historiker meinen allerdings, diese Sukzession sei in der zweiten Hälfte des 16. Jahrhunderts während einer vorübergehenden anti-episkopalen Welle verlorengegangen. Die in der Reformation neuernannten dänischen Bischöfe wurden 1537 von Johannes Bugenhagen geweiht. Durch den Tod der drei Bischöfe Finnlands im gleichen Jahr wurde 1884 auch dort die bischöfliche Sukzession unterbrochen, aber durch Beteiligung anglikanischer Bischöfe an finnischen Bischofsweihen in diesem Jahrhundert, so wird verschiedentlich argumentiert, wiederhergestellt. Für lutherisches Amtsdenken hat, abgesehen von hochkirchlichen Kreisen, die Frage der Bewahrung, Unterbrechung oder Wiederherstellung der apostolischen Sukzession des Bischofsamtes keine entscheidende theologische Relevanz. Durch die ökumenische Bewegung, ökumenische Gespräche und Verhandlungen über Kirchenunion oder Abendmahlsgemeinschaft werden Lutheraner aber heute zunehmend mit der Frage der apostolischen Sukzession des Amtes konfrontiert. In mehreren lutherischen Kirchen ist in neuerer Zeit das Bischofsamt mit der bischöflichen Sukzession verbunden worden, zum Beispiel in der Slowakei, in Kirchen in Asien und Afrika, die aus der schwedischen Missionsarbeit hervorgegangen sind, sowie (bis zum Zweiten Weltkrieg) in Estland und Lettland, wo das Bischofsamt (heute Erzbischofsamt) nach 1918 eingeführt wurde und die ersten Bischöfe von Erzbischof Söderblom geweiht wurden. Neben Schweden und Finnland sind diese Kirchen jedenfalls Beispiele dafür, daß die vielzitierte lutherische Freiheit im Blick auf Amtsstruktur und Kirchenordnung auch für diese Ausdrucksform der apostolischen Sukzession offen sein kann.

Südost- und Osteuropa und Westeuropa

Die lutherischen Kirchen *Südost- und Osteuropas* mußten ihre Amtsstrukturen und Kirchenordnungen unter wesentlich anderen geschicht-

lichen Verhältnissen und Entwicklungen entfalten, als ihre Schwesterkirchen in Deutschland und Skandinavien. Sie waren und sind Minderheitskirchen in einer überwiegend katholischen oder orthodoxen Umwelt und erhielten erst in unserem Jahrhundert ihre volle Selbständigkeit. Wenngleich sie somit in ihrer Entscheidungsfreiheit lange Zeit
hindurch eingeschränkt waren, haben sie doch bereits bald nach der
Reformation auf den unteren Ebenen kirchlichen Lebens Strukturen der
Kirchenleitung durch synodale Organe und „episkopale" Ämter ausbil-
den können. In Siebenbürgen bestand schon zur Mitte des 16. Jahrhunderts eine gewisse regionale Struktur mit mehreren Superintendenten. In Polen, Ungarn und der Slowakei entstand nur wenig später die
für diese Kirchen (und auch für Österreich) typische Struktur mit
Senioraten (Senior) und Distrikten (Superintendent), bei der den
Superintendenten das Visitationsrecht und bald auch das Ordinations-
recht zukam. Diese Struktur wurde mit einer presbyterial-synodalen
Ordnung verbunden. Das Bischofsamt oder der Bischofstitel hat sich,
abgesehen von zwei kleineren Minderheitskirchen in Jugoslawien, in
allen Kirchen durchgesetzt. Einige relativ frühe Beispiele hierfür sind
Siebenbürgen, wo dieser Titel für den leitenden Superintendenten bereits seit der Mitte des 19. Jahrhunderts benutzt wurde, und Ungarn
und die Slowakei, wo 1883 die Superintendenten die Erlaubnis erhielten, den Bischofstitel zu übernehmen.

In den lutherischen Kirchen *Frankreichs und Hollands* treffen wir dagegen auf eine Amts- und Kirchenstruktur, in der ein gesamtkirchliches
Leitungsamt fehlt. Dies ist in Frankreich gewiß auf die spezifischen
äußeren Verhältnisse zurückzuführen, in denen die Kirchen leben: Verteilung der Lutheraner Innerfrankreichs auf zwei weit auseinander-
liegende geographische Schwerpunkte in Paris und Montbéliard und
Fortbestand des staatskirchlichen Systems in Elsaß und Lothringen, das
bislang nur ein höchstes Verwaltungsamt für die Kirche erlaubt. Mit
dem Amt des „geistlichen Inspektors" (zwei Inspektionen in Inner-
frankreich, sieben in Elsaß-Lothringen) haben sich jedoch die beiden
lutherischen Kirchen Frankreichs ein episkopales Amt auf mittlerer
Ebene geschaffen, das mit einer synodalen Struktur verbunden ist. In
Holland sind vor allem Einflüsse der reformierten Kirchenordnung
wirksam geworden, wenngleich auch hier die Kirchenverfassung den
Auftrag eines *„pastor pastorum"* vorsieht, dem die Visitation der Gemeinde und Seelsorge der Pfarrer anvertraut ist.

Nordamerika

Die gegenüber Europa gänzlich anderen äußeren Bedingungen, die sich strukturell und teilweise im Blick auf das Amtsverständnis auswirkten, führten in Nordamerika dazu, daß hier lutherische Kirchen („Synoden") erst in einem längeren Prozeß entstanden. Dieser setzte ein bei kleinen Gruppen lutherischer Einwanderer, die oft ohne Pfarrer waren. Allmählich bildeten sich (im Osten bereits im 17. Jahrhundert) organisierte Gemeinden. Mehrere Gemeinden traten in eine Beziehung der Beratung und gegenseitigen Unterstützung ein, wobei ein Pfarrer eine gewisse koordinierende und gleichsam geschäftsführende Funktion einnahm (wie z. B. im „Ministerium" in Pennsylvanien seit Mitte des 18. Jahrhunderts). Erst dann schlossen sich Gemeinden auf der Grundlage geographischer Nähe oder gleicher nationaler Herkunft zu einer „Synode" (z. B. New York 1786, North Carolina 1803, Ohio 1818) zusammen. Eine Ausnahme von diesem Schema bildeten die ersten schwedischen Auswanderergemeinden am Delaware im 18. Jahrhundert, die nach dem Vorbild eines Distrikts einer schwedischen Diözese zusammengefaßt wurden. Allerdings vollzog sich der Prozeß der „Kirchwerdung" während der großen europäischen Einwandererwellen der zweiten Hälfte des 19. Jahrhunderts wesentlich rascher als zur Zeit der früheren lutherischen Einwanderung.

Dieses Wachstum der Kirchen von „unten", von den Gemeinden her, hatte theologische und strukturelle Konsequenzen, die bis heute bemerkbar sind. Diese wurden verstärkt durch die häufig sehr betonte Ablehnung der in der europäischen Heimat vorherrschenden kirchlichen Strukturen und die oft starke pietistische Prägung mancher Einwanderergruppen. Dies bedeutete, daß der Einzelgemeinde eine weitgehende Autonomie und der Aktivität und Entscheidungsvollmacht der Laien ein großes Gewicht zukam. Von dieser Situation her bestand die Neigung, das Pfarramt als ein von der Gemeinde delegiertes und abhängiges Amt zu verstehen. Kirchenleitenden Ämtern stand man reserviert gegenüber. An eine Übernahme des Bischofsamtes war daher, auch in Gemeinden und Kirchen skandinavischer Abstammung, nicht zu denken. Natürlich gab es Ausnahmen. In der Mitte des 19. Jahrhunderts finden wir in der Buffalo-Synode und der Iowa-Synode starke episkopale Tendenzen, die aber angesichts der sich allgemein durchsetzenden synodalen Strukturen allmählich zurücktraten. Die Einführung des Bischofsamtes in der Missouri-Synode scheiterte gleich zu Beginn (1838) durch das persönliche Versagen des ersten Bischofs, Martin Stephan. Mit der Konsolidierung des nordamerikanischen Luthertums haben sich auch episkopale Leitungsämter herausgebildet. Die einzelnen Distrikte bzw. Synoden innerhalb der drei großen lutherischen Kirchen werden von Präsidenten und die Gesamtkirchen jeweils von einem Kirchenpräsidenten geleitet, dem gesamtkirchliche Leitungsfunktionen und administrative und repräsentative Vollmachten zukommen. Es ist bezeichnend für die Funktion und das Verständnis dieser Ämter, daß es in der Amerikanischen Lutherischen Kirche seit einigen Jahren dem Kirchenpräsidenten und den Distriktpräsidenten freigestellt worden ist, auch den Bischofstitel zu führen.

Afrika, Asien, Australien und Lateinamerika

Die Ausbildung von Amtsstrukturen und Kirchenordnungen auf diesen Kontinenten ergibt ein so vielfältiges und auch noch in Bewegung befindliches Bild, daß hier nur einige mehr allgemeine Umrisse gezeichnet werden können.

Die Einwandererkirchen in *Lateinamerika und Australien* haben Strukturmodelle der Heimatkirchen übernommen und der neuen Situation angepaßt. So entstanden synodale Kirchenordnungen, in die das Amt eines Präsidenten (z. B. Australien, Argentinien) oder Präses (z. B. Brasilien) integriert wurde. Auch auf mittlerer Ebene der größeren Kirchen finden sich Leitungsämter, die zum Teil auch aus den Leitungsämtern früherer selbständiger Synoden nach dem Zusammenschluß zu einer Kirche hervorgingen (Brasilien). Das Bischofsamt wurde nur in wenigen Fällen eingeführt. Das hängt wohl damit zusammen, daß in diesen Kirchen zum Teil amerikanische Einflüsse wirksam waren, zum Teil auch größere Gruppen von Einwanderern aus unierten Kirchen in Deutschland in ihnen eine kirchliche Heimat fanden.

Eine ganze Reihe von Faktoren haben zum gegenwärtigen Erscheinungsbild von Amt und Kirchenordnung in den lutherischen Kirchen *Afrikas und Asiens* beigetragen. Die hier herrschende Vielfalt ist ein Abbild der unter den missionierenden Kirchen und Missionsgesellschaften in Europa und Amerika bestehenden Vielfalt, zumal auch die Arbeit unierter Missionsgesellschaften in Deutschland in lutherische Kirchen integriert wurde. Zum Erscheinungsbild gehört, zweitens, hinzu, daß die Missionare und später die europäischen und amerikanischen Leiter der allmählich eigenständig werdenden Kirchen eine große persönliche Autorität innehatten, während sich synodale Leitungsformen aufgrund des Übergewichts der Missionare, des Mangels an einheimischen Führungskräften und der anders strukturierten gesellschaftlichen Entscheidungsmechanismen in asiatischen und afrikanischen Gesell-

schaften nur langsam und unter großen Schwierigkeiten herausbilden
konnten. Mit diesem zweiten Aspekt hängt, drittens, zusammen, daß
die vom missionarischen Hintergrund her angelegte persönliche Lei-
tungsautorität traditionellen afrikanischen und asiatischen Autoritäts-
strukturen entsprach und somit die Übernahme des Bischofsamtes in
vielen der selbständig gewordenen Kirchen förderte. Diese Entwicklung wurde durch die Nachbarschaft zu anglikanischen Kirchen gefördert, andererseits durch das Fehlen einer lutherischen Theologie des
Bischofsamtes (und kirchenleitender Ämter) auch mit manchen Problemen und Unklarheiten belastet. Einige Kirchen versuchen, durch eine
zeitliche Begrenzung der Leitungsämter der Gefahr einer übersteiger-
ten persönlichen Autorität in der Kirche zu begegnen. Als vierter
Aspekt wäre zu nennen, daß die Mitarbeit von Laien in besonderen
Diensten als Katecheten, Evangelisten usw. für das Leben dieser Kirchen von großer Bedeutung ist, zugleich aber auch zunehmend Fragen
im Blick auf das Verhältnis zwischen dem ordinierten Pfarramt und
diesen Ämtern aufwirft. Schließlich hat die Vereinigung früher selbständiger Missionskirchen innerhalb eines Landes zu einer Kirche, zum
Beispiel in Tansania, dazu geführt, daß innerhalb einer Kirche in den
einzelnen Diözesen/Synoden unterschiedliche Amtsstrukturen, verschiedene Leitungsämter (Bischöfe in apostolischer Sukzession, Bischöfe ohne
diese Sukzession und zum Teil mit zeitlicher Begrenzung und Präsidenten) sowie unterschiedliche Bestimmungen der Kirchenordnungen für
die Ämter bestehen. Eine solche Vielfalt auch innerhalb einer Kirche
widerspricht zwar nicht dem lutherischen Verständnis kirchlicher Einheit, sie bringt aber doch manche Schwierigkeiten mit sich.
In der gegenwärtigen Übergangssituation stehen die lutherischen Kirchen Asiens und Afrikas mit ihrem Erbe aus der Missionszeit vor der
Aufgabe, eigene Formen im Blick auf Amtsstrukturen und Kirchenordnung zu entwickeln, die in der Kontinuität mit dem lutherischen Amtsverständnis stehen und gleichzeitig ihrer Situation angemessen sind.
Die Freiheit und damit Chance für eine solche Entwicklung ist ihnen
von der lutherischen Tradition her gegeben, die ihnen theologische Hilfen für deren konkrete Ausformung allerdings nur in begrenztem Maße
bieten kann.

Neue Fragen und ökumenische Konvergenzen

Amt und Kirchenordnung sind in den letzten Jahren einer allgemeinen
Entwicklung folgend auch in vielen lutherischen Kirchen wieder stärker
mit in den Mittelpunkt des Interesses und der Diskussion getreten. Die

Gründe hierfür sind in Entwicklungen in Gesellschaft, Kirche und Ökumene zu suchen.

Angesichts der tiefgreifenden Veränderungen in Gesellschaft und Kirche
wird heute von vielen eine Krise oder Infragestellung der traditionellen
Formen des Verständnisses und der Funktionen des kirchlichen Amtes
empfunden. Um diese zu überwinden, wird der Nachdruck auf eine
starke Aktivierung der Laien und eine engere Verknüpfung vom
Dienst des ganzen Volkes Gottes und dem besonderen Dienst der ordinierten Amtsträger gelegt. In vielen Kirchen sind neben dem Pfarramt
vollamtliche, spezialisierte Dienste für Sozialarbeit, Unterweisung, Beratung, Jugendarbeit usw. eingerichtet worden. Laien können einen
besonderen Auftrag zur Verkündigung und, in einigen Fällen, auch zur
Sakramentsverwaltung erhalten. Sonderpfarrämter und Teampfarrämter wurden geschaffen. Auch in vielen lutherischen Kirchen Europas
und Amerikas wurden inzwischen Frauen zum Amt der Kirche zuge-
lassen, wenngleich in dieser Frage noch längst keine theologische Übereinstimmung herrscht, wie dies die Auseinandersetzungen zum Beispiel
in Finnland, Schweden und den USA zeigen. Kirchliche Verwaltungen
werden um größerer Effektivität willen zentralisiert. Dies und vieles
mehr soll der Entlastung des Amtes der Kirche dienen und ihm eine
neue, angemessene Funktion und Rolle geben. Daß sich damit aufgrund
des lutherischen Amtsverständnisses auch neue Fragen ergeben, ist deutlich. Droht nicht die Gefahr, daß der ordinierte Amtsträger zu einem
Funktionär der Gemeinde wird, zu einem bloßen theologischen Berater
oder Spezialisten? Könnte der Mangel an theologischer Reflexion über
kirchenleitende Ämter unter den gegenwärtigen Verhältnissen nicht
dazu führen, daß Bischöfe, Kirchenpräsidenten, Superintendenten oder
andere Träger eines episkopalen Amtes in die Rolle von Verwaltungs-
beamten und kirchenpolitischen Managern gedrängt werden? Droht
nicht den zentralisierten kirchlichen Bürokratien eine zunehmende Isolierung von den Gemeinden?

Die hier angedeuteten notwendigen Veränderungen wie auch die mit
ihnen verbundenen Probleme und Gefahren fordern zur theologischen
Besinnung und Klärung heraus. Dies geschieht an vielen Orten. Daß in
dieser Neubesinnung der lutherische Grundansatz im Amtsverständnis
auch weiterhin als richtungsweisend angesehen wird, zeigt folgendes
Zitat aus einer Studienarbeit des Lutherischen Rates in den USA:
„Dieses (ordinierte) Amt ist ein Teil des Volkes Gottes, mit ihm im
Auftrag der Sendung vereint und mit ihm unter das Gericht und die
Gnade Gottes gestellt. In einem anderen Sinne steht das ordinierte Amt
im Namen Christi dem Volk Gottes gegenüber, wobei ihm die Aus-

legung des Wortes, die Verwaltung der Sakramente und die allgemeine
geistliche Aufsicht über die Kirche anvertraut ist. Die Autorität dieses
ordinierten Amtes, wie auch diejenige des Dienstes des ganzen Volkes
Gottes, kommt vom Herrn der Kirche selbst. Gott ist es, der das Amt
des kirchlichen Dienstes eingesetzt hat (CA 5) und der ständig seine
Diener in dieses Amt berufen und gesandt hat (CA 14)" (Das Amt der
Kirche — Ein lutherisches Verständnis, 1974).

Amtsverständnis und Amtsstruktur des Luthertums sind auch durch
das ökumenische Gespräch, besonders aber durch interkonfessionelle
Gespräche mit der römisch-katholischen und anglikanischen Kirche zum
Gegenstand der Diskussion und eines neuen Interesses geworden. Die
lutherische Betonung des dem Evangelium dienenden Charakters des
Amtes findet dabei eine positive Aufnahme. In der Frage der göttlichen
Einsetzung des Amtes, seiner wesentlichen Funktionen, seiner Zuordnung zum Dienst des ganzen Volkes Gottes und im Ordinationsver-
ständnis zeichnet sich eine weitgehende Übereinstimmung ab. Mit der
Frage des Bischofsamtes und vor allem der apostolischen Sukzession
des Amtes im Rahmen eines umfassenderen Verständnisses der Sukzession oder Kontinuität der Kirche wird die lutherische Theologie dagegen mit einem Thema konfrontiert, dem sie bisher wenig Beachtung
geschenkt hat. Das Bemühen um engere Gemeinschaft mit anderen Kirchen, Unionsgespräche lutherischer Kirchen mit „bischöflichen" Kirchen
in Asien und Afrika und die Notwendigkeit, Verständnis und Praxis
kirchenleitender Ämter deutlich zu profilieren, erlauben es nicht, diesem
Thema mit dem Hinweis auszuweichen, hier handle es sich nicht um eine
zentrale Frage des Glaubens. Vielleicht könnte das ökumenische Gespräch an diesem und anderen Punkten dem Luthertum zu einer doppelten Einsicht verhelfen: einmal, daß das Luthertum in den Grundzügen seines Amtsverständnisses einen auch über seine eigenen Grenzen
hinaus anzuerkennenden Weg beschritten hat, an dem es festzuhalten
gilt; und zum anderen, daß aber seine behauptete Freiheit in den Gestaltungsmöglichkeiten der Amtsstruktur und Kirchenordnung ohne
eine klärende theologische Reflexion sehr leicht zur gar nicht mehr
freien (und häufig theologisch verbrämten) Fixierung auf traditionelle
oder aus dem weltlichen Bereich übernommene Modelle, Strukturen
und Denkweisen führen kann. Hier könnte das ökumenische Gespräch
auch für die innere Situation und Erneuerung des Luthertums wichtige
Impulse geben.

XI. Kapitel

DER WELTLICHE BERUF
UND DAS SOZIAL-ETHISCHE DENKEN

FRANKLIN SHERMAN

Die Neu-Interpretation des Säkularen

Wenn man sich mit der Rolle des „weltlichen (säkularen) Berufes" in der lutherischen Tradition befaßt, sollte man sich darüber im klaren sein, daß der Begriff „säkular" verschiedene Deutungen zuläßt. Er kann von dem her verstanden werden, was er verneint oder was er bejaht. *Prima facie* scheint er einen Bereich zu bezeichnen, der sich Gottes Herrschaft entzogen hat und sozusagen autonom geworden ist. Doch die neuere Theologie hat uns gelehrt, die Säkularisierung in einem positiveren Lichte zu sehen, als einen Prozeß des „Mündigwerdens" (D. Bonhoeffer) der Menschheit, der von der göttlichen Vorsehung gewollt ist. Hier bezeichnet der Begriff „Säkularisierung" eine Emanzipation der verschiedenen Lebensbereiche nicht von der Herrschaft Gottes, wohl aber von der Notwendigkeit eines spezifisch „religiösen" Anstriches oder von der Bevormundung durch eine kirchliche Autorität. Ehe, Arbeit, Kultur und Politik werden dazu befreit, sich unmittelbar als Teil der guten Schöpfung Gottes zu erweisen und als der Ort, an dem das Leben als „Glaube, der durch die Liebe tätig ist", seinen Ausdruck finden soll.

In diesem Sinne kann man sagen, daß die lutherische Reformation eine nachdrückliche „Bejahung des Säkularen" und vor allem der theologischen Bedeutung des weltlichen (säkularen) Berufes mit sich gebracht hat. Von vielen Bemerkungen Luthers, die alle in die gleiche Richtung zielen, mögen zwei als Beweis dafür herangezogen werden. In seiner Abhandlung *„De votis monasticis"* (1521) macht Luther eine Reihe von kritischen Äußerungen über das Mönchtum. Darunter hat folgende besonderes Gewicht: *„obedientiam et charitatem per illos e publico tolli et in suum angulum cogi"* (WA 8, 624, 34 ff.). Was das positiv bedeutet, ist klar: Christlicher Gehorsam und christliche Liebe sind nicht dazu ersehen, in einer zurückgezogenen Gemeinschaft geübt zu werden, sondern gerade in der großen Arena der weltlichen Gesellschaft, das heißt der „säkularen Welt".

Die andere Bemerkung macht Luther sozusagen nebenbei, als er sich

im Vorwort zu den Schmalkaldischen Artikeln von 1536 zu der Frage
äußert, wie man sich dem Vorschlag des Papstes gegenüber, ein Ökumenisches Konzil einzuberufen, verhalten soll. Grundsätzlich steht er
zu diesem Gedanken positiv, doch bemerkt er dazu: „Nicht daß wir's
bedürfen, denn unsere Kirchen sind nun durch Gottes Gnaden mit dem
seinen Wort und rechten Brauch der Sakrament, mit *Erkenntnis allerlei
Stände,* und rechten Werken also erleucht und beschickt, daß wir unser-
halben nach keinem *Concilio* fragen . . .“ (Schm. Art., Praefatio 10). So
zählt Luther zu den Hauptergebnissen der Reformation, so wie er sie
nach zwanzig Jahren sieht, die Wiedergewinnung einer rechten Lehre
vom Beruf und — so fügt er hinzu — der rechten Werke.
Das entspricht dem Urteil heutiger Theologen, die in der Reformation
nicht nur einen Wendepunkt in der Geschichte der Theologie und der
Ekklesiologie sehen, sondern auch in der Geschichte der christlichen
Ethik. So spricht Karl Holl vom „Neubau der Sittlichkeit“, der aus der
lutherischen Reformation hervorgegangen ist, als nämlich die egozen-
trischen und eudämonistischen Motive, die die mittelalterliche Sittlichkeit verdorben hatten, zugunsten theozentrischer Motive ausgeschaltet
wurden und der Welt der alltäglichen menschlichen Beziehungen nicht
nur eine instrumentale, sondern eine konstitutive Bedeutung für das
Glaubensleben zuerkannt wurde. Ähnlich sieht Anders Nygren im Denken Luthers eine Wiedergeburt der Ethik der *agape* (der sich selbst hin-
gebenden Liebe) gegenüber der Ethik des *eros* (der sich selbst suchenden
Liebe) oder dem augustinisch-mittelalterlichen Begriff der *caritas,* der
zwischen den beiden zu vermitteln suchte. Somit stellt Luthers Ethik in
den Augen Nygrens eine Rückkehr zur Ethik des Paulus und der syn-
optischen Evangelien dar.
Worin das Wesen dieses Wandels in der ethischen Perspektive liegt,
kann man aus der Art und Weise ersehen, in der gewisse Schlüssel-
begriffe im Denken Luthers umdefiniert wurden. Das trifft auf die beiden Begriffe zu, die in dem oben zitierten Absatz von Luther besonders
betont worden sind („Beruf“ oder Berufung und „gute Werke“), sowie
auch auf den eng damit zusammenhängenden Begriff der „Buße“.

Buße, gute Werke und Beruf

Mit dem Begriff der Buße und dem Bemühen um eine angemessene Definition begann Luther seine 95 Thesen, deren Verkündigung gewöhnlich als die Einleitung der Reformation in der Gestalt eines öffentlichen
Ereignisses angesehen wird. „Da unser Herr und Meister Jesus Christus

sagt: ‚Tut Buße' ", schreibt Luther in der ersten These, „wollte er, daß das ganze Leben der Gläubigen Buße sein sollte." Und in den folgenden Thesen fährt er fort: „2. Dies Wort kann nicht von der sakramentalen Buße verstanden werden, das heißt nicht von der Beichte und der Genugtuung, die durch das priesterliche Amt vollzogen wird. 3. Aber es geht auch nicht auf das bloße innerliche Bußetun, dies wäre vielmehr keine Buße, wirkte es nicht auch nach außen mancherlei Abtötung des Fleisches" (WA 1, 233, 10—15. Zit. nach LDt, Bd. II, S. 32).

Wenn Luther so „sakramentale Buße" und „Bußetun" nebeneinandergestellt hat, war er sich zweifellos der Tatsache bewußt, daß das Sakrament der Buße ursprünglich nicht dazu gedacht war, den Akt des Bußetuns zu ersetzen, sondern ihm einfach ein geeignetes Ausdrucksmittel an die Hand zu geben. Doch er kannte auch sehr wohl die Mißbräuche, die mit diesem System verbunden waren. Besonders der Ablaßverkauf erschien ihm als das Hausieren mit einer „billigen Gnade" (um den Begriff Bonhoeffers zu gebrauchen), die eher als Ersatz denn als Anstoß zu echter Buße und Besserung des Lebens diente.

Luthers Formulierung *simul iustus et peccator* („gerecht und Sünder zugleich") dient vorzüglich als Beschreibung des paradoxen Standes des Christen vor Gott und seiner vollständigen Abhängigkeit von der vergebenden Gnade. Weniger bekannt, aber auch sehr erleuchtend ist die dreigliedrige Formulierung aus seiner Vorlesung über den Römerbrief: *semper peccator, semper penitens, semper iustus* („immer ist er Sünder, immer steht er in der Buße, immer ist er gerecht"). Hier erscheint die Buße als der dynamische Mittelbegriff zwischen Sünde und Gerechtigkeit. In dieser Perspektive gesehen, beinhaltet das christliche Leben einen ständigen Prozeß der sittlichen Verwandlung.

Luther verstärkt die Bedeutung dieses Begriffes, wenn er in seinem Kleinen Katechismus vom Sinn der Taufe für das tägliche Leben spricht. „Es bedeutet", schreibt er, „daß der alte Adam in uns durch tägliche Reue und Buße soll ersäuft werden und sterben mit allen Sünden und bösen Lüsten, und wiederum täglich herauskommen und auferstehen ein neuer Mensch, der in Gerechtigkeit und Reinigkeit vor Gott ewiglich lebe."

Ebenso wichtig ist die Neudefinierung der „guten Werke", die die lutherische Reformation mit sich gebracht hat. Diese Neudefinierung beinhaltete sowohl eine Änderung der Motive als auch eine Änderung des Ortes für solche Werke. Das Motiv war nicht mehr, sich in den Augen Gottes einen Verdienst zu erwerben oder für vergangene Sünden zu büßen, sondern einfach, dem Nächsten aus einem „fröhlichen und freigebigen Herzen" zu dienen und dabei das eigene Heil ganz und

gar der Gnade Gottes anheimzustellen. Dementsprechend wurde der
Ort der guten Werke vom „religiösen" in den „säkularen" Bereich ver-
lagert, das heißt in den Bereich des alltäglichen Lebens und Berufes im
Kontext der sozialen Welt.

So polemisiert Luther in seiner Abhandlung „Von den guten Werken"
aus dem Jahre 1520 und in seinen ganzen übrigen Schriften ständig
gegen das, was er „falsche" gute Werke nennt. Dazu gehören typischer-
weise für Luther Tätigkeiten wie Pilgerfahrten, die Einhaltung von
Vigilien, die Stiftung von Messen, Bußhandlungen in der Gestalt von
ständig wiederholten vorformulierten Gebeten — mit anderen Worten
Tätigkeiten, die ausschließlich der „religiösen" Sphäre angehören oder
einfach auf kirchlichen Bräuchen beruhen. Das Gebet ist natürlich
wesentlich und hat einen besonderen Wert; doch ist es als ein Gnadenmittel und nicht als gutes Werk zu verstehen. Die wahren guten Werke
sind die, die im Rahmen des alltäglichen Lebens getan werden, dort,
wo Gott uns den bedürftigen Nächsten an die Seite gestellt hat.

Doch wie kann der Inhalt solcher „wahren" guten Werke bestimmt
werden? Um diese Frage zu beantworten, verweist Luther in der Regel
auf zwei Maximen: „Halte die Gebote" und „Habe acht auf deinen
Stand". Die Zehn Gebote bilden den Rahmen für seine Abhandlung
„Von den guten Werken" und für ähnliche Fragen, die an anderer
Stelle behandelt werden. In Übereinstimmung mit der patristischen und
mittelalterlichen Tradition werden sie (jedenfalls was die „zweite
Tafel" betrifft) als eine Zusammenfassung oder Wiederholung des
Naturrechtes verstanden, das heißt derjenigen sittlichen Normen, die
für jedermann einsichtig sind oder sein sollten. Doch Luther gibt sich
nicht mit abstrakten Formulierungen ab. Er interpretiert die Gebote
als prophetische Worte, die in die gegenwärtige Situation hineingesprochen sind, um jede Form menschlicher Irrung zu enthüllen und zugleich
über sich selbst hinaus auf die positiven ethischen Grundsätze des Evangeliums zu verweisen.

Dieser doppelte Interpretationsvorgang spiegelt sich klar in Luthers
Kleinem Katechismus wider, wo jedes Gebot, das ein „Du sollst nicht"
enthält, zunächst in seiner Bedeutung ausgeweitet oder radikalisiert
wird, um dann in ein positives „Du sollst" umgewandelt zu werden.
Die Zehn Gebote werden hier eigentlich im Lichte der Bergpredigt interpretiert. Demnach bedeutet zum Beispiel das Gebot „Du sollst nicht
stehlen" folgendes: „Wir sollen Gott fürchten und lieben, daß wir unseres Nächsten Geld oder Gut nicht nehmen noch mit falscher Ware
oder Handel an uns bringen, sondern ihm sein Gut und Nahrung helfen
bessern und behüten" (Kl. Kat., 7. Gebot).

In diesem Sinne heißt die Gebote halten, den Anforderungen der Liebe und des Naturrechts gerecht zu werden. Es besteht kein Widerspruch zwischen den beiden, denn was ihr Wesen ausmacht, kann in der Goldenen Regel ausgedrückt werden: „Alles nun, was ihr wollt, daß euch die Leute tun sollen, das tut ihnen auch!" (Matth. 7, 12).

Luthers zweite Maxime „Habe acht auf deinen Stand" stellt die Frage nach dem Inhalt der guten Werke in einem noch spezifischeren Sinn. Die erste Maxime „Halte die Gebote" kann auf die konstanten, von der Situation unabhängigen Elemente der christlichen Ethik bezogen werden. Die zweite Maxime „Habe acht auf deinen Stand" bezieht sich auf die Elemente, die je nach der gegebenen Situation veränderlich sind. Nach Luther bestimmt der spezifische Standort des Menschen in der sozialen Ordnung weitgehend den Umfang und das Wesen seiner sittlichen Verantwortung.

Hier stoßen wir auf die eng miteinander zusammenhängenden Begriffe „Stand", „Amt" und „Beruf". Wenn diese Begriffe auch oft so gebraucht werden, daß sie auswechselbar sind, so haben doch die beiden ersten meist eine mehr beschreibende Funktion, während der letzte eine mehr theologische und ethische Bedeutung hat. Die menschliche Gesellschaft, so wie Luther sie in Übereinstimmung mit der mittelalterlichen Tradition sieht, besteht aus einem Netzwerk von Rollen, die miteinander verbunden und wechselseitig voneinander abhängig sind – Eltern und Kind, Herr und Knecht, Herrscher und Untertan usw. Jede dieser Rollen besteht wiederum aus dem Stand, den eine Person innehat, und den Pflichten oder Funktionen („Amt"), die mit diesem Stand verbunden sind. So ist der „Stand" eines Herrschers der eines Fürsten (oder eines Premierministers oder Präsidenten); sein „Amt" ist es zu regieren. Ein Mediziner hat den „Stand" eines Arztes; sein „Amt" ist es zu heilen. Die Gesamtheit solcher Rollen und wechselseitigen Beziehungen innerhalb eines gegebenen Lebensbereiches stellt eine besondere „Ordnung" oder Institution (die politische Institution, die Institution der Familie usw.) dar. Und die Gesamtheit dieser Ordnungen bildet die vieldimensionale Einheit einer menschlichen Gesellschaft als Ganzes.

Soweit entspricht dies der Struktur- und Funktionsanalyse der modernen Soziologie. Die spezifisch theologische und ethische Dimension ergibt sich aus dem Begriff des „Berufes". Einen „Beruf" haben, bedeutet, seinen Stand als von Gott verordnet anzuerkennen und die damit verbundenen Pflichten („Amt") unter der Ägide des göttlichen Gebotes zu erfüllen.

In einem entscheidenden Aufsatz über die Geschichte des Wortes „Beruf" hat Karl Holl gezeigt, wie dieser theologisch gewichtige Begriff,

der früher nur der religiösen Sphäre zugeordnet war, dann auch auf
den weltlichen Bereich Anwendung fand. Nach vorherrschendem mittelalterlichen Gebrauch wurde nur denen ein göttlicher „Beruf" zuerkannt, die einer monastischen Bewegung beitraten. Unter dem Einfluß der mystischen Laienbewegungen im Spätmittelalter wurde der
Begriff dann auch auf die verschiedenen weltlichen Tätigkeiten ausgedehnt. Auch diese konnten als Berufe angesehen werden, wenn die damit verbundenen Pflichten wie vor dem Angesicht Gottes ausgeübt
wurden. Doch wurden sie noch für geistlich geringer geachtet als die
religiösen Berufe. Luther war es dann, der den nächsten Schritt tat und
erklärte, daß alle Berufe in den Augen Gottes die gleiche Würde
haben.

So sagt Luther in seiner Schrift „Von der babylonischen Gefangenschaft
der Kirche" (1520) ganz unumwunden: „Deshalb rate ich niemandem,
ja ich rate vielmehr allen ab, in einen Orden oder Priesteramt zu treten,
er sei denn mit dem Wissen ausgerüstet, daß er verstehe, daß die Werke
der Mönche und Priester, wie heilig und hoch sie auch sein mögen, vor
dem Angesicht Gottes in nichts unterschieden sind von den Werken
eines Bauern, der auf dem Acker arbeitet, oder eines Weibes, das ihrer
Haushaltung wartet, sondern daß alles vor Gott nach dem Glauben
gemessen wird" (LDt, Bd. II, S. 215).

Das gleiche Thema taucht an zahllosen anderen Stellen in Luthers
Schriften auf. Wie dieses Zitat zeigt, ist seine Lehre vom Beruf eng mit
seiner Rechtfertigungslehre verbunden. Gerade weil wir durch Gnade
und nicht durch „Werke" gerechtfertigt sind, sind wir davon befreit,
unser tägliches Werk von dem her zu beurteilen, was die Welt als Status
oder Erfolg ansieht; es wird nicht zum Mittel der Selbstrechtfertigung,
sondern zum Werkzeug des liebenden Dienstes am Nächsten. In diesem
Lichte gesehen, ist das Mönchtum in Wirklichkeit gar kein Beruf, weil
es Männer und Frauen aus dem Bereich herausnimmt, in dem solcher
Dienst geschieht, statt sie dort hineinzustellen. So hat, wie Holl in seinem Aufsatz feststellt, die Reformation letztlich dazu geführt, daß die
Bezeichnung „Beruf" der einen Tätigkeit abgesprochen wurde, die ursprünglich den Anspruch darauf erhoben hatte, um den weltlichen
Tätigkeiten zuerkannt zu werden, die früher von dieser Würde ausgeschlossen waren.

Was die besondere Art der Pflichten betrifft, die mit den verschiedenen
Berufen verbunden sind, so leiten sie sich nach Luther zu einem Teil
vom traditionellen (feudalen) Verständnis der Funktionen der verschiedenen sozialen Ordnungen her, während sie zum anderen Teil durch
eine direkte Untersuchung der Art der damit verbundenen Arbeit er-

mittel werden. So kann er die „Goldene Regel" in Matth. 7, 12 wie folgt auslegen: „Bistu ein handwercks man, so findestu die Bibel gelegt inn deine werckstat, inn dein hand, inn dein herz, die dich leret und furpredigt wie du dem nehesten thun solt: Sihe nur an deinen hand zeug, deine nadel, finger hut, dein bierfas, deinen kram, deine woge, ellen und mas, so liesestu diesen Spruch darauff geschrieben, das du nirgend hin sehen kanst, da dirs nicht unter augen stoße, und kein ding so gering ist, damit du teglich umgehest, das dir solchs nicht on unterlas sage, wenn du es horen wilt, Und mangelt ia am predigen nicht, denn du hast so manchen prediger, so manchen handel, wahre, handzeug und ander breitschafft inn deinem haus und hofe, das schreyet alzumal über deinen hals: Lieber, handele mit mir also gegen deinen Nächsten, wie du woltest daß dein Nächster gegen dir handeln sollte mit seinem Gut" (WA 32, 495 f.).

So würdigt Luther den weltlichen Beruf als den „Ort der Erkenntnis des göttlichen Willens" und den „Ort des Gehorsams" gegenüber diesem Willen. Die Mühsal, die die getreue Erfüllung der Pflichten des Berufes mit sich bringen mag, wird als von Gott auferlegtes Kreuz angenommen („Beruf ist Kreuzigung", hat ein moderner lutherischer Theologe geschrieben). Zugleich kommt im Beruf und durch den Beruf die siegreiche Kraft des Glaubens zum Ausdruck.

Es sei noch darauf hingewiesen, daß Luthers Berufsverständnis statisch ist; die Vorstellung einer sozialen Mobilität im Sinne einer freien Wahl zwischen verschiedenen beruflichen Möglichkeiten lag ihm fern. Man wird *in einem* bestimmten Lebensstand berufen und nicht *in einen* bestimmten Lebensstand *hinein*. Die theologischen und ethischen Wurzeln des Begriffes ermöglichten jedoch eine Anpassung an spätere mobilere soziale Situationen.

Stärken und Schwächen der lutherischen Position

Die früheren Lutheraner waren der Ansicht, daß der Gedanke der „Bejahung des Weltlichen (Säkularen)" aufrechterhalten werden mußte, nicht nur gegenüber den monastischen und asketischen Tendenzen, die ein Erbe des Mittelalters waren, sondern auch gegenüber dem, was Luther das „neue Mönchtum" nannte in Gestalt gewisser linker Reformationsbewegungen, die für einen Rückzug aus dem alltäglichen Leben in ausgesonderte Gemeinschaften eintraten. Wohin diese Polemik zielt, ist klar aus Artikel 16 der CA „Vom weltlichen Regiment" ersichtlich, in dem die Rolle des weltlichen Berufes im Denken Luthers festgehalten wird: „Von Polizei und weltlichem Regiment wird gelehret, daß alle

Obrigkeit in der Welt und geordnete Regiment und Gesetze gute Ordnung von Gott geschaffen und eingesetzt seind, und daß Christen mögen
in Oberkeit, Fürsten- und Richter-Amt ohne Sunde sein, nach kaiserlichen und anderen üblichen Rechten Urteil und Recht sprechen, Übel-
täter mit dem Schwert strafen, rechte Kriege fuhren, streiten, kaufen
und verkaufen, aufgelegte Eide tun, Eigens haben, ehelich sein etc.
Hie werden verdammt die Widertaufer, so lehren, daß der obangezeig-
ten keines christlich sei.
Auch werden diejenigen verdammt, so lehren, daß christliche Vollkommenheit sei, Haus und Hof, Weib und Kind leiblich verlassen und sich
der beruhrten Stucke äußern; so doch dies allein rechte Vollkommenheit ist, rechte Furcht Gottes und rechter Glaube an Gott. Dann das
Evangelium lehrt nicht ein äußerlich, zeitlich, sondern innerlich, ewig
Wesen und Gerechtigkeit des Herzen und stoßet nicht um weltlich
Regiment Polizei und Ehestand, sondern will, daß man solchs alles
halte als Ständen christliche Liebe und rechte gute Werk, ein jeder nach
seinem Beruf, beweise. Derhalben seind die Christen schuldig der Oberkeit untertan und ihren Geboten und Gesetzen gehorsam zu sein in al-
lem, so ohn Sunde geschehen mag. Dann so der Oberkeit Gebot ohn
Sund nicht geschehen mag, soll man Gott mehr gehorsam sein dann den
Menschen. Actum 5."
Diese Aussage ist eine gründlichere Untersuchung wert, denn darin finden sich eine Reihe von Faktoren vereint, die die typisch lutherische
Position in sozial-ethischen Fragen zu dem gemacht haben, was sie ist —
sei es zum Guten oder zum Schlechten. Einerseits kommt darin — im
Geiste Luthers — ein handfester Glaube daran zum Ausdruck, daß die
Schöpfung und das Werk Gottes, des Schöpfers, gut sind und daß Gott
durch sogenannte „weltliche" (säkulare) Obrigkeiten und Strukturen
(Luther hat sie *larvae Dei*, „Masken Gottes" genannt) handelt. Damit
hängt auch die Anerkennung der Rolle der natürlichen Vernunft bei
der Lösung sozialer Probleme zusammen (Angelegenheiten können
„nach dem kaiserlichen oder anderen üblichen Rechten" entschieden
werden). Das besagt zugleich, daß nicht jeder Plan oder jedes Programm mit einem christlichen Etikett versehen zu sein braucht. Die
„weltliche Sachkenntnis" ist stets ein notwendiger Beitrag zur ethischen
Gleichung. Das ist bis heute ein charakteristischer Akzent des Luthertums geblieben denen gegenüber, die unmittelbar in der Bibel oder der
kirchlichen Tradition Lösungen für die sozialen Probleme zu finden
meinen.
Außerdem spiegelt sich in dieser Aussage — wenn nicht explizit, so doch
implizit — ein weiteres Charakteristikum der lutherischen Position

wider, nämlich die Bereitschaft, das Element des Kompromisses zu akzeptieren, das mit dem gesellschaftlich-institutionellen Leben verbunden ist; mitten im Konflikt auszuharren; am Platz der Verantwortung zu bleiben, selbst wenn damit eine schwere Gewissensbedrängnis gegeben ist. Das war der Sinn von Luthers Rat an Melanchthon *„Pecca fortiter"*. (Die vollständige Fassung lautet: „Sündige tapfer, aber glaube noch tapferer und freue dich in Christo / *pecca fortiter, sed fortius fide et gaude in Christo"*, WA.Br. 2, Nr. 424, 84f.).

Wenn dies die Stärken der lutherischen Position sind, so müssen andererseits auch die Schwächen, die die Kehrseite dazu sind, gesehen werden. Die Anerkennung der Rolle der weltlichen Obrigkeiten in der göttlichen Lenkung der Geschichte ist so formuliert, daß man daraus leicht folgern kann, daß die gesellschaftlichen und politischen Strukturen jederzeit in ihrer jeweiligen Gestalt von Gott gesegnet sind und weder einer wesentlichen Verbesserung bedürfen noch dazu fähig sind — eine Position, die immer für diejenigen angenehm ist, die schon die Früchte des Wohlstands oder der Macht genießen. Wenn darüber hinaus gesagt wird, daß das, was christlich ist, und das, was von Natur aus menschlich ist, sich überschneiden — ein Punkt, der dem christlichen Exklusivitätsgedanken entgegenkommt —, dann kann das so weit führen, daß jegliches Gefühl für die Andersartigkeit christlichen Verhaltens überhaupt verlorengeht. Die Erklärung in der CA, daß das Evangelium nur eine „innere und ewige" Gerechtigkeit lehrt, kann leicht zu einer solchen Deutung verleiten. Ebenso ist die Aussage, daß die Christen der Obrigkeit Gehorsam schulden, oft einseitig, ohne angemessene Berücksichtigung der Ausnahmeklausel „so ohne Sund geschehen mag" betont worden.

Schließlich ist der Heilsrealismus, der Luthers Denken durchdringt — und der auf der Erkenntnis der unausweichlichen Zwiespältigkeiten der Geschichte beruht —, gelegentlich in einen Pessimismus, ja Zynismus, abgeglitten, der an der Möglichkeit irgendeiner Verbesserung der menschlichen Situation verzweifelt. Eine ausschließliche Betonung von Sünde und Schuld tritt an die Stelle des dialektischen Verständnisses der Beziehung zwischen *imago Dei* und Erbsünde, das heißt der Erkenntnis, daß selbst die gefallene Menschheit noch das Ebenbild Gottes trägt und fähig ist, Vernunft und Tugend in weltlichen Dingen („weltliche Gerechtigkeit") zu üben. Das Ergebnis davon ist der „kulturelle Defätismus", den Reinhold Niebuhr neben anderen als für das Luthertum charakteristisch ansah.

Es ist jedoch von entscheidender Bedeutung, daß diese Art von Pessimismus im Hinblick auf die menschliche Natur in der Reformationszeit selbst, dort, wo er auftauchte, entschieden zurückgewiesen wurde. Matthias Flacius, ein Führer der sogenannten „Gnesiolutheraner", vertrat eine so extreme Auffassung von der Erbsünde, daß er behaupten konnte, daß das *imago Dei* im Menschen vollkommen ausgelöscht und durch das Ebenbild Satans ersetzt worden ist. Die Erbsünde ist nach seiner Meinung zur Natur des Menschen geworden. Demgegenüber halten die lutherischen Bekenntnisschriften (siehe vor allem FC, Art. I.) an der Unterscheidung Augustins zwischen der grundlegenden Natur des Menschen als Geschöpf Gottes und der Verderbung — gewiß von schrecklichen Ausmaßen — fest, die die Erbsünde dieser Natur zugefügt hat. So ist das Luthertum trotz seiner starken Lehre von der Sünde bei der grundlegenden Aussage geblieben, daß die Welt als Gottes Schöpfung gut ist, und hat sich Luthers Überzeugung zu eigen gemacht, daß wir trotz unserer Ohnmacht im Hinblick auf die „Dinge, die über uns sind" (Fragen der Rechtfertigung und des Heils), wahrhaft frei sind, verantwortlich mit den „Dingen, die unter uns sind" umzugehen, das heißt der ganze Bereich des politischen und institutionellen Lebens.

Es ist beachtenswert, daß es in dieser Auseinandersetzung um die Frage der menschlichen Natur und nicht um die Zwei-Reiche-Lehre ging, wenn diese auch oft für den angeblichen Defätismus der lutherischen Tradition verantwortlich gemacht worden ist. Die Zwei-Reiche-Lehre hatte jedoch einen entscheidenden Einfluß auf die lutherische Sozialethik zum Guten oder zum Schlechten; darum ist es nötig, ihre Grundelemente zu untersuchen.

Die Zwei-Reiche-Lehre

Studien über den Ursprung der Zwei-Reiche-Lehre Luthers haben gezeigt, daß sie Vorgänger hat, die bis auf die alttestamentliche Zeit zurückgehen, wo die Weisheitsdichter zwischen dem Weg der Weisen und dem Weg der Toren oder dem der Gerechten und der Gottlosen unterschieden. Der Gegensatz wurde in der apokalyptischen Literatur noch verschärft durch die Vorstellung des Krieges der „Kinder des Lichts" gegen die „Kinder der Finsternis", ein Begriff, der im Neuen Testament einen starken Widerhall findet. Der Dualismus äußert sich im Gegensatz zwischen Röm. 12, wo Paulus die Christen ermahnt, sich selbst nach Grundsätzen zu regieren, die der Ethik der Bergpredigt gleichkommen („Segnet, die euch verfolgen; segnet und fluchet nicht"), und Röm. 13, wo er die Anwendung von Strafmaßnahmen durch die Obrigkeit billigt. Dieser Dualismus liegt auch Augustins Begriff von den zwei

Staaten der *civitas terrena* und der *civitas Dei* zugrunde. Er sagt:
„Zweierlei Liebe also hat die beiden Staaten gegründet, und zwar den
Weltstaat die bis zur Verachtung Gottes gesteigerte Selbstliebe, den
himmlischen Staat die bis zur Verachtung seiner selbst gehende Gottesliebe" (Vom Gottesstaat, Buch XIV, 28).

Ein Faktor, der in gewissem Umfang schon das Denken Augustins beeinflußt hat, und der im Laufe des Mittelalters immer stärker in den
Vordergrund trat, war die Tatsache, daß unter den Verhältnissen der
damaligen „Christenheit" die gleichen Menschen diesen beiden Staaten
zugehörten — nämlich die Bevölkerung des christlichen Europa. Was
sich ursprünglich auf zwei Gruppen von Menschen bezog, wurde somit
in die Vorstellung von zwei verschiedenen, aber komplementären
Funktionen innerhalb einer geistlich-zeitlichen Gemeinschaft verwandelt. Man sprach von den „zwei Schwertern" oder den „zwei Mächten", die entsprechend in der Hand der Kirche und des Staates bzw. des
Papsttums und des Kaisertums lagen. Beide waren nach dieser Auffassung letztlich Gott unterworfen; somit waren dies die beiden Weisen,
in denen Gott selbst seine Herrschaft über die Welt ausübt.

Dieser ganze Komplex von Gedankengängen ist Luther überkommen;
und aus dieser Komplexität erklärt sich zweifellos die Tatsache, daß
der Begriff der Zwei-Reiche-Lehre in seinem Denken nicht immer eindeutig ist. Manchmal, vor allem beim frühen Luther, scheint sich der
Begriff auf „zwei Bereiche" im Sinne von zwei voneinander getrennten Gemeinschaften zu beziehen (die „kleine Herde" von Christen inmitten einer ungläubigen Welt). Öfter jedoch bezieht er sich auf „zwei
Arten des Regiments", wie im mittelalterlichen System. In ein und derselben weltlichen (und in gewissem Sinne) christlichen Gemeinschaft
regiert Gott „politisch" durch das Gesetz, indem er sich des weltlichen
Regiments als Werkzeug bedient, und „religiös" durch das Evangelium,
indem er sich der Kirche als sein Werkzeug bedient. Die Gelehrten
haben hier zwischen dem Begriff der „zwei Reiche" und dem der „zwei
Regimente" unterschieden.

Es gibt noch andere Begriffspaare, die diesen beiden zugeordnet werden
können. Das „Reich zu Gottes linker Hand", das heißt das politische
Reich, ist der Bereich der „fremden Werke Gottes", das heißt die Werke
des Zorns. Das „Reich zu Gottes rechter Hand", das heißt das Reich des
Geistes, ist der Bereich der „eigenen Werke Gottes", das heißt die Werke
der Barmherzigkeit. Das erstere ist der Bereich des *Deus absconditus*,
der letztere der des *Deus revelatus*. In Luthers Sprachgebrauch ist das
erste Reich das Reich Gottes, des Vaters, das zweite das Reich
Christi.

Eine der Hauptfunktionen der Zwei-Reiche-Lehre besteht darin, bestimmte Dimensionen, Größen oder Institutionen voneinander zu unterscheiden, die nicht miteinander verwechselt werden sollten. Eine solche Funktion war in der Situation des Spätmittelalters sehr nötig, als die Kirche zu den größten Grundbesitzern in Europa gehörte und Bischöfe und Erzbischöfe als weltliche Herrscher fungierten, während der Staat unter dem Aspekt der damaligen „Christenheit" eine religiöse Aura angenommen hatte. Luther gebrauchte die Kategorien der zwei Reiche, um die besondere Natur und die jeweiligen Aufgaben der beiden wieder herauszustellen. Er rief die Kirche zu ihrer dienenden Rolle als einer Gemeinschaft der Gläubigen zurück, die allein vom Wort regiert wird und auf allen weltlichen Reichtum und weltliche Macht verzichtet. Zugleich betonte er erneut die recht verstandene Weltlichkeit des Staates.

Die Zwei-Reiche-Lehre dient außerdem dazu, zwischen dem Bereich der persönlichen Beziehungen, in dem die christliche Liebesethik direkt anwendbar ist, und dem Bereich der institutionellen und politischen Beziehungen zu unterscheiden, in dem sie indirekt Ausdruck finden muß. Nach Luther ist der Christ in seiner eigenen Person ein Untertan des Reiches Christi, während er in seinem „Amt" ein Untertan des weltlichen Reiches ist. Zwischen diesen beiden kommt es unvermeidlich zu gewissen Spannungen.

Zweitens, und das folgt aus dem ersten, hat die Zwei-Reiche-Lehre eine begrenzende Funktion. Jeder der Hauptkomponenten der Gesamtwirklichkeit, die als Christenheit bezeichnet wird — nämlich „Kirche und Staat" —, hat einen Bereich fest umrissener Kompetenzen, über den hinaus die jeweilige Verfügungsgewalt nicht reicht. Luther hat den Begriff in seiner begrenzenden Funktion in maßgeblicher Weise benutzt in seiner Schrift aus dem Jahre 1523 „Von weltlicher Obrigkeit, wie weit man ihr Gehorsam schuldig sei" (WA 11, 245–287), die zu Recht als ein Schlüsseldokument für das Studium der Zwei-Reiche-Lehre angesehen wird. Der Untertitel weist auf das Hauptanliegen der Schrift hin. Der unmittelbare Anlaß dafür war eine Verfügung von Herzog Georg aus dem benachbarten Herzogtum Sachsen, in der verlangt wurde, daß alle Exemplare des kürzlich erschienenen Deutschen Neuen Testaments von Luther, die sich in den Händen der Untertanen befinden, abgeliefert werden. Luthers Antwort, in Kürze, war die, daß der Herzog — oder sogar der Kaiser selbst — über solche Angelegenheiten keinerlei Vollmacht hat. „Sie haben keine Macht über die Seelen", meint Luther. In heutiger Terminologie könnte man sagen, daß das Luthers Protest gegen den Totalitarismus war, gegen den Versuch des Staates, über das ganze menschliche Leben zu herrschen. — Die begrenzende Funktion gilt auch in der anderen Richtung, in dem Sinne, daß die Kirche auf die Grenzen ihrer Macht und ihrer Weisheit in weltlichen Dingen hingewiesen wird. In lutherischer Sicht ist, wie schon gesagt, immer ein Beitrag „weltlicher Sachkenntnis" erforderlich.

Lösungen sozialer Probleme, die sich aus dem christlichen Gewissen heraus nahelegen, müssen an der rauhen Wirklichkeit des Lebens erprobt werden, und dabei wird sich oft nur eine Annäherung an das Ideal als möglich erweisen.

Neben dieser „Unterscheidungs"- und „Begrenzungs"-Funktion spielt die Zwei-Reiche-Lehre jedoch auch eine kritische und konstruktive Rolle, die man — beide zusammen genommen — ihre „prophetische" Funktion nennen könnte. Der Tendenz gegenüber, die Herrschaft Gottes als auf das persönliche Leben oder den kirchlichen Bereich beschränkt anzusehen, verkündet diese Lehre, daß die große Welt der gesellschaftlich-institutionellen Wirklichkeit, des wirtschaftlichen Lebens, der Machtpolitik auch zum Reich Gottes gehört und infolgedessen seinem Gericht unterworfen ist, und daß es darüber hinaus Aufgabe der Kirche ist, durch ihre Predigt des Wortes die Welt an diese göttliche Herrschaft zu erinnern. Denn das Wort, das der Kirche anvertraut ist, umfaßt beides, Gesetz und Evangelium; und das Gesetz ist ja in seiner ersten Funktion (*usus civilis* oder *usus politicus*) im Besonderen dazu ersehen, ein Leitfaden für das menschliche Zusammenleben in organisierten Gemeinschaften zu sein. Das Gesetz in diesem Sinne ist vor allem das Gesetz der Gerechtigkeit, wie man es auch verstehen mag: als austeilende Gerechtigkeit, *suum cuique*, „Jedem das Seine", wie es in der klassischen Formulierung heißt; als vergeltende Gerechtigkeit, wie sie durch das Gerichts- und Strafwesen geübt wird; oder als ausgleichende Gerechtigkeit, wie sie sich im prophetischen Protest gegen die Unterdrückung und in der Verkündigung der Zuwendung Gottes zu den Armen äußert.

Luthers politische Predigt

Vor allem diese kritische und konstruktive Funktion kommt in Luthers eigenen Schriften über soziale Fragen zum Ausdruck. Diese Schriften haben gewöhnlich zwei bestimmte Formen. Erstens sind Luthers Predigten und exegetischen Werke voll von sozialen und politischen Kommentaren. Das trifft besonders auf seine Kommentare zu den Psalmen, den Propheten und den prophetischen Stücken im Neuen Testament, wie das *Magnificat*, zu. In vielen Fällen ruhte er nicht, bevor er den

Text nicht nur tropologisch (im Hinblick auf seine Relevanz für das persönlich-sittliche Leben), sondern auch — wie man sagen könnte — soziologisch angewandt hatte. Wenn man unter „politischer Predigt" eine Auslegung der christlichen Botschaft versteht, die sich ganz konkret auf die brennenden menschlichen Zeitprobleme bezieht, dann war Luther ein „politischer" Prediger *par excellence.*

Die zweite Form, die Luthers sozial-ethische Schriften annehmen, ist die von Traktaten und Abhandlungen, von denen eine ganze Reihe ausschließlich sozialen Fragen gewidmet sind, während andere nur am Rande darauf eingehen. Seine entscheidende Abhandlung aus dem Jahre 1520 „An den christlichen Adel deutscher Nation von des christlichen Standes Besserung" berührt, nachdem sie die Notwendigkeit einer Reform der Kirche behandelt hat, eine ganze Skala von Fragen aus dem sozialen Bereich: die Notwendigkeit einer Erziehungsreform, den Luxus und die Extravaganz der Fürsten, das Überhandnehmen von Bettelei und Prostitution, die Wuchergeschäfte der Kaufleute und Handelsgesellschaften. In den darauffolgenden zehn Jahren hat er jeder dieser Fragen und ähnlichen Problemen eine oder mehrere Abhandlungen gewidmet. In diesen Schriften offenbart sich eine erstaunlich umfassende Kenntnis der sozialen, wirtschaftlichen und politischen Situation der damaligen Zeit sowie die Bereitschaft, „die Späne fliegen zu lassen, wohin sie wollen" in seiner beißenden Kritik an den groben Gepflogenheiten, dem Geiz und dem Machtmißbrauch, wo immer sie auftreten mögen.

Luther betrachtete die Kritik an der Obrigkeit als eine Pflicht, die dem getreuen Prediger des Wortes ansteht. Wie er in seiner Auslegung von Psalm 82 sagt: „nicht auffrhurissch ist die oberkeit straffen, wo es geschieht nach der weise, die hie berurt stehet, nemlich das es durch Gottlich befolhen ampt und durch Gotts wort geschehe offentlich freh und redlich. Sondern es ist eine lobliche, edle seltsame tugent und ein sonderliche grosser Gottes dienst, wie hie der Psalm beweiset. Das were viel mehr auffrhurissch, wo ein prediger die laster der oberkeit nicht straffet. Denn damit macht er von Pobel böse und unwillig und stärket der Tyrannen Bosheit und macht sich derselbigen aller teilhaftig und selbstschuldig" (WA 31, I, 197 f.).

In seinen Schriften über wirtschaftliche Fragen wendet Luther diese kritische Betrachtungsweise auf die Beurteilung des aufkommenden Kapitalismus an. Er hegt diesem neuen System gegenüber eine klare Antipathie. Im Hinblick auf die reichen Bank- und Kaufmannsfamilien wie die Fugger stellt er die rhetorische Frage: „Wie ist's möglich, dies sollte göttlich und recht zu gehen, daß bei eines Menschen Leben sollten auf

einem Hauffen so große köngliche Güter gebracht werden? Ich weiß
die Rechnung nicht. Aber das verstehe ich nicht wie man mit hundert
Gulden mag des Jahres erwerben zwanzig" (WA 6, 466, 32—35. Zit.
nach MA, Bd. II, S. 147).

Im Unterschied zu Calvin akzeptierte Luther keinerlei Änderung des
traditionellen Zinswucherverbotes. Auch hielt er an dem mittelalterlichen Begriff des „gerechten Preises" fest, eines Preises, der nicht der
höchste ist, den man erlangen kann, sondern der fairste, sowohl nach
wirtschaftlichen als auch nach ethischen Kriterien. Auch das wirtschaftliche Leben sollte nach der Ansicht Luthers ein Ausdruck des „in der
Liebe tätigen Glaubens" sein.

Luthers Schriften über Erziehungsfragen, wie seine Abhandlung „An
die Ratsherren aller Städte deutschen Lands, daß sie christliche Schulen aufrichten und halten sollen" (1524), enthalten wichtige Vorschläge für Neuerungen und Reformen im Erziehungsbereich. In seinen Schriften über das Problem der Armut, wie es sich vor allem im
Überhandnehmen der Bettelei äußert, werden Pläne entwickelt, die in
vieler Hinsicht der Prototyp eines modernen sozialen Wohlfahrts-
systems sind (siehe „Ordnung eines gemeinen Kastens", 1523). In seinen Schriften über die Frage des Krieges folgt er in den Hauptzügen
der traditionellen Lehre vom „gerechten Krieg", nach der im wesentlichen nur Verteidigungskriege gerechtfertigt sind. Der Krieg gegen
„den Türken" (die Belagerung Südosteuropas durch die ottomani-
schen Streitkräfte) ist in den Augen Luthers nur auf dieser Grundlage
gerechtfertigt, nämlich als ein Akt der kollektiven Selbstverteidigung,
nicht als ein heiliger Kreuzzug, trotz der Tatsache, daß es sich dabei
um die Begegnung der Kräfte der Christenheit mit denen des Islam
handelte. Die Sache Christi, so betonte Luther immer wieder, kann
durch militärische Mittel weder verteidigt noch vorangetrieben werden. Was den einzelnen Soldaten betrifft, so hieß Luthers Rat, daß ein
Christ wohl mit gutem Gewissen als ein solcher dienen könne, wenn
er davon überzeugt sei, daß es sich um einen gerechten Krieg handelt,
daß er sich aber — auch gegen den Befehl seines Herren — weigern
sollte zu kämpfen, wenn dies nicht der Fall sei.

In einer Frage hat die Nachwelt Luther besonders hart verurteilt; ja,
schon seine Zeitgenossen hatten das getan. Es ist die Frage seiner
Reaktion auf den Bauernkrieg im Jahre 1525. Aus seinen drei Traktaten zu diesem Thema, die in schneller Folge im Laufe dieses Jahres
veröffentlicht wurden, ist ersichtlich, daß er anfangs eine große Sympathie für die Bauern mit ihren Beschwerden hatte und daß er nicht
zögerte, die Herren für ihre dickfellige Gleichgültigkeit zu rügen.

Aber er war entsetzt darüber, daß die Bauern zu den Waffen griffen, um ihre Forderungen durchzusetzen. Und er hatte theologische Einwände dagegen, daß sie dies unter dem Banner des Evangeliums taten. Er reagierte mit der ihm eigenen Derbheit und forderte die Fürsten auf, den Aufstand mit allen nötigen Mitteln niederzuschlagen. Die Revolte wurde mit viel Blutvergießen erstickt. Einige Historiker sind der Ansicht, daß das Mißlingen dieses Aufstands zusammen mit der feindseligen Einstellung gegenüber allen von der Masse getragenen Bewegungen, die durch die Erfahrung erzeugt worden sind, die Entwicklung einer politischen und sozialen Demokratie in Deutschland um Jahrhunderte verzögert hat.

Luther erwies sich in diesem Falle als unfähig, die Auffassung zu überwinden, daß kein grundlegender Wandel im Hinblick auf die sozialen Strukturen oder eine Neuverteilung der politischen Macht ins Auge gefaßt werden konnte, obwohl gewisse Forderungen einer Unterklasse als gerechtfertigt angesehen werden konnten. Diese Einstellung wurde nur zum Teil durch seine spätere Befürwortung des „Widerstandsrechtes" qualifiziert, als die evangelische Bewegung 1530 und in den darauffolgenden Jahren seitens des Kaisers von der Ausrottung durch militärische Gewalt bedroht war (siehe Luthers „Warnung an seine lieben Deutschen", 1531). Wenn diese Schrift auch dazu diente, die Anhänger Luthers in ihrem Widerstand im Schmalkaldischen Krieg (1546—1555) und in den nachfolgenden Kämpfen zu unterstützen, so führte doch die Billigung eines solchen Widerstandes, wenn der Glaube selbst bedroht war, nicht zur Entwicklung einer ausgewachsenen Theorie der Demokratie, wie dies in fortschrittlichen Stadien innerhalb des Calvinismus, vor allem im Puritanismus des 17. Jahrhunderts, der Fall war. Die Tatsache, daß die Leitung der lutherischen Kirchen von den Fürsten übernommen wurde, die als „Notbischöfe" fungierten — ein System, das sich im Laufe der Zeit immer tiefer verwurzelte —, diente nur dazu, den damit verbundenen Konservatismus zu bestätigen.

Konservative Tendenzen und Tendenzen der Erneuerung

Im Zeitalter der lutherischen Orthodoxie (das sich in etwa mit dem 17. Jahrhundert deckt) wurden diese konservativen Tendenzen noch weiter verstärkt. Die Schrecken des Dreißigjährigen Krieges mit dem ungeheuren Verlust an Menschenleben — vielleicht ein Drittel der Bevölkerung Deutschlands —, sowie den weitverbreiteten Plünderungen und Beutezügen und der Vernichtung von Viehbestand,

Ernteerträgen und Besitztümern führten zu einem tiefen Gefühl der Dankbarkeit gegenüber jeder Regierung, der es gelang, ein *Minimum* an Ordnung zu bewahren.

Ein charakteristisches Merkmal der lutherisch-orthodoxen Theologie ist die Behandlung sozial-ethischer Fragen im Rahmen der *Dreiständelehre*. Diese drei Stände sind der „Nährstand" *(ordo oeconomicus)*, der „Wehrstand" *(ordo politicus)* und der „Lehrstand" *(ordo ecclesiasticus)*. Die ersten beiden bilden das, was Luther das Reich-zur-Linken nennt, und der dritte stellt das Reich-zur-Rechten dar. Jeder dieser Stände ist von Gott eingesetzt, und jeder hat seine besonderen Funktionen. J. Gerhard faßt dies folgendermaßen zusammen: „Oeconomicus *ordo inservit generis humani multiplicationi;* politicus *ejusdem defensioni;* ecclesiasticus *ad salutem aeternam promotioni.* Oec. *ordo oppositus est a Deo vagis libidinibus,* polit. *tyrannidi ac latrociniis;* eccles. *haeresibus ac doctrinae corruptelis"* (Zit. nach H. Schmid, 1893, S. 447).

Das kommt in der Intention dem reformatorischen Begriff der „zwei Regimente" sehr nahe:

Gott handelt auf verschiedene Weisen durch verschiedene Institutionen, um sein Vorhaben zu erfüllen. In diesem Sinne ist die göttliche Herrschaft, wie sie von der Reformation verkündet wird, in ihrem ganzen Umfang beibehalten. Der Ton der Freude darüber, daß die Schöpfungsordnung gut ist, tritt jedoch hinter der starken Betonung der ordnenden oder einschränkenden Funktionen zurück. Und die Arbeitsteilung zwischen den drei Ständen wird so interpretiert, daß die prophetische Funktion der Kirche beschnitten wird; denn nach orthodox-lutherischem Verständnis ist sie nicht dazu berufen, in politische Angelegenheiten einzugreifen. Das fügte sich natürlich bestens in den aufkommenden politischen Absolutismus der damaligen Zeit ein. Der Gegensatz zu Luthers kühnem Gebrauch der Kanzel und der Feder zur Züchtigung der Obrigkeit ist offenkundig.

Der Pietismus im Luthertum, der im 17. Jahrhundert als Protest gegen das entstand, was er als geistliche Trägheit der lutherischen Orthodoxie ansah, kann in wesentlicher Hinsicht als eine Bewegung sittlicher Erneuerung betrachtet werden. Die Pietisten verlangten nach einer Betonung des Lebens, nicht der Lehre; des Glaubens als einer persönlichen Beziehung zu Gott — die zu tätigem Mitleiden führt — und nicht als einer bloßen Zustimmung zum Dogma. Heiligkeit wurde gefördert, angeregt und in den Zusammenkünften der Konventikel (kleine Gruppen, die sich zum Gebet, zur Bibelarbeit und zum Austausch persönlicher Anliegen zusammenfanden) bestätigt. Im Gegensatz zur lutherischen Orthodoxie, die dazu neigte, Klassenunterschiede zu verstärken, war der Pietismus darauf bedacht, sie abzuschwächen; denn Herren und Knechte, Reiche und minder Bemittelte kamen in der engen Gemeinschaft dieser Gruppen zusammen. Tugenden wie Sparsamkeit, Ehrlichkeit und Fleiß in der Arbeit (die das ausmachten, was man später „protestantische Ethik" nannte) wurden gefördert, wodurch die Pietisten als Arbeiter oder Siedler sehr beliebt wurden.

Eine der spürbarsten historischen Auswirkungen des Pietismus sind die unter seiner Schirmherrschaft geübten Werke der Barmherzigkeit und die zu diesem Zwecke gegründeten Einrichtungen. Die Pietisten betätigten sich in jeder Art von karitativen Unternehmen. In Halle errichtete August Hermann Francke (1663–1727), die große Führerpersönlichkeit des Pietismus, Witwen- und Waisenhäuser, gründete Schulen für die Armen, entwickelte Berufsausbildungsprogramme und unterhielt eine Verlagsbuchhandlung und ein pharmazeutisches Unternehmen. An anderen Orten wurden Programme für Körperbehinderte, für geistig Behinderte, für Flüchtlinge und Kriegsgefangene eingerichtet. Auch im Bereich der Erziehungsreform waren die Pietisten tätig, wobei sie sich für die Einführung einer mehr experimentellen und praxisorientierten Methode einsetzten. Diese Bestrebungen äußerten sich nicht nur in Deutschland, sondern überall dort, wo Lutheraner anzutreffen waren, bis hin zu den ausgedehnten Missionsgebieten in Übersee, die selbst weitgehend vom Pietismus inspiriert waren.

Im Hinblick auf diese Dimensionen — persönliche sittliche Erneuerung und die Übung von Werken der Barmherzigkeit — kann der Pietismus als ein Ausdruck von Luthers eigenem Grundprinzip oder Paradigma des „in der Liebe tätigen Glaubens" betrachtet werden. Doch in zwei sehr entscheidenden Punkten unterschied sich die Ethik des Pietismus von der der Reformation. Wir haben weiter oben festgestellt, daß die lutherische Reformation mit einer überzeugten „Bejahung des Weltlichen" verbunden war; das bedeutet, daß sie in ihrem Wesen nicht grundsätzlich asketisch war. Sie konnte sich mit gutem Gewissen natürlichen menschlichen Freuden hingeben. Mit dem Pietismus war das Motiv der Askese wiedererstanden. In dieser und auch in anderer Hinsicht hatte der Pietismus viel mit dem Mönchtum gemein; man hat ihn in der Tat als „Mönchtum außerhalb des Klosters" tituliert. Rauchen und Trinken wurden mißbilligt; Tanzen, Kartenspiel und Theaterbesuch waren verboten; und Leichtfertigkeit im allgemeinen wurde scheel angesehen. Der Sexualität gegenüber bekundete man Mißtrauen; selbst in der Ehe sollte sie sich mit Mäßigkeit und Zurückhaltung äußern.

Ein zweiter wesentlicher Unterschied zwischen Pietismus und Reformation liegt darin, daß im Pietismus eine Sozialethik im eigentlichen Sinne fehlt, das heißt eine Ethik für die sozialen Ordnungen und Institutionen als solche und nicht nur für den einzelnen Christen, der innerhalb dieser Ordnungen wirkt. Doch selbst letzteres fehlte weitgehend; denn statt wie die Reformation den weltlichen Beruf als den Hauptbereich christlichen Handelns zu betonen, legten die Pietisten den Nachdruck auf die Hingabe an die *ecclesiola in ecclesia* und darüber hinaus auf die oben erwähnten Werke der Barmherzigkeit. Der Pietismus bot keine Ethik für das politische Leben als solches. Sein Verständnis der Welt jenseits der Grenzen der Kirche war vorwiegend negativ. Er betrieb das, was ein moderner lutherischer Theologe, Gustaf Aulén, die „falsche Anschwärzung der Welt" genannt hat. In diesem Sinne kann man sagen, daß der Pietismus nur eine „Ein-Reich"-Lehre hat. Er kannte nur das Reich der Erlösten und nicht die Herrschaft Gottes, die auch in weltlichen Strukturen wirksam ist. Wenn der Pietismus in Hinsicht auf das Motiv der Askese „Mönchtum außerhalb des Klosters" genannt werden kann, so kann er in anderer Hinsicht als eine Form von Sektierertum auf dem Boden der Kirche angesehen werden (das verstanden im Sinne des Troeltschen Gegensatzes von Weltbejahung und Weltverneinung).

Die Herausforderung durch die moderne Gesellschaft

Mit dem Überblick über Luthers Verständnis des weltlichen Berufes und der Sozialethik sowie über die Standpunkte der lutherischen Orthodoxie und des Pietismus haben wir die Haupteinflüsse aufgezeigt, die für die klassische lutherische Position in diesen Fragen bestimmend waren. Die Geschichte der Periode nach der Französischen Revolution ist eine Geschichte mannigfaltiger Herausforderungen dieser Position. Einigen dieser Herausforderungen ist man schöpferisch begegnet, während andere nur eine defensive Reaktion hervorgerufen haben.
Eine der bedeutsamsten Herausforderungen war zweifellos die rapide Zunahme der Urbanisierung und Industrialisierung in Mitteleuropa im 19. Jahrhundert. Die Entstehung der „Inneren Mission" unter der Leitung von Johann Hinrich Wichern (1808—1881) kann als Reaktion auf diese Herausforderung verstanden werden. Viele der besonderen Werke, die die Innere Mission in Angriff genommen hat, sind mit denen des Pietismus vergleichbar, wobei sie den neuen Verhältnissen angepaßt sind, die das Aufkommen eines städtischen Proletariats mit sich ge-

bracht hat. Für Arbeitslose, für straffällige Jugendliche, für Behinderte usw. wurden Heime und Ausbildungsstätten errichtet. Kennzeichnend für die Innere Mission war die umfassende Gesamtkonzeption, die diesen vielfältigen Tätigkeiten zugrundelag. Wichern sah in der Entfremdung der städtischen Massen von einer Kirche, die ihrer Notlage gegenüber desinteressiert zu sein schien, eine Bedrohung sowohl für die Zukunft des Christentums als auch für die Stabilität der sozialen Ordnung. Es ist kein Zufall, daß Wicherns „Protestantisches Manifest", das 1848 vor dem Grabe Luthers herausgegeben wurde, um weniger als ein Jahr der Herausgabe des „Kommunistischen Manifestes" folgte. Die Innere Mission wollte sich nicht nur als eine Reihe von karitativen Einrichtungen verstanden wissen, sondern als eine breite soziale Bewegung, die die Anziehungskraft der revolutionären Strömungen der damaligen Zeit zunichte machen würde, indem sie den geistlichen und physischen Bedürfnissen der Massen entgegenkommt.

Der jährliche „Kirchentag", eine Massenversammlung oder Tagung protestantischer Laien, der in dieser Zeit ins Leben gerufen wurde, diente dazu, die „soziale Frage" in den Vordergrund zu stellen. Später entstanden andere Bewegungen wie der „Evangelisch-soziale Kongreß" unter Leitung von Adolf Stöcker (1835–1909), der sich unmittelbarer den Problemen des sozialen Wandels zuwandte. Ein weiterer Schritt in dieser Richtung war das Aufkommen der Bewegung des religiösen Sozialismus, die von den Blumhardts und anderen inspiriert war. Doch die offiziellen lutherischen Kirchen hielten sich von diesen radikaleren Positionen fern. Typischer für den Haupttrend war das Werk von Wilhelm Loehe und Friedrich von Bodelschwingh, unter deren Leitung ein ganzer Komplex von Bildungs- und Heilanstalten in Neuendettelsau bzw. Bethel bei Bielefeld errichtet wurde. In Fragen der Staatspolitik hatte der große konservative Jurist und Ideologe Friedrich Julius Stahl die Führung.

In der „neu-lutherischen" oder konfessionell lutherischen Theologie, die in der zweiten Hälfte des 19. Jahrhunderts ihre Blütezeit hatte, wurde Luthers Zwei-Reiche-Lehre in dem Sinne interpretiert, daß der Einfluß der Kirche auf die soziale Ordnung vornehmlich in ihrer grundlegenden Aufgabe gesehen wurde, das Ethos des Volkes zu formen. Jede andere direkte Form politischen Zeugnisses oder politischen Eingreifens seitens des Klerus oder anderer offizieller Vertreter der Kirche wurde für unpassend gehalten. Darüber hinaus wurde die Wirkung des christlichen sozialen Zeugnisses in dieser Zeit durch den Begriff der „Eigengesetzlichkeit", der „Autonomie" der verschiedenen sozialen Bereiche (der wirtschaftliche, der politische usw.), geschwächt, ein Begriff, zu dem die neuen Sozialwissenschaften beigetragen hatten. Jeder Bereich, glaubte man, folgt seinen eigenen Gesetzen, die — so hoffte man — durch gründliches Nachforschen aufgedeckt, aber nicht durch moralische Anstrengung geändert werden können. Naturrecht in diesem (empirischen) Sinne war natürlich etwas ganz anderes als Naturrecht im älteren (moralischen) Sinne, wie Luther es verstanden hat. Selbst jene, die gegen Ende des 19. und zu Beginn des 20. Jahrhunderts am meisten bemüht waren, ein Gefühl christlicher Verantwortung im sozialen Bereich zu wecken, waren durch die Vorstellung von der Unerbittlichkeit der sozialen oder historischen „Gesetze" gehemmt.

Wenn auch die meisten der oben erwähnten Auseinandersetzungen mit Entwicklungen in Deutschland zu tun hatten, das das Kernland des Luthertums blieb, so gab es doch auch anderswo ähnliche Tendenzen, und vergleichbare Arten von Einrichtungen der Inneren Mission entstanden auch in anderen Ländern. Ein einzigartiges Phänomen in Dänemark war das Werk von N. F. S. Grundtvig (1783—1872), das darum so beachtenswert war, weil es sowohl für kulturelle als auch für kirch· liche Erneuerung Impulse gab. Grundtvigs Losung „erst ein Mensch, dann ein Christ" war eine Bestätigung der ausgesprochen positiven Einstellung Luthers den natürlichen und „weltlichen" Dimensionen des Lebens gegenüber, im Gegensatz zu Kierkegaards Betonung der Innerlichkeit und des paradoxen Glaubens. Das christliche Leben sollte die Entfaltung eines gesunden und robusten, nicht eines verengten Menschentums zur Voraussetzung haben. Die von Grundtvig gegründete Volkshochschulbewegung war von entscheidendem Einfluß für die Neubelebung der dänischen Kultur und die Entwicklung eines staatsbürgerlichen Verantwortungsgefühls unter den einfachen Leuten. Auch in Schweden erwies sich das Luthertum als vereinbar mit der Entwicklung einer politischen und sozialen Demokratie, die weitgehend als ein Modell angesehen wurde.

In Deutschland dagegen hielt das Bündnis von „Thron und Altar" sehr viel länger. Und man kann sagen, daß das deutsche Luthertum sich seiner sozialen und politischen Verantwortung in ihrem ganzen Umfang erst bewußt wurde, nachdem die deutsche Nation die Bitterkeit der Niederlage und die darauffolgende Katastrophe der Zerstörung in den beiden Weltkriegen erfahren hatte. Die lutherische Einstellung gegenüber dem Aufstieg des Nationalsozialismus war bestenfalls zweideutig. Dem Bemühen Hitlers, die Kirche selbst zu beherrschen, indem er ihr ihre Theologie und ihre Führung zudiktierte, wurde tatkräftig Widerstand geleistet. Doch mit einigen beachtenswerten Ausnahmen wurde dem sozialen und politischen Programm des Nationalsozialismus, wozu auch sein Anti-Semitismus gehörte, nicht entgegengewirkt. Von dem Zeitpunkt an jedoch, wo im Jahre 1945 der „Nullpunkt" des totalen nationalen Zusammenbruchs erreicht war, hat das deutsche Luthertum einen bemerkenswerten Aufschwung im Hinblick auf christliches soziales Engagement und soziales Handeln erlebt. Studienausschüsse und Synoden haben Erklärungen zu Problemen der Industrie und der Landwirtschaft, der Innenpolitik und der internationalen Beziehungen abgegeben. Und in den „Evangelischen Akademien", die zum größten Teil nach 1945 gegründet worden sind, sind Hunderttausende von Laien zusammengekommen — oft in Berufsgruppen —, um sich mit dem ethischen Dilemma auseinanderzusetzen, das sowohl aus dem Berufsleben als auch aus dem öffentlichen Leben erwächst. Die Bedeutung, die die Reformation dem weltlichen Beruf als dem eigentlichen Ort für den Erweis „christlicher Liebe und echter guter Werke" beigemessen hat, wird hier in beachtlicher Weise wiederentdeckt.

Lutheraner befanden sich natürlich während des Zweiten Weltkrieges auf beiden Seiten der Fronten. In Norwegen hat Bischof Eivind Berggrav, ein Führer der Widerstandsbewegung, bezeugt, daß Luther ihm Beispiel und Inspiration gewesen ist für seine Auflehnung gegen die Besatzungsmacht. Das war der Luther, der ausrief: „Hier stehe ich, ich kann nicht anders"; der Luther, dessen Abhandlung „Von weltlicher Obrigkeit" vornehmlich geschrieben worden war, um die Grenzen dieser Obrigkeit zu demonstrieren.

In den Vereinigten Staaten wurde die Entwicklung eines lutherischen sozialen Gewissens lange Zeit dadurch gehindert, daß die Lutheraner eine Minderheitsgruppe bildeten, die ihre Gottesdienste noch weitgehend in einer fremden Sprache hielt. Aus diesem Grunde und auch wegen theologischer Unterschiede blieb das Luthertum von der frühen *„Social Gospel"*-Bewegung weitgehend unberührt. In den letzten Jahrzehnten jedoch hat man ein intensives Bemühen seitens der lutherischen Theologen und Kirchenführer beobachten können, eine verantwortliche Sozialethik zu entwickeln, deren Resultate in der Arbeit nationaler und regionaler Studienausschüsse und kirchlicher Versammlungen zu sehen sind, die zu aktuellen sozialen Problemen Stellung nehmen. Eine Liste der wichtigsten Erklärungen zu sozialen Fragen, die allein von einer lutherischen Institution, der Amerikanisch-Lutherischen Kirche, abgegeben worden sind, zeigt die Vielfalt der behandelten Themen: Schwangerschaftsabbruch, die Amerikanisch-Lutherische Kirche und die amerikanischen Indianer, Apartheid, Todesstrafe, christliches Bemühen um allgemeine Bildung, Beziehung zwischen Kirche und Staat in den USA, Umweltkrise, menschliche Sexualität und sexuelles Verhalten, Hunger in der Welt, rassenverschiedene Ehen, Wehrdienst und Reform der Durchführung des Wehrdienstes, Pornographie, öffentliche Schulen und religiöse Bräuche, die „Steuer-Revolte" und die Rolle der Regierung, Theorie und Praxis der Ehe und Ehescheidung, Krieg, Frieden und Freiheit, Frau und Mann in Kirche und Gesellschaft.

Weniger offizielle Berichte und Analysen umfaßten eine noch weitere Themenskala wie Alkoholismus und Drogenabhängigkeit, Tod und Sterben, Kernenergie, Rassismus und die Rolle der Laien im Leben und in der Mission der Kirche. Diese Studien wiederum wurden durch eine Fülle von Dienst- und Aktionsprogrammen ergänzt, darunter auch Stellungnahmen vor gesetzgebenden Organen auf bundesstaatlicher und nationaler Ebene.

In Osteuropa mußte das Luthertum nach dem Zweiten Weltkrieg lernen, mit marxistisch-sozialistischen Regimen zu koexistieren. Die Kirchen, die dort in höchst dramatischer Weise mit dem „Ende der konstantinischen Ära" konfrontiert und der meisten ihrer alten Privilegien beraubt waren, fanden — biblisch gesprochen — neues Leben, indem sie das alte verloren. Freiwillige Beteiligung, oft unter erheblichen persönlichen Opfern, wurde zum entscheidenden Faktor der Stärke und der Vitalität der Kirche. Durch viele Kämpfe hindurch sind die Lutheraner in dieser Situation dazu gekommen, auch diese sozialistische Form der modernen Säkularität zu bejahen; sie haben darin ihre Rolle als Staatsbürger übernommen, sich jedoch das Recht auf abweichende Meinung vorbehalten. „Kritische Solidarität" wurde u. a. das Leitwort.

Ebenso sahen sich die Lutheraner der „Dritten Welt" — in Afrika, Asien und Lateinamerika — vor die Aufgabe gestellt, ihren Weg inmitten unterschiedlicher sozialer Systeme zu finden und ihren Standort gegenüber nationalen Befreiungsbewegungen zu beziehen. Unter diesen Umständen spielte der Lutherische Weltbund (LWB) eine zunehmend wichtige Rolle als Vermittler von Begegnungen und gegenseitiger Unterstützung unter den Lutheranern in der ganzen Welt. Es lohnt sich, abschließend das Wirken des Lutherischen Weltbundes im Bereich der Sozialethik etwas genauer zu betrachten.

Die Verlegung des Tagungsortes der Fünften Vollversammlung des LWB 1970 von Porto Alegre, Brasilien, nach Evian, Frankreich, die aus der Besorgnis heraus geschehen war, daß die Abhaltung der Vollversammlung in Brasilien als eine Billigung der repressiven Praktiken des dortigen Militärregimes verstanden werden könnte, trug dazu bei, daß der Frage der Menschenrechte auf der Tagesordnung des Weltluthertums ein hoher Stellenwert eingeräumt wurde. Die Vollver-

sammlung selbst verabschiedete eine eindrückliche Erklärung zu dieser
Frage und verpflichtete sich, den Mitgliedern der lutherischen Kirchen
in der ganzen Welt ihre Dringlichkeit ins Bewußtsein zu rufen.
Daraufhin nahm der LWB eine umfassende Studie über das Thema
„Frieden, Gerechtigkeit und Menschenrechte" in Angriff, in deren
Rahmen über mehrere Jahre hinaus eine Fülle von Untersuchungen
und Berichten veröffentlicht wurde, die in ihrer ideologischen und
praktischen Ausrichtung zwar unterschiedlich waren, doch alle ein
gemeinsames Thema hatten: daß eine lebendige und verantwortliche
Kirche ihre Mittel und Kräfte für die Unterdrückten einsetzen und
furchtlos „der Macht gegenüber die Wahrheit sagen" muß, ungeachtet
dessen, ob diese Macht sich in einem Regime der Rechten oder der
Linken verkörpert. In den Schlußfolgerungen der Studie verbinden
sich geschickt Motive, die für die mehr individualistische und politische
Interpretation der Menschenrechte in der liberal-demokratischen Tradition kennzeichnend sind, mit denen einer mehr gesellschaftlichen
und ökonomischen Interpretation, die für sozialistische Gesellschaften
charakteristisch ist. So spricht die Menschenrechtserklärung, die von
der Vollversammlung des LWB (1977) angenommen wurde und in der
sich die Studienarbeit der vorangehenden Jahre widerspiegelt, von
drei unterschiedlichen, doch untrennbaren Dimensionen der Menschenrechte: die „Bürgerrechte", „die Rechte der Gleichheit und Nicht-
diskriminierung" und „die Rechte der Teilhabe an den Lebensgütern
der Gesellschaft und an der politischen Macht".
Ein Gebiet der Erde, das Südliche Afrika, ist schon seit langem in
dieser Hinsicht ein Gegenstand besonderer Besorgnis; und diese Besorgnis verstärkte sich in den 1970er Jahren in dem Maße, in dem
das südafrikanische Regime seine Politik der Apartheid („getrennte
Entwicklung") fortsetzte. Zu den Protesten aus dem Ausland kamen
prophetische Stimmen aus dem Inland, doch sie waren machtlos angesichts der mächtigen Bewegungen in der entgegengesetzten Richtung.
Solche dissidierenden Stimmen werden in der beachtlichen Erklärung
laut, die 1967 von einer Konferenz südafrikanischer Pastoren herausgegeben wurde und als das Umpumulo-Memorandum bekannt geworden ist. Das Memorandum geht auf die Zwei-Reiche-Lehre ein und
verwirft jede Interpretation, die besagen würde, daß die Kirche keine
Verantwortung oder Kompetenz im sozial-politischen Bereich hätte.
Es vertritt demgegenüber die Auffassung, daß das rechte Verständnis
dieser Lehre beinhaltet, daß die Kirche mit ihrer Botschaft von Gesetz
und Evangelium einen aktiven und verantwortlichen Dienst am Staat
und an der Gesellschaft zu leisten habe: „Die Kirche muß den welt-

lichen Mächten gegenüber Protest erheben, wenn offensichtliche Un-
gerechtigkeiten begangen worden sind." Nach einer Darstellung der
vielfältigen moralischen und praktischen Probleme, die mit der Politik
der Regierung im Blick auf die Entwicklung von Bantustans verbunden sind, in die die Schwarzen zwangsweise zurückkehren müssen,
heißt es in dem Memorandum zum Schluß ganz unumwunden: „In
ihren praktischen Konsequenzen beschränkt diese Politik der getrennten Entwicklung die Menschenrechte der nicht-weißen Staatsbürger im
Blick auf das Recht auf Arbeit, das Recht, Land zu kaufen und zu
besitzen, und das Recht auf volle Beteiligung am politischen und sozialen Leben. *Darum verwerfen wir die Politik der getrennten Entwicklung*" (zit. in: C. J. Hellberg, S. 87).
Besonders besorgt war die weltweite lutherische Gemeinschaft angesichts der Tatsache, daß die lutherischen Kirchen in Südafrika trotz
derartiger prophetischer Äußerungen organisatorisch immer noch in
Rassengruppen gespalten waren – ein Erbe der Kolonialzeit, in der
die missionarischen Bemühungen um die einheimische Bevölkerung von
der Arbeit der Kirche unter den europäischen Siedlern getrennt waren.
Eine weitere Sorge besonderer Art war für die Lutheraner die Situation in Namibia (die ehemalige deutsche Kolonie Südwestafrika), wo
die einheimische Bevölkerung, weitgehend lutherischen Glaubens, um
die Unabhängigkeit von der südafrikanischen Hegemonie kämpfte.
Dies war der Hintergrund für die Erklärung der Sechsten Vollversammlung des Lutherischen Weltbundes 1977 in Daressalam (Tansania), in der die Kirchen in Südafrika aufgefordert werden, in dem
Problem der Apartheid eine Frage der konfessionellen Integrität zu
sehen. In der Erklärung heißt es: „Unter normalen Umständen können Christen in politischen Fragen verschiedener Meinung sein. Jedoch
können politische und gesellschaftliche Systeme pervertieren und unter-
drückend werden, so daß es mit dem Bekenntnis übereinstimmt, sich
gegen sie zu stellen und für Veränderung zu arbeiten. Wir appellie-
ren besonders an unsere weißen Mitgliedskirchen im südlichen Afrika
zu erkennen, daß die Situation im südlichen Afrika einen *Status confessionis* darstellt. Das bedeutet, daß Kirchen auf der Basis des Glaubens und um die Einheit der Kirche zu manifestieren, öffentlich und
unzweideutig das bestehende Apartheids-System ablehnen." In den
folgenden Jahren kam diese Frage immer wieder zur Sprache und
veranlaßte auch die Lutheraner in Europa und Nordamerika, sich
über ihre Mitschuld an unterdrückerischen Systemen, z. B. durch Investitionen in Südafrika, Gedanken zu machen.
Weitere bedeutsame Projekte wurden in dieser Periode vom Lutheri-

schen Weltbund in Angriff genommen, unter anderem eine Studie
über die Rolle der Frauen in Kirche und Gesellschaft, eine verglei-
chende Studie über die Begegnung der Kirche mit Bewegungen sozialen Wandels in verschiedenen kulturellen Kontexten (mit besonderer
Bezugnahme auf den Marxismus) und Studien über „das Christentum
und das neue China". Von großer Bedeutung ist auch der mehr als
20 Jahre wirkende Kirchliche Entwicklungsdienst (*Community De-
velopment Service*), ein Instrument der Abteilung „Weltdienst" des
LWB. Da der Kirchliche Entwicklungsdienst sich um Menschen
bemüht, die unter chronischer Armut oder unter Krisen leiden, die
auf politische oder Umweltfaktoren zurückzuführen sind, hat er nicht
nur unmittelbare Hilfe angeboten, sondern auch konstruktive Programme für die Wasser- und Stromversorgung, medizinische und schu-
lische Einrichtungen und landwirtschaftliche Entwicklungsprogramme.
Auf theologischer Ebene wurden genaue und umfassende Studien über
das Wesen und die Rolle der Zwei-Reiche-Lehre (siehe Bibliographie)
durchgeführt, die zu der entschiedenen Schlußfolgerung führten, daß
diese Lehre, wenn sie recht verstanden wird, weder zur Apathie gegenüber sozialen und politischen Angelegenheiten, noch zu unüberlegter
Billigung des *Status quo* berechtigt, sondern vielmehr „kritische Beteiligung" an den wesentlichen sozialen Institutionen und an den politischen Entscheidungsprozessen der eigenen Gesellschaft verlangt.
So hat das Luthertum den Kreis wieder geschlossen: Es läßt sich erneut
von den reformatorischen und prophetischen Impulsen bewegen, die
zu seiner Entstehung geführt haben. Doch es geht auch in gewissem
Maße über das Vergangene hinaus. Jetzt, wo die Lutheraner sich mehr
und mehr mit den Bestrebungen des städtischen und ländlichen Proletariats in der ganzen Welt identifizieren, überprüfen sie in der Tat
ihre Einstellung zum Bauernkrieg und öffnen sich der Möglichkeit
radikalen, ja revolutionären Wandels. Auch im sozial-ethischen Bereich dauert die Reformation noch an.

XII. Kapitel

MISSIONSTHEOLOGIE

Johannes Aagaard

In der Literatur über Luther wird weitgehend vergessen, daß seine Theologie eine Missionstheologie ist. Wohl findet man in seinen Schriften keine explizite Missionstheologie; doch das liegt daran, daß sein ganzes Denken auf eine Sache gerichtet war: das Kommen des Reiches Gottes und seine Folgen für die Welt und die Kirche. Für ihn drehte sich alles um Gott und Gottes Botschaft an die Menschen in Jesus Christus. Luthers Lebensgeschichte ist die Geschichte eines Mannes, der alles an die Verbreitung dieser Botschaft gab, sowohl außerhalb als auch innerhalb der Kirche.

In der Theologie Luthers ist die Verbreitung des reinen Evangeliums nichts anderes als das entscheidende Zeichen der Kirche. Immer wieder kommt er auf diese Überzeugung zurück: Die Kirche wird als die Kirche Christi erkannt durch ihre Verkündigung des wahren Evangeliums, und alle anderen Zeichen der Kirche sind Aspekte des Evangeliums. Die *„viva vox evangelica"*, das heißt die lebendige Stimme des Evangeliums und die Verbreitung dieses Evangeliums steht im Mittelpunkt des gesamten Denkens Luthers über die Kirche und ihre Beziehung zur Welt.

Dennoch ist die Meinung vertreten worden, daß Luther wegen seiner eschatologischen Erwartung und seiner Betonung des „Gott allein" und „allein der Glaube" — ohne menschliche Beteiligung — keine Missionstheologie und infolgedessen auch keine missionarische Motivation und kein missionarisches Handeln kannte oder kennen konnte. Eine solche Auffassung hat keinerlei Bezug zur Wirklichkeit. Denn gerade seine eschatologische Erwartungshaltung und seine theozentrische Theologie haben zu seinem evangelisatorischen Eifer und seiner missionarischen Leidenschaft beigetragen.

Das Kommen des Reiches Gottes

In seinem Großen Katechismus schreibt Luther, daß das Gebet um das Kommen des Reiches Gottes von der Erwartung ausgeht, daß das Reich Gottes zu „zwei Gruppen" von Menschen kommt (Gr. Kat., Vaterunser 2. Bitte). Das Reich Gottes kommt zu denen, die nicht in diesem Reiche

sind, und auch zu denen, die das Reich Gottes angenommen haben und
in seinen Wegen gewandelt sind.

In der Bitte drückt sich aber auch die Erwartung aus, daß das Reich
Gottes „auf zweierlei Weise" kommt. Es wird in der Zeit — hier und
jetzt — durch das Wort und den Glauben kommen. Zum anderen wird
es ewig durch die Offenbarung, das heißt die Wiederkunft Christi am
Ende der Zeiten, kommen.

Somit bittet dieses Gebet, das in Erwartung auf die Zukunft gerichtet
ist, um das Kommen des Reiches Gottes zu zwei Gruppen und in
zweierlei Weise. Zunächst müssen wir bitten, daß das Evangelium rein
und lauter in der ganzen Welt verkündigt wird. Doch wir müssen auch
darum bitten, daß es durch das Wort und die Kraft des Hl. Geistes
mächtig unter uns herrsche. Zu diesen beiden Gruppen kommt das Reich
Gottes auf zweierlei Weise: in der Zeit und als eine zukünftige Wirklichkeit, als ewiges Leben.

In dieser vierfachen Weise will das Reich Gottes das Reich des Teufels
zerstören, so daß der Teufel alles Recht und alle Macht über die Menschen verliert. In dieser vierfachen Weise des einen Reiches Gottes
kommt *die eine Mission Gottes* zum Ausdruck: alle Menschen von der
Macht des Bösen zu erretten.

Das ist in Kürze lutherische Missionstheologie. Sie ist so einfach und
doch so schwer zu fassen in ihrer einfachen Ganzheit. Im lutherischen
Missionsdenken aber ist dieses vierfache Modell oft entstellt worden.
Eine solche Entstellung geschieht:

1. wenn das Reich Gottes als eine Wirklichkeit allein für die Gläubigen
   verstanden wird, als ein Geschehen innerhalb der Kirche; oder

2. wenn das Kommen des Reiches Gottes als etwas verstanden wird,
   was nur für die Welt Relevanz hat und ohne Konsequenzen für das
   Leben der Kirche ist; oder

3. wenn das Kommen des Reiches Gottes als eine Wirklichkeit hier und
   jetzt gesehen wird, als ein kerygmatisches Ereignis ohne Konsequenzen für die Zukunft; oder

4. wenn die entgegengesetzte Tendenz die Oberhand gewinnt und das
   Reich Gottes als Blitz am apokalyptischen Horizont verstanden
   wird, ohne Wirklichkeit in der Zeit und in der Geschichte.

Man könnte die Geschichte der lutherischen Missionstheologie nach diesem Muster schreiben, denn immer, wenn diese Ganzheit aus dem Auge
verloren wurde, machten sich sektiererische Tendenzen breit und pervertierten die Erwartung des Reiches Gottes und die missionarische
Zielsetzung der Kirche. Das ist selbst heute noch ein dringliches Problem im missionarischen Denken und Handeln des Weltluthertums.

Die Instrumentalität der Kirche

Luthers Theologie ist theozentrisch. Für ihn hat das Kommen des Reiches kein anderes Subjekt als Gott, den Vater, den Sohn und den Hl. Geist. Es stimmt, daß Luthers Theologie einen Grundton enthält, durch den man den Eindruck bekommen kann, daß Gott allein, das Evangelium allein, der Glaube allein aktiv ist — ohne die Menschen. Die Mission Gottes wird so sehr als Gottes eigene Mission verstanden, daß die Menschen völlig überflüssig zu sein scheinen. Die Lutheraner haben oft diese Schlußfolgerung aus Luthers Theologie gezogen, und daraus hat sich ein spezifisch lutherischer Quietismus entwickelt.

Doch so wird man Luther nicht gerecht. An anderen Stellen vertritt er ganz klar die Überzeugung, daß Gott in seiner Mission für die Welt Menschen gebraucht. In seiner ausgezeichneten Abhandlung „Vom unfreien Willen" („*De servo arbitrio*") läßt Luther die „*ratio*" (das heißt die Vernunft) behaupten, daß Gott aufgrund seiner majestätischen Macht ohne Menschen auskommen könnte. Das bestätigt Luther eindeutig, doch er fügt hinzu, daß Gott mit Menschen zusammenarbeiten „will", daß Gott Menschen als Mitarbeiter gebrauchen „will". Gott könnte alles alleine tun, doch Gott tut nicht alles allein. „*Sic per nos praedicat, miseretur pauperibus consolatur afflictos*" (WA 18, 754. „So predigt er durch uns, erbarmt sich der Armen, tröstet die Betrübten." Zit. nach MA, Erg.Bd. 1, S. 200).

Hat man dies einmal erkannt, dann leuchtet es ein; denn für Luther ist die Kirche als Volk Gottes, als Leib Christi und als Gemeinschaft des Hl. Geistes immer Gottes „Instrument", Gottes Werkzeug. Die Kirche ist gerettet, um teilzuhaben an der Geschichte des Heils. Luther kann sich manchmal sehr ungeschützt ausdrücken, wenn er zum Beispiel sagt, daß die Menschen durch uns gerettet werden sollen, so wie wir durch die gerettet worden sind, die vor uns waren.

Im gleichen Zusammenhang entwickelt Luther das, was er „die höchste und wahre Ordnung eines christlichen Lebens" nennt. Diese dreifache Ordnung ist ihrem Wesen nach eine missionarische Ordnung. Der erste Teil dieser Ordnung ist die Verkündigung des Evangeliums, was „durch uns" der ganzen Welt gebracht wird. Der zweite Teil ist die Verfolgung, mit der die Welt der Kirche entgegenwirkt, um ihren Glauben zu prüfen. Dadurch werden die Sünden der Kirche getötet und der alte Adam ausgetrieben. Infolgedessen ist der dritte Teil dieser „*ordo christianae vitae*" das Entstehen der Früchte des Geistes im Dienst der Liebe an der Menschheit (WA 14, 681, 28 ff.).

Diese Ordnung ist ein anderer Ausdruck dessen, was Luther das „Priestertum aller Gläubigen" genannt hat. Wenn dieser Begriff auch in Luthers eigener Theologie nicht sehr oft ausdrücklich gebraucht wird, so durchzieht er doch sein ganzes Denken (E. Winkler). Seine Aussagen über die Kirche besagen immer, daß die gesamte Kirche die Verpflichtung zur Mission hat. Es gibt keinerlei Hinweise auf eine Theologie — wie sie sich später in der lutherischen Orthodoxie entwickelt hat —, in der das Amt von einer Gruppe, den Pastoren, getragen wird. In Luthers Denken sind Amt und Mission eine Dimension im Leben der Kirche als solcher. Die Verheißung und der Auftrag sind durch Christus allen Gläubigen gegeben worden, der ganzen Kirche mit den Pastoren. Doch die Pastoren dienen der Kirche, damit die Kirche der Welt dienen kann.

Luther gebraucht eine Vielfalt von Begriffen, um das Wesen der Kirche zu beschreiben: Gemeinde, Gemeinschaft, Volk, Leib, Braut usw.; und er betont, daß selbst ein siebenjähriges Kind weiß, was die Kirche ist, nämlich die „heiligen Gläubigen und die Schäflein, die ihres Hirten Stimme hören" (Schm. Art. III, 12).

Das Entscheidende, was Luther durch diese „Namen" unterstreichen will, ist der „Gemeinschaftscharakter der Kirche". Der anonymen, institutionellen, hierarchischen Kirche seiner Zeit gegenüber verweist er auf eine Kirche, die aus Menschen in Gemeinschaft besteht. Wilhelm Löhe vertritt einen echt lutherischen Standpunkt, wenn er sagt: „Allein könnte der Mensch nicht einmal selig sein ... alleine möchte ich nicht einmal selig sein" (W. Löhe, Ges. Werke V, I, S. 88). Selig sein bedeutet, Anteil an der Liebe Christi zu haben, und Liebe ist unmöglich, wenn man alleine ist.

Doch in der *communio* — in der Kirche — ist die christliche Liebe eine natürliche Folge des Evangeliums. Und diese Liebe ist ihrem Wesen nach eine dienende Liebe, eine Liebe, die anderen Menschen mit dem Evangelium in Wort und Tat dient. Für Luther waren Verheißung und Auftrag eng miteinander verbunden. Ohne die Verheißung, das heißt das Evangelium, gibt es keinen Auftrag, doch ohne Auftrag auch kein Evangelium. Die ganze Kirche, die Gemeinschaft der Gläubigen, wurde in dieser Perspektive gesehen, das heißt als „ein Geschöpf des Wortes Gottes" *und* als eine Predigerin des Wortes Gottes.

Somit ist die Kirche nicht als ein *addendum* einzelner Christen zu verstehen, deren Glauben in der Beziehung zu Gott allein beruht. Zur Kirche als der Familie Gottes gehört die gegenseitige Liebe und das gegenseitige Vertrauen der Familienmitglieder untereinander sowie das Ausströmen dieser Liebe im Dienst an anderen. In seiner „Deutschen Messe" (WA 19, 72 ff.) aus dem Jahre 1526 beschreibt Luther die Auswirkungen dieses Verständnisses der Kirche als *communio*. Wenn er auch nicht die entsprechenden Menschen dazu hatte, diese Vision zu verwirklichen, so hoffte er doch auf die Entstehung von „Hausgemeinden", die in der Lage sind, „das Evangelion mit Hand und Munde (zu) bekennen".

Die eine Kirche und die zwei Reiche

Zu Beginn dieses Artikels haben wir festgestellt, daß das eine Reich Gottes zu zwei Gruppen von Menschen kommt und sich in zweierlei Weise äußert. Die Mission des Reiches Gottes hat nur ein Ziel: das Reich des Teufels zu vernichten. Die berühmte und berüchtigte „Zwei-Reiche-Lehre" muß auf diesem Hintergrund verstanden werden. Sonst wird sie leicht in ein zweigleisiges Denken verkehrt. Wo ein solches zweigleisiges Denken herrscht, werden die zwei Reiche so verstanden, daß auf der einen Seite *Gottes* Reich auf der Ebene der Schöpfung in der menschlichen und säkularen Welt sich erweist und auf der anderen Seite *Christi* Reich auf der Ebene des Heils in der christlichen Kirche sich auswirkt. Dann wird die erste Ebene als horizontal, zeitlich, sichtbar, äußerlich, relativ usw. charakterisiert, und die zweite Ebene wird als vertikal, ewig, unsichtbar, innerlich, absolut und allumfassend beschrieben.

Dieses Doppel-Denken hat große Verbreitung gefunden, obwohl es im scharfen Gegensatz zu Luthers eigener Theologie steht. Es bezieht seine Hauptinspiration sowohl von der liberalen als auch von der antiliberalen Ideologie des 19. Jahrhunderts (vgl. die Belege bei U. Duchrow). Man kann diese Auffassung durch einige frühe Schriften Luthers belegen, doch nur wenn man die entsprechenden Texte aus ihrem Zusammenhang herausnimmt und ohne Bezug auf das Gesamtwerk Luthers interpretiert.

Wenn Luther von den „zwei Reichen" spricht, dann spricht er *zunächst* vom Reich Gottes gegenüber dem Reich des Teufels. Dieser Antagonismus liegt seiner gesamten Theologie zugrunde und kann ganz bestimmt *nicht* mit der Beziehung zwischen Kirche und Welt gleichgesetzt werden. Das Reich des Teufels, so sagt Luther, steht im Krieg mit Gott sowohl innerhalb als auch außerhalb der Kirche, und infolgedessen kämpft das Reich Gottes gegen den Teufel sowohl in der Kirche als auch in der Welt.

Die mittelalterliche Tendenz, die Geschichte des Heils mit der Geschichte der Kirche gleichzusetzen und *vice versa*, hat Luther verworfen. Sein berühmter Begriff vom „weltlichen Regiment" bedeutet in

Wirklichkeit, daß Gott auch gegen den Teufel in der Welt ankämpft, daß Gott nicht nur in der Kirche am Werke ist, sondern zu allen Zeiten und an allen Orten das Heil der Menschen wirkt.

Somit beinhaltet der Begriff der Schöpfung für Luther ein sehr positives Verständnis des menschlichen Lebens. Gottes Schöpfung ist das Leben, wie es uns täglich begegnet und zu Arbeit und Dienst ermutigt. Ein Leben im Glauben zu leben, bedeutet nicht, dieses Leben in Gottes Schöpfung zu verlassen; im Alltag jedes einzelnen *(vocatio)* heißt es, Gott zu dienen.

Darum gehören monastisches Leben und religiöse Berufung nicht mehr zur Geschichte des Reiches Gottes als das Leben in der Welt und im weltlichen Beruf. Im weltlichen Beruf muß die Liebe Gottes in den Dienst am Nächsten verwandelt werden. Die Art und Weise, in der Luther den „heiligen" Begriff *vocatio* (Beruf, Berufung) aufgenommen und zur Bezeichnung von weltlichen und menschlichen Tätigkeiten der Christen gebraucht hat, stellte einen drastischen Wandel im Verständnis der Mission der Kirche dar. Der Glaube an Christus wurde als eine befreiende Kraft verstanden, durch die das menschliche Leben zu einer sinnvollen Berufung und einer freudvollen Gabe Gottes wurde, die in der Mission Gottes auch anderen zugute kam.

So wurde *vocatio* (Beruf, Berufung) zu einem Begriff, der auf das Leben *aller* Christen angewandt wurde und nicht mehr Priestern und Mönchen vorbehalten blieb. Sein Kreuz auf sich zu nehmen und Jesus nachzufolgen, erforderte nicht mehr eine Absage an die Welt und ihre säkularen Realitäten, denn gerade *in* diesen Realitäten hatte die *vocatio* Christi sich zu bewähren. „Das Kreuz im Beruf" (G. Wingren) bedeutet das Kreuz Christi, das von allen Christen, unabhängig von ihrem sozialen und kulturellen Niveau, getragen wird. Der springende Punkt dieser *„theologia crucis"*, dieser Kreuzestheologie in Luthers Denken, ist die Annahme der echten Weltlichkeit des Christenlebens.

Die Missionstheologie ist ein Erbe, das der ganzen Kirche, nicht nur den Lutheranern, überkommen ist. Sie vermittelt uns Einsichten, durch die die falschen Dichotomien überwunden werden können: die Dichotomie zwischen Kirche und Welt, zwischen heilig und weltlich, zwischen Priestern und Laien, zwischen Arbeit als Berufung und als profane Tätigkeit.

Luther selbst hat keine Mission im partikularistischen Sinne betrieben. „Eine Partikular-Mission wäre Luther nicht weniger fremd gewesen als eine Partikular-Kirche" (H.-W. Gensichen). Luther tat das sehr viel Wichtigere, nämlich „die Kirche umzukrempeln". Oder das war zu-

mindest seine Absicht, die man aus seinem Werk herauslesen kann. Die
Wirklichkeit als Ganzes hat nie seine Erwartungen erfüllt, doch seine
Vision ist den späteren Generationen übermittelt worden. Luther setzte
seine Predigt des Evangeliums und sein Bemühen um eine Reform der
Kirche in Beziehung zur tatsächlichen missionarischen Situation, die er
vorfand. Das sieht man zunächst daran, daß er die ungeheuere missionarische Aufgabe unter den nominellen Christen seiner Zeit ganz
ehrlich zugibt. Doch daneben sah er auch die Verantwortung für die
Mission an den Juden und den Moslems, den beiden konkreten Gruppen von Nicht-Christen, zu denen er Verbindung hatte. Seine frühe
Einstellung zu den Juden und sein Verständnis der christlichen Verpflichtung den Juden gegenüber ist aus seinem Buch „Daß Jesus Christus ein geborener Jude sei" aus dem Jahre 1523 ersichtlich. In seinen
späteren Schriften hat er jedoch in grausamster Weise seiner eigenen
Theologie widersprochen und damit den Antisemitismus gefördert. Luthers Einstellung zu den Moslems war durch die defensive Haltung der
Christenheit seiner Zeit gekennzeichnet. Doch Luther spricht sich klar
für eine missionarische Verpflichtung gegenüber dem Islam aus.

Nationalisierung und Orthodoxie

Die Erfahrung der Korruption in der Kirche und des Widerstandes der
Kirchenführer gegen die Reformation brachte Luther dazu, bei den
weltlichen Fürsten seiner Zeit Unterstützung und Beistand zu suchen.
Das wurde für ihn ein beredtes Beispiel seiner Lehre von der Wirklichkeit des Teufels in der Kirche und dem Wirken Gottes in der Welt.
Darum bereitete es Luther keinerlei Schwierigkeiten, im Ansatz das
anzunehmen, was später zur typisch lutherischen Staat-Kirche-Be-
ziehung wurde, nämlich die Einheit von Staat und Kirche, die nationalen lutherischen Kirchen. Diese Entwicklung führte schließlich zum
endgültigen Bruch der katholischen Einheit und zu einer Nationalisierung des lutherischen Glaubens.
Die Ehe zwischen den weltlichen Mächten und den neuen lutherischen
Kirchen schuf das Klima, in dem Luthers Erneuerungsbewegung in ein
starres dogmatisches und scholastisches System verwandelt wurde: die
lutherische Orthodoxie. Die Kirchen wurden zu Pastoren-Kirchen, und
die Pastoren wurden zu Beamten unter dem jeweiligen König oder Fürsten. Die offene und missionarische Kirche der Reformation und „das
Priestertum aller Gläubigen" verschwanden einfach, und die Laien
wurden zum passiven Objekt für das Amt der Pastoren und die Macht

der Regierung. Auf diese Weise verlor die Kirche die Gerichtsbarkeit über ihr eigenes Amt. Sie war an fest umrissene Länder, Bezirke oder Gemeinden gebunden und begegnete dieser Situation mit einer Theologie, die den missionarischen Charakter der ganzen Kirche unterhöhlte. „*Vocatio*" wurde neu definiert als geistlicher Beruf, und eine ganze Menge genauerer Bezeichnungen wurde hinzugefügt, um den Beruf als inneren oder äußeren, außergewöhnlichen oder gewöhnlichen, mittelbaren oder unmittelbaren Beruf usw. zu kennzeichnen. Auf alle Fälle bedeutete Beruf nicht mehr Beruf des Volkes Gottes in seiner Mission für die Welt.

Die lutherische Orthodoxie konnte sich auf einige Schriften Luthers berufen. Luther hat immer wieder vor den Schwärmern gewarnt, die ihre täglichen Pflichten vernachlässigten, um, wie die Apostel in Matth. 10, von Haus zu Haus zu gehen. Luther vertrat die Meinung, daß diese Leute *keine* Apostel waren und keine apostolische Berufung zur missionarischen Arbeit hatten. Ihr „Beruf" war falsch, ungültig und schädlich.

Die lutherische Orthodoxie kam zu folgender Schlußfolgerung: Um das Evangelium zu predigen, muß man einen gültigen und legitimen Beruf haben, nämlich eine Berufung von außen, die man auf gewöhnliche Weise, das heißt durch die weltliche Obrigkeit erhalten hat. Menschen, die behaupten, daß Gott ihnen eine besondere Berufung erteilt hat, die sie ohne die Vermittlung einer äußeren Autorität erhalten haben, und der sie folgen wollen, müssen zumindest ihre außerordentliche Berufung durch außerordentliche Taten beweisen. Luther sprach von solchen Menschen als von „Gottes Wunderleuten". Sie waren mit ihrer außerordentlichen Berufung nur annehmbar, weil sie außergewöhnliche Menschen waren. Die lutherische Orthodoxie erwähnte eine außerordentliche, innere und nicht vermittelte Berufung nur, um sie als Möglichkeit zu verwerfen. Sie unterstrich damit die Bedeutung der gewöhnlichen Berufung des Pastors, der König und Obrigkeit vertritt, und des „*status politicus*", der durch die Gnade Gottes über das Land und seine gehorsamen Bewohner herrschte.

Eine interessante Auseinandersetzung zwischen Hadrian Saravia und Johann Gerhard in den 1590er Jahren wirft ein Licht auf das Missionsverständnis innerhalb der protestantischen Orthodoxie. Hadrian Saravia (1531–1613) — „Außenminister" für die anglikanische Staatskirche — schrieb 1590 ein entscheidendes Buch über Mission und Amt der Kirche (*„De Diversis Ministrorum Evangelii Gradibus..."*). Er vertrat die Überzeugung, daß der apostolische Missionsauftrag immer Sache der Kirche und ihres Amtes ist, und daß darum das Amt bischöf-

lich sein muß. Der Bischofsstand gehört nämlich zum missionarischen
Wesen der Kirche. Ohne das Bischofsamt kann es keine Berufung zur
missionarischen Arbeit geben. „Successio evangelii" ist identisch mit
„successio episcoporum". Der römisch-katholische Theologe Bellarmin
trat zur gleichen Zeit und mit ähnlichen Argumenten für eine missionarische Kirche ein. Die missionarische Verkündigung war für ihn ein
notwendiges Zeichen der wahren Kirche.

Der lutherische Theologe Johann Gerhard (1582–1637) griff Saravia
in seinem Buch „Loci Theologici" (Locus 23) an. Gerhard kam zu dem
Schluß, daß es in der Kirche weder ein Apostelamt noch einen apostolischen Missionsauftrag gibt. Das Apostelamt war außergewöhnlich und
zeitlich begrenzt; und da kein Pastor heute den unbeschränkten Auftrag der Apostel hat, gibt es nach Gerhard keine Berufung zur Evangelisierung der Welt insgesamt.

Der grundlegende Unterschied zwischen Saravia und Gerhard liegt
beim Verständnis der Kirche. Nach Auffassung Saravias erhielt die
Kirche den missionarischen Auftrag „sub persona apostolorum", und
infolgedessen hat die Kirche immer noch diesen Auftrag. Gerhard hat
die ekklesiologischen Aspekte des Problems nicht einmal berührt. Er
beschränkt sich in seiner Auseinandersetzung auf den Unterschied zwischen einem Apostel und einem Pastor; und da Pastoren heute nur begrenzte Berufungen haben können, ist es ihm unverständlich, wie die
missionarische Verpflichtung in den Kirchen des 17. Jahrhunderts eine
lebendige Wirklichkeit sein könnte. Gerhard ist in dieser Hinsicht ein
typischer Vertreter der lutherischen Orthodoxie und ihrer „Nationalisierung" der Missionstheologie (W. Grössel).

Die gleiche theologische Einstellung kommt auch in Samuel Schelwigs
(1643–1715) „Leitstern des Gewissens" zum Ausdruck, das in der neo-
konfessionellen Missionstheologie des 19. Jahrhunderts eine große Bedeutung gewann. Schelwig vertritt die Auffassung, daß kein Missionar
„rite vocatus" sein könnte. 1651 erklärte die theologische Fakultät in
Wittenberg in ähnlicher Weise ganz deutlich, daß der Missionsauftrag
sich nur an „die geliebten Apostel und Jünger des Herrn Christus" gerichtet hätte, weil allein sie „eine unmittelbare Berufung" zur Mission
hätten.

Der Verlust der Kirche als eine greifbare Gemeinschaft und eine konkrete Realität, die unabhängig ist und ihre eigene Mission hat, wurde
vor allem dadurch verursacht, daß die Kirche in das nationale Staats-
gefüge eingegliedert wurde. Das hatte ideologisch zur Folge, daß die
Kirche als „unsichtbare Kirche" verstanden wurde. Die Staats-Kirche
und die unsichtbare Kirche passen ausgezeichnet zusammen. Was aber

in dieser „Ehe" verlorengingen, waren die Mission und der Dienst der
Kirche an der Welt, ihre Welt-Mission und ihr Welt-Dienst.
Nicht die Kirche als das Volk Gottes, sondern der einzelne Christ in
seiner direkten Beziehung zu Gott rückte so in den Mittelpunkt der
lutherischen Theologie, und zwar in einer Weise, die wegbereitend war
für die mystischen Tendenzen, die sich dann später zu den verschiedenen Formen des Pietismus entwickelten. Die echteste Ausdrucksform
dieser frühen orthodoxen Frömmigkeit findet man in den großen lutherischen Kirchenliedern aus dem 17. Jahrhundert, nämlich denen von
Paul Gerhardt (1607—1676).
Im großen und ganzen wurde somit das Evangelium isoliert und auf die
christlichen Territorien als ein Teil der Christenheit beschränkt. Als
aber diese Territorien ausgedehnt wurden und die Könige dadurch neue
Untertanen gewannen, war es die christliche Pflicht dieser Könige, dafür zu sorgen, daß diese neuen Gebiete christianisiert wurden. So trug
zum Beispiel der dänische König zur Ausbreitung der dänischen Kirche
in den dänischen Kolonien — an der Goldküste in Westafrika, in
Trankebar in Indien und auch in Grönland — bei.
Es ist nutzlos, die Frage zu erörtern, ob eine solche territoriale Ausbreitung Mission genannt werden kann oder nicht. Entscheidend ist, daß
die lutherischen Kirchen durch die Nationalisierung unter der Orthodoxie ihr missionarisches Selbstverständnis verloren haben; und das
trifft natürlich auch auf ihre Gemeinden in den Kolonien zu. Die Kirche
Luthers wurde so in die Nationalstaaten integriert, daß der Begriff der
einen, missionarischen Kirche ganz und gar verlorenzugehen drohte.
Die Kirche hatte nicht mehr den Charakter einer Gemeinschaft, eines
Volkes, eines Leibes. Sie wurde so weitgehend integriert in die Nationalstaaten, daß „Kirche" gleichbedeutend wurde mit „Pastoren".
Wichtig ist in diesem Zusammenhang die Tatsache der großen Konfes-
sionskriege zur Zeit der Orthodoxie. Die „christlichen" Völker waren
so eifrig bemüht, sich gegenseitig zu vernichten, daß im großen und
ganzen kein ernsthafter Versuch unternommen wurde, die Welt mit
dem Evangelium zu erreichen. Man befaßte sich ständig mit innerkirchlichen Problemen.
Diese Aussage muß jedoch durch den Hinweis ergänzt werden, daß die
katholische Kirche es seit der Reformation immer fertiggebracht hat, in
der Neuen Welt Mission zu treiben. Was an die Protestanten verlorenging, mußte von den Heiden wiedergewonnen werden! Doch diese
„Mission" war zweifellos nicht die bestmögliche Inspiration für die
Lutheraner und andere Protestanten, war sie doch Teil der spanischen
und portugiesischen Expansion mit ihren Grausamkeiten.

Konfrontation zwischen Pietismus und Konfessionalismus
in der Mission

Es wird oft — mit einer gewissen Berechtigung — gesagt, daß der Pietismus eine Erneuerung der Kirche im Hinblick auf die Mission gebracht hat. Auf alle Fälle bedeuteten die verschiedenen pietistischen Bewegungen ein erneuertes Verantwortungsbewußtsein seitens einiger Laien. Doch nicht „der Laien". Man kann nicht sagen, daß der Pietismus „das Priestertum aller Gläubigen" wiederhergestellt hätte. Er begründete vielmehr das Priestertum der „besonderen" Gläubigen. Er hat nicht dem gewöhnlichen christlichen Beruf als Grundlage für Leben und Mission der Laien seine Bedeutung wiedergegeben, sondern eine besondere persönliche Berufung als ein Vorrecht der wahren pietistischen Gläubigen eingeführt.

Als ein Teil der mystischen katholischen Frömmigkeit im Pietismus Eingang fand, lebte der traditionelle katholische Begriff der Berufung als etwas, was der religiösen Elite in den Kirchen vorbehalten ist, in den pietistischen Bewegungen wieder auf. Damit soll nicht die Bedeutung des Pietismus für lutherische Missionstheologie und -praxis herabgemindert werden. Die Pietisten taten, was zu ihrer Zeit und unter den gegebenen Umständen möglich war. Eine wirkliche Erneuerung des Begriffes der missionarischen Kirche lag noch in ferner Zukunft.

Die Herrnhuter unter Graf Zinzendorf (1700—1760) lebten in Wirklichkeit wie ein großer religiöser Orden als eine Gemeinschaft, die einer straffen Autorität unterstand und vollkommen ihrem Heiland ergeben war. Ihre Laienmissionare suchten überall in der Welt nach Seelen, die vom Herrn schon auf sein Heil vorbereitet waren.

Auch *die Pietisten aus Halle* unter August Hermann Franckes (1663 bis 1727) Führung lebten und arbeiteten in Gemeinschaft. Sie hatten mehr lutherische Substanz in ihrer Lehre, und ihre missionarische Arbeit in Indien zum Beispiel geschah unter der dogmatischen und rechtlichen Oberaufsicht des lutherischen dänischen Königs und seines theologischen Staatskirchentums.

Die Pietisten aus Württemberg, die von dem genialen Johann Albrecht Bengel (1687—1752) inspiriert waren, entwickelten ihre eigene seltsame apokalyptische und zum Teil theosophische Welt. Sie äußerten ihren missionarischen Tatendrang vornehmlich durch die Baseler Mission, die die erste in einer langen Reihe von Missionsgesellschaften des 19. Jahrhunderts wurde.

Man ist versucht, *die Methodisten* als vierten Typ „lutherischer" pietistischer Mission aufzuführen, weil sie sich von Anfang an von Luther

und den lutherischen Pietisten haben leiten lassen und weil so viele
Methodisten diese Schuld durch einen echten Dienst an den lutherischen
Kirchen und Institutionen zurückgezahlt haben. In einer Reihe von
Missionsgesellschaften aus dem 19. Jahrhundert läßt sich ein metho-
distischer Einfluß feststellen. Das trifft übrigens auch auf die Bibelge-
sellschaften auf dem europäischen Kontinent zu.

Die neo-pietistischen Bewegungen im 19. Jahrhundert kamen in zwei
Hauptströmen, einer in jeder Hälfte des Jahrhunderts. Sie bedeuteten
eine Neubelebung der lutherischen Mission und der lutherischen Missionstheologie. Der Kernpunkt dieser Bewegungen war eine radikale
Theologie des Reiches Gottes, der es darum ging, die eschatologische Erwartung, so wie sie sich in Luthers eigenem Denken findet, wieder
lebendig werden zu lassen. Zugleich versuchten diese Erweckungsbewegungen, die echte christliche Gemeinschaft wieder erstehen zu lassen, die zu Hause und in fremden Ländern als Volk Gottes sprechen
und handeln kann. Doch sie waren im allgemeinen so stark durch den
Individualismus und Subjektivismus beeinflußt, der für den Liberalismus des 19. Jahrhunderts kennzeichnend war, daß sie sich in vieler und
oft entscheidender Hinsicht von der lutherischen Theologie entfernten.
Dadurch trugen sie unter anderen zum Aufleben des Neo-Konfessio-
nalismus bei, der schon von 1836 an ein entscheidender Faktor im
Leben und in der Mission der lutherischen Kirchen auf dem europäischen Kontinent war. In diesem Jahr entstand die Dresdener Mission, die später zur Leipziger Mission wurde (vgl. J. Aagaard I,
S. 196 f., 328f.; II, S. 526 f.).

Der spezifisch lutherische Einfluß auf die Missionstheologie des
19. Jahrhunderts machte sich in zwei Bereichen bemerkbar. Der erste
lutherische Protest richtete sich gegen den nicht-konfessionellen Charakter der neuen Missionsgesellschaften von Basel, Barmen, Bremen, Berlin
usw., die versuchten, ihre Missionstätigkeit aus den konfessionellen Definitionen der Mission herauszuhalten. In ihren Augen hatte die Mission — als ein Werk des Glaubens und der Liebe — weder in Wittenberg,
berg, noch in Genf, noch in Rom, sondern in Jerusalem ihren Standort.
„Sobald von der Ausbreitung des Reiches Gottes unter den Heiden die
Rede wäre, ständen die Gläubigen mit den Jüngern des Herrn auf dem
Ölberg in jener für die ganze Welt so wichtigen und entscheidenden
Stunde, wo der Herr der Herrlichkeit den Befehl zur Mission und zu-
gleich die Instruktion für seine Boten gegeben habe . . .“ (Zit. nach
J. Aagaard, I, S. 253).

Die neuen Missionsgesellschaften wollten eindeutig „überkonfessionell“
oder „a-konfessionell“ bleiben, und darum hielten sie sich von den vor-

handenen konfessionellen kirchlichen Institutionen fern. Sie brauchten
deren Bestätigung nicht, weil sie im Auftrag des Hl. Geistes wirkten.
Ihr Amt war ihnen unmittelbar vom Herrn Jesus übertragen worden.
Der konfessionelle Protest richtete sich vornehmlich gegen diese Nichtachtung der lutherischen Loyalität. Doch der lutherische Konfessionalismus im allgemeinen entstand als eine Front gegen die Preußische
Union, die Einheitsbewegung, die den Kirchen durch die königliche
Familie und die staatskirchlichen Strukturen aufgenötigt worden war.
Die Notwendigkeit, im Heimatland eine lutherische Identität zu bewahren, bedeutete schließlich die gleiche Notwendigkeit auf dem Mis-
sionsfeld. Doch auch *vice versa*. Wenn in Asien und Afrika Gemeinden
entstanden, waren sie keine Gemeinschaften aus a-konfessionellen
„Goldchristen". Sie glichen im allgemeinen mehr oder weniger den normalen Gemeinden im Heimatland und empfanden das gleiche Bedürfnis
nach theologischer Klärung und nach Regeln für ein geordnetes Leben.
Doch nach welcher Ordnung sollten die neuen Christen getauft, konfir-
miert und getraut werden? Welche Gottesdienstordnungen waren für
das Abendmahl am besten? Auf diese Weise kamen die konfessionellen
Antworten wieder.
Doch der lutherische Protest gegen die missionarische Bewegung richtete sich auch gegen den Begriff der „Berufung", der in den Missionsgesellschaften vorherrschend war. In dem Versuch, der lutherischen Tradition treu zu bleiben, wurden die Stimmen von Johann Gerhard und
Samuel Schelwig wieder gehört. Fast alle führenden Lutheraner in
Deutschland beteiligten sich im 19. Jahrhundert an der Diskussion über
Mission, Bekenntnis und Kirche, die einen so starken Einfluß auf die
Entwicklung eines lutherischen Identitätsverständnisses gewann. Ludwig Adolf Petri aus Hannover, Karl Graul von der Leipziger Mission,
Wilhelm Löhe aus Neuendettelsau, Ludwig Harms aus Hermannsburg
und viele andere legten den Grundstein für das, was heute als die spezifisch lutherische Missionstheologie angesehen wird. Ihren Spuren folgten ähnliche führende Männer der Mission aus Skandinavien und den
USA.
Im großen und ganzen folgten sie der vorherrschenden Tendenz, die
missionarische Arbeit als „eine freie Tat der Liebe" zu betrachten, die
nicht durch die Institutionen und Gesetze der Kirchen bestimmt ist.
Doch zugleich verwarfen sie die entsprechende Tendenz, die missionarische Arbeit als „Privatsache" derer zu verstehen, die für die Missionsgesellschaften tätig waren. Ihre konfessionelle Loyalität machte ein solches Verständnis der Mission als Privatangelegenheit unmöglich. Die
Mission muß Aufgabe der Kirche sein; und da die Kirchen konfes-

sionell gebunden sind, verliert die Mission ihren Auftrag, wenn sie sich
als eine a-konfessionelle Tätigkeit versteht.

Doch all diese lutherischen Diskussionen vermochten das entscheidende
Problem der „rechten Berufung" eines Missionars nicht zu lösen. Hinter
diesem Dilemma, das für die skandinavischen Staatskirchen noch ein
echtes Problem ist, liegt die ungelöste Frage nach dem Wesen der
Kirche. Die Tendenz, die Kirche als unsichtbare geistliche Wirklichkeit
von der Kirche als Teil des Staates und der säkularen Gemeinschaft zu
trennen, hat von der Zeit der lutherischen Orthodoxie an fortbestan-
den. In dem monumentalen missionarischen Handbuch von Gustav
Warneck hat der Begriff der sichtbaren Kirche sehr viel Ähnlichkeit mit
der Position, die der berühmte Gelehrte Rudolf Sohm in seinem Handbuch zum Kirchenrecht vertritt. Er geht darin von einem extremen
Dualismus zwischen der Ordnung und dem Wesen der Kirche aus. Die
sichtbare Kirche war in dieser Form „lutherischen" Denkens allen theologischen Normen entfremdet. Diese Art von Säkularisierung innerhalb
der Kirchen war zweifellos wegbereitend für sehr fragwürdige Tendenzen in diesem Jahrhundert, und zwar vornehmlich in den lutherischen
Kirchen in Deutschland und Skandinavien. In Schweden jedoch verlief
die Entwicklung etwas anders. Hier entstand eine Theologie der sichtbaren Kirchen, deren missionarische Perspektive H. W. Tottie in seinem
Buch „Evangelistik" aus dem Jahre 1892 herausgearbeitet hat, ein
Werk, das eine einzigartige Missionstheologie in der Geschichte des lutherischen Missionsdenkens darstellt.

Aus diesen Entwicklungen im 19. Jahrhundert ergibt sich die Folge-
rung, daß die Lutheraner in weitgehendem Maße die konservativen
Tendenzen unterstützten, wodurch die lutherischen Kirchen sich eine
ganze Reihe von Möglichkeiten im Hinblick auf die neuen Volksbewegungen, sowohl liberaler als auch sozialistischer Prägung, verbau-
ten. Die liberalen und sozialistischen Bewegungen wurden im großen
und ganzen als anti-christlich verstanden. Infolgedessen neigten diese
Bewegungen dazu, die Kirchen nur als Teil der etablierten Gesellschaft
zu betrachten.

Die Schöpfung, die in der lutherischen Theologie von so entscheidender
Bedeutung ist, wurde in der neo-konfessionalistischen Theologie als
konservativer Begriff verstanden. Die Ordnungen der göttlichen
Schöpfung wurden vornehmlich in Staat und Familie gesehen; und sie
galten als die stabilen und konservativen Elemente der Welt gegenüber
den Volksbewegungen, in denen die demokratischen und die befreienden Kräfte am Werk waren. Um diesen Kräften entgegenzuwirken,
verbanden sich die lutherischen Kirchenführer und Theologen oft mit

den Mächten des Staates und schufen ein Bündnis zwischen Altar und Thron (J. Aagaard, II, S. 738 ff.).

Mehrere Gruppen aus den verschiedenen pietistischen Bewegungen — den nichtkonfessionellen und den konfessionellen — beschlossen, Deutschland oder Skandinavien zu verlassen und in die Neue Welt, das heißt Amerika, vor allem Nordamerika, zu gehen. Auf diese Weise entstand die erste Reihe von „jungen Kirchen". Die Probleme, die sich aus der Verbindung von Kolonisation und Mission in Amerika und Australien ergaben, wurden auf verschiedene Weise von der lutherischen Missionstheologie aufgenommen und fanden unterschiedliche Lösungen. Man neigte jedoch im allgemeinen zu einer positiven Beurteilung der Beziehung zwischen dem kirchlichen Leben im Luthertum und dem, was die Deutschen „Volkstum" nannten, das heißt das einem besonderen Volk oder einer besonderen Nation zugehörige Wesen. Das wurde wiederum durch den lutherischen Schöpfungsbegriff untermauert.

Die Entwicklung der lutherischen Kirchen in Nordamerika gibt Aufschluß über die Beständigkeit eines „Lehrgebäudes". Obwohl die Situation sich drastisch veränderte, blieb die Theologie fast unverändert. Die Beziehungen zum Staat und zur Gesellschaft, die für Deutschland und Skandinavien so typisch waren, existierten in der Neuen Welt überhaupt nicht. Alle lutherischen Kirchen mußten als Freikirchen aufgebaut werden mit den notwendigen Voraussetzungen für eine echte Beteiligung der Laien. Doch scheint diese neue Konstellation ihre lutherische Theologie in erstaunlich geringem Maße beeinflußt zu haben.

Doch hat das Luthertum in Nordamerika einen dritten Typ kirchlichen Lebens hervorgebracht, und damit entstand auch ein neuer Typ missionarischer Tätigkeit. Die neuen lutherischen Kirchen entwickelten eine ganzheitliche missionarische Arbeit, die gut verwaltet und von aktiven Gemeinden unterstützt wurde. Die auf dem Kontinent traditionelle Spaltung zwischen den Missionsgesellschaften und den institutionellen Kirchen ist in Nordamerika so gut wie unbekannt.

Die ökumenische Herausforderung in der Mission (im 20. Jahrhundert)

Um die lutherische Missionstheologie in diesem Jahrhundert zu verstehen und richtig einzuschätzen, muß man die ökumenische Dimension der missionarischen Bewegung als solche ernst nehmen. Die Beteiligung der Lutheraner an der ökumenischen Bewegung war von Anfang an durch ihre Teilnahme an der Konferenz von Edinburgh im Jahre 1910 und an allen späteren Missionskonferenzen deutlich. Im großen und ganzen trugen die Lutheraner mit den Vertretern anderer Kirchen zum gemeinsamen Denkprozeß bei; doch hin und wieder traten die Lutheraner der allgemeinen Tendenz mit einem Protest und einer besonderen Warnung entgegen. Schon vor Ende des 19. Jahrhunderts wandte sich Warneck in seinem Vortrag über „die moderne Weltevangelisations-Theorie" auf der 9. Kontinentalen Missionskonferenz in Bremen (in: Allgemeine Missions-Zeitschrift, 1897, S. 305 f.) gegen die Vorstellungen John R. Motts über die Evangelisation der Welt in dieser Generation.

Die im allgemeinen anti-liberale und anti-soziale Einstellung der europäischen lutherischen Kirchen im 19. Jahrhundert schuf eine Distanz zwischen diesen Kirchen und den entsprechenden gesellschaftlichen Strömungen. Die Kirchen — wie oben schon erwähnt — neigten dazu, sich mit allen möglichen Formen konservativer Macht zu verbinden; und Ende des 19. Jahrhunderts kam es zu einem regelrechten Arbeitsbündnis mit autoritären und nationalistischen Kräften, obwohl einige Erweckungsbewegungen ständig in der entgegengesetzten Richtung wirkten, zumindest in den nordischen Ländern.

Die Zwei-Reiche-Lehre kam in der Missionstheologie kaum ausdrücklich vor. Doch in Übereinstimmung mit der Entwicklung dieser Lehre im 19. Jahrhundert verstand man darunter unter anderem eine klare Trennung zwischen dem weltlichen und dem geistlichen Bereich, in dem Sinne, daß die politischen Mächte als unmittelbar von Gott Beauftragte in ihrem eigenen Bereich die Vollmacht hatten zu herrschen und zu regieren, während die Kirchen in ihrem Bereich nur geistliche Vollmacht besaßen. In den lutherischen Staatskirchen bürgerte es sich zumindest ein, daß die meisten sozialen und politischen Angelegenheiten, das heißt alle Probleme, die mit dem gesellschaftlichen Leben zu tun hatten, als für die Kirchen irrelevant angesehen wurden — und das sogar von den Kirchen selbst. Diese Einstellung hatte verheerende Folgen für die missionarischen Bewegungen in ihrer Beziehung zu den Kolonisationsbemühungen der Staaten.

Der deutsche Kolonialismus bedeutete von 1884 an eine Herausforderung für die deutsche Mission. Dr. Solf vom „Kolonialamt" formulierte seine Position ganz klar mit den Worten: „Kolonisieren heißt Missionieren"; und die führenden Missionsleute neigten im allgemeinen dazu, die Herausforderung anzunehmen, indem sie den Satz umkehrten: „Missionieren heißt Kolonisieren". Warneck und seine Schule von Missionswissenschaftlern versuchten jedoch in der „Allgemeinen Missions-

Zeitschrift", eine klare Trennungslinie zu ziehen. Das allgemeine Verhalten in den Kirchen, die im neuen Deutschen Reich miteinander wetteiferten, um ihre nationale Einstellung zu beweisen, führte dazu, daß
Lutheraner fast jeder Prägung (sowohl Konfessionalisten als auch
Unionsanhänger und Liberale) die deutsche Expansion in Afrika und
in anderen Kontinenten akzeptierten und verherrlichten. Man ging von
der Voraussetzung aus, daß Mission und Kolonialismus gleiche Interessen haben und sich gegenseitig unterstützen (C. Mirbt).

Man hätte erwartet, daß das vorherrschende Verständnis der Zwei-
Reiche-Lehre die Kirchen und ihre Mission in einem gewissen Abstand
zum Staat und seinem Kolonialismus halten würde. Doch das Umge-
kehrte geschah: die Zwei-Reiche-Lehre diente *de facto* oft als dogmatische Begründung für die Nicht-Einmischung und stillschweigende Duldung der kolonialen Machtausübung. Als zum Beispiel die Deutschen
in Deutsch-Ostafrika oder in Deutsch-Südwestafrika ganze Stämme
vernichteten, weil sie die Zusammenarbeit verweigerten, hörte man
kaum Proteste seitens der Missionare und der Missionsgesellschaften.

Wenn auch die Zwei-Reiche-Lehre so verstanden wurde, daß sie eine
kritische Haltung zur Kolonialpolitik ausschließt, so war damit doch
nicht ausgeschlossen, daß eine enge Beziehung zwischen den Kirchen und
dem „Volkstum" der verschiedenen Völker bestand, unter denen die
Lutheraner Mission trieben.

Das Luthertum des 19. Jahrhunderts entwickelte sich weitgehend in der
Atmosphäre der Romantik. Der romantische Begriff des „Volkes"
wurde aufgenommen und als ein lutherisches *„specificum"* gebraucht.
Karl Graul (1814—1864), der Leiter der Leipziger Mission, war vermutlich der erste, der diesen Gedanken in der missionarischen Praxis
angewandt hat. Er wandte sich gegen die radikale Politik der Anglikaner im Hinblick auf das Kasten-System in Indien und vertrat die Meinung, daß dieses System — da es seine Wurzeln in der Geschichte des indischen Volkes hatte — nicht mit einemmal abgeschafft werden könnte,
sondern im Leben der Kirche unter dem Evangelium aufgelöst werden
müßte. Diese Einstellung zum indischen „Volkstum" entsprach
K. Grauls Verständnis der Kirche, die für ihn ihrem Wesen nach eine
Kirche für die Völker der Welt und nicht eine Synagoge für die wenigen Erwählten war. Seine lutherische Betonung von „Wort und Sakramenten" als Grundlage der Kirche bedeutete letztlich eine Korrektur
der pietistischen Tradition der lutherischen Mission.

Eine Reihe von führenden Lutheranern in der Mission wie Ludwig
Harms (1808—1865) und Wilhelm Löhe (1808—1872) verfolgten im
Prinzip die gleiche Linie; und Gustav Warneck (1834—1910) machte

diese Auffassung zum Bestandteil seiner Synthese von „Einzelbekehrung und Volkschristianisierung".

Diese Tendenz wurde im 20. Jahrhundert vor allem von den beiden lutherischen Pionieren der Mission Bruno Gutmann (1876—1966) und Christian Keyßer (1877—1961) bis zu ihren radikalen Konsequenzen weiterverfolgt. Sie entwickelten in der Theorie und in der Praxis „volksorganische" und „volkspädagogische" missionarische Methoden, mit denen sie die missionarische Bewegung in das Leben der Stammessysteme eingliederten, unter denen sie in Tanganjika und Neu-Guinea arbeiteten. Das führte zu entscheidenden Ergebnissen, die eine Alternative zur pietistischen Mission darstellten, die im allgemeinen der kulturellen und sozialen Umwelt der Bekehrten gleichgültig gegenüberstand. Doch Gutmanns und Keyßers missionarische Methoden neigten dazu, die neuen Kirchen an die veralteten Strukturen der Gesellschaft zu binden; und infolgedessen waren die Christen unvorbereitet für die neuen sozialen und politischen Entwicklungen des 20. Jahrhunderts in ihren Ländern (J. C. Hoekendijk).

Eine entsprechende Tendenz kommt im lutherischen Verständnis von „Religion" zum Ausdruck. In etwas vereinfachender Weise könnte man sagen, daß in Karl Barths Verwerfung der Religion als der eindeutigsten Auflehnung des Menschen gegen Gott und das Evangelium eine deutlich „calvinistische" Tradition zu Worte kommt, während ein mehr „dialektisches" Verständnis in den Schriften einiger gelehrter lutherischer „Missiologen" vertreten wird; dazu gehören Nathan Söderblom aus Uppsala; Karl Ludwig Reichelt, der Norweger in China; L. P. Larsen, der Däne in Indien; Gerhard Rosenkranz in Tübingen und Paul Tillich, der Deutsche in den USA.

Ein eindrucksvolles Ergebnis der wachsenden ökumenischen Bewegung war die Konferenz von Stockholm im Jahre 1925. Diese Konferenz über „Praktisches Christentum" (*„Life and Work"*) der Kirchen im Hinblick auf die Nachkriegsgesellschaft tagte unter dem Vorsitz des schwedischen Erzbischofs Nathan Söderblom (vgl. B. Sundkler).

Dieses Ereignis wurde von den Lutheranern zum Teil freudig begrüßt und zum Teil heftig kritisiert. In der „Allgemeinen Ev.-Luth. Kirchenzeitung" von 1925 wird die Konferenz in einer Reihe von Artikeln vor allem von dem finnischen Erzbischof G. Johansson und dem deutschen Landesbischof D. Ihmels analysiert. Auf der Konferenz selbst wurden immer wieder seitens der Lutheraner, nicht zuletzt durch Ihmels, Vorbehalte geäußert. Bei den lutherischen Einwänden ging es vor allem darum — wie Ihmels es formuliert hat — klarzustellen, daß es die einzige und alleinige Aufgabe der Kirche ist, das Evangelium zu predigen;

daß das Reich Gottes „schlechthin überweltlich" ist; daß die natürlichen „Lebensordnungen" Ausdruck des göttlichen Schöpfungswillens sind und daß ihre „Eigengesetzlichkeit" respektiert werden muß.

Führende lutherische Missionsmänner aus den nordischen Ländern reagierten in ähnlicher Weise auf die Konferenz von Jerusalem, die 1928 vom Internationalen Missionsrat einberufen worden war. Diese Konferenz hatte beschlossen, eine Studie über die sozialen und wirtschaftlichen Fragen im Verhältnis zur Mission der Kirchen in Angriff zu nehmen. Der Nordische Missionsrat trat im Dezember 1929 in Stockholm zusammen und schickte einen Protestbrief an den Internationalen Missionsrat (IMC), in dem es hieß, daß die Mitglieder des Rates „besorgt sind über die zunehmende Tendenz, Programme zur Lösung ländlicher, sozialer und industrieller Probleme auf den verschiedenen Missionsfeldern aufzustellen". Wenn dies „über ein bestimmtes Maß hinaus getan wird, besteht eine echte Gefahr, daß der missionarische Eifer von seinem zentralen Ziel abgelenkt wird ... Wir müssen das Vertrauen und den Glauben haben, daß diese Botschaft sich unter den verschiedenen Völkern auf den Missionsfeldern als das Salz erweist, das nach und nach durch die einheimischen Kirchen die sozialen Verhältnisse läutert und verbessert".

Die nächste Tagung des Nordischen Missionsrates im September 1930 richtete einen zweiten Brief an den Internationalen Missionsrat. Darin wurde erneut betont, daß „die sozialen Erwägungen in der Arbeit des IMC zu viel Raum einnehmen ..."; und die neue Abteilung für Sozial- und Industrieforschung und Beratung wurde gebeten, „sich der Beratung oder Zusammenarbeit im Hinblick auf die Einführung von Sozialreformen auf den Missionsfeldern zu enthalten — gehen doch in der Frage der Reformen die Meinungen unter den Christen verschiedener Länder und Denominationen notgedrungen auseinander". Der Brief schloß mit der Drohung, aus dem Rat auszutreten. Zugleich wandte sich der Norwegische Missionsrat in einer detaillierten Erklärung gegen den IMC, weil er den Nationalen Christenrat in China unterstützte, der in den Augen der Norweger den „missionarischen Modernismus" vertrat. (Die Korrespondenz befindet sich in den IMC-Archiven im ÖRK. Professor F. Torm hat in der *„International Review of Missions"* vom Oktober 1930 im Namen des *„Nordic Missionary Council"* einen Artikel veröffentlicht *„The Place of Social Questions in Missionary Work"*, S. 593 ff.)

Der Stab des IMC versuchte mit viel Mühe, diplomatische Beziehungen zum lutherischen Norden aufrechtzuerhalten; doch ein inoffizieller Brief von G. A. Gollock an den Leiter des IMC, J. H. Oldham, spricht für sich: „Ich mag eigentlich die starke Persönlichkeit dieser winzigen Länder, die in einer Hinsicht so wenig, in einer anderen so viel zu geben haben. Es lohnt sich so viel sie zu gewinnen, wie es sich in der Erziehung lohnt, Zugang zur Seele eines Kindes zu gewinnen" (IMC-Archiv im ÖRK, Genf).

Unter der Perspektive neuer Ideologien und der faschistischen Bedrohung aller menschlichen Werte nahm die lutherische Theologie eine neue Wendung. Das wurde zum Teil durch die sogenannte „Luther-Renaissance", zum Teil durch den Einfluß von Karl Barth verursacht. Die „Zurück-zu-Luther"-Bewegung war so vielgestaltig, daß es schwer ist, irgendeinen gemeinsamen Nenner aufzuzeigen. Doch auf alle Fälle diente Luther dazu, ein neues Bewußtsein von der Kirche und ihrer Sendung in einer Zeit der Krise aufzubauen.

Der Einfluß von K. Barth ist bis zu einem gewissen Grade ein Protest gegen gewisse vorherrschende Meinungen unter den lutherischen „deutschen Christen", die Hitler und seine neue Ideologie unterstützten, wobei ihnen die lutherische Achtung vor dem „Volkstum", vor Autorität, Gehorsam, Volk, Familie und Tradition als Grundlage für die Annahme der neuen Ordnung in Deutschland diente. Karl Barths Einfluß kann hier nicht dargelegt werden; doch durch zwei große Missionstheologen fand seine „Theologie der Krise" Eingang in die lutherische Missionstheologie. Walter Freytag (1899—1959) und Karl Hartenstein (1894—1952) führten erneut einen radikalen Begriff des Reiches Gottes in das missionarische Denken ein, eines Reiches, das sich von allen unseren menschlichen Bemühungen unterscheidet und sich in Gemeinden von Gläubigen offenbart, die zu Gehorsam und Leiden in der Welt berufen sind. Sie waren in Deutschland, aber auch weit über die deutschen Grenzen hinaus, Vorkämpfer für einen neuen Typ lutherischer Missionstheologie.

Diese Entwicklung war auch in anderen lutherischen Kirchen zu beobachten. Es entstand eine allgemeine Tendenz zum „biblischen Realismus", nicht als ein lutherisches Spezifikum, sondern als ein allgemeiner Schwerpunkt, der sich auch in der lutherischen Missionstheologie auswirkte. Dieser biblische Realismus wurde von dem großen Missionswissenschaftler Hendrik Kraemer von der Niederländischen Reformierten Kirche vertreten, doch ebenso von dem Lutheraner Reinhold Niebuhr aus den USA, von Gerhard von Rad aus Deutschland und von Anton Friedrichsen aus Schweden.

„Die Mission am jüdischen Volk" bildet ein besonderes Kapitel in der Geschichte der lutherischen Missionstheologie. Schon die Pietisten in Halle hatten sich dafür eingesetzt und 1728 ein *Institutum Judaicum"* gegründet, in dem echte Forschung getrieben wurde, um die Mission an den Juden zu fördern. Auch Zinzendorf und seine Herrnhuter Mission beteiligten sich daran, nicht zuletzt durch die Arbeit von Samuel Lieberkühn. Doch die Aufklärung bedeutete in vieler Hinsicht einen radikalen Wandel für das Judentum in Europa, da ein großer Teil der jüdischen Elite nach und nach in die „christliche" Gesellschaft integriert wurde. Juden erwiesen sich oft als die intelligentesten und progressivsten Kritiker dieser Gesellschaft, sowohl durch liberale als auch durch sozialistische und kommunistische Bewegungen.

Insofern sich die Kirchen mit den entgegengesetzten Kräften verbündeten, kam es zu ernsthaften Spannungen zwischen progressiven Juden und reaktionären Christen, Spannungen, die in diesem Jahrhundert erheblich zu den anti-semitischen Bewegungen beigetragen haben. Der Hofprediger Adolf Stöcker aus Berlin begann schon 1885 seinen „christlich-germanischen" Feldzug als Vertreter der „christlich-sozialen Partei", wie er sie nannte; und die christliche Front gegen die Juden bestand in verschiedener Gestalt weiter bis zum Zusammenbruch des Naziregimes im Jahre 1945. Wo der Antisemitismus herrschte, war natürlich jede sinnvolle Mission an den Juden unmöglich.

Doch es gab auch andere Stimmen. Das Luthertum des 19. Jahrhunderts hatte auch einen Vertreter in Franz Delitzsch (1813–1890), dem Alttestamentler, der sein ganzes Wissen und Können in den Dienst einer echten Mission am jüdischen Volk stellte. Er gehörte zur neu-konfessionellen Bewegung, und für ihn bedeutete Treue zur lutherischen Tradition auch immer Offenheit für den missionarischen Auftrag. Sein größter Dienst war vermutlich seine hervorragende Übersetzung des Neuen Testaments ins Hebräische. „Hat Luther den Deutschen die Bibel gegeben, so hat Delitzsch den Juden das Neue Testament gegeben" (R. Kittel). Doch Delitzsch war nicht der einzige. Hier muß auch Johann Christian Konrad v. Hofmann (1810–1877) erwähnt werden, der Theologe, der einen Typ von Exegese entwickelt hat, nach der der Bibeltext in der Perspektive einer Heilsgeschichte interpretiert wird, die auch das Heil der Juden miteinbezieht. Auch Christoph Ernst Luthardt (1823–1902), ein Dogmatiker aus Leipzig und in der Leipziger Mission tätig, hat eine ähnliche Offenheit in seiner missionarischen Einstellung dem jüdischen Volk gegenüber bewiesen, wobei er sich zugleich gegen den blinden Glauben der lutherischen Kirchen an ihre „christliche Kultur" wandte.

Die Haltung der Kirchen in der schrecklichen Zeit des Dritten Reiches ist eine Geschichte der Torheit und Blindheit der „Deutschen Christen", doch zugleich eine Geschichte über einen „Rest" in den Kirchen, der sich gegen die Verbrechen der „Obrigkeit", das heißt der politischen Macht auflehnte. Pastor Martin Niemöller (geb. 1892) hat schon 1933 mit Entschiedenheit die Forderung nach Ausschluß der Juden aus den Kirchen verworfen. Obwohl sich viele Kirchenführer und Theologen entschlossen weigerten, die Kirchen der Politik des Dritten Reiches zu unterwerfen, so bestand doch eine gewisse Neigung, im Vagen zu bleiben, wenn es darum ging, sich den gleichen Ansprüchen „im staatlichen Bereich" zu widersetzen. Die Interpretation der Zwei-Reiche-Lehre wurde wieder zum Verrat an der Mission der Kirche gegenüber den Unterdrückten und Leidenden.

Zugleich ist es eine Tatsache, daß die missionarische Zuwendung zum jüdischen Volk und zum jüdischen Glauben und das christlich-jüdische Gespräch einen besonderen Platz in der lutherischen Tradition gehabt haben. Es ist interessant, daß die Schlüsselpersonen in der ökumenischen Bewegung, die dieses Anliegen vertraten, lutherische Theologen waren wie Göte Hedenquist, Anker Gjerding und Franz von Hammerstein. Der Lutherische Weltbund hat seinerseits in verschiedenen internationalen Konsultationen die Initiative zum Dialog zwischen Judentum und Christentum ergriffen (z. B. in Løgumkloster/Dänemark 1964 und in Oslo 1975).

Nach dem Zweiten Weltkrieg hat man sich ernsthaft bemüht zu erkennen, daß die schmerzhafte Geschichte der deutschen lutherischen Kirchen durch die Entstellung der Zwei-Reiche-Lehre möglich wurde. Das lutherische Institut für Ökumenische Forschung in Straßburg hat in der ihm überkommenen Frage nach der lutherischen Identität neue Perspektiven eröffnet; und die Studienabteilung des Lutherischen Weltbundes hat verschiedene Studien zur Theologie und Geschichte der Zwei-Reiche-Lehre durchgeführt. Es besteht kein Zweifel darüber, daß das, was oft als die „Zwei-Reiche-Lehre" bezeichnet wurde, praktisch ein ideologisches Modell war, das im 19. Jahrhundert entstanden ist und zum Beispiel von den „Deutschen Christen" gebraucht wurde, um selbst Grausamkeiten gegenüber anderen Menschen „im säkularen Bereich" zu entschuldigen.

Die wichtigste Entwicklung in der Gemeinschaft der lutherischen Kirchen während der letzten Jahrzehnte ist das Hinzukommen der lutherischen Kirchen aus der Zwei-Drittel-Welt. Einige dieser Kirchen haben Kirchenführer und Theologen hervorgebracht, die jetzt vollkommen neue Prioritäten für die lutherische Theologie setzen. Wo Kirchen in Asien, Afrika und Lateinamerika in einer Minderheitssituation leben, in Gesellschaften, die durch Volksbewegungen und dringende soziale und politische Herausforderungen gekennzeichnet sind, muß die Theologie notgedrungen versuchen, sich aus der westlichen Verstrickung zu lösen und sich frei zu machen von der traditionellen Beschäftigung der Lutheraner mit Problemen, die sich aus der Beziehung zwischen Kirche und Staat in Europa ergeben. Unter diesen Kirchenführern müssen nicht zuletzt Bischof Auala aus Namibia und Generalsekretär Gudina Tumsa aus Äthiopien erwähnt werden. In ihrem Bemühen, ihre Kirchen durch die politischen Stürme ihres Landes zu führen, äußert sich echte Kirchenführung.

Doch erst 1970 wurde dieser Einfluß in überzeugender Weise spürbar. Auf der fünften Vollversammlung des Lutherischen Weltbundes in Evian entstand ein wirklicher „Welt-Bund" — „Welt" sowohl im geographischen als auch im theologischen Sinne verstanden. Im Gefolge der Vollversammlung des Ökumenischen Rates in Uppsala 1968 ließ die Vollversammlung von Evian die Tagesordnung der Kirchen von der Welt — mit ihrer Menge Leidender und Unterdrückter — wenn nicht „schreiben", so doch zumindest „erweitern".

Diese Versuche, eine Vision der Kirche wiederzugewinnen, die in Mission und Dienst am ganzen Menschen für das Reich Gottes wirkt, sind nicht unumstritten geblieben. Peter Beyerhaus aus Tübingen ist eine lutherische Schlüsselfigur in dem gemeinsamen deutsch-nordischen Versuch, die aktuellen Fragen im Hinblick auf die lutherische Präsenz und Mission in unserer unruhigen Welt mit Hilfe einer Interpretation der Zwei-Reiche-Lehre zu lösen, die aus dem 19. Jahrhundert stammt. Die Proteste gegen Uppsala 1968, Evian 1970 und die Missionskonferenz des Ökumenischen Rates in Bangkok 1973 über „Das Heil der Welt heute" reihen sich in ihrer Akzentsetzung in die lutherischen Proteste nach Stockholm 1925 und Jerusalem 1928 ein.

Diese neue Protestbewegung erreichte ihren Höhepunkt in der „Berliner Erklärung" im Jahre 1974. Diese Erklärung vergleicht sich selbst mit der Barmer Erklärung von 1934, mit der die Bekennende Kirche sich gegen die Nazis und ihre theologischen Handlanger gestellt hat. Seltsamerweise scheint jedoch der Typ lutherischer Theologie, der damals die Barmer Erklärung angegriffen hat, heute die Berliner Erklärung zu unterstützen, während der Typ von Theologie, der hinter der Barmer Erklärung stand, heute von der Berliner Erklärung angegriffen wird.

Der Hauptstrom der lutherischen Missionswissenschaftler aller Kontinente hat sich nicht an dieser konservativen Protestbewegung beteiligt, sondern wirkt in der größeren missionarischen und ökumenischen Gemeinschaft mit und hat teil an ihrem Bemühen, die Frage nach der Sendung der Kirche in diesem Abschnitt der Geschichte zu klären. Diese lutherischen Stimmen kommen zum Beispiel in den Werken der beiden

Senioren unter den nordischen Missionswissenschaftlern, O. G. Myklebust aus Oslo und Bengt Sundkler aus Uppsala und des gegenwärtigen „Meisters der Missionswissenschaft" in Heidelberg Hans-Werner Gensichen zu Worte.

Mit ihrer Studie über den „Christlichen Glauben und die chinesische Erfahrung" hat die Studienabteilung des Lutherischen Weltbundes einen einzigartigen lutherischen Beitrag zur großen ökumenischen Bewegung geleistet. Zusammen mit *„Pro Mundi Vita"*, Löwen, ist es diesem Projekt nicht nur gelungen, verläßliche Informationen über die Situation in der Volksrepublik China weiterzugeben, sondern auch eine fundierte theologische Diskussion über „Die Konsequenzen des Neuen China für die christliche Mission in der Welt" zu fördern (vgl. *Lutheran Theological Reflexion on the China Study*, LWB 1975). Diese Studie erschließt in sehr interessanter Weise ein Verständnis der Zwei-Reiche-Lehre, das diesem Begriff einen neuen Sinn geben könnte. Die China-Erfahrung erzählt eine Geschichte über Gottes verborgenes Wirken in der säkularen Welt. China ist eindeutig eine säkulare Wirklichkeit, die nicht religiös verbrämt oder für kirchliche Zwecke ausgebeutet werden sollte. Daß Gott in China am Werk ist — nicht daß China oder die chinesische Erfahrung göttlich ist —, ist eine Erkenntnis, die unser Bild von Gott als einem Gott der Schöpfung erneuert.

Die *Schlußfolgerung* aus dieser Geschichte ergibt sich von selbst: Es gibt nicht so etwas wie eine lutherische Missionstheologie. Doch hinter all dieser Vielfalt und den oft entgegengesetzten Tendenzen liegt ein gemeinsamer Grundzug; und der stammt aus Luthers eigener Theologie. Es ist ein sehr zweideutiger Segen, ein so reiches Erbe zu besitzen, denn es kann ein Hindernis werden bei den Bemühungen, eine konstruktive zeitgemäße Theologie zu entwickeln. Und das ist in der Tat im Laufe der Geschichte immer wieder geschehen. Doch das Erbe kann auch eine Hilfe sein, um die krassesten Extreme parteiischer Einseitigkeit zu vermeiden.

Die Geschichte der lutherischen Missionstheologie ist eine Geschichte ständiger Versuche, das zu trennen, was Gott vereint hat; doch sie ist auch die Geschichte des Einflusses, den Luthers eigene Einsichten immer wieder ausgeübt haben:

— daß Mission zweifellos *horizontal* ist, weil sie in dieser unserer menschlichen Welt geschieht, doch daß sie zugleich *vertikal* ist, weil in ihr Gott der Handelnde ist;

— daß Mission zweifellos ein *zeitliches* und säkulares Phänomen ist, weil sie in der Zeit und in der Geschichte geschieht, doch daß sie zugleich *ewig* ist, weil sie eine Bewegung darstellt, die auf das Ende der Erde und auf das Ende von Zeit und Geschichte zugeht;

— daß Mission nur *insofern* unsere Mission ist, als wir an der Geschichte des Reiches Gottes teilhaben, das mit dem Reich des Bösen im Kampf liegt;

— daß diese göttliche Heilsgeschichte nicht mit der Geschichte der Kirche gleichgesetzt werden kann, sondern daß sie geschieht, *wenn* und *wo* Gott es will;

— daß die Kirche in ihrem Gebet darum bitten muß, als Werkzeug, als ein *einfacher* Diener dieses Heils gebraucht zu werden, und daß sie, wenn sie mehr sein will, weniger wird.

XIII. Kapitel

LUTHERTUM IN DER ÖKUMENE

Harding Meyer

Der ökumenische Grundimpuls der Reformation

Seit mehr als vierhundert Jahren leben die lutherischen Kirchen als Partikularkirchen unter anderen Partikularkirchen und Denominationen. Mit dieser Feststellung berührt man einen schmerzhaften Punkt im Selbstverständnis des Luthertums. Es geht um eine Art Widerspruch zwischen dem, was die lutherischen Kirchen historisch geworden sind und dem, was die lutherische Reformation ihrer Grundintention nach wollte. Luther und seine Mitreformatoren sind zu keiner Zeit mit dem Anspruch aufgetreten, eine neue kirchliche Gemeinschaft zu gründen. Wo immer ein solcher Verdacht oder ein solches Mißverständnis auftauchte, sind sie ihm mit großer Leidenschaft entgegengetreten. Sie waren auch nie der Meinung, daß die Kirche Jesu Christi unter dem römischen Papsttum aufgehört habe zu existieren und daß es deshalb gelte, an irgendeinem vorausgegangenen Punkte der Kirchengeschichte wieder neu anzuknüpfen. Im Augsburgischen Bekenntnis heißt es, „daß alle Zeit eine heilige christliche Kirche sein und bleiben muß" (Art. 7). Dieses Bekenntnis zur Kontinuität der Kirche ist für das Luthertum unaufgebbar. Darum konnte auch Luther inmitten aller Auseinandersetzungen daran festhalten, daß in der römischen Kirche all das vorhanden sei, was die Kirche zur Kirche macht: „Das ist wahr: im Papsttum ist Gottes Wort, der Apostel Amt, und wir haben von ihnen die Heilige Schrift, die Taufe, das Sakrament und das Predigtamt empfangen ... Darum muß auch der Glaube bei ihnen sein, christliche Kirche, Christus und der Heilige Geist ... Also müssen wir auch sagen: Ich glaube und bin dessen gewiß, daß auch unter dem Papsttum die christliche Kirche geblieben ist" (WA 46, 6 f.).

Daß das reformatorische Ringen nicht aus der damaligen Kirche hinaus- und in eine sonderkirchliche Existenz hineinführen wollte, zeigt sich vor allem angesichts des zentralen Anliegens der Reformation. Es ging ja nicht um exklusive Einsichten oder Erfahrungen, die man am besten innerhalb eines begrenzten Kreises wahren und pflegen konnte. Es ging um nichts weniger als das Lebenszentrum der gesamten Christenheit: um das Evangelium von der unverdienten und unverdien-

baren Gnade Gottes in Christus. Dieses in der römischen Kirche zwar
nicht verlorene, wohl aber durch spätscholastische Theologie, kirchliche
Unterweisung und herrschende Frömmigkeitspraxis verdeckte und ver-
dunkelte Evangelium sollte neu enthüllt, gereinigt und wieder zum
Leuchten gebracht werden. Das reformatorische Ringen hatte so von
vornherein und aus sich selbst heraus eine gesamtchristliche Dimension.
Es wäre einer Verleugnung des Evangeliums gleichgekommen, hätte
man es zur Sache nur einer Partikularkirche machen wollen.

Beides, das bleibende Bekenntnis zur Kontinuität der Kirche und die
Konzentration aller Bemühungen auf die Herausstellung der reinen
evangelischen Botschaft verliehen der Reformation eine grundlegende
ökumenische Ausrichtung. Auch angesichts des wachsenden und sich ver-
härtenden Widerstandes der römisch-katholischen Theologie und
Kirche wurde sie nicht preisgegeben. Die Gründung einer Partikularkirche erschien selbst dann noch als eine undenkbare Möglichkeit, als
der reformatorische Appell mit theologischer Verurteilung und kirchlicher Exkommunikation beantwortet wurde. Auf dem Augsburger
Reichstag machten die dort vertretenen evangelischen Fürsten und
Stände dies dem Kaiser und dem christlichen Abendlande klar. *„Sub
uno Christo sumus et militamus"* („unter einem Christus sind und streiten wir"), so heißt es im Vorwort zu ihrem schriftlichen Bekenntnis
(CA, Praef.), das dann Punkt für Punkt zeigt, wie die Überzeugungen
der Reformation nicht nur biblisch begründet sind, sondern sich zugleich in die Tradition der Alten Kirche eingliedern.

Das Nein zur Bildung einer Partikularkirche wird selbst dort durchgehalten, wo man in der Papstkirche die „falsche Kirche" und in den Anhängern des reformatorischen Bekenntnisses die „wahre Kirche" sieht.
Obwohl damit der Widerstreit auf die schärfste Formel gebracht ist,
bleibt es doch bei der Untrennbarkeit und der paradoxen, enorm span-
nungsvollen Zusammengehörigkeit beider Kirchen. Sie sind untrennbar
nicht nur deshalb, weil es eine „reine" Kirche nun einmal nicht gibt
und selbst in der wahren Kirche immer aufs neue falsche Lehrer und
Propheten aufstehen. Die beiden Kirchen sind auch deshalb untrennbar,
weil die wahre Kirche gegenüber der falschen Kirche eine bleibende
Verantwortung hat: den Auftrag zu warnen, zu mahnen, zu kritisieren. Diesem Auftrag darf die wahre Kirche sich nicht dadurch entziehen, daß sie sich von der falschen Kirche völlig lossagt. Eine solche
Trennung wird erst das Jüngste Gericht vollziehen. Wir dürfen das
nicht. Es ist unmöglich, sagt Luther, „daß wir oder die heilige Kirche
sich leiblich scheide oder absondere von dem Greuel, dem Papsttum
oder dem Antichrist bis an den Jüngsten Tag" (WA 38, 251).

Dennoch kam es zur Entstehung lutherischer Kirchen, die sich in ihrem Bekenntnis, ihren Strukturen und ihrem Leben von anderen Kirchen geschieden wissen. Diese Entwicklung war unter den gegebenen geschichtlichen Umständen unvermeidbar, ja notwendig. Es wäre verfehlt, diese Entwicklung durch eine ungeschichtliche Berufung auf die Reformation einfach rückgängig machen zu wollen. Worauf es ankommt, ist vielmehr, in dieser veränderten kirchlichen Situation die ökumenische Ausrichtung und den ökumenischen Impuls der Reformation nicht zugunsten partikular-kirchlicher Selbstgenügsamkeit zu verleugnen. Das reformatorische Bekenntnis zur Kontinuität und Einheit der Kirche und das Bewußtsein, einen Auftrag gegenüber der gesamten Christenheit zu haben, verpflichtet die lutherischen Kirchen dazu, das Gespräch und die Gemeinschaft mit anderen Kirchen zu suchen. Tätige ökumenische Verpflichtung ist darum Ausdruck der Treue zum reformatorischen Ursprung.

Die spezifische Prägung lutherischen ökumenischen Bemühens

Die ökumenische Ausrichtung der Reformation und das Bewußtsein ökumenischer Verpflichtung haben im Bekenntnis der lutherischen Kirchen, dem Augsburgischen Bekenntnis, ihren Ausdruck gefunden. Im Artikel 7 handelt es „Von der Kirche", stellt aber die Frage nach der Einheit der Kirche so sehr ins Zentrum, daß der Artikel eigentlich die Überschrift „Von der wahren Einheit der Kirche" tragen müßte. Bedenkt man, daß das Augsburgische Bekenntnis von 1530 innerhalb weniger Jahrzehnte zum Grundbekenntnis der lutherischen Kirchen aller Länder wurde und dies bis heute geblieben ist, so erkennt man auch hieran, wie sehr der ökumenische Gedanke in Gedächtnis und Bewußtsein der lutherischen Kirchen eingegraben ist und einen integralen Teil ihres reformatorischen Erbes ausmacht.

In diesem Artikel heißt es: „Es wird gelehrt, daß allezeit eine heilige, christliche Kirche sein und bleiben wird. Die Kirche ist die Versammlung aller Gläubigen, in der das Evangelium rein gepredigt wird und die heiligen Sakramente dem Evangelium gemäß gereicht werden. Zur wahren Einheit der christlichen Kirche ist es genug, daß einmütig das Evangelium in reinem Verständnis gepredigt wird und die Sakramente dem göttlichen Wort gemäß gereicht werden. Zur wahren Einheit der Kirche ist es nicht nötig, daß überall gleiche Zeremonien, die von Menschen eingesetzt worden sind, gehalten werden. So sagt Paulus (Eph. 4, 5 f.): ,Ein Leib, ein Geist . . ., ein Herr, ein Glaube, eine Taufe'."

Dieser Artikel ist von eindrucksvoller Geschlossenheit und Prägnanz. Den Anfang bildet das Bekenntnis zur Kontinuität, den Abschluß das — paulinische — Bekenntnis zur Einheit der Kirche. Im Zentrum steht die Aussage über die wahre Einheit der Kirche. Sie leitet sich her aus dem vorausgehenden Satz über das Wesen der Kirche und führt hin zu einer Aussage darüber, wessen es zur wahren Einheit der Kirche nicht bedarf.

Der beherrschende Gedanke ist ebenso elementar wie einfach: Das zur Einheit der Kirche Notwendige deckt sich mit dem, was zur Existenz der Kirche nötig ist. Dieses gleichermaßen zur Existenz wie zur Einheit der Kirche Notwendige ist das Evangelium, das unter der Gestalt des verkündigten Wortes und der ausgeteilten Sakramente den Menschen zugesagt und mitgeteilt wird. In diesem Evangelium ist Christus gegenwärtig und vereint die Menschen mit sich und untereinander zu seinem Leib.

Dabei ist allerdings entscheidend, daß das Evangelium in seiner reinen und unverfälschten Gestalt verkündigt und die Sakramente diesem Evangelium gemäß ausgeteilt werden. Wo diese evangeliumsgemäße Verkündigung und Sakramentsspendung geschieht, da ist Kirche. Und wo unter Christen und Kirchen darin Übereinstimmung besteht, da ist Einheit der Kirche und sind alle Voraussetzungen für kirchliche Gemeinschaft erfüllt.

In dieser radikalen Konzentration des ökumenischen Problems auf die Frage nach Übereinstimmung in der rechten Evangeliumsverkündigung in Wort und Sakrament liegt das eigentliche Anliegen dieses Artikels. Das wird in doppelter Weise hervorgehoben. Zunächst wird betont, die Einmütigkeit in Wortverkündigung und Sakramentsspendung sei „genug" zur wahren Einheit; und dies wird dann sogleich dahingehend entfaltet, daß eine Gleichförmigkeit in den von Menschen gesetzten kirchlichen Riten und Zeremonien „nicht nötig" sei.

Freilich wird der durch das „genug" und das „nicht nötig" ausgeklammerte Bereich des geschichtlich Gewordenen und Bedingten nicht mit letzter Genauigkeit beschrieben. Ohne Zweifel gehören hierher gottesdienstliche Formen, Kirchenrecht, Kirchenordnung und kirchliche Strukturen. Auch die geschichtlich entstandenen Bekenntnisformeln und Dogmenformulierungen wird man hinzurechnen müssen, so wichtig sie für die Wahrung kirchlicher Gemeinschaft sein mögen. Das gilt ebenfalls für die konkreten Ausgestaltungen des geistlichen Amtes, obwohl das geistliche Amt als solches „von Gott gesetzt" (CA 5) ist und somit zu den konstitutiven Elementen der Kirche gehört.

Wichtig und ökumenisch wegweisend ist und bleibt, *daß* hier eine nachdrückliche Differenzierung vollzogen wird zwischen dem zur Einheit
schlechthin Notwendigen und dem Bereich einer zwar nicht willkür-
lichen, wohl aber verantwortlichen Freiheit.
All das zeigt, wie dieser Artikel nicht nur ein allgemeines Bekenntnis
zur Einheit der Kirche darstellt, sondern zugleich klare ökumenische
Orientierung und Direktiven an die Hand gibt. Die lutherischen Kirchen sind ihnen in ihrem ökumenischen Engagement gefolgt. Ihr Bemühen um Einheit der Kirche hat wesentlich die Gestalt eines Ringens
um Einmütigkeit im rechten Verständnis des Evangeliums und in der
entsprechenden Wortverkündigung und Sakramentsspendung. Hier
liegt für sie der eigentliche und verheißungsvolle Weg zur Einheit, weil
er der Weg ins Zentrum christlicher Existenz und kirchlichen Lebens ist.
Ist dort Gemeinsamkeit erreicht, so kann und muß die Herstellung
kirchlicher Gemeinschaft folgen. Die Unterschiede im Bereich kirchlicher Ordnung, kirchlicher Strukturen und gottesdienstlicher Formen
stehen dieser Gemeinschaft grundsätzlich nicht im Wege. Sie haben
zweitrangige Bedeutung und können *innerhalb* der Gemeinschaft ausgetragen oder getragen werden.
Diese Überzeugungen finden in der Gemeinschaft, die unter den lutherischen Kirchen der Welt besteht, eine Konkretisierung. Es ist eine Gemeinschaft, die ihre Mitte und ihren tragenden Grund in dem gemeinsamen Verständnis des Evangeliums hat, die aber gleichzeitig ein breites
Spektrum ausgeprägter Verschiedenheiten in den kirchlichen Strukturen, in den gottesdienstlichen Formen und auch in der Ausgestaltung des
kirchlichen Amtes umschließt.
Eine Bejahung dessen, was im Augsburgischen Bekenntnis über kirchliche Einheit ausgesagt ist, schließt nicht aus, daß man gleichzeitig die
Grenzen jener Aussagen sieht. Diese Grenzen ergeben sich vor allem
daraus, daß das Augsburgische Bekenntnis auf dem Hintergrund einer
kirchlichen Situation formuliert wurde, die nicht mehr die unsrige ist.
Während zu jener Zeit die sichtbare Einheit und gelebte Gemeinschaft
zwar zutiefst bedroht, aber doch noch nicht aufgehoben war, kommen
wir her aus einer langen Geschichte sichtbarer Trennung und Aufsplit-
terung in eigenständige, institutionell verfestigte, einander entfremdete
Partikularkirchen. Es geht heute nicht mehr darum, die sichtbare Einheit in einer Krisensituation zu wahren, sondern sie wiederzugewinnen.
Damit hat das ökumenische Problem Aspekte gewonnen, die im Augsburgischen Bekenntnis nicht unmittelbar angesprochen sind oder zu-
rücktreten. So wird man zum Beispiel beachten müssen, daß das zu
Recht betonte theologische Bemühen um Einmütigkeit der Verkündi-

gung des Evangeliums in Wort und Sakrament damals einen Rahmen
noch vorhandener Vertrautheit und gelebter Gemeinsamkeiten voraus-
setzen konnte, der seit langem nicht mehr gegeben ist. Das Bemühen um
Einheit kann sich darum heute nicht einseitig auf das Ringen um theologische Verständigung beschränken. Es muß sich gleichzeitig darauf
richten, jenen Rahmen gegenseitiger Vertrautheit und gelebter Gemeinschaft wiederzugewinnen, innerhalb dessen das theologische Ringen seinen Platz hat und fruchtbar werden kann. Auch haben manche Verschiedenheiten gottesdienstlicher Formen, kirchlicher Ordnung und
Strukturen, vor allem aber unterschiedliche Ausgestaltungen des kirchlichen Amtes im Laufe der Trennungsgeschichte eine solche Qualität angenommen, daß sie sich oft nicht mehr als tragbare geschichtliche Unterschiede verstehen lassen, sondern heute in das ökumenische Bemühen
einbezogen werden müssen.
Jedoch kann auch bei einer solchen Berücksichtigung der historischen
Differenz und der neuen Aspekte, die das ökumenische Problem seit
der Reformation angenommen hat, das zentrale ökumenische Anliegen
des Augsburgischen Bekenntnisses unverkürzt durchgehalten werden.

Das Ringen um Einheit in der Reformationszeit

Nach den vorwiegend auf Luther selbst bezogenen Verhören und
Disputationen der ersten Jahre, die der Veröffentlichung der 95 Thesen
folgten, kam es auf dem „Augsburger Reichstag" (1530) zum ersten
umfassenden Versuch, den Religionsstreit in Deutschland zwischen den
Anhängern der lutherischen Reformation und der römischen Kirche
durch theologische Verhandlungen zu klären. Kaiser Karl V. hatte den
Reichstag mit eben dieser Zielsetzung einberufen. Die römisch-katholische Seite wurde durch den päpstlichen Legaten Kardinal Campeggio,
durch römisch gesinnte Fürsten und Theologen wie Eck, Fabri und
Cochläus, die lutherische Seite durch die evangelischen Landesherren,
Vertreter evangelischer Reichsstädte und evangelische Theologen, besonders Melanchthon und Justus Jonas vertreten. Der Schwerpunkt lag
weniger in theologischen Disputationen oder Ausgleichsverhandlungen,
die unbefriedigend und im wesentlichen erfolglos verliefen. Von bleibender Wichtigkeit war, daß die versammelten evangelischen Stände
mit Ausnahme einiger Städte sich während des Reichstages auf ein gemeinsames Bekenntnis einigten, das dem Kaiser vorgetragen und in den
folgenden Jahren zum Grundbekenntnis aller lutherischen Kirchen
wurde. Sein Verfasser war Melanchthon, der einige bereits vorliegende

Texte mit verarbeitete und sich der Zustimmung Luthers versicherte, der als Geächteter am Reichstag nicht teilnehmen konnte. Dieses „Augsburgische Bekenntnis" war stark vom Willen zu ökumenischer Verständigung geprägt. Es versuchte, das den beiden Seiten Gemeinsame hervorzuheben und zu zeigen, daß die wesentlichen Überzeugungen der Reformation nicht im Widerspruch zur Lehre der römischen Kirche standen. Man hat dem Augsburgischen Bekenntnis schon damals von beiden Seiten vorgeworfen, daß es gewisse Kontroversfragen (z. B. die Fragen des Papstamtes, des Schriftverständnisses, des Fegefeuers, der Transsubstantiationslehre) ausklammere. Dennoch brachte es die Grundüberzeugungen der lutherischen Reformation ohne falsche Zugeständnisse und in zum Teil glücklichen Formulierungen zum Ausdruck und konnte deshalb bis auf den heutigen Tag das gemeinsame Bekenntnis der lutherischen Kirchen bleiben.

Die ständig drohende Gefahr eines Religionskrieges ließ es auch in der Folgezeit zu einer Reihe von Religionsgesprächen kommen, die ebenfalls von staatlicher Seite gefördert wurden. Bedeutsamer als die beiden ersten Gespräche in Leipzig (1534 und 1539) war das „Regensburger Kolloquium" (1541), das sich an ein Gespräch in Hagenau (1540) anschloß. Es wurde von Karl V. ausgeschrieben, von den evangelischen Landesfürsten Deutschlands unterstützt, unter Leitung des kaiserlichen Kanzlers Granvella auf einem Vorgespräch in Worms vorbereitet (Erarbeitung des „Regensburger Buches") und zwischen Theologen der Reformation wie Bucer und Melanchthon und namhaften Theologen der römischen Kirche ausgetragen, zu denen unter anderen Eck und der päpstliche Legat Contarini gehörten. Aufs Ganze gesehen scheiterten diese Gespräche. Das lag in erster Linie daran, daß die Verständigung in zentralen Kontroversfragen nicht gelang, etwa im Verständnis von Kirche und kirchlicher Lehrautorität und besonders in der Abendmahlsfrage. Dennoch kam es zum Beispiel in der Rechtfertigungslehre zu einem beachtlichen Konsens. Jedoch wurden weder in Rom noch in Wittenberg die erzielten Übereinkünfte akzeptiert. Das päpstliche Konsistorium warf den Konsensaussagen Doppeldeutigkeit vor, und auch von Luther kam eine scharfe Ablehnung. Das Gespräch wurde schließlich — nach einem letzten Kolloquium im Jahre 1546 — abgebrochen, als klar war, daß der Krieg die Entscheidung bringen sollte.

Die verstärkte politische Bedrohung der Protestanten (Reichstag zu Speyer, 1529) und der Wunsch nach einer Bündnisbildung unter den evangelischen Territorien gaben den Anstoß auch zu innerprotestantischen Religionsgesprächen. Sie zielten darauf, die zwischen den Anhängern der lutherischen Reformation und dem zwinglisch gesinnten oberdeutschen und schweizerischen Protestantismus entstandenen Spannungen zu überwinden. Den wichtigsten Platz nimmt das dreitägige „Gespräch in Marburg" (1529) ein, zu dem Philipp von Hessen eingeladen hatte und an dem die bedeutendsten Theologen beider Seiten teilnahmen. Zwar wurde das Ziel einer vollen Verständigung nicht erreicht. Dennoch trat eindrucksvoll hervor, wie breit der Bereich gemeinsamer Überzeugungen war. In vierzehn der von Luther selbst formulierten Artikel (z. B. über Trinitätslehre, Erbsünde, Rechtfertigung, Taufe, Beichte) bestand klare Übereinstimmung. Lediglich im 15. Artikel über das Abendmahl konnte – trotz Verständigung in Einzelpunkten (Empfang beider Elemente, Ablehnung des Meßopfergedankens, Notwendigkeit des geistlichen Empfangs der Abendmahlsgabe) – die als entscheidend empfundene Differenz in der Auffassung von der leiblichen Gegenwart Christi nicht überwunden werden. Daß man sich angesichts dieser offenen Frage weiterhin als voneinander getrennt betrachtete, kann die Tatsache nicht verdecken, daß auch hier einige gegenseitige Mißverständnisse geklärt wurden und eine Verständigung als nicht fern erschien.

Diese Verständigung wurde in den folgenden Jahren vor allem von Bucer in zahlreichen Gesprächen und Verhandlungen vorangetrieben und in der „Wittenberger Konkordie" (1536) weitgehend erreicht. Es handelt sich bei dieser Konkordie formal gesehen um ein Abendmahlsbekenntnis der oberdeutschen Protestanten, das auf einer Zusammenkunft von Vertretern oberdeutscher Städte und lutherischen Theologen in Wittenberg formuliert, vorgelegt und gemeinsam unterzeichnet wurde. Der Text spricht von einer „wahrhaftigen und wesenhaften" Gegenwart des Leibes und Blutes Christi „mit Brot und Wein" und betont, daß auch die „Unwürdigen" Leib und Blut Christi empfangen. Im Urteil Luthers und der lutherischen Theologen war damit der Gegensatz behoben, so daß man sich als „liebe Brüder im Herrn" (Luther) anerkannte. Gleichsam als Besiegelung dessen empfing man gemeinsam das Abendmahl. Obwohl es nicht gelang, die abwesenden Schweizer für dieses Bekenntnis zu gewinnen, brachte die Konkordie doch die Einigung des damaligen deutschen Protestantismus.

Neben das vordringliche Bemühen um Verständigung mit der römischen Kirche und um Überwindung der innerprotestantischen Spannungen trat aber auch der Wunsch nach Gemeinschaft mit anderen Kirchen.

Schon während der ersten Phase der englischen Reformation war lutherisches Gedankengut in überraschendem Maße von den reformatorisch gesinnten Kreisen der englischen Kirche aufgenommen worden. Gefördert durch die Kontakte zwischen englischen und lutherischen Theologen, ausgelöst aber vor allem durch die politischen Bemühungen Heinrichs VIII. um Annäherung an den Schmalkaldischen Bund, kam es zu zwei offiziellen Begegnungen zwischen Vertretern der englischen Kirche und lutherischen Theologen. Im Auftrag des Königs weilte eine kleine englische Delegation — unter der Leitung von Bischof Fox — mehrere Monate (1535/36) in Wittenberg und führte Gespräche mit Luther, Melanchthon, Bugenhagen und anderen. Das Ergebnis waren die 17 „Wittenberger Artikel" von 1536, die sich zum Teil direkt an das Augsburgische Bekenntnis anschlossen. Sie wirkten ihrerseits ein auf die „10 Artikel" der englischen Kirche, die Mitte 1536 verabschiedet wurden und für die folgenden zehn Jahre verbindlich blieben. Auch das bald darauf entstandene *„Bishops' Book"* (1537), eine Art Handbuch des Glaubens und der Ethik, das vor allem von Bischof Fox und dem, für lutherisches Denken besonders offenen Erzbischof von Canterbury, Thomas Cranmer, verfaßt wurde, war deutlich lutherisch beeinflußt, insbesondere durch Luthers Katechismen.

Mitte 1538 erfolgte ein Gegenbesuch lutherischer Theologen in England. Sie reisten im Auftrage des sächsischen Kurfürsten und des Landgrafen von Hessen und führten, unter Vorsitz von Erzbischof Cranmer, Verhandlungen mit einer Gruppe englischer Theologen. Das Hauptergebnis war auch dieses Mal eine Reihe von Artikeln, die sogenannten „13 Artikel". Sie waren weitgehend bestimmt durch die vorausgegangenen „10 Artikel" und die „Wittenberger Artikel" und zeigten eine ausgeprägte Nähe zum Augsburgischen Bekenntnis. Der stark lutherische Charakter der späteren „39 Artikel" der englischen Kirche (1563) war wesentlich eine Folge dieser englisch/lutherischen Gespräche.

Der Blick auf die orthodoxen Kirchen des Ostens hatte bereits bei Luther in seiner Polemik gegen das Papsttum eine erhebliche Rolle gespielt. Auch in der Auseinandersetzung um das Abendmahl, insbesondere um die Transsubstantiationslehre finden sich lutherischerseits gelegentliche Hinweise auf die ostkirchliche Lehre. In diesen und anderen Punkten zeigte sich seitens der lutherischen Reformatoren die Überzeugung von einem grundlegenden Übereinklang zwischen Reformation und orthodoxer Tradition. Den ersten Versuch, eine direkte Beziehung zu den Ostkirchen herzustellen, unternahm Melanchthon mit seiner griechischen Übersetzung des Augsburgischen Bekenntnisses und ihrer Übersendung an den Patriarchen Joasaph II. in Konstantinopel (1559), die allerdings ohne Echo blieb. Fünfzehn Jahre später wurde das Augsburgische Bekenntnis auf Veranlassung Tübinger Theologen erneut am Patriarchensitz überreicht. Es folgte in den Jahren 1573 bis

1581 ein Briefwechsel zwischen den Tübinger Professoren M. Crusius und J. Andreä und dem ökumenischen Patriarchen Jeremias II. In zwei umfangreichen theologischen Lehrschreiben von orthodoxer Seite, die sich an die Disposition des Augsburgischen Bekenntnisses anschlossen, wurden neben den Übereinstimmungen sehr nachdrücklich die bestehenden Unterschiede hervorgehoben. Die Tübinger Theologen versuchten, die offenbar unerwarteten orthodoxen Vorbehalte zu beantworten und stellten dabei ganz besonders das reformatorische *sola scriptura* heraus. Zentrale Themen der Diskussion waren: Schrift und Tradition, Rechtfertigung durch den Glauben und Rettung im Zusammenwirken göttlicher und menschlicher Kraft, Wort Gottes und gottesdienstliches Mysterium. Ein wirkliches Erfassen der Eigenart des Partners brachte diese erste Begegnung zwischen Luthertum und Orthodoxie noch nicht. Das dritte Schreiben aus Konstantinopel brach den Briefwechsel ab: „Schreibt uns nicht mehr über Dogmen, sondern allein um der Freundschaft willen, wenn Ihr das wollt. Lebt wohl!" (Zit. nach „Wort und Mysterium", 1958, S. 213.)

Ökumenische Ansätze im 17. bis 19. Jahrhundert

Der Briefwechsel zwischen Tübingen und Konstantinopel führt bereits in eine Zeit, in der das Ringen um Einheit ganz zurücktrat zugunsten konfessioneller Selbstbehauptung und Selbstgenügsamkeit. Erst die leidvollen Erfahrungen des Dreißigjährigen Krieges brachten wieder das Verlangen nach interkonfessioneller Verständigung hervor. Aber auch jetzt kam es lutherischerseits kaum zu größeren, kirchlich getragenen ökumenischen Bemühungen. Es blieb bei wenigen, zumeist von einzelnen Theologen getragenen Ansätzen.

Neben N. Hunnius (1585—1643), der in einer dem König Gustav Adolf von Schweden gewidmeten Schrift (1632) die Idee eines *„Collegium irenicum"* entwickelte, das in der Art eines interkonfessionellen theologischen Senats alle entstehenden theologischen Streitigkeiten prüfen und schlichten sollte, ist vor allem G. Calixt (1586—1656) zu nennen. Der Helmstedter Theologe, der in der melanchthonischen und humanistischen Denktradition stand, zeichnete sich aus durch eine hohe Wertschätzung der altkirchlichen Tradition. Er sah in ihr, besonders in den altkirchlichen Symbolen, das rechte Verständnis des christlichen Glaubens in seinen „fundamentalen" Wahrheiten gewahrt und zögerte nicht, sie aller späteren Dogmen- und Bekenntnisbildung überzuordnen. Während er zunächst versuchte, unter Berufung auf die Tradition der

Alten Kirche die nachfolgende Lehrentwicklung innerhalb der römisch-katholischen Kirche zu kritisieren, sah er später (etwa seit 1634) in dem Konsens der Alten Kirche die ideale Verhandlungsbasis für alle kontroverstheologischen Auseinandersetzungen und das Fundament für die Wiedervereinigung der Christenheit. Das brachte ihm zwar scharfe Angriffe und den Vorwurf des Synkretismus ein; dennoch fand er Anhänger auch an anderen lutherischen Fakultäten der damaligen Zeit.

Ein Schüler Calixts, der hannoversche Theologe und Kirchenpolitiker G. W. Molanus (1633—1722) unternahm den seit der Reformationszeit bedeutendsten Versuch einer Verständigung mit der römisch-katholischen Kirche. Im Einverständnis mit seinem Landesherrn und unterstützt von dem Philosophen Leibniz versuchte er zunächst (seit 1683) in Verhandlungen mit dem Wiener Bischof Spinola, dann (seit 1691) in einem Briefwechsel mit dem einflußreichen französischen Bischof und Theologen Bossuet die Voraussetzungen einer Union der protestantischen Kirchen mit Rom zu klären. Seine Forderungen für eine Rückkehr zur katholischen Kirche waren: Überordnung der Schrift über Konzil und Papst, Zulassung des Laienkelchs, Abschaffung der Privatmessen, Anerkennung der reformatorischen Rechtfertigungslehre als Spielart der römisch-katholischen, Zulassung der Priesterehe und Anerkennung der Ordination. Die evangelischen Zugeständnisse sollten sein: Anerkennung des päpstlichen Primats als einer Institution kirchlichen und damit „menschlichen" Rechtes, Zustimmung zur Austeilung nur des Brotes in der katholischen Eucharistiefeier, Eingliederung der evangelischen Amtsträger in die römisch-katholische Hierarchie. Unerläßlich für eine Union erschien ihm die Distanzierung von den Dekreten des Tridentinums. Angesichts des Widerstandes seiner katholischen Partner besonders an diesem Punkte, mußte er schließlich die Aussichtslosigkeit seiner Bemühungen erkennen.

In anderer Weise als diese, auf Überwindung lehrmäßiger Gegensätze ausgerichteten Versuche vermittelte der Pietismus auch breiten Kreisen des Luthertums eine neue ökumenische Einstellung und führte zu ökumenischer Tätigkeit. Das Bewußtsein, in Gemeinschaft mit allen wahren, wiedergeborenen Christen zu stehen, weckte einen neuen Sinn für die Kirche als universale geistliche Wirklichkeit. In dem Maße, wie formulierte Lehre, liturgische Ordnungen, Sakramente, kirchliche Verfassung und Strukturen in ihrer Bedeutung zurücktraten, verloren sich die Bedenken, mit erweckten Christen anderer Konfessionen in Verbindung zu treten und die Gemeinschaft mit ihnen tätig zu verwirklichen. Vertreter des Pietismus wie Ph. J. Spener (1635—1705), A. H. Francke (1663—1727) oder Graf von Zinzendorf (1700—1760) unterhielten umfassende Briefwechsel mit Gleichgesinnten in anderen Ländern und Kirchen, entfalteten eine rege Reisetätigkeit über nationale und konfessionelle Grenzen hinweg und verbreiteten ihre und die Schriften anderer durch Übersetzungen in anderssprachige Länder. Es kam zu interkonfessioneller Zusammenarbeit in der Mission (Südindien) und der Diasporaarbeit (Nordamerika). Ökumenisch konzipierte und auf die Verbreitung des Glaubens in aller Welt ausgerichtete Erziehungs- und Bildungsanstalten wurden gegründet oder zumindest geplant: Franckes hallisches Waisenhaus und sein Projekt eines „Seminarium universale", Zinzendorfs Seminar der Brüdergemeine und seine Idee einer ökumenischen „Akademie der Wissenschaften". In all dem zeigte sich eine neue Form ökumenischen Bewußtseins und ökumenischer Verpflichtung, die nicht in dem Bemühen um lehrmäßige Verständigung, sondern primär im gemeinsamen Handeln ihren angemessenen Ausdruck fand.

Eine sehr zwiespältige ökumenische Erfahrung machte das Luthertum mit den reformiert/lutherischen Unionsbildungen des beginnenden 19. Jahrhunderts in Deutschland. Die in verschiedenen deutschen Ländern seit 1817 entstehenden unierten Kirchen waren sowohl nach Art ihrer Entstehung als auch ihrer Form nach unterschiedlich. In einzelnen Fällen wurden sie durch die Gemeinden und Kirchen selbst getragen, in vielen anderen Fällen ging die Initiative deutlich von der politischen Obrigkeit aus, die gelegentlich sogar die Union durch Zwangsmaßnahmen herbeizuführen versuchte. Es gab Unionen, die alle historischen Bekenntnisse außer Geltung setzten und als Lehrnorm nur noch die Hl. Schrift anerkannten („bekenntnislose Union"). Andere Unionen sahen das als ihr Bekenntnis an, was den gemeinsamen Inhalt der lutherischen und reformierten Bekenntnisse ausmacht, ohne diesen gemeinsamen Inhalt jedoch in der Art eines neuen Bekenntnisses zu formulieren („absorptive Union"). Wiederum in anderen Unionen ließ man die überkommenen Bekenntnisse dort, wo sie bisher gegolten hatten, weiterhin in Kraft, meinte aber, daß die Lehrunterschiede nicht schwerwiegend genug seien, um Abendmahlsgemeinschaft und eine gemeinsame Kirchenverwaltung zu verhindern („föderative Union"). Das Bild komplizierte sich dadurch noch, daß in mehreren Fällen Übergänge von der einen zur anderen Unionsform stattfanden oder in ein und derselben Kirche verschiedene Formen der Union sich überschnitten bzw. verschiedene Deutungen der Union miteinander rangen.

Diese Unionsbildungen stießen in wachsendem Maße auf den Widerstand eines erstarkenden konfessionellen Luthertums. In einzelnen deutschen Ländern entstanden lutherische Freikirchen. Es kam zur Auswanderung lutherischer Gruppen, vor allem nach Nordamerika, oder zur Bildung lutherischer Vereine und Konferenzen innerhalb der unierten Kirchen. Der lutherische Widerstand entzündete sich zunächst an dem Anspruch der politischen Obrigkeit auf Leitung der Kirche. Der eigentliche Grund des Widerstandes jedoch war, daß man meinte, durch die Union würden die reformatorischen Bekenntnisse zumindest teilweise außer Kraft gesetzt und als schriftgemäß betrachtete Überzeugungen, in denen man sich von den reformierten Kirchen unterschied (Tauf- und Abendmahlslehre), als unwesentlich übergangen. Die Unionsbildungen schienen damit der lutherischen Überzeugung zu widersprechen, nach der die Übereinstimmung in der rechten Lehre und Verwaltung der Sakramente unabdingbar für die wahre Einheit der Kirche ist.

Die negative Erfahrung mit den Unionsbildungen des beginnenden 19. Jahrhunderts hat nicht nur im deutschen Luthertum Abneigung und Mißtrauen gegenüber Unionsbewegungen überhaupt zurückgelassen. Man neigte dazu, in ihnen von vornherein „Unionismus" am Werk zu sehen. „Wo", so formulierten es später nordamerikanische Lutheraner (1925), „bei der Errichtung und Aufrechterhaltung von Kirchengemeinschaft gegenwärtige Lehrunterschiede übersehen oder als unwesentlich abgetan werden, da liegt Unionismus vor, Vortäuschung einer Union, die nicht besteht" (*Doctrinal Declarations*, Nr. 484).

Lutherische Sammlung und ökumenische Öffnung

Das 19. Jahrhundert war besonders in seiner zweiten Hälfte eine Zeit lutherischer Sammlungs- und Einigungsbewegungen, die zeitlich im wesentlichen parallel sowohl in Nordamerika wie in Europa entstanden. Sie wurden getragen von einer bereits zu Anfang des Jahrhunderts einsetzenden konfessionellen Erneuerung des Luthertums, hatten aber auf beiden Kontinenten zum Teil spezifische Motivierungen. Ging es in Nordamerika um die Überwindung des synodalen Partikularismus der einzelnen lutherischen Einwanderungskirchen und den Wunsch, den konfessionellen Charakter im Prozeß kultureller Anpassung zu bewahren, so erwuchs in Europa die Einigungsbewegung zu einem guten Teil aus dem Widerstand gegen die staatlich geförderten regionalen Unionsbildungen.

Man wird diesen lutherischen Einigungsbewegungen nicht deshalb einen ökumenischen Charakter absprechen können, weil sie primär auf die Sammlung der Kirchen ein und derselben Konfessionsfamilie ausgerichtet waren. Das wäre ein allzu oberflächliches Urteil. In Wirklichkeit sind diese lutherischen Zusammenschlüsse in Nordamerika, in Europa und schließlich auf Weltebene wichtige, wenn auch partielle ökumenische Ereignisse: Kirchen werden aus ihrer lokalen und regionalen Isolierung gelöst; es gelingt, theologische Unterschiede, die die Gemeinschaft gefährden oder verhindern, zu überwinden; die neue Gemeinschaft transzendiert die Grenzen und Barrieren zwischen Nationen, Kulturen und Rassen; es kommt zu einer Erfahrung der universalen Dimension der Kirche, die den Geist kirchlichen Partikularismus mehr und mehr verdrängt. Kein Geringerer als Visser't Hooft, der damalige Generalsekretär des im Entstehen begriffenen Ökumenischen Rates der Kirchen, hat dieses gesehen und gewürdigt, als er 1947 in seinem Grußwort an die erste und konstituierende Vollversammlung des Lutherischen Weltbundes sagte: „Der Ökumenische Rat (der Kirchen) ist sich zutiefst der Tatsache bewußt, daß die ökumenische Aufgabe nur dann erfüllt werden kann, wenn die wichtigsten konfessionellen Bünde und Zusammenschlüsse ihre Aufgabe erfüllen, die Kirchen ihrer Konfessionsfamilie in enge Gemeinschaft miteinander zu bringen, und so den Weg bereiten für die noch größere und schwierigere Aufgabe der Herstellung einer umfassenden ökumenischen christlichen Bruderschaft" (*Proceedings* 1947, S. 186).

Gewiß sind diese lutherischen Einigungsbewegungen ausgerichtet auf die Wahrung des konfessionellen Erbes und — in Verbindung damit — auf Abgrenzung gegenüber anderen Kirchen und Konfessionen. Aber gleichzeitig läßt sich beobachten, wie durch den Zusammenschluß und die Gemeinschaft sehr unterschiedlich geprägter lutherischer Kirchen aus verschiedenen Nationen, mit verschiedenem kulturellen und geschichtlichen Hintergrund und mit zum Teil schon bestehenden interkonfessionellen Verbindungen die enge konfessionalistische Haltung zwangsläufig zurücktritt. Ein sehr bezeichnendes Indiz dafür liegt in dem Phänomen einer Art „konfessionalistischer Opposition", die gegen diese konfessionell lutherischen Zusammenschlüsse entsteht. Dieses Phänomen läßt sich sowohl bei den nordamerikanischen wie bei den europäischen Einigungsbewegungen beobachten und hält sich auch später angesichts der weltweiten Sammlung des Luthertums durch. Besonders sichtbar wird es, als 1908 die deutschen lutherischen Freikirchen und eine Reihe von Mitgliedern aus den Landeskirchen die europäische Allgemeine Evangelisch-Lutherische Konferenz wieder verlassen und einen eigenen Verband, den „Lutherischen Bund" gründen. Ähnlich liegen die Dinge in Nordamerika, wo sich die Kirchen der Missouri-Synode bis heute einer umfassenderen Einigung des dortigen Luthertums in den Weg stellen. Auch der Lutherische Weltbund hat es bislang nicht vermocht, alle lutherischen Kirchen der Welt zusammenzuführen, sondern lebt weiter mit dieser „konfessionalistischen Opposition". Der eigentliche Grund dafür, daß gewisse Kirchen meinen, an der lutherischen Einigungsbewegung nicht teilnehmen zu können, ist deutlich theologischer Art. Ihnen scheint die Bekenntnisgebundenheit der zusammengeschlossenen Kirchen nicht streng und eindeutig genug zu sein. Es handelt sich also um Kirchen einer besonders strengen konfessionellen Observanz, die in den lutherischen Einigungsbewegungen und Zusammenschlüssen Tendenzen am Werk sehen, die Bindung an das historische lutherische Bekenntnis aufzulockern oder gar preiszugeben. Dieses Phänomen einer konfessionalistischen Opposition ist ein zwar indirekter, aber doch sehr sprechender Hinweis darauf, daß der strenge Konfessionalismus sich eher außerhalb als innerhalb der lutherischen Einigungsbewegungen sammelt. Es ist darum eine durchaus folgerichtige und natürliche Entwicklung, wenn die lutherischen Einigungsbewegungen sich mehr und mehr von der umgreifenderen ökumenischen Bewegung erfassen und gleichsam einholen lassen.

Die Entwicklung der lutherischen Einigungsbewegung einerseits und der ökumenischen Bewegung andererseits ist nach dem Ersten Weltkrieg durch zeitliche Parallelität und personelle wie sachliche Querverbindungen gekennzeichnet.

Die Gründung und Arbeit des Lutherischen Weltkonvents, der Vorläuferorganisation des Lutherischen Weltbundes, fällt in die Zeitspanne, in der auch die Entstehung und die ersten großen Konferenzen der Bewegungen für Praktisches Christentum und für Glauben und Kirchenverfassung liegen. Die Verfassungen des Ökumenischen Rates und des Lutherischen Weltbundes werden etwa zu gleicher Zeit — in den Jahren von 1936 bis 1947/48 — und unter wechselseitigen Einflüssen und Anregungen vorbereitet und ausgearbeitet. Auch die Gründung beider Organisationen erfolgt nahezu gleichzeitig.

Die Teilnahme lutherischer Theologen und Kirchenleiter an der ökumenischen Bewegung jener Zeit ist durchaus intensiv. Interessanterweise ist sie offenbar intensiver im Bereich der Bewegung für Praktisches Christentum als in der Bewegung für Glauben und Kirchenverfassung. Das gilt nicht nur im Blick auf die lutherischen Teilnehmerzahlen bei den großen Konferenzen, sondern auch im Blick auf den prägenden Einfluß, den Lutheraner dort ausüben. Überragend ist natürlich die Gestalt des schwedischen Erzbischofs Söderblom, des geistigen Vaters der Bewegung für Praktisches Christentum und einer der allerersten, bei denen der Plan eines „ökumenischen Kirchenrates", den er bereits im Frühjahr 1919 ausspricht, klare Gestalt annimmt. Ohne ihn, so hat man gesagt, hätte es kein Stockholm 1925 gegeben und ohne ein Stockholm 1925 keinen Ökumenischen Rat der Kirchen, zumindest nicht in seiner jetzigen Gestalt. Auch sein Schwiegersohn und späterer Nachfolger im Amt, Y. Brilioth, ist seit der Konferenz von Genf (1920) mit dabei und wird — 1947 — der erste Vorsitzende der Kommission für Glauben und Kirchenverfassung des Ökumenischen Rates. Aus Deutschland wird man einen so profilierten Lutheraner wie W. Elert erwähnen müssen, der auf der ersten Weltkonferenz für Glauben und Kirchenverfassung (1927) das Eröffnungsreferat hält über das Thema „Der Ruf zur Einheit". Auch nordamerikanische Lutheraner wie J. A. Morehead, F. H. Knubel, der langjährige Präsident der Vereinigten Lutherischen Kirche in Amerika, und A. R. Wentz sind zu nennen. An ihnen, die gleichzeitig zu den Führern der lutherischen Einigungsbewegung gehören, werden die personellen Querverbindungen zur ökumenischen Bewegung besonders deutlich. Dem Engagement der nordamerikanischen Lutheraner ist es im wesentlichen zu verdanken, daß die Struktur des Ökumenischen Rates nicht einseitig auf dem Prinzip geographischer kirchlicher Vertretung beruht, wie es ursprünglich geplant und lange Zeit noch festgehalten wurde, sondern das Prinzip konfessioneller Repräsentanz miteinschließt. Sie erhalten dabei, als die Sache schon verloren scheint, die Unterstützung der anderen lutherischen Kirchen und auch des Lutherischen Weltkonvents, dessen Exekutivkomitee sich 1937 nachdrücklich für das Prinzip konfessioneller kirchlicher Vertretung einsetzt. Wie wichtig diese strukturelle Frage war und ist, spricht aus dem Bericht des Generalsekretärs des Ökumenischen Rates in Amsterdam (1948): „Der Ökumenische Rat kann nur dann lebensfähig sein, wenn er tatsächlich geistlichen Wirklichkeiten Ausdruck verleiht, und diese sind einerseits in der Treue zu den verschiedenen Konfessionen und andererseits in der Treue gegenüber der Geschichte, Sprache oder Aufgabe der Kirchen in einer einzelnen Nation oder auf einem Kontinent zu finden" (W. A. Visser't Hooft, Hauptschriften, Bd. II, S. 104).

Selbst wenn bei der Zielsetzung und Arbeit des Lutherischen Weltkonvents deutlich der Akzent auf der Stärkung innerlutherischer Gemeinschaft, Zusammenarbeit und gegenseitiger Hilfe liegt, ist doch der umfassendere ökumenische Gedanke präsent. Der erste Weltkonvent (1932) setzt sogar bewußt mit dieser Frage ein. „Luthertum und Ökumene" ist das erste seiner drei Hauptthemen. Es wird in zwei Vorträgen über „Die Ökumenizität der Lutherischen Kirche" (Landesbischof Ihmels) und über „Daß wir alle eins seien — Was kann die Lutherische Kirche dazu tun?" (Kirchenpräsident

Knubel) behandelt. Zwar finden die ökumenische Frage und der Gedanke ökumenischer Verpflichtung in den Resolutionen des Weltkonvents und in seiner Verfassung von 1929 noch keinen direkten Ausdruck. Aber 1936 wird vom Exekutivkomitee des Weltkonvents eine ausführliche Stellungnahme erarbeitet und den Mitgliedskirchen zur Beratung und Zustimmung übergeben, die das ökumenische Thema des ersten Weltkonvents wieder aufnimmt. Sie ist als ökumenische „Wegweisung" gedacht und verarbeitet das auf dem ersten Weltkonvent Gesagte, entfaltet und konkretisiert es aber im Blick auf die inzwischen verstärkte und sich konsolidierende ökumenische Bewegung. Beide Aspekte werden zusammengehalten und greifen ineinander: die ökumenische Verpflichtung der lutherischen Kirchen, die sich — so heißt es — aus dem „ökumenischen Wesen des Luthertums" ergibt, und die „Notwendigkeit lutherischer Solidarität" und Gemeinschaft. Die Empfehlungen der Denkschrift zeigen wieder das charakteristische Gefälle vom gemeinsamen „evangelischen Bewußtsein" und einer ihm entsprechenden Gemeinschaft der lutherischen Kirchen hin zu einer Beteiligung an der ökumenischen Bewegung, wobei man evangelisches Bewußtsein und lutherische Gemeinschaft voll hineinnehmen möchte in das umfassendere ökumenische Bemühen.

Bei der Gründung des Lutherischen Weltbundes (1947) wird das nun auch in der Verfassung zum Ausdruck gebracht: Zu den vom Weltbund verfolgten Zielen gehört beides zugleich: „Einmütigkeit des Glaubens und Bekennens unter den lutherischen Kirchen der Welt zu pflegen" und „die lutherische Beteiligung an ökumenischen Bewegungen zu fördern".

Vertiefung und Intensivierung des ökumenischen Engagements

In der Zeit nach der Gründung des Lutherischen Weltbundes (LWB) und des Ökumenischen Rates (ÖRK) kommt es zu zahlreichen Verbindungen zwischen beiden Organisationen, die im wesentlichen funktioneller, nicht struktureller Art sind. Auf allen größeren Arbeitsgebieten bilden sich Formen der Zusammenarbeit und der Koordination heraus. Noch häufiger als in der vorausgegangenen Zeit geschieht es jetzt, daß führende Gestalten des Luthertums gleichzeitig den Leitungsgremien des Ökumenischen Rates angehören, wie zum Beispiel die ersten drei Präsidenten des Lutherischen Weltbundes, Bischof Nygren, Landesbischof Lilje und Kirchenpräsident Fry. Es kommt zur Erarbeitung eines gesamtlutherischen Beitrages zum Thema der 2. Vollversammlung des Ökumenischen Rates in Evanston (1954) durch die Theologische

Kommission des Weltbundes. Der Lutherische Weltbund tut das Seine, um seine Mitgliedskirchen zugleich dem Ökumenischen Rat als Mitglieder zuzuführen.

Die ökumenische Frage auf den Vollversammlungen des Lutherischen Weltbundes

Noch wichtiger ist, daß es auch von innen her zu einer deutlichen Vertiefung und Intensivierung des ökumenischen Engagements der lutherischen Kirchen und des Weltbundes kommt. Das wird im Spiegel seiner Vollversammlungen deutlich. Nach den ersten beiden Vollversammlungen, die noch in die Phase des Aufbaus und der inneren Konsolidierung des Weltbundes gehören, wird auf der 3. Vollversammlung in Minneapolis (1957) die ökumenische Frage zu einem der wichtigsten Themen. In den dort erarbeiteten Thesen über „Die Einheit der Kirche in Christus" herrscht ein sehr viel drängenderer Ton als in allen vorausgegangenen ökumenischen Äußerungen des Weltluthertums. Sie warnen davor, sich „einfach mit dem kirchlichen *status quo* zufriedenzugeben" und betonen: „Der Hinweis auf die ‚unsichtbare Einheit‘ aller Gläubigen ... darf ... niemals zur Ausrede werden. Es muß uns bewußt bleiben, daß das Amt, das die Versöhnung predigt, durch das Fehlen der sichtbaren Einheit gefährdet ist". Man appelliert an die durch das lutherische Bekenntnis selbst gegebene ökumenische Offenheit und „Freiheit": „Wo immer wir hören, daß das Evangelium rein verkündet wird, und sehen, daß die Sakramente der Einsetzung Christi gemäß verwaltet werden, da dürfen wir gewiß sein, daß die eine Kirche Christi gegenwärtig ist. Dann gibt es nichts, was uns von unseren Brüdern trennt, und Glaube und Liebe drängen uns, Trennungswände zwischen uns zu überwinden" (Offizieller Bericht, S. 100).

Die nächste Vollversammlung in Helsinki (1963) beschließt eine Neuformulierung der in der Verfassung des Weltbundes beschriebenen ökumenischen Zielsetzung. Sehr viel stärker als in der ursprünglichen Version wird nunmehr die ökumenische Verpflichtung und Verantwortung hervorgehoben. Es gehört zu den Aufgaben des Weltbundes, so heißt es jetzt, „Interesse und Beteiligung der lutherischen Kirchen an ökumenischen Bewegungen zu fördern und ihre Verantwortlichkeit für diese zu stärken" (Offizieller Bericht, S. 326). Auf eben dieser Linie liegt die von derselben Vollversammlung beschlossene Bildung einer gesamtlutherischen „Stiftung für ökumenische Forschung", deren Institut in Straßburg zu Anfang des Jahres 1965 seine Tätigkeit aufnimmt. Stiftung und Institut bilden ein Werkzeug, das — wie es in ihrer Verfassung heißt —

„zur Wahrnehmung der ökumenisch-theologischen Verantwortung der lutherischen Kirchen" beitragen soll. Daß ein konfessioneller Weltbund sich ein derartiges ökumenisches Instrument schaffen konnte, dessen Wirkungsradius sich über den Bereich seiner eigenen Kirchen in den weiteren ökumenischen Raum hinein erstreckt, ist in dieser Art etwas einzig Dastehendes.

Auf der Vollversammlung in Evian (1970) wird der ökumenische Aspekt sogar — neben der Beschäftigung mit sozial-ethischen Fragen — zu einem der beherrschenden Aspekte. In der Zwischenzeit hatte der Lutherische Weltbund eine Reihe bilateraler ökumenischer Dialoge (vor allem mit den reformierten Kirchen, der römisch-katholischen Kirche und der Anglikanischen Gemeinschaft) aufgenommen und war damit in ein ganz neues Stadium direkter und intensiver ökumenischer Tätigkeit eingetreten. Daß von den drei großen Arbeitssektionen dieser Vollversammlung sich eine ausschließlich mit der Notwendigkeit und den Folgerungen der „Ökumenischen Verpflichtung" des Luthertums beschäftigte, war ein Novum in der Geschichte des Weltbundes. Von jetzt an wird man ohne Vorbehalt sagen können, daß der Lutherische Weltbund seine ökumenische Verantwortung nicht mehr nur indirekt, das heißt primär auf dem Wege über seine Mitgliedskirchen wahrnimmt, sondern gleichsam mit einem Sprung zu einem selbständigen und aktiven Partner in der ökumenischen Bewegung geworden und bereit ist, sich diese ökumenische Verpflichtung im weitesten Sinne des Wortes etwas kosten zu lassen. Das der Vollversammlung vorgelegte Studiendokument der Theologischen Kommission „Mehr als Einheit der Kirchen" und die damit eng verbundenen „Ratschläge für ökumenische Begegnungen" (in: LR 1970, S. 54 ff.) sind der theologische Ausdruck dieses neuen und intensivierten ökumenischen Engagements des Luthertums. Sie nehmen bewußt die etwa aus der Vollversammlung des Ökumenischen Rates in Uppsala (1968) herkommenden Impulse auf und bemühen sich zugleich um gewisse Korrekturen an der traditionellen, in mancher Hinsicht einseitigen Art lutherischen ökumenischen Engagements.

Die ökumenische Frage behält auch auf der Vollversammlung in Daressalam (1977) ihr volles Gewicht. Die Vollversammlung fordert das Exekutivkomitee des Lutherischen Weltbundes auf, „der Fortführung und Ausweitung bilateraler Gespräche mit anderen christlichen Traditionen hohe Priorität einzuräumen" (Offizieller Bericht, S. 236 f.). Insbesondere treten drei Schwerpunkte hervor: Einmal wird die Notwendigkeit der Rezeption der Dialogergebnisse auf allen Ebenen der Kirche — nicht zuletzt auf Gemeindeebene — hervorgehoben und zu entsprechenden Bemühungen aufgerufen und ermutigt. Sodann wird das 1974 von Vertretern der konfessionellen Weltbünde entwickelte Konzept der „Einheit in versöhnter Verschiedenheit" (s. u. S. 299) als im gegenwärtigen Stadium ökumenischer Bemühungen hilfreiche Orientierung („Leitlinie") befürwortet und in seiner Bedeutung näher entfaltet (Offizieller Bericht, S. 204 ff.). Schließlich begrüßt die Vollversammlung das kurz zuvor begonnene Gespräch zwischen katholischen und lutherischen Theologen um eine katholische Anerkennung der „Confessio Augustana als eines besonderen Ausdrucks des gemeinsamen christlichen Glaubens" (ibid. S. 206 f.; s. u. S. 297).

Die neue Einstellung zur Kirchenunion

Im Zuge des sich intensivierenden ökumenischen Engagements kommt es zu einer neuen Einstellung gegenüber der für die lutherischen Kirchen geschichtlich sehr belasteten Frage kirchlicher Unionsbewegungen. Noch vor der Vollversammlung von 1963 wird der Lutherische Weltbund von seiten seiner südindischen und ostafrikanischen Mitgliedskirchen, die sich an regionalen Unionsverhandlungen beteiligen, gedrängt zu erklären, welches seine Einstellung zu derartigen Unionsbestrebungen sei, ob er seine Mitgliedskirchen dabei unterstützen könne und wie er sich verhalten würde gegenüber einer Kirche, die aus der Vereinigung einer Mitgliedskirche mit nichtlutherischen Kirchen hervorgehe. Die Vollversammlung in Helsinki greift die Frage auf, vertagt aber eine Entscheidung und beauftragt das Exekutivkomitee mit der Ausarbeitung entsprechender Richtlinien. Sie werden in der Folgezeit entworfen und von der Vollversammlung in Evian (1970) als „Erklärung zur Haltung des Lutherischen Weltbundes gegenüber Kirchen in Unionsverhandlungen" angenommen.

Diese Erklärung bedeutet für die lutherischen Kirchen mit ihrer traditionellen, nahezu traumatischen anti-unionistischen Haltung einen sehr wichtigen ökumenischen Durchbruch. Ihr entscheidender Satz lautet: „Eine Union von Kirchen muß als echter Ausdruck der Einheit der Kirche angesehen werden, wenn die sich vereinigenden Kirchen übereinstimmen in einer bekenntnishaften Glaubenserklärung, die vom richtigen Verständnis des Evangeliums Zeugnis ablegt und als Richtschnur für die Verkündigung und für die Verwaltung der Sakramente dient." Daraus ergibt sich die Zusicherung, daß der Weltbund nicht versuchen werde, Mitgliedskirchen „von der Teilnahme an Unionsgesprächen abzuhalten, sondern sie vielmehr auf ihr Ersuchen hin unter-

stützen" wolle. Auch solle eine Unionsbildung „nicht zum Bruch in der
Beziehung zum Lutherischen Weltbund führen, wenn sich die Bekenntnisgrundlage der vereinigten Kirche in wesentlicher Übereinstimmung
mit der Lehrgrundlage des Lutherischen Weltbundes befindet" (Evian
1970, S. 198 f.).
Freilich bedeutet diese Erklärung kein pauschales Ja und Amen zu
jeglicher Form von Kirchenunion. Die neue Einstellung ist in sich dif-
ferenziert und entspricht den Grundlinien lutherischen Einheitsver-
ständnisses. Außerdem wird deutlich, daß Kirchenunion keineswegs
das einzige, überall und jederzeit anzustrebende Modell kirchlicher Einheit ist. Es gibt auch andere Modelle, wie z. B. das der „Einheit in
versöhnter Verschiedenheit", die ebenfalls — vielleicht sogar in noch
adäquaterem Maße — „echter Ausdruck" kirchlicher Einheit sind.

Aufnahme und Durchführung bilateraler interkonfessioneller Dialoge

Eine der bedeutsamsten Entwicklungen innerhalb der ökumenischen Bewegung der letzten zwei Jahrzehnte ist die Entstehung eines weitge-
spannten Netzes bilateraler interkonfessioneller Dialoge. Gewiß gab es
auch vorher schon bilaterale Gespräche zwischen Konfessionskirchen.
Aber erst in letzter Zeit haben sie eine solche Dichte und Ausdehnung
gewonnen, daß man hier durchaus eine neue Art ökumenischer Begegnung sehen kann. Der Ökumenische Rat hat zum Zustandekommen
dieser Dialoge, wenn auch indirekt, sicherlich vieles beigetragen; in
einzelnen Fällen hat er sie sogar direkt unterstützt. Im wesentlichen jedoch vollziehen sich diese bilateralen Dialoge außerhalb des organisa-
tionellen Rahmens des Ökumenischen Rates, der eher multilaterale Begegnungen begünstigt.
Die lutherischen Kirchen haben sich nicht nur mit einer bemerkenswerten Bereitschaft auf diese Form ökumenischer Bemühungen eingelassen,
sondern haben ihre Entwicklung und den Ausbau jenes Gesprächsnetzes
entscheidend gefördert. So zurückhaltend sie zum Beispiel gegenüber
Unionsverhandlungen waren, so engagiert und führend erscheinen sie
auf diesem neuen Gebiet ökumenischen Einsatzes. Es ist ganz offensichtlich so, daß hier eine den lutherischen Kirchen und ihrem Einheitsverständnis besonders kongeniale Form ökumenischen Bemühens vorliegt.
Die von der Theologischen Kommission des Lutherischen Weltbundes
erarbeiteten „Ratschläge für ökumenische Begegnungen" (1970) geben
das deutlich zu erkennen: „Bilaterale Begegnungen erscheinen als ein
notwendiger und adäquater Modus ökumenischer Bemühungen. Sie
sind geeignet, die kirchentrennenden Probleme in ihrer spezifischen Ge-

stalt, ihrem theologischen Gewicht und ihrer historischen Verwurzelung entsprechend, gezielt zu behandeln und auch die besonderen Gemeinsamkeiten und Übereinstimmungen, die durch die Trennung hindurch bewahrt wurden, wirkungsvoll zum Tragen zu bringen. Die Konzentration auf das jeweils Spezifische im Verhältnis der einzelnen Kirchen zueinander, die das bilaterale Gespräch kennzeichnet, verstärkt in der Regel die Verstehensmöglichkeiten unter den Partnern, die bei multilateralen Gesprächen aufgrund der Vielfalt der Partner mit je eigener Begrifflichkeit und eigenen theologischen und konfessionellen Voraussetzungen notwendigerweise erschwert wird. Zugleich schafft diese Konzentration größere Möglichkeiten, zu konkreten Ergebnissen und ökumenischen Schritten und Entscheidungen zu gelangen" (LR 1970, S. 68). Man sieht: Auch hier steht die für lutherische Kirchen bezeichnende Überzeugung im Hintergrund, daß der Weg zur wahren Einheit der Kirche nicht um die Konfessionen herum, sondern durch sie hindurchführen müsse.

Seit Beginn der sechziger Jahre ist es in rascher Folge zur Aufnahme einer heute nur noch schwer überschaubaren Fülle bilateraler interkonfessioneller Gespräche mit verschiedenen Partnern gekommen, so daß heute lutherische Kirchen von Skandinavien bis Südamerika und von Nordamerika bis zu den Philippinen in solchen Dialogen stehen. Aber nicht nur lutherische Kirchen einzelner Länder führen bilaterale interkonfessionelle Gespräche. Auch der Lutherische Weltbund als solcher ist aus seiner bisherigen Rolle als eines eher indirekten Förderers der ökumenischen Bewegung in die Rolle eines selbständigen und höchst aktiven Partners im ökumenischen Dialog hinübergewechselt. Wie schon erwähnt, hat er in den Jahren seit 1965 offizielle Gespräche mit verschiedenen Kirchen und konfessionellen Weltbünden aufgenommen, mit der römisch-katholischen Kirche (seit 1967), der Anglikanischen Gemeinschaft (1970–1972), dem Reformierten Weltbund (seit 1963), dem Methodistischen Weltrat (seit 1979), den orthodoxen Kirchen des Ostens (seit 1981) und neuerdings (seit 1983) auch mit dem Baptistischen Weltbund. Kontakte und Studien zu den Pfingstkirchen und besonders zur charismatischen Bewegung werden im Auftrag des Lutherischen Weltbundes durch das Straßburger Institut für Ökumenische Forschung wahrgenommen.

Die bisherigen Dialoge haben zum Teil Ergebnisse erbracht, die neue Marksteine für das Verhältnis der Kirchen zueinander setzen, z. B. den anglikanisch/lutherischen „Pullach-Bericht" (1972) oder die „Leuenberger Konkordie" (1973), die zwischen den lutherischen, unierten und reformierten Kirchen Europas Kirchengemeinschaft herstellt. In besonderem Maße trifft das für den katholisch-lutherischen Dialog zu. Nach einer ersten Gesprächsphase, die mit dem sogenannten „Malta-Bericht" (1972) abschloß, setzte eine neue Phase des Dialogs ein, die noch nicht beendet ist, inzwischen aber bereits vier wichtige Dokumente erarbeitet hat: „Das Herrenmahl" (1978), „Wege zur Gemeinschaft" (1980), „,Alle unter einem Christus'. Stellungnahme zum Augsburgischen Bekenntnis" (1980) und „Das geistliche Amt in der Kirche" (1981). Außerdem hat von 1971 bis 1976 ein Dialog zwischen Reformiertem Weltbund, Lutherischem Weltbund und römisch-katholischer Kirche über „Die Theologie der Ehe und das Problem der Mischehe" stattgefunden.

Es ist dabei freilich auch deutlich geworden, daß eine Reihe von kontroverstheologischen Problemen sich noch einer befriedigenden Lösung widersetzen und daß vor allem der letztlich entscheidende Prozeß der Aneignung oder Rezeption der Dialogergebnisse in den Kirchen und damit zugleich die Umsetzung des theologischen Konsens in kirchliche Gemeinschaft sich schwierig gestaltet. Zu dem beharrlichen Weiterführen der Lehrgespräche tritt so das Bemühen um Rezeption ihrer Ergebnisse in den Kirchen hinzu und wird in nächster Zeit mehr und mehr an Gewicht gewinnen müssen, wenn es nicht bei einer bloßen Akkumulation theologischer Konsense bleiben soll. Dazu bedarf es neuer methodologischer Ansätze.

In diesem Zusammenhang verdient das z. T. durch das Jubiläumsjahr (1980) veranlaßte katholisch/lutherische Gespräch über das Augsburgische Bekenntnis (1530) eine besondere Erwähnung. Im Lichte der Ergebnisse des katholisch/lutherischen Dialogs der letzten Jahre gelang eine gemeinsame Interpretation dieses lutherischen Grundbekenntnisses mit dem Ergebnis, daß sich in der *Confessio Augustana* die Gemeinschaft in zentralen christlichen Glaubenswahrheiten und damit ein Grundkonsens zwischen Katholiken und Lutheranern manifestiert. Diese von kirchlichen Instanzen auf beiden Seiten rezipierte Interpretation bedeutet eine Verankerung der Dialogergebnisse der letzten Jahre im verbindlichen kirchlichen Bekenntnis. Sie bedeutet damit einen entscheidenden Schritt im Prozeß kirchlicher Rezeption dieser Dialogergebnisse und kommt im Prinzip einer Neubestimmung des Verhältnisses zwischen römisch-katholischer und lutherischer Kirche gleich.

Blickt man zurück auf die Art, wie die lutherischen Kirchen ihre ökumenische Verpflichtung verstanden und praktiziert haben, so hebt sich unter anderem immer wieder eine bezeichnende Konstante ab: Es ist die Überzeugung, daß konfessionelles Bewußtsein und ökumenische Verpflichtung, konfessionelle Gemeinschaft und ökumenische Einheit sich nicht gegenseitig im Wege stehen, sondern zusammengehen können. Die Verbindung von „Konfession" und „Ökumene" wird nicht als unlösbare Quadratur des Kreises gesehen, so daß man letztlich nur für das eine oder das andere optieren und der Weg zur Einheit der Kirche nur der Exodus aus den bestehenden Konfessionen sein kann. Die Verbindung von „Konfession" und „Ökumene" ist möglich und geboten.

Diese lange Zeit und von vielen Seiten her heftig angefochtene These von der Vereinbarkeit von konfessioneller Identität und ökumenischer Gemeinschaft hat heute aufgrund neuer ökumenisch-theologischer Einsichten eine Glaubwürdigkeit und Überzeugungskraft gewonnen, die sie für viele bislang nicht zu besitzen schien. Sie kann sich außerdem auf einen veränderten Tatsachenhintergrund stützen, sofern die Konfessionskirchen — einschließlich der römisch-katholischen Kirche — mit ihren bilateralen Dialogen heute eine solch profilierte Rolle innerhalb der ökumenischen Bewegung übernommen haben, wie viele es für undenkbar gehalten hatten. Diese Entwicklung wird ohne Zweifel dazu beitragen, daß die Überzeugung von der Vereinbarkeit konfessioneller Identität und ökumenischer Gemeinschaft auch weiterhin eine der großen Perspektiven bildet, in denen das ökumenische Engagement der lutherischen Kirchen sich vollzieht.

Allerdings wird man dabei klar sehen müssen, daß die Konfessionen, so wie sie waren und weithin noch sind, allenfalls koexistenzfähig, aber noch nicht voll gemeinschaftsfähig sind. Hier liegt der Wahrheitskern jener, in ihrer Undifferenziertheit sicherlich falschen These vom antagonistischen Verhältnis zwischen Konfession und Ökumene. Die Elemente der Abgrenzung voneinander und der gegenseitigen Verurteilung sind so sehr in das Gewebe der Konfessionen eingedrungen und haben ihr Bewußtsein und ihre Gestalt im Laufe der Trennungsgeschichte so sehr bestimmt, daß wirkliche Versöhnung und Gemeinschaft der Konfessionen ohne einen gleichzeitigen Wandlungsprozeß undenkbar sind. Nur wenn die Konfessionen wandlungsbereit sind, sind sie gemeinschaftsfähig.

Dabei geht es um alles andere als die Preisgabe der jeweiligen konfessionellen Identität zugunsten transkonfessioneller christlicher Identität. Vielmehr handelt es sich um Modifikationen und Verschiebungen *innerhalb* des gegebenen konfessionellen Selbstverständnisses. Identität und Wandel schließen sich ja nicht gegenseitig aus. Sie gehören vielmehr, wo es — wie bei den christlichen Konfessionen — um *geschichtliche* Größen geht, aufs engste zusammen. Denn im Raum von Geschichte kann Identität nur dann bewahrt und durchgehalten werden, wenn sie sich auf Wandlungen einläßt. Nur dadurch erweist sie in den sich verändernden geschichtlichen Situationen ihre Lebendigkeit und Relevanz.

Auf eine solche, durch Wandlung und Erneuerung ermöglichte Versöhnung der Konfessionen zielt der interkonfessionelle Dialog. Er will die Konfessionen in ihrer Verschiedenheit nicht aufheben, kann sie aber andererseits in ihrer überkommenen Gestalt nicht völlig unberührt lassen. Man könnte diesen Prozeß als etwas wie eine „Redefinition der Konfessionen durch das Gespräch" bezeichnen. Eine solche „Redefinition" wird einen doppelten Aspekt haben. Es muß darum gehen, jene Elemente der Entstellung, Verengung und Überspitzung zu beseitigen, die die konfessionellen Verschiedenheiten deshalb zu kirchentrennenden Unterschieden gemacht haben, weil sie den legitimen und authentischen Charakter konfessioneller Verschiedenheiten verdeckten. In diesem Wandlungs- und Erneuerungsprozeß gewinnen die Konfessionen nun aber ihre authentische Gestalt. Sie werden füreinander endlich als legitime Ausprägungen des christlichen Glaubens, Zeugnisses und Lebens erkennbar und bejahbar. Damit vollzieht sich die Versöhnung der Konfessionen, und es kommt zu einer Gemeinschaft, die man neuerdings als „Einheit in versöhnter Verschiedenheit" charakterisiert. Die Vollversammlung des Lutherischen Weltbundes in Daressalam (1977), die dieses Einheitskonzept als Orientierungshilfe befürwortete, sagt u. a. dazu: „Es soll zum Ausdruck bringen, daß die konfessionellen Ausprägungen christlichen Glaubens in ihrer Verschiedenheit einen bleibenden Wert besitzen, daß diese Verschiedenheiten aber, wenn sie gemeinsam auf die Mitte der Heilsbotschaft und des christlichen Glaubens bezogen sind und diese Mitte nicht in Frage stellen, ihren trennenden Charakter verlieren und miteinander versöhnt werden können zu einer verpflichteten ökumenischen Gemeinschaft, die in sich auch konfessionelle Gliederungen bewahrt" (Offizieller Bericht, S. 205). Eine solche ökumenische Perspektive, an deren Zielpunkt eine Gemeinschaft steht, in der die konfessionellen Besonderheiten und Verschiedenheiten nicht verschmolzen, wohl aber miteinander versöhnt sind, entspricht auch dem Einheitsverständnis vieler anderer Kirchen. Die lutherischen Kirchen werden gut daran tun, sich im ökumenischen Ringen weiterhin für ein derartiges Konzept kirchlicher Gemeinschaft einzusetzen. Dabei gilt es allerdings, ein Doppeltes zu beachten: Einmal muß das komplementär-korrektive Verhältnis dieses Konzeptes vor allem zu den Konzepten der „konziliaren Gemeinschaft" und der „organischen Union" festgehalten und nicht das eine gegen das andere ausgespielt werden; zum anderen gilt es, die strukturelle Dimension

einer „Einheit in versöhnter Verschiedenheit" noch stärker zu entwickeln, um zu gewährleisten, daß eine solche Einheit die Kirchen
wirklich zu einer „verpflichteten Gemeinschaft" (Daressalam) zusam-
menführt, in der man gemeinsam Entscheidungen treffen und gemeinsam in Zeugnis und Dienst handeln kann.

Teil III

Lutherisches Bekenntnis
in einer sich wandelnden Welt

Wir haben den vorhergehenden Teil mit der Beobachtung verlassen,
daß Theologie und Kirche nur in ökumenischer Zusammenarbeit die
Aufgaben der Neuzeit anpacken und diesen zu Lösungen verhelfen
können. Diese Feststellung kann noch erhärtet werden, wenn wir bedenken, daß Kirchen verschiedener Konfessionen gemeinsam in demselben Raum miteinander leben und, unabhängig von ihrer Konfessionalität, von ihrer Situation her zum gemeinsamen Handeln aufgerufen sind.
So richtig es auch ist, daß wir in *einer* Welt leben und der *einen* Menschheit dienen, so ist doch gleichzeitig zu beachten, wie vielschichtig und
nuanciert sich die Situation in verschiedenen Teilen der Welt darstellt.
Deshalb soll in diesem abschließenden Teil die Besonderheit der Probleme einiger geographisch abgrenzbaren Gebiete näher ins Auge gefaßt werden. In den folgenden Beiträgen können wir selbstverständlich
nur einige spezifische Modellfälle untersuchen und diese etwa wie Para-
digmen der Identitätsfindung der Kirchen lutherischen Bekenntnisses
betrachten. Es wird dann sichtbar werden, inwiefern zwar Zeugnis und
Dienst der Kirchen von der bestimmten regionalen Situation historisch,
politisch, ökonomisch und ethnisch bedingt sind, aber doch ein spezifisches Element lutherischer Identität in den ökumenischen Auftrag der
Kirchen einbringen.
Wenn wir mit den europäischen Kirchen beginnen, so ist dies zunächst
historisch begründet. Hier hat die Reformation ihren Ruf in das Leben
der europäischen Völker zunächst ergehen lassen. Die Kirche wurde in
den vergangenen Jahrhunderten eng mit dem Leben dieser Völker verbunden. Es entfaltete sich ein Modell, wonach Kirche und Volk, Gesellschaftsordnung und kirchliches Leben sich ineinander verflochten haben.
In Europa ist die „Volkskirche" das Zeichen der Bekehrung gesamter
Völker und Länder oder — wie es der ehemalige Bischof Billing
in Schweden gerne ausdrückte — „das Angebot der Sündenvergebung an
das ganze Volk" geworden.
Die Veränderungen in der neuzeitlichen Gesellschaft haben dieses

Phänomen — im Osten wie im Westen Europas — schwer erschüttert. Geistesgeschichtliche und politische Entwicklungen haben entschleiert, wie oberflächlich diese Bindung des Volkes an die Kirche mancherorts gewesen war, so daß eine echte Gemeinschaft des Bekenntnisses kaum als charakteristisch empfunden wurde. Deshalb ist das „System" der Volkskirche nachgerade fraglich geworden. Ist nicht im Bewußtsein der europäischen Völker — unabhängig von ihrer konfessionellen Zugehörigkeit — die christliche Kirche zu einem Stück „Folklore" geworden, das als „Dekoration" zum Leben der Menschen bei seinen wesentlichen Wendepunkten und in Krisensituationen gehören sollte? Entspricht dieser Anspruch auf den Dienst der Kirche noch dem apostolischen Angebot des Evangeliums? Wenn im folgenden diese Frage aufgefächert wird, und die west- und osteuropäische Situation je für sich behandelt werden, so hat dies seine Gründe nicht nur in der politischen, sondern in der damit eng zusammenhängenden ideologischen Verschiedenheit. Wenn deshalb der Beitrag von Westeuropa (Kap. 14) die Chancen der Volkskirche in der sich wandelnden Welt beschreibt, so geschieht dies keineswegs aufgrund einer unbedingten Verteidigung der Vergangenheit. Im Gegenteil: durch die Kritik der westlichen Gesellschaftsordnung wird die Kirche zu ihrem Auftrag zurückgerufen. Sie wird ermahnt, einer westlichen Tendenz zum Staatsmonopolismus im Interesse der Menschen kritisch entgegenzutreten; an den „folkloristischen Kontaktstellen" zu einem Einsatz mit dem Trost und der Hilfe Gottes aufzurufen; in den sich immer mehr komplizierenden Verhältnissen, in denen Menschen verzweifeln und verwirrt werden, ein Norm- und Wertsystem zu vermitteln, das das Leben menschlicher machen möge, und zwar nicht durch demagogische Erklärungen, sondern in konkret gelebter neuer Kommunität der Christen, in Solidarität mit der gesamten Menschheit. Damit die Kirche diese Aufgabe erfassen kann, braucht sie gerade eine Theologie, die ihre Norm nicht von der Situation der Welt, sondern eben von Gottes Wort her empfängt und ein neues Bewußtsein des Bekenntnisses dem gesamten Volk anbietet.

Im osteuropäischen Raum war die Kirche gezwungen, sich ganz besonders mit ihrer Vergangenheit auseinanderzusetzen. Die Erfahrungen des deutschen Kirchenkampfes haben zudem in der DDR etwas anders artikulierte Stellungnahmen hervorgerufen als in den Minderheitskirchen Osteuropas, denen ähnliche Erfahrungen meistens unbekannt waren. Sie stehen aber alle innerhalb derselben politisch-ideologisch bestimmten Situation. Die atheistische Komponente dieses Bezuges hat den Kirchen neue Fragen gestellt. Insofern aber die östlich-sozialistische Staatsideologie eine „ideologische Koexistenz" mit dem Christentum ausschließt, haben die Kirchen eine Chance, ihrem spezifischen Auftrag als „Kirchen im Sozialismus" nachzugehen. Das christliche Bekenntnis wäre nämlich verfälscht, wenn es sich selbst als ideologische Konkurrenz oder Alternative anbieten würde. Die recht verstandene Zwei-Reiche-Lehre kann in dieser Situation geradezu als einzige Hilfe dienen, die diese Kirchen dankbar benutzen — eben in Abgrenzung gegenüber den Mißverständnissen in der Vergangenheit.

Die Kirchen Osteuropas sind, wie das näher behandelte Beispiel der DDR uns zeigt, auf der Suche danach, in gemeinsamer Verantwortung mit allen Menschen guten Willens zur Lösung der großen Menschheitsprobleme beizutragen. Wir erfahren aber zugleich, daß der Weg nicht leicht und eindeutig zu beschreiten ist. Er führt zu existentiellen Entscheidungen zwischen verschiedenen Alternativen, die innerhalb der Kirche selbst zur Diskussion stehen. Eines bleibt aber grundsätzlich geltend: in der Bejahung der gesellschaftlichen Realitäten darf die Kirche im Osten genausowenig ein *Service*-Organ des Volkes und des Staates werden wie im Westen. Die Probleme sind auf beiden Seiten ähnlich, nur anders bedingt: die Sendung der Kirche kann sich nicht in den von der Situation geforderten, durch die weltlichen Verantwortlichen vorgeschriebenen Aufgaben, das heißt im „irdischen Reich", erschöpfen. Die Kirchen verantworten die Sendung dessen, der nicht von dieser Welt ist. Ihm gilt der erste Gehorsam. Von ihm legen sie Zeugnis ab. „Kirche als Zeugnis- und Dienstgemeinschaft" bekommt so ihre spezifische Profilierung im Sinne des lutherischen Bekenntnisses (Kap. 15).

Schon Luther war sich dessen bewußt, daß neue Kontinente entdeckt wurden und daß das Evangelium auch diesen Gebieten der Erde vermittelt werden müßte. Doch dauerte es bis zur Zeit der Auswanderung größerer Völkergruppen in „die neue Welt" der beiden Amerikas, bis die Präsenz der lutherischen Kirche auch in diesen Gebieten Tatsache wurde. Die Begegnung mit einer neuen Welt schuf erst langsam ein neues „lutherisches" Bewußtsein. Die Begegnung mit neuen Kulturen hat allmählich in Erinnerung gerufen, daß die lutherische Reformation die angelsächsischen Völker nur mittelbar, die lateinischen (besonders spanischen und portugiesischen) Völker aber gar nicht erreicht hat. Die nationale und kulturelle Begegnung mit diesen neuen kirchlichen Traditionen hat aber mehr und mehr dieses Problem zum Bewußtsein gebracht. Noch lange Zeit haben die Eingewanderten ihre ursprüngliche Kultur bewahren können, aber die Neuzeit hat auch in dieser Hinsicht radikale Veränderungen und damit eine gewisse Identitätskrise hervorgerufen.

Zwei Beiträge stellen die nordamerikanische bzw. südamerikanische Szene lutherischer Identitätsfindung in ihrer jeweiligen Eigenartigkeit vor (Kap. 16 und 17). Was im Norden Amerikas in der letzten Generation willentlich oder unwillentlich durchgefochten worden ist, verblieb dem Luthertum auf dem lateinamerikanischen Kontinent bis heute noch als eine intensive Aufgabe. Im Norden wie im Süden ist das Problem der Akkulturation nur teilweise ein Sprachproblem (im weitesten Sinne). Es ist gleichzeitig das Problem verschiedener Schichten der „Erinnerung" der Immigranten, die in ständigen Strömungen bis in die Zeit nach dem Zweiten Weltkrieg in „die neue Welt" kamen und an ihrer jeweiligen „Rückerinnerung" als Sicherung eigener Identität festhielten.

Diese Beobachtung, die für beide Amerikas gilt, wird aber im Süden noch dadurch erschwert, daß hier zwar ein äußerlich gesehen christianisierter Kontinent vorliegt, sich aber eine „Christenheit ohne Reformation" darstellt (Meyer). Worin bestand die Sendung der evangelisch-lutherischen Kirche in diesem Kontext? Die Klärung, zu der sich das Luthertum in den letzten Jahrzehnten durch gemeinsame Anstrengungen von Lutheranern verschiedener „Rückbindung" durchgerungen hat, wird den Leser besonders interessieren. Die missionarischen Erfahrungen von nicht-christlichen Kontinenten reichten in der neuen Situation zur Identitätsfindung nicht aus. Der apostolisch-missionarische Auftrag der lutherischen Präsenz zwang zu einer neuen Strategie. Sie wurde weithin als eine ökumenische Aufgabe in Partnerschaft mit der dominierenden katholischen Kirche und mit den anderen christlichen Traditionen verstanden. „Die Suche nach Identität ist kein egoistisches Ziel, sondern ein Zeichen der Hoffnung für eine umfassendere Christus-Nachfolge" (Leskó).

Das missionarische Unternehmen der europäischen und nordamerikanischen Kirchen in Asien und Afrika hat in den vergangenen Jahrzehnten eine besondere Entwicklung erlebt (Kap. 18). Das Selbsterwachen und das damit verbundene Streben nach politischer, ökonomischer und kultureller Unabhängigkeit haben die bis dahin geltenden Leitprinzipien der Mission in Frage gestellt. Die Frage ist in eklatanter Weise den lutherischen Kirchen nach dem letzten Weltkrieg gestellt worden. Denn: die Probleme der „Dritten Welt" sind mit dem Bekenntnis des Evangeliums eng verbunden. Wie konnten dieses neu erwachte Selbstbewußtsein und der Reichtum der völkischen und kulturellen Eigenschaften dieser Kontinente, die von einer anderen religiösen Welt geprägt worden sind als von der christlichen, mit dem christlichen Glauben verbunden werden und in einheimischen Ausdrucksformen neues Leben gewinnen? Ein ererbter „Paternalismus" diesen Völkern und Kirchen gegenüber mußte zu Ende gehen. Einem Wachsen dieser Völker in eigenen, mündigen Kategorien mußte Raum gegeben werden. Wie läßt sich aber das unwandelbare und eine Bekenntnis des Glaubens in den wandelbaren Elementen der eigenen Identität finden? Diesem und damit verwandten Problemen haben sich die lutherischen Weltkonferenzen auf den beiden Kontinenten Asiens und Afrikas in der Gegenwart besonders gestellt. In Solidarität mit dem Erbe des Glaubens der Väter sucht man heute Wege des gemeinsamen Bekenntnisses mit bodenständigen Kirchen. Indem diese Kirchen zum eigenen, selbständigen Leben des Glaubens heranwachsen, sind sie schon jetzt fähig, das empfangene Evangelium in ihrer eigenen Weise an ihre europäischen und amerikanischen Mutterkirchen zurückzugeben. Damit beginnt eine neue Ära des missionarischen Austausches zwischen Christen, die auf verschiedenen Kontinenten geboren, aber durch das gemeinsame Bekenntnis geprägt wurden.

Es ist nur selbstverständlich, daß eine Darstellung über den Dienst des Lutherischen Weltbundes (LWB) in den letzten drei Jahrzehnten den Gang über die verschiedenen Kontinente und ihre je eigene Problematik abschließen soll. Der LWB ist in unserer modernen Welt das Organ geworden, durch welches die evangelisch-lutherischen Kirchen ihren Erfahrungsaustausch auf allen Gebieten der Theologie und des kirchlichen Lebens eingeleitet und bis heute erfolgreich geführt haben (Kap. 19). Da der evangelisch-lutherischen Kirche ein universales kirchenleitendes Organ fehlt und die Selbständigkeit einer jeden Einzelkirche mit wachen Augen gehütet wird, stellt sich auch das Selbstverständnis des Lutherischen Weltbundes als ein Identitätsproblem der evangelisch-lutherischen Kirche dar. Diesen Fragen hat man schon verschiedentlich nachzugehen versucht. Die Diskussion ist noch im Gange und wird vermutlich für die Manifestation der evangelisch-lutherischen Kirche als in aktuellem Zeugnis und Dienst vereint wie in der historischen Kontinuität mit den Vätern der vergangenen Jahrhunderte stehend, noch einiges beitragen müssen. Die Verwirklichung der Kirchengemeinschaft im eigenen Raum wird zuletzt zum Prüfstein des ökumenischen Bewußtseins unserer Kirche werden. Denn am Ursprung unserer eigenen, durch die Geschichte uns aufgezwungenen kirchlichen Existenz steht unmißverständlich die ökumenische Weite unserer Sendung.

XIV. Kapitel

VOLKSKIRCHE IM WANDEL

Zur Situation der Kirchen in Mittel- und Nordeuropa

HANS WEISSGERBER

Zur Situation von Volks- und Staatskirchen

Wer über die volkskirchliche Situation in Mittel- und Nordeuropa zu berichten hat, muß davon ausgehen, daß beide kirchlichen Bereiche nicht einheitlich, sondern — trotz gewisser gemeinsamer Grundstrukturen — unterschiedlich organisiert sind. Diese gemeinsamen Grundstrukturen betreffen im wesentlichen die geschichtliche Entwicklung des Kirchenwesens, das, ungeachtet seiner heutigen Gestalt, in ganz Europa auf das Mittelalter zurückgeht und hauptsächlich auf der Identität von Staatsvolk und Kirchenvolk beruht. Diese Grundstruktur ist nicht einmal durch die Reformation nennenswert beeinflußt oder beeinträchtigt worden, weil es immer ganze Staatswesen oder Länder waren, die sich der Reformation zuwandten oder bei dem alten Glauben blieben; Religionsfreiheit stand nur dem Fürsten zu, und indem er sich für die eine oder andere Konfession entschied, mutete er seinem ganzen Staatsvolk die Konversion zu: Die Identität von Staatsvolk und Kirchenvolk blieb erhalten. Das macht das Wesen der Volkskirche vom 16. bis ins 19. Jahrhundert aus.

Im weiteren Verlauf der Kirchengeschichte setzte jedoch ein Ablösungsprozeß ein, der aus unterschiedlichen Quellen gespeist wurde und in den einzelnen Kirchenwesen auch unterschiedlich verlief. Dieser Prozeß hängt im wesentlichen mit der durch die Reformation eingeleiteten Säkularisation zusammen, der sich freilich auf die Dauer auch die römisch-katholischen Kirchentümer nicht entziehen konnten. Er hängt ferner zusammen mit einer Wandlung im Selbstverständnis des Staates, das wiederum beeinflußt war durch die Französische und Nordamerikanische Revolution. Er muß schließlich im Zusammenhang mit der Bevölkerungsfluktuation gesehen werden, die ihrerseits wiederum (wenigstens teilweise) ein Produkt der Industrialisierung Europas ist. Wenn es nämlich im Zuge der Industrialisierung notwendig wird, daß größere Bevölkerungsgruppen Wohn- und Arbeitsort wechseln, dann läßt sich auf die Dauer das Prinzip der Einheit von Staatsvolk und Kirchenvolk nicht durchhalten; dann muß der jeweils anderen Konfession schließlich das Recht der freien Religionsausübung — und damit die Gleichberechtigung — zuerkannt werden. Freilich hat sich die Entwicklung in Europa immer auf die beiden großen Kirchen, die römisch-katholische und die reformatorischen, beschränkt; die angelsächsischen Freikirchen und die in der zweiten Hälfte des 19. Jahrhunderts entstandenen lutherischen Freikirchen haben von Anfang an konsequent auf jede Bindung an oder Zuordnung zu dem Staat verzichtet und sind auch quantitativ über den Status von Minderheiten nicht hinausgelangt.

Im Zuge dieses Ablösungsprozesses kam es in der zweiten Hälfte des 18. Jahrhunderts zu der Forderung nach der Trennung von Kirche und Staat, wie sie in den Vereinigten Staaten von Anfang an konsequent durchgeführt wurde; in Frankreich geschah dies 1905 in ähnlicher Konsequenz, in Rußland 1918 und in den sozialistischen Ländern Osteuropas einschließlich der DDR ab 1948; diese Verhältnisse brauchen uns hier jedoch nicht zu beschäftigen. Dennoch kann auch die Trennung von Kirche und Staat unterschiedliche Rechtsformen und Rechtsfolgen für die Kirche nach sich ziehen, wie sich etwa in Frankreich oder in der Sowjetunion zeigen läßt. Die Trennung muß aber nicht grundsätzlich verhindern, daß zwischen Kirche und Staat Verträge, Abmachungen oder rechtliche Bindungen bestehen, wie es wiederum in der Bundesrepublik Deutschland der Fall ist.

Anders liegen die Dinge in den skandinavischen Kirchen, wo noch die Staatskirche besteht, das heißt die staatsrechtliche Identität von Kirchenvolk und Staatsvolk, ungeachtet römisch-katholischer und freikirchlicher Minderheiten, aufrechterhalten wird. Das gilt vor allem für die Leitung der Kirche, bei der dem Staat ein erheblicher Einfluß auf dem Gebiet der Verwaltung eingeräumt wird.

Die Praxis zeigt jedoch, daß das Verhältnis der Mitglieder zu ihrer Kirche von staatskirchenrechtlicher Ordnung nicht beeinflußt sein muß; Gottesdienstfrequenzen, Inanspruchnahme kirchlicher Amtshandlungen, Teilnahme am kirchlichen Leben, Einschätzung der Rolle und Aufgabe der Kirche in der Gesellschaft, Funktion der Pfarrer und schließlich die innere und dem folgend, auch äußere Emigration der Mitglieder aus der Kirche sind nicht davon abhängig, ob das Kirchenwesen nach dem Muster eines skandinavischen Staatskirchentums oder nach dem Prinzip der Trennung von Kirche und Staat unter gleichzeitiger Aufrechterhaltung vertraglicher und rechtlicher Verbindungen — wie in der Bundesrepublik Deutschland — geordnet ist.

Die Weimarer Reichsverfassung von 1919 hat in Artikel 136 festgestellt: „Es besteht keine Staatskirche." Das Bonner Grundgesetz von

1949 hat die einschlägigen Artikel der Weimarer Reichsverfassung wörtlich übernommen und ihnen fortdauernde Geltung verschafft. Was das Verhältnis von Kirche und Staat in der Bundesrepublik Deutschland betrifft, sprach man in den zwanziger Jahren von einer „hinkenden Trennung"; man spricht heute (Ministerpräsident Albert Osswald, Wiesbaden) von einer „balancierten Trennung auf der Basis der Religionsfreiheit".

Den so beschriebenen Zustand des Verhältnisses von Kirche und Staat bezeichnet man herkömmlicherweise mit dem Wort „Volkskirche". Der Begriff ist alt; er taucht schon bei Schleiermacher auf, aber „nach dem Wegfall des landesherrlichen Kirchenregimentes 1918 hallt der gesamte kirchliche Blätterwald von diesem Worte wider" (W. Huber). Er erhielt hier zweifellos eine polemische Spitze, die sich einerseits gegen das Staatskirchentum, aber auch gegen die reine Pastorenkirche wenden konnte. Volkskirche wurde als Ziel definiert, nämlich die Durchchristlichung des ganzen Volkes, was unter anderem bedeutete, daß die Glieder der Volkskirche Objekte kirchlicher Versorgung seien (dies führt in der heutigen Diskussion zu dem „funktionalen Kirchenbegriff" Wilhelm Dahms, der uns noch beschäftigen wird). Volkskirche konnte aber auch als „Kirche eines Volkes", als „Kirche für das Volk" und schließlich als „Kirche für das Volksganze" verstanden werden (W. Huber). Vor allem bei den beiden letztgenannten Definitionen muß man beachten, daß die Volkskirche aufs engste mit der Kindertaufe und jener christlichen Sitte, die kirchliche Amtshandlungen nahezu selbstverständlich in Anspruch nimmt, zusammenhängt.

Die Volkskirche ist eine kirchliche Organisation mit „angeborener" Mitgliedschaft; diese Mitgliedschaft wird durch die Taufe hergestellt. Die Regelung des Mitgliedschaftsrechtes geschieht in selbständiger kirchlicher Zuständigkeit — anders in den skandinavischen Staatskirchen, wo Kirchenmitgliedschaft zunächst auch etwas mit der Staatsbürgerschaft zu tun hat, obwohl es die Möglichkeit einer Willensentscheidung des Einzelnen gibt, die beides voneinander löst. Und die volkskirchliche Situation in der Bundesrepublik Deutschland deckt sich insofern mit der staatskirchlichen Situation in Skandinavien, als die Angehörigen einer Gesellschaft, beziehungsweise die Bürger eines Staates, zugleich in überwiegendem Maße Mitglieder einer bestimmten kirchlichen Organisation sind (in der BRD gehören 95 Prozent der Staatsbürger einer der beiden „großen" Konfessionen an). Diese formale Bestimmung sagt noch nichts darüber aus, in welchem Grade und in welcher Intensität die Kirchenmitglieder von ihrer Mitgliedschaft Gebrauch machen. Noch immer aber — und hier hat sich an der mittelalterlichen Struktur nichts geändert — gilt die Mitgliedschaft als zugeschriebenes, nicht als erworbenes Merkmal und beruht auf dem Territorialprinzip. Jeder evangelische, beziehungsweise jeder katholische Christ ist automatisch Mitglied der Landes- bzw. Staatskirche seines Wohngebiets, soweit er selber von sich aus nichts anderes erklärt.

Die staatskirchliche, beziehungsweise volkskirchliche Situation ist nicht immer als selbstverständlich empfunden worden — auch unabhängig von der Diskussion um den Begriff, die Sache und die damit verbundenen Funktionen und Voraussetzungen, die im 19. Jahrhundert einsetzte und bis heute nicht zur Ruhe oder zu einem Abschluß gekommen ist. Schon Luther hatte Bedenken, wie in seiner Vorrede zur „Deutschen Messe" 1526 nachzulesen ist. Auch das Entstehen der Freiwilligkeitskirchen im angelsächsischen Raum und deren Tätigkeit in Nord- und Mitteleuropa, die im ersten Drittel des 19. Jahrhunderts begann, richtete ernste Fragen an die staats-, beziehungsweise volkskirchliche Ordnung. Es sei in diesem Zusammenhang auch darauf hingewiesen, daß das Luthertum, das herkömmlicherweise als besonders staatsfromm und obrigkeitsgetreu gilt, aus sich selber die Kräfte freisetzte, die zur Lösung vom Staatskirchentum und zu Freikirchen führten und in der Auseinandersetzung mit dem Staate zu neuen kirchlichen Organisationsformen fand. Dies geschah in Preußen im Zusammenhang mit der zwangsweisen Union zwischen Lutheranern und Reformierten nach 1815 im Zusammenhang mit der Übernahme bislang kirchlicher Funktionen durch den Staat, 1875 in Hessen und Hannover (es ging hier beispielsweise um die Regelung des Personenstandswesens, die in Schweden heute noch in kirchlicher Regie liegt), und nicht zuletzt in den skandinavischen Ländern — vor allem in Norwegen — im Zusammenhang mit der Erweckungsbewegung des 19. Jahrhunderts.

Seit einigen Jahren jedoch läßt sich beobachten, daß die Problematisierung der Staatskirche, beziehungsweise der Volkskirche einen besonders hohen Grad an Intensität erlangt hat. Dies geht soweit, daß eine grundsätzliche Änderung bestehender kirchlicher oder staatskirchenrechtlicher Verhältnisse nicht mehr von vornherein ausgeschlossen, sondern sogar in die Konzepte und Diskussionen mit hineingenommen wird. Ein Signal für diese Neuorientierung der Diskussion war das Buch von Hans Heinrich Brunner „Kirche ohne Illusionen", in dem gewissermaßen der Ernstfall durchgespielt wurde: Wie sieht eine Kirche in der Schweiz — 25 Jahre nach der vollständigen und konsequenten Trennung zwischen Kirche und Staat — aus? (Ich selber kann die Folgerun-

gen Brunners nicht mitvollziehen, wonach von der Kirche nichts anderes übrigbleibt, als eine soziale Dienstleistungsorganisation, die Gemeinwesenarbeit treibt; aber es ist immerhin bemerkenswert, daß
hier einer einmal den Ernstfall bis zur letzten Konsequenz erprobt
hat.)

In Skandinavien sind Überlegungen im Gange, das Staatskirchentum
zu modifizieren; eine schwedische Delegation bereiste im Herbst 1975
eigens zu diesem Zweck die Bundesrepublik Deutschland. Und in der
Bundesrepublik selber wird die Volkskirche mehr als Aufgabe denn
als verfügbarer Besitz verstanden (T. Rendtorff), obwohl angesehene
Staatskirchenrechtler wie Axel von Campenhausen die Behauptung
wagen, die Verhältnisse zwischen Kirche und Staat seien nirgends besser geordnet als hierzulande. Dies geschieht im Zuge aktueller Auseinandersetzungen, etwa um die konkrete Streitfrage, ob ein Pfarrer
gleichzeitig Mitglied einer kommunistischen Partei sein könne. Daraus
entsteht die grundsätzliche Frage, wie denn ein Verständnis von
Kirche als Organisation mit geborener Mitgliedschaft, die religiöse
Aufgaben gegenüber der Gesellschaft wahrzunehmen habe, mit einem
Verständnis von Kirche als Überzeugungsgemeinschaft in Einklang zu
bringen sei. Mit einem Wort: Die Staatskirche oder Volkskirche ist
sich heute in einem Maße wie nie zuvor selber zum Problem geworden.

Einigen Einzelheiten dieses Wandlungsprozesses versuchen wir im folgenden nachzugehen. Denn die Sache selber ist so vielschichtig, daß im
Rahmen dieser Darlegungen nur einige Aspekte erörtert werden
können.

Volkskirche als Gegenstand empirischer Untersuchungen

Die Kirchensoziologie ist ein Teil der allgemeinen Soziologie, wobei
wir hier unter Soziologie die empirische Sozialforschung meinen, also
jene Wissenschaft, die zunächst einmal durch wissenschaftlich abge-
sicherte Fragestellung Befunde erhebt und erst nachher zu Schlüssen
kommt. Bereits in den fünfziger Jahren begann die Kirchensoziologie,
an einigen begrenzten Arbeitsfeldern Tatbestände der Kirchenmitgliedschaft und der Praktizierung von Mitgliedschaften zu erforschen,
die weitreichende Schlüsse zunächst noch nicht zuließen. Die Szene
wandelte sich, als zu Beginn der siebziger Jahre umfassendere Untersuchungen sowohl von der Evangelischen als auch von der Römisch-
katholischen Kirche in Auftrag gegeben wurden; deren Ergebnisse lie-

gen mittlerweile vor: „Wie stabil ist die Kirche?" (hg. von H. Hild),
und „Gottesdienst in einer rationalen Welt" (G. Schmidtchen) sowie
die beiden von K. Förster herausgegebenen Umfragen „Befragte
Katholiken — zur Zukunft von Glaube und Kirche" und „Priester
zwischen Anpassung und Unterscheidung". Es ist an dieser Stelle nicht
möglich, auf Einzelheiten der Untersuchungen einzugehen; sie lassen
jedoch den Schluß zu, daß die Frage des von Helmut Hild herausgegebenen Sammelbandes „Wie stabil ist die Kirche?" positiv beantwortet werden kann. Was den Mitgliederbestand, die latente Austritts-
willigkeit und die Fixierung auf den Pfarrer als Bezugsperson kirchlichen Handelns betrifft, erweist sich die Volkskirche trotz aller Problematik außerordentlich und überraschend stabil. Die Befragten zeigen eine nur geringe Kirchenaustrittswilligkeit; sie sehen nach wie vor
im Pfarrer die entscheidende Bezugsperson kirchlichen Handelns; was
interessanterweise den Bemühungen in Theologie und Kirche widerspricht, die den überlieferten Funktionskreis des Pfarrers ablösen
möchten zugunsten einer stärkeren Mitbeteiligung der Gemeindeglieder am kirchlichen Leben. Die Identität von Kirchenvolk und Staatsvolk zeigt Risse und Einschränkungen, scheint aufs Ganze aber nicht
gefährdet.
Nun hat der Herausgeber Helmut Hild im Vorwort zu der Untersuchung „Wie stabil ist die Kirche?" hinlänglich davor gewarnt, aus
den positiven Ergebnissen der Umfrage Honig zu saugen. Denn trotz
aller positiven Bekundungen der Kirchenmitglieder zu ihrer Mitgliedschaft zeichnet sich ab, daß eine Wendung der Volkskirchlichkeit
mehr oder minder langfristig bevorsteht. Diese Untersuchung ist
zwar im Ballungsgebiet Rhein/Main vorgenommen worden, läßt sich
aber kraft ihrer repräsentativen Aussage auf das ganze Gebiet der
Bundesrepublik Deutschland ausweiten. Angesichts vorhandener ver-
gleichbarer Strukturen ist der Schluß wohl erlaubt, daß eine entsprechende Untersuchung in den skandinavischen Ländern zu ähnlichen
Ergebnissen geführt hätte. Von dieser These gehe ich im folgenden aus.
Die Kirchentreuen — wie beispielsweise Kehrer in seiner Untersuchung noch auszumachen meinte — gibt es nicht. Es gibt Menschen,
die Mitglieder der Volkskirche sind, die es auch bejahen, aber in un-
terschiedlichem Maße an kirchlichen Aktivitäten teilnehmen. Die
Leute, die bereit sind oder willig wären, aus der Kirche auszutreten,
lassen sich ebenfalls ausmachen: Sie liegen im Höchstfall bei 17 Prozent. Wer freilich meint, damit würde bestenfalls ein Gesundschrump-
fungsprozeß der Kirche eingeleitet, sei auf die folgende Beobachtung

verwiesen: Jene 17 Prozent, die offen oder langfristig einen Kirchenaustritt erwägen, sind Angehörige jener Schicht, die Schelsky bereits
vor zwanzig Jahren als jene „die Gesellschaft bestimmende Angestell-
tenschicht" ausgemacht hat, die künftig das Leben unserer Industrie-
gesellschaft bestimmen werde. Aber nicht nur dies. Wenn sich die
Schicht der mittleren und leitenden Angestellten am ehesten anfällig
für einen Kirchenaustritt erweist und diesen möglicherweise auch vollzieht, so bedeutet dies, daß die derzeit noch auf 17 Prozent der Kirchenmitglieder einzugrenzende Schicht der Austrittswilligen sich spätestens dann erheblich vergrößern wird, wenn die heute Austrittswilligen a) den als Willenserklärung bekundeten Schritt auch vollziehen
und b) die Kinder dieser austrittswilligen Generation ihrerseits wieder
Nachkommen in die Welt setzen, die zur Kirche keine Bindung oder
Verbindung mehr haben. Das heißt: Es ist leicht auszurechnen, daß
spätestens innerhalb einer Generation die Zahl der Austrittswilligen,
der Auszutretenden und der Ausgetretenen wächst.
Anders gesagt: Die Volkskirche schrumpft.
Ähnlich liegen die Dinge in den skandinavischen Ländern. Zwar wird
dort der Kirchenaustritt dadurch erschwert, daß beispielsweise in
Schweden der aus der Kirche Ausgetretene noch 60 Prozent der Kir-
chensteuern zahlen muß, weil die Kirche auch Leistungen erbringt,
die andernfalls der Gesellschaft oder dem Staate zur Last fallen.
Aber — wie immer man im einzelnen die Ergebnisse solcher Untersuchungen beurteilt — es läßt sich nicht von der Hand weisen, daß die
Volkskirche künftig nicht mehr beanspruchen kann, die überwiegende
Mehrheit der Glieder der Gesellschaft zu repräsentieren, weil diese
nicht mehr in bisherigem Maße durch die Taufe in die Kirche aufgenommen werden. Man wird vielmehr davon auszugehen haben, daß
es einen bestimmten Prozentsatz der Bevölkerung gibt, der entweder
bewußt der Kirche fernzubleiben sich anschickt oder bewußt in die
Kirche einzutreten gewillt ist. Die Zahlen- oder Prozentverhältnisse
spielen dabei vielleicht nicht die entscheidende Rolle; maßgebend und
entscheidend für die Wandlung der Volkskirche ist die Tatsache überhaupt, daß die Kirche in Mittel- und Nordeuropa künftig in wachsendem Maße eher aus bewußten und nicht nur hineingetauften Mitgliedern bestehen wird.
Es gibt zwar Indizien dafür, daß der quantitative Verlust durch quali-
tativen Gewinn ausgeglichen werden kann, das heißt, die Intensität der
Beteiligung am kirchlichen Leben nimmt nachgewiesenermaßen zu, aber
ob man in dreißig Jahren noch von einer Volkskirche in dem Sinne
wird reden können, daß die überwiegende Mehrheit der Gesellschaft

einer der großen Konfessionen, beziehungsweise einer Staatskirche angehört: Dieses zumindest muß offen bleiben. Und dieses wird dann auch zweifellos Rückwirkungen auf die staatskirchenrechtlichen Verhältnisse, beziehungsweise deren Wandel, haben.

Die staatskirchenrechtlichen Beziehungen

Die staatskirchenrechtlichen Ordnungen in Skandinavien beruhen im wesentlichen auf althergebrachtem Recht, das die Staatskirche vorsieht. Das heißt: Die obersten Leitungsorgane der Kirche liegen in der Hand des Staates, praktisch also des Königs, des Parlaments oder des zuständigen Kirchenministeriums. Auch da, wo es eine Bischofskonferenz, eine Synode oder auch Erzbischöfe gibt, ermangelt es den Kirchen einer eigenständigen Repräsentation nach außen und einer selbständigen Legislative nach innen. So ernennt die Bischöfe nach Abschluß des kirchlichen Nominierungsverfahrens noch immer die schwedische Regierung, und über die Absetzung eines Pfarrers, der sich herkömmlichen volkskirchlichen Bräuchen nicht mehr fügen mag, entscheidet der dänische Kirchenminister. Doch wird das Staatskirchenwesen bereits auch in Skandinavien durchbrochen, vor allem in Finnland, wo die staatskirchlichen Beziehungen aufgrund der wechselvollen Geschichte dieses Landes eher den bundesrepublikanischen Verhältnissen entsprechen, und mithin die Kirche auch nach außen über eine größere Selbständigkeit verfügt; aber auch in den Ländern mit klassischem Staatskirchenwesen, wie Dänemark, Norwegen und Schweden, ist ein Prozeß eingeleitet worden, der die staatskirchlichen Verhältnisse zu ändern scheint. Über die Situation in Dänemark informiert ein Bericht, den die LWB-Informationen vom 12. Januar 1976 abdruckten und den ich hier in vollem Wortlaut wiedergebe: „‚Die Dänische Evangelisch-Lutherische Kirche ist die Volkskirche von Dänemark und wird als solche vom Staat unterstützt‘, heißt es in der Verfassung des Königreiches Dänemark. Die meisten Menschen in Dänemark — etwa 95 Prozent — gehören dieser Kirche an.
Die Schöpfer der Verfassung sahen für die Volkskirche eine eigene Verfassung vor, was in dem sogenannten ‚Zusage-Artikel‘ zum Ausdruck kommt: ‚Das Verhältnis der Volkskirche zum Staat wird durch ein Sondergesetz geregelt.‘ Dieser ‚Zusage-Artikel‘ ist jedoch auf sehr besondere Weise erfüllt — man kann auch sagen: überhaupt nicht erfüllt — worden.
Ziel war natürlich, eine Kirchenverfassung mit Gemeindeselbstver-

waltung zu schaffen, doch dazu ist es nie gekommen. Statt dessen wird der ‚Zusage-Artikel‘ so gehandhabt, daß die Frage der Beziehungen der Kirche durch die derzeitige Gesetzgebung gelöst wird, wenn die Probleme akut werden. Nur aus der Kenntnis dieser historischen Gegebenheiten läßt sich verstehen, wie die Volkskirche in Dänemark funktioniert. Man kann sich die offizielle Volkskirche als ein – sehr elastisches – Rahmensystem vorstellen, innerhalb dessen sich das Leben der Kirche abspielt.

Die meisten Einkünfte der Volkskirche kommen aus der Kirchensteuer, die die Mitglieder der Volkskirche zahlen und die von den Gemeinden eingezogen wird. Der Kirchengemeinderat stellt den Haushalt der Ortsgemeinde auf. Diese Gemeinderäte sind Ausdruck der demokratischen Verwaltung der Volkskirche – auf Ortsebene.

In der Praxis sind die Aufgaben des Rates in mehrerer Hinsicht begrenzt. Zu den wichtigsten Aufgaben zählen: Verwaltung des Grundbesitzes der Kirche, Rechnungsführung und Haushalt, Recht und Pflicht, Kirchen unter Berücksichtigung des Wachstums der Städte zu bauen, Beschlüsse über Konfirmationen, Erlaubnis zu Kollekten in der Kirche, Zustimmung zu Änderungen in der Liturgie und der Gottesdienstzeit usw., Wahl eines Pastors, Wahl eines Bischofs gemeinsam mit den anderen Kirchengemeinderäten in der Diözese. Die freien Organisationen der Kirche spielen eine sehr bedeutende Rolle in der Volkskirche. Zu ihnen zählen: Kinder- und Jugendorganisationen, diakonische und soziale Einrichtungen, Bildungseinrichtungen. Die meisten dieser Organisationen werden durch Privatmittel unterhalten. Sie arbeiten innerhalb der Volkskirche auf freiwilliger Grundlage, wirken im ganzen Land und fügen sich gleichzeitig in das Leben der Ortsgemeinde ein. Sie sind im letzten Jahrhundert während der großen Erweckungsbewegung in Dänemark entstanden, insbesondere die Innere Mission.

Zu den freien Organisationen zählt u. a. die Institution ‚*Kirkefondet*‘, die Kirchenstiftung. Heute besteht ein beträchtlicher Teil der Arbeit dieser Stiftung darin, Gemeinden mit neuem Leben zu erfüllen. Unter der Bezeichnung ‚Aktion *Ansvar*‘ (Verantwortliches Handeln) sind in den letzten Jahren in neun Gemeinden Programme geplant worden, in weiteren sechs – einschließlich einer katholischen – werden Vorbereitungen für die Einführung des Programms getroffen.

Gunnar Hermannsen, der Generalsekretär von *Kirkefondet*, meint zu den Zielen des Programms: ‚Mit diesem Programm wollen wir die Menschen zum Handeln und zur Mitverantwortung in der Kirche und der Gemeinde, der sie angehören, auffordern. Verantwortliches Handeln geht nüchtern und realistisch vor, da es nur auf eine bestimmte Gruppe von Personen abzielt, nämlich die, mit denen wir bereits einen gewissen Kontakt haben und die der Kirche nicht ganz fremd sind. Das Programm setzt sich zum Ziel, mit diesen Menschen durch Handeln in einen Dialog einzutreten und zu Handeln und Mitverantwortung anzuleiten, damit diese Menschen selbst Entscheidungen über Angelegenheiten ihrer Kirche und Gemeinde treffen können. Bisher ist dieses Programm sehr erfolgreich gewesen.'" (LWB-Pressedienst Nr. 2/76, S. 13 f.)

Die Probleme, die an dieser Stelle einen tiefgehenden Wandel signalisieren, zeigen sich an drei Stellen:

a) Die staatlichen Universitäten haben Theologische Fakultäten, denen die Ausübung der theologischen Wissenschaft, aber auch die Ausbildung des pfarramtlichen Nachwuchses obliegt. Der wissenschaftliche Charakter dieser Theologischen Fakultäten wird hier wie dort angezweifelt, was insofern nicht ganz unbegründet ist, als die Theologie die Grundlagen ihres Fragens und Forschens nicht aus sich selber bezieht.

b) Das Staatskirchenrecht erlaubt es zum Beispiel in Dänemark dem Staat jederzeit, in die Amtsführung eines einzelnen Pfarrers einzugreifen, diesen sogar abzusetzen, wenn er der staatlichen Kirchenordnung oder den vom Staat gesetzten Kirchengesetzen nicht mehr entspricht. Beispiel: Ein dänischer Pfarrer, der sich weigert, Kinder ohne Unterweisung der Eltern zu taufen, sondern statt dessen fordert, daß sich die Eltern einem fünfstündigen Taufunterricht zu unterziehen haben, muß damit rechnen, daß er aus dem Kirchendienst entlassen wird, denn das herrschende Staatskirchenwesen setzt die bedingungslose Kindertaufe voraus. Der jüngste Bericht zu diesem Thema (P. Højen, in: Lutherische Monatshefte Nr. 1, 1976) läßt erkennen, daß der betreffende Pfarrer um seiner Sache willen eine gehörige Portion Starrsinn zeigt, daß aber umgekehrt auch die staatlichen, selbst die demokratisch gewählten Gemeindeorgane nicht willens sind, auf ihre Rechte gegenüber der Kirche zu verzichten.

Der Vorfall signalisiert zweierlei:

1. Orthodoxes Luthertum ist (wie im Deutschland des 19. Jahrhunderts) gegebenenfalls bereit, in Opposition zum Staat zu treten (gegenüber der landläufigen Meinung vom obrigkeitsfrommen Luthertum); und

2. Der Staat wird — so es ihm nicht nur um bloße Machtausübung geht — sein Verhältnis zur Kirche doch letztendlich einmal überprüfen müssen.

Ein schwedischer Pfarrer muß neben seinen herkömmlichen kirchlichen und geistlichen Pflichten auch noch die Funktion eines Standesbeamten vollziehen, was mit seinem geistlichen Amt wenig, mit der staatlichen Bindung seiner Kirche aber sehr viel zu tun hat.

Umgekehrt bedürfen kirchliche und kirchenrechtliche Akte — wie beispielsweise die Ernennung und Einsetzung eines Bischofs — der staatlichen Genehmigung oder Inkraftsetzung, um wirksam sein zu können. In der Bundesrepublik Deutschland ist an dieser Stelle ein konfessionell unterschiedliches Recht zu beobachten: Nach dem Preußischen Konkordat von 1929 und dem Reichskonkordat von 1933 muß ein katholischer Bischof nach seiner Ernennung und Inthronisation einen Eid auf die Verfassung leisten, während die Ernennung, beziehungsweise Wahl eines evangelischen Bischofs oder Kirchenpräsidenten der jeweils zuständigen Landesregierung mitgeteilt werden muß; es genügt hernach ein Antrittsbesuch, um das freundschaftliche Verhältnis zwischen Kirche und Staat (vorbildhaft ausgedrückt in den sogenannten Loccumer Verträgen von 1955) zu dokumentieren.

c) Ob staatskirchliche oder volkskirchliche Regelung des Verhältnisses von Staat und Kirche: Der öffentliche Einfluß der Kirchen auf staatliche Maßnahmen, etwa im Bereich der Gesetzgebung und Verwaltung, geht zurück. Das Votum der Kirche ist auch in dem skandinavischen Staatskirchenbereich nicht mehr so bindend, wie es einmal war. Dies läßt sich sehr deutlich erhellen an dem Vorgehen des norwegischen Bischofs Per Lönning, der seinen Rücktritt genau dann erklärte, als das norwegische Parlament den kirchlichen Vorstellungen über die Reform des Abtreibungsparagraphen nicht mehr zu folgen bereit war. Es geht an dieser Stelle gar nicht primär um den Abtreibungsparagraphen als solchen, sondern um die Frage, inwieweit der Staat in seiner Gesetzgebung auf die Stimme der Kirche verbindlich hört. Wenn er es — wie in diesem konkreten Fall — nicht mehr grundsätzlich zu tun bereit ist, dann stellt sich allerdings die Frage nach einer Neuregelung des Staatskirchenverhältnisses mit besonderer Dringlichkeit; an dieser Stelle hat der Rücktritt von Per Lönning in der Tat sein Recht.

Es sei vermerkt, daß die Bestrebungen einer Änderung des Staatskirchentums in den skandinavischen Ländern überwiegend von der Kirche oder — wie der Besuch einer schwedischen Kommission in der Bundesrepublik zeigt — von Staat und Kirche gemeinsam ausgehen, weil die Verhältnisse allgemein als unbefriedigend angesehen werden und beiderseits eine Lösung erstrebt wird, die den eingetretenen Wandlungen gerecht wird. Anders in der Bundesrepublik Deutschland: Hier sind die offiziellen Kirchen evangelischer und römisch-katholischer Konfession mit der gegenwärtigen volkskirchlichen Situation und der vertraglichen Absicherung des Verhältnisses zwischen Kirche und Staat zufrieden und streben von sich aus keine Veränderung an. Das gleiche gilt übrigens von den beiden großen Parteien dieses Landes, der CDU und der SPD. Dies muß diese Parteien nicht daran hindern, gelegentlich und aus gegebenem Anlaß Kritik an den Kirchen zu üben. So äußert beispielsweise der Generalsekretär der CDU anläßlich des römisch-katholischen Dokuments zur Sexualmoral: „Die Kirche macht sich lächerlich" (dpa vom 19. 1. 76).

Exkurs:
Die Forderung nach „Trennung von Kirche und Staat"
in der Bundesrepublik Deutschland

Die Freie Demokratische Partei (F.D.P.) hat sich zum Anwalt derjenigen gemacht, die meinen, daß der Auftrag der Weimarer Reichsverfassung von 1919 noch unerfüllt sei. Dort ist zwar die Trennung von Kirche und Staat verfassungsmäßig verankert, aber die bestehenden vertraglichen Bindungen zwischen Staat und Kirche stünden diesem Verfassungsauftrag entgegen. Worum geht es im einzelnen? Unter dem irreführenden Slogan „Freie Kirche in einem freien Staat" verlangt die F.D.P. nicht die Trennung zwischen Staat und Kirche, die ohnehin längst vollzogen ist, sondern die Abschaffung noch bestehender kirchlicher Privilegien und die Zurückdrängung der Kirche in den Raum privater Frömmigkeitsausübung. Das sogenannte F.D.P.-Kirchenpapier 1974 sieht vor:
a) Gleichstellung der Religionsgemeinschaften mit anderen Vereinen in einer Organisationsform, die noch zu entwickeln sei;
b) Beseitigung aller „religiösen" Relikte aus der Öffentlichkeit, wie beispielsweise Kreuze in Schul- und Gerichtssälen, religiöse Eidesformel, Mitgestaltungsrechte der Kirchen bei öffentlichen Sozialleistungen, wie zum Beispiel Kindergärten und Krankenhäusern (NB.: In der BRD befinden sich rund 70 Prozent aller Kindergärten in kirchlicher Trägerschaft!);
c) Verzicht des Staates auf Einwirkungen in kirchliche Belange, wie etwa die Ableistung eines Treueides auf die Verfassung durch katholische Bischöfe, die politische Klausel bei der Ernennung von Führungsbeamten in der Evangelischen Kirche, die angemessene Berücksichtigung der Kirchen in der Vertretung öffentlich-rechtlicher Körperschaften wie beispielsweise der Rundfunkanstalten;

d) die Abschaffung des Religionsunterrichtes in den Schulen zugunsten eines religionskundlichen Informationsunterrichtes; und nicht zuletzt

e) die Organisation der Seelsorge in der Bundeswehr, den Gefängnissen und anderen öffentlichen Organisationen auf privater, beziehungsweise privatrechtlicher Basis.

Dies ist nur ein Ausschnitt aus dem umfangreichen Katalog der vierzehn ursprünglichen Forderungen der F.D.P., die interessanterweise auf dreizehn reduziert wurden, weil sich die Partei selber nicht darüber einig werden konnte, ob auch die Theologischen Fakultäten als Ausbildungsstätten angehender Pfarrer beider Konfessionen abzuschaffen oder in – gewissermaßen – wertneutrale religionswissenschaftliche Fachbereiche umzuwandeln seien.

Die Thesen der F.D.P. lassen sich im wesentlichen auf drei Sätze reduzieren:

a) Organisation der Kirchen nicht mehr in Form einer Körperschaft öffentlichen Rechtes, sondern in einer noch zu erfindenden Organisationsform;

b) Ablösung aller Rechte und Privilegien, die die Kirchen entweder aufgrund geschichtlicher Ordnungen oder ihrer gegenwärtigen sozialen Leistungen genießen;

c) Privatisierung der Religion und des religiösen Bekenntnisses.

Was unter der Forderung „Trennung von Kirche und Staat" verkauft wird, nämlich die Abschaffung der privilegierten Volkskirche und die Zurückdrängung der Religionsausübung in den privaten Raum, ist gegenwärtig kein Gegenstand politischer oder gar kirchenpolitischer Auseinandersetzungen. Die Forderungen könnten jedoch eine politische Langzeitwirkung haben, dann nämlich, wenn die Volkskirche – was aufgrund der vorliegenden empirischen Untersuchungen abzusehen ist – in ihrem Bestand derart schrumpft, daß sie ihre gesellschaftliche Rolle und ihre Dienstleistungsfunktionen an der Bevölkerung anders, besser und inhaltlicher motivieren muß als durch ihr bloßes Vorhandensein. Gegenwärtig spricht nichts dafür, daß die gesellschaftliche Funktion der Volkskirche und die Leistungen des Staates gegenüber der Kirche reduziert werden; es sind schlicht so viele gesellschaftliche Notwendigkeiten, die im Augenblick dafür sprechen, die gegenwärtigen Zustände beizubehalten. Dafür nur ein Beispiel:

Der Staat bildet Pfarrer aus, die nachher in den Dienst der Religionsgemeinschaften treten. Er bildet freilich auch Volks- und Betriebswirte aus, die nachher in den Dienst der privatwirtschaftlich organisierten, auf Profitmaximierung angelegten Industrie treten, ohne daß diese anders als über den normalen fiskalischen Umverteilungsprozeß ihren Beitrag zu der Ausbildung ihres eigenen Nachwuchses leisten. Der Staat bildet ferner Rechtsanwälte und Ärzte aus, die nach erfolgtem Ausbildungsabschluß ihr Gewerbe selbständig und auf privater Basis ausüben. Darauf folgt: Die Ausbildung von Pfarrern, die, wie wir wissen, eine gesellschaftliche Bezugsperson von erheblichem Rang darstellen, kann nicht losgelöst betrachtet werden von der Ausbildung für andere gesellschaftliche Schlüsselfunktionen.

Änderung staatskirchenrechtlicher Verhältnisse

Im Bereich sozialer Dienstleistungen liegen die Dinge ähnlich: Der Staat kann die Leistungen gar nicht erbringen, die von der Gesellschaft erwartet oder verstanden werden. Und umgekehrt: Kirchliche Maßnahmen können schon deshalb legitimiert sein, weil hier getan wird, was kein anderer tut (R. Geisendörfer).
In der Tat: So ist es, aber es muß nicht so bleiben. Und: Die Alternative wäre der allgegenwärtige Versorgungsstaat, dem sich zu widersetzen eine vom biblischen Menschenbild gebotene Aufgabe der Kirche ist. An dieser Stelle hat sie allen Grund, sich etwaigen Konsequenzen zu widersetzen. Nicht um ihrer selbst, sondern um des Menschen willen.
Die bestehenden staatskirchenrechtlichen Beziehungen, vertraglich abgesichert, sind historisch gewachsen; es besteht im Augenblick weder eine sachliche noch eine politische Notwendigkeit, sie zu ändern. Dies schließt freilich nicht aus, daß die Möglichkeit einer Veränderung staatlicher- und kirchlicherseits im Blick gehalten wird. Die sozialdiakonischen Leistungen der Kirche in der Bundesrepublik Deutschland (und ähnliches gilt für die skandinavischen Länder) ersparen dem Staat im Augenblick eine ganze Menge Geld. Die Übernahme der von der Kirche erbrachten sozialdiakonischen Leistungen würde den Staat, und damit den Steuerzahler, nicht nur mehr Geld kosten, sie würde ihn langfristig auch um ein Potential an Mitarbeitern bringen, die im kirchlichen Dienst nicht auf Erwerb und Profit sehen, sondern sich, christlich motiviert, in den Dienst der Sache, das heißt in den Dienst am notleidenden Menschen, stellen. Der Staat, würde er alle sozialdiakonischen Leistungen, die gegenwärtig noch die Kirche erbringt, übernehmen, müßte zwangsläufig auf dieses Potential verzichten, was nicht nur finanzielle, sondern vor allem ganz erhebliche menschliche Probleme mit sich bringt.

In Erwägung aller Tatbestände und Diskussionspunkte kann man davon ausgehen, daß an den bestehenden volkskirchlichen Regelungen, das heißt der staatskirchenrechtlichen Beziehungen und der geordneten Wahrnehmung gesamtgesellschaftlicher und sozialdiakonischer Aufgaben durch die Kirche, im Augenblick kein Grund und Anlaß besteht, zu ändern. Der Staat kann, wie uns die Juristen belehrt haben, die Staatskirchenverträge oder das Staatskirchentum einseitig kündigen oder abschaffen. Er kann ferner – vorausgesetzt, er hat das Geld dazu – auch die sozialdiakonischen Leistungen der Kirche übernehmen, und er kann schließlich der Kirche eine Organisationsform verordnen, die privatrechtlichen Beziehungen eher entspricht als den öffentlich-rechtlichen Körperschaftsbeziehungen oder dem Staatskirchentum, in denen die Kirche, und damit das Staatskirchenverhältnis in Mittel- und Nordeuropa, gegenwärtig organisiert ist. Die Frage ist nur, ob er damit selber gegenwärtig gut beraten ist.

Nun ist in Mittel- und Nordeuropa die Tendenz zum Sozialstaat unabweisbar; der Staat neigt oder drängt dazu, die gesamte Daseinsfürsorge und -vorsorge für den einzelnen Bürger in eigene Regie zu übernehmen. Das kann – wie das Beispiel Schweden zeigt – solange gutgehen, als der Staat damit nicht, wie in den sozialistischen Ländern Osteuropas, einen irreversiblen Machtanspruch verbindet, das heißt alle jene Funktionen und Arbeitsbereiche auf Dauer bei sich behalten will, die er einmal an sich gezogen hat, und es setzt ferner voraus, daß die für eine staatlich geregelte Daseinsfürsorge und -vorsorge erforderlichen Mittel durch die Gesamtgesellschaft auch aufgebracht werden und aufgebracht werden können.

Die Existenz von Volkskirchen – gleichgültig, wie ihre staatskirchenrechtlichen Beziehungen geordnet sind – wirkt der Tendenz zum Staatsmonopolismus entgegen. Die sozialistischen Staaten haben dieses längst begriffen und die Kirchen dementsprechend in den Raum privater Religionsausübung verbannt. Der demokratische soziale Rechtsstaat des Westens vollzieht diesen Schritt gegenwärtig nicht; und dies mit guten Gründen. Übt der Staat weise Selbstbeschränkung, wird er dieses respektieren und der Kirche lassen, was der Kirche ist. Neigt er dazu, alle Bereiche gesellschaftlicher Daseinsvor- und -fürsorge in seine Hand zu bekommen, wird er *à la longue* die Kirche als störenden Fremdkörper empfinden müssen und danach trachten, ihre öffentlich-rechtliche Wirksamkeit einzudämmen. Gewisse Anzeichen hierfür sind in Skandinavien und in Mitteleuropa erkennbar. Der bereits im Gang befindliche und weitergehende Abbau kirchlicher Privilegien ist ein Kennzeichen des Wandels der Volkskirchen.

Gesellschaftliche Leistungen der Kirchen

Die Kirche hat im sozialdiakonischen Bereich bislang Pionierleistungen erbracht: In der Reformationszeit wurden Kirchen- und Klostervermögen, vor allem in den Städten, dem sogenannten „Armenkasten" zugeführt und damit für die Versorgung der sozial Schwachen bereitgestellt. Die Aufklärung brachte einen Pfarrertyp hervor, der sich nicht nur um das Seelenheil, sondern auch um das wirtschaftliche Wohlergehen der Gemeindeglieder kümmerte; etwa durch die Einführung neuer landwirtschaftlicher oder industrieller Formen (der Kartoffelanbau, die Hut- und Handschuhfabrikation in Mittel- und Nordeuropa sind letzten Endes christlichen Initiativen zu verdanken, auch wenn dies heute nicht mehr erkennbar ist), die Versorgung der Kranken, die Betreuung der Kinder in Kindergärten, die Fürsorge für verwahrlosende, arbeitslose Jugendliche, die Betreuung psychisch Kranker und — gerade heute besonders aktuell — der Drogenabhängigen: Dies alles sind gesellschaftliche Aufgaben, denen sich in erster Linie Kirchen und Christen angenommen haben; sie waren freilich zugleich bereit, die Wahrnehmungen dieser Funktionen dann abzugeben, wenn andere, staatliche oder gesellschaftliche Stellen, sich zur Übernahme bereit erklärten.

Umgekehrt: Die Wahrnehmung öffentlich-sozialer Aufgaben durch die Kirche ist solange legitim, wie sich kein anderer dieser Aufgaben annimmt. Hierin liegt ein Merkmal öffentlicher Funktion der Kirche, die *rebus sic stantibus* in der Gestalt der Volkskirche am besten wahrgenommen werden kann.

Es ist sicher nicht von der Hand zu weisen, daß eine Volkskirche, die ihrer menschlichen, finanziellen und gesellschaftlichen Ressourcen beraubt wird, diese Leistungen nicht mehr in bisher gewohntem Maße wird erbringen können. Andererseits werden genau diese Leistungen von der Bevölkerung in einer Volkskirche, oder auch Staatskirche, erwartet. Das heißt: Gegenüber ihrer eigenen Mitgliedschaft legitimiert eine Kirche ihren Anspruch, Kirche für alle zu sein, sei sie als Staatskirche oder Volkskirche organisiert, weniger in der Orthodoxie als in der Orthopraxie: Sie wird also weniger danach gefragt, was sie lehrt, sondern danach, was sie tut.

Freilich: Indem die Mitglieder von ihrer Kirche sozialdiakonische Leistungen erwarten, erwarten sie gleichzeitig noch mehr. Denn die sozialdiakonischen Leistungen einer Kirche müssen als solche ja auch begründet und gerechtfertigt werden.

Was aber ist das „mehr"? Man weiß inzwischen: ein evangelisches Krankenhaus unterscheidet sich von einem kommunalen Krankenhaus durch etwas anderes als die frommen Sprüche an den Zimmerwänden; und ein evangelischer Kindergarten unterscheidet sich von einem kommunalen Kindergarten durch mehr als bloß das Schild an der Haustür. Der Unterschied liegt in der Botschaft, daß Gott alle Menschen um Jesu Christi willen angenommen hat und daß diese Botschaft zu sozialen Konsequenzen führt.

Man darf die sozialen Leistungen der Kirche allerdings nicht auf den engeren Bereich diakonischer Aufgaben beschränken. Die Untersuchungen der Kirchensoziologie haben inzwischen ergeben – und einzelne Theoretiker, wie etwa Dahm, haben daraus eine „funktionale Kirchentheorie" entwickelt –, daß die Erwartungen der Menschen gegenüber der Kirche, abgesehen von unmittelbar sozialen Dienstleistungen, sich auf zwei wichtige Bereiche des Lebens erstrecken: Die Begleitung und Hilfeleistung für den Menschen an den kritischen Stationen des Lebens, Geburt, Reife, Eheschließung und Tod. Es sind ja gerade die Amtshandlungen in der Kirche, die an eben diesen Krisensituationen menschlichen Lebens angeboten werden und die sich – von geringen Schwankungen abgesehen – noch immer ungebrochener Beliebtheit beim Kirchenvolk erfreuen.

Laut Auskunft der Kirchenkanzlei der EKD hält die überwiegende Mehrheit der Kirchenmitglieder in der Bundesrepublik an der Kindertaufe fest. 90 Prozent aller Kinder, von denen zumindest ein Elternteil einer der beiden großen Kirchen angehört, wurden 1973 getauft. Die Feststellung, daß beispielsweise in Hamburg nur 46 Prozent aller Kinder getauft wurden, ist unrichtig.

Hier liegt also eine wichtige Aufgabe der Kirche, die freilich primär als Dienst am Menschen und wohl weniger als volksmissionarische Möglichkeit verstanden werden sollte.

Die zweite Erwartung, die man heute der Kirche entgegenbringt, ist die Vermittlung eines Normen- und Wertesystems. Gewiß, es kennzeichnet den Wandel des Kirchenwesens in Mittel- und Nordeuropa, daß die Kirche selber nicht mehr der alleinige Anbieter auf dem Markte der Normen und Werte ist, sondern in einer heftigen Konkurrenz steht. Kennzeichnend für die Situation ist das Echo, das die jüngste Erklärung der Glaubenskongregation der römisch-katholischen Kirche zur Sexualmoral erhalten hat. Nur wenige Stimmen bekundeten Zustimmung, meist beobachtet man kritische Reserve. Wenn der damalige Generalsekretär der CDU, Kurt Biedenkopf, meinte, die Kirche mache sich damit lächerlich, wurde er zwar von sei-

nen Partei-Oberen aus taktischen Gründen zurückgepfiffen, aber er hat
einer im Volke weitverbreiteten Stimmung Ausdruck gegeben.
Fazit: Die Rolle der Kirche als Vermittlerin eines Wert- und Normen-
systems ist zwar nicht bestritten. Aber es dürfen nicht die Normen
und Werte von vorgestern sein, die angeboten werden. Der heutige
Mensch erwartet von der Kirche Wegweisung für heute!
Nun gehört es zu den entscheidenden Kennzeichen der nord- und
mitteleuropäischen Gesellschaften, daß die Wettbewerbsbedingungen
auf diesem Markte nicht zum Nachteil der Kirchen gestaltet werden —
dies ganz im Gegensatz zu den osteuropäischen Ländern. Die Werte,
Normen und Orientierungssysteme, die die Kirche anzubieten hat,
müssen nicht unbedingt in gesamtgesellschaftliches Bewußtsein über-
gehen und auch nicht unbedingt in staatliche Ordnungen gerinnen,
aber sie sind immerhin da, sie werden erbeten und verlangt — und zuweilen auch befolgt.
Dies freilich ist von dem öffentlichen Einfluß der Kirchen auf staatliche Gesetzgebung und Sozialordnung zu unterscheiden. Sie geht, wie
wir wissen, bekanntlich zurück, aber dennoch wird im Volke, in der
Gesellschaft also, immer wieder gefragt, „was denn die Kirche dazu
sagt" — dieses auch dann, wenn man nicht unbedingt bereit ist, dem,
was die Kirche zu sagen hat, dann auch zu folgen.
Hierfür zwei Beispiele:
1. Werner Harenberg hat in einer ausführlichen Dokumentation im
Jahre 1968 „Was glauben die Deutschen" empirisch nachgewiesen, daß
die Glaubenssätze der Theologie und der Bekenntnisse weit weniger
im Bewußtsein des Volkes verankert oder gar übernommen werden,
als dies bei der kirchlichen Obrigkeit und auch der normalen Gestaltung des Gemeindelebens vorausgesetzt oder erwartet wird. Ja, weiter noch: Die Emanzipation von den Glaubenssätzen des christlichen
Bekenntnisses muß einer inneren Bindung an die Kirche nicht notwendig entgegenstehen.
2. Der katholische Bevölkerungsteil in Mittel- und Nordeuropa hat
sich lange nicht in dem Maße vermehrt, als es nach den strengen katholischen Bestimmungen über Empfängnisverhütung, vor allem nach
der Enzyklika Pauls VI., die auch Ovulationshemmer unter kirchliches
Verdikt stellte, zu erwarten gewesen wäre. Mit anderen Worten:
Auch Katholiken, die sich ihrer Kirche verbunden wissen, nehmen
trotz anderslautender päpstlicher Anweisungen die Pille.
Dies wiederum kennzeichnet einen wichtigen Wandel der Volkskirche: Sie kann ihrem Wesen nach nicht mehr Überzeugungsgemeinschaft sein. Sie ist vielmehr notwendig auf Pluralismus angelegt, was

ihr gleichzeitig die Aufgabe aufnötigt, die Grenzen dieses Pluralismus neu zu definieren.
Verdeutlicht wird dieser Wandel beispielsweise an der Entwicklung des Deutschen Evangelischen Kirchentags. Entstanden aus der äußeren und geistigen Situation der Nachkriegszeit, war er ursprünglich eine Manifestation des evangelischen Kirchenwesens mit glaubensstärkendem Charakter für die Teilnehmer und volksmissionarischen Impulsen für Außenstehende. Wichtig für diese Art protestantischer Manifestation war die Betonung der Einheit, vor allem in kirchlicher, bis 1954 aber vor allem auch in politischer Hinsicht. In den sechziger Jahren vollzog sich – nicht zuletzt unter dem Einfluß der Studentenbewegung und der Verbreitung der sogenannten „Kritischen Theorie" – die Wandlung zu einer Art Evangelischen Forums, das fest in Besitz zu nehmen freilich keiner der verschiedenen, teilweise polarisierten Gruppen gelang. Die Manifestation des Protestantismus, die der Kirchentag war und blieb, stand sehr bewußt auf der Basis des Pluralismus, der verschiedenen Richtungen, Haltungen, Gruppen usw. innerhalb der Evangelischen Kirche Raum gibt. Nur: Es war nicht der Kirchentag, der sich gewandelt hatte, sondern die Volkskirche, deren Manifestation er ist.
An dieser Stelle entstehen der Theologie neue Aufgaben. Unabhängig davon, wie das theologische Geschäft organisiert ist, an staatlichen Hochschulen oder kircheneigenen Seminaren: Die kritische Aufgabe der Theologie wird sich zweifellos verstärken. Sie muß heute mehr tun, als Tradition interpretieren und das Normativ-Verbindliche christlicher Tradition herauszustellen. Die Kirchensoziologie, so wichtig sie für die Erhellung kirchlich-gesellschaftlicher Tatbestände ist, darf nicht den Anspruch erheben, normative Wissenschaft zu sein. Die ständige Erforschung der Quellen und der Leistungsgeschichte des christlichen Glaubens in Konfrontation mit den Ergebnissen empirischer Sozialforschung kann die Möglichkeit schaffen, daß dem Menschen unserer Zeit unter den – wandelbaren – Bedingungen volkskirchlicher Organisation die Heilsbotschaft verkündigt und er in die – wiederum wandelbaren – Ordnungen kirchlich/christlicher Kommunität gerufen wird. Wenn nämlich den Erwartungen an eine sich wandelnde Volkskirche der Verzicht des Verständnisses von Kirche als Überzeugungsgemeinschaft korrespondiert und die Kirche mehr von ihren Funktionen gegenüber dem Menschen gesehen wird, dann muß die Theologie unter anderem gewährleisten, daß die Kirche nicht zu einem Dienstleistungsbetrieb zur religiösen Versorgung der Bevölkerung degeneriert. Oder anders gesagt: Die Verkündigung der Heils-

botschaft für den Menschen und die Erwartungen des Menschen an den Verkündiger der Heilsbotschaft müssen in ein balanciertes Verhältnis gebracht werden. Gleichzeitig sollten innerhalb der Volkskirche neue Formen und Möglichkeiten christlicher Kommunität geschaffen und angeboten werden, von denen der traditionelle Gottesdienst nur eine — wenngleich die zentrale — unter mehreren ist. Anders gesagt: Eine sich wandelnde Volkskirche verlangt auch gewandelte und neue Formen christlicher Kommunikation und Kommunität. Darüber nachzudenken, ist die große Aufgabe der Theologie in einer sich wandelnden Volkskirche. Diese selbst wird ihre Konsequenzen aus den Ergebnissen einer so verstandenen theologischen Arbeit ziehen müssen. Auch die Entwicklung einer Kommunikationsform ist ohne die theologische Arbeit nicht denkbar.

Abschluß

Was in den bisherigen Überlegungen als Kennzeichen des Wandels der Volkskirche vorgetragen wurde, läßt sich in folgenden Sätzen kurz zusammenfassen:

1. Allein nach dem Mitgliederbestand sind Staatsvolk und Kirchenvolk nicht mehr identisch; Kirchenmitgliedschaft ist nicht mehr in gleicher Selbstverständlichkeit wie bislang eine gegebene, sondern wird mehr eine erworbene. Daraus folgt:

2. Dies kann Rückwirkungen haben auf die Regelung der staatskirchenrechtlichen Verhältnisse und den bereits in Gang befindlichen Abbau der Privilegien kirchlicher Institutionen fördern. Damit wiederum hängt zusammen:

3. Die Kirchen werden überprüfen, ob sie ihre sozialen Leistungen im engeren Sinn noch im gleichen Umfang weiterhin erbringen können und sollen wie bisher. Dies aber bedeutet keine Einschränkung kirchlichen Handelns und kirchlicher Chancen, sondern vielmehr:

4. Die Erwartungen, die an die Kirche gestellt werden, richten sich eindeutig auf die Begleitung des Menschen an den Krisenstationen seines Lebens und die Vermittlung eines Normen- und Wertesystems.

   Diesen Erwartungen kann im Rahmen des biblischen Auftrags an die Kirchen in Verkündigung und Seelsorge entsprochen werden. Daraus aber folgt zweierlei:

5. Die Volkskirche ist keine Überzeugungsgemeinschaft, das heißt, eine Gemeinschaft solcher Menschen, die alle auf die gleichen Glau-

benssätze und -lehren verpflichtet werden, sondern gibt einem notwendigen Pluralismus Raum. Und:

6. Der Theologie fällt die Aufgabe zu, kirchlichen Auftrag und menschliche Erwartung in Einklang zu bringen und gleichzeitig die Grenzen des Pluralismus zu definieren und neue Formen christlich-kirchlicher Kommunität zu entwerfen.

7. Eine Volkskirche, die nicht mehr wie bisher auf einen mit dem Staatsvolk nahezu identischen Mitgliederbestand hoffen kann und gleichzeitig im Sinne des ihr eingestifteten Auftrags menschlichen Erwartungen entspricht, übernimmt eine kritische Funktion gegenüber einem sich immer stärker ausbreitenden Staatsmonopolismus. Sie kann allerdings im Sinne ihres fortbestehenden öffentlichen Auftrags vom Staate verlangen, daß er ihr diesen Raum eines kritischen Wächteramtes freihält.

8. Es sei dankbar vermerkt, daß dies in den demokratischen Rechtsstaaten Mittel- und Nordeuropas der Fall ist.

XV. Kapitel

NEUBESTIMMUNG DES VERHÄLTNISSES ZU STAAT UND GESELLSCHAFT IN DEN SOZIALISTISCHEN LÄNDERN OSTEUROPAS

Günter Krusche

Die lutherischen Kirchen in der DDR

Die Neubestimmung des Verhältnisses zu Staat und Gesellschaft durch die Kirchen in der DDR hat sehr bald besonderes Interesse in der Ökumene gefunden. Als Modellfall einer evangelischen Volkskirche in der sozialistischen Gesellschaft gewann ihr Weg exemplarische Bedeutung. Während die lutherischen Kirchen Osteuropas von ihrer Geschichte her stets Minderheitskirchen waren, traf der Sozialismus auf deutschem Boden eine evangelische Kirche an, die auf eine staats- bzw. volkskirchliche Tradition zurückblickte. So bietet die Geschichte der Kirchen in der DDR ein besonders eindrückliches und informatives Beispiel der Relevanz der gesellschaftlichen Situation für Verkündigung und Dienst der Kirche.

Abschied von der Vergangenheit

Mit der bedingungslosen Kapitulation Hitlerdeutschlands am 8. Mai 1945 hörte das Deutsche Reich auf zu bestehen. Damit fand eine historische Epoche ihr unwiderrufliches Ende. Denn die von den Siegermächten verfügte Aufteilung des verbliebenen Reichsgebiets (ohne Ostgebiete) leitete eine Entwicklung ein, die schließlich (1949) zur Gründung zweier deutscher Staaten führte, deren Wiedervereinigung auf Grund der Antagonismen zwischen „kapitalistischer" und „sozialistischer" Gesellschaft immer unwahrscheinlicher wurde. Der „kalte Krieg" bewirkte vollends die Integration beider Teilstaaten in die jeweiligen „Machtblöcke". Die Grenze zwischen den beiden Staaten, ursprünglich nur Demarkationslinie zwischen Besatzungszonen, wurde Teil des „eisernen Vorhangs".

Die DDR, die auf dem Gebiet der sowjetischen Besatzungszone entstand, entwickelte sich aus einem „Provisorium" zu einer politischen, schließlich auch diplomatisch anerkannten Realität. Die Grundsätze des Potsdamer Abkommens: Entnazifizierung, Entmilitarisierung und Enteignung der Kriegsverbrecher wurden in der sowjetisch besetzten

Zone (SBZ) mit Konsequenz durchgeführt, so daß im Zuge des Wiederaufbaus die Grundlagen für einen gesellschaftlichen Neuanfang nach sozialistischem Muster gelegt wurden. Das Vorbild der Sowjetunion spielte damals schon eine hervorragende Rolle. Die erste Phase der gesellschaftlichen Neugestaltung stand noch ganz im Zeichen von Wiederaufbau, Wiedervereinigung und Bündnispolitik. Die SED, die aus der Vereinigung von KPD und SPD hervorgegangen war, legte von Anfang an auf die Zusammenarbeit mit den antifaschistisch-demokratischen Kräften, besonders in den sogenannten „Blockparteien", großen Wert.

Auch für die evangelischen Kirchen war mit dem totalen Zusammenbruch die Situation des „Nullpunkts" gegeben. Nicht nur waren zerstörte Kirchen wiederaufzubauen, versprengte Gemeinden wieder zu sammeln, vielmehr sahen sich die Kirchen, vor allem die evangelischen, vor der Aufgabe, das kirchliche Leben neu zu ordnen, das durch den „Kirchenkampf" in eine schwere Krise gebracht worden war. Denn die Gesamtheit der Christen hatte sich dem Ungeist des Nationalsozialismus eben nicht versagt, auch wenn nicht alle den „Deutschen Christen" gefolgt waren, die eine Synthese von Christenglaube und Deutschtum verfochten. Vor allem das von ihnen vertretene „Führerprinzip" hatte den Protest der „Bekennenden Kirche" (BK) herausgefordert. Sie setzte dagegen die seither vielzitierte „Barmer Erklärung" von 1934, in der sich die bedeutsamen Sätze finden: „Wir verwerfen die falsche Lehre, als gebe es Bereiche unseres Lebens, in denen wir nicht Jesus Christus, sondern anderen Herren zu eigen wären . . ." (II. These). Doch obwohl die historische Entwicklung der BK recht gegeben zu haben schien, wußten sich auch ihre Vertreter mit allen evangelischen Christen gemeinsam zur Buße verpflichtet: „Wir klagen uns an, daß wir nicht mutiger bekannt, nicht treuer gebetet, nicht fröhlicher geglaubt und nicht brennender geliebt haben" („Stuttgarter Erklärung" von 1945).

In den ersten Jahren nach dem Kriege stand daher neben dem Aufbau funktionierender Landeskirchen und gesamtkirchlicher Zusammenschlüsse die Bewältigung der Vergangenheit im Vordergrund. Dabei gerieten die lutherischen Kirchen auf Grund des „Ansbacher Ratschlags" von 1934, den selbst lutherische Stimmen (so G. Voigt) ein „irreführendes Dokument" genannt haben, in den Verdacht, als Anhänger der Zwei-Reiche-Lehre anfälliger gegenüber dem Ungeist der Zeit zu sein als die an „Barmen" (und K. Barth) orientierten Verfechter der Königsherrschaft Christi. Dies erklärt zu einem guten Teil, wieso die Auseinandersetzung über die Vergangenheit den Streit um die politische Verantwortung der Kirche bis heute bestimmt. Doch kann als unbestrittene Lehre aus dem „Kirchenkampf" das Wissen darum bezeichnet werden, daß die Kirche „mit ihrem Glauben wie mit ihrem Gehorsam, mit ihrer Botschaft wie mit ihrer Ordnung" (III. Barmer These) Zeugnis abzulegen hat. Diese Einsicht war der Grund dafür, daß die evangelischen Kirchen mit Energie an die Ausarbeitung einer „Ordnung des kirchlichen Lebens" gingen und auch an den kirchlichen „Grundordnungen" festhielten, als dies politisch inopportun zu werden begann. In der Phase der beginnenden Entfremdung zwischen den beiden deutschen Staaten blieb die Kirche bald die einzige funktionierende gesamtdeutsche Organisation, waren die Organe von EKD und VELKD noch immer gesamtdeutsch zusammengesetzt. So geriet die Kirche in den Sog der politischen Spannungen, wurde sie als „Militärkirche" (wegen des vollzogenen und von den DDR-Synodalen mitverantworteten Militärseelsorgevertrags mit der Bundesregierung in Bonn) verunglimpft und sogar als „fünfte Kolonne des Westens" verdächtigt.

Nach den Maßnahmen der politischen Abgrenzung zur „Sicherung der Staatsgrenze der DDR" vom 13. August 1961 kam die Praktizierung der kirchlichen Einheit faktisch zum Erliegen, obwohl sich die EKD nach wie vor als eine „Einheit" verstand und sich nur schwer zu einer Regionalisierung entschließen konnte. Es war die Konsequenz aus der III. Barmer These, die es den Kirchen in der DDR so schwer machte, aus politischen Fakten oder gar Ansprüchen Folgerungen für die kirchliche Ordnung zu ziehen, „als dürfe die Kirche die Gestalt ihrer Botschaft und ihrer Ordnung ihrem Belieben oder dem Wechsel der jeweils herrschenden weltanschaulichen und politischen Überzeugungen überlassen". Das Erbe des „Kirchenkampfes", zusammen mit der damals noch offenen „deutschen Frage", hat der kirchlichen Entwicklung in der DDR ihre spezifische Prägung im Unterschied zu den Kirchen in den übrigen Volksdemokratien gegeben.

Die Herausforderung durch die marxistische Ideologie

Wenn auch zunächst die politischen und kirchenpolitischen Spannungen das Verhältnis von Staat und Kirche bestimmten, so traten doch bald die ideologischen Probleme stärker hervor. Mit der weiteren Ausgestaltung der sozialistischen Gesellschaft und dem Ausbau der führenden Rolle der SED gewann auch die marxistisch-atheistische Propaganda an Schärfe.

Die Lehre des Marxismus-Leninismus wurde zur Grundlage der Wis-

senschaft, der Ökonomie, des Erziehungswesens erklärt, und damit
wurde die Frage akut, ob der Atheismus zum „Kern", zum Wesen des
Marxismus-Leninismus gehöre oder nur eine „Zutat" darstelle. Den
Aufbau des Sozialismus wollte ja die Kirche nach einem Kommuniqué
vom 21. Juli 1958 „respektieren", den existierenden Staat als „Obrigkeit" anerkennen, aber den Atheismus als Weltanschauung konnte
die Kirche ihrem Selbstverständnis nach keinesfalls bejahen.

Zum Treffen in dieser Frage kam es im Streit um die „Jugendweihe",
die als „Weihehandlung" nach der „Ordnung kirchlichen Lebens" als
im Gegensatz zur Konfirmation stehend angesehen werden mußte und
darum „kirchenrechtliche Folgen" nach sich zog. Überhaupt im Bil-
dungsbereich, in der Frage der christlichen Jugend- und Kinderarbeit
kam es immer wieder zu heftigen Auseinandersetzungen, die den Verdacht weckten, in der DDR sollte ein neuer „Kirchenkampf" beginnen.
Zwar wurden − wie schon 1953 − die administrativen Maßnahmen
gegen die kirchliche Arbeit aus Gründen politischer Vernunft bald
wieder aufgegeben, doch blieb der Eindruck bestehen, in der DDR
solle ein atheistischer Weltanschauungsstaat errichtet werden, und
diese Befürchtung blockierte ihrerseits wieder den innerkirchlichen
Lern- und Integrationsprozeß. In dieser Zeit sind tatsächlich politische
Vorbehalte gegen den Sozialismus christlich-theologisch begründet
worden, und die „atheistische Komponente" war es, die solche Ineins-
setzung scheinbar ins Recht setzte.

Die offiziellen Vertreter des Staates wie die Verfechter der Ideologie
bestanden selbst immer wieder auf der „Unvereinbarkeit von wissen-
schaftlicher Weltanschauung und religiösem Vorurteil" und betonten
je länger je mehr: „Es gibt keine ideologische Koexistenz!"

Es ist den Christen erst allmählich bewußt geworden, daß der Atheismus der Sozialisten seine Vorgeschichte im Verhalten der Kirche gegenüber dem „vierten Stand" hat und „im Zusammenhang der abendländischen Geistesgeschichte" steht. Überhaupt wurde jetzt erst deutlich, daß „der Atheismus als Frage an die Kirche" (so der Titel einer
Handreichung der VELKD von 1962) gesehen werden müsse und eine
bloße Konfrontation mit apologetischer Stoßrichtung nicht zu verantworten sei; und damals begann auch die Einsicht zu wachsen, wenn
auch zunächst nur in kleinen Kreisen, daß der christliche Glaube nicht
notwendig der bürgerlichen Gesellschaftsordnung, dem westlichen
Lebensstil und dem „demokratischen Rechtsstaat" zugeordnet werden
müsse. Es galt, Abschied von tradierten Leitbildern zu nehmen: endgültig dahin war die jahrhundertealte Verbindung von „Thron und
Altar"; an ihre Stelle trat die konsequent durchgeführte Trennung

von Staat und Kirche. Dahin war auch die Vision einer christlichen Gesellschaft; dafür wurde der Aufbau des Sozialismus zum Leitmotiv. Dahin ging auch die Einheit von Kirche und Volk; das mußte die Volkskirche lutherischer Tradition empfindlich treffen.

Volkskirche im Wandel

Die politischen Veränderungen des Jahres 1945 hatten zwar das Erscheinungsbild der verfaßten Kirchen verwandelt, ihre Struktur aber im wesentlichen unverändert gelassen. Trotz „Entnazifizierung" auch in der Kirche, trotz Ausschaltung der „Deutschen Christen", blieben die Landeskirchen, sieht man von den territorialen Veränderungen im Osten ab, in ihrem Bestand erhalten, auch ihr innerer Aufbau blieb weitgehend unverändert (so z. B. in der Ev.-Luth. Landeskirche Sachsens), wenn er nicht gemäß den Einsichten des Kirchenkampfes („bekennendes Kirchenrecht") auf einen neueren Stand gebracht wurde.

So folgte auf den Zusammenbruch zunächst eine Konsolidierung des Landeskirchentums wie in den westlichen Gliedkirchen der 1948 gegründeten EKD. Die Kirchen in der SBZ (und später in der DDR) haben die auch verfassungsrechtlich zugestandene Selbständigkeit dazu benutzt, ihre Angelegenheiten zu „ordnen": Die „Ordnung kirchlichen Lebens" war ein Ergebnis solcher Neuordnung. Sie schrieb aber — wie sich bald zeigen sollte — einen Idealzustand fest und überforderte damit das volkskirchliche Bewußtsein der Mehrzahl ihrer Kirchenglieder, indem sie die volkskirchliche Wirklichkeit an dem Anspruch einer Bekenntniskirche maß. Sehr viele Kirchenglieder genügten diesen Ansprüchen jedoch nicht und gerieten damit in die Netze der ebenfalls neugeordneten Kirchenzucht, der sie sich durch den Kirchenaustritt entzogen, der in den fünfziger Jahren aus ideologischen Gründen sehr erleichtert, ja Bürgern bestimmter Berufsgruppen nahegelegt, wenn nicht gar abgenötigt wurde.

Auch in der Jugendweihefrage hat die Kirche die „Machtprobe" nicht bestanden. Nur in Ausnahmefällen brachten die Eltern der umworbenen Kinder die „Zivilcourage" auf, sich dem Drängen der Werbung zu entziehen. Sehr oft hatte die Verweigerung nicht einmal ausgesprochen kirchliche, sondern politische Motive zur Ursache. Die meisten Kinder hielten es wie ihre Eltern mit dem „Sowohl-Als-auch" und versagten sich der kirchlichen Forderung nach dem „Entweder-Oder". Inzwischen ging der Schrumpfungsprozeß weiter, aber die Erwartung, die Kirche in der DDR „schrumpfe sich gesund" (R. Augstein), erfüllte sich nicht. Auch bei kleiner werdenden Zahlen blieb das

volkskirchliche Bewußtsein weithin erhalten: die Kirche „schrumpfte"
zwar, aber nicht in Richtung auf eine Bekenntniskirche, sondern zu
einer Volkskirche mit kleiner werdendem Erfahrungshorizont. Allerdings erhöhte sich der Grad der Bewußtheit auch bei volkskirchlich
orientiertem Verhalten (Amtshandlungen), und kleine Gruppen bewußter Christen durchsetzten in immer stärkerem Maße herkömmliche Gemeinden, oft als „Paragemeinde" außerhalb des offiziellen
Programms.

Als besonders folgenreich erwies sich in den ersten Jahren des Neu-
beginns, daß das gespannte Verhältnis zum Staat und die Frage der
kirchlichen Einheit im geteilten Deutschland das kirchliche Interesse
fast völlig auf sich zogen. Damit waren die Kirchen nicht frei für die
Aufarbeitung der gesellschaftlichen Situation, ganz zu schweigen von
der Annahme der neuen Gegebenheiten. Doch dabei konnte es nicht
bleiben.

Das Gemeinsame im Gegenüber zur Gesellschaft

Erst die Maßnahmen vom 13. August 1961 machten die Unwiderruflichkeit der Teilung Deutschlands ansichtig und verwiesen die Hoffnungen auf eine Wiedervereinigung in das Reich des Utopischen. Sie
zwangen die Kirchen zur Aufarbeitung der Fakten. Sie nötigten aber
auch zu gemeinsamem Handeln, unabhängig von der konfessionellen
Tradition.

Die lutherischen Kirchen haben die gemeinsame Verantwortung im
Rahmen der Konferenz der Kirchenleitungen in der DDR bewußt
mitgetragen. Wenn es zu Differenzen im praktischen oder kirchenpolitischen Handeln kam, dann gründete dies eher in nichttheologi-
schen Faktoren als in der konfessionellen Prägung einer Landeskirche.
Man denke nur an die Differenzen in der Jugendweihefrage, an die
Bewertung von Stellungnahmen kirchlicher Amtsträger usw. Ein
spezifischer Beitrag der lutherischen Kirchen zur Frage der Verhält-
nisbestimmung zu Staat und Gesellschaft ist daher nur schwer zu erheben.

In der DDR gab und gibt es acht Landeskirchen, fünf unierte (Berlin-
Brandenburg, Provinz Sachsen, Anhalt, Greifswald, Görlitz) und drei
lutherische (Sachsen, Thüringen, Mecklenburg). Ihnen allen war das
Gegenüber zum Staat und zur herrschenden Ideologie gemeinsam.
Doch dies genügte auf die Dauer nicht. Die Handreichungen in den
ersten Jahren nach dem Krieg waren apologetischer Natur gewesen:
Sie wollten Argumente im Meinungsstreit liefern, historische Fehl-

deutungen korrigieren, die Christen gegen den Vorwurf des politischen Diversantentums verteidigen. Nun aber meldeten sich differenziertere Stimmen zu Wort. Schon 1957 hat Johannes Hamel in einem Band der „unterwegs"-Reihe: „Der Christ in der DDR" eine solche Stimme zu Gehör gebracht. Karl Barths „Brief an einen Pfarrer in der DDR" (1958) sekundierte ihm. Jetzt wurde schon deutlich, daß die Option für den Westen nicht notwendig das Geschäft der Christen sein, daß die Situation vom Evangelium her neu beurteilt werden müsse und daß daraus Freiheit zum Dienst erwachse. Die auch in der DDR-Literatur anlaufende Bonhoeffer-Rezeption gab weitere Hilfen: „Religionslosigkeit trennt nicht von Christus"; „Atheisten sind unsere Brüder"; „unter der Gnade sind wir solidarisch mit den Ungläubigen". So und ähnlich wurde damals geredet. Kirchenkritische Töne mischten sich darunter.

Eine erste kirchliche Stellungnahme brachte die „Handreichung der EKU" vom Februar 1959. Darin wird, ausgehend von der Anfechtungssituation der Gemeinden, die Situation vom Evangelium her in den Blick genommen. Rückzug in die Innerlichkeit wie Politisierung des Evangeliums werden in gleicher Weise abgewiesen. Durch den Rückbezug auf die „Königsherrschaft Christi" wird die Verbindung zu „Barmen" hergestellt, politischer Gehorsam begrenzt. Die Situation ist als Herausforderung vom Evangelium her angenommen. Eine Konsequenz solchen Nachdenkens war der Appell der Synode der EKU zum „Bleiben in der DDR" von 1960, bewußt gegen den Strom der Republikflüchtigen gesprochen. In ähnlicher Richtung wurde auch in lutherischen Landeskirchen gedacht (z. B. im Bischofswerdaer Arbeitskreis in Sachsen).

Bei allen diesen Bemühungen wurde auf Röm. 13 zurückgegriffen. „Obrigkeit", „Gottes gnädige Anordnung" im Sinne der V. Barmer These, war auch die DDR. Unbeschadet ihrer weltanschaulichen Komponente wurde die sozialistische Gesellschaft unter den Anspruch des göttlichen Wortes gestellt. Damals begannen die Christen auch, Positives am Sozialismus zu entdecken, und dies um so mehr, als die Gespräche Walter Ulbrichts mit Professor Emil Fuchs (9. Februar 1961) und das Wartburg-Gespräch mit Bischof Moritz Mitzenheim (18. August 1964) eine offensichtliche Offerte an die Christen enthielten: den Aufruf zur Mitarbeit im Geist „gemeinsamer humanistischer Verantwortung" unter Hintanstellung der ideologischen Gegensätze. Auch die bedeutsame Rolle der Kirchen im Dienst für den Frieden wurde in aller Form anerkannt. Diese pragmatische Wendung der offiziellen Kirchenpolitik erlaubte vor allem gesellschaftlich engagierten Christen, die es ja doch gab, ihre Erfahrungen in die kirchlichen Überlegungen einzubringen.

„Suchet der Stadt Bestes" (Jer. 29) wurde damals als weiteres Schlüsselwort für die Gemeinden entdeckt, aber es wurde auch von den in der CDU und der Nationalen Front engagierten Christen für sich in Anspruch genommen.

Königsherrschaft Christi oder Zwei-Reiche-Lehre?

Die Handreichung der EKU von 1959 hatte bewußt auf die Lehre von der Königsherrschaft Christi zurückgegriffen. Wie aber stand es mit der lutherischen Tradition?

In diesem Zusammenhang sind zwei Handreichungen der VELKD zu erwähnen: „Der Christ in der DDR" (1961) und „Der Atheismus als Frage an die Kirche" (1962). Für die Beantwortung der gestellten Frage ist die erste der genannten Schriften besonders aufschlußreich.

Das Charakteristische dieser Handreichung läßt sich so zusammenfassen: Unter bewußter Bezugnahme auf die Zwei-Reiche-Lehre in Verbindung mit der Unterscheidung von Gesetz und Evangelium wird das „Recht der Kirche" und der besondere Auftrag der Gemeinde vor allem betont, der sich nicht ohne weiteres zur gesellschaftlichen Verantwortung nivellieren läßt. Die Existenz der Gemeinde als solcher hat eine kritische Funktion, indem sie jeglichen Heilsaspekt und Totalitätsanspruch limitiert. In der Bezugnahme auf die Zwei-Reiche-Lehre scheint sich so etwas wie ein lutherisches Proprium zu erhalten, das gerade neuerdings wieder im Rahmen des „Bundes der evangelischen Kirchen in der DDR" geltend gemacht wird. Daß solches Insistieren problematisch werden und zu Scheingegensätzen führen kann, muß gesehen werden. Neuere Untersuchungen zur Zwei-Reiche-Lehre (E. Wolf, U. Duchrow, W. Huber) machen deutlich, daß Zwei-Reiche-Lehre und Lehre von der Königsherrschaft Christi in wesentlichen Punkten konvergieren, ja selbst Gottfried Voigt, einer der Mitverfasser der „Handreichung", stellt fest: „Die Zwei-Reiche-Lehre widerspricht nicht der Lehre von der Königsherrschaft Jesu Christi, ist vielmehr die Weise, von dieser richtig zu reden" (1974).

Die Zwei-Reiche-Lehre kann auch für eine Trennung der Verantwortungsbereiche in dem Sinne in Anspruch genommen werden, daß die Kirche auf den innerkirchlichen bzw. kultischen Bereich beschränkt bzw. auf „ihre eigene Humanisierung" (G. Bassarak) zurückverwiesen wird. Diese Version wird auch von Mitgliedern der CDU bevorzugt. Doch trifft, nach allem, was wir wissen, dieses Verständnis den Sinn

der Zwei-Reiche-Lehre Luthers in keinem Falle; denn sie deckt wohl
die Unterscheidung, nicht aber die Trennung der Verantwortungsbereiche. In dieser Hinsicht folgen auch die lutherischen Kirchen dem
Geist von „Barmen".

So wurde es schließlich möglich, daß alle acht Gliedkirchen in der
DDR die „Zehn Artikel von Freiheit und Dienst der Kirche" (1963)
auf ihre Verantwortung nahmen. Dabei handelt es sich um die erste
gemeinsame Stellungnahme der unierten und lutherischen Kirchen in
der DDR. Zum erstenmal wird ausdrücklich die gegebene Situation
mit dem Auftrag der Kirche zu vermitteln gesucht. Das Ja zum Dienst
an den Menschen bekommt den Vorrang vor dem Nein zur ideologischen Komponente dieser Gesellschaft. Gewiß, der Gehorsam der
Christen hat Grenzen, vor allem da, wo es um den speziellen Auftrag
der Gemeinde geht, auch um Ordnung und Recht. „Die Kirche ver-
fällt dem Unglauben, wenn sie ... die Gestalt ihrer Ordnung dem
Wechsel der jeweils herrschenden gesellschaftlichen Verhältnisse über-
läßt" (Art. IX). Die Zehn Artikel wenden sich vor allem gegen die
falsche Synthese; deshalb betonen sie die kritische Distanz überaus
stark.

Sie riefen denn alsbald auch den Widerspruch des „Weißenseer Ar-
beitskreises" hervor, der in „Sieben Sätze von der Freiheit der Kirche
zum Dienen" stärker den Auftrag zum Dienst an der Gesellschaft betonte, dem Konzept einer „Kirche für andere" den Vorzug gab und
vor allem die gegenteilige Gefahr sah, nämlich die Gefahr der Abgrenzung vom gelebten Leben; auch war die Sorge, es könnte eine
politische Anti-Haltung letztlich doch mit dem Anspruch des Evangeliums legitimiert werden, nicht gegenstandslos, wie wir sahen. Hatten die „Zehn Artikel" mehr die Herrschaft Christi unterstrichen, so
betonten die „Sieben Sätze" die Hingabe Jesu. Nicht die Sorge um den
Bestand der Kirche, sondern die Sorge für den Menschen in der sozialistischen Gesellschaft diktierte hier das Interesse.

Das Gespräch zwischen diesen beiden Ansätzen ist nicht zu Ende geführt worden. Die Spannung zwischen Zeugnis und Dienst deutet sich
schon hier an, und sie begleitet den Weg der Kirchen in der DDR seitdem. Innerhalb dieses Spannungsfeldes geschahen auch die Bemühungen, die 1969 zur Gründung des BEK führten.

Zwischen ideologischer Abgrenzung und offenem Dialog

Es dürfte deutlich geworden sein, daß die evangelischen Kirchen und
ihre Glieder zunächst auf die „atheistische Komponente" fixiert sein

mußten. Die Propagierung des Atheismus in Partei und Schule, die Ausrufung des Sozialismus als des „Reiches des Menschen" (W. Ulbricht), die Verkündung der „Zehn Gebote der sozialistischen Moral" nötigten zu ideologischer Konfrontation, und die Christen, die deshalb als „Feinde des Friedens" oder „Fünfte Kolonne des Westens" verunglimpft wurden, fühlten sich mit Recht mißverstanden.

Daran änderte sich erst etwas, als in den sechziger Jahren die These von der „sozialistischen Menschengemeinschaft" eine gewisse Öffnung verhieß. Jetzt wurde auf die Mitarbeit der Christen besonders Wert gelegt. Durch die innerkirchliche Diskussion um den „Dienst der Kirche am Menschen" wuchs die Bereitschaft, vom Glauben her einen Beitrag zum „Aufbau des Sozialismus" zu leisten. Gewisse Elemente der Blockpolitik kamen jetzt zum Tragen, unterstützt durch positive Erfahrungen von Christen, die pragmatische Lösungen nahelegten, ohne die ideologischen Fragen zu tangieren. Der „Dialog" zwischen Christen und Marxisten schien sich anzubahnen.

In gewissem Gegensatz dazu stand der „ideologische Vorbehalt" der verfaßten Kirchen. Er rief zunächst eine Woge innerkirchlicher Kritik hervor, die sich die Sprache der Dialogpartner des „Salzburger Gesprächs" lieh: Machovec, Garaudy, Kolakowski — in einer grandiosen Verkennung des tatsächlich gegebenen Spielraums, wie wir erst heute wissen!

Aber auch in den Kreisen von CDU und CFK regten sich die Freunde des Dialogs, und die „Christlichen Kreise" der „Nationalen Front" erhielten dadurch starken Zustrom seitens interessierter kirchlicher Amtsträger und Laien, oft gegen den Widerstand ihrer Kirchenleitungen. Die „sozialistische Menschengemeinschaft" appellierte an „unsere gemeinsame humanistische Verantwortung", ohne die ideologische Gewissensfrage zu stellen. Es ist damals viel über die Vereinbarkeit von christlichem und sozialistischem Humanismus nachgedacht worden, doch die abrupte Beendigung des offenen Dialogs nach den Prager Ereignissen von 1968 schien denen nachträglich recht zu geben, die ihren „ideologischen Vorbehalt" nie aufgegeben hatten.

So geriet zwangsläufig die Betonung der „ideologischen Unvereinbarkeit" von Christentum und Marxismus wieder stärker in den Vordergrund, zumal der VIII. Parteitag der SED 1971 die Formel von der „ideologischen Abgrenzung" prägte und jeder Form von „Konvergenztheorie" den Kampf ansagte. Das war zunächst natürlich gegen Revisionismus und „Versöhnlertum" gerichtet, traf nun aber die dialogbereiten Christen besonders. „Es gibt keine ideologische Koexistenz!"

Seitdem findet — von informellen Kontakten abgesehen — ein Dialog nicht statt. Die „Ideologien" stehen unvereinbar nebeneinander. Dies wird von der Parteiführung in großer Klarheit immer wieder festgestellt, und den Kirchenleitungen kann diese Klarstellung nur recht sein. Partei und Kirche befinden sich hier in einem negativen Konsensus.

Zwischen politischer Antihaltung und kritischer Solidarität

Es ist nicht zu bestreiten: In den fünfziger Jahren waren die Christen weithin undifferenziert auf Anti-Kurs gegangen. Dabei darf nicht vergessen werden, daß die Kirchen noch unter dem „Trauma" des nichtbestandenen Kirchenkampfes litten und der Sozialismus unter höchst ungünstigen Vorzeichen „importiert" worden war: als Folge eines verlorenen Krieges. Dazu kam die durch die deutsche Teilung verursachte nationale Problematik.

Aber die Kirchen konnten in der Abwehrhaltung nicht bleiben, wenn sie es mit dem „Dienst am Menschen" ernst meinten. So setzte sich eine differenziertere Beurteilung der Situation allmählich durch. Neue, bessere Erfahrungen kamen zu Wort. Realitätssinn bei mündigen Laien und politisches Augenmaß bei führenden Männern der Kirche bestimmten das weitere Nachdenken. Die Einsicht in das Mögliche wuchs. Besonders junge Christen nötigten ihre Kirchen zur Öffnung für die gegebene Situation. Die Bejahung der sozialistischen Gesellschaft zwang zu gleichzeitiger Besinnung auf den eigenen Auftrag in dieser Gesellschaft. Die Kirche hatte kein politisches Mandat, gleichwohl trug sie Mitverantwortung für das Ganze.

Die lutherischen Kirchen konnten sich nur schwer zu einer globalen Anerkennung der sozialistischen Gesellschaft bereitfinden. Sie erkannten wohl die „Solidarität unter der Sünde" an (vgl. „Der Christ in der DDR"), befürchteten aber bei undifferenzierter Solidarisierung die Verwischung der Gegensätze. Vor allem hielten sie sich gegenüber jeder Form von „Legalisierung" oder „Legitimierung" bestehender Zustände zurück. Sie hielten sich nach wie vor an die „Respektierung des Sozialismus".

In dieser Lage stellte sich die Formel von der „kritischen Solidarität" (Bischof Krummacher) ein. Auch sie löste Streit aus. Den einen ging sie schon zu weit, den anderen schien sie nicht entgegenkommend genug. Aber sie ließ den Kirchen doch genügend Raum, ein Ja zur sozialistischen Gesellschaft zu sprechen, sofern sie den Menschen dient, sich aber das kritische Nein für den Einzelfall vorzubehalten. Daß damit eine neue Qualität kirchlicher Stellungnahme erreicht war, darf nicht unterschlagen werden, auch wenn die Vertreter des Staates in dieser Formel

eine neue Spielart des „Wächteramtes der Kirche", das dieser nicht zugestanden wurde, erblickten. Woher leiteten nun aber die Verantwortlichen der Kirche ihr Ja und ihr Nein ab, aus der Situation oder aus
dem Evangelium? Das war die eigentliche Frage, die Antwort verlangte.

Zwischen gesellschaftlicher Realität und kirchlichem Auftrag

Die Kirche in der DDR hat sich dem Ansinnen vorbehaltloser Zustimmung stets widersetzt. Zu intensiv war die Lehre aus dem Kirchenkampf. Daraus erklärt sich mancher Unterschied zu den Kirchen in anderen osteuropäischen Ländern. Aber doch gingen die Kirchen auf die
gegebene Situation ein, sie haben der Unwiderruflichkeit der Tatsachen
Rechnung getragen: sie haben den Sozialismus schließlich akzeptiert,
sich mit der Teilung Deutschlands abgefunden und 1969 — wenn auch
unter Schmerzen — die organisatorische Einheit der EKD aufgegeben.
Wenn auch die Kirche in der DDR niemals den Grundsatz: „Staatsgrenzen sind Kirchengrenzen" anerkannt hat, hat sie Staatsgrenzen
doch als Grenzen der Organisierbarkeit hinzunehmen gelernt.
Noch am 5. April 1967 hatte die Regionalsynode der EKD in Fürsten-
walde lapidar festgestellt: „Die Evangelische Kirche in Deutschland
besteht ... Wir evangelischen Christen in der DDR haben also keinen
Grund, die Gemeinschaft der EKD zu zerschneiden. Wir haben gute
Gründe, sie festzuhalten ..." Aber die Verfassung der DDR vom
8. April 1968 schuf rechtlich eine neue Lage, und die Kirchen in der
DDR sahen sich vor die Frage gestellt, ob sie ihre Kirchenordnungen
gegen das Verfassungsrecht ihres Staates durchhalten wollten oder
nicht. So wurden Schritte zur Gründung des BEK eingeleitet.
Es ist seitdem den Kirchen der DDR oft zum Vorwurf gemacht worden, daß sie vor der Macht der Tatsachen kapituliert, sich lediglich angepaßt hätten. Wer die Gründung des BEK miterlebt hat, weiß, daß
das nicht stimmt. Es handelt sich vielmehr um bewußtes Eingehen auf
die gegebene Situation — um des Auftrags willen. Die Situation ist nicht
die Norm, aber sie ist der Ort für christliches Zeugnis und verantwortlichen Dienst. Weil die Kirche in der DDR auch unter veränderten gesellschaftlichen Bedingungen ihrem Herrn gehorsam sein wollte, hat sie
den Weg des Möglichen gewählt. Eine Alternative war nicht in Sicht.
Die Ordnung der Kirche ist nicht Selbstzweck. Sie hat dem Auftrag zu
dienen. Das wird für den weiterern Weg festzuhalten sein.

Zwischen innerer Emigration und gesellschaftlicher Mitverantwortung

Die Kirche in der DDR als Institution ist von direkter Wahrnehmung gesellschaftlicher Mitverantwortung ausgeschlossen. Auch die Bereitschaft einzelner Christen zur Übernahme gesellschaftlicher Aufgaben wird ständig dadurch „frustriert", daß spezifisch christliche Beiträge nicht erwünscht sind. Allenfalls im Bereich der Motivationen wird dem christlichen Glauben eine spezifische Relevanz zugestanden. Die ständige Zurückweisung spezifischer Beiträge birgt die Gefahr der „inneren Emigration" in sich, folgenschwer in einer Zeit, da die Kirche ihre gesellschaftliche Verantwortung wiederentdeckt hat und eine „Kultkirche" nach orthodoxem Muster dem Selbstverständnis der evangelischen Kirche nicht gemäß sein könnte.

Auch die programmatische Forderung nach einer „DDR-spezifischen Theologie" (H. Trebs) fand nicht den gewünschten Widerhall. Ihre Ausarbeitung scheitert vor allem an der Unmöglichkeit, „Versöhnung und Parteilichkeit" auf einen Nenner zu bringen.

Hier ist die Wiederentdeckung der „Laien" zu erwähnen. Was der Kirche als Institution versagt ist, bestimmt die Situation der Gemeindeglieder: Sie sind in der Gesellschaft präsent. Ihnen gilt das Angebot verantwortlicher Mitarbeit. Ihre — übrigens anerkannte — gesellschaftliche Mitarbeit geschieht konkret immer in Teilbereichen der Gesellschaft. Sie kann sachbezogen begründet werden und entzieht sich gerade so der Vereinnahmung durch einen vermeintlichen Totalanspruch. Deshalb kann die „atheistische Ideologie" kein Alibi für gesellschaftliche Abstinenz der Christen erbringen. Aufgabe der Kirche ist dann aber, ihre Glieder zu solchem Dienst in der Gesellschaft zuzurüsten. Dadurch werden der Kirche wiederum wichtige Erfahrungen vermittelt, besonders diejenige, daß die ideologische Ebene nicht die einzige ist, auf der Zeugnis und Dienst zu geschehen haben. Als Staat ist auch die DDR *per definitionem* „für alle" da, und die Humanisierung der Gesellschaft liegt in ihrem eigensten Interesse.

Der Konsensus der evangelischen Kirchen in der DDR läßt sich so zusammenfassen: 1. Die Kirche bleibt bei ihrem Auftrag. 2. Der Staat bleibt unter Gottes Anspruch — unabhängig von seinem Selbstverständnis. 3. Die Gesellschaft bedarf des Dienstes der Christen in Zeugnis und Dienst.

Die Gründung des „Bundes der Evangelischen Kirchen in der DDR"

Nach dem Inkrafttreten der Verfassung der DDR von 1968 war die EKD nicht nur politisch, sondern auch rechtlich infrage gestellt.

Außerdem drohte die Paralysierung jeglicher Gemeinsamkeit durch separate Verträge mit den einzelnen Landeskirchen. So blieb die Gründung des „Bundes der Evangelischen Kirchen in der DDR" (BEK) der einzige Ausweg, wenn die Landeskirchen in ihren Gemeinschaftsaufgaben handlungsfähig bleiben wollten. Die Ordnung des BEK vom 10. Juni 1969 beruft sich auf die „von der ersten Bekenntnissynode in Barmen getroffenen Entscheidungen". Sie bleibt auch der Grundeinsicht von Barmen darin treu, daß sie den Dienstcharakter der kirchlichen Ordnungen mehrfach deutlich aussagt. Die Formulierungen des Artikels 4(2), die die „Selbständigkeit und Unabhängigkeit" des Bundes feststellen, müssen vor dem Hintergrund der III. Barmer These gelesen werden.

Die innere Freiheit der Kirche in der DDR kam vor allem in dem umstrittenen Artikel 4(4) zum Ausdruck, in dem die Beziehungen zu den bisherigen Schwesterkirchen in der BRD geregelt wurden: „Der Bund bekennt sich zu der besonderen Gemeinschaft der ganzen evangelischen Christenheit in Deutschland." — „In partnerschaftlicher Freiheit" sollen gemeinsame Aufgaben wahrgenommen werden, die auf der Grundlage einer nicht mehr organisierbaren Einheit nicht mehr zu verwirklichen waren. Gegen den Vorwurf der „Preisgabe der in der EKD geschenkten Einheit" hat Bischof Schönherr Stellung genommen: „... es geht nicht um irgendwelche Anpassung oder gar um billigen Opportunismus, sondern um die sehr verantwortliche Entscheidung, mit welcher Art von Institution und mit welchen Organen dem Christus-Auftrag der Kirchen nach unserer Überzeugung am besten zu dienen sei." Das heißt aber: Ohne Ernstnehmen der gesellschaftlichen Realität und der empirischen Wirklichkeit der Kirche kann keine Ekklesiologie entworfen werden, welche die Kirche als Zeugnis- und Dienstgemeinschaft ernstnimmt. Das ist die ekklesiologische Konsequenz aus der Gründung des BEK.

Zeugnis- und Dienstgemeinschaft

Von Anfang an haben sich die Kirchen in der DDR als „Zeugnis- und Dienstgemeinschaft" organisiert. Aber über die inhaltliche Bestimmung dieses Auftrags gehen die Meinungen nach wie vor weit auseinander. Spannungslos kann die Existenz der Kirche im Sozialismus schon darum nicht sein, weil „Zeugnis und Dienst" der Kirche als eigenständiger Beitrag massivem Widerspruch begegnen. Aus dem eindeutig formulierten Führungsanspruch der SED, der „Partei der Arbeiterklasse", ergibt sich folgerichtig die Bestreitung der Gesellschafts-

wirksamkeit der Kirche. Besonders aus dem Bereich des Bildungs-
wesens liegen immer wieder Erfahrungen vor, die für eine Benach-
teiligung der Christen sprechen und jene Ernüchterung hervorriefen,
die auf der Synode des BEK in Dresden 1972 Ausdruck fand. Heino
Falcke beschrieb dort das herrschende Verständnis der Trennung von
Staat und Kirche als „Emeritierung der Kirche". Trotzdem führte er
in seinem Referat „Christus befreit — darum Kirche für andere" aus:
„Weil Christus uns befreit, darum kann die Kirche für andere da
sein", und: „Wir dürfen glauben, daß auch die sozialistische Gesellschaft unter Christus ist." Von der Mitarbeit der Christen sagte er:
„Das ist gerade nicht eine Ideologie des Sich-Heraushaltens oder eines
dritten Weges. Es ist der Weg einer aus Glauben mündigen Mitarbeit,
die von einer besseren Verheißung getragen ist, als der Sozialismus sie
geben kann, die einen verbindlicheren Auftrag kennt, als Menschen
ihn erteilen können, und die darum konkret engagiert ist."
Immer wieder haben sich seither Spielräume und Möglichkeiten für
Zeugnis und Dienst der Kirchen und auch für bewußt wahrgenom-
mene christliche Verantwortung aufgetan, so wie von Unmöglich-
keiten, ja Behinderungen zu berichten ist. Die Kirche hat sich auch als
Institution zu gesellschaftlichen Problemen geäußert: Mit Nachdruck
hat sie das Antirassismus-Programm des ÖRK unterstützt, daneben
durch die Aktion „Brot für die Welt" erhebliche Mittel aufgebracht
und mit staatlicher Unterstützung in die Dritte Welt geleitet. Außerdem hat sie sich für das Zustandekommen der „Konferenz für Sicherheit und Zusammenarbeit in Europa" (KSZE) und für die Durchführung der Beschlüsse von Helsinki eingesetzt. Durch offizielle Vertreter hat sie am „Weltkongreß der Friedenskräfte" 1973 in Moskau
und am „Weltkongreß zum Jahr der Frau" 1975 in Berlin teilgenom-
men. Dagegen wie auch gegen die Teilnahme von Bischöfen und Kirchenvertretern an einer Veranstaltung aus Anlaß des 30. Jahrestages
der Befreiung haben sich innerhalb der Kirche kritische Stimmen erhoben, die darin eine „eindeutige Überschreitung des kirchlichen Auftrags" sahen. Bischof Schönherr hat die gegebenen Spielräume sehr
genau ausgelotet, wenn er in seiner Ansprache aus dem genannten Anlaß formulierte: „Wenn es um eine gerechtere, friedlichere **und**
freundlichere Welt geht, und wenn wir wissen, daß daran mitzuwirken, Gottes Wille ist, dann brauchen wir die Grenzen der Ideologie
nicht ernster zu nehmen als die gemeinsamen Aufgaben."
Auch auf die Menschenrechtsproblematik haben sich die Kirchen des
Bundes eingelassen. In der Studie des Theologischen Studienausschus-
ses des Nationalkomitees des LWB in der DDR „Normativität und

Relativität der Menschenrechte" liegt ein Beitrag aus dem Bereich der
lutherischen Kirchen vor. Hier wird sehr stark auf den geschichtlichen
Charakter der Menschenrechte verwiesen — ein Ergebnis verarbeiteter
geschichtlicher Erfahrungen. Große Bedeutung gewinnt auch der So-
zialaspekt der Menschenrechte — ebenfalls Ernstnehmen eines durch
die marxistische Menschenrechtsdiskussion vermittelten Anstoßes. Die
Menschenrechte werden daher nicht nur als Rechte des Individuums,
sondern als „Recht des anderen" gesehen. Die exemplarische Bedeutung der Gemeinde für die Verwirklichung der Menschenrechte, „als
zum Menschsein befreite Gemeinde", spricht das Selbstverständnis
vieler Gemeinden in der DDR aus.

Auf dem Weg in die Diaspora

Mit dieser Formel ist eine weitere Lernerfahrung der Kirche in der
DDR bezeichnet. Die Schrumpfung der Gemeinden hat in einigen
Landeskirchen bereits Erscheinungsformen der Entkirchlichung hervorgebracht, die Resignation bei Pfarrern und Ermüdung in Gemeinden bewirkt haben. Die Erfahrung, daß Christen seltener werden,
begegnet häufiger als noch vor einem Jahrzehnt. Sie bringt die Verengung des Erfahrungshorizonts mit sich, die auch die Gefahr theologischer Sichtbeschränkung in sich birgt. Da die Kirche in sozialer
Asymmetrie zur Gesellschaft existiert, steht sie in der Gefahr, ein ver-
zerrtes Bild von ihrer Umwelt zu entwickeln. Ihre Mitglieder sind
sozial wie bewußtseinsmäßig nicht mehr repräsentativ für die Ge-
samtbevölkerung. So steht die Kirche in der DDR vor der Aufgabe,
ein neues Selbstverständnis zu entwickeln. Dafür hat Bischof Werner
Krusche das Stichwort geprägt: „Diaspora". Es zeigt an, daß die Kirche
in der DDR nun ernstlich in ihr „nachkonstantinisches Zeitalter" eingetreten ist. Nicht nur die Staatskirche, auch die Volkskirche beginnt,
Vergangenheit zu werden.
Diese neue Situation stellt gerade für die lutherische Ekklesiologie
eine Herausforderung dar: Es gilt, der sektiererischen Abgrenzung
von der Gesellschaft wie der kritiklosen Anpassung zu widerstehen.
Die Orientierung an einer rechten, das heißt ganzheitlich verstandenen Zwei-Reiche-Lehre könnte den Kirchen in der DDR helfen, die
Chancen der Diasporasituation — zwischen Anpassung und Abgrenzung — wahrzunehmen. Versteht sich die Kirche nämlich als Diaspora
im missionarischen Sinne, dann folgt sie in der „Sendung" der Bewegung der Liebe Gottes zu den Menschen, dann findet sie sich auch
in der „Zerstreuung" als die „kleine Herde" unter der großen Ver-

heißung; als „Salz der Erde" und „Licht der Welt" lernt sie die gegebene Situation anzunehmen und als sinnhaft zu erkennen. In vielen
schrumpfenden Gemeinden sind kleine Gruppen schon zu neuen
Horizonten von Kirche unterwegs, befreit von der Sorge um den Bestand der Kirche, bereit zu Zeugnis und Dienst.

Die lutherischen Kirchen in Osteuropa

Eine detaillierte und differenzierte Darstellung des Verhältnisses von
Kirche und Gesellschaft in den sozialistischen Ländern Osteuropas ist
einem Außenstehenden kaum möglich. Deshalb wird sich unsere Darstellung größter Zurückhaltung befleißigen. Die empirische Wirklichkeit ist auch in diesen Ländern sehr komplex. Wenn trotzdem der
Versuch gewagt wird, die Entwicklung in *einigen* Ländern Osteuropas
in Kürze zu charakterisieren, dann darum, weil auch hier die Wechselbeziehung von Tradition und Situation, von lutherischem Erbe und gesellschaftlicher Herausforderung zu teils analogen, teils unterschiedlichen Antworten geführt hat.

Ungarn: Theologie des Dienens

Die Lutherische Kirche in Ungarn hatte eine lange Leidensgeschichte in
der Diaspora hinter sich, als für sie nach 1945 eine Periode der Neuorientierung begann. Als Antwort auf die Herausforderungen einer
sozialistischen Gesellschaft hat diese Kirche eine „Theologie des Die-
nens" entwickelt, in der sich die Kirche als eine „dienende Kirche" versteht, die sich an dem *„Kyrios-Diakonos"* orientiert. Wie die Christo-
kratie wird damit auch eine grundsätzlich kritische Einstellung zu Staat
und Gesellschaft abgelehnt, weil das bedeutete, „alles besser als andere
zu wissen"; vielmehr besteht die Aufgabe der Kirche darin, „durch
dienende Liebe dazu beizutragen, eine gerechtere Sozialordnung herbeizuführen" (Bischof Kaldy).
Hinter diesem Konzept steht eine Auffassung der Zwei-Reiche-Lehre,
„die den Gläubigen die Teilnahme an den weltlichen Sachen, das heißt
auch am gesellschaftlichen Aufbau, ohne Anspruch auf eine leitende
oder beherrschende Position ermöglicht" (Prof. K. Pröhle, 1975). Das
Fehlen einer „kritischen Komponente" im Gegenüber zu Staat und Gesellschaft kann bis zu einem gewissen Grade damit erklärt werden, daß
diese Kirche nicht auf einen „Kirchenkampf", nicht auf ein „Barmen"
zurückblickt, obwohl ihr Weg nach 1945 nicht spannungslos blieb, wie
das Schicksal des gemaßregelten Bischofs Ordass in den fünfziger Jah-

ren beweist. Aber: Kirche bleibt Kirche, Politik bleibt Politik. Diese Unterscheidung erlaubte es dieser Kirche, ihre Identität als „dienende Kirche" zu finden.

CSSR: Ja zum Erbe — Ja zur Gesellschaft

Für die reformatorischen Kirchen in der Tschechoslowakei brachte der politische und gesellschaftliche Umbruch der Jahre 1945 bis 1948 auch Befreiung in einem sehr spezifischen Sinn: vom Übergewicht der dominierenden katholischen Kirche. Dies gilt für die Slowakische Evangelische Kirche A. B. und in noch stärkerem Maße für die kleinere und weniger bekannte Schlesische Evangelische Kirche A. B., die nach einer wechselvollen Geschichte der polnischen Teilungen im Teschener Land mit einem Großteil ihrer Gemeinden auf das Staatsgebiet der CSSR geriet und 1948, erstmalig in ihrer Geschichte, eine vom Staat anerkannte Verfassung erhielt. Diese Kirchen kamen nicht aus einem „konstantinischen Zeitalter", sondern aus einer Leidensgeschichte und der Minderheitssituation. Im Windschatten der Auseinandersetzung zwischen sozialistischem Staat und römisch-katholischer Kirche erlebten sie eine Zeit relativer Ruhe und kirchlichen Wiederaufbaus.

Natürlich blieb auch für diese Kirche die Auseinandersetzung mit der marxistischen Ideologie und der rasch fortschreitenden Säkularisierung nicht aus. Ihre Antwort erfolgte in einer „Theologie des Dienstes". Von dieser Position aus wurde das Ja zur sozialistischen Gesellschaft möglich, „obwohl sie sich ideologisch mit ihm nie identifiziert" (Generalbischof Michalko 1974).

Von der „Stellung des Dienstes" aus bestimmen die Lutheraner in der CSSR ihr Verhältnis zur sozialistischen Gesellschaft: „Die Christen sind nicht dazu da, die Mängel der sich bildenden Gesellschaft zu verurteilen, sondern dazu, das Ziel und die Möglichkeiten . . . des Sozialismus zu sehen und ihn klar zu unterstützen" (Prof. K. Gábris, 1975).

Polen: Kirche in zweifacher Diaspora

Zwei Faktoren haben die Geschichte der Reformation in Polen von Anfang an bestimmt: die Vorherrschaft der katholischen Kirche und die — geschichtlich bedingte — Verbindung von Luthertum und Deutschtum. So existierte die polnische lutherische Kirche stets als Minderheit in der Diaspora. Aus diesem Grunde gelangte sie nie zu Macht und Einfluß, zumal ihre Identität durch starke personelle und finanzielle Bindungen an Deutschland stets aufs neue infrage gestellt wurde. Auch die Teilungen Polens behinderten die Entstehung einer polnischen Nationalkirche lutherischen Glaubens. Durch den Zweiten Weltkrieg und seine Folgen, vor allem die Aussiedlung der Volksdeutschen, schrumpfte die Kirche auf etwa 120 000 Glieder. Derzeitig (1975) wird ihre Mitgliederzahl mit 74 995 angegeben. Die Situation der Evangelisch-Augsburgischen Kirche in der Volksrepublik Polen ist vor allem durch den Gegensatz zur römisch-katholischen Kirche bestimmt, während das Verhältnis zum Staat ein entspanntes ist, ideologische Auseinandersetzungen nicht die Tagesordnung bestimmen und im schulischen Bereich Spannungen grundsätzlicher Natur kaum auftreten. Das Interesse des Staates an der Förderung kirchlicher Minderheiten ist unverkennbar. Der Gegensatz zur katholischen Kirche läßt den weltanschaulichen Gegensatz zum Sozialismus des polnischen Weges weniger stark hervortreten. Dazu schreibt der Bischof der lutherischen Kirche, Janusz Narzynski: „Das Bewußtsein der Mitverantwortung für das gemeinsame Vaterland ist die Grundlage der gesellschaftlichen Zusammenarbeit von Christen und Marxisten in Polen" (LR 1974/2).

Rumänien: Zwischen Volkskirche und Bekenntniskirche

Ein weiteres Beispiel für situationsspezifische Verwirklichung lutherischen Kirchentums vermittelt die Geschichte der Evangelischen Kirche A. B. in der Sozialistischen Republik Rumänien. Ihr besonderes Gepräge hat diese Kirche dadurch erhalten, daß sie als anerkannte Minderheit ihre Identität als deutsche lutherische Kirche fand und durch alle schicksalhaften Veränderungen der letzten Jahrhunderte hindurch bewahrte. Konfessionelle und nationale Grenzen decken sich. Denn die Kirche der Rumänen ist die orthodoxe. Dieser Umstand legte missionarischer Tätigkeit von vornherein Grenzen auf. Anderseits verschmilzt dadurch das konfessionelle mit dem nationalen Problem: Einheirat in rumänische Familien führt auch zu konfessioneller Mischehe. Daher wirkt sich die Integration der deutschsprachigen Staatsbürger in die rumänische Gesellschaft desintegrierend auf die lutherischen Gemeinden aus, ebenso die in den letzten Jahren zunehmende Auswanderungsbewegung in die Bundesrepublik Deutschland. „Sie geht im Zeichen der Familienzusammenführung vor sich ..., führt aber zu immer neuer Trennung von Familien, so daß ein Ende dieser Bewegung nicht abzusehen ist" (Bischof Klein 1974). Die Spannung zwischen lutherischem Erbe und nationalen Strömungen fragt diese Kirche der festgefügten Ordnungen in neuer Weise nach ihrem Zeugnis. Dazu kommt der Prozeß der Säkularisierung und Urbanisierung, der diese Kirche, die in besonderer Weise Volkskirche (der Deutschen) war, empfindlich trifft. Die Kirche der Siebenbürger will dieser Herausforderung begegnen: „durch Verschiebung des Schwerpunktes unseres kirchlichen Dienstes vom Institutionellen, Geordneten, Unpersönlichen zum Personalen, Seelsorgerlichen, Menschlichen und Mitmenschlichen hin" (G. Ambrosi nach Bischof Klein).

Das Verhältnis zum rumänischen Staat, der offensichtlich stärker pragmatischen Überlegungen als ideologischen Prämissen folgt, hat sich in den letzten Jahren zunehmend entspannt. Die Zukunft wird zeigen, ob es der lutherischen Kirche in Siebenbürgen gelingen wird, das überkommene Erbe in einer national fremden, sozialistischen und urbanisierten Umwelt zu bewahren. Die Tatsache allein, daß man deutscher Abstammung ist, kann angesichts der Abwanderung nach der BRD und der integrativen Nationalitätenpolitik der Regierung die Existenz einer lutherischen Kirche nicht begründen. „Das Evangelium bleibt. Bleibt ihm die Kirche treu, dann wird ihr Weg zuletzt nicht ohne Verheißung bleiben" (G. Ambrosi). Das dürfte für alle Kirchen in sozialistischen Ländern gesagt sein.

XVI. Kapitel

DAS JÜNGERE LUTHERTUM IN NORDAMERIKA

Robert H. Fischer

Veränderte Erscheinung

Im 20. Jahrhundert und insbesondere seit dem Zweiten Weltkrieg ist das amerikanische und kanadische Christentum nicht zur Ruhe gekommen und hat sich in einer ruhelosen und ständig im Wandel begriffenen Gesellschaft dauernd gewandelt. Auch das Luthertum hat sich gewandelt. Wir wollen zunächst die äußeren Erscheinungen betrachten: Wachstum der Kirche und organisatorische Strukturen.

Seit Beginn dieses Jahrhunderts ist das Luthertum die drittgrößte protestantische Familie (nach den Baptisten und Methodisten) gewesen. Zwischen 1945 und 1968 haben die Lutheraner eine Wachstumsrate beibehalten, die unter den protestantischen „Haupt"-Familien nur von den Südlichen Baptisten übertroffen worden ist: 1900: etwa 2,5 Millionen getaufte Mitglieder, 1945: 5,87 Millionen, 1968: 9,24 Millionen, darunter etwa 300 000 in Kanada. Dieses Wachstum ist darum von besonderer Bedeutung, weil lange unter vielen Amerikanern die Meinung verbreitet war, daß der Zuwachs des Luthertums auf Einwanderung und nicht auf Evangelisation zurückzuführen sei. Zwischen den beiden Weltkriegen war aber die Einwanderung praktisch abgebrochen. Der Zustrom von Flüchtlingen in der Mitte des Jahrhunderts brachte wohl einen zahlenmäßigen, aber in keiner Weise entscheidenden Anstieg der lutherischen Bevölkerung mit sich. Einige dieser Flüchtlinge haben sich in unabhängigen Gruppen angesiedelt, die oft in den allgemeinen Aufstellungen über Mitgliedschaft in der Kirche statistisch nicht in Erscheinung treten.

In den 1960er Jahren ließ das Wachstum in der Mitgliederschaft des amerikanischen Protestantismus langsam nach. Während die Südlichen Baptisten und viele kleine ultra-konservative Gruppen weiter zunahmen, ging die Mitgliederschaft in den großen protestantischen Kirchen zurück. So schrumpfte auch das Luthertum in den USA und Kanada von 9,24 Millionen im Jahre 1968 auf 8,93 Millionen im Jahre 1975 zusammen. Es gibt jedoch Zeichen dafür, daß diese Tendenz in der Umkehr begriffen ist.

Auch organisatorisch hat sich das Erscheinungsbild des Luthertums gewandelt. Im Jahre 1945 waren acht Organisationen (die zwei Drittel
der nordamerikanischen Lutheraner umfaßten) im *„National Lutheran Council"* (NLC, gegründet 1918) zusammengeschlossen, während fünf (das übrige Drittel, das zur lutherischen Kirche gehörte — die
Missouri-Synode und die Wisconsin-Synode als zweit- bzw. sechst-
größte) in der theologisch orthodoxen *„Synodical Conference"* (1872)
zusammenarbeiteten.

Durch Zusammenschlüsse in den frühen 1960er Jahren wurde die Anzahl der im NLC *(National Lutheran Council)* vertretenen Kirchen
auf zwei reduziert. 1960 wurde die *American Lutheran Church* (ALC)
mit Fredrik A. Schiotz als Präsident gebildet, und zwar aus drei Kirchen des Mittelwestens, die vorher in der *„American Lutheran Conference"* zusammengeschlossen waren, ein Bund (1930), der als „Brücke"
zwischen der *„Synodical Conference"* und der theologisch differenzierten *„United Lutheran Church in America"* dienen wollte. Es schlossen
sich zusammen die *„Evangelical Lutheran Church"* (früher *„Norwegian
Lutheran Church"*), die *„American Lutheran Church"* (deutscher Herkunft mit Mittelpunkt in Ohio und Iowa) und die *„United Evangelical
Lutheran Church"* (früher *„United Danish"*, eine konservative pietistische Gruppe). Drei Jahre später schloß sich noch die *„Lutheran Free
Church"* an, eine kleine dezentralisierte norwegische Gemeinschaft.

1962 gründeten die vier restlichen Kirchen des NLC die *„Lutheran
Church in America"* (LCA) mit Franklin Clark Fry als Präsidenten:
die große *„United Lutheran Church in America"*, die noch im Osten
der USA ihren Hauptschwerpunkt hatte, die *„Augustana Lutheran
Church"* (schwedischer Herkunft, im Hinblick auf Amerikanisierung
an zweiter Stelle stehend), die kleine *„Suomi Synod"* (finnisch) und die
„American Evangelical Lutheran Church" (dänisch-grundtvigianisch).

Als diese Unionsbemühungen sich der Vollendung näherten, wurden
Verhandlungen aufgenommen, um den NLC durch ein Organ zu er-
setzen, das der Zusammenarbeit der Kirchen diente und dem auch die
Missouri-Synode sich anschließen könnte. So wurde 1966 der *„Lutheran
Council in the USA"* (LCUSA) gegründet. Den Mitgliedskirchen stand
frei, welchen gemeinsamen Aktivitäten sie sich anschließen wollten,
doch sie waren verpflichtet, sich an den Diskussionen um eine volle Einheit der Lehre unter den Lutheranern zu beteiligen. Die Missouri-
Synode und ihr kleiner slowakischer Satellit, die *„Synod of Evangelical
Lutheran Churches"* (SELC) traten dem LCUSA bei, und ein Missourier, C. Thomas Spitz, wurde sein erster Generalsekretär. Die Wisconsin-Synode, die *„Evangelical Lutheran (‚Little Norwegian‘) Synod"*

und einige Splittergruppen lehnten eine derartige Fraternisierung ab, und schon 1961 war die „*Synodical Conference*" praktisch gestorben. In der lutherischen Kirche der Missouri-Synode selbst wurde die allgemeine Entwicklung in Richtung auf eine grundsätzliche Änderung in den kirchlichen Beziehungen durch die Wahl von Jacob A. O. Preus im Jahre 1969 in Frage gestellt. Die in zunehmendem Maße bittere und schmerzhafte Polarisierung führte 1976 zu einer Spaltung, als eine greifbare Minderheit von „Gemäßigten", die sich der Rückkehr der Synode zu einem starren doktrinären Isolationismus widersetzten, sich zu einer „*Association of Evangelical Lutheran Churches*" zusammenschloß. Diese Entwicklung und ihre Auswirkungen auf die internationalen lutherischen Beziehungen wird uns ebenso wie die Frage der lutherischen ökumenischen Beziehungen noch später beschäftigen.

Inzwischen entwickelte sich das kanadische Luthertum in den 1960er Jahren zur Autonomie und engeren Gemeinschaft hin. 1966 wurde der „*Canadian Lutheran Council*" (1952) in ähnlicher Weise wie der LCUSA umstrukturiert. Im gleichen Jahr wurde der kanadische Distrikt der ALC zur selbständigen „*Evangelical Lutheran Church of Canada*" (ELCC). Die Mitglieder der Missouri-Synode und die LCA in Kanada erhielten einen halb-autonomen Status. 1971 schlug die ELCC ihren Mitgliedern im Rat Verhandlungen im Hinblick auf einen Zusammenschluß vor. Doch die Hoffnungen auf ein bald vereinigtes kanadisches Luthertum erwiesen sich als verfrüht, weil die alten Meinungsverschiedenheiten über das Wesen der Gemeinschaft und den Weg, sie zu verwirklichen, weiterbestanden.

Das bescheidene, aber langsam wachsende Luthertum in den Ländern und auf den Inseln im südlichen Teil des Kontinents bleibt noch zu erwähnen. Die LCA hat eine Karibische Synode von 9400 Mitgliedern, die in Puerto Rico und auf den Jungferninseln konzentriert ist. Die „*Mexican Lutheran Church*" (seit 1958 selbständig) mit 1600 Mitgliedern ist der lutherischen Kirche der Missouri-Synode angeschlossen. Diese *Lutheran Church-Missouri Synod* (LC-MS) hat auch eine Mission im karibischen Raum mit 3500 Mitgliedern, die in mehreren mittelamerikanischen Ländern verstreut sind. Die ALC unterstützt die „*Mexican Lutheran Church*" und trägt mit der LC-MS zusammen das Augsburg-Seminar in Mexico City. Zwei Glaubensmissionen mit vornehmlich skandinavisch-amerikanischer Mitgliederschaft, die „*Latin American Lutheran Mission*" und die „*World Mission Prayer League*", haben ebenfalls Missionen in Mexico und Mittelamerika.

Die allgemeine Lage: eine Zeit der Läuterung

Die jüngsten Entwicklungen des Luthertums in diesem Teil der Erde müssen vor dem Hintergrund des nordamerikanischen Lebens in den letzten Jahren gesehen werden. Man kann diese Zeit als eine Zeit der Läuterung beschreiben, vor allem in den USA, in geringerem Maße auch in Kanada.

Die USA sind aus dem Zweiten Weltkrieg als eine Nation hervorgegangen, die überzeugt ist von ihrem ständigen Wachstum, ihrer inneren Gesundheit und ihrer Fähigkeit, die Verantwortung der internationalen Führung zu tragen — bereit, amerikanische Muster menschlicher Entwicklung zu exportieren und die Führung bei der Eindämmung kommunistischer Expansion zu übernehmen.

Dieses Vertrauen hat in den vergangenen 25 Jahren an jedem Punkte schwere Einbußen erlitten. Nur mit Mühe kommen die Nordamerikaner zu der Erkenntnis, daß ihre materiellen Ressourcen, ihre menschlichen Ressourcen sowie ihr technisches, politisches und moralisches Vermögen nicht unbegrenzt sind. Der Bürgerrechtskampf, der in den 1950er und 1960er Jahren handfeste Formen annahm, machte es Amerika und der Welt eindrücklich klar, daß große Teile unserer Gesellschaft, vor allem die Schwarzen, aber auch andere, systematisch von der fairen Möglichkeit ausgeschlossen wurden, nach dem „amerikanischen Traum" von „Freiheit und Gerechtigkeit für alle" zu streben. Die amerikanische Außenpolitik unternahm einige sehr löbliche Bemühungen wie den Wiederaufbau nach dem Kriege in Europa und anderen Ländern und die Errichtung der Vereinten Nationen als Instrument für Zusammenarbeit und Ordnung in der Welt. Häufig jedoch haben die USA die Bestrebungen der Entwicklungsländer mißdeutet; und in dem Bestreben, den Kommunismus in Südostasien einzudämmen, haben sie sich in einen zunehmend unpopulären Krieg verwickelt, aus dem sie sich in großer Verlegenheit herausgewunden haben. Die erzwungene Abdankung des US-Präsidenten im Jahre 1974 wurde zum Symbol einer tief-verwurzelten Korruption in der Gesellschaft. In unserer Zeit hat sich die seit langem aufgebaute Kritik an der autoritären Struktur der westlichen Kultur bis zu einem Punkte entwickelt, an dem sie in eine individuelle und soziale Duldsamkeit umschlägt, die manch einen zu der Frage veranlassen mag, ob die Gesellschaft noch überzeugende Normen der Sittlichkeit und Integrität aufzustellen vermag.

Es wäre jedoch eine törichte Mißdeutung dieses Bildes, wollte man daraus schließen, daß die nationale Integrität und der sittliche Nerv der USA, weniger Kanadas, kurz vor dem Zusammenbruch stehen. In Wirklichkeit sind gerade angesichts dieser Krisen reiche Quellen sozialer Vernunft und sittlicher Energie erschlossen worden, wenn auch die Krisen noch lange nicht vorüber sind. Auf alle Fälle ist es notwendig, sich darüber klarzuwerden, daß die nordamerikanische Gesellschaft eine Zeit harter Prüfung durchmacht, wenn man verstehen will, wie das kirchliche Leben, vor allem im amerikanischen Luthertum, sich in den letzten Jahrzehnten gestaltet hat.

Im kirchlichen Bereich war dies gerade die Zeit — die Mitte des Jahrhunderts —, in der das amerikanische Luthertum (vor allem im Mittelwesten) sich völlig amerikanisierte und den Nachweis erbrachte, daß es in der Lage ist, sich an den Führungsaufgaben der Kirchen zu beteiligen. Die Lutheraner gewannen zuerst respektvolle Achtung durch ihre umfangreiche, geschickt gehandhabte und geduldig durchgeführte Arbeit für humanitäre Nachkriegshilfe überall in der Welt. Zwischen 1940 und 1975 haben sie unter der Leitung von Paul C. Empie durch *„Lutheran World Action"* in den USA und Kanada mehr als 120 Millionen Dollar aufgebracht und darüber hinaus durch *„American and Canadian Lutheran World Relief"* Sachspenden in noch viel höherem Wert verteilt. In den 1940er Jahren haben die amerikanischen Lutheraner eine führende Rolle nicht nur bei der Gründung des Lutherischen Weltbundes (1947), sondern auch bei der Entstehung des Ökumenischen Rates der Kirchen (1948) und des *„National Council of Churches of Christ in the USA"* (1950) gespielt. In allen drei Bewegungen kommt dem Namen von Franklin Chark Fry eine besondere Bedeutung zu. Gleichzeitig begannen die Lutheraner ein eindrucksvolles Aufgebot von einflußreichen Theologen aufzubringen, das die gesamte Skala vom akademisch Gelehrten bis zum sachkundigen Praktiker umfaßte. Sie befaßten sich gründlicher und realistischer als je zuvor mit den tiefgreifenden Problemen der christlichen Verantwortung im sozialen Bereich und bewiesen eine beachtliche Kreativität auf dem Felde der Künste und der Massenkommunikations-Medien. Diese Aktivitäten werden wir noch etwas genauer betrachten müssen.

Es ist eine Ironie, daß gerade in den 1960er Jahren, als die amerikanischen Lutheraner ganz eindeutig diese Führungsqualitäten entwickelten, der amerikanische Protestantismus selbst einen ernsthaften Verlust an Antriebskraft erlebte und eine akute Krise seines Identitäts- und Missionsverständnisses durchmachte. Auch die Lutheraner teilten dieses Unbehagen.

Gemeindearbeit und inner-kirchliche Aktivitäten

1. *Die traditionelle Nachbarschaftsgemeinde,* wie sie E. Th. Bachmann in „Die lutherischen Kirchen in der Welt" (1957) so anschaulich skizziert hat, ist zweifellos in den Augen der meisten amerikanischen Lutheraner nach wie vor das Modell der wahren Kirche. Diese Tatsache offenbart etwas von der Stärke, aber auch von der Schwäche des amerikanischen Luthertums an der Basis. Unsere Leute in den verschiedenartigsten Gemeinden wissen noch, daß die Kirche sich um „das Amt des Wortes und der Sakramente" versammelt. Die tief verwurzelte Stabilität, die aus diesem kirchlichen Empfinden erwächst, ist eine Kraftquelle für die Lutheraner und übt auf andere eine geheime Anziehungskraft aus.

Das Modell der stabilen Gemeinde wird jedoch zunehmend problematisch. In dem Maße, in dem die Mobilität der Bevölkerung zunimmt und sich die Nachbarschaft auf dem Land und in der Kleinstadt ebenso wie in der Großstadt immer häufiger verändert, wird die Anzahl dieser traditionell stabilen Gemeinden immer geringer; und die, die übrigbleiben, können kaum zur Norm für die Sendung der Kirche in sich ständig verändernden und verkümmernden Gemeinwesen gemacht werden.

Außerdem hat die traditionelle Kirche lange dazu geneigt, sich auf bestimmte soziale Schichten zu beschränken und auch in diesem Sinne restriktiv zu sein — in unserer Zeit im wesentlichen eine Institution der Mittelklassen, die mehr sich selbst dient als nach außen wirkt. Selbst ihre „kirchlich-bezogenen" Aktivitäten isolieren die Gemeindeglieder oft und halten sie davon ab, ihre Aufgabe an der sie umgebenden Welt wahrzunehmen.

Die traditionellen Erscheinungsweisen der Kirche — ihr Sprachgebrauch, ihre Handlungsweisen, ihre Autoritätsausübung — werden für die moderne Gesellschaft, wenn sie nur in traditionellen Formen wiederholt werden, immer weniger verständlich.

Derartige Analysen sind das Ergebnis gründlicher Studien, die von verschiedenen kirchlichen Gremien in Gang gesetzt worden sind. Die Arbeitsgruppe für langfristige Planung (1965—68) der LCA, zum Beispiel, führte Studien durch über allgemeine Entwicklungstendenzen in den Gemeinden der LCA, über soziale Veränderungen und Theologie und veröffentlichte schließlich einen Bericht über *„Significant Issues for the 1970s"* (hg. von E. W. Utha, Philadelphia, 1968). Die Arbeitsgruppe war zu der Erkenntnis gekommen, daß „die Beteiligung am Leben bestehender Gemeinden für viele Menschen mehr und mehr zu einer Randerscheinung geworden war", selbst für viele schöpferische und engagierte Christen. Trotzdem äußerte sie die Überzeugung, daß „die Gemeinde der primäre Ort für den Ausdruck des gemeinsamen Lebens innerhalb der christlichen Gemeinschaft ist und auch bleiben wird ... Eine Gemeinschaft der Gläubigen zu sein" und „an der menschlichen Gemeinschaft teilzuhaben" — kurz gesagt die Frage der Identität und der Mission —, bezeichnete sie als die Hauptbereiche, auf die die Kirche ihr schöpferisches Augenmerk lenken muß. Als besonders notwendige Elemente im Gemeindeleben schlug sie vor: 1. die aktive Beteiligung von Laien an wesentlichen Diensten der Gemeinde, 2. Mannigfaltigkeit in Gemeindeprogrammen, 3. eine persönliche Erfahrung von der Gemeinschaft der Gläubigen, das heißt ein Gefühl der „Dazugehörigkeit".

Das erwähnte Beispiel zeigt, wie weit in den amerikanischen Kirchen, auch in der lutherischen, das Anliegen der „Erneuerung der Kirche" verbreitet ist. Die Popularität dieses Begriffes, besonders Ende der 1960er Jahre, war ein Hinweis dafür, daß die Kirche energisch zu unerschrockener Offenheit im Hinblick auf eine Neubestimmung ihres Wesens und ihres Programms herausgefordert wurde. Im äußersten Falle wurde „Erneuerung" praktisch mit Experimentieren in neuen Formen der Aktivität gleichgesetzt. Bedeutet die ruhigere Stimmung der 1970er Jahre, daß man die Aufforderung zur Offenheit in den Formen kirchlichen Lebens ablehnt? Oder — und das gäbe mehr Anlaß zur Hoffnung — verbirgt sich dahinter ein größerer Realismus, in dem die Offenheit gegenüber dem Neuen und die Entdeckung der positiven Werte der Tradition mit ihrer Kontinuität und ihrem Sinn für Identität sich die Waage halten? Zweifellos spielen hier beide Beweggründe mit.

Drei Beispiele aus der jüngsten Entwicklung sollen hier erwähnt werden, die sich direkt auf das innere Gemeindeleben auswirken. Erstens: Eine gemischte Kommission der LCA, LC-MS und ALC hat einen Bericht über „Theologie und Praxis der Konfirmation" (1967) erarbeitet, in dem die Konfirmation neu definiert wird als „ein pastoraler und pädagogischer Dienst", „der alle erzieherischen Erfahrungen von der Taufe bis zur Mitte der Jugendzeit umfaßt" und dazu bestimmt ist, dem getauften Kind zu helfen, „sich tiefgehender mit der christlichen Gemeinschaft zu identifizieren und sich umfassender an ihrem Auftrag zu beteiligen". Der Bericht empfahl, Kinder von etwa 10 oder 11 Jahren zum Abendmahl zuzulassen und den Konfirmationsprozeß mit etwa 15 oder 16 Jahren abzuschließen. Nach beträchtlichen Diskussionen in den Gemeinden nahmen die LCA und die ALC 1970 den Bericht an; die LC-MS ermahnte nur die Gemeinden, „ihre Praxis (der Konfirmation und des Abendmahls) zu überprüfen". Die tatsächliche Durchführung der neuen Vorschläge bleibt in der ALC und in der LCA unterschiedlich.

Zweitens: Auf die Aufforderung der LC-MS hin bildeten alle drei großen Gemeinschaften mit der SELC und der ELCC zusammen 1966 eine *„Inter-Lutheran Commission on Worship"*, die „gemeinsames gottesdienstliches Material" erarbeiten sollte. Die acht Mitglieder des NLC hatten 1958 nach 14jährigen gemeinsamen Bemühungen das *„Service Book and Hymnal"* veröffentlicht. Nach den Worten eines Historikers „diente" das Buch, das weiten Gebrauch gefunden hatte, „der Sache der Einheit auf Gemeindeebene in einer Weise, wie noch so viele theologische Abhandlungen es nie hätten erreichen können". Nun weckte die Gründung der *„Inter-Lutheran Commission on Worship"* die Hoffnung, die Einheit der Lutheraner noch ein Stück voranzubringen.

In unserer Zeit ist eine seltsame Verbindung einer echten liturgischen Renaissance mit einer Welle des Anti-Traditionalismus in der amerikanischen Kultur am Werk gewesen. In dem Bemühen, dem legitimen Anliegen beider Tendenzen gerecht zu werden, hat die Kommission bewußt sowohl alte als auch moderne ökumenische Ausdrucksformen der Liturgie aufgenommen, um die der lutherischen Tradition zu vertiefen und zu bereichern. Sie hat die liturgische Sprache modernisiert, Archaismen ausgemerzt, die neuen ökumenisch erarbeiteten englischen Texte (wahlfrei) eingeführt, zum Beispiel das Vaterunser und die Glaubensbekenntnisse, eine große Vielfalt von liturgischen Ordnungen und Vertonungen entworfen, ein vielseitiges Lektionar und einen detaillierten liturgischen Kalender erarbeitet und den Liedschatz weit über die alte deutsche und skandinavische Tradition und die längst vertraute englische Tradition hinaus erweitert, indem selbst charakteristische Elemente aus der Dritten Welt, der Volksmusik und der Jazzmusik mitaufgenommen wurden. So hat die Kommission mit kühnen Ideen gearbeitet, doch zugleich Vorsicht walten lassen, indem sie jede neue Gottesdienstordnung und jede vorgeschlagene Liste von Liedern in den Gemeinden getestet hat. Als Ergebnis hat sie kürzlich den Kirchen einen endgültigen Entwurf von liturgischen Formen und Liedern zur Billigung vorgelegt und hofft, 1978 ihr Gesangbuch veröffentlichen zu können.

Drittens: Als drittes Beispiel sei hier auf die Bemühungen kirchlicher Organe hingewiesen, Anregungen und Weisungen für die Neubelebung des Gemeindelebens zu erarbeiten. Zwei davon verdienen besondere Beachtung. Zunächst die *„Mission Affirmations"* (Bekenntnis zur Mission) der LC-MS aus dem Jahre 1965, in der es heißt: „Die Kirche ist die Sendung Christi an die ganze Welt — an die ganze Gesellschaft — an den ganzen Menschen. Die ganze Kirche ist Christi Sendung." Die Kirchen sollten zusammenarbeiten, es sei denn, „daß dadurch Gottes Wort verleugnet wird". Dann brachte die LCA 1972 ein Zwei-Jahres-Projekt heraus, das darauf hinzielte, die „theologischen Aussagen" der Kirche in allgemein verständliche Sprache umzumünzen. Sie verfaßte nicht eine weitere offizielle Erklärung (wie ihr kurzes „Manifest" von 1966), sondern gab ein Studienheft für den Gebrauch in den Gemeinden heraus. Die zentrale Aussage darin heißt: „In, nicht von" (das heißt der Welt). „Wir sind getauft!" Unsere Theologie ist der Leitfaden, um „unsere Taufe in der Welt zu leben".

2. Auch *im Bereich der Kirchenordnung und der kirchlichen Verwaltung* haben in den letzten Jahren entscheidende Entwicklungen stattgefunden.

Immer wiederkehrende Fragen nach der Identität der Kirche liegen zutiefst diesen Veränderungen zugrunde. Alle lutherischen Organe haben ungeheure Energien auf das Studium der Kirche und ihres Dienstes verwandt. Das führte zur Einführung der Ordination von Frauen in der LCA und der ALC von 1970 an, was für die LC-MS ein Ärgernis bedeutete. Ein weiteres Ergebnis war das ernsthafte Bemühen, ein flexibleres Verständnis des ordinierten Amtes zu entwikkeln. Über ihren normalen Gemeindedienst hinaus versuchen die Kirchen, Richtlinien für „experimentelle Dienste" aufzustellen, um dadurch Menschen zu erreichen, die durch die traditionellen kirchlichen Kanäle nicht berührt werden. Eine solche Form des Dienstes ist das *„tent-making ministry"* (geistlicher Dienst im weltlichen Beruf), in dem der Pastor seinen Lebensunterhalt ganz oder teilweise in einem anderen Beruf verdient. Ein Beispiel, das in der ALC zuerst propagiert worden ist: ein Pastor kann als Verwalter eines großen Wohnblocks tätig sein und zugleich die Bewohner geistlich betreuen. Ein drittes Anliegen, das den Kirchen sehr am Herzen liegt, ist die Entwicklung des „Laiendienstes": schöpferische Kräfte der Führung, des Zeugnisses und des Dienstes seitens der „Gemeinschaft der Gläubigen" zu fördern und ein Korrektiv zum Klerikalismus zu schaffen. Die Laien sind die Kirche, „das Volk Gottes" und nicht ein bloßer Anhang dazu. Darum verstehen viele Pastoren ihre Rolle gern als die eines „Befähigers" *(enabler)* für die Dienste der Laien. Angesichts all dieser Entwicklungen bedarf die Beziehung zwischen Laien und ordinierten Pastoren natürlich immer wieder einer Neueinschätzung.

Im Bereich der Kirchenordnung gibt es Meinungsverschiedenheiten zwischen den großen Kirchen. Die ALC erklärt, daß „der Herr der Kirche der einzelnen Gemeinde das Amt des Wortes und des Sakramentes und damit die grundlegende Autorität anvertraut hat". Die Gemeinden delegieren Autorität und Macht an die nationalen Organe. Die LC-MS hat traditionellerweise immer betont, daß sie nur ein beratendes „Organ der Gemeinden sei, das keine andere Vollmacht besitzt als die, die ihr speziell von den Gemeinden übertragen wird". Die LCA hat ein „elliptisches" Kirchenverständnis: „Die Kirche existiert sowohl in der Gestalt einer umfassenden Gemeinschaft als auch in der Gestalt von Ortsgemeinden ... Diese Kirche (LCA) ... leitet ihr Wesen und ihre Vollmachten sowohl von der Zustimmung und Vertretung ihrer Gemeinden als auch von ihrer eigentlichen Natur als ein Ausdruck der größeren Gemeinschaft der Gläubigen ab ..." Die Mitgliederschaft der ALC besteht aus Gemeinden, die der LCA aus Gemeinden und Pastoren und die der LC-MS aus Gemeinden, Pastoren und Lehrern.

Die ALC hat kürzlich den fakultativen Gebrauch des Bischofstitels für ihre Präsidenten genehmigt. Die LCA hat einen ähnlichen Vorschlag abgelehnt. Beide Beschlüsse sind ohne große Begeisterung gefaßt worden.

In den letzten zehn Jahren sind weitreichende strukturelle und administrative Veränderungen vorgenommen worden. In den Jahren 1972 bis 1974 hat die LCA eine entscheidende Revision ihrer „Funktion und Struktur" durchgeführt mit dem Ziel einer „zweckmäßigen Interdependenz" und einer größeren gemeinsamen Wirksamkeit ohne ungebührliche Zentralisierung. Acht zentrale Ämter *(boards)* und sieben Kommissionen wurden zu vier Abteilungen (mit Verantwortung für die Programme) und drei Dienststellen (zur Unterstützung der Abteilungen) mit zwei Amtsstellen (Veröffentlichungen und Pensionen) umstrukturiert. Beachtenswerte neue Elemente sind die Dienststelle für Forschung und Planung und die Dienststelle für Verwaltung und Finanzen. – Zur gleichen Zeit revidierte die ALC ihre Struktur in ähnlicher Richtung.

Im Gegensatz dazu findet augenblicklich eine große Umwälzung kirchenpolitischer Art in der Missouri Synode statt. Fest entschlossen, die Meinungsunterschiede zu beseitigen, in denen der Grund für das „Chaos und die Unsicherheit in Lehrfragen" gesehen wird, hat die Mehrheit in der Synode dafür gestimmt, der Preus-Verwaltung umfassende Vollmachten zu übertragen, wodurch das frühere Bild einer rein beratenden Synode verändert worden ist. Es war so, daß die „gemäßigten" Abweichler die Legitimität der sogenannten „konservativen" Lehrposition in der Synode neben ihrer eigenen anerkannten, während die Preus-Anhänger die Position der Abweichler in der Kirche für untragbar hielten.

Die Krise, die 1976 zur Spaltung führte, ist durch vier Meilensteine gekennzeichnet: 1. Im Jahr 1972 verfaßte der Präsident eine fundamentalistische „Erklärung biblischer und konfessioneller Grundsätze", die die Synodalversammlung im darauffolgenden Jahr mit 55 Prozent der Stimmen für bindend erklärte. Als Protest dagegen bildete sich sofort eine große „Bekenntnisbewegung" unter den Gemäßigten mit dem Namen *„Evangelical Lutherans in Mission"* (ELIM). 2. Nachdem das Kuratorium des Concordia-Seminars (St. Louis) schon mehrere Fakultätsmitglieder entlassen oder pensioniert hatte — und zwar in einer Kampagne, durch die angebliche Lehrabweichungen in der Schule beseitigt werden sollten —, enthob es im Januar 1974 Präsident John Tietjen seines Amtes. Von den 600 Studenten räumten mehr als 400 das Feld, begleitet von 45 der insgesamt 50 Fakultäts- und Stabsmitglieder. Die Dissidenten errichteten in der Nähe das „Seminex", das „Concordia-Seminar-im-Exil". 3. Präsident Preus, der von der Synodalversammlung 1975 mit dem Auftrag ausgerüstet worden war, Distriktpräsidenten disziplinarisch zu belangen, die es versäumten, die Beschlüsse der Synode durchzuführen — das heißt, die die *„Evangelical Lutherans in Mission"* unterstützten und die Ordination und Einstellung von Seminex-Absolventen billigten —, entließ im April 1976 vier der acht „aufsässigen" Distriktpräsidenten. 4. Nachdem die ELIM-Bewegung zu dem Schluß gekommen war, daß es nicht mehr möglich war, ihre Mission in der Welt als evangelische Lutheraner innerhalb der Missouri-Synode zu erfüllen, bildete sie einige Monate später die unabhängige *„Association of Evangelical Lutheran Churches"* mit einer kongregationalistischen Ordnung.

Zum ersten Mal in der amerikanischen Geschichte hat ein kämpferischer Fundamentalismus eine große protestantische Denomination erfaßt und gründlich gesäubert. Für die LC-MS wird vermutlich jetzt der Weg offen sein, die Gemeinschaft mit der Wisconsin-Synode wieder aufleben zu lassen. Auf der gemäßigten Seite hatten die *„Evangelical Lutherans in Mission"* schon vor der Spaltung ihre Bereitschaft zur Kanzel- und Altargemeinschaft mit der ALC und der LCA erklärt.

Aktivitäten unter den Kirchen und in der Gesellschaft

1. *Innerlutherische Beziehungen.* Im Laufe der Jahre hat der NLC mühsam das Vertrauen einander mißtrauisch begegnender Lutheraner

gewonnen. Er wurde zum Brennpunkt äußerst praktischer und schöpferischer Bemühungen des amerikanischen Luthertums, nicht nur
durch seine bemerkenswerte Arbeit im Ausland, sondern auch durch
Dutzende von Aktivitäten im eigenen Land. Dazu gehörte auch die
Planung für städtische Gemeinden und für Stadt-und-Land-Gemein-
den, soziale Wohlfahrt, Arbeit unter Spaniern auf zwei Kontinenten,
Dienst an den Einwanderern, Studentenarbeit, Militär-, Kranken-
haus- und Gefängnisseelsorge und klinische Seelsorgeausbildung
(clinical pastoral education), Öffentlichkeitsarbeit *(public relations)*,
Rundfunk, Fernsehen und Film und die Zusammenarbeit mit dem Lutherischen Weltbund. Wo es um wichtige öffentliche Probleme ging, hat
der NLC nicht nur einige vortreffliche Studien und Erklärungen veröffentlicht, sondern in einigen Fällen auch einen spürbaren sozialen Einfluß ausgeübt, zum Beispiel auf die Einwanderungspolitik der US-Re-
gierung. Im Bereich der Ökumene hat er die Lutheraner in ein Zeitalter
der bilateralen Dialoge geführt, wie wir weiter unten noch sehen werden. Diese Liste des gemeinsam Erreichten sollte natürlich nicht von der
eindrucksvollen Leistung der Missouri-Synode in ähnlichen Bemühungen, zum Beispiel im Bereich der Rundfunkevangelisation *(„The
Lutheran Hour"* — „Die lutherische Stunde") und der Künste, ab-
lenken.

Die Bedeutung des NLC für die erdbebenartige Umwälzung des nordamerikanischen Luthertums kann kaum übertrieben werden: von
ethnischer Engstirnigkeit zur Offenheit gegenüber den Problemen der
ganzen Gesellschaft, von einem sozialen Minderwertigkeitsgefühl zur
Bereitschaft, die Risiken der Führungsaufgabe im Hauptstrom des
amerikanischen und kanadischen Lebens zu teilen, von einer eifersüch-
tigen Bewahrung der eigenen kirchlichen Autonomie zu einem zunehmend weitherzigen Geist inter-lutherischer und ökumenischer
Zusammenarbeit.

Ende der 1950er Jahre waren die Missourier so weit, daß sie in gewissem Umfange in fast allen Hauptarbeitsbereichen des NLC mitarbeite-
ten. Die Auflockerung der reservierten Position der Missourier während der Ära der Präsidentschaft von Oliver Harms (1962—69) ermöglichte die Bildung des *„Lutheran Council in the USA"* im Jahre 1966.
Obwohl man große Hoffnungen auf diese neue Phase der lutherischen
Zusammenarbeit gesetzt hatte, brachte der Rückschlag durch Preus in
der LC-MS, verbunden mit einer Periode wirtschaftlicher Beengung in
den 1970er Jahren, eine schwerwiegende Beschneidung der Programme
sowohl für die Räte in den USA als auch in Kanada mit sich. Die Missouri-Synode re-interpretierte ihre *„Mission Affirmations"* (Bekennt-

nis zur Mission), um zu ihrem traditionellen dogmatischen Isolationismus zurückzufinden. Die Präsidenten der drei großen Kirchen kamen 1975 überein, ihre „*Consultation on Lutheran Unity*" (Verhandlungen über die Einheit der Lutheraner) nicht weiterzuführen.

Eine wesentliche Reaktion auf diese Entwicklung war eine starke (wenn auch nicht überstürzte) Welle der Unionsbereitschaft zwischen der ALC und der LCA. Selbst die Strukturveränderungen auf beiden Seiten wurden im Blick auf eine weitere Annäherung vorgenommen. Bei den meisten Vorhaben arbeiteten die beiden Organe jetzt in der Planung und in der praktischen Durchführung zusammen. Die Seminare der ALC und der LCA in St. Paul, Minnesota, wurden 1976 zu einer „funktionalen" Einheit zusammengeschlossen, und auch auf anderen Gebieten wird die Zusammenarbeit zunehmend enger. Ein gemeinsamer Ausschuß über die Praxis des Abendmahls machte 1976 den Vorschlag, daß das lutherische Abendmahl „allen anwesenden kommunizierenden Christen offenstehen sollte". Mit diesem umstrittenen Vorschlag, so wird man feststellen, wird der Grundsatz „Lutherische Altäre nur für lutherische Kommunikanten" aufgegeben — ein Grundsatz, der für die ALC (sowie für die Missourier) bedeutete, daß die Einheit in Fragen der Lehre in offiziellen Aussagen ihren Ausdruck finden muß, bevor es zu einer gegenseitigen Anerkennung in der eucharistischen Gemeinschaft kommen kann.

2. *Zwischenkirchliche Beziehungen.* Das starke Loyalitätsgefühl gegenüber der lutherischen Tradition in Nordamerika erklärt bis zu einem gewissen Grade die historische Rivalität zwischen den verschiedenen lutherischen Organen im Hinblick auf die wahre Bestimmung des Begriffes „lutherisch". Wie in anderen christlichen Traditionen, so ist auch im Luthertum das missionarische Streben im Inland und in Übersee durch ein Gefühl des „Triumphalismus" gekennzeichnet — der Wetteifer, nicht nur die außerhalb der Kirche Stehenden, sondern auch die Mitchristen zu *unserem* Glauben zu bekehren und das Wachstum des Reiches Christi an *unserem* institutionellen Erfolg zu messen. Der bedrohliche Trend sowohl zum anti-christlichen Säkularismus als auch zum Indifferentismus unter den Christen hat diesem Eifer Nahrung gegeben.

In unserer Zeit sind die Lutheraner unter dem Einfluß der großen menschlichen Katastrophen des 20. Jahrhunderts und der ökumenischen Erfahrung der Christenheit in gewissem Maße aus ihrer Selbstbezogenheit und ihrer defensiven Haltung herausgewachsen. Für einige Lutheraner bedeutete die „ökumenische Frage" vornehmlich die Frage der lutherischen Einheit. Heute jedoch hat eine Zuwendung zur Gesamtheit des Leibes Christi und ein tieferes Verständnis des Wesens der Sendung Christi in der Welt die Oberhand gewonnen. Zwei Merkmale des lutherischen Ökumenismus sind beachtenswert.

a) Die Beteiligung der Lutheraner an ökumenischen Organisationen ist unterschiedlich. Die *„Synodical Conference"* und die meisten Mitglieder des Blocks der *„American Lutheran Conference"* im NLC, die der ökumenischen Bewegung gegenüber ein tiefes Mißtrauen hegten, hielten an dem Grundsatz fest, daß die Einheit der Lehre der praktischen Zusammenarbeit vorausgehen muß. Die *„United Lutheran Church in America"* (ULCA) und die Augustana-Kirche nahmen einen anderen Standpunkt ein. Fünf Mitglieder des NLC, die jetzt zur LCA und zur ALC gehören, haben sich jedoch an der Gründung des Ökumenischen Rates der Kirchen beteiligt; und amerikanische Lutheraner wie Franklin C. Fry, O. Frederick Nolde, Fredrik A. Schiotz und Robert J. Marshall sowie viele andere haben eine führende Rolle darin gespielt. Die gleichen Kirchen und Personen waren auch führend im LWB. Als inzwischen der *„Lutheran Council in the USA"* (LCUSA) gebildet wurde, ergab sich — weil die Missouri-Synode nicht dem Weltbund beitrat — die Notwendigkeit, ein Nationalkomitee des LWB für die USA (und ein weiteres für Kanada) zu schaffen, um die Zusammenarbeit der LCA, ALC und ELCC mit dem Lutherischen Weltbund zu gewährleisten.

Andererseits ist nur die LCA Mitglied des *„National Council of Churches of Christ in the USA"* (1950) und des *„Canadian Council of Churches"*. Dr. Fry trug dazu bei, den ersteren, der sich in bestimmten Bereichen der Zusammenarbeit mit dem *„Federal Council of Churches"* und verschiedenen anderen Organen zusammengeschlossen hatte, dazu zu überreden, verfassungsmäßige Garantien festzulegen, die die Lutheraner „das evangelische Prinzip" (Anerkennung Christi als „göttlichen Herrn und Heiland") und das „Vertretungsprinzip" (die Bestimmung, daß ein Rat von Kirchen direkt die Kirchen vertreten und ihnen gegenüber verantwortlich sein muß und nicht bloß Kirchenmännern und unabhängigen Organisationen gegenüber) nannten.

Dr. Fry und Prof. A. R. Wentz waren auch für die Aufstellung dieser Prinzipien im Ökumenischen Rat der Kirchen und im Lutherischen Weltbund mitverantwortlich. Doch während die ehemalige ALC dem *„National Council"* angeschlossen war, weigerte sich die neue ALC (1960), ihm beizutreten. Der Verdacht „liberaler" Theologie und kirchlicher Einflüsse sowie des sozialen Aktivismus verstärkte noch die traditionellen Vorbehalte. Besonders in unserer Zeit der Verwirrung und des ökumenischen Experimentierens ist dieses Mißtrauen in konservativen Kreisen noch größer geworden. Inzwischen setzte sich sowohl in der ALC als auch in der LC-MS der Grundsatz der beschränkten Zusammenarbeit durch. Ohne dem „*National Council*" beizutreten, haben sich diese Kirchen an vielen seiner Aktivitäten beteiligt und sogar leitende Aufgaben dabei übernommen. Die Missouri-Synode hat sich dem ÖRK und dem LWB gegenüber ähnlich verhalten.

Ein entscheidender Durchbruch im ökumenischen Denken geschah 1974. Die LCA, in der sich die Tradition fortsetzt, die den Weg für die Grundlegung eines differenzierten Ökumenismus gebahnt hatte, wie er im „evangelischen Prinzip" und im „Vertretungsprinzip" zum Ausdruck kommt, formulierte diese Prinzipien neu und erweiterte sie „in positiverer Form" zu einem neuen Dokument, den „Prinzipien, die die Beziehungen der LCA nach außen leiten". Im wesentlichen betont die neue Erklärung, wo wir mit anderen zusammenarbeiten „sollten" statt aufzuführen, wo wir es „nicht" tun „können"; und sie dehnt ihren Radius auf gemeinsame inter-religiöse und humanitäre Interessen aus. Die gegenwärtige Einstellung der Missouri-Synode steht in direktem Gegensatz zu dieser Haltung.

Ein Testfall für das ökumenische Verhalten der Lutheraner war die großpublizierte Einrichtung von „Kirchenunionsverhandlungen" (*„Consultation on Church Union"*, COCU) im Jahre 1960. Es handelte sich um einen detaillierten Plan für den Zusammenschluß von zehn amerikanischen Denominationen (darunter auch einige große). Die Befürworter nötigten die Lutheraner etwas verspätet, sich an den Beratungen zu beteiligen. Die Lutheraner entsandten Beobachter durch den LCUSA, doch sie hielten den Entwurf für ekklesiologisch unbefriedigend. Wenn man auch die Kirchenunionsverhandlungen nicht als einen totalen Mißerfolg betrachten sollte, so haben sie doch de facto ihr Hauptziel eines größeren Kirchenzusammenschlusses nicht erreicht.

b) Inzwischen brach in den 1960er Jahren das Zeitalter des bilateralen „Dialogs" an. Für die nordamerikanischen Lutheraner begann dies mit der reformierten/presbyterianischen Aufforderung zum Gespräch 1961 und dem lutherisch/katholischen Dialog 1965. Die Lutheraner, auch aus der LC-MS, waren sowohl auf nationaler und internationaler Ebene als auch „an der Basis" führend in dieser Bewegung. Gegen Ende der 1960er Jahre wurden auch Gespräche mit Anglikanern, Orthodoxen und Juden aufgenommen. In den 1970er Jahren werden die Dialoge

auf breiter Front weitergeführt. Drei Beobachtungen drängen sich auf:
1. Mit den Reformierten und den römischen Katholiken fanden die
Theologen keine unüberwindbaren Hindernisse für die Abendmahlsgemeinschaft. 2. Die engsten Beziehungen haben sich zu den Katholiken
entwickelt, bei denen der Sinn der Lutheraner für historische Katholizität ein positives Echo findet. Es mögen noch kirchenrechtliche Gründe
für die Trennung bestehen, doch Lehrunterschiede sind nicht mehr das
Haupthindernis. 3. Es ist wohl schwer, theologische Übereinstimmung
auf höherer Ebene in praktisches Handeln und Verhalten der ganzen
Kirche umzusetzen. Die 1966 von reformierten/lutherischen Theologen
gemachte Andeutung, daß die Abendmahlsgemeinschaft ins Auge gefaßt werden sollte, nähert sich erst jetzt dem Stadium offizieller kirchlicher Entscheidung. Es ist jedoch eine Tatsache, daß wir in einer sehr
viel offeneren und freundlicheren kirchlichen Atmosphäre leben als
vor 20 Jahren, und es ist zu erwarten, daß weitere Fortschritte gemacht werden.

3. *Die Sendung der Kirche.* Wenn der Triumphalismus in den lutherischen Kirchen mit Erfolg kritisiert wird, so ist das zum großen Teil auf
die jüngste ökumenische Erfahrung zurückzuführen. Das Entstehen
einer tragfähigen und ausgeprägten weltweiten christlichen Partnerschaft; die harten Fakten der internationalen Beziehungen, die für die
alte westliche Missionsarbeit, die im Alleingang geschah, nicht förder-
lich sind; die anhaltende wirtschaftliche Rezession in Nordamerika; die
erneut kritisch gewordenen sozialen Probleme im eigenen Land; ein
Rückgang der institutionellen Religiosität, der Zweifel an unserer eigenen Identität zur Folge hatte — all das hat die Lutheraner und andere
zu einer größeren Nüchternheit des Denkens im Hinblick auf die Sendung der Kirche veranlaßt.
Bei all dem bleiben die Lutheraner zutiefst der Mission verpflichtet,
wie aus der Antwort auf die *„Mission Affirmations"* der Missouri-
Synode hervorgeht. Im großen und ganzen haben wir der in jüngster
Zeit weitverbreiteten Meinung widerstanden, daß die Christen versuchen sollten, einfach eine zu stetem Dienst bereite „Präsenz" in der
Welt darzustellen, statt Menschen bekehren zu wollen. Wohl hat das
Hilfswerk *„American and Canadian Lutheran World Relief"* seit dem
Zweiten Weltkrieg mit Erfolg materielle Hilfe geleistet (1963 über
500 000 Tonnen), wo immer menschliche Not herrschte, unabhängig
von der Staats- oder Glaubenszugehörigkeit — im Gegensatz zur Politik vor fünfzig Jahren, wo wir versucht haben, unsere Hilfeleistung
auf die „echten Lutheraner" zu beschränken.

Doch die Lutheraner halten dieses humanitäre Anliegen in Spannung zur Verpflichtung, den ganzen Christus der ganzen Welt mitzuteilen. Besonders die ALC ist bekannt für ihr leidenschaftliches Interesse an der Evangelisation. Mehr als die Hälfte des Einkommens der kirchlichen Organe des Luthertums fließt noch in die Weltmission und die amerikanischen Missionen. Darüber hinaus hat die ALC 1975 zu einer Missionsspende (*„United Mission Appeal"*) von 25 Millionen Dollar aufgerufen, die zu gleichen Teilen diesen beiden verwandten Aufgabenbereichen zukommen sollten. Sie hat 37 Millionen Dollar eingenommen. Die LCA beabsichtigt, diese Aktion nachzuahmen.

Was die „äußere Mission" (*overseas Mission*) betrifft, so hat man heute die traditionelle Verfahrensweise, die darin bestand, vornehmlich Missionare zur Evangelisation auszusenden, aus den verschiedensten Gründen drastisch geändert. 1974 zum Beispiel belief sich die Zahl der Amerikaner und Kanadier, die im Auftrag der LCA Dienst in Übersee taten, auf 194 (38 Prozent ordiniert), im Vergleich zur Rekordziffer von 548 im Jahre 1967. Jetzt, wo die Politik der Übersee-Kirchen in den Händen der einheimischen Führung liegt, beschränken sich die nordamerikanischen Missionsgesellschaften im wesentlichen darauf, Bitten um brüderliche Hilfe nachzukommen, vor allem in Gestalt von Spezialisten im Bereich der Erziehung, der Medizin, der Landwirtschaft, der Wirtschaft usw., die einen kurz-befristeten Auftrag übernehmen. Veränderungen in der kirchlichen Struktur und Terminologie können uns den Schlüssel liefern, um Veränderungen in der Gesamtperspektive zu verstehen. Die *„Lutheran Foreign Missions Conference of North America"* (Nordamerikanische Konferenz für äußere Mission) hat sich 1966 aufgelöst; ihre Funktion wurde von der *„Division of Mission Services"* (Abteilung für missionarische Dienste) des LCUSA übernommen. Um überseeische Kirchen in ihrem Autonomiebestreben zu unterstützen, läßt die Abteilung der LCA für Weltmission und ökumenische Beziehungen sogar ihre „permanenten" Verbindungen zu „Tochter"- oder „Schwester"-Kirchen auslaufen, um auf freier, partnerschaftlicher Basis zu arbeiten und in Situationen besonderer Not zu helfen, wo immer in der Welt sie auftreten mögen. Eng damit zusammen hängt das Bemühen, die Mentalität der „sendenden Kirche" durch die positive Bereitschaft zu ersetzen, auch den Reichtum des Zeugnisses *anzunehmen,* den unsere christlichen Brüder überall in der Welt uns zu bieten haben. Die „Mission in sechs Kontinenten", die 1973 angefangen hat, ist ein bahnbrechendes Unternehmen in dieser Richtung, das in der Zukunft noch weiter entwickelt werden soll. Eine Ausnahme in diesem Gesamtbild stellt zur Zeit die LC-MS dar, die in ihrer gegenwärtigen Krise starken Druck ausgeübt hat, um ihre überseeischen Tochterkirchen bei der rechten Lehre zu halten.

Was die „Mission im eigenen Land" *(mission at home)* betrifft, so hat ein ähnlicher Wandel stattgefunden. Das Bemühen, neue Gemeinden zu gründen — früher „*home* (oder *American) missions*" und „*church extension*" (Ausbreitung der Kirche) genannt —, hat nach wie vor eine hohe Priorität, doch es hat in unserer Zeit einen erheblichen Rückgang erlitten. Auf dem Höhepunkt der Nachkriegsexpansion haben die amerikanischen und kanadischen Lutheraner alle 54 Stunden eine neue Gemeinde gebildet. In der ersten Hälfte der 1970er Jahre hat die große LCA zum Beispiel nur durchschnittlich 24 neue Arbeitsfelder im Jahr erschlossen; ihren Tiefpunkt hat sie 1971 erreicht.

Die Strukturveränderungen, die in den 1970er Jahren stattgefunden haben, können am Beispiel der LCA illustriert werden: „*Boards of American Missions*" (Referate für amerikanische Mission), „*Social Ministry*" (Sozialdienste) und „*College Education and Church Vocations*" (College-Ausbildung und kirchliche Berufe) wurden zu einer „*Division for Mission in North America*" (Abteilung für Mission in Nordamerika) zusammengefaßt.

Unter allen Verantwortungsbereichen stellen „Kirche und Gesellschaft" und „spezialisierte Dienste" die größte Herausforderung dar. Angesichts der erschütternden Probleme in der heutigen Gesellschaft haben die im wesentlichen konservativen lutherischen Kirchen im großen und ganzen sich zunehmend neuen Wegen des Denkens und Handelns geöffnet, und zwar in ganz beachtlicher Weise. Die tief verwurzelte lutherische Neigung zum sozialen Individualismus und Quietismus bestimmt nicht mehr die kirchliche Führung. Neben vielen anderen pflegten die Lutheraner die Überzeugung zu vertreten, daß die soziale Verantwortung der Kirche (abgesehen von ihren Werken der Barmherzigkeit) darin besteht, die Grundsätze der Gerechtigkeit zu verbreiten und dann das staatsbürgerliche Handeln den einzelnen Christen in ihren verschiedenen Berufen zu überlassen. Man hat sich oft auf die amerikanische Tradition der „Trennung von Kirche und Staat" berufen, um zu erklären, daß die Kirchen im politischen und sozialen Bereich nichts zu suchen haben. Doch das Nachkriegsluthertum ist zu klareren Einsichten gekommen und hat realistischere Programme entworfen, um seiner sozialen Verantwortung besser gerecht zu werden.

Eine solche grundlegende Einsicht findet sich in der Erklärung der LCA aus dem Jahre 1966, in der die richtige Beziehung zwischen Kirche und Staat nicht als eine undurchdringliche Wand, sondern als „strukturelle

Trennung, funktionale Interaktion" beschrieben wird. Wenn dieser Grundsatz auch keine Patentlösung für die Probleme von Kirche und Gesellschaft liefert, so hat er doch dazu beigetragen, den sozialen Erfindungsgeist und das soziale Gewissen der Kirchen anzuregen. Die Lutheraner haben auf breiter Front einen energischen Schritt nach vorne getan im verantwortlichen Umgang mit modernen sozialen Problemen — wenn auch zugegebenermaßen eine tiefe Kluft besteht zwischen einem massiven Beharrungsvermögen der Kirchen (*„business-as-usual"* — „nur alles beim alten lassen") einerseits und den progressiven Bemühungen der verantwortlichen Führungskräfte andererseits. Die Lutheraner haben den „institutionellen Rassismus" als unser dringendstes internes Problem neben der vielgestaltigen „urbanen Krise" erkannt. Charakteristisch für die Lutheraner und die meisten anderen Kirchen ist heutzutage das Bemühen, diese sozialen Probleme gemeinschaftlich (die Kirche selbst *hat* die Verantwortung zu handeln), ökumenisch (soziale Probleme müssen in gemeinsamer Anstrengung und nicht von einzelnen Traditionen allein gelöst werden) und sehr viel realistischer als in der Vergangenheit (die Kirchen versuchen, die grundlegenden Probleme der Gerechtigkeit und der Strukturen der Gesellschaft und nicht nur die Symptome der Ungerechtigkeit in Angriff zu nehmen) zu behandeln.

Der soziale Dienst der Lutheraner hat drei Dimensionen: Sozialstudien und Erklärungen zu sozialen Fragen, Einrichtungen und Institutionen für den Sozialdienst und andere „spezialisierte Dienste".

Die Studien und Erklärungen der großen lutherischen Kirchen und des NLC/LCUSA, die keine kirchenrechtliche Gültigkeit haben, sondern als „Positionspapiere" der Information und Diskussion dienen, haben sich in den letzten Jahren durch große Gründlichkeit und Differenziertheit ausgezeichnet, vor allem im Vergleich zu den oft sehr naiven und idealistischen Produkten der Vergangenheit. Die Erklärungen erstrecken sich über eine weite Skala von aktuellen Problemen: die letzte Bibliographie *„The Churches Speak"* (Die Kirchen sprechen), 1960 bis 1974, hat 56 Seiten.

Die lutherischen Kirchen äußern sich auf andere Weise zu sozialen Problemen durch die *„Lutheran Resources Commission"* in Washington. Diese neue Einrichtung (1969), jetzt dem LCUSA angeschlossen, ist gegründet worden als ein Verbindungsorgan der Lutheraner zu „Regierungsabteilungen und -dienststellen, zu freien Wohlfahrtsorganisationen und Stiftungen im Interesse des sozialen Fortschritts". Die *„United Church of Christ"* und die *„United Methodists"* arbeiten mit der Kommission zusammen.

Die traditionellen kirchlichen Institutionen wie Krankenhäuser und Altersheime werden weitergeführt. Neue Formen der Kinderbetreuung und -pflege sind an die Stelle der kirchlichen Waisenhäuser getreten. Andere Formen des Dienstes haben sich rapide ausgebreitet. Die LCA zum Beispiel führt elf verschiedene Kategorien von Pflege- und Wohlfahrtsstätten und -institutionen. Alle diese Institutionen unterliegen einer straffen Regierungskontrolle.

Zahlreiche neuartige Versuche werden unternommen, um die menschlichen Probleme und das Evangelium des Heils denen nahezubringen, die traditionellerweise nicht von den Lutheranern erreicht werden. Hier kann nur eine Auswahl von Beispielen erwähnt werden. Teampfarrämter finden in den Innenstädten immer mehr Verbreitung. Gemeinde- und Organisationsverbände sind oft inter-lutherisch oder inter-konfessionell. Die Kirchen haben sich in „Gemeinwesenarbeit" und anderen para-gemeindlichen Unternehmungen engagiert. Sie setzen sich mit zunehmender Intensität für das Streben der Schwarzen, der Hispano-Amerikaner und der Indianer nach Gerechtigkeit und Selbstbestimmung ein. Diese Minderheitsgruppen experimentieren mit neuen Organisationsmethoden, um ihren Interessen Geltung zu verschaffen. Die Lutheraner entdecken neue Wege, um ihnen beizustehen. Sie haben in allen drei Gruppen auch lutherische Führungskräfte gefunden. Die LC-MS ist bisher im Dienst der Lutheraner an den Schwarzen führend gewesen und die ALC im Dienst an den Indianern. Im Zuge der jüngsten Ansiedlung von Einwanderern aus Vietnam und Kambodscha haben 900 lutherische Gemeinden 1000 Familien aufgenommen und betreut.

Robert J. Marshall, der Präsident der LCA, hat kürzlich in einem Vortrag das Wesen des Luthertums in einer Weise zusammengefaßt, mit der die große Mehrheit der amerikanischen Lutheraner sich einverstanden erklären würde:

1. Wir sind eine biblische Kirche; wir sind auch eine Konfessionskirche (aber keine fundamentalistische): unsere Treue zur Heiligen Schrift treibt uns, unseren Glauben zu bekennen.

2. Wir sind eine charismatische Kirche: das heißt, wir versuchen, uns durch den Hl. Geist leiten zu lassen. Doch wir sind auch eine evangelische Kirche, das heißt, wir versuchen, *alle* Gaben des Geistes so einzusetzen, daß sie sich gegenseitig zurechtweisen und bereichern.

3. Wir sind eine diakonische Kirche. Wir leisten unseren Dienst in ökumenischer Zusammenarbeit.

XVII. Kapitel

DIE ENTDECKUNG DER IDENTITÄT
IN EINER NEUEN KULTUR UND GESELLSCHAFT
IN SÜDAMERIKA

BÉLA LESKÓ

Martin Luther war ein neunjähriges Kind und lebte in Mansfeld, als Christoph Kolumbus Amerika „entdeckte". Anders als die Kinder unserer Zeit wurde er nicht durch die Massenmedien über die neuesten Ereignisse auf dem laufenden gehalten. Trotzdem stellt er schon am 29. Mai 1522 in seiner Himmelfahrtspredigt über die Ausbreitung des Evangeliums und den missionarischen Auftrag an die ganze Welt fest: „Auch seyd vil inseln erfunden wordenn noch zu unseren zeiten . . ." (WA 10, III, 139, 19 f., WA 10, I, 1, 21, 16) und fügte hinzu, daß das Evangelium „. . . wirt durch die prediger weiter getrieben hin und her in die welt, veryagt und verfolgt . . .".
Zu der Zeit konnte Luther nicht wissen, daß diese Ausbreitung der Botschaft des Evangeliums auf die neuen Inseln auch die Ausbreitung Europas nach Mittel- und Südamerika bedeutete und damit die Ausbreitung einer Kolonialmacht über weite Territorien und einheimische Bevölkerungen und die Ausbreitung europäischer Völker und Kulturen sowie der Kirche, die mit den Kolonisationsmächten verbündet war. Er konnte nicht ahnen, daß ein großer Teil derer, die zum Objekt der Evangelisation wurden, in vielen Gebieten als Opfer die totale Auslöschung erleiden werden. Schon 24 Jahre nach seinem Tod wurde in Lima, Peru, ein Edikt gegen seine Lehre und seine Schriften verkündet. Seine Anhänger in diesen „neuen Ländern und Inseln" haben erst in späteren Jahrhunderten die Notwendigkeit entdeckt, um ihre Identität zu ringen und zu kämpfen.
Ein wesentlicher Punkt ist zu beachten. Luther predigt über die Ausbreitung des Evangeliums und nicht über die Ausbreitung seiner Anhänger oder des „Luthertums" oder der „lutherischen Kirche". Doch die Geschichte stellt uns in den Kontext von Tatsachen und Entwicklungen, die nicht voraussehbar waren, aber Teil des Prozesses sind, in dem die Christenheit um die rechte Verkündigung des Evangeliums ringt. Wir sind Teil dieser Menschheit, die auf verschiedene Weise und an verschiedenen Orten Geschichte zu gestalten und Jesus Christus zu verkündigen gedachte.

Darum muß die Suche nach Identität seitens der Menschen und Gemeinschaften, in Süd- und Mittelamerika, die sich heute lutherisch nennen, im Lichte dieses Ausbreitungsprozesses des westlichen Christentums gesehen werden, der in Europa eingeleitet worden ist und sich in jüngerer Zeit durch inter-amerikanische Beziehungen ausgedehnt hat. Als Europa sich zur Zeit der ersten Kolonisationen nach Südamerika ausstreckte, führte es dieses Unternehmen alleine durch. Später jedoch, als innerhalb Amerikas, im Norden, eine neue Kraft geboren wurde, stellte sich der neue Expansionstrend nach Süden als eine zweite Tür dar, die sich der Verkündigung des Evangeliums öffnete. Die Botschaft aber, die aus dem Norden kam, war schon die Frucht einer neuen Identität, einer neuen „Erinnerung" (vgl. 1. Kor. 15, 1); das ursprüngliche, europäische Element war *ein* Teil davon, doch in einem neuen Kontext neu durchdacht. Von daher wird verständlich, wie innerhalb ein und derselben konfessionellen christlichen Familie *zwei* verschiedene Arten von „Erinnerung" an einem dritten Ort zusammentreffen und als zusätzliche Elemente an dem Prozeß der Herausbildung einer *dritten* Identität und der Gestaltung einer dritten Erinnerung teilhaben können.

Die Suche nach Identität ist eines der bemerkenswertesten Kennzeichen der lutherischen Kirchen auf unserem Kontinent heute. Eine solche Suche ist jedoch nicht nur ein schöpferischer Prozeß, sondern eine durch Kampf und Buße geprägte Situation. Wie sind die Kirchen zu diesem Punkt ihrer Geschichte gekommen? Im folgenden sollen kurz einige Aspekte dieses historischen Prozesses aufgezeigt werden.

Der Weg vom amerikanischen Christentum zu einer lateinamerikanischen Kirche und das Aufkommen des Luthertums

Als die europäische Christenheit sich auf dem neuen Kontinent weiter ausbreitete und die ersten Schritte zur Errichtung der römisch-katholischen Kirche unternahm, zunächst in ihrer spanischen und etwas später in ihrer portugiesischen Ausprägung, erreichte die Nachricht von der Reformation Lateinamerika nur in negativer Form, durch die Edikte der Inquisition. Die kurzen protestantischen Bemühungen um missionarische Arbeit auf diesem Kontinent in den ersten drei Jahrhunderten seiner Geschichte erwiesen sich nicht als ein wesentlicher historischer Beitrag. Es gab einige wenige Ausnahmen, wo die Gründung einer evangelischen Kirche durch europäische Länder unterstützt wurde wie in Jamaika, den dänischen Antillen und Suriname; doch in keinem Fall hatte der Protestantismus Auswirkungen auf diejenigen Teile der Neuen Welt, in denen der iberische Einfluß vorherrschend war. Das sporadische Auftreten von Missionaren in anderen Teilen des Kontinents — wie die Calvinisten in der Guanabara-Bucht (Rio de Janeiro, 1555—1567), die Holländisch-Reformierten in Nordbrasilien (1636—1649), das Vorhaben des lutherischen Barons Justinian von Weltz (1665), die Bemühungen der Herrnhuter Brüder, in Niederländisch-Guayana Fuß zu fassen (1738—1748) und die erwiesene Präsenz lutherischer und anderer evangelischer Europäer in Brasilien und an anderen Orten — führte nicht zur Gründung irgendeiner protestantischen Kirche in dieser neuen „lateinbeherrschten" Welt.

Inzwischen unternahm die lateinamerikanische Christenheit — die römisch-katholische Kirche in enger Zusammenarbeit mit dem spanischen und portugiesischen Staat und der dazugehörigen Kultur — historische Bemühungen sowohl im negativen als auch im positiven Sinne im Hinblick auf die Ausbreitung des christlichen Glaubens, seine Konfrontation mit anderen Kulturen und seine Reaktion auf den Wandel im Wesen und in der Tendenz der politischen Macht. Protestanten haben im allgemeinen sehr wenig Verständnis für die Bedeutung etwa des Machtwechsels vom Hause Habsburg zu den Bourbonen (1700), des Wechsels vom System der Vizekönige zu dem der Provinzverwalter oder der Vertreibung der Jesuiten (1767). Im 17. Jahrhundert litt die römisch-katholische Kirche, besonders in ihrer Evangelisationsarbeit, unter harten Auseinandersetzungen mit den Ansprüchen des Patronats, mit den Einwanderern und mit den Privilegien, die die hispanische Zivilisation in der Neuen Welt für sich in Anspruch nahm.

Zugleich stand die missionarische Arbeit vor der Schwierigkeit, die christliche Botschaft den Menschen zugänglich zu machen, die durch vorchristliche Kulturen und Religionen geprägt waren. Als der Verfall und der Niedergang der spanischen Macht in Europa begann, war auch die Kirche auf diesem Kontinent von den Auswirkungen betroffen; und die Erlangung der Unabhängigkeit zu Beginn des 19. Jahrhunderts führte zu einer kritischen Zuspitzung ihrer Lage. „Es kam zu einer totalen Auflösung des Bischofskollegiums. Das hatte zur Folge, daß keine Priester und Mönche mehr ordiniert wurden, daß die Archive geplündert oder vernichtet wurden und daß die Gemeinden den Zusammenhang untereinander verloren … So wie die ‚Mittelalterliche Christenheit' ihre Einheit im Laufe der Jahrhunderte verlor, so verlor Lateinamerika seine Einheit in nur einem Jahrzehnt" (Dussel).

Mit der Erlangung der Unabhängigkeit bildete sich ein ideologisches, politisches und ökonomisches Vakuum. Dieses wurde ausgefüllt mit den

Ideen der Französischen Revolution, den Vorstellungen des Liberalismus und mit der ökonomischen und politischen Herrschaft ausländischer Mächte, zunächst Großbritannien, dann die Vereinigten Staaten und zeitweilig auch beide. Unter der selbstgefälligen Beteiligung eines großen Teils der Führungskräfte wurde der Kontinent zu einem offenen Feld für neue Projekte, vornehmlich in seiner Eigenschaft als möglicher Rohstoff- und Nahrungsmittelproduzent für die immer stärker industrialisierte nördliche Hemisphäre.

Zur Durchführung dieser Projekte bedurfte es einer erneuten Einwanderung, die auch organisiert wurde. Die Gruppen neuer Einwanderer, die nach Lateinamerika kamen, wurden zu unschuldig Beteiligten am ökonomischen Imperialismus vor allem Großbritanniens, der sich über den ganzen Kontinent ausbreitete. Diese unwissentliche Mitschuld hat natürlich die ganze Geschichte der lutherischen Einwanderer-Kirche beeinflußt, auch ihre kirchliche und politische Einstellung in der Vergangenheit und selbst in der Gegenwart. Zur Zeit der großen Einwanderungswellen und auch nach der Kolonialzeit war Südamerika in dieser oder jener Weise von einer europäischen Macht oder von mehreren europäischen Mächten abhängig. Diese Situation wurde akzeptiert, da offensichtlich beide Teile Vorteile daraus zogen. Als die Einwanderer ein Abhängigkeitsverhältnis zu ihren Heimatkirchen suchten, handelten sie also im Geist der lateinamerikanischen Länder und Regierungen, zu denen sie nun gehörten. Das Problem lag darin, daß die örtlichen Machthaber keine Beziehungen zu den Staaten ihrer Herkunft, sondern zu anderen unterhielten. Von daher erklärt es sich, daß zum Beispiel in Argentinien die ersten lutherischen Dienste unter dem Schutz der englischen oder schottischen Kirchen eingerichtet wurden. Das ist auch der Grund, warum andere evangelische Kirchen, *wenn* sie ein missionarisches Bewußtsein hatten, sich auf dem Wege über die angelsächsischen Kolonien und die Freimaurerbewegung in Lateinamerika niederließen.

Zu diesem Zeitpunkt war der Kontinent auch neuen missionarischen Vorstößen von protestantischer Seite zugänglich. Diese wurden nicht ohne Schwierigkeiten und manchmal sehr starke Behinderungen unternommen, doch es war keine unmögliche Aufgabe wie noch in früheren Jahrhunderten. Zugleich kamen mit der Einwanderungswelle die ersten lutherischen Gruppen auf diesen Kontinent, die sich zu Gemeinden zusammenschlossen. Das begann 1824 in Brasilien und führte zur Synodenbildung dort, in den Ländern des Rio de la Plata und in Chile (1886–1912). Das nordamerikanische Luthertum kam in den neunziger Jahren mit dem Kontinent in Berührung; zu Beginn des 20. Jahrhunderts fand es in seiner deutsch-sprachigen Gestalt auf dem Wege über die Missouri-Synode in Brasilien und Argentinien Eingang; nach 1916 nahm es das Problem der Mission im Süden auf und verstärkte seine Bemühungen nach dem Ersten Weltkrieg, vor und nach sowie auch zur Zeit des Zweiten Weltkrieges. Erst nach dem Zweiten Weltkrieg hat das Weltluthertum den Gedanken in Erwägung gezogen, Einwanderer systematisch am Projekt des Kirchenaufbaus zu beteiligen. Mit dieser historischen Entwicklung ging eine entscheidende Epoche unserer Geschichte zu Ende, und eine neue begann. Diese war gekennzeichnet durch den Zustrom neuer Einwanderer (die in diesem Falle oft Flüchtlinge waren), die Gründung des Lutherischen Weltbundes und seine Projekte für Lateinamerika, die Erlangung der Autonomie sowohl der Missionskirchen als auch der Einwandererkirchen und das Heranwachsen einer neuen Generation von Pfarrern, die zumeist auf diesem Kontinent geboren waren. Heute hat das Luthertum in Mittel- und Südamerika Fuß gefaßt.

Doch diese Präsenz des Luthertums unterliegt immer noch den verschiedensten Einflüssen, die zunehmend bewußt erfahren werden. Dazu gehören: die sich wandelnde Geschichte des Kontinents und seiner Staaten, das Aufkommen neuer Ideologien, die Entwicklungen innerhalb der römisch-katholischen Kirche von einer verpflanzten „Christenheit" zu einer verwandelten lateinamerikanischen Kirche und das allgemeine religiöse Leben (andere protestantische Kirchen, die ökumenische Bewegung, die charismatischen Bewegungen und die Geburt oder Wiedergeburt der verschiedensten Formen volkstümlicher Religiosität). In dieser historischen Perspektive stellt sich im Entwicklungsprozeß der Selbstbesinnung die Frage: Wer sind wir?

Ein „transplantiertes Christentum"

Das lateinamerikanische Christentum als Ganzes ist ein „*transplantiertes Christentum*". Wenn wir das als eine Gegebenheit für den Katholizismus hinnehmen, müssen wir feststellen, daß es in noch stärkerem Maße für das Luthertum in Lateinamerika zutrifft.

Es ist ein Unterschied, ob der christliche Glaube durch die Arbeit von Missionaren vermittelt wird, oder ob er durch Einwanderer in ein Land Eingang findet. Wohl hat es beide Formen der Vermittlung des Evangeliums auch auf anderen Kontinenten gegeben, doch nur in Mittel- und Lateinamerika begann das missionarische Unternehmen mit Eroberung *und* Kolonisation und führte schließlich zu einer Besetzung des Kontinents durch europäische Einwanderer, vornehmlich Spanier

und Portugiesen. Auch nachdem Lateinamerika unabhängig geworden war, wurde die Einwanderung gefördert, und die neuen Einwanderer (auch Katholiken), die aus allen Teilen Europas kamen, brachten
ihre eigenen kirchlichen Strukturen und Traditionen mit. Kurzum,
als die ersten Missionare nach Lateinamerika kamen, um den Einheimischen das Evangelium zu predigen, kamen zur gleichen Zeit die
Kolonisatoren und verpflanzten ihre Kirche aus Europa.
Das ist der Fall bei der *römisch-katholischen Kirche*. An der ganzen
Geschichte des Katholizismus in Lateinamerika kann man sehen, wie —
unter ein und derselben zentralen Autorität in Rom — in Wirklichkeit
zwei Typen von „Kirche" auf diesem Kontinent entstanden, die Missionskirche und die Einwandererkirche. Diese beide Tendenzen sind
noch heute erkennbar und haben vermutlich im letzten Jahrzehnt
(besonders nach der südamerikanischen Bischofskonferenz in Medel-
lin) dazu beigetragen, daß die sozio-politischen Gegebenheiten von
verschiedenen Gruppen innerhalb der gleichen Kirche sehr verschieden interpretiert worden sind. Darum fragen wir nicht, was das Christentum hergebracht hat, sondern was die Christen mitgebracht haben. Die Kolonisation selbst hat einen Prozeß eingeleitet, der zu dem
gegenwärtigen heterogenen Bild Lateinamerikas als Kontinent geführt hat, mit einen kontinentalen Christentum, das in seinem Wesen
oft sehr widersprüchlich ist. Die verschiedenen Epochen massiver
europäischer Einwanderung und die vielfältigen Ergebnisse rassischer
und kultureller Vermischung zwischen den Einwanderern und der einheimischen Bevölkerung haben verschiedene Formen von Frömmigkeit und verschiedene Typen von Kirche hervorgebracht.
Dasselbe geschah im Hinblick auf die Verpflanzung der verschiedenen
Typen von nicht römisch-katholischen christlichen Kirchen auf diesen
Kontinent mit dem Unterschied, daß im Falle der lutherischen
Kirche die Verschiedenheit zwischen den „durch Einwanderung transplantierten" und den „durch die Mission transplantierten" Kirchen
sehr viel augenfälliger ist. Der andere große Unterschied zwischen diesen beiden Hauptströmungen des Christentums (eine dritte, die orthodoxe Linie, ist auch vorhanden, doch ausschließlich in der Form von
eingewanderten ethnischen Gruppen) liegt darin, daß die römisch-
katholische Kirche ihre eigene Kultur mitbrachte und von Anfang an an
der Gestaltung der lateinamerikanischen Kultur beteiligt war und somit einen entscheidenden historischen Beitrag geleistet hat, der den
Eigencharakter der neuen Staaten mitgeprägt hat. Das transplantierte
protestantische Christentum dagegen kam von ganz anderen kulturellen Kontexten her und brachte Kulturmerkmale mit sich, die zum Zeit-

punkt seiner Ankunft schon dazu bestimmt waren, auszusterben oder Beiträge einer Minderheit zu sein. Wenn die Akkulturation unserer Kirchen erforderlich ist, dann bedeutet das zugleich die unausweichliche Verpflichtung, die Botschaft der Reformation mit einer Kultur zu konfrontieren, die undenkbar ist ohne die Merkmale, die der hispanische Katholizismus mit auf diesen Kontinent gebracht hat. Der bekannte argentinische römisch-katholische Gelehrte E. Dussel weist nach, daß dieser Kontinent schon vor der Zeit der Unabhängigkeit sein eigenes „lateinamerikanisches Christentum" besaß. Dieses neue Christentum hatte drei grundlegende Wurzeln: das hispanische Christentum und seine Kirche, die hispanische Kultur und die Kultur und das Erbe der Indios. Diese Grundelemente stellen zwei Welten dar, die Welt des hispanischen Europa und die einheimische Welt Amerikas. All dies durchströmt das lateinamerikanische Christentum und äußert sich im Einfluß der Kirche auf die eingewanderte hispanische Bevölkerung, besonders in den Städten, in der Einführung der christlichen Predigt in die Welt der Indios durch missionarische Bemühungen und in der Eroberung von Neuland durch Waffengewalt.

Diese Beschreibung will natürlich nicht einen schon abgeschlossenen Prozeß erklären oder regionale Abwandlungen leugnen. Inhalt und Bedeutung der sich entwickelnden lateinamerikanischen Kultur werden noch erforscht, ebenso die Bestimmung der Identität der verschiedenen Nationen. „Wenn eine Nation sich selbst auszudrücken vermag und durch die Kultivierung und Entwicklung ihrer Tradition zu einem echten Selbstbewußtsein, das heißt dem Bewußtsein ihrer kulturellen Strukturen und ihrer höchsten Werte, gelangt, dann besitzt sie ihre eigene Identität" (Dussel). Die Suche nach dieser Identität steht hinter vielen kulturellen, sozialen und politischen Bewegungen auf unserem Kontinent.

Keiner dieser von Dussel aufgezeigten Grundfaktoren kann außer acht gelassen werden. Sie sind tief im Geist des Kontinents verwurzelt; und die gegenseitige Befruchtung ist noch im Gange, wie man am Beispiel von Spaltungen und neuen Kirchenbildungen sehen kann, wenn Teile der ursprünglichen Indiobevölkerung sich wieder ihres kulturellen Erbes bewußt werden. Zu diesen Grundelementen sind selbstverständlich durch die organisierte Einwanderung neue Beiträge hinzugekommen. Die Herkunft und die Intensität dieser Einwanderungsbewegung konnten das Bild einer Region verwandeln und der Kultur, Mentalität und Frömmigkeit Lateinamerikas neue Elemente hinzufügen.

Keiner dieser Neuankömmlinge, seien es einzelne oder Kirchen, kann jedoch das Vorhandensein dieser Grundelemente und den Einfluß des lateinamerikanischen Christentums vergessen.

Die neuen Elemente, die zum kulturellen Bild und zu dem Ringen um Identität hinzukommen, stammen oft aus nicht-iberischen Ländern und Denkströmungen — Strömungen, an denen das Luthertum seinen Anteil hat. Diese Entwicklungen haben zur Folge, daß es für einen nicht-iberischen europäischen Einwanderer schwierig ist, seine Identität zu finden. Doch das Problem der Identität war nicht weniger schwierig für einen Lateinamerikaner, der Lutheraner wurde.

Eine „transplantierte Kirche", das Evangelium und die Suche nach Identität

Schon 1932 schrieb Werner Elert in seiner klassischen „Morphologie des Luthertums" (2. Aufl., Bd. 2, S. 126) im Hinblick auf die Reformation: „Die Anpassung des Kirchentums als solchem an das Volkstum sollte dem Evangelium dienen — nicht umgekehrt". Die Bibel wurde übersetzt; Deutsch wurde als Sprache in das gottesdienstliche Leben des Volkes eingeführt, und eine neue Art von Liedgut wurde geschaffen. All dies hatte ursprünglich zwei entscheidende Beweggründe: die „Betonung der evangelischen Verkündigung als der Zentralfunktion und des Gemeindegedankens als der lokalen Konkretisierung der Kirche".

Aus den schriftlichen Zeugnissen von Einwanderergruppen ist eine entgegengesetzte Einstellung ersichtlich. Demnach ist nur die Kirche in der Lage, das Erbe der verschiedenen ethnischen Gruppen zu bewahren; und somit müssen die verschiedenen Formen der Weitergabe des Evangeliums dem „Volkstum" dienen und nicht das „Volkstum" der universalen Verbreitung des Evangeliums.

Die lutherischen Einwanderer in Lateinamerika machen augenblicklich einen Kampf um ihre Identität durch. In der Umwelt, in der sie leben, wird „deutsch", „dänisch" oder „schwedisch" zum Synonym für lutherische Kirche. Das bedeutet jedoch nicht unbedingt, daß diejenigen, die diese Begriffe gebrauchen und von einer „deutschen Kirche" oder einer „dänischen Kirche" sprechen, wirklich wissen, daß diese Kirchen die gleiche lutherische Tradition vertreten. Wo eine ethnische Einwandererkirche und eine Missionskirche nebeneinander an einem Ort bestehen, kann das Wort „lutherisch" auch als Synonym für „nordamerikanisch" gebraucht werden. Die beiden Identitäten sind durch den nationalen Ursprung der Glieder der Kirche oder des Missionars, aber nicht durch das Zeugnis von der lutherischen Botschaft bestimmt.

Die Herkunft eines Menschen ist Teil seiner Identität. Und wenn ein Mitglied einer ethnischen Gruppe von einer Kirche, die auf kulturelle Assimilation hinarbeitet, dazu gezwungen wird, seine Herkunft zu verleugnen, dann geht ihm ein Faktor verloren, der zu seiner Identität gehört. Das gleiche trifft zu, wenn jemand gezwungen wird, eine religiöse Tradition zu verleugnen oder wenn diese Tradition in einer neuen Umgebung verlorengeht.

Die Tatsache, daß in den wichtigsten lutherischen Kirchen in Europa „Volkstum" und Kirche Hand in Hand miteinander gingen, machte es für die europäischen lutherischen Kirchen schwierig, Lateinamerika als einen Missionskontinent zu betrachten und nicht einfach als einen anderen Ort, an dem ihre Brüder und Schwestern aus der eigenen „Volkstums-Kirche" eine lebendige Fortsetzung der Heimatkirche darstellten.

Wir möchten hier unterscheiden zwischen dem Begriff der geographisch transplantierten Kirche oder Gemeinde, die eine Fortsetzung der Heimatkirche ist, und der Kontinuität einer Tradition in einem neuen Kontext, mit neuen Herausforderungen an Zeugnis und Dienst. Das erste bedeutet Abhängigkeit und ist ein Hindernis in dem Entwicklungsprozeß, der auf Eigenständigkeit und eine neue Identität hinzielt. Doch das zweite bedeutet Interdependenz, wo eine neue Identität, die in einem neuen Kontext entstanden ist, die „Erinnerung" der Tradition nicht verwirft, sondern sie in ein positives Erbe verwandeln und als eines der Grundelemente anerkennen kann, aus denen diese neue Identität zusammengesetzt ist. In diesem Falle kann die Beziehung bewußter Interdependenz die empfangenden Kirchen in gebende Gemeinschaften verwandeln. Interdependenz bedeutet empfangen, aber auch geben.

Die alte Identität, die die Einwandererkirchen mitgebracht haben, paßt nicht genau in den Kontext des Wandels und der neuen Realitäten. Der Kern des Problems liegt jedoch nicht im „Wert" der alten Identität, sondern in ihrer Brauchbarkeit für die Zukunft. Dies ist der Punkt, an dem das Evangelium selbst und die klare Ausrichtung des lutherischen Bekenntnisses auf das Wort Gottes und seine Verkündigung uns nicht den Luxus einer leichtherzigen Resignation gestattet, sondern uns vielmehr dazu zwingt, einige Elemente unserer alten Identität umzugestalten.

Ein immer wiederkehrendes Problem in Gemeinden, die aus der Einwanderung entstanden sind, liegt darin, daß es zu unnötigen Spannungen kommt. Der Pfarrer und einige jüngere Gemeindeglieder versuchen, die ältere Generation dazu zu zwingen, ihre Identität aufzugeben, während die älteren Gemeindeglieder die Ausprägung einer neuen Identität verhindern.

Der Suche nach einer neuen Identität wird nicht durch einen Wandel als solchem gedient, ein Wandel geschieht jedoch dort, wo die eigene Christus-Nachfolge vertieft wird. Welches kann der Beweggrund für ein bewußtes Hineinwachsen in eine neue Identität sein? Wir haben in den letzten Jahrzehnten auf unserer Suche nach einer neuen Identität verschiedene Arten von Beweggründen erlebt.

Einer dieser Beweggründe leitet sich aus unseren kirchlichen und konfessionellen Überzeugungen ab. In Treue zu unseren Vorvätern müssen wir dafür sorgen, daß die lutherische Kirche in unserem Lande weiterbesteht.

Neben unseren konfessionellen Argumenten erhebt sich das Argument der „Repräsentation". Die lutherische Kirche ist eine universale katholische Kirche; und sie ist noch immer das lebendige Zeichen der Reformation des 16. Jahrhunderts. Darum sollten wir danach trachten, daß unsere Kirche mindestens durch eine Gemeinde in jeder Republik des mittel- und südamerikanischen Kontinents vertreten ist.

Der missionarische Beweggrund ist ähnlich, doch weiterreichend als der bloße Gedanke der Repräsentation. Viele Leute sind nie getauft worden, während andere nur nominelle Christen sind. Unser Auftrag ist es, eine bessere Kirche zu bieten. In diesem Falle jedoch kommt es zu Spannungen zwischen Mission und Proselytismus, die jahrelang theologisch ungelöst geblieben sind.

Ein weiterer Beweggrund ist ethnisch bedingt. Die Kirche muß überleben, um unsere Sprache und Kultur zu bewahren. Der sozio-politische Beweggrund ist heutzutage besonders stark. Viele Theologen und Laien vertreten die Auffassung, daß es von entscheidender Bedeutung ist, zu einem politischen Faktor bei dem Ringen des Kontinents um einen neuen Gesellschaftstyp zu werden. Doch so wird die Identität oft von Nicht-Lutheranern oder von Lutheranern anderer Kontinente definiert; sie entspricht keinem organischen Bestreben der lokalen Kirchen. Sowohl die lateinamerikanischen Kirchen als auch die entsprechenden Kirchen in der „Ersten Welt" sind sich dessen bewußt, daß politische Erwägungen den Lebensnerv der Kirchen in Südamerika nicht berühren. Zeitweilig fehlte es an Vertrauen denen gegenüber, die diesen politischen Auftrag am Orte zu erfüllen haben. Die Entscheidung, die Vollversammlung des LWB 1970 von Porto Alegre nach Evian zu verlegen, wurde zum Beispiel in Europa und in den USA gefällt. In einem sehr viel schwerwiegenderen Fall muß man sich fragen, wie viele der Elemente, die zur Spaltung der chilenischen

Kirche geführt haben, chilenischen Ursprungs sind und wie viele aus der „Ersten Welt" importiert worden sind.

Jeder dieser verschiedenen Beweggründe gehört zum Gesamtbild der Identität einer Kirche, doch keiner von ihnen stellt eine Lösung dar. Im Gegenteil, jedes dieser Argumente birgt starke Gegenargumente in sich. Zeitweilig kam es zu Konflikten zwischen diesen Motivationen, weil sie nicht flexibel genug waren, um anderen Gründen zum Wandel Raum zu geben. Sie werden nur dann Bedeutung erlangen, wenn sie zu Werkzeugen des Evangeliums, der Frohen Botschaft von Jesus Christus werden. Alle diese Aspekte können zu einem neuen Wachstum führen, wenn sie in den Dienst des Evangeliums gestellt werden, das den Entwicklungs- und Wachstumsprozeß von Menschen, Kirchen und Völkern fördert.

Keiner dieser Beweggründe allein wird die Kirche zum Leben erwecken oder ihre Mission und die Erfüllung ihrer Aufgabe fördern. Das Evangelium muß der entscheidende Beweggrund sein. Wenn die lateinamerikanische Theologie und Predigt die Bedeutung des Evangeliums für den ganzen Menschen und für jeden Aspekt der menschlichen Bedürfnisse und des menschlichen Lebens unterstreichen, dann ist damit auch die Suche nach Identität gemeint. Allein der Glaube kann mich mit meinem Erbe und meinen Fähigkeiten zu einem gehorsamen Diener verwandeln. Der Gehorsam gegenüber dem Evangelium Christi wird die Türen öffnen und den Weg weisen.

Wandlung ist keine Verneinung der Kontinuität. Es ist offensichtlich, daß alle Kirchentümer Früchte der Verkündigung des Evangeliums durch *andere* sind, doch sie können nur zu mündigen Kirchen heranwachsen, wenn sie unter dem Einfluß des Wortes und gestärkt durch die Sakramente ihre Verantwortung für die Verkündigung des Evangeliums in aller Welt übernehmen. Wo das fehlt, gibt es keine Identität.

Der missionarische Ansatz und die Identitätskrise

Das Luthertum ist nie als eine starke missionarische Kraft nach Lateinamerika gekommen. Aus verschiedenen Gründen, von denen viele noch ungeklärt sind, haben die wenigen missionarischen Bemühungen unter den Einheimischen seitens der Lutheraner nie zu einem nennenswerten numerischen Wachstum geführt, vergleichbar zum Beispiel mit den Pfingstbewegungen unserer Zeit und anderen missionarischen Unternehmungen in der Vergangenheit. Wie kann dieses Phänomen erklärt werden?

Der Ausgangspunkt unserer Mission ist und war immer der gleiche

wie für jede andere Kirche: den Menschen die Frohe Botschaft des Er-
lösers und Befreiers Jesus Christus zu verkündigen und alle Völker zu
taufen und zu Jüngern zu machen. Wir dürfen jedoch dabei nicht vergessen, daß die lutherischen Missionsprojekte, die gewöhnlich von
ausländischen Missionsgesellschaften ausgingen, deren Erfahrungen
von ungetauften Kontinenten herrührten, es hier praktisch durchgehend mit einer getauften Bevölkerung zu tun hatten.
Es stellte sich die Frage, ob diese Arbeit als traditionelle Missionsarbeit
oder als bloßer Proselytismus verstanden werden konnte. Haben die
Missionen Christen einer anderen Kirche zu unserer Kirche oder aber
Nicht-Christen zu Christus bekehrt? Viele Missionare rangen alleine
mit dieser Frage, ohne klare Wegweisung ihrer Vorgesetzten. Heute
ist es theologisch klar, daß es unsere gemeinsame Verantwortung mit
Katholiken und anderen Protestanten ist, einen Kontext zu schaffen,
in dem *alle* getauften Christen im Glauben wachsen können. Das ist
kein Proselytismus. Doch das Luthertum in Lateinamerika hat dieses
Ziel nicht immer klar im Auge gehabt. Was heute allgemein akzeptiert
wird, ist in den vergangenen Jahrzehnten in Frage gestellt worden.
Die Einwandererkirche akzeptierte das Vorhandensein anderer Kirchen und gab die Verantwortung für die Evangelisation an die
römisch-katholische Kirche oder an andere evangelische Kirchen ab,
die nach ihrer Meinung geeigneter waren, diese Aufgabe zu erfüllen,
wenn die Sprache des neuen Landes erforderlich war. Die Missionskirchen — oder besser die missionarischen Unternehmungen — sahen
in anderen denominationellen Gruppen eher Konkurrenten als Mitarbeiter. Sie stellten die Authentizität der anderen Kirchen in Frage
und weigerten sich *de facto,* deren Taufe anzuerkennen, besonders die
der römisch-katholischen Kirche. Doch es war nicht üblich, zum Luthertum Bekehrte wiederzutaufen.
Aus dieser Zeit der theologischen Unsicherheit ergab sich eine Verkündigung, die durch zwei Faktoren charakterisiert werden kann:
a) eine negative Interpretation der Lehre und der Ethik der „Anderen" und b) eine persönliche Bekehrung *von* der Welt *zum* eigenen
Heil, das eine „bessere" und „reinere" Kirche bot. Diese Verkündigung, die als ein positiver Beitrag gedacht war, wurde auf die Dauer
zu einer schweren Last, die die spätere Entwicklung unserer Kirche
negativ beeinflußt hat.
Wir sprechen in der Regel von einem missionarischen Auftrag, der
eng mit Absichten im Hinblick auf die Ausdehnung einer Kirche, einer
Denomination oder der Macht und des Einflusses einer Organisation
zusammenhängt. Was aber geschah? Der große Auftrag Christi wurde

in eine Gesetzesforderung verwandelt, ohne die befreiende Botschaft des Evangeliums. Diese Forderung diente dazu, eine andere Kirche, insbesondere die römisch-katholische Kirche, zu verdrängen; sie war kein Beitrag zur Christianisierung einer zunehmend halbchristlichen, heidnischen oder gleichgültigen Bevölkerung.

Diese enge Interpretation des Missionsauftrages führte sogar zu Kämpfen innerhalb der Familie lutherischer Kirchen, besonders nach dem Zweiten Weltkrieg, als die neuen Einwanderergemeinden von den flügge gewordenen Missionskirchen angegriffen wurden. In Argentinien zum Beispiel wurden die Glieder der Missionskirche im Geiste einer dreifachen Opposition erzogen — *gegen* die Katholiken, *gegen* die eingewanderten Lutheraner und *gegen* einige andere Protestanten. Es ist klar, daß diese grundsätzlich negative Betrachtungsweise nicht die erträumten Früchte bringen konnte. Wir können heute beobachten, daß diese Erziehung und die Loyalität gegenüber dieser „Erinnerung" Gemeinden hervorgebracht haben, die um ihr Überleben kämpfen und keinerlei Kraft haben, sich auszudehnen, und Pfarrern, die die vorgegebenen traditionellen Aufgaben erfüllen, jedoch oft keine neuen Gemeindeglieder gewinnen können.

Doch selbst in diesen Gemeinden gibt es Menschen, die sich um eine neue Interpretation der Mission bemühen. Sie sind der Auffassung, daß diese Aufgabe nur erfüllt werden kann, wenn der Missionsbefehl Jesu als Evangelium — als Träger der Frohen Botschaft — interpretiert wird. Wo der missionarische Auftrag zur Gesetzesforderung wird, die sich in negativer Sprache und in negativem Handeln äußert und nicht ein Angebot von Gaben und Diensten, Liebe und Gnade ist, da kann er keinerlei Hoffnung erwecken. Ohne die Verheißung dieser Hoffnung gibt es keine Zukunft und keine universale Dimension des christlichen Glaubens. Dann wird die Gemeinde zu einer geschlossenen Gruppe von Einzelnen mit einem aufrichtigen Pfarrer, doch ohne Zukunft.

Diese Selbstbezogenheit hat verschiedene Wurzeln, die nicht immer leicht zu ermitteln sind. Die Selbstüberprüfung und die Selbstkritik lateinamerikanischer Lutheraner, die eine der positiven Wendepunkte der letzten zehn Jahre darstellen, sind ein Hinweis auf einige mögliche Gründe.

Es ist wichtig zu wissen, daß die zwei Perioden, in denen die lutherische Missionsarbeit in Lateinamerika von den USA und Kanada aus in Angriff genommen wurde, mit anderen profangeschichtlichen Ereignissen zusammenfallen. Wir denken vor allem an die zwei Weltkriege und die Unmöglichkeit, traditionelle Missionsarbeit in einigen Teilen Asiens weiterzubetreiben. Wenn Missionsfelder aufgegeben

werden müssen, dann ist die Suche nach neuen Missionsfeldern nicht
immer die Frucht fundierter theologischer Entscheidungen. Die meisten lutherischen Missionsprojekte in Lateinamerika waren durch ein
Gefühl der Unsicherheit und durch einen ständigen Wandel in der
Zielsetzung und Methodik gekennzeichnet. Arbeitskräfte und finanzielle Mittel sind oft mit wenig Hoffnung auf Erfolg geopfert
worden.

Der Missionar, der mit Problemen im Hinblick auf seine eigene Identität belastet war, begann an einem Projekt zu arbeiten, das nicht klar
definiert war, und dies in entscheidenden Augenblicken des sozialen
und institutionellen Übergangs; und er versäumte es, diese „Augen-
blicke" zu berücksichtigen.

Die lutherische Missionsarbeit in Lateinamerika war im allgemeinen
ein später Versuch. Andere protestantische Missionen hatten zumindest die letzten 100 Jahre der Geschichte dieser neuen Staaten miterlebt. Die Beteiligung von Lutheranern aus den Vereinigten Staaten
schwankte zwischen der Nichtbeteiligung am „Gesamtprotestanti-
schen Kongreß für Christliche Arbeit in Lateinamerika" im Jahre
1916 und der Beteiligung einer kleinen Gruppe, die zur Bildung der
kurzlebigen „Gesamtlutherischen Missionsgesellschaft für Lateinamerika" führte. Dies zeigt die Unsicherheit der nordamerikanischen Missionsgesellschaften im Hinblick auf den Süden.

Als die Lutheraner nach Lateinamerika gingen, taten sie dies in Opposition zum Beschluß der Konferenz von Edinburgh (1910). Eine der
grundlegenden Fragen im Hinblick auf ihren Dienst war die Frage, ob
sie als ausländische Missionare hinausgehen oder im gesamtamerikani-
schen Rahmen „innere Mission in Übersee" betreiben.

Die Idee des „Pan-Amerikanismus" und der spätere Einfluß der beiden Weltkriege haben bei den Missionaren oft anti-europäische Ge-
fühle erweckt. Sie betrachteten das, was ihre Vorväter vom alten Kontinent mitgebracht hatten, als eine negative Last. Wenn sie nach Lateinamerika kamen und dort aus Europa eingewanderte Lutheraner vor-
fanden, die mit den „Feinden" in Verbindung standen, dann kam die
frühere Ablehnung des Erbes der „Volkskirche" oder der „Staatskirche"
wieder an die Oberfläche und wurde zum Bestandteil ihrer Botschaft.
Auch die Predigt wurde individualistisch. Die pietistische Tradition der
Missionare, die dem Lebensstil der vorgefundenen Bevölkerung gegenüber kritisch war, rief den einzelnen aus seiner Umwelt heraus und forderte ihn auf, sich einer neuen Gemeinschaft mit einer „evangelischen
Kultur" und einem neuen Lebensstil anzuschließen, der eigentlich der
der Missionare war.

Wer war der Bekehrte? Er war in der Regel Mitglied einer großen Familie, die in dem sehr umfassenden Familienkontext italienischen Stils lebte (viel umfassender als in den Vereinigten Staaten oder in Nordeuropa), oder ein neu Eingewanderter aus den romanischen Ländern Europas, der nach einem Ersatz der verlorengegangenen Großfamilie suchte, oder ein Lutheraner aus Europa, der aus diesem oder jenem Grund die Beziehungen zu seiner ethnischen Gruppe nicht aufrechterhalten hatte.

Es ist bekannt, daß die umfassende romanische Familiengruppe eine völlig abgeschlossene Interessengemeinschaft bildet. Die Ortsgemeinden verwandelten sich nach diesem Muster in „Familien", mit einigen führenden Laien als „Familienoberhaupt" und „Eigentümer" der Gemeinde. Als Urbanisierung und Industrialisierung diese traditionelle Großfamilie auseinanderzubrechen begannen, versuchte die Familiengruppe, sich dagegen zu wehren — das gleiche taten einzelne Ortsgemeinden. Die Gemeinde drehte sich nur noch um sich selbst oder um ihren Pfarrer, der oft ein einheimischer Pfarrer und nicht weniger individualistisch als die Missionare war. Ziel war es nicht, nach außen zu wirken, sondern bei sich selbst zu bleiben. Der starke Drang zur Selbsterhaltung, der vielen Kirchen und Gemeinden missionarischer Herkunft in Lateinamerika aufgenötigt worden war, hat diese Selbstbezogenheit noch gefördert. Solange Gemeinden eine Mentalität des Überlebens entwickeln, sind sie unfähig zu wachsen. Diese Haltung der Selbstverteidigung ist kaum dazu angetan, als missionarische Motivation zu dienen.

Wir müssen den Mut dazu haben zuzugeben, daß das Luthertum in Lateinamerika heute keine missionarische Kraft von Bedeutung darstellt und daß es nicht mit den Bemühungen vieler anderer evangelischer Kirchen oder der römisch-katholischen Kirche vergleichbar ist. Doch es gibt eine entscheidende lutherische Präsenz in Lateinamerika, die zu mehr als 90 Prozent auf die lutherische Einwanderung zurückzuführen ist. Die Einwanderung selbst ist die Folge historischer Ereignisse und Gegebenheiten. Es hat immer einige eindeutige Gründe für die Vertreibung eines Einwandererstromes aus dem Heimatland oder für die Planung und Förderung der Einwanderung seitens des Aufnahmelandes gegeben. Es handelte sich nicht um einen Zufall, als die Einwanderer nach Südamerika kamen. Es war auch kein Zufall, daß die Einwanderer, die aus den verschiedensten wirtschaftlichen, politischen und nationalen Beweggründen ihre Heimat verlassen hatten, die Liebe und Treue zu ihrer Kirche mitbrachten. Die gegenwärtige Existenz des Luthertums auf diesem Kontinent ist das Ergebnis der Gesangbücher, Gebetbücher und Bibeln, die sich im Gepäck der Einwanderer befanden. Der Pfarrer kam oft später.

Die neue Situation für die Lutheraner auf diesem Kontinent besteht darin, daß der Anfang für eine beständige Zusammenarbeit zwischen Missionsgesellschaften und Einwandererkirchen gemacht worden ist. Diese Entwicklung begann in den 1960er Jahren in Chile und Brasilien und stellte ein neues Element bei der Suche dieser Kirchen nach Identität dar. Die missionarischen Bemühungen bringen den Einwanderern Anregung und neue Fragen — und sie ihrerseits haben die historische Kontinuität der lutherischen Tradition zu bieten. Die beiden verschiedenen Arten von „Erinnerung" können das Fundament für die nächste „neue Erinnerung" der kommenden Generationen legen, wenn beide Seite an Seite mit der gleichen grundlegenden Frage ringen: Was hat der Herr beabsichtigt, als Er es zuließ, daß es auf diesem Kontinent auch Kirchen mit reformatorischem Erbe gibt? Und da es sie gibt: Welches ist unser Beitrag im Bereich von Botschaft und Dienst, den wir für unsere neuen Länder und Mitmenschen leisten sollten und leisten können?

Vor einigen Jahren haben wir die Grundgedanken unseres neuen Missionsverständnisses in folgenden Sätzen zusammengefaßt: „Die Botschaft Jesu Christi für unseren Kontinent wartet auf unseren Beitrag — unser Zeugnis: daß wir eine Kirche sind, die weiß, wie das Zeugnis ihrer Glieder in diesem gegebenen Kontext ausstrahlen kann; daß wir bereit sind, denen die Taufe zu bringen, die noch nicht getauft worden sind, und als Herolde Christi für die zu wirken, die Ihn noch nicht kennen oder sich von Ihm getrennt haben; daß wir in der Lage sind, eine geistliche Heimat für die zu schaffen, die im gleichen Glauben getauft und erzogen worden sind, aber heute außerhalb jeder geistlichen Gemeinschaft leben; daß wir die Botschaft des Evangeliums vom Heil und von der Vergebung der Sünden der ganzen Gesellschaft verkündigen und ihr zugleich dienen durch die Glieder unserer Gemeinden, die in Christus erneuert sind; daß wir bereit sind, gute Haushalterschaft zu üben bei der Verteilung der Aufgaben der Kirche unter denen, die unseren Glauben teilen; daß wir unsere Einheit mit der universalen Kirche Christi bezeugen wollen, die an der reinen Predigt des Evangeliums und der rechten Verwaltung der Sakramente zu erkennen ist. Schließlich: daß wir bereit sind, in aller Demut zu wirken und Diener am Ziel der christlichen Einheit zu werden, die uns durch unseren Herrn Jesus Christus gegeben ist" (in: *Ekklesia*, Jg. 8, S. 114, Buenos Aires, 1964).

Identität, Erinnerung und Einheit

Unsere Einstellung zum Streben nach Identität, die Entdeckung der aktiven Rolle der verschiedenen Erinnerungen und die Differenzierung zwischen Fortführung und Kontinuität sind Früchte der lutherischen Überlegungen, die 1952 auf der Vollversammlung des LWB in Hannover begonnen worden sind. Diese Periode hat viele neue Projekte in Gang gebracht oder angeregt und ist auch Zeuge ihrer Durchführung oder ihrer Einstellung gewesen, zum Beispiel im Bereich der theologischen Ausbildung oder der Veröffentlichungen. Heute ist uns klar, daß die Einstellung von Projekten auf einen zu optimistischen Funktionalismus und die Unkenntnis der Vielfalt von „Erinnerungen" in der Anfangsphase zurückzuführen ist. Wo neu Geschaffenes mit Erfolg beibehalten wurde, erhielt sich eine gesunde Kontinuität inmitten des Wandels.

Die Mannigfaltigkeit von Identitäten hat bisher der Schaffung von regionaler oder kontinentaler Einheit im Wege gestanden. Die fünf kontinentalen lutherischen Kongresse* konnten wohl gemeinsame Entschließungen, Erklärungen und Empfehlungen, jedoch nicht anhaltendes gemeinsames Handeln erreichen. Die Vielfalt von Erinnerungen und Loyalitäten und die kirchenpolitischen Situationen, die oft von außen auf den Kontinent projeziert wurden, verhinderten die notwendigen entscheidenden Schritte.

Doch diese letzten 25 Jahre haben mit ihren Projekten, Erfahrungen, Erfolgen und Mißerfolgen und mit ihrer Lehre die Grundlage für die Zukunft gelegt. Wir halten unsere Augen offen; das Evangelium wird gepredigt; und wir denken über die Bestimmung unseres Auftrages nach, genötigt auch durch den politischen, sozialen und ideologischen Kampf.

Es gibt viele Elemente, beispielsweise das eindringliche Experiment der Vertreter der „Theologie der Befreiung", die ein Beweis für die Suche nach einer neuen Identität in der gesamten lateinamerikanischen Christenheit sind.

Trotz der fehlenden Einheit unter uns öffnen sich neue Horizonte, und eine lateinamerikanische lutherische Konziliarität als Teil der ökumenischen ist im Entstehen. Die Suche nach Identität ist kein egoistisches Ziel, sondern ein Zeichen der Hoffnung für eine umfassendere Christus-Nachfolge.

---

* Sie fanden statt in Curitiba, Brasilien (1951); Petropolis, Brasilien (1954); Buenos Aires, Argentinien (1959); Lima, Peru (1965); Jose C. Paz, Argentinien (1971).

XVIII. Kapitel

ENTWICKLUNG ZUR SELBSTÄNDIGKEIT UND MÜNDIGKEIT IN AFRIKA, ASIEN UND AUSTRALASIEN

JAMES SCHERER

Die Verschiebung der lutherischen Weltbevölkerung

Seit dem Erscheinen der ersten Auflage dieses Buches hat sich der Prozentsatz der Lutheraner, die in Afrika, Asien und Australasien leben, merklich erhöht, während die Zahl der in Europa lebenden Lutheraner entsprechend zurückgegangen ist. Diese Verschiebung der lutherischen Weltbevölkerung von den ehemaligen Gebieten westlicher Vorherrschaft nach Süden hin ist von großer Bedeutung für die Art und Weise, in der das Wesen des Luthertums sich entfaltet.

In absoluten Zahlen bedeutet das, daß zur Zeit 3 223 307 Lutheraner in Afrika (4,6 Prozent der Gesamtzahl) und 3 942 692 in Asien und Australasien (5,6 Prozent der Gesamtzahl) leben. Wenn man Lateinamerika hinzunimmt, dann steigt die Zahl der Lutheraner in der sogenannten „Dritten Welt" auf über 8,3 Millionen (11,8 Prozent der Gesamtzahl). In der vorhergehenden Ausgabe dieses Buches wurde für die drei südlichen Kontinente eine Zahl von weniger als 7 Millionen Lutheranern, bzw. 9,8 Prozent der Gesamtzahl von Lutheranern angegeben. Im gleichen Zeitabschnitt ging der für Ost- und Westeuropa angegebene Prozentsatz von Lutheranern um 2,4 Prozent zurück.

Das bedeutet, daß die Zahl der Lutheraner, die insgesamt in der südlichen Region leben, höher liegt als die Gesamtzahl von Lutheranern in einzelnen Ländern wie Schweden, DDR, Finnland und Norwegen. Übertroffen wird sie nur von der Gesamtzahl der Lutheraner in der Bundesrepublik Deutschland und in Nordamerika. Das stete Wachstum des Luthertums in Afrika und Asien mit dem entsprechenden Rückgang im nordatlantischen Raum stellt eine langfristige Entwicklung dar, die begleitet ist von umfangreichen Veränderungen in der Dynamik des Luthertums; dazu gehören seine ethnischen und sprachlichen Ausdrucksformen, seine ökumenischen Beziehungen, seine Modelle der Partnerschaft und der Zusammenarbeit und seine missionarische Verkündigung.

Allgemeine Merkmale

Die lutherischen Kirchen in Afrika, Asien und Australasien (abgesehen von den englisch-sprachigen lutherischen Gemeinschaften in Australien und Neuseeland und vier kleinen deutsch-sprachigen Kirchen im südlichen Afrika) haben ein gemeinsames Gepräge, das sie von den lutherischen Mehrheits- und Minderheitskirchen in Europa und den Diaspora-Kirchen in Nord- und Südamerika unterscheidet. Das Luthertum ist in diesen Gebieten unter dem Zeichen des Kolonialismus als Teil der lutherischen missionarischen Bewegung aus dem Westen eingeführt worden. Das Bemühen, die restlichen Auswirkungen des Kolonialismus sowohl auf die Wirtschaft als auch auf den menschlichen Geist auszulöschen und die letzten Spuren der missionarischen Vorherrschaft im Leben der Kirchen zu beseitigen, ist ein hervorstechendes Merkmal dieser Kirchen.

Ein zweites gemeinsames Merkmal ist der hohe Grad an Armut, Analphabetentum und Unterentwicklung in den meisten dieser Kirchen. Länder wie Äthiopien, Indien, Madagaskar und Tansania stehen auf der Liste der am wenigsten entwickelten Länder der Welt mit einem durchschnittlichen Pro-Kopf-Einkommen von 100 Dollar im Jahr. Länder wie Malaysia, Taiwan und Korea gehören zur Gruppe der Länder „mit mittlerem Einkommen", das sich pro Kopf auf durchschnittlich 300 Dollar im Jahr beläuft. Japan, der Industrie-Riese Asiens, ist offensichtlich die Ausnahme von diesem allgemeinen Bild der Armut und Unterentwicklung.

Ein drittes gemeinsames Merkmal dieser Kirchen ist die hohe Bevölkerungszuwachsrate, die eine so schwere Belastung im Hinblick auf Nahrungsmittelversorgung, Wohnung, Erziehung, Gesundheitswesen und Arbeitsplatzbeschaffung darstellt. Asien, mit einem jährlichen Bevölkerungszuwachs von zweieinhalb bis dreieinhalb Prozent, wird — so nimmt man an — bis zum Jahre 2000, wenn es sechzig Prozent der Weltbevölkerung beherbergt, 4 Milliarden Einwohner haben. Afrika, mit einem jährlichen Bevölkerungszuwachs von drei Prozent, wird vermutlich seine gegenwärtige Bevölkerungszahl von etwas unter 400 Millionen bis zum Jahre 1990 verdoppelt haben. Diese hohen Bevölkerungszuwachsraten gehen auch mit hohen Kindersterblichkeitsraten und kurzer Lebenserwartung Hand in Hand.

Ein vierter gemeinsamer Faktor besteht darin, daß diese Kirchen sich alle in einem Prozeß des Übergangs und der Gewinnung einer neuen Identität befinden — die Entwicklung von Missionskirchen zu einheimischen Kirchen und von ausländischen geistigen Vorposten zu

authentischen ortsgemäßen Ausdrucksformen christlicher Gemeinschaft. Dieser Prozeß des Übergangs soll im folgenden dargestellt
werden.

Im 19. Jahrhundert haben einige führende westliche Missiologen die
Auffassung vertreten, daß eine junge Missionskirche den Übergang
vom Status der Abhängigkeit zur Unabhängigkeit mit Erfolg bewältigen könnte, wenn sie der sogenannten „Dreimal Selbst"-Bewegung
folgt. Die drei „Selbst"-Merkmale einer Kirche waren nach Henry
Venn und Rufus Andersen: Selbstverwaltung, Selbstversorgung und
Selbstverbreitung. Eine einheimische Kirche ist nach diesen Maßstäben
eine Kirche, die in der Lage ist, sich unter nationaler Leitung selbst
zu verwalten, sich aus einheimischen Mitteln selbst zu versorgen und
die missionarische Aufgabe in ihrer eigenen Umgebung selbst fortzuführen.

Dieses Verständnis des Verselbständigungsprozesses, auf die lutherischen Kirchen in Afrika, Asien und Papua-Neuguinea angewandt, ist
keineswegs falsch; doch die Änderungen in der verfassungsmäßigen
Struktur werden dadurch auf Kosten anderer wesentlicher Elemente
überbetont. Wenn das Evangelium in eine neue sozio-kulturelle Umwelt hineinkommt, bleibt es, was es vorher war, doch zugleich schafft
es etwas Neues und anderes. „Transplantation ist Mutation"
(B. Sundkler).

Unabhängigkeit oder Selbständigkeit ist nicht etwas, was künstlich
von einer ausländischen Missionsgesellschaft gewährt oder aufgenötigt
wird. Recht verstanden, erwächst sie aus dem Gehorsam der Kirche
gegenüber Christus und seiner Sendung zu einer bestimmten Zeit und
an einem bestimmten Ort und innerhalb des bestehenden sozialen,
politischen, ökonomischen und kulturellen Kontextes. Die Identitätsfindung der Kirche ist ein geistiger Prozeß, der mit dem Bemühen verbunden ist, das, was Gott einer christlichen Gemeinschaft durch sein
Wort offenbart, zu verstehen, auszudrücken und zu leben, in Übereinstimmung mit der lutherischen Tradition, wenn auch nicht in buch-
stäblicher Abhängigkeit von ihr. Er geschieht durch eine Wechsel-
wirkung zwischen der Verheißung und dem Gebot Gottes einerseits
und den Herausforderungen und Ansprüchen der jeweiligen Situation
andererseits.

Selbständigkeit äußert sich in besonderen Formen des Gottesdienstes,
der Theologie, des Bekenntnisses und des Amtes; im Gebrauch einheimischer Kulturelemente, die für wertvoll erachtet und vom Volk
geliebt werden; in einer kritischen Einschätzung ererbter Traditionen
und der Freiheit, sie aufzugeben, ohne untreu zu werden; und in der

zunehmenden Entschlossenheit, in der Ortsgemeinschaft die nötigen Mittel zu finden, um einen angemessenen christlichen Dienst zu leisten und Zeugnis für das ganze Evangelium abzulegen. In einigen Fällen, wie das Beispiel der lutherischen Kirchen im südlichen Afrika zeigt, kann zu dem Preis, der dafür gezahlt werden muß, auch Leiden und Martyrium gehören sowie die Bereitschaft, zur Verteidigung des ganzen Evangeliums das Kreuz auf sich zu nehmen.

Der Irrtum der früheren „Dreimal Selbst"-Theorie lag in der naiven Annahme, daß die Eigenständigkeit gefördert werden könnte, auch wenn die kolonialen Überzeugungen und Werte unangetastet blieben. Die Kirchen würden nicht trotz, sondern aufgrund der europäischen Moral und Bildungsüberlegenheit, der westlichen Betriebsführungstechniken und des missionarischen Paternalismus selbständig werden. Die Afrikaner und Asiaten würden Erfolg haben mit der Nachahmung der Missionare und ihrer Systeme. Doch diese Betrachtungsweise hatte wenig Erfolg. Es gelang ihr, kleine Nachbildungen des westlichen kirchlichen Lebens zu schaffen, mit allem, was dazugehört: europäische Lehrformulierungen, amerikanische Effizienz, ausländische Architektur, zentralisierte und kopflastige Verwaltung, bezahltes professionelles geistliches Amt und kostspielige Institutionen. Diese Kirchen waren unabhängig in der Form, aber nicht im Geist. Das Evangelium wurde gepredigt, und eine christliche Gemeinschaft wurde gepflanzt; doch es war wie bei dem Knaben David, der in der Rüstung Sauls zum Kampf gegen Goliath antrat. „Ich kann so nicht gehen, denn ich bin's nicht gewohnt" (1. Sam. 17, 39).

Solange das Kolonialsystem unangerührt blieb, konnten die Kirchen in Asien und Afrika sich nicht zu einer echten Selbständigkeit entfalten oder sich ihrer eigenen Identität bewußt werden. Der eigentliche Kampf um Selbständigkeit begann erst, nachdem der koloniale Rahmen — durch erfolgreiche Befreiungskriege oder durch den Niedergang und freiwilligen Rückzug der europäischen Mächte — auseinandergebrochen oder zerstört worden war. Die neunzigjährige Geschichte (1885—1975) des europäischen Kolonialismus in Schwarzafrika ist ein Beispiel dafür. Die Teilung Schwarzafrikas durch die europäischen Mächte auf der Konferenz von Berlin (1885) schuf willkürliche nationale Grenzen, zerriß Stammesverbände und ethnische Einheiten und verpflichtete die Afrikaner zur politischen und wirtschaftlichen Identifizierung mit den europäischen Kolonialmächten. Sie führte in zahlreichen Fällen so weit, daß den unterworfenen Völkern europäische Sprachen, Sitten und Gebräuche aufgenötigt wurden. Mit der Protektion und Förderung Belgiens, Großbritanniens,

Frankreichs, Deutschlands und Portugals wurde die Kirche faktisch in allen Teilen Afrikas eingeführt. Im Jahre 1920 waren es nur drei Länder — Äthiopien, Liberia und Südafrika —, die eine Ausnahme von der vorherrschenden Regel der Kolonialherrschaft darstellten. Eines dieser Länder, die Republik von Südafrika, praktizierte seinen eigenen internen Kolonialismus.

In den fünfziger Jahren waren nationale Befreiungsbewegungen und ein verstärktes Bemühen um Menschenwürde und Selbstbestimmung im Aufschwung begriffen. Die sechziger Jahre waren durch Entkolonialisierung und den Übergang zur Selbstverwaltung — manchmal friedlich, doch in anderen Fällen unter Anwendung von Gewalt — gekennzeichnet. 1975 war das älteste fremde Kolonialreich in Afrika — das von Portugal — vollkommen liquidiert. Bis zu diesem Zeitpunkt hatten 45 afrikanische Länder ihre politische Unabhängigkeit erreicht und waren in die Vereinten Nationen aufgenommen worden. Nur drei Gebiete im südlichen Afrika verblieben unter der bedenklichen Herrschaft einer weißen Minderheit: Südafrika, Namibia (Südwestafrika) und Simbabwe (Rhodesien). In allen drei dieser Länder gibt es lutherische Kirchen. Das südliche Afrika ist zum umfassenden Symbol für den Kampf gegen Rassismus und Minderheitsherrschaft und für das unermüdliche Streben um Selbstbestimmung für alle Völker geworden. Der Kampf gegen den Kolonialismus, fremden oder internen, und das Ringen um Eigenständigkeit gehören zu den entscheidenden Katalysatoren, die das Heranwachsen einer lutherischen Identität in Afrika beschleunigen.

Jüngste Entwicklungen in Afrika

Die späten 70er Jahre haben sich für die lutherischen Kirchen in Afrika als eine Zeit schwerer Prüfung erwiesen. Simbabwe (das ehemalige Rhodesien) gelang nach jahrelangen inneren Unruhen der friedliche Übergang von einer weißen Minderheitsherrschaft zur Unabhängigkeit. Die kleine, aber tatkräftige lutherische Kirche in diesem Land hat sich aktiv an den ökumenischen Gesprächen beteiligt. In Namibia (Südwestafrika) jedoch ist die politische Situation nach wie vor ungelöst. Vor zehn Jahren richteten Kirchenführer in diesem Land erstmals einen gemeinsamen offenen Brief an den Ministerpräsidenten von Südafrika, in dem sie ihn dringend ersuchten, „dem Spruch des Internationalen Gerichtshofes und der Empfehlung der Vereinten Nationen" hinsichtlich des Übergangs zur Eigenständigkeit und Unabhängigkeit des namibischen Volkes zu folgen. Das ist bislang nicht geschehen. Im Norden Namibias ist der Dienst der Kirche durch die Militäroperationen der südafrikanischen Sicherheitskräfte empfindlich gestört worden. Die Bedrohung durch Gewalt und innere Unruhen ist ständig akut. In Südafrika haben die schwarzen lutherischen Kirchen sich nach Jahren des Stillhaltens unwiderruflich zum Kampf gegen die entmenschlichenden Auswirkungen der Apartheid entschlossen. Dieser Kampf, gewaltlos geführt, hat zu wiederholten Auseinandersetzungen mit den Behörden und zur Schikanierung und Bannung führender Persönlichkeiten geführt.

In Äthiopien hat sich die Lage seit dem Sturz Kaiser Haile Selassies durch ein marxistisches Militärregime im Jahre 1974 erheblich verschlechtert. Kirchliches Eigentum wurde durch örtliche Behörden beschlagnahmt, Kirchenführer und einige Laien wurden festgenommen und inhaftiert; und Gottesdienste wurden zeitweilig aufgelöst. Die Beschlagnahme des Senders „Stimme des Evangeliums" (*Radio Voice of the Gospel*) durch Regierungsverordnung zwang den Lutherischen Weltbund 1977 dazu, seine ganze Strategie der Rundfunkverkündigung neu zu durchdenken. Der Sender wurde von acht Studios in Afrika, dem Nahen Osten und Indien mit Material versorgt und strahlte über leistungsfähige, in der Nähe von Addis Abeba gelegene Stationen seine Sendungen gezielt aus. An die Stelle des Senders „Stimme des Evangeliums" sind jetzt verschiedene lokale Sendestellen getreten. 1981 wurde das Hauptverwaltungsgebäude der Evangelischen Mekane-Yesus-Kirche, die Mitgliedskirche des Lutherischen Weltbundes ist, beschlagnahmt und damit erneut die Machtlosigkeit der Kirche in einer revolutionären Situation demonstriert. Dennoch ist die Mekane-Yesus-Kirche in einer erstaunlichen Weise gewachsen, vor allem in den ländlichen Gebieten, wo mit internationaler lutherischer Hilfe 100 Dorfkapellen mit geringem Kostenaufwand gebaut worden sind. Doch die angemessene personelle Versorgung dieser Gemeinden bleibt ein ernsthaftes Problem.

Der größte Wandel in den lutherischen Kirchen Afrikas, der von innen her ausgelöst wurde, war der Vorschlag eines „Moratoriums", der von der Vollversammlung der Gesamtafrikanischen Kirchenkonferenz 1974 in Lusaka ausging. Führende Lutheraner, die den Gedanken eines Moratoriums für die Entsendung von Missionaren und Hilfe aus Übersee als unannehmbar ablehnten, verpflichteten sich daraufhin zu größerer Eigenständigkeit und missionarischer Verantwortung. Sie wollten der Vorstellung entgegenwirken, daß die afrikanischen Kirchen bloße Objekte der missionarischen Liebestätigkeit westlicher

Missionsgesellschaften seien und bekräftigten, daß „eine lebendige Kirche eine Kirche in Mission" ist und verstärkten ihre Programme der Evangeliumsverkündigung sowohl in Afrika als auch in Übersee. Die Vollversammlung des Lutherischen Weltbundes im Jahre 1977 in Daressalam (Tansania) befaßte sich zentral mit der Frage der Entwicklung des Christentums auf dem afrikanischen Kontinent. Durch den Ort der Tagung, ein armes, aber politisch stabiles unabhängiges afrikanisches Land, wurde anschaulich, wie die Evangelisch-Lutherische Kirche von Tansania mit ihren mehr als 900 000 Mitgliedern in Partnerschaft mit den örtlichen Behörden ein Programm des „Aufbaus der Nation" durchführt, das von der nationalen Philosophie eines afrikanischen Sozialismus (*Ujamaa*) getragen ist. Die Wahl des tansanischen Bischofs Josiah Kibira zum neuen Präsidenten des Weltluthertums war ein schlagender Beweis für die Mündigkeit des afrikanischen Christentums. Resolutionen über den *Status confessionis* und die Verpflichtung zur Gerechtigkeit als Wesensbestandteil der Sendung der Kirche waren entscheidende Beiträge aus Afrika zur „Politik" des Weltluthertums.

Bürgerkriege und Befreiungskämpfe haben den Kirchen in Afrika neue Gelegenheiten geboten, sich mit den Unterdrückten solidarisch zu erweisen und sich in Zeugnis und Dienst für Vertriebene und Flüchtlinge einzusetzen. Somit haben die sozialen und politischen Entwicklungen entscheidend dazu beigetragen, daß das soziale und politische Zeugnis, die missionarische Verantwortung und die Wechselbeziehung zwischen den afrikanischen Kirchen und ihren Partnern in der lutherischen Weltgemeinschaft gefördert wurden.

Lutheraner in Asien

Die Situation der lutherischen Kirchen in Asien ist nicht nur durch die Reaktion gegen den Kolonialismus bestimmt, sondern auch durch das Fortbestehen alter Kulturformen und religiöser Überzeugungen sowie durch das chronische Problem der Armut, der Unterentwicklung und der Überbevölkerung. Asien ist viel größer und reicher bevölkert und sowohl kulturell als auch religiös vielgestaltiger als Afrika. Es hat eine Geschichte kolonialer Durchdringung, die bis zur „Vasco da Gama"-Ära am Ende des 15. Jahrhunderts zurückreicht. Es hat asiatische Formen des Imperialismus gekannt — durch die Chinesen, die Mongolen, die Türken und in jüngerer Zeit durch die Japaner. Es ist die Geburtsstätte aller großen Weltreligionen sowie die Heimat großer alter Kulturen und bedeutender technischer Errungenschaften.

Obwohl das Christentum unter dem Schutz des Imperialismus nach Asien kam, haben die großen Kulturen Asiens sich den christlichen Glauben nicht in gleichem Maße zu eigen gemacht wie die Völker Afrikas. Von einigen bemerkenswerten Ausnahmen abgesehen, erweckt das Christentum in Asien den Eindruck eines fremden Minderheitsglaubens. Außer in Sumatra und Papua-Neuguinea ist das Luthertum eine Minderheit innerhalb der christlichen Minderheit. In den verstreuten lutherischen Gemeinden der industrialisierten Länder am Rande Ostasiens sind die Mitglieder der lutherischen Kirche vorwiegend gebildet und gehören der städtischen Mittelklasse an. In anderen Gebieten haben die lutherischen Kirchen ihre Mitglieder nicht aus den herrschenden sozialen Gruppen oder den höheren Religionen Asiens gewonnen. Sie kommen aus den zurückgebliebenen Schichten und Randgruppen, aus den Reihen der Ausgestoßenen, der Bergbewohner und Stammesleute, die durch die Eingliederung in die größere christliche Gemeinschaft Identität und Erfüllung suchen. Zugleich gedeihen immer noch „neue Religionen" in Japan und einigen anderen Ländern und gewinnen neue Anhänger.

Im Gegensatz zu den Afrikanern, könnte man von den asiatischen Lutheranern sagen, daß sie eher dazu neigen, politisch stillzuhalten, es sei denn, sie erlangen eine Position, die mit sozialem Ansehen verbunden ist, wie unter den Bataks in Indonesien und der Bevölkerung von Neuguinea. In Asien begann die Zeit der politischen Bewußtwerdung und Emanzipation, verbunden mit der Aufnahme in die Weltgemeinschaft durch die Vereinten Nationen, früher als in Afrika zumeist unmittelbar nach dem Zweiten Weltkrieg.

Auch die lutherischen Kirchen in Asien haben in der zweiten Phase nach Erlangung der Unabhängigkeit einen Reifungsprozeß durchgemacht. Die erste Phase der Unabhängigkeit in Asien war durch einen starken Optimismus gekennzeichnet im Blick auf sozialen und wirtschaftlichen Fortschritt, hochgesteckte Entwicklungspläne und auf die Politik der Blockfreiheit und Solidarität unter den führenden antikolonialen asiatischen Mächten. Heute sind der Optimismus und die Solidarität des Anfangs weitgehend durch die schmerzhafte Realität politischer Parteiungen, wirtschaftlicher Stagnation und eines rapiden Bevölkerungszuwachses verlorengegangen. Nur in Japan, dem Wirtschaftsriesen Asiens, und in Ländern am Rande Ostasiens, in denen die Produktivität durch ausländische Investitionen angeregt worden ist, hält das Wirtschaftswachstum an.

In Asien insgesamt gibt es beunruhigende Anzeichen des Rückzugs von der anfänglichen Stimmung eines hoffnungsvollen Optimismus: der begrenzte Erfolg der Entwicklungspläne, der Niedergang der parlamentarischen Demokratie, eine Reihe von Militärregimen, die Verhängung des Kriegsrechts und die Aufhebung menschlicher Grundrechte. Diese Entwicklungen bilden den Rahmen für das Leben und die Mission der asiatischen Kirchen, die zu Hauptanwälten der Gerechtigkeit und der Menschenrechte angesichts unterdrückerischer Regime geworden sind.

In Südostasien haben die sozialen Umwälzungen nach dem Ende der Feindseligkeiten in Vietnam mit dem darauffolgenden Bürgerkrieg und Völkermord in Kamputschea zum Phänomen der *boat people* und der massiven Flüchtlingsbewegung zu fremden Küsten geführt. Kirchen und Hilfsorganisationen sahen sich vor schwere materielle Anforderungen gestellt; doch sie erfuhren zugleich neue Möglichkeiten für anteilnehmendes Zeugnis und humanitären Dienst.

Die zunehmende Bedrohung der Religionsfreiheit und die Tendenz einiger vorherrschender religiöser Gruppen, alle christlichen Bemühungen um Evangelisation und Bekehrung als „Proselytismus" darzustellen, haben die Ausbreitung des christlichen Glaubens in manchen Gebieten gehemmt. Der Aufstieg des militanten islamischen Fundamentalismus im Iran ist ein extremes Beispiel dafür; doch auch die Christen in Indonesien, Malaysia und den Philippinen haben die Empfindlichkeit des Islam gegenüber der christlichen Verkündigung zu erfahren bekommen, vor allem wenn sie an die Muslime gerichtet war. Trotzdem hat in Indonesien eine beachtliche Hinwendung nomineller Muslime zum Christentum stattgefunden. In den nordöstlichen Grenzprovinzen Indiens hört man oft Klagen über die Bemühungen der Hindus, die christlichen Bekehrungsversuche unter der Stammesbevölkerung zu verhindern.

Eine Entwicklung von ungeheurer Bedeutung für Asien und die ganze Welt war die Bewegung Chinas aus der Isolation heraus, sein Einstieg in einen gigantischen Modernisierungsprozeß und seine Öffnung nach Japan und dem Westen. Nach der verhängnisvollen Periode der Kulturrevolution (1966–1976), in der alle religiösen Institutionen energisch unterdrückt wurden und das Christentum nur in verborgenen Hausgemeinden überlebte, hat die Regierung sich bemüht, das Leben für die religiösen Gemeinschaften zu normalisieren. Die Wiederaufnahme diplomatischer Verbindungen und kultureller Beziehungen zu anderen Ländern, vor allem den USA, war mit einer dramatischen Wiederherstellung der Freiheit und der Öffentlichkeit religiöser Gemeinschaften verbunden. Zwischen 1979 und 1982 sind neben 200 katholischen Kirchen etwa 300 protestantische Kirchengebäude wieder geöffnet worden. Unter der Führung des nationalen protestantischen Ausschusses der „Drei-Selbst-Bewegung" und des neu gebildeten Chinesischen Christenrates haben die Protestanten Chinas sich einer eigenständigen Form des Christentums verschrieben, die denominationelle Unterschiede hinter sich läßt, Angebote ausländischer Hilfe – auch Missionare und importierte Bibeln – ablehnt und sich energisch von ausländischen imperialistischen Einflüssen distanziert. Ehemalige Lutheraner beteiligen sich an dem Neuen, das dort geschieht, doch eine gesonderte lutherische Identität gibt es nicht. Noch steht offen, wie die Kirche Chinas, die keine Denominationen mehr kennt, sich gegenüber dem Wunsch ökumenischer Organisationen nach engerer Gemeinschaft verhalten und wie sie auf das Angebot von Chinesen aus Übersee reagieren wird, bei der Verkündigung des Evangeliums an ihre Landsleute Hilfe zu leisten.

Der größte Wandel bestand für die lutherischen Kirchen in dem zunehmenden Bewußtsein einer regionalen asiatischen Identität, das durch regionale Konsultationen und gemeinsame Studienprojekte gefördert worden war, und in der gemeinsamen Erkenntnis neuer missionarischer Möglichkeiten und der daraus erwachsenden Verpflichtung. Ausbildung von Führungskräften, Zunahme von örtlichen, für die Eigenständigkeit nötigen Ressourcen, größere geistige Unabhängigkeit gegenüber den westlichen Partnern und freudige Entschlossenheit angesichts neuer missionarischer Fronten – das sind die Hauptmerkmale, die die Atmosphäre im heutigen Asien kennzeichnen.

Das Heranwachsen der Kirchen zur missionarischen Verantwortung

Das zunehmende missionarische Verantwortungsgefühl unter den Kirchen in Asien und Afrika und das verstärkte lokale Identitätsbewußtsein sind auf viele Faktoren zurückzuführen. Das grundlegende Element ist immer noch der Glaube der christlichen Ortsgemeinde und ihr Bekenntnis zu Christus in ihrem eigenen kulturellen Kontext, im Gehorsam gegenüber der Schrift und unter der Führung des Heiligen Geistes. Doch den Kontext für das Heranwachsen der Kirchen zur Mündigkeit bilden die zahlreichen Herausforderungen durch die sich rasch wandelnde soziale, wirtschaftliche, politische und kulturelle Umwelt, in der die Kirchen leben. Ein Instrument, das den Kontakt und den Austausch von Informationen und Erfahrungen unter den

Kirchen fördert und gemeinsame Planung und theologische Arbeit ermöglicht, sind die regelmäßigen regionalen Konsultationen. Der Lutherische Weltbund hat durch seine Abteilungen und Kommissionen für „Kirchliche Zusammenarbeit", „Studien", „Weltdienst" und „Kommunikation" eine wichtige Rolle bei der Förderung der regionalen lutherischen Autonomie gespielt. Wir wollen die Auswirkungen dieser Entwicklung zur missionarischen Verantwortung in Afrika und Asien untersuchen.

Afrika

In der vorhergehenden Ausgabe dieses Buches war von wegweisenden gesamtafrikanischen lutherischen Konferenzen in früheren Jahren berichtet worden, die sich mit der Frage der lutherischen Identität in Afrika und der Rolle der Lutheraner in der Evangelisation befaßt hatten. Wir wollen uns jetzt auf die jüngsten Entwicklungen beschränken.

Ende der 70er Jahre waren die Kirchen in Afrika mit ihren eigenen Missions- und Evangelisationsprojekten im Inland oder an ihren nahen Grenzen befaßt. Dann entsandten Kirchen in Südafrika, Namibia und Tansania auch Missionare nach Westdeutschland, Schweden, Finnland und in die USA. In Liberia hat die lutherische Kirche in Zusammenarbeit mit mehreren überseeischen Partnern ein Projekt zur Evangelisierung der Palippo-Bevölkerung in einem entlegenen Gebiet Liberias in Angriff genommen. Die Lutherische Kirche Christi in Nigeria hat zusammen mit der Evangelisch-Lutherischen Kirche Kameruns und der Evangelisch-Lutherischen Kirche der Zentralafrikanischen Republik begonnen, unter der Fulbe-sprechenden Nomadenbevölkerung muslimischer Herkunft Mission zu treiben. Dieses neue missionarische Unternehmen, an dem etwa 14 afrikanische Kirchen und westliche Missionsgesellschaften unter der Schirmherrschaft des „Gemeinsamen Christlichen Dienstes in Westafrika" (*Joint Christian Ministry in West Afrika* – JCMWA) beteiligt sind, soll auf sieben Länder in der westlichen Sahelzone Afrikas ausgedehnt werden. In Äthiopien hat die Mekane-Yesus-Kirche trotz aller Schwierigkeiten mit den staatlichen Behörden ihre Evangelisationsarbeit fortgeführt und kann von schnellem Wachstum berichten. In Tansania haben die Synoden und Diözesen der Evangelisch-Lutherischen Kirche von Tansania ihre Missionsprogramme im eigenen Land weitergeführt und insgesamt eine jährliche Wachstumsrate von 8 Prozent zu verzeichnen gehabt. Zugleich haben sie den Diasporadienst der Kirche bis nach Kenia,

Burundi, Zaire und Mosambik ausgedehnt. Die Madagassische Lutherische Kirche hat im nördlichen Teil der Inselrepublik eine intensive Missionskampagne durchgeführt, die bei den Jugendlichen auf ein starkes Echo gestoßen ist und zur Bildung neuer Gemeinden geführt hat. Im südlichen Afrika hat die ELCSA (Evangelisch-Lutherische Kirche im südlichen Afrika) in Botswana, Swaziland, Lesotho und verschiedenen *Homelands* Missionsarbeit geleistet. Von Namibia wird berichtet, daß die Evangelisch-Lutherische Ovambokavango-Kirche im eigenen Land Evangelisation unter den Buschmännern betrieben und in Südangola und Senegal in Partnerschaft mit der Finnischen Missionsgesellschaft gearbeitet hat. Diese unvollständige Liste missionarischer Unternehmungen afrikanischer Kirchen zeigt, daß die lutherischen Kirchen in Afrika ihre Mission in Afrika und über die Grenzen hinaus ernst nehmen.

Die zwischen 1977 und 1980 gehaltenen afrikanischen Regionalkonferenzen haben geholfen, die Frage der partnerschaftlichen Verantwortung zu klären und die für die Mission in Afrika nötige Kontextbezogenheit und Ausbildung zum geistlichen Amt zu fördern. Die gesamtafrikanische lutherische Konferenz 1977 in Botswana befaßte sich mit den Grundproblemen, die einer erfolgreichen missionarischen Arbeit im Wege stehen. Die wechselseitige Abhängigkeit der afrikanischen Kirchen voneinander wurde als eine Grundtatsache anerkannt. Finanz- und Personalhilfe aus dem Ausland sei zu begrüßen, heißt es in dem Bericht, vorausgesetzt, daß sie die Prioritäten der afrikanischen Kirchen respektiert. Diese Kirchen sollten zunächst untereinander nach Hilfe Ausschau halten, bevor sie sich an westliche Missionsgesellschaften wenden. Man solle größeren Nachdruck auf freiwillige Arbeit und „Geistlichen Dienst im weltlichen Beruf" (*tent making ministry*) legen. Die Methoden der theologischen Ausbildung durch Kurse in verschiedenen Arbeitsbereichen sollten in stärkerem Umfang angewandt werden (*theological education by extension*). Frauen und Jugendliche sollten auch zum geistlichen Dienst ausgebildet werden und die gleichen Möglichkeiten zur Teilnahme an Programmen für leitende kirchliche Mitarbeiter haben.

Die Theologie – so hieß es auf der Konferenz – sollte einen neuen Kontextbezug bekommen, den Bezug zum afrikanischen Kontext, um sich mit Fragen wie Befreiung, Kampf gegen den Rassismus, Beziehung zwischen Kirche und Staat, fremde Ideologien und der Praxis der Polygamie zu befassen. Afrikanische theologische Institutionen sollten gemeinsam Projekte unternehmen, die mit „Theologie im afrikanischen Kontext" zu tun haben. Die Existenz unabhängiger afrikanischer

Kirchen sollte anerkannt und das Gespräch und die Zusammenarbeit mit ihnen in die Wege geleitet werden. Fragen im Zusammenhang mit dem Familienleben — Familienplanung, Schwangerschaftsabbruch, Ehescheidung und Zulassung von Polygamisten zur kirchlichen Gemeinschaft — sollten eingehend untersucht werden. Man muß sich der Herausforderung des kirchlichen Dienstes in der Stadt stellen; und die Kirchen müssen sich ihrer Verantwortung als Anwälte der Armen und Benachteiligten bewußt werden. Die afrikanische Identität sollte durch den Gebrauch afrikanischer Lieder, Instrumente, Symbole und Kunstformen gefördert werden. Grundlage all dessen sollte die Erziehung der Gemeinden zur Eigenständigkeit sein durch die Einübung in die Praxis biblischer Haushalterschaft.

Die gesamtafrikanische lutherische Konferenz über christliche Theologie und christliche Erziehung im afrikanischen Kontext, die 1978 ebenfalls in Botswana stattfand, führte die Diskussion über Theologie im afrikanischen Kontext und über die Vorbereitung zum geistlichen Amt anhand von Fallstudien und Berichten subregionaler Studiengruppen fort. Die gesamtafrikanische lutherische Konferenz über christliche Theologie und Missionsstrategie, die 1980 in Monrovia, Liberia, stattfand und überraschend von einem Staatsstreich betroffen wurde, versuchte, konkrete Richtlinien für die Missionsarbeit der afrikanischen Kirchen zu entwickeln. Sie bekräftigte „die zentrale Bedeutung der Mission als einzigen Grund für das Dasein der Kirche auf Erden". Die Konferenz von Monrovia befaßte sich eingehend mit der Frage einer christlichen Einstellung zum Islam, setzte sich für ein verstärktes Studium traditioneller afrikanischer Religionen und Kulturen ein und unternahm Schritte, um eine Zusammenarbeit mit Vertretern unabhängiger Kirchen in die Wege zu leiten. Sie bat den Lutherischen Weltbund, sich verstärkt um Ersatzlösungen für den Sender „Stimme des Evangeliums" zu bemühen, und befürwortete Ausbildungskurse für Redakteure und einen vermehrten Gebrauch von Kassetten in der kirchlichen Arbeit. Sie veranlaßte die Gründung des Gesamtafrikanischen Informations- und Koordinationszentrums Lutherischer Kirchen (*All Africa Lutheran Churches Information and Coordination Center* — ALICE) als das gesamtlutherische Kommunikationsinstrument in Afrika. Monrovia befaßte sich auch mit Fragen der sozialen Gerechtigkeit und trat für die Durchführung der *Status confessionis*-Resolution der Vollversammlung von Daressalam ein.

In den Jahren nach der Vollversammlung des Lutherischen Weltbundes (1977) waren die lutherischen Kirchen in Afrika gleichzeitig an mehreren Fronten aktiv: Ausbildung von leitenden Mitarbeitern, um die

Evangelisationsarbeit und das Zeugnis in unterschiedlichen Kontexten
wirksamer zu gestalten; Förderung der Ausbildung zur Haushalterschaft in der Mission; Klärung der christlichen Theologie in Afrika im
Lichte traditioneller afrikanischer Religionen und auf dem Hintergrund des Islam und fremder Ideologien; Förderung der Zusammenarbeit unter den lutherischen Organisationen und zwischen Lutheranern und ökumenischen Gruppen. Durch seine Abteilung für kirchliche Zusammenarbeit und seine Studienabteilung hat der Lutherische
Weltbund diese Entwicklungen auf verschiedene Weise unterstützt:
durch ein Programm für eine gemeinsame Antwort auf die Herausforderung des Islam; durch eine Überprüfung der Methoden theologischer Ausbildung in Afrika – Ausbildung an einem Ort und dezentralisierte Ausbildung durch Kurse in verschiedenen Arbeitsbereichen –
im Blick auf die Erfordernisse des geistlichen Dienstes; durch das Angebot einer Starthilfe für den Gemeinsamen Christlichen Dienst in
Westafrika (JCMWA), das Gesamtafrikanische Informations- und
Koordinationszentrum Lutherischer Kirchen (ALICE) und für verschiedene andere Unternehmen im Bereich der Massenmedien.

Asien

Die lutherischen Kirchen in Asien hatten in diesem Zeitabschnitt ganz
ähnliche Sorgen wie die in Afrika. Auch hier werden wir nur die
jüngsten Entwicklungen berücksichtigen und die aussparen, von denen
schon in der vorangehenden Ausgabe dieses Buches die Rede war.
Ganz vornean auf der Tagesordnung asiatischer Konferenzen stehen
Themen wie Missionsstrategie, Modelle theologischer Ausbildung zur
Mission, der religiöse Kontext asiatischer Kirchen, Literatur für die
Evangelisationsarbeit, Gebrauch der Medien, Ausbildungsprogramme
für Jugendliche und Seminare für weibliche leitende Mitarbeiter.
Eigenständigkeit war das Thema der gesamtasiatischen lutherischen
Konferenz, die 1976 in Singapur stattfand. „Eigenständigkeit bedeu-
tet, daß wir uns das Evangelium zu eigen machen und das ganze Volk
Gottes in die Sendung der Kirche miteinbeziehen. Es bedeutet mit
anderen Worten: verantwortliche Teilhabe an der Mission mit der
ganzen Kirche ... Der Begriff Eigenständigkeit sollte als ‚Stehen auf
eigenen Füßen‘ verstanden werden; doch er schließt das Miteinander-
teilen der Ressourcen unter den Kirchen nicht aus ... Kirchen, die
Hilfe erhalten, sollten die Freiheit haben, die Ressourcen ihren eigenen
Prioritäten entsprechend zu verwenden."

Auf dem gesamtasiatischen lutherischen Seminar über Mission, das 1978 in Hongkong stattfand, tauschten die asiatischen Kirchen ihre Missions- und Evangelisationspläne miteinander aus. Die Vorschläge waren von Land zu Land verschieden. Da Asien der am wenigsten christianisierte Kontinent ist, sagte ein Redner, ist „ein klares, fundiertes und koordiniertes Bemühen seitens der asiatischen Kirchen" erforderlich. Die chinesischen Kirchen in Hongkong sahen eine dreifache Priorität: unter der Bevölkerung Hongkongs das Evangelium zu verkündigen, Pastoren für die missionarische Arbeit unter den Diaspora-Chinesen in Übersee zu suchen und den „Blutsbrüdern" auf dem chinesischen Festland das Evangelium zu bringen. Führende Filippinos berichteten, daß der notwendig gewordene Weggang einiger amerikanischer Missionare zur Bildung vieler neuer Filippinogemeinden durch philippinische Laienevangelisten geführt hätte. Indische Kirchen sprachen von der Notwendigkeit neuer Verhaltensweisen gegenüber Menschen, die sich in Indien zum christlichen Glauben bekennen, sich aber nicht taufen lassen oder öffentlich ihre Bekehrung bezeugen können. Indonesier sprachen von der Evangelisierung nomineller Batak-Christen, dem Versuch, Zugang zu den Muslimen zu gewinnen und von der Pionierarbeit unter Stammesgruppen, die noch nicht vom Evangelium berührt sind. Die koreanischen Lutheraner setzten sich zum Ziel, bis 1987 20 neue Gemeinden zu gründen und gleichzeitig im Bereich von Rundfunk, Literatur und Fernstudienprogrammen weiterzuarbeiten. Die Japanische Evangelisch-Lutherische Kirche, die seit 1975 eigenständig ist, kündigte für alle Gemeindeglieder an der Basis einen Plan für die Ausbildung zu missionarischer Tätigkeit und anderen Diensten an.

Auf der Konsultation über weltweite Partnerschaft in der Mission in Asien, die 1979 in Manila stattfand, setzten sich die asiatischen Kirchen mit ihren westlichen Partnern in der Mission zusammen, um die Beziehungen zu klären, die auf der gemeinsamen Verantwortung in der Mission begründet sind. Es wurde ein „Manila-Manifest" vorgelegt, in dem eine Ethik der Partnerschaft in der Mission entfaltet wird: „Kein Partner sollte in irgendeiner Partnerschaft eine untergeordnete oder beherrschende Stellung haben ... denn Partnerschaft von Kirchen in Gottes Sendung bedeutet, Diener Jesu Christi zu sein, der der Heiland und Herr der Kirche ist ..." Die Führung in der Mission, so heißt es in der Erklärung, sollte in den Händen der Ortskirchen liegen, während die ausländischen Partner eine unterstützende Rolle spielen. Die asiatischen Kirchen sollten aufhören, die Lebensstile ihrer Partnerkirchen in Übersee nachzuahmen; und die überseeischen Partner sollten im Blick auf die Gestaltung ökumenischer Beziehungen ein Beispiel setzen.

Es wurden eine Reihe von weltweiten, regionalen und lokalen Projekten vorgeschlagen, von denen einige selbständig und einige mit Hilfe überseeischer Partner durchgeführt werden sollten. Koreanische Lutheraner wollten Mittel und Wege suchen, um den in China lebenden Koreanern das Evangelium zu bringen. Die chinesischen Kirchen in Hongkong machten Pläne zur Verkündigung des Evangeliums auf dem chinesischen Festland und wollten zugleich in Zusammenarbeit mit überseeischen Partnern eine neue Arbeit unter den Chinesen in Thailand beginnen. Den Chinesen in Malaysia lag es besonders am Herzen, die Arbeit unter den Diaspora-Chinesen in Manila zu beginnen. Die indischen Kirchen planten einen missionarischen Vorstoß unter den indischen Arbeitern, die zerstreut in den Golfstaaten leben. Die indonesischen Kirchen erwogen, eine neue Arbeit in Bangladesh in Angriff zu nehmen. Darüber hinaus wurde ein Rüstzeitenheim für Südindien und ein Projekt für kirchlichen Dienst in der urbanen und industriellen Gesellschaft für Südkorea vorgeschlagen. Wenn auch nicht alle Projekte verwirklicht werden konnten, so haben sie doch einen großen symbolischen Wert als Zeichen der neuen missionarischen Entschlossenheit der asiatischen Kirchen. Die asiatischen Kirchen haben die Initiative für die Planung und Beschaffung der Finanzmittel für diese Projekte ergriffen, in einigen Fällen in Zusammenarbeit mit überseeischen Partnern oder mit dem Lutherischen Weltbund.

Auch in Asien hat der Lutherische Weltbund unterstützende Dienste geleistet: durch die Mitfinanzierung eines China-Koordinations-Büros in Hongkong, das vor allem Kontakt zu den christlichen Organisationen auf dem chinesischen Festland halten soll; durch die Organisation häufiger Tagungen für asiatische Kirchenführer; durch die Unterstützung lokaler und regionaler Studienprojekte, die im Rahmen des Asienprogramms zur Förderung von Ausbildung und Studien (APATS) durchgeführt werden; durch Ausbildungsseminare im Medienbereich und durch Beratungsdienste für die Auseinandersetzung der Kirchen mit dem Islam und anderen Religionen.

XIX. Kapitel

DIE FUNKTION
DES LUTHERISCHEN WELTBUNDES (LWB)

E. Theodore Bachmann

Der LWB bedeutet vielerlei für viele Menschen: eine weltweite Konfessionsfamilie; ein Kanal für Hilfeleistungen an andere; ein Mittel, um bedrängten Kirchen zu helfen; ein Unternehmen, das der Unterstützung bedarf usw. Doch für die meisten — und dazu gehören auch Lutheraner — ist der LWB eine unbekannte Größe. Wahrscheinlich war er sogar Ende der 1940er Jahre (er wurde 1947 gegründet) und zu Beginn der 1950er Jahre besser bekannt als in den nachfolgenden Jahrzehnten, in denen man mit seinem Vorhandensein rechnete und seine Programme leicht als Routine ansah. Das trifft auch auf den Vorgänger des LWB, den Lutherischen Weltkonvent (1923–1947) zu. Nach beiden Weltkriegen haben die Lutheraner immer auf weltweiter Ebene Hilfe geleistet. Wie manchen anderen Menschen, gelang es auch ihnen besser, mit Mißgeschicken fertig zu werden als die Probleme zu bewältigen, die scheinbar einfacher, doch im Grunde genommen ebenso schwierig und langfristig sind, wie zum Beispiel das Evangelium zu verkündigen oder die Wurzeln der Ungerechtigkeit, der Armut und ähnlicher Übel anzugehen. Doch für die, die schon mit dem LWB vertraut sind — und für die, die etwas über ihn wissen möchten —, wird ein kurzer Überblick über sein Wesen und seine Funktionen einem Bedürfnis entsprechen.

Der Beziehung der Lutheraner in der ganzen Welt zueinander und zu anderen Christen haftet ein scheinbarer Widerspruch an. Einerseits ist der LWB der Definition nach „eine freie Vereinigung von lutherischen Kirchen" (Verfassung III, 1). Andererseits hat man die Lutheraner die am stärksten durchorganisierte Konfessionsfamilie der Welt genannt. Der Widerspruch ist mehr scheinbar als wirklich. Genaugenommen handelt es sich um einen Gegensatz — ein Gegensatz, der der Beziehung zwischen Freiheit und Verantwortung innewohnt. Die Tatsache, daß von den schätzungsweise 70 Millionen Lutheranern in der Welt drei Viertel zu Mitgliedskirchen des LWB gehören, sagt etwas aus über den Willen zur Freiheit und den verantwortlichen Gebrauch der Freiheit.

Das Problem des Wesens des LWB wurde besonders am Anfang der

1960er Jahre erörtert. Vor allem die ekklesiologische Relevanz des LWB wurde theologisch und auch kirchenrechtlich untersucht. Die Frage wurde in der Zeitschrift des LWB „Lutherische Rundschau/ *Lutheran World*" (1960, 1961) behandelt und auf der Vollversammlung in Helsinki 1963 diskutiert (Offizieller Bericht, S. 303–324). Einige haben sogar die Auffassung vertreten, daß der LWB mehr ist als eine „freie Vereinigung" und sich letztlich als eine Lutherische Weltkirche erweist oder sich mindestens in diese Richtung entwickeln könnte. Das Hauptanliegen der Diskussion war, daß die lutherischen Kirchen einander volle Kirchen- und Abendmahlsgemeinschaft gewähren sollten. Ein beachtlicher Schritt in diese Richtung ist seitdem gemacht worden, obwohl es immer noch Ausnahmen gibt, zum Beispiel in Nordamerika (Lutherische Kirche – Missouri-Synode).

Der LWB hat sich von den Aufgaben leiten lassen, die die Bezeugung des Evangeliums, die Einigkeit des Glaubens, die gemeinsame Studienarbeit, die Beteiligung an der ökumenischen Bewegung und die geistliche und materielle Hilfeleistung betonen (Verfassung III, 2). All denen, die fragen, warum ein weltweites konfessionelles Organ wie der LWB weiterbestehen sollte — und das ist eine angemessene Frage —, kann man eine vierfache Antwort geben: die Gliedkirchen wünschen es; kleinen Kirchen und Minderheitsgruppen wird im LWB eher Gehör geschenkt als in einem größeren und differenzierteren Rahmen; ein gemeinsames geistliches Erbe und eine weitreichende praktische Erfahrung ermöglichen schnelles Handeln; bilaterale Gespräche mit anderen Konfessionen — römischen Katholiken, Anglikanern, Orthodoxen, Reformierten und anderen — fördern die Sache der Einheit in einem katholischen Kontext.

Dieser Überblick besteht aus drei Teilen. Der erste behandelt das gesetzliche Instrument, die Verfassung, die den Weltbund in der Ausübung seiner Funktionen leitet. Im zweiten Teil wird eine Zusammenfassung der zwischen 1947 und 1970 gehaltenen Vollversammlungen gegeben. Der dritte Teil beschreibt den LWB in seiner Arbeit.

Die grundlegende Struktur

Ein entscheidender Akt des LWB war die Annahme einer Verfassung auf seiner ersten Vollversammlung, die vom 30. Juni bis 6. Juli 1947 in Lund (Schweden) stattfand. Nach den Worten des erfahrenen amerikanischen Kirchenmannes und Historikers Abdel Ross Wentz war dies „ein Wendepunkt in der Geschichte des Weltluthertums ...

Die Verfassung setzte klare und langfristige Ziele, legte die Voraussetzungen für die Mitgliedschaft fest, entwickelte Methoden für die
Arbeit der zwischenkirchlichen Hilfe und machte die kurze Eisenacher
Erklärung aus dem Jahre 1923 zur Lehrgrundlage. Sie ermöglichte
den lutherischen Kräften in der Welt eine systematischere und dauer-
haftere Integration, als sie je zuvor gekannt hatten, und bereitete den
Weg für eine neue Ära in der lutherischen Geschichte".

Einige funktionale Aspekte des Weltbundes

Bevor wir uns der Verfassung selbst zuwenden, sind drei andere Tatsachen zu beachten. Erstens: Warum Genf als Sitz für eine weltweite
lutherische Organisation? Die internationale Bedeutung Genfs war die
Antwort darauf. Der Ökumenische Rat der Kirchen (1938–1948 „in
Bildung begriffen") hatte dort sein Hauptquartier. Für die amerikanischen Lutheraner war Genf schon 1945 ein logischer Mittelpunkt, wo
die lutherischen Bemühungen um Hilfeleistung und Wiederaufbau —
die auch aus so weit entfernten und verschiedenen Ländern wie Schweden, Australien, Kanada und anderen kamen — zusammengefaßt und
mit denen des ÖRK koordiniert werden konnten. Schlüsselpersonen
bei der erfolgreichen Durchführung dieser Arbeit waren der Generalsekretär des ÖRK, Willem A. Visser 't Hooft und sein Gegenüber im
kommenden LWB, Sylvester C. Michelfelder.
Ökumenisch gesehen förderte Genf auch engere Beziehungen zu anderen Konfessionsfamilien. Der Reformierte Weltbund (RWB), zum
Beispiel (gegründet 1875), organisierte sich 1948 neu und schlug sein
Hauptquartier in Genf auf. Doch im Unterschied zu den Lutheranern
folgte der RWB der Politik der meisten anderen Vereinigungen und
leistete seinen Beitrag zur Hilfs- und Wiederaufbauarbeit auf dem
Wege über den ÖRK. Dadurch, daß Genf der Sitz des LWB war, nahmen die Lutheraner schon früh Verbindungen zur römisch-katholischen Kirche auf, ein Prozeß, der durch das dem LWB angegliederte
Institut für ökumenische Forschung in Straßburg (eröffnet 1965) gefördert wurde. In jüngster Zeit verheißt die Errichtung des Orthodoxen Zentrums des Ökumenischen Patriarchats in Genf/Chambesy
(1975) weitere Kontakte zwischen Lutheranern und anderen Konfessionen.
Zweitens: Wie viele andere internationale Organisationen, die ihren
Sitz in Genf haben, ist der LWB eine juristische Person innerhalb des
Schweizer Bundesstaates. Nach dem Schweizerischen Zivilgesetzbuch
(Artikel 60 ff.) ist der LWB berechtigt, Eigentum zu besitzen oder ihm

von seinen Gliedkirchen oder ihren Werken (u. a. Missionsgesellschaften) anvertraute Liegenschaften als Treuhänder zu verwalten. Im Falle eines internationalen Konfliktes würden solche Liegenschaften unter dem Schutz der neutralen Schweizer Konsularbehörden stehen.

Drittens: International tritt der LWB als eine nicht-staatliche Organisation (*Non-Governmental Organization* — NGO) auf, die von den Vereinten Nationen anerkannt ist. Das geht auf die Jahre zurück, in denen der LWB sich in großem Umfang für die Betreuung und Ansiedlung von Vertriebenen und Flüchtlingen eingesetzt hat, eine Aufgabe, die letztlich nicht nur Europäern, sondern auch Chinesen in Hongkong, Arabern aus dem Nahen Osten, Afrikanern der Subsahara und anderen zugute kam. Nach den Worten des Präsidenten des LWB Franklin Clark Fry (LCA) vor der Vollversammlung in Helsinki 1963 lag die Herausforderung darin, daß der Weltbund durch diese Arbeit alle Lutheraner dazu ermahnt hat, „an jedermann Gutes zu tun, nicht nur an des Glaubens Genossen".

Zweck und Inhalt der Verfassung

Viele, die mit der Verfassung des LWB vertraut sind, halten sie für ein bemerkenswertes Dokument. In ihren zwölf Grundartikeln, mit einem dreizehnten, in dem die Möglichkeiten einer Änderung festgelegt sind, verbinden sich Klarheit, Einfachheit und Flexibilität. Das macht sie zu einem geeigneten Instrument, um das Wesen einer weltweiten „freien Vereinigung von lutherischen Kirchen" zu beschreiben und sie in ihren Funktionen zu leiten. Wie ein deutscher Historiker bemerkt hat, hätte diese Verfassung kaum aus der umfassenden Gesetzestheorie erwachsen können, in der das europäische Kirchenrecht beheimatet ist; denn dieses Recht ist traditionsgemäß auf die Grenzen eines bestimmten Territoriums oder Landes beschränkt gewesen. Nach der Ansicht Siegfried Grundmanns ist die Verfassung des LWB vielmehr aus der praktischen Erfahrung amerikanischer Kirchen erwachsen, die ihre Freiheit und Verantwortung in einem Staat ausüben, dessen Verfassung als erste die Trennung von Kirche und Staat vorgesehen hat. Die Verfassung des LWB folgt dem allgemeinen Muster einer lutherischen Synodalverfassung amerikanischen Stils. In abgewandelter Form ist sie praktisch unbegrenzt ausdehnbar. Eine Grundlage für dieses Dokument war durch die Erfahrung des Lutherischen Weltkonventes gelegt worden, dessen Exekutiv-Komitee (New York 1936) den Entwurf eines Dokumentes forderte, das dazu beitragen würde, die Lutheraner in aller Welt zu einer engeren Partnerschaft zusammenzuführen. Doch zunehmende Schwierigkeiten zwischen dem nationalsozialistischen Totalitarismus und den deutschen Kirchen sowie der Zweite Weltkrieg kamen dazwischen. Erst 1946 war der Erstentwurf fertig, um skandinavischen, amerikanischen und deutschen Kirchenvertretern in Uppsala zur Überprüfung vorgelegt zu werden. Kommen wir nun zu Zweck und Inhalt der Verfassung. Der *Name* (I) bezeichnet einen Bund von Kirchen, die das gleiche Glaubensbekenntnis haben, eine beständige Vereinigung bilden, die stärker ist als ihr rechtlicher Vorgänger, der Lutherische Weltkonvent.

Die *Lehrgrundlage* (II) ist die gleiche geblieben wie die, die in Eisenach (1923) angenommen worden ist. Sie ist so formuliert, daß sie für die meisten konfessionsbewußten Lutheraner annehmbar ist. Sie schließt Lutheraner aus, die zu Unionskirchen gehören (wie Lutheraner und Reformierte, die in der Evangelischen Kirche der [Altpreußischen] Union zusammengeschlossen sind). Doch vermag sie stark konfessionell geprägte Kirchen wie die Lutherische Kirche von Australien oder die Lutherische Kirche — Missouri-Synode nicht zu überzeugen.

Der Text mag an dieser Stelle zitiert werden: „Der Lutherische Weltbund erkennt die Hl. Schrift Alten und Neuen Testaments als die alleinige Quelle und unfehlbare Norm alles Lehrens und Handelns der Kirche an. Er betrachtet die drei ökumenischen Glaubensbekenntnisse und die Bekenntnisse der lutherischen Kirche, insbesondere die unveränderte Augsburgische Konfession und Luthers Kleinen Katechismus, als unverfälschte Auslegung des Wortes Gottes."

Die Ziele des LWB werden im Hinblick auf *Wesen, Aufgaben und Bereich* (III) abgegrenzt. Da er seinem Wesen nach eine „freie Vereinigung" ist, kann er in Angelegenheiten, die ihm von den Gliedkirchen übertragen werden, als ihr Organ handeln; doch er ist nicht berechtigt, „kirchliche Aufgaben kraft eigener Vollmacht" auszuüben (wie in eigener Initiative das Abendmahl abzuhalten) oder Gesetze für seine Gliedkirchen zu erlassen oder die Autonomie irgendeiner Gliedkirche zu beschränken.

Doch sein Wirkungsbereich geht so weit, daß der LWB für eine oder mehrere Gliedkirchen „in Angelegenheiten tätig werden (kann), die ihm von diesen übertragen werden".

Seine Funktionen (die weiter oben schon erwähnt worden sind) entsprechen weitgehend denen, die der Lutherische Weltkonvent in beschränkterem Maße schon ausgeübt hatte. Früher „Ziele" genannt, treffen diese Funktionen die Intention des Weltbundes in ihrem Kern und sind sechsfacher Art:

„a) gegenüber der Welt die einmütige Bezeugung des Evangeliums von Jesus Christus als der seligmachenden Kraft Gottes fördern;

b) Einigkeit des Glaubens, Bekennens und Bekenntnisses unter den lutherischen Kirchen der Welt pflegen;

c) Brüderlichkeit und gemeinsame Studienarbeit unter den Lutheranern entwickeln;

d) die Aufgeschlossenheit der lutherischen Kirchen für die ökumenischen Bestrebungen, das Bewußtsein ihrer Verantwortlichkeit für diese sowie ihre Beteiligung an diesen stärken;

e) lutherische Kirchen und Gruppen bei ihren Bemühungen unterstützen, die geistlichen Nöte anderer Lutheraner mitzutragen und das Evangelium zu verbreiten;

f) ein Werkzeug der lutherischen Kirchen und Gruppen zur gemeinsamen Bewältigung leiblicher Nöte bilden."

Diese ersten drei Artikel bilden den Teil der Verfassung, in dem der LWB sich selbst definiert. Die *Mitgliedschaft* (IV) im Weltbund steht den Kirchen offen, die die Lehrgrundlage (II) und auch die Verfassung zur Zeit ihrer Bewerbung um Mitgliedschaft annehmen. Über die Aufnahme entscheidet die Vollversammlung oder in der Zwischenzeit „wenn nicht binnen eines Jahres mehr als ein Drittel der Gliedkirchen Einspruch erhebt, ... das Exekutiv-Komitee".

Seine *Organisation* (V) ermöglicht es dem LWB, seine Funktionen durch vier voneinander abhängige Organe auszuüben:

1. Die *Vollversammlung* (VI) — „das maßgebende Organ des Weltbundes" — besteht aus Delegierten aller Gliedkirchen. Sie legt die Grundlinien für die Arbeit des Weltbundes fest. Sie tritt in der Regel alle sechs Jahre zusammen.

2. Das *Exekutiv-Komitee* (VIII) hat neben dem Präsidenten 22 Mitglieder. Es führt die Geschäfte des LWB in der Zwischenzeit zwischen den Vollversammlungen, tritt mindestens einmal jährlich zusammen, wählt den Generalsekretär, weist ihm seine Aufgaben zu (IX) und vertritt den Weltbund in jeder Weise nach außen.

3. Zu den *Nationalkomitees* (X) gehört (gehören) das Mitglied (die Mitglieder) des Exekutiv-Komitees in dem entsprechenden Land. Sie vertreten die Interessen des LWB in dem jeweiligen Land und geben dem Exekutiv-Komitee jährlich einen Bericht darüber.

4. *Die Kommissionen* (XI) werden unter der Autorität der Vollversammlung eingesetzt und werden entweder von der Vollversammlung oder dem Exekutiv-Komitee bestimmt. Sie haben die Aufgabe, bestimmte Funktionen des LWB wahrzunehmen. Die Kommissionen

berichten alljährlich dem Exekutiv-Komitee, dessen allgemeiner Aufsicht sie auch unterstehen.

Die Kommissionen und ihre entsprechenden Arbeitsabteilungen bilden zusammen mit dem Generalsekretariat (die erweiterte Arbeit des Büros des Generalsekretärs) das Instrument, durch das der Weltbund die ihm gestellte Aufgabe ausführt. Die Frage der *Finanzen* (XII) und der Unterstützung der Arbeit des LWB gehört zur Geschichte, die im nachstehenden behandelt wird.

Änderungen der Verfassung (XIII) schließlich können durch Zweidrittelmehrheit der bei jeder ordentlich einberufenen Vollversammlung anwesenden Mitglieder vorgenommen werden. Wenn auch die Anzahl der Änderungen von der ersten Vollversammlung (1947) an beträchtlich war, so hat doch keine dieser Änderungen zu einer wesentlichen inhaltlichen Veränderung geführt. Die Verfassung hat 1977 noch starke Ähnlichkeit mit der von 1947, doch Struktur und Funktion der Programmeinheiten — gemäß den vom Exekutiv-Komitee festgelegten Richtlinien — haben sich mit dem Wandel der Zeiten und der Bedürfnisse der Kirchen geändert.

Die Vollversammlung und die Geschichte des LWB

Wie die universale Kirche und die ökumenische Bewegung besteht auch der LWB aus Menschen. Niemals ist das offensichtlicher als auf einer Vollversammlung. Die 6. Vollversammlung 1977 zum Beispiel wird mehr als 260 Delegierte haben. Mit den Beratern, Stabsmitgliedern, Besuchern und anderen werden etwa 700 Menschen auf dem Universitätsgelände oberhalb von Daressalaam zusammenkommen. Das Exekutiv-Komitee bestimmt die Anzahl der Delegierten und weist sie den Gliedkirchen zu, unter gebührender Berücksichtigung von Faktoren wie „die zahlenmäßige Größe der Kirchen, die geographische Verteilung nach Kontinenten und Ländern, die angemessene Vertretung der jüngeren Kirchen und Minderheiten-Kirchen". Jede vollkommen unabhängige Kirche hat Anspruch auf mindestens einen Vertreter auf der Vollversammlung. Änderungen auf Antrag der Kirchen sind vorgesehen (VI). Die nachfolgende Tabelle zeigt, wie die Vertretung sich ständig gewandelt hat, und zwar zugunsten einer proportionalen Zunahme aus den jüngeren Kirchen in Asien, Afrika und Lateinamerika. Das geschah auf Kosten der größeren Kirchen in Europa und Nordamerika. Doch das hat dazu beigetragen, ein Gefühl der Zugehörigkeit zu einer „lutherischen Weltfamilie" zu entwikkeln — wie zum Beispiel Bischof Zurewe Zurenuo von der Evangelisch-lutherischen Kirche von Papua-Neuguinea seinen Leuten den LWB erklärt.

Gesamtzahl der Delegierten:
Anzahl und Prozentsatz aus Asien, Afrika, Lateinamerika (AALA)

Vollversammlung	1947	1952	1957	1963	1970	1977
Gesamtzahl von Delegierten	170	201	240	262	216	267
Von Kirchen aus AALA	13	19	31	49	71	102
Teilnehmer aus AALA in %	8 %	10 %	13 %	19 %	33 %	38 %

Afrika kam spät dazu; doch ein Vergleich mit Asien zeigt eine beschleunigte Zunahme für Afrika.

Vollversammlung	1947	1952	1957	1963	1970	1977
Asien	10	13	14	23	30	37
Afrika	2	0	5	15	30	51

Dieser Wandel erhält eine besondere Bedeutung angesichts der Tatsache, daß die Evangelisch-lutherische Kirche in Tansania gastgebende Kirche für die Vollversammlung 1977 ist.
Doch nicht nur die Kirchen in Asien, Afrika und Lateinamerika sind ein besonderes Anliegen. Die größten Gruppen von lutherischen Gemeinden, die nicht zum LWB gehören, sind die aus den deutschen Unionskirchen. Sie können in beratender Eigenschaft vertreten sein, mit dem Recht, das Wort zu ergreifen, doch ohne Stimmrecht. Diese zweitrangigen Beziehungen sind schon lange ein Problem gewesen; und vielen macht die ökumenische Bewegung es schwer, vor langer Zeit aufgestellte Richtlinien zu verstehen.

Die ersten sechs Vollversammlungen

Betrachten wir einmal die Vollversammlungen. Sie sind besonders günstige Aussichtspunkte, von denen aus man die Geschichte des LWB verfolgen kann. Sie haben bestimmte gemeinsame Züge, wie etwa Tagesordnungspunkte, die eine Vollversammlung aufgrund der Verfassung zu erledigen hat (VI); hinzu kommen die Geschäftsordnung, Plenarsitzungen, spezialisierte Sektionen, kleine Arbeitsgruppen,

öffentliche Veranstaltungen und vor allem Gottesdienst und Bibelarbeit. Über das Exekutiv-Komitee werden die Berichte des Generalsekretärs, der Kommissionen und ihrer Abteilungen und andere Berichte der Vollversammlung vorgelegt; sie legen Rechenschaft über
ihre Arbeit seit der letzten Vollversammlung ab. Probleme werden
diskutiert, Beschlüsse gefaßt, Wahlen durchgeführt und Richtlinien
für die Zukunft aufgestellt. Eine oft verwirrende Fülle von Papieren
versorgt die Delegierten gewöhnlich mit mehr Informationen, als sie
verkraften können. Schließlich trifft auch hier zu, was für viele andere Tagungen dieser Art gilt: in der gemeinsamen Arbeit Freundschaft zu pflegen oder Freundschaft zu begründen und lange nach
Abschluß der Vollversammlung Freundschaft zu bewahren — das ist
die stärkste Erinnerung und die wertvollste Erfahrung. Dieses persönliche Element hat weitreichende Auswirkungen und trägt — wie
das Band des Geistes — dazu bei, den Weltbund zusammenzuhalten
und ihn durch ein kaum faßbares „Mehr" in der Erfüllung seiner Aufgaben zu stärken.

Die 1. Vollversammlung — Lund, Schweden (30. Juni–6. Juli 1947) —
hat den Ton angegeben. Das Thema „Die lutherische Kirche in der
Welt von heute", um das sich alles sammelte, unterstrich den Neuanfang und die Gegenwartsbezogenheit des LWB. Zu den Höhepunk-
ten gehörte nicht nur die Annahme einer Verfassung, sondern auch
die Aussöhnung alter Feindschaften, die Aufstellung allgemeiner
Richtlinien für die Arbeit und die Festlegung von Programmen für
die Wiederaufbauarbeit nach dem Krieg, die Wiederansiedlung von
Flüchtlingen und viele andere Formen von zwischenkirchlicher Hilfe.
Der Kampf für die Menschenrechte und gegen den Rassismus fand
starke Unterstützung, vor allem im Lichte der neugestalteten internationalen Beziehungen und der Machtansprüche. Das Wissen von
der Judenvernichtung durch die Nazis hat zu einem verstärkten Bewußtsein der Schuld und der Notwendigkeit der Vergebung geführt.
Die Bildung von fünf Kommissionen wurde gebilligt: 1. Mission,
2. Vertriebene und Flüchtlinge, 3. Nothilfe, 4. Jugend, 5. Sozialarbeit.
Keine für Theologie? Nach Ansicht des ersten Präsidenten des LWB,
Anders Nygren (damals noch Professor in Lund, nach 1949 Bischof),
ist eine lutherische Vollversammlung ein theologisches Ereignis in sich
selbst — eine Anwendung des Glaubens auf das Leben.
Der beherrschende Geist der Vollversammlung war der unermüdliche
Generalsekretär, Sylvester C. Michelfelder (USA und Genf). Er war
der führende Neugestalter eines aktiven LWB von den Tagen seiner

Gestaltwerdung Mitte 1945 bis zu seinem eigenen plötzlichen Tod im September 1951. Sein Fünfjahresplan für den LWB ging von einer engen Verbindung zum ÖRK und zur Kommission der Kirchen für Internationale Angelegenheiten (CCIA) aus. Ein gesunder Glaube, theologische Kompetenz, praktischer Dienst und die Pflege von Freundschaft — Elemente, die ihm am Herzen lagen — verlangten nach Austausch. Nachrichtendienste, eine Vierteljahreszeitschrift *(Lutheran World Review,* 1948—51 und die entsprechende deutsche Ausgabe gingen der „Lutherischen Rundschau", 1951 — und *Lutheran World,* 1954 — voraus) und eine „Briefgemeinschaft" wurden von ihm als Ergänzung zum Hauptdienst des LWB gefördert. Und all das wurde mit einem Minimum an Mitarbeitern vorangetrieben.

Auf der 2. Vollversammlung — Hannover, Deutschland (25. Juli bis 3. August 1952) — begann das zu reifen, was Lund gesät hatte. Arbeit, die schon längst vor 1947 angebahnt worden war, begann, Gestalt anzunehmen. Das Thema, „Das lebendige Wort in einer verantwortlichen Kirche", war Ausdruck dieses nach vorn gerichteten Sinnes. Nicht weniger als 15 Kommissionen wurden gebildet, die meisten von ihnen Studienkommissionen ohne hauptamtliche Mitarbeiter. Die anderen Kommissionen, leitenden Abteilungen und Mitarbeiter waren in den Schlüsselbereichen Theologie, Weltmission und Weltdienst tätig. Übrigens nahm dieser Plan Strukturveränderungen vorweg, die von der Vollversammlung 1970 für die Programmeinheiten des LWB beschlossen wurden.

Präsident Anders Nygren war in seinem Element und mit ihm auch Hunderte von anderen; half doch diese Weltversammlung, das Vertrauen wiederherzustellen, vor allem zwischen Kirchen in einem geteilten Deutschland, das die Christen versuchten zusammenzuhalten. Ein mehr johanneischer als paulinischer Grundzug herrschte in der Bibelarbeit vor. Loblieder mit dem *Te Deum* als einem täglichen Refrain gaben den Ton an. Die Vielfalt der öffentlichen Veranstaltungen machte die Vollversammlung zeitweilig einem Kirchentag vergleichbar — dieser immer stärker werdende Ausdruck einer lebendigen Laienschaft in der Kirche. Unter den Hauptrednern legte Eivind Berggrav, Bischof von Oslo und Widerstandskämpfer gegen das Naziregime, die Beziehungen zwischen Kirche und Staat in überzeugenden Worten dar. Er ermahnte die Christen, ihren Nächsten gegenüber „erfinderische" Liebe zu üben, auch wenn der Staat alles zu tun schien. Die Herausgabe einer „*Encyclopedia of the Lutheran Church*" wurde beschlossen (sie erschien 1965 in drei Bänden, herausgegeben

von Julius Bodensieck, dem Veteranen der US-Lutheraner, die nach
dem Krieg in Europa Dienst taten). Trotz des Todes von Michelfelder
weniger als ein Jahr vor der Vollversammlung gelang es dem neuen
Generalsekretär, Carl E. Lund-Quist — mit der Hilfe vieler anderer —
mit Geschick die Arbeit weiterzuführen. Hanns Lilje, seit 1947 Bischof
von Hannover (1936–1946 der erste und einzige Exekutivsekretär
des Lutherischen Weltkonvents), wurde der neue Präsident des LWB.
Mit Lund-Quist wollte er den Weltbund davor bewahren, sich zu
übernehmen, während er anscheinend in aller Welt herumreiste.

Die 3. Vollversammlung — Minneapolis (15.–25. August 1957) — war
die erste Weltversammlung von Lutheraner in Nordamerika. In
ihrem Thema, „Christus befreit und eint", kamen die immer weiter-
reichenden Anliegen des LWB wie in einem Brennpunkt zusammen.
Die 51 Thesen zum Thema, die von der Vollversammlung erarbeitet
und angenommen wurden, sollten sich als Richtschnur für den Weltbund und seine Mitgliedskirchen hilfreich erweisen. Internationale
Spannungen, der kalte Krieg zwischen Ost und West sowie der anhaltende Aufstieg und die zunehmende Rolle junger Nationen stellten eine Herausforderung für die weltweite Konfessionsfamilie dar.
Berichte von gesamtregionalen lutherischen Konferenzen in Lateinamerika, Asien und Afrika, die etwas Neues in Gang gesetzt hatten,
waren ermutigende Zeichen der Partnerschaft zwischen weit verstreuten Kirchen. Eine Weltkonferenz über die soziale Verantwortung der
Christen, die der Vollversammlung vorausging, war eine Bekräfti-
gung des lutherischen Einsatzes und der lutherischen Programme für
die Bedürftigen und Unterdrückten. Die Beschlüsse der Vollversammlung bahnten den Weg für neue Unternehmungen: Evangelisation
durch Rundfunk in Afrika und Asien (Stimme des Evangeliums,
Radio Voice of the Gospel [RVOG] in Addis Abeba, Äthiopien, begann am 23. Februar 1963 seine Programme auszustrahlen); interkonfessionelle Forschung und der Dialog mit der römisch-katholischen Kirche nahmen das II. Vatikanische Konzil voraus. Diese Vollversammlung war wie eine Version von „Hannover" in Minnesota.
Sie wurde mit einem Massengottesdienst (10 000) eröffnet und schloß
mit einer riesigen Massenversammlung (105 000). Das Engagement für
die Interessen des LWB erreichte hier einen Höhepunkt; und die
ganze spätere Entwicklung wurde hier eingeleitet. Franklin Clark Fry
(Leiter der Vereinigten Lutherischen Kirche in Amerika und Vorsitzender des Zentralausschusses des ÖRK) wurde Präsident des Weltbundes und damit Nachfolger von Hanns Lilje. Unter der zuneh-

menden Last seines Amtes trat Carl Lund-Quist später in den Ruhe-
stand, und Kurt Schmidt-Clausen übernahm 1961 seine Nachfolge als
Generalsekretär.

Die 4. Vollversammlung — Helsinki, Finnland (30. Juli—11. August
1963) — hatte die bislang größte Anzahl von Delegierten. Sie tagten
in der Universität und versammelten sich zum Gottesdienst in der
Kathedrale. Das Thema, „Christus heute" stellte das Bekenntnis des
Glaubens in einen weltweiten Kontext. Der Präsident des Weltbundes, Franklin Clark Fry, unterstrich die Einheit der Kirche und betonte, daß die grundlegenden Aussagen Luthers und seiner Anhänger
nach wie vor nicht als „parteiische Dokumente, sondern als ökumenische Bekenntnisse" ihre Gültigkeit haben. Im Rahmen der ekklesiologischen Überlegungen (vorgetragen von E. Clifford Nelson, USA)
wurde auf die Notwendigkeit hingewiesen, örtliche Interessen durch
weltweite Perspektiven zu ergänzen und volle Gemeinschaft unter
allen lutherischen Kirchen zu verwirklichen — ein Hieb gegen die
widerstrebenden Konservativen, vor allem in Nordamerika. Die
Initiative von Minneapolis aufgreifend, billigte die Vollversammlung
die offizielle Durchführung interkonfessioneller Studien. Das führte
zur Gründung des Instituts für Ökumenische Forschung in Straßburg
(eröffnet im Januar 1965). Seine darauffolgende Arbeit im Anschluß
an das II. Vatikanische Konzil trug dazu bei, das Gespräch zwischen
den verschiedenen Gemeinschaften in einen weiteren Kontext zu stellen und neue Zugänge zur Einheit zu schaffen. Theologisch lag der
Hauptakzent in Helsinki auf der Rechtfertigungslehre. Trotz intensiver Bemühungen kam es über die schon bestehende grundlegende
Übereinstimmung hinaus nicht zu endgültigen Ergebnissen. Es gab
Enttäuschungen bei denen, die gehofft hatten, daß die Lutheraner eine
Aussage machen könnten, die ein klareres Bekenntnis zu Christus
heute ermöglichen würde. Der Dienst des LWB an den Notleidenden
wurde in unvermindertem Umfang weitergeführt. Im Jahre 1963
waren es schon 100 000 Personen, die durch den Flüchtlingsdienst des
LWB wieder angesiedelt worden waren. Inzwischen wurden die Hilfs-
programme unter Chinesen in Hongkong und Arabern im Nahen
Osten weitergeführt, und neue wurden in Angriff genommen unter
den Flüchtlingen aus Mozambique, in Tansania und anderswo. In
Helsinki kam jeder fünfte Delegierte aus einer Kirche in Asien, Afrika
oder Lateinamerika; ihr Beitrag war von entscheidender Bedeutung.
Wieder wurde ein Amerikaner, Fredrik A. Schiotz (Präsident der
American Lutheran Church), und ein erfahrener Anwalt der Kirchen

aus der nicht-westlichen Welt, zum Präsidenten des LWB gewählt.
Schmidt-Clausen blieb bis 1965 Generalsekretär; sein Nachfolger
wurde André Appel aus Frankreich.

Die 5. Vollversammlung — Evian-les-Bains, Frankreich (14.–24. Juli
1970) — wurde durch ihre kurzfristige Verlegung von Porto Alegre,
Brasilien, nach Frankreich zum Gleichnis der Zeit. Zuerst war
Weimar, Deutsche Demokratische Republik, als Tagungsort vorgesehen. Das erwies sich als undurchführbar. Die Einladung nach Brasilien als Gast der Evangelischen Kirche Lutherischen Bekenntnisses war
eine willkommene Alternative. Doch Berichte über Folterungen und
andere Verletzungen von Menschenrechten, die von der Regierung
geduldet wurden, führten zu immer lauteren Protesten dagegen, daß
die Vollversammlung in Brasilien stattfindet. Die Verlegung des
Tagungsortes, die auf Drängen des Genfer Stabes von den Amtsträgern beschlossen worden war, geschah weniger als sechs Wochen
vor Eröffnung der Vollversammlung. Diese Verlegung machte unbeabsichtigt ökumenische Geschichte, war es doch offensichtlich die
erste dieser Art. Man hatte sie als Mittel des Protestes gegen vorsätz-
liche Verletzungen der Menschenrechte und unterdrückerische Praktiken gewagt. Das Thema, „Gesandt in die Welt", erhielt damit das
Feuer der Leidenschaft für die Gerechtigkeit. Während Helsinki ein
starkes theologisches Übergewicht hatte, legte Evian die Betonung auf
die Ethik und ließ damit ein Thema anklingen, das seit Lund 1947 auf
lutherischen Versammlungen keinen so starken Widerhall gefunden
hatte. Die „Resolution zur Frage der Menschenrechte" — mit einer
anschließenden Erklärung gegen den Rassismus — hatte weltweiten
Bezug, zielte jedoch besonders auf bestimmte Problembereiche in
Brasilien, im südlichen Afrika, in den USA und anderen Ländern —
mit einem Versuch, auch die UdSSR einzubeziehen. Während einerseits einige Delegierte vor einem Übergang von der einstigen theologischen Reflexion zu voreiligem politischen Handeln warnten, war
Evian andererseits ein Höhepunkt, was den Ausdruck christlicher Einheit betrifft. Der Vorstoß in den lutherisch/römisch-katholischen Beziehungen, der in Minneapolis eingeleitet und in Helsinki vorangetrieben worden war, machte in Evian Geschichte. In den aufeinander
abgestimmten Vorträgen von Kent S. Knutson (*American Lutheran
Church*) und Jan Kardinal Willebrands (Sekretariat für die Förderung der christlichen Einheit, Rom) wurden Wesen und Konsequenzen des interkonfessionellen Gesprächs aufgezeigt, insbesondere im
Hinblick auf die Kirche als Volk Gottes, das „gesandt ist in die Welt",

um das Evangelium zu verkündigen und den Menschen Hilfe zu bringen. Die Tatsache, daß jeder dritte Delegierte in Evian aus Asien, Afrika oder Lateinamerika kam und daß zum ersten Mal Jugendliche unter den Delegierten waren, gab der Vollversammlung einen neuen Antrieb und einen Grundton, der sich von allen bisherigen unterschied.

Um dem raschen Umbruch in der Welt besser begegnen zu können und die Mittel und Energien des Weltbundes zu konsolidieren, wurde in Evian eine Umstrukturierung der Programmeinheiten — die in Helsinki 1963 schon genehmigt worden war — beschlossen. Mikko Juva aus Finnland löste Fredrik Schiotz als Präsidenten des Weltbundes ab. Er war Professor der Theologie und bald auch Rektor der Universität und hatte 1963 die lokale Vorbereitung der Vollversammlung in Helsinki geleitet. Als Kirchenmann und Gelehrter war er auch politisch aktiv. In seiner Wahl spiegelte sich ein neues Klima im LWB wider. André Appel, der die Anliegen der Minderheitskirchen vertrat, blieb bis 1974 im Amt als Generalsekretär und wurde dann zum Präsidenten der Kirche Augsburgischen Bekenntnisses in Elsaß-Lothringen gewählt. Im gleichen Jahr wurde Carl H. Mau vom Exekutiv-Komitee zum Nachfolger von André Appel gewählt. Damit kommen wir nun in dieser Darstellung des LWB im Lichte seiner Vollversammlungen abschließend zur Arbeit des Weltbundes, wie sie von seinen Programmeinheiten geleistet wird.

Die 6. Vollversammlung in Daressalam (Tansania) vom 13. bis 25. Juni 1977 war die erste außerhalb der Grenzen Europas und Nordamerikas. Ihr Thema — „In Christus — eine neue Gemeinschaft" — paßte gut in die Situation hinein und war dazu angetan, zu ernstem Nachdenken zu führen. Die Begegnung mit dem Leben und den Nöten einer jungen Nation, die wirtschaftlich zu den ärmsten der Welt gehört, sowie die Erfahrung enger Gemeinschaft in einer gastgebenden Kirche von eindrücklicher Größe und mit einem sprühenden Geist hinterließen einen nachhaltigen Eindruck auf die Menschen von nah und fern. Die annähernd 260 Delegierten aus den Mitgliedskirchen des LWB und über 500 andere Teilnehmer lebten auf dem Campus der Universität von Tansania; sie besuchten Gemeinden und andere interessante Stätten in der Hauptstadt und anderen Landesteilen.

Das Hauptinteresse konzentrierte sich auf drei sehr zeitgemäße und herausfordernde Themen: Gerechtigkeit und Menschenrechte, Partnerschaft in der Mission, Ökumenismus und die Einheit der Kirche Christi. Auch die Richtlinien und Programme des Weltbundes wurden überprüft. Eine sehr bewegte Wahl brachte dem LWB seinen ersten Präsidenten aus der „Zweidrittel-Welt". Josiah Kibira aus Bukoba, Bischof der Nordwest-Diözese (die im Westen an den Viktoriasee grenzt) der Evangelisch-Lutherischen Kirche in Tansania, wurde auf die Schultern seiner afrikanischen Landsleute gehoben und mit Begeisterung begrüßt. Als letzter in der Folge weltreisender Präsidenten des Weltbundes hat er Bukoba einen Platz auf der Weltkarte gegeben (siehe Bengt Sundkler, *Bara Bukoba*, 1974. Engl. Übers. 1981. „... ein kleiner Winkel... und enthält in sich fast alle Fragen Afrikas und einige der Antworten."). Sein Theologiestudium in Deutschland, Schweden und Amerika, seine Mitgliedschaft in der Kommission für Glauben und Kirchenverfassung des Ökumenischen Rates der Kirchen und seine leitende Position in der Kommission für Kirchliche Zusammenarbeit des Lutherischen Weltbundes (1970–1977) kamen seiner Präsidentschaft sehr zugute. Allein oder in Begleitung des Generalsekretärs machte er Besuche in allen Kontinenten, die ebenso durch die Hinwendung zu den Armen und Unterdrückten wie auch durch die Sorge um die Re-Evangelisierung der geistlich Armen – nominelle Christen in Europa und Amerika – gekennzeichnet waren. In dieser Hinsicht repräsentiert er das Denken und Empfinden vieler Vollversammlungsteilnehmer.

Auf das Drängen vor allem der asiatischen, lateinamerikanischen und auch afrikanischen Mitgliedskirchen ist es zurückzuführen, daß die Menschenrechtserklärung der Vollversammlung weit über die von 1970 hinausging. In der Erklärung über das südliche Afrika heißt es ausdrücklich, daß Christen die Apartheid nicht nur aus einer politischen Entscheidung heraus verwerfen, sondern daß sie damit ihre (konfessionelle) Integrität bekräftigen und den christlichen Glauben im Widerstreit bekennen – daraus einen Akt des *Status confessionis* machen. Wohl hat sich diese Erklärung als sehr wertvoll erwiesen, vor allem dadurch, daß sie zum Nachdenken darüber angeregt hat, was es kostet, ein bekennender Christ zu sein; dennoch ist die lutherische Einheit, wie auch die Einheit unter den Reformierten, im südlichen Afrika in den letzten Jahren immer prekärer geworden. Die über den LWB geleistete Unterstützung der Christen in Namibia hält unterdessen unvermindert an und wird dort inmitten der erbarmungslosen Unterdrückung und Gewalt mit Dankbarkeit aufgenommen. Auch hat sich in manch einer Mitgliedskirche, die sich vor 1977 an der Studie über die kirchliche Identität in einem gegebenen Kontext beteiligt hatte, zunehmend ein Gefühl des Vertrauens und der Entschlossenheit entwickelt. Das trat z. B. ganz klar in Äthiopien zutage, wo die Situation der Evangelischen Mekane-Yesus-Kirche 1981 immer schwieriger wurde, wenn auch die Zahl ihrer Anhänger zunahm. Inzwischen stellt die sich ständig verschlechternde politische und wirtschaftliche Lage überall in der Welt die Kirchen in allen Kontinenten vor schwere Entscheidungen. Das Thema der 6. Vollversammlung unterstreicht das Aufeinanderangewiesensein der Kirchen in ihrem unerschütterlichen Bekenntnis: „In Christus — eine neue Gemeinschaft".

Auf dem Wege zur 7. Vollversammlung, *Deo volente* 1984 in Budapest (Ungarn), stehen zwei Jubiläen, die Dankbarkeit und neue Entschlossenheit unter den Mitgliedskirchen des LWB und auch weit darüber hinaus geweckt haben. Die Tagung des Exekutivkomitees des Weltbundes 1980 in Augsburg fiel mit dem 450. Jahrestag der *Confessio Augustana* zusammen, die am 25. Juni gefeiert wurde. Das war ein Höhepunkt für das neue ökumenische Verständnis der Augustana. Es war dies weitgehend eine Frucht des lutherisch-römisch-katholischen Dialogs seit dem Zweiten Vatikanischen Konzil. Wiederholte Male hat in jenem Jahr Papst Johannes Paul II. auf seinen Reisen (Lateinamerika, Deutschland) auf die Bedeutung dieses Bekenntnisses hingewiesen. Eine mögliche Anerkennung der CA durch die römisch-katholische Kirche, wenn auch auf beiden Seiten diskutiert, bleibt ein *Desideratum*, doch offensichtlich in weiter Ferne. Das andere Ereignis ist die Fünfhundertjahrfeier der Geburt Luthers am 10. November 1983. Die Bedeutung, die Luther für den Protestantismus gehabt hat, läßt allgemein vermuten, daß die Gedächtnisfeier 1983 (vgl. die von 1883!) der ökumenischen Rolle des Luthertums in den nächsten Jahren Auftrieb geben wird.

Die Frage nach dem Platz des organisierten Luthertums in der Ökumene hat in jüngster Zeit erneut Beachtung gefunden. Als die größte und am stärksten strukturierte Christliche Weltgemeinschaft (früher Weltkonfessionsfamilien) ist der Lutherische Weltbund unterschiedlich eingeordnet worden. Ist er eine Kirche? Diese Frage (siehe oben) ist nicht abgetan. Einigen erscheint er als eine Kirche, vor allem, wenn er kirchliche Funktionen ausübt, wie die Förderung bilateraler Dialoge; der mit den östlich-orthodoxen Kirchen ist 1980 in Gang gesetzt worden, der mit den Methodisten schon früher. Für andere, z. B. für die nordamerikanischen Mitgliedskirchen — wie aus den Antworten auf die allgemeine Umfrage aus Genf ersichtlich ist — ist der Lutherische Weltbund weiterhin nichts anderes als eine Organisation im Dienste einer freien Vereinigung lutherischer Kirchen. Noch andere wiederum empfinden ihn als ein Hindernis für die Arbeit des Ökumenischen

Rates oder als eine Bedrohung für die ökumenische Bewegung als solche. Wenn die Institutionalisierung ein Merkmal für die Erhaltung einer Bewegung wie der lutherischen Einigungsbewegung ist, dann muß man sich fragen, ob der LWB zu erfolgreich gewesen ist. Einige glauben das, unter ihnen auch Ulrich Duchrow, der ehemalige Direktor der Studienabteilung. In seinem umstrittenen Buch „Konflikt um die Ökumene" (1980) idealisiert er in der Tat den Ökumenischen Rat der Kirchen (ÖRK) und hilft damit weder dem Ökumenischen Rat noch dem Lutherischen Weltbund, ihre Probleme zu lösen. Deshalb haben der LWB und der ÖRK eine gemeinsame Kommission eingesetzt. Die erste Sitzung (Mai 1980) führte zu einem längst fälligen offenen Austausch von Sorgen und Problemen und läßt für die Zukunft hoffen.

Offensichtlich befindet sich die Einheitsbewegung der Kirche in einer Zeit der Prüfung, von der der Lutherische Weltbund zutiefst betroffen ist. Durch die wirtschaftliche Rezession werden die Hilfeleistungen aus dem Norden und seine Dienstprogramme im Süden merklich beschnitten; dadurch werden im Lutherischen Weltbund und in seinen Mitgliedskirchen das Bewußtsein und die Sensibilität für die Ursachen der Ungerechtigkeit geschärft, die der weltweiten Nord-Südspannung zugrunde liegen. Auch im Kampf gegen den Rassismus und für die Menschenrechte ist der LWB stark engagiert (Namibia z. B.), wenn auch nicht so offenkundig wie der Ökumenische Rat. Angesichts der emporkommenden Weltreligionen sieht der Lutherische Weltbund sich dazu herausgefordert, intensiver in den inter-religiösen Dialog – in Partnerschaft mit dem ÖRK – einzutreten. Doch in der chronischen Auseinandersetzung um Grundsätze und Praxis der Mission, wie sie zwischen den konservativen Evangelikalen (die Lausanner Bewegung) einerseits und dem Ökumenischen Rat andererseits geführt wird, stehen der Lutherische Weltbund und seine Mitgliedskirchen irgendwie dazwischen. Während sich erfreulicherweise unter der Schirmherrschaft von „Glauben und Kirchenverfassung" ein Konsensus über „Taufe, Abendmahl und Amt" anbahnt, verspricht eine entsprechende Umstrukturierung der ökumenischen Bewegung nicht nur eine Umwandlung des Ökumenischen Rates, sondern auch des Lutherischen Weltbundes und anderer christlicher Weltgemeinschaften. Wenn die Arbeitsweise des Ökumenischen Rates nach seiner Vollversammlung in Uppsala (1968) erhebliche Unruhe ausgelöst hat, dann muß man sich fragen, ob der Lutherische Weltbund sich darüber im klaren ist, wie seine Aktivitäten in den Augen „Außenstehender" erscheinen. Wie einige unter den anderen christlichen Weltgemeinschaften tritt der Lutherische Weltbund für den Grundsatz der „versöhnten Verschie-

denheit" ein (einschließlich der konfessionellen Identität), während die
unierten Kirchen in aller Welt ebenso wie viele kirchliche Organisationen, die um ihre Selbstunterhaltung kämpfen, vor allem in Asien
und Afrika, die vom Ökumenischen Rat vertretene „konziliare Gemeinschaft" befürworten. So sieht das Leben des Lutherischen Weltbundes zwischen den Vollversammlungen aus. Wie arbeitet nun tatsächlich der Lutherische Weltbund?

Die Arbeitsweise des Weltbundes

Die Arbeitsweise des Weltbundes kann hier nur kurz zusammengefaßt
werden. Wie schon vorher erwähnt, werden zwischen den Vollversammlungen die Geschäfte des Lutherischen Weltbundes gemäß der
Verfassung (Art. VIII) vom Exekutivkomitee geführt. Der Präsident
des LWB ist Vorsitzender des Exekutivkomitees, und der Generalsekretär ist hauptamtlich mit der Exekutive betraut. Das Exekutiv-
komitee hält durch die Nationalkomitees, wo solche vorhanden sind,
Verbindung zu den Mitgliedskirchen. Die Nationalkomitees können
einen erheblichen Einfluß ausüben. Das Exekutivkomitee hat die Aufsicht über die zur Zeit vier bestehenden Kommissionen (nach der Umstrukturierung 1970 und den Ergänzungen von 1980); diese vier Kommissionen stellen eine Konsolidierung der zahlreicheren Kommissio-
nen/Abteilungen dar, die aus den ursprünglich drei Kommissionen, wie
sie 1952 bestanden (siehe oben: Zweite Vollversammlung) erwachsen
sind: „Kirchliche Zusammenarbeit", „Kommunikation", „Studienkommission", „Weltdienst".
Das Generalsekretariat ist der Angelpunkt, um den die Arbeit des
Weltbundes kreist. Der Generalsekretär gibt in der Tat den Ton und
die Gangart an. 1977 wurde Dr. Mau durch das Exekutivkomitee auf
diesen Posten wiedergewählt. Er ist Pastor der Amerikanisch-Lutherischen Kirche und ist seit 1950 in verschiedenen Funktionen mit dem
LWB verbunden gewesen. Das Amt des Beigeordneten Generalsekretärs wird seit 1973 von Afrikanern wahrgenommen, während das
Finanzbüro lange unter westdeutscher Leitung stand.
Das Institut für Ökumenische Forschung in Straßburg (1963), das in
seiner Funktion eng mit dem Lutherischen Weltbund verbunden, in
seiner Struktur aber unabhängig ist, untersteht der Lutherischen Stiftung für Ökumenische Forschung. Seit Beginn der neuen ökumenischen Ära, die sich mit dem Zweiten Vatikanischen Konzil angekün-
digt hat, gehörte das Institut für Ökumenische Forschung zur Avant-

garde. Der bilaterale Dialog mit Rom, die ökumenische Rolle der CA, Ökumene auf Ortsebene und andere Studien, außerdem Seminare, Programme außerhalb des Instituts in allen Kontinenten und Veröffentlichungen haben dem Institut zu großem Einfluß verholfen und seinen Mitarbeiterstab – unter der Leitung von vier Professoren – in weiten Kreisen bekannt gemacht.

Kehren wir nun zu den Kommissionen zurück: Die drei älteren haben je 12 Mitglieder (bei 9 angefangen), die neueste – „Kommunikation" – hat 10. Eine größere Anzahl von Mitgliedern ermöglicht eine vollere Repräsentation. Nach der LWB-Verfassung hat jede Kommission die Aufgabe, ihr eigenes Programm aufzustellen und durchzuführen. Wie die Sitzungen des Exekutivkomitees, so finden auch die der Kommissionen gelegentlich in Genf statt, doch meistens in anderen Teilen der Welt; dadurch wird den regionalen Gegebenheiten und den Bedürfnissen der Mitgliedskirchen Rechnung getragen. Jede Kommission hat ihre eigene Abteilung.

Die „Kommission für Kirchliche Zusammenarbeit" hat ihren Ursprung in der Kommission für junge Kirchen und verwaiste Missionsgebiete (*Commission on Younger Churches and Orphaned Missions* – CYCOM), die kurz nach dem Zweiten Weltkrieg gegründet und 1952 nach Genf verlegt wurde als die neue Kommission/Abteilung für Weltmission. Neben dem Direktor gehören zur Kommission für Kirchliche Zusammenarbeit Gebietssekretäre für Afrika, Lateinamerika und die Minderheitskirchen in Europa sowie Mitarbeiter für Forschung, Jugendarbeit und andere Funktionen. Typisch für die jüngsten Entwicklungen sind folgende Aktivitäten der Kommission: ein ökumenisch getragener Gemeinsamer Dienst in Westafrika (JCMWA), der 1979 unter der Fulani-sprechenden Bevölkerung eingerichtet wurde und Verbindungen wiederaufnahm, die jahrelang durch die Rundfunkarbeit der „Stimme des Evangeliums" (RVOG) unterhalten worden waren (siehe oben). Ein China-Koordinierungsbüro (1980) bemüht sich um eine geregelte Wiederaufnahme der Beziehungen zu Christen in der Volksrepublik China in einem ökumenischen Geist. Die Kommission hat gesamtasiatischen, gesamtafrikanischen, gesamtlateinamerikanischen und anderen umfassenden Konferenzen unter regionaler Leitung im Bereich der Evangelisation, der Theologie und auf anderen Gebieten Hilfe geleistet. Ein Höhepunkt in der langen Folge regelmäßiger Tagungen für lutherische Minderheitskirchen in Europa war die Konferenz in Tallin (UdSSR, 1980) über „Verkündigung heute". Auf der inter-regionalen Konsultation über Mission in Stavanger, Norwegen (1982) – wie auf den vorangehenden Missionskonferenzen – wurden viele dieser weltweiten und lokalen Probleme zusammengetragen. Das große *Mission Directory* (1980), das „erste" für die Kommission, kam 1982 in einer erweiterten und auf den neuesten Stand gebrachten Ausgabe heraus.

Zur „Kommission für Kommunikation", früher ein Teil des Generalsekretariats, gehören das Informationsbüro mit seinen wöchentlichen Informationsdiensten in Deutsch und Englisch, ein Publikationsbüro, regionale Beratungsdienste und – im Bereich der elektronischen Medien – Rundfunkdienste. Diese stellen trotz der Übernahme der „Stimme des Evangeliums" (RVOG) durch die äthiopische Regierung 1977 nach wie vor den größten Tätigkeitsbereich im Rahmen der Kommunikation dar. Im gleichen Jahr stellte der Lutherische Weltbund das Erscheinen seiner eigenen Vierteljahreszeitschrift „Lutherische Rundschau/Lutheran World" ein, die 25 Jahre lang ökumenische Verbreitung gefunden hatte. An ihre Stelle sind „LWB-Dokumentation" und „LWB-Report" getreten, die in regelmäßigen Abständen herauskommen.

Die „Studienkommission", eine Erweiterung der ehemaligen „Kommission/Abteilung für Theologie", hat seit 1980 den größten Mitarbeiterstab in Genf; ihre vielfältigen Aufgaben gliedern sich in drei Hauptthemenbereiche: Kirche und Gemeinschaft, Zurüstung des ganzen Volkes Gottes und Christliches Zeugnis in der Welt. Dies ist eine Umstrukturierung der vier Arbeitsbereiche, in die die Studienkommission nach 1970 aufgeteilt war, und stellt außerdem eine Rückkehr zu einer etwas stärkeren Betonung der Theologie sowie zu einer noch engeren Zusammenarbeit mit dem Institut für Ökumenische Forschung in Straßburg dar. Durch zusätzliche Mitarbeiter erhielten Gottesdienst und geistliches Leben wieder ihr ursprüngliches Gewicht; auch die Möglichkeiten des interkonfessionellen Dialogs wurden dadurch bereichert, eine Funktion, die eng mit dem Generalsekretariat und dem Exekutivkomitee verbunden ist. Weitere Arbeitsbereiche der Studienkommission sind: die Rolle der Frauen in der Kirche, Haushalterschaft, theologische Ausbildung und Personalaustausch mit einem fest etablierten Stipendienprogramm. Die Kirche und das jüdische Volk sowie die Begegnung mit anderen Religionen und Ideologien (darunter auch der Marxismus) sind Bereiche der Forschung und des Dialogs, in denen sich die vom LWB getragene Arbeit und die Bemühungen des Ökumenischen Rates der Kirchen ergänzen.

Die „Kommission für Weltdienst" hat ihren Ursprung im ältesten Arbeitsbereich des Weltbundes. Als ein Werkzeug der Geberorganisationen in Europa, Nordamerika, Australien und anderen Ländern hat sie bislang in etwa 50 Ländern Afrikas, Asiens und Lateinamerikas gewirkt. Ihr „Kirchlicher Entwicklungsdienst" (CDS) nahm 1962 seine Arbeit auf, 10 Jahre nach der Gründung der „Kommission für Weltdienst". Bis 1976 hat der „Kirchliche Entwicklungsdienst" in 19 der 42 ärmsten Ländern der Welt Hilfe geleistet, praktisch in allen Fällen auf Bitten einer Ortskirche und immer aufgrund von Kriterien, die aus einer langjährigen Erfahrung erwachsen sind. 1982 belief sich die Zahl der kurz- oder längerfristigen CDS-Projekte, die in 16 Ländern durchgeführt wurden, auf 1094. Der Genfer Stab selbst ist klein, doch der Weltdienst beschäftigt etwa 3400 Mitarbeiter in Übersee, von denen mit Ausnahme von 70 alle Staatsangehörige der Länder sind, in denen sie arbeiten. 1980 lag der US-Dollarwert der im Laufe der Jahre vom Weltdienst vermittelten Hilfe zwischen Gebern und Empfängern schon weit über 400 Millionen Dollar. Wichtiger noch ist, daß diese Dienste Hilfe zur Selbsthilfe leisten, zumeist Flüchtlingen, wie das Beispiel der Repatriierung von etwa 40 000 Flüchtlingen nach Simbabwe (1980) durch den „Weltdienst" zeigt.

So erfüllt der Lutherische Weltbund weiterhin seine vielfältigen Aufgaben als Teil der weltweiten Kirche in einem Jahrhundert, das Brutalität und Hoffnung vereint. *Christus vivit!*

Anhang

MITARBEITERVERZEICHNIS

Dr. Johannes Aagaard, Professor für Missionstheologie und ökumenische Theologie an der Theologischen Fakultät der Universität in Aarhus, Dänemark.

Bischof Dr. Andreas Aarflot, früher Professor der Kirchengeschichte an der Gemeindefakultät in Oslo, Norwegen.

Dr. Carl-Gustav Andrén, Universitätskanzler, früher Professor für praktische Theologie an der Theologischen Fakultät der Universität in Lund, Schweden.

Dr. E. Theodore Bachmann, früher Herausgeber der Lutherischen Rundschau und Professor der Kirchengeschichte in den Vereinigten Staaten.

† Dr. Wilhelm Dantine, Professor für systematische Theologie an der Evangelisch-Theologischen Fakultät der Universität in Wien, Österreich.

Dr. Robert H. Fischer, Professor für Kirchengeschichte an der *Lutheran School of Theology*, Chicago, Illinois, USA.

Dr. Günter Gaßmann, Studiensekretär in der Studienabteilung des Lutherischen Weltbundes in Genf, Schweiz, früher Präsident des Lutherischen Kirchenamtes in der Bundesrepublik Deutschland.

Dr. Friedrich Wilhelm Kantzenbach, Professor für evangelische Theologie an der Universität des Saarlandes, Saarbrücken, BRD.

Generalsuperintendent Günter Krusche, Dozent für praktische Theologie am Sprachenkonvikt Berlin, DDR.

D. Béla Leskó, Pfarrer der schwedischen Gemeinde, Professor am *Instituto Superior Evangélico de Estudios Teológicos* (ISEDET), Buenos Aires, Argentinien.

Dr. Bernhard Lohse, Professor für Kirchengeschichte an der Theologischen Fakultät der Universität in Hamburg, BRD.

Dr. Inge Lønning, Professor für systematische Theologie an der Theologischen Fakultät der Universität in Oslo, Norwegen.

Dr. Harding Meyer, Forschungsprofessor am Institut für ökumenische Forschung in Straßburg, Frankreich.

Dr. James A. Scherer, Professor für Missionstheologie an der *Lutheran School of Theology*, Chicago, Illinois, USA.

Dr. Franklin Sherman, Professor für Sozialethik an der *Lutheran School of Theology*, Chicago, Illinois, USA.

Dr. Vilmos Vajta, Forschungsprofessor i. R., früher am Institut für ökumenische Forschung, Straßburg, Frankreich.

Dr. Hans Weissgerber, Geschäftsführender Redakteur der Lutherischen Monatshefte, Hannover, BRD.

Dr. Helmut Zeddies, Oberkirchenrat und Geschäftsführer des Nationalkomitees des Lutherischen Weltbundes in der DDR, Berlin, DDR.

LITERATURVERZEICHNIS*

Quellen und Dokumente

Bachman, E. Th., (Hg.), Die lutherischen Kirchen der Welt. In: LR, Jg. 27, Nr. 2. Stuttgart, 1977

Die Bekenntnisschriften der Evangelisch-lutherischen Kirche. 5. Aufl., Göttingen, 1963

Berichte und Studiendokumente der Abteilungen und Kommissionen (1952–57) für die Dritte Vollversammlung des Lutherischen Weltbundes. Genf, 1956 bis 1957

Berichte und Dokumente (1957–63) für die Vierte Vollversammlung des Lutherischen Weltbundes. Genf, 1963

Bodensieck, J., (Hg.), Encyclopedia of the Lutheran Church. 3 Bd. Minneapolis, 1965

Doctrinal Declarations. A Collection of Official Statements on the Doctrinal Position of Various Lutheran Bodies in America. St. Louis, Miss., 1957

Ehrenström, N., Gassmann, G., Confessions in Dialogue. A Survey of Bilateral Conversations among World Confessional Families 1959–1974, 3rd. ed. Geneva: World Council of Churches, 1975

Einheit der Kirche, Die. Referate und Vorträge, vorgelegt auf den Sitzungen der theologischen Kommission des Lutherischen Weltbundes. Berlin, 1957

Empie, P. C., McCord, J. I., (Hg.), Marburg Revisited. A Reexamination of Lutheran and Reformed Traditions. Minneapolis, 1966

Empie, P. C., Murphy, T. A., Lutherans and Catholics in Dialogue, Bd. I–V. Washington/New York, 1970–74

Evian 1970. Fünfte Vollversammlung, Lutherischer Weltbund. EPD-Dokumentation. Berlin, 1970

Faithful to our Calling – Faithful to our Lord. St. Louis, Miss., 1972

Gassmann, G., u. a., Um Amt und Herrenmahl. Dokumente zum evangelisch/römisch-katholischen Gespräch. (Ökumenische Dokumentation Bd. 1). Frankfurt, 1974

Gassmann, G., u. a., Vom Dialog zur Gemeinschaft. Dokumente zum anglikanisch-lutherischen und anglikanisch-katholischen Gespräch. (Ökumenische Dokumentation Bd. 2). Frankfurt, 1975

Hoffmann, P. E., Meyer, H., (Hg.), Kirchengemeinschaft. (Kirche und Abendmahl, Bd. 2). Berlin und Hamburg, 1969

Identity of the Church and Its Service to the Whole Human Being. Report of the First International Consultation, Addis Abeba, 1974, and of the Second International Consultation, Bossey, Switzerland, 1975. Geneva: LWF Department of Studies

---

* Aufgrund der Angaben der Autoren dieses Bandes wurde das Literaturverzeichnis von Pastor André Birmelé, Assistent im Institut für Ökumenische Forschung in Straßburg, und dem Herausgeber zusammengestellt.

In Christus – eine neue Gemeinschaft. Ein Studienbuch zur Vorbereitung auf die VI. Vollversammlung des Lutherischen Weltbundes vom 13. bis 25. Juni 1977 in Daressalaam, Tansania. Genf, 1976

Jeziorowski, J., (Hg.), Kirche vor den Herausforderungen der Zukunft: Porto Alegre – Evian-les-Bains, 1970. Stuttgart-Berlin, 1970

Kinder, E., (Hg.), Die theologische Arbeit in Minneapolis. Referate, Kommentare und Dokumente der Dritten Vollversammlung des Lutherischen Weltbundes. Berlin, 1958

Lienhard, M., Lutherisch-reformierte Kirchengemeinschaft heute, 2. Aufl. (Ökumenische Perspektiven Bd. 2) Frankfurt, 1973

Lund-Quist, C. E., (Hg.), Offizieller Bericht der Zweiten Vollversammlung des Lutherischen Weltbundes, Hannover, 25. Juli – 3. August 1952, o. J.

Lund-Quist, C. E., (Hg.), Offizieller Bericht der Dritten Vollversammlung des Lutherischen Weltbundes Minneapolis, Minnesota, USA, 15.–25. August 1957. München, 1958

Lund-Quist, C. E., (Hg.), Studiendokumente. Vollversammlung des Lutherischen Weltbundes, 25. Juli – 3. August 1952, Hannover, o. J.

Luther, Martin, Werke. Kritische Gesamtausgabe. 58 Bände. Weimar: Böhlau, 1883 ff.

Luther, Martin, Werke. Briefwechsel. 14 Bände. Weimar: Böhlau, 1930 ff.

Luther, Martin, Werke. Die deutsche Bibel. 15 Bände. Weimar: Böhlau, 1906 ff.

Luther, Martin, Werke. Tischreden. 6 Bände. Weimar: Böhlau, 1912 ff.

Luther, M., Ausgewählte Werke. Herausgegeben von H. H. Borcherdt und Georg Merz. 3. Aufl., 12 Bände. München, 1948 ff.

Luther Deutsch. Die Werke Martin Luthers in neuer Auswahl für die Gegenwart. 13 Bände, Stuttgart-Göttingen, 1957 ff.

Luthers Werke in Auswahl. Herausgegeben von Otto Clemen. 8 Bände. Berlin, 1950 ff.

Lutheran Episcopal Dialogue. A Progress Report. New York, 1972

Lutherischer Weltbund, (Hg.), Die lutherischen Kirchen in der Welt. Berlin, 1957

Lutherisches Handbuch. Teil I. Lutherische Kirchen der Welt, Teil II. Lutherischer Weltbund. Berlin, 1963

Lutherisches Handbuch Ergänzungsheft. Lutherischer Weltbund, Genf, 1973

Melanchthon, Ph., Apologia Confessionis Augustanae. Übersetzt und herausgegeben von H. P. Pöhlmann. Gütersloh, 1967

Meyer, H., Luthertum und Katholizismus im Gespräch. (Ökumenische Perspektiven Bd. 3). Frankfurt, 1973

Meyer, H., (Hg.), Evangelium – Welt – Kirche. Schlußbericht und Referate der römisch-katholisch/evangelisch-lutherischen Studienkommission „Das Evangelium und die Kirche", 1967–1971. Frankfurt, 1975

Michelfelder, S. C., (Hg.), Proceedings of the Lutheran World Federation Assembly Lund, Sweden, June 30-July 6, 1947. Philadelphia, 1948

Preus, R. D., Theology of Post-Reformation Lutheranism, Bd. I–II. St. Louis, Miss., 1970–72

Quellen zur Konfessionskunde, Reihe B. Protestantische Quellen. Heft 1 ff. Lüneburg, 1957 ff.

Ratschow, C. H., Lutherische Dogmatik zwischen Reformation und Aufklärung, Teil I–II. Gütersloh, 1964–66

Rechtfertigung heute. Studien und Berichte herausgegeben von der Theologischen Kommission und Abteilung des Lutherischen Weltbundes. Beiheft zur „Lutherischen Rundschau", Stuttgart, 1965

Schmid, H., (Hg.), Die Dogmatik der evangelisch-lutherischen Kirche. 8. Aufl. Gütersloh, 1979

Schmidt-Clausen, K., (Hg.), Offizieller Bericht der Vierten Vollversammlung des Lutherischen Weltbundes, Helsinki 30. Juli – 11. August 1963. Berlin–Hamburg, 1965

Statement of Scriptural and Confessional Principles. 2. Aufl. St. Louis, Miss., 1973

Theological Implications of the New China. Papers presented at the Ecumenical Seminar held in Båstad, Sweden, from January 29 to February 2, 1974. Lutheran World Federation / Pro Mundi Vita, Geneva and Brussels, 1974

Wentz, A. R., (Hg.), The Lutheran Churches of the World. Lutheran World Federation, Geneva, 1952

Wilkens, E., Helsinki 1963. Beiträge zum theologischen Gespräch des Lutherischen Weltbundes. Berlin–Hamburg, 1964

Wolf, R. C., Documents of Lutheran Unity in America. Philadelphia, 1966

Zu Teil I: *Von der Reformbewegung zur Kirchenbildung*

Althaus, P., Die Ethik Martin Luthers. Gütersloh, 1965

Althaus, P., Die Theologie Martin Luthers. 3. Aufl. Gütersloh, 1972

Andersen, N. K., Confessio Hafniensis. Den københavnske Bekendelse af 1530. København, 1954

Andersen, N. K., The Reformation in Scandinavia and the Baltic. In: The New Cambridge Modern History vol. 2, 1958, p. 134–160

Andrén, Å., Högmässa och nattvardsgång i reformationstidens svenska kyrkoliv (mit einer deutschen Zusammenfassung). Lund, 1954

Andrén, C.-G., (Hg.), Reformationen i Norden. Kontinuitet och förnyelse. Lund, 1973

Bainton, R. H., Hier stehe ich. Das Leben Martin Luthers. Göttingen, 1952

Bainton, R. H., Psychiatry and History. An Examination of Erikson's "Young Man Luther". In: Religion in Life, 40. Jg., S. 450–478. Nashville/Tenn., 1971

Barton, P. F., Bucsay, M., Stupperich, R., Brücke zwischen Kirchen und Kulturen. Wien – Köln – Graz, 1976

Bergendoff, C., Olavus Petri and the ecclesiastical transformation in Sweden 1521–1552. A study in the Swedish reformation. 2. Aufl. Philadelphia, 1965

Bergendoff, C., The Church of the Lutheran Reformation. A historical Survey of Lutheranism. St. Louis, 1967

Bohlmann, R. A., Principles of Biblical Interpretation in the Lutheran Confessions. St. Louis, Miss., 1968

Bornkamm, H., Das Jahrhundert der Reformation, Gestalten und Kräfte. 2. Aufl. Göttingen, 1966

Borth, W., Die Luthersache (causa Lutheri) 1517–1524. Die Anfänge der Reformation als Frage von Politik und Recht. In: Historische Studien, Heft 414. Lübeck / Hamburg, 1970

Bucsay, M., Geschichte des Protestantismus in Ungarn. Stuttgart, 1959

Dantine, W., Stadt auf dem Berge? Grundfragen einer Diasporatheologie. In: Evang. Diaspora, 33. Jg., S. 171–205. Wien 1962

Dantine, W., Strukturen der Diaspora. Situation auf dem Hintergrund des österreichischen Protestantismus. In: Evang. Diaspora, 38. Jg., S. 37–56. Wien 1967

Ebeling, G., Luther. Einführung in sein Denken. Tübingen, 1964

Ebeling, G., Lutherstudien, Bd. I. Tübingen, 1971

Elert, W., Morphologie des Luthertums, Bd. I–II. München, 1958

Elton, G. R., Europa im Zeitalter der Reformation. Siebenstern-Taschenbücher, Bd. 1–2, Nr. 157, 158. Hamburg, 1971

Erikson, E. H., Der junge Mann Luther. Eine psycho-analytische und historische Studie. München, 1964

Fausel, H., D. Martin Luther. Der Reformator im Kampf um Evangelium und Kirche. Sein Werden und Wirken im Spiegel eigener Zeugnisse. Stuttgart, 1955

Fife, R. H., The Revolt of Martin Luther. A Biography covering the Years until the Diet of Worms. New York, 1957

Friedenthal, R., Luther. Sein Leben und seine Zeit. München

Garstein, O., Rome and the Counter-reformation in Scandinavia. Until the establishment of the S. Congregatio de propaganda fide in 1622. 1. 1539 bis 1583. Rom 1963

Hassinger, E., Das Werden des neuzeitlichen Europa 1300–1600. Braunschweig, 1959

Heckel, J., Das blinde undeutliche Wort Kirche, Gesammelte Aufsätze, hg. von Siegfried Grundmann. Köln – Graz, 1964

Hillerbrand, H. J., Brennpunkte der Reformation. Göttingen, 1967

Hoffman, J. G. H., La réforme en Suède 1523–1572 et la succession apostolique. Neuchâtel et Paris, 1945

Holl, K., Gesammelte Aufsätze, Bd. I–III. Tübingen, 1923–28

Holmquist, Hj., Reformationstidevarvet 1521–1611. (Svenska kyrkans historia 3.) Stockholm, 1933

Ingebrand, S., Olavus Petris reformatoriska åskådning (Deutsche Zusammenfassung: Die reformatorische Theologie des Olavus Petri). Lund, 1964

Jedin, H., (Hg.), Handbuch der Kirchengeschichte IV: Reformation, Katholische Reform und Gegenreformation. Freiburg – Basel – Wien, 1967

Johannesson, G., Die Kirchenreformation in den nordischen Ländern (11e Congrès international des sciences historiques. Rapports 4, p. 48–83). Stockholm, 1960

Kantzenbach, F. W., Martin Luther und die Anfänge der Reformation. Gütersloh, 1965

Kantzenbach, F. W., Die Reformation in Deutschland und Europa. Gütersloh, 1965

Kantzenbach, F. W., Jesus Christus Haupt der Kirche. Erwägungen zu Ansatz und Einheit der Kirchenanschauung Martin Luthers. In: Luther-Jahrbuch, 41. Jg., S. 7–44. Berlin, 1974

Kantzenbach, F. W., Christentum in der Gesellschaft, Bd. I–II. Hamburg, 1975

Kjöllerström, S., Missa Lincopensis. En liturgi-historisk studie. 1941

Kjöllerström, S., Das Bekenntnis in der schwedischen Reformationskirche. (Ein Buch der Kirche. Unter Mitarbeit schwedischer Theologen hg. von G. Aulén) Göttingen, 1951

Kjöllerström, S., (Hg.), Den svenska kyrkoordningen 1571 jämte studier kring tillkomst, innehåll och användning. Lund, 1971

Köhler, W., Luther und das Luthertum in ihrer weltgeschichtlichen Auswirkung. Leipzig, 1933

Lau, F., Bizer, E., Reformationsgeschichte Deutschlands bis 1555. In: Die Kirche in ihrer Geschichte, Bd. 3. Göttingen, 1964

Léonard, E. G., Histoire générale du Protestantisme. 3 Bde. Paris, 1961–1964

Lindhardt, P. G., Reformationstiden 1513–1536. (Den danske kirkes historie 3, p. 105–429) 1965

Lindström, M., Philipp Nicolais kristendomstolkning. Lund, 1937

Lohse, B., (Hg.), Der Durchbruch der reformatorischen Erkenntnis bei Luther. In: Wege der Forschung CXXIII. Darmstadt, 1968

Moeller, B., Reichsstadt und Reformation. Gütersloh, 1962

Müller, G., Die römische Kurie und die Reformation, 1523–1534. Gütersloh, 1969

Petri, Olaus. The Manual of Olaus Petri 1529. Ed. by E. E. Yelverton. London, 1953

Schalin, O. D., Kulthistoriska studier till belysande av reformationes genomförande i Finland 1–2. 1946–1947

Scheel, O., Martin Luther. Vom Katholizismus zur Reformation, 2 Bde. 3./4. Aufl. Tübingen, 1921/30

Schlink, E., Theologie der lutherischen Bekenntnisschriften, 3. Aufl. München, 1948

Schwaiger, G., Die Reformation in den nordischen Ländern. München, 1962

Skalweit, S., Reich und Reformation. Berlin, 1967

Stasiewski, B., Reformation und Gegenreformation in Polen. Münster, 1960

Strasser Bertrand, O. E., Die evangelische Kirche in Frankreich. In: Die Kirche in ihrer Geschichte, Handbuch Bd. III. Göttingen, 1975, S. 135–191

Strohl, H., Le protestantisme en Alsace. Strasbourg, 1950

Tappert, Th. G., (Hg.), Lutheran Confessional Theology in America, 1840 bis 1880. New York, 1972

Wisløff, C. F., Reformasjonen. (Norsk kirkehistorie 1., p. 386–501) 1966

Yelverton, E. E., An Archbishop of the Reformation. Laurentius Petri Archbishop in Uppsala 1531–73. London, 1958

Zeeden, E. W., Das Zeitalter der Gegenreformation. Herder-Bücherei 281. Freiburg, 1967

Zu Teil II: *Die Wandlungen der lutherischen Kirche und Theologie (von der Reformation bis zur Neuzeit)*

Aagaard, J., Mission, Konfession, Kirche. Bd. I u. II., 1967

Aalen, L., Die Theologie des jungen Zinzendorf. Hamburg, 1966

Aarts, J., Die Lehre Martin Luthers über das Amt der Kirche. Helsinki, 1972

Ahlberg, B., Laurentius Petris nattvardsuppfattning (mit einer deutschen Zusammenfassung). Lund, 1964

Ahlström, S. E., A Religious History of the American People. New Haven & London, 1972

Archbishop of Uppsala (Hg.), Gemensamt Nattvardsfirande (Common Eucharistic Celebration). Uppsala, 1975

Asheim, I., (Hg.), Humanität und Herrschaft Christi. Göttingen, 1969

Asheim, I., Gold, V. R., (Hg.), Kirchenpräsident oder Bischof? Untersuchungen zur Entwicklung und Definition des kirchenleitenden Amtes in der lutherischen Kirche. Göttingen, 1968

Aulén, G., Church, Law and Society. New York, 1948

Beisser, F., Claritas scripturae bei Martin Luther. Forschungen zur Kirchen- und Dogmengeschichte Bd. 18. Göttingen, 1966

Bergendorff, C., The Doctrine of the Church in American Lutheranism. Philadelphia, 1956

Bornkamm, H., Luthers geistige Welt. 4. Aufl. Gütersloh, 1960

Bornkamm, H., Luthers Lehre von den zwei Reichen im Zusammenhang seiner Theologie. Gütersloh, 1960

Bornkamm, H., Luther und sein Vater. Bemerkungen zu Erik H. Erikson, Young Man Luther. In: Zeitschrift für Theologie und Kirche, 66. Jg., S. 38–61. Tübingen, 1969

Brilioth, Y., Nattvarden i evangeliskt gudstjänstliv. Stockholm, 1926 (Englisch: Eucharistic Faith and Practice. London, 1930)

Brosseder, J., Luthers Stellung zu den Juden im Spiegel seiner Interpreten. München, 1972

Brunner, P., Das lutherische Bekenntnis in der Union. Gütersloh, 1952

Brunner, P., Ministerium verbi, Ekklesia und Hirtenamt. In: Fuldaer Hefte, Nr. 11. Berlin, 1960

Brunner, P., Nikolaus vom Amsdorf als Bischof von Naumburg. Eine Untersuchung zur Gestalt des evangelischen Bischofsamtes zur Reformationszeit. Gütersloh, 1961

Brunner, P., Pro Ecclesia. Gesammelte Aufsätze zur dogmatischen Theologie, Bd. I–II. Berlin–Hamburg, 1962–66

Brunotte, W., Das geistliche Amt bei Luther. Berlin, 1959

Christian Witness and the Jewish People. The Report of Consultation held under the Auspices of the Lutheran World Federation, Dep. of Studies, Oslo, 1975

Duchrow, U., Christenheit und Weltverantwortung: Traditionsgeschichte und systematische Struktur der Zweireichelehre. Stuttgart, 1970

Duchrow, U., Huber, W., (Hg.), Umdeutungen der Zweireichelehre Luthers im 19. Jahrhundert. Texte zur Kirchen- und Theologiegeschichte 21. Gütersloh, 1975

Duchrow, U., Huber, W., (Hg.), Die Ambivalenz der Zweireichelehre in lutherischen Kirchen des 20. Jahrhunderts. Texte zur Kirchen- und Theologiegeschichte 22. Gütersloh, 1976

Fagerberg, H., Bekenntnis, Kirche und Amt in der deutschen konfessionellen Theologie des 19. Jahrhunderts. Uppsala, 1952

Fagerberg, H., Die Theologie der lutherischen Bekenntnisschriften von 1529 bis 1537. Göttingen, 1965

Fendt, L., Der lutherische Gottesdienst des 16. Jahrhunderts. München, 1923

Fischer, R. H., Another Look at Luther's Doctrine of the Ministry. In: The Lutheran Quarterly, 18. Jg., No. 3. Gettysburg, 1966

Freytag, W., Reden und Aufsätze, Bd. I–II. München, 1961.

Gebet im Leben der Gemeinde (Dokument No. 9, Vierte Vollversammlung des LWB's 1963). Genf, 1963

Gensichen, H. W., Missionsgeschichte der neueren Zeit. Bd. IV T in: Die Kirche in ihrer Geschichte (hg. von K. D. Schmidt und E. Wolf). Göttingen, 1961

Gensichen, H. W., Glaube für die Welt. Theologische Aspekte der Mission. Gütersloh, 1971

Gott und Gottesdienst (Ökumenische Perspektiven Bd. 4). Frankfurt a. M., 1973

Graff, P., Geschichte der Auflösung der alten gottesdienstlichen Formen in der evangelischen Kirche Deutschlands, Bd. I–II. Göttingen, 1937–39

Grössel, W., Die Mission und die evangelische Kirche im 17. Jahrhundert. Gotha, 1897

Hägglund, B., Die Heilige Schrift und ihre Deutung in der Theologie Johann Gerhards. Eine Untersuchung über das alt-lutherische Schriftverständnis. Lund, 1951

Hallencreutz, C. F., New Approaches to Men of Other Faith 1938–1968. Uppsala, 1970

Heckel, M., Staat und Kirche nach den Lehren der evangelischen Juristen Deutschlands in der ersten Hälfte des 17. Jahrhunderts. München, 1968

Hertz, K. H., (Hg.), Two Kingdoms and One World: A Sourcebook in Lutheran Social Ethics. Minneapolis, 1976

Hök, G., I vad mån tillvaratar „nådens ordning" det specifikt lutherska i vår tro? In: Svensk Teologisk Kvartalskrift. Lund, 1944

Hoekendijk, J. C., Kirche und Volk in der deutschen Missionswissenschaft. München, 1967

Hoffmann, P. E. und Meyer, H., (Hg.), Kirchengemeinschaft. (Kirche und Abendmahl, Bd. II) Umfang und Grenzen der Kirchengemeinschaft in Leben und Praxis der lutherischen Kirchen in Lateinamerika, Asien, Afrika und Australien, sowie der lutherischen Minderheitskirchen in Europa. Berlin und Hamburg 1969.

Honecker, M., Cura religionis Magistratus Christiani. Studien zum Kirchenrecht im Luthertum des 17. Jahrhunderts, insbesondere bei Johann Gerhard. München, 1968

Hornig, G., Die Anfänge der historisch-kritischen Theologie. Johann Salomo Semlers Schriftverständnis und seine Stellung zu Luther (Forschungen zur Systematischen Theologie und Religionsphilosophie Bd. 8). Göttingen, 1961

Joest, W., Gesetz und Freiheit. Das Problem des tertius usus legis bei Luther und die neutestamentliche Paränese. 3. Aufl. Göttingen, 1961

Johnson, A., Eivind Berggrav – Mann der Spannung. Göttingen, 1960

Juden – Christen – Mission. In: Luth. Rundschau, 14. Jg., Stuttgart, 1964

Kalb, F., Die Lehre vom Kultus der lutherischen Kirche zur Zeit der Orthodoxie. Berlin, 1959

Kantzenbach, F. W., Das Ringen um die Einheit der Kirche im Jahrhundert der Reformation. Stuttgart, 1957

Kantzenbach, F. W., Orthodoxie und Pietismus. Gütersloh, 1966

Kantzenbach, F. W., Auftrag und Grenze eines Konzils in der Sicht Luthers. In: Theol. Zeitschrift, Basel, 23. Jg., H. 2, S. 108–134, 1967

Kantzenbach, F. W., Gestalten und Typen des Neuluthertums. Gütersloh, 1968

Kirche und das jüdische Volk, Die. In: Luth. Rundschau, 13. Jg. Stuttgart, 1963

Kirchner, H., Luthers Stellung zum Bauernkrieg. In: H. Foerster (Hg.), Reformation heute, Bibelarbeit und Referate auf der internationalen Theologentagung des Lutherischen Weltbundes vom 29. 5. bis 2. 6. 1967, S. 218 bis 248. Berlin, 1967

Koenig, R. E., What's Behind the Showdown in the Lutheran Church – Missouri Synod? In: Lutheran Forum, November 1972, February and May 1973. New York.

Koepp, W., Johann Arndt. Eine Untersuchung über die Mystik im Luthertum. Berlin, 1912

Kropatscheck, F., Das Schriftprinzip der lutherischen Kirche, I. Die Vorgeschichte. Das Erbe des Mittelalters. Leipzig, 1904

Krumwiede, H. W., Zur Entstehung des landesherrlichen Kirchenregiments in Kursachsen und Braunschweig. Wolfenbüttel, 1967

Künneth, W., Beyerhaus, P., Reich Gottes oder Weltgemeinschaft. Bad Liebenzell, 1974

Lau, F., Der Bauernkrieg und das angebliche Ende der lutherischen Reformation als spontaner Volksbewegung. In: Luther-Jahrbuch 26, S. 109–134. Berlin, 1959

Lerfeldt, S., Den kristnes Kamp. København, 1949

Letts, H. C., (Hg.), Christian Social Responsibility, Bd. I–III. Philadelphia, 1957

Leube, H., Die Reformideen in der deutschen Lutherischen Kirche zur Zeit der Orthodoxie. Leipzig, 1924

Lieberg, H., Amt und Ordination bei Luther und Melanchthon. Göttingen, 1962

Lienhard, M., Luther, témoin de Jésus-Christ. Les étapes et les thèmes de la christologie du Réformateur. Paris, 1973

Löhe, W., Gesammelte Werke, Bd. V, 1–2. Neuendettelsau, 1954–56

Lønning, I., Kanon im Kanon. Zum dogmatischen Grundlagenproblem des neutestamentlichen Kanons (Forschungen zur Geschichte und Lehre des Protestantismus, X. R., B. XLIII). München, 1971

Lønning, P., Luther and his „Successors" – Revealed in their Hymnody. In: The Dilemma of Contemporary Theology. Oslo, 1962

Maurer, W., Luthers Anschauungen über die Kontinuität der Kirche. In: Kirche, Mystik, Heiligung und das Natürliche bei Luther, hg. von Ivar Asheim. Göttingen, 1967, S. 95 ff

Maurer, W., Motive der evangelischen Bekenntnisbildung bei Luther und Melanchthon. In: Reformation und Humanismus, Robert Stupperich zum 65. Geburtstag, hg. von M. Greschat u. J. F. G. Goeters, S. 9–43. 1969

Meier, K., Kirche und Judentum. Die Haltung der evangelischen Kirche zur Judenpolitik des „Dritten Reiches". Göttingen, 1968

Metzger, W., (Hg.), Karl Hartenstein, ein Leben für Kirche und Mission. 1953

The Ministry of the Church: A Lutheran Understanding. Lutheran Council in the USA, Studies. New York, 1974

Mirbt, C., Mission und Kolonialpolitik in den deutschen Schutzgebieten. Tübingen 1910

Müller, K. F., (Hg.), Leiturgia. Handbuch des evangelischen Gottesdienstes, Bd. I–IV. Kassel, 1954 ff

Müller, K. F., (Hg.), Gottesdienst in einem säkularisierten Zeitalter. Kassel–Trier, 1971

Myklebust, O. D., Misjonskunnskap. Oslo, 1976

Nilsson, K. O., Simul. Das Miteinander von Göttlichem und Menschlichem in Luthers Theologie. Göttingen, 1966

Nygren, A., Luthertum und Ökumene. Berlin, 1951

Pelikan, J., Spirit Versus Structure. Luther and the Institutions of the Church. New York, 1968

Prenter, R., Spiritus Creator. Studien zu Luthers Theologie (Forschungen zur Geschichte und Lehre des Protestantismus. 10. Reihe, Bd. VI). München, 1954

Prenter, R., Das kirchliche Amt als königliche Vertretung Christi und als priesterliche Vertretung der Gemeinde. Einige Bemerkungen zur interkonfessionellen Auseinandersetzung über das Amt. In: Oecumenica. Gütersloh 1967

Preus, R., The Inspiration of Scripture. A Study of the Theology of the Seventeenth Century Lutheran Dogmaticians, 2. Aufl. Edinburgh–London, 1957

Quanbeck, W. A., Search for Understanding. Lutheran Conversations with Reformed, Anglican and Roman Catholic Churches. Minneapolis, 1972

Reed, L. D., The Lutheran Liturgy. Philadelphia, 1947

Rengstorf, K. H., Kortzfleisch, S. v., (Hg.), Kirche und Synagoge. Handbuch zur Geschichte, 8 – Von Christen und Juden. Stuttgart, 1968

Reumann, J., Lazareth, W., Righteousness and Society. Ecumenical Dialog in an Revolutionary Age. Philadelphia, 1967

Richtlinien für die Gestaltung des Hauptgottesdienstes in der evangelisch-lutherischen Kirche. Genf, 1957

Ritschl, A., Über die beiden Prinzipien des Protestantismus, Gesammelte Aufsätze Bd. I. 1893, S. 234–247

Röbbelen, I., Theologie und Frömmigkeit im deutschen evangelisch-lutherischen Gesangbuch des 17. und frühen 18. Jahrhunderts. Göttingen, 1957

Rothermund, H.-M., Orthodoxie und Pietismus. Berlin, 1959

Schlink, E., Die Struktur der dogmatischen Aussage als ökumenisches Problem, in: Der kommende Christus und die kirchlichen Traditionen, Beiträge zum Gespräch zwischen den getrennten Kirchen. Göttingen, 1961, S. 24 ff

Schmidt, M., Speners Wiedergeburtslehre. In: Theologische Literaturzeitung. Leipzig, 1951, S. 26 f

Schmidt, M., Pietismus. In: RGG 3. Aufl. Bd. 5, Sp. 370–81. Tübingen, 1961

Schmidt, M., La spiritualité luthérienne et le piétisme dans les relations avec la mystique espagnole. In: Positions Luthériennes, Jg. 20, S. 133–145. Paris, 1972

Schmidtchen, G., Gottesdienst in einer rationalen Welt. Stuttgart–Basel, 1973

Scholder, K., Ursprünge und Probleme der Bibelkritik im 17. Jahrhundert. Ein Beitrag zur Entstehung der historisch-kritischen Theologie. (Forschungen zur Geschichte und Lehre des Protestantismus. 10. Reihe Bd. XXXIII) München, 1966

Schwager, H.-J., Johann Arndts Bemühen um die rechte Gestaltung des neuen Lebens der Gläubigen. Münster (W.), 1961

Simon, C., Der Islam und die christliche Verkündigung. 1926

Skydsgaard, K. E., Vischer, L., Schrift und Tradition. Untersuchung einer theologischen Kommission. Zürich, 1963

Skydsgaard, K. E., Traditio et traditiones. Copenhagen, 1972

Stoeffler, F. E., German Pietism during the Eighteenth Century. Leiden, 1973

Sundkler, B., The World of Mission. Uppsala, 1965

Sundkler, B., Nathan Söderblom, His Life and Work. London, 1968

Svenska Kyrkans Gudstjänst. 1968 års kyrkohandbokskommitte. Stockholm, 1975

Thielicke, H., Theologische Ethik, Bd. I–III. Tübingen, 1958–1965

Tjernagel, N. S., Henry VIII and the Lutherans. A Study in Anglo-Lutheran relations from 1521 to 1547. Saint Louis, 1965

Tuchel, K., Luthers Auffassung vom geistlichen Amt. In: Luther-Jahrbuch 1958, Berlin, 1958

Vajta, V., (Hg.), Die Einheit der Kirche. Berlin, 1957

Vajta, V., Die Theologie des Gottesdienstes bei Luther, 3. Aufl. Göttingen, 1959

Vajta, V., (Hg.), Kirche und Abendmahl. Studien und Dokumente zur Frage der Abendmahlsgemeinschaft im Luthertum (Kirche und Abendmahl, Bd. 1). Berlin und Hamburg, 1963

Vajta, V., (Hg.), Evangelium und Einheit. Bilanz und Perspektiven der ökumenischen Bemühungen (Evangelium und Geschichte, Bd. I). Göttingen, 1971

Vajta, V., (Hg.), Das Evangelium und die Bestimmung des Menschen. Gottes Heilshandeln und die gesellschaftliche Verantwortung des Menschen (Evangelium und Geschichte, Bd. II). Göttingen, 1972

Vajta, V., (Hg.), Das Evangelium und die Zweideutigkeit der Kirche. Die Verwirklichung der Kirche im Spannungsfeld von Sendung und Sein (Evangelium und Geschichte, Bd. III). Göttingen, 1973

Vajta, V., (Hg.), Evangelium als Geschichte. Identität und Wandel in der Weitergabe des Evangeliums (Evangelium und Geschichte, Bd. IV). Göttingen, 1974

Vajta, V., Weissgerber, H. (Hg.), Das Bekenntnis im Leben der Kirche. Studien zur Lehrgrundlage und Bekenntnisbindung in den lutherischen Kirchen. Berlin / Hamburg, 1963

Vergebung der Sünden als eine Lebenshilfe. Zur Frage der Einzelbeichte heute. Berlin-Hamburg, 1970

Wallmann, J., Pietismus und Orthodoxie. In: Geist und Geschichte der Reformation. Festgabe H. Rückert. Berlin, 1966

Wallmann, J., Ph. J. Spener und die Anfänge des Pietismus. Tübingen, 1970

Warneck, G., Evangelische Missionslehre. Gotha, 1892

Weber, H. E., Reformation, Orthodoxie und Rationalismus, Bd. II. Gütersloh, 1951

Weigelt, H., Pietismus-Studien I. Stuttgart, 1965

Wentz, A. R., Lutheran Churches and the Modern Ecumenical Movement, In: Weltluthertum von heute, Anders Nygren gewidmet. Göttingen, 1950, S. 391 ff

Wicks, J., Man Yearning for Grace. Luther's Early Spiritual Teaching. Wiesbaden, 1969

Wingren, G., Luthers Lehre vom Beruf (Forschungen zur Geschichte und Lehre des Protestantismus, 10. Reihe, Bd. III.). München, 1952

Wingren, G., Ein ungenutztes ökumenisches Kapital – Die aktuelle Bedeutung des Artikels „Von der Kirche" im Augsburger Bekenntnis. In: Evangelische Kommentare 1969, No. 12, S. 701 ff

Wingren, G., Gestalt einer Kirche von morgen. Der theologische Entwurf des Schweden Einar Billing. München, 1969

Wort und Mysterium. Briefwechsel über Glauben und Kirche 1573 bis 1581 zwischen den Tübinger Theologen und dem Patriarchen von Konstantinopel. Witten, 1958

Wrede, G., Kyrkosynen i Einar Billings theologi. Zusammenfassung: Die Kirchenauffassung Einar Billings im Rahmen seiner Theologie. Stockholm, 1966

Zeeden, E. W., Die Entstehung der Konfessionen, Grundlagen und Formen der Konfessionsbildung im Zeitalter der Glaubenskämpfe. München, Wien, 1965

Zukunft des Ökumenismus, Die. (Ökumenische Perspektiven Bd. 1) Frankfurt, 1972

Zu Teil III: *Lutherisches Bekenntnis in einer sich wandelnden Welt*

Antsirabé: The Second All-Africa Lutheran Conference, Sept. 8–18, 1960, Antsirabé, Madagascar. Philadelphia, 1961

Atheismus als Frage an die Kirche, Der, Handreichung der VELKD. Berlin und Hamburg, 1962

Begrich, M., Die Geschichte des südamerikanischen Protestantismus. In: Die Kirche in ihrer Geschichte IV/S (Hg. von K. D. Schmidt, E. Wolf). Göttingen, 1963

Brunner, H. H., Kirche ohne Illusionen. Zürich, 1968

Bund der evangelischen Kirchen in der DDR. In: Epd-Dokumentation, Bd. 1. Witten – Frankfurt a. M. – Berlin, 1970

Burgess, A. S., (Hg.), Lutheran Churches of the Third World. Minneapolis, 1970

Burgsmüller, A., (Hg.), Zum politischen Auftrag der christlichen Gemeinde – Barmen II, Votum des Theologischen Ausschusses der EKU. Gütersloh, 1974

Campenhausen, A., Freiherr von, Staatskirchenrecht. München, 1974

Christ in der DDR, Der. Handreichung der VELKD. Berlin, 1961

Christian Faith and the Chinese Experience. Papers and Reports from an Ecumenical Colloquium held in Louvain, Belgium, from September 9–14, 1974. Lutheran World Federation / Pro Mundi Vita. Geneva and Brussels, 1974

Concept of the Church in African Setting. The. Arusha, Tanzania, September 11–16, 1973. Geneva, o. J.

Dahm, K. W., Beruf Pfarrer. München, 1971

Dussel, E. D., Historia de la Iglesia en América Latina. Nova Terra, Barcelona, 1972

Ekström, R., Gudsfolk och folkkyrka. Lund, 1963

Fischer, J., Jahn, C., (Hg.), Es begann am Rio dos Sinos. Erlangen, 1970

Fischer, R. H., (Hg.), Franklin Clark Fry, A Palette for a Portrait. Gettysburg, Lutheran Quarterly, 1972

Flodell, S. A., Tierra Nueva. (Svenska Institutet för Missionsforskning) Uppsala, 1974

Gesandt in die Welt, Beitrag der Slowakischen evangelischen Kirche A. B. in der CSSR zur V. Vollversammlung des LWB, 1970

Grundmann, S., Der Lutherische Weltbund. Gründung. Herkunft. Aufbau. Köln/Graz: Böhlau, 1957

Hartling, P., (Hg.), Die dänische Kirche. Kopenhagen, 1964

Hild, H., (Hg.), Wie stabil ist die Kirche? Berlin/Gelnhausen, 1974

Huber, W., Kirche und Öffentlichkeit. Tübingen, 1974

Hunter, L. S., (Hg.), Scandinavian Churches. London, 1965

Káldy, Z., Neue Gemeinschaft in Christus. Das Ziel einer diakonisch handelnden Kirche: In: Luth. Monatshefte, Hamburg, 1975, S. 586 ff

Kiedron, V., Ein Blick in Geschichte und Leben der Schlesischen Evangelischen Kirche A. B. in der CSSR. In: LR, Stuttgart, 1974, S. 81 ff

Kirchliches Außenamt der EKD. Brückenschlag. Bd. I Brasilien. Bd. II. Lateinamerika. Stuttgart, 1966–68

Krusche, G., Kirche und Gesellschaft in der DDR. In: LR, 24. Jg., Stuttgart, 1974, S. 4 ff

Krusche, G., Die theologische Relevanz der Situation für die Verkündigung des Evangeliums. In: Theologische Versuche, Bd. V. Berlin, 1975, S. 175 ff

Leskó, B., Viele Sprachen – eine Kirche. In: LR, 13. Jg. Stuttgart, 1963, S. 205 ff

Lohse, B., Maurer, W. und Müller, G., (Hg.), Die Lutherische Kirche, Geschichte und Gestalten. Bd. 1: Kahle, W., Klapper, G., Maurer, W. und Schmidt, M., Wege zur Einheit der Kirche im Luthertum. Gütersloh, 1976. Bd. 2: Schmidt-Clausen, K., Vom Lutherischen Weltkonvent zum Lutherischen Weltbund (1923–1947), Gütersloh 1976

Lutherische Weltbund (Der) als ekklesiologisches Problem. In: LR, 10. Jg., S. 279–342 und 11. Jg., S. 85–103. Stuttgart, 1960–61

Marangu. A Record of the All-Africa Lutheran Conference, Nov. 12–22, 1955, Marangu, Tanzania. Geneva, 1956

Marty, M. E., Righteous Empire. New York, 1970

Meyer, H., Christenheit ohne Reformation. In: LR, 17. Jg. Stuttgart, 1967, S. 486–495

Michalko, J., Die Slowakische Evangelische Kirche A. B. in der CSSR. In: LR, 24. Jg. Stuttgart, 1974, S. 78 ff

Miguez Bonino, J., Theology in a Revolutionary Situation. Philadelphia, 1976

Murray, R., The Church of Sweden. Its History and Organisation. Stockholm, 1970

Narzyński, J., Die Evangelisch-Augsburgische Kirche in der VR Polen. In: LR, 24. Jg. Stuttgart, 1974, S. 243 ff

Nelson, E. C., Fevold, E. L., The Lutheran Church among Norwegian-Americans. A History of the Evangelical Lutheran Church. Minneapolis, 1960

Nelson, E. C., (Hg.), Lutheranism in North America 1914–1970. Minneapolis, 1972

Nelson, E. C., (Hg.), The Lutherans in North America. Philadelphia, 1975

Ranchi, A Record of the Asia Lutheran Conference 1964. Ranchi, India, October 8–18, 1964. Ranchi, 1965

Scherer, J. A., Mission and Unity in Lutheranism. A Study in Confession and Ecumenicity. Philadelphia, 1969

Schmidt-Clausen, K., Reformation als ökumenisches Ereignis. Hamburg, 1970

Seentzke, G., Finland. Its Church and its People. Helsinki, 1963

Solberg, R. W., Also sind wir viele ein Leib. Vom weltweiten Dienst des Luthertums. Berlin, 1960

Stammler, E., Kirche am Ende unseres Jahrhunderts. Stuttgart, 1975

Strommen, M. P., A Study of Generations. Minneapolis, 1972

Stupperich, R., (Hg.), Kirche im Osten, Bd. 1 ff. Stuttgart–Göttingen, 1958 ff

Unsere Sendung in der Welt – Our Commitment in the World. Budapest, 1970

Uthe, E., (Hg.), Significant Issues of the 1970s. Philadelphia, 1968

Villalpando, W. L., (Hg.), Las Iglesias de Transplante. Centro de Estudios Cristianos, Buenos Aires, 1970

Wadensjö, B., Toward a World Lutheran Communion. Uppsala, 1970

Walther, J., (Hg.), Erneuerung der Kirche – Stabilität oder Chance? Gelnhausen/Berlin, 1975

Wantula, A., Die Evangelisch-Augsburgische Kirche in Polen. Warszawa, 1965

Weigandt, E., (Hg.), El llamado de Cristo y nuestra respuesta. V. Congreso Luterano Latinoamericano. El Escudo, Buenos Aires, 1972

Wentz, A. R., Basic History of Lutheranism in America, 2. Aufl. Philadelphia, 1964

Wentz, F. K., Lutherans in Concert. The Story of the National Lutheran Council, 1918–1966. Minneapolis, 1968

Wölber, H. O., Gesellschaft ohne Kirche. Hamburg, 1970

Wohlfeil, R., (Hg.), Reformation oder frühbürgerliche Revolution? Nymphenburger Verlagshandlung, 1972

Wolf, E., Barmen – Kirche zwischen Versuchung und Gnade, 2. Aufl. München, 1970

Zusätzliche Literatur

Zu: *Quellen und Dokumente*

Birmelé, A., (Hg.), Konkordie und Kirchengemeinschaft reformatorischer Kirchen im Europa der Gegenwart. Texte der Konferenz von Driebergen (1981). (Ökumenische Perspektiven Bd. 10). Frankfurt, 1982

Daressalam 1977. Sechste Vollversammlung, Lutherischer Weltbund, EPD-Dokumentation Bd. 18. Frankfurt, 1977

Gaßmann, G. und Meyer, H., (Hg.), Das kirchenleitende Amt. Dokumente zum interkonfessionellen Dialog über Bischofsamt und Papstamt (Ökumenische Dokumentation Bd. 5). Frankfurt, 1980

Gemeinsame römisch-katholische/evangelisch-lutherische Kommission, Das Herrenmahl. Paderborn/Frankfurt, 1978

Gemeinsame römisch-katholische/evangelisch-lutherische Kommission, Wege zur Gemeinschaft – Alle unter einem Christus. Paderborn/Frankfurt, 1980

Gemeinsame römisch-katholische/evangelisch-lutherische Kommission, Das geistliche Amt in der Kirche. Paderborn/Frankfurt, 1981

Die Identität der Kirche und ihr Dienst am ganzen Menschen, Lutherischer Weltbund, Studienabteilung, Bd. 1–2. Genf, 1977

Lell, J. und Meyer, H., (Hg.), Ehe und Mischehe im ökumenischen Dialog. Schlußberichte des anglikanisch/katholischen Dialogs, des katholisch/lutherisch/reformierten Dialogs und des katholisch/lutherischen Dialogs in Schweden (Ökumenische Dokumentation Bd. 4). Frankfurt, 1979

Lienhard, M., (Hg.), Zeugnis und Dienst reformatorischer Kirchen im Europa der Gegenwart. Texte der Konferenz von Sigtuna (1976), (Ökumenische Perspektiven Bd. 8). Frankfurt, 1977

Lissner, J. – Sovik, A., (Hg.), Ein lutherischer Materialband über Menschenrechte, LWB-Report, Nr. 1–2. Genf/Stuttgart, 1978

Lutherische Identität. Schlußbericht des Studienprojekts „Die Identität lutherischer Kirchen im Kontext der Herausforderungen unserer Zeit". Straßburg, 1977

Lutherisches Handbuch, Lutherischer Weltbund. Genf, 1983

Meyer, H., Urban, H. J. und Vischer, L., (Hg.), Dokumente wachsender Übereinstimmung. Sämtliche Berichte und Konsenstexte interkonfessioneller Gespräche auf Weltebene. Paderborn/Frankfurt, 1983

Meyer, H., (Hg.), Das lutherisch-katholische Gespräch über das Augsburger Bekenntnis. Dokumente 1977–1981. LWB-Report 10. August 1982

Zu Teil I

Bornkamm, H., Martin Luther in der Mitte seines Lebens. Göttingen, 1979

Brecht, M., Martin Luther. Sein Weg zur Reformation. Stuttgart, 1981

Junghans, H., (Hg.), Leben und Werk Martin Luthers 1526–1546. Leipzig, 1983

von Loewenich, W., Martin Luther. Der Mann und das Werk. München, 1982

Lohse, B., Martin Luther: Eine Einführung in sein Leben und sein Werk. München, 1981

Manns, P. – Loose, N. H., Martin Luther. Freiburg i. Br., 1982
Pesch, O.-H., Hinführung zu Luther. Mainz, 1982

Zu Teil II

Bogdahn, M., Die Rechtfertigungslehre Luthers im Urteil der neueren katholischen Theologie. Göttingen, 1971
The Encounter of the Church with Movements of Social Change in Various Cultural Contexts (with special reference to Marxism). Genf, 1977
Gloege, G., Gnade für die Welt. Kritik und Krise des Luthertums. Göttingen, 1964
Gloege, G., Die Rechtfertigungslehre als hermeneutische Kategorie, in: Theol. Lit.-Zeitung, Jg. 89, Sp. 161–176. Leipzig, 1964
Hellberg, C.-J., A Voice of the Voiceless. The Involvement of the Lutheran World Federation in Southern Africa. Uppsala/London, 1979
Lorenz, E., (Hg.), „... erkämpft das Menschenrecht" – Wie christlich sind die Menschenrechte (Zur Sache, H. 22). Hamburg, 1981
Meyer, H., Schütte, H. und Mund, H.-J., (Hg.), Katholische Anerkennung des Augsburgischen Bekenntnisses? (Ökumenische Perspektiven Bd. 9). Frankfurt, 1977
Meyer, H., (Hg.), Augsburgisches Bekenntnis im ökumenischen Kontext. Stuttgart, 1980
Meyer, H. und Schütte, H., (Hg.), Confessio Augustana – Bekenntnis des einen Glaubens. Gemeinsame Untersuchung lutherischer und katholischer Theologen. Paderborn/Frankfurt, 1980
Pesch, O.-H. – Peters, A., Einführung in die Lehre von Gnade und Rechtfertigung. Darmstadt, 1981
Pfnür, V., Einig in der Rechtfertigungslehre? Die Rechtfertigungslehre der Confessio Augustana (1530) und die Stellungnahme der katholischen Kontroverstheologie zwischen 1530 und 1535. Wiesbaden, 1970
Pöhlmann, H. G., Rechtfertigung. Die gegenwärtige kontroverstheologische Problematik zwischen der evangelisch-lutherischen und der römisch-katholischen Kirche. Gütersloh, 1971
Prenter, R., Der barmherzige Richter. Aarhus/København, 1961
Reese, H.-J., Bekenntnis und Bekennen. Von 19. Jahrhundert zum Kirchenkampf der nationalsozialistischen Zeit (Arbeiten z. Geschichte des Kirchenkampfes, Bd. 28). Göttingen, 1974
Reumann, J., „Righteousness" in the New Testament – Justification in the Lutheran-Catholic Dialogue. Philadelphia/New York, 1982
Über die Rechtfertigung. Vierte Vollversammlung des Lutherischen Weltbundes 30. Juli – 11. August 1963. Helsinki (Dokument 3)
Vajta, V., (Hg.), Confessio Augustana 1530–1980. Besinnung und Selbstprüfung. LWB-Report 9, Genf/Stuttgart, 1980

Vajta, V., Sine meritis. Zur kritischen Funktion der Rechtfertigungslehre, in: Oecumenica 1968, S. 146–197. Gütersloh, 1968

Wolf, E., Die Rechtfertigungslehre als Mitte und Grenze der reformatorischen Theologie, in: Peregrinatio, Bd. II. München, 1965

Zeddies, H., Bekenntnis als Einigungsprinzip (Theol. Arbeiten, Bd. 40). Berlin, 1980

Zu Teil III

Cochlovius, J., Bekenntnis und Einheit der Kirche im deutschen Protestantismus 1840–1850 (Die Lutherische Kirche – Geschichte und Gestalten, Bd. 3). Gütersloh, 1980

Duchrow, U., Konflikt um die Ökumene. München, 1980

Kahle, W. – Klapper, L. – Maurer, W. – Schmidt, M., Wege zur Einheit der Kirche im Luthertum (Die Lutherische Kirche – Geschichte und Gestalten, Bd. 1). Gütersloh, 1976

Kahle, W., Lutherische Begegnungen im Ostseeraum (Die Lutherische Kirche – Geschichte und Gestalten, Bd. 4). Gütersloh, 1982

Nelson, E. C., The Rise of World Lutheranism. An American Perspective. Philadelphia, 1982

Scherer, James A., ... daß das Evangelium rechtschaffen durch die Welt gepredigt werde. Mission und Evangelisation im 20. Jahrhundert. Ein Beitrag aus lutherischer Sicht. LWB-Report 11/12, Genf/Stuttgart, 1982

Schmidt-Clausen, K., Vom Lutherischen Weltkonvent zum Lutherischen Weltbund (Die Lutherische Kirche – Geschichte und Gestalten, Bd. 2). Gütersloh, 1976

LUTHERISCHE KIRCHEN, ORGANISATIONEN UND WERKE IN ALLER WELT

(Adressen)

Dieser Teil des Anhangs enthält Informationen über die lutherischen Kirchen, ihre Organisationen und Werke in aller Welt sowie die Arbeitseinheiten in der Zentrale des Lutherischen Weltbundes in Genf und der mit ihnen verbundenen Außenposten.

Im Abschnitt „Lutherische Kirchen in der Welt" geben die Buchstaben vor den Kirchentiteln den Status der Kirche im Weltbund an: (M) Mitgliedskirche des LWB, (A) vom LWB anerkannte Gemeinde und (St) Kirche, Mission oder Gemeinde, die mit dem Weltbund in ständiger Beziehung steht, ohne ihm anzugehören. Der statistische Anhang gibt aber auch Auskunft über dem LWB nicht angehörende lutherische Kirchen bzw. evangelische Kirchen mit lutherischer Mitgliedschaft.

Die folgenden Angaben erhielten wir vom Informationsbüro des Lutherischen Weltbundes in Genf.

I. LUTHERISCHE KIRCHEN IN DER WELT

AFRIKA

Angola, Volksrepublik von

Evangelisch-Lutherische Kirche von Südangola (*Evangelical Lutheran Church of South Angola*). C. P. 42, Xangongo.

Äthiopien

(St) Lutheran Bete Kristian Be Ethiopia (*Lutherische Kirche in Äthiopien, Lutheran Church in Ethiopia*). P.O. Box 1002, Addis Abeba.

(St) *Lutherische Kirche in Eritrea* (Lutheran Church in Eritrea). P.O. Box 1279, Asmara, Eritrea.

(M) Wenghelawit Bete Kristian Eritrea (*Evangelische Kirche von Eritrea, Evangelical Church of Eritrea*). P.O. Box 905, Asmara, Eritrea.

(M) Ye Ethiopia Wongelawit Bieta – Kristian Mekane Yesus (*Äthiopische Evangelische Kirche Mekane Yesus,* Ethiopian Evangelical Church Mekane Yesus). P.O. Box 2087, Addis Abeba.

Ghana

(St) Evangelical Lutheran Church of Ghana (*Evangelisch-Lutherische Kirche von Ghana*). P.O. Box 197, Kaneshie, Accra.

Kamerun

(M) Eglise évangélique luthérienne du Cameroun (*Evangelisch-Lutherische Kirche von Kamerun,* Evangelical Lutheran Church of Cameroon). Boîte postale 6, Ngaoundere.
Eglise fraternelle luthérienne du Cameroun (*Lutherische Brüderkirche von Kamerun,* Church of the Lutheran Brethren of Cameroon). Boîte postale 42, Garoua.

Kenia

(M) Kanisa la Kiinjili la Kilutheri Katika Kenya (*Evangelisch-Lutherische Kirche von Kenia,* Evangelical Lutheran Church of Kenya). P.O. Box 874, Kisii.

Liberia

(M) Lutheran Church in Liberia (*Lutherische Kirche in Liberia*). P.O. Box 1046, Monrovia.

Madagaskar

(M) Fiangonana Loterana Malagasy (*Madagassische Lutherische Kirche,* Malagasy Lutheran Council). Boîte postale 1741, Antananarivo.

Malawi

Lutherische Kirche von Zentralafrika, siehe *Sambia*

Namibia, siehe *Südliches Afrika*

Nigeria

(M) Ekklesiyar Kristi Ta Lutheran A Nigeria (*Lutherische Kirche Christi in Nigeria,* Lutheran Church of Christ in Nigeria). P.O. Box 21, Numan, Gongola State.
(M) Lutheran Church of Nigeria (*Lutherische Kirche von Nigeria*). Obot Idim P. A., Uyo, Cross River State.
Lutheran Church of Central Africa (*Lutherische Kirche von Zentralafrika*). P.O. Box 120, Blantyre, Malawi.

Simbabwe

(M) Kereke yeEvangeri yaMaLutere Simbabwe (*Evangelisch-Lutherische Kirche in Simbabwe,* Evangelical Lutheran Church in Zimbabwe). P.O. Box 2175, Bulawayo.

Südafrika, Republik von

(M) Evangelies-Lutherse Kerk in Suider-Afrika (*Evangelisch-Lutherische Kirche im Südlichen Afrika,* Evangelical Lutheran Church in Southern Africa). Kirchenzentrum: Site 2864, Tlhabane, 0305, Bophuthatswana. Postanschrift: P.O. Box 536, 0300 Rustenburg, Transvaal.

(M) Evangelies-Lutherse Kerk in Suider Afrika (Kaapse Kerk) (*Evangelisch-Lutherische Kirche im Südlichen Afrika [Kapkirche],* Evangelical Lutheran Church in Southern Africa [Cape Church]). 101 Martin Luther House, 19 Buitengracht, Cape Town 8001.

(M) Moravian Church in South Africa (*Brüderkirche in Südafrika*) Westliche Kapprovinz: P.O. Box 11, Lansdowne 7780, Kapprovinz. Östliche Provinz: Moravian Church, Mvenyane, P.O. Box 524, Cedarville 4720.

Evangeliese Lutherse Kerk in Suider Afrika (Natal-Transvaal) (*Evangelisch-Lutherische Kirche im Südlichen Afrika [Natal-Transvaal]*). 6 Hamilton Road, P.O. Box 729, 3600 Pinetown und 30 Edith Cavell Street, P.O. Box 17098, Hillbrow, 2038 Johannesburg.

Free Evangelical Lutheran Synod in South Africa (*Freie Evangelisch-Lutherische Synode in Südafrika*). Lüneburg 3183, Natal.

Lutheran Church in Southern Africa (*Lutherische Kirche im Südlichen Afrika*). P.O. Box 11, Pomeroy, Natal 3020.

Südliches Afrika

Verenigde Evangelies Lutherse Kerk in Suider Afrika (*Vereinigte Evangelisch-Lutherische Kirche im Südlichen Afrika,* United Evangelical Lutheran Church in Southern Africa) – VELSKA. 30 Edith Cavell Street, P.O. Box 17098, Hillbrow 2038, Johannesburg, Transvaal.

Die Vereinigte Evangelisch-Lutherische Kirche im Südlichen Afrika ist ein Zusammenschluß der Evangelisch-Lutherischen Kirche im Südlichen Afrika (Transvaalkirche), der Evangelisch-Lutherischen Kirche im Südlichen Afrika (Kapkirche), der Evangelisch-Lutherischen Kirche im Südlichen Afrika (Hermannsburg), der Deutschen Evangelisch-Lutherischen Kirche in Südwestafrika/Namibia.

Namibia

(M) Duitse Evangelies-Lutherse Kerk in Suidwes-Afrika (*Deutsche Evangelisch-Lutherische Kirche in Südwestafrika,* German Evangelical Lutheran Church in South-West Africa). P.O. Box 233, Windhoek 9000.

(M) Evangeliese Lutherse Kerk in SWA/Namibia (*Evangelische Lutherische Kirche in SWA/Namibia,* Evangelical Lutheran Church in SWA/Namibia). P.O. Box 5069, Windhoek 9100.

(M) Ongerki onkwaEvangeli paLuther yomOwambokavango (*Evangelisch-Lutherische Ovambokavango-Kirche*, Evangelical Lutheran Owambo-kavango Church). Oniipa, Private Bag 2018, Ondangwa 9270.

Tansania

(M) Kanisa la Kiinjili la Kilutheri Tanzania (*Evangelisch-Lutherische Kirche in Tansania*, Evangelical Lutheran Church in Tanzania). P.O. Box 3033, Arusha.

Tschad

Eglise fraternelle luthérienne au Tchad (*Lutherische Brüderkirche vom Tschad*, Church of the Lutheran Brethren of Chad). Boîte postale 29, Bongor.

Zaire

Communauté évangélique luthérienne du Zaire (Est) (*Evangelisch-Lutherische Gemeinde in Zaire [Ost]*, Evangelical Lutheran Community in Zaire [East]). Boîte postale 259, Kalemie, Shaba.
Communauté évangélique luthérienne du Zaire (Ouest) (*Evangelisch-Lutherische Gemeinde in Zaire [West]*, Evangelical Lutheran Community in Zaire [West]). B. P. 70 Limete, Kinshasa, West.

Zentralafrikanische Republik

(M) Eglise évangélique luthérienne de la République Centralafricaine (*Evangelisch-Lutherische Kirche von der Zentralafrikanischen Republik*, Evangelical Lutheran Church of the Central African Republic). Baboua via Bouar.

ASIEN

Bangla Desh

Bangladesh Lutheran Church (*Lutherische Kirche von Bangla Desh*). Vill. Harowa, P. O. Nilphamari, Dist. Rangpur.
Bangladesh Northern Evangelical Lutheran Church (*Evangelisch-Lutherische Kirche von Nord-Bangla Desh*). Mission House, P. O. Amnura, District Rajshahi.

Birma

Lutheran Bethlehem Church (*Lutherische Bethlehem-Kirche*). 181–183 Theinbyu Street, Kandawgalay P. O., Rangoon.

Ceylon, siehe Sri Lanka

China

Volksrepublik China
Lutheran Church of China (*Lutherische Kirche von China*). Hankow.
(Letzte Information 1958 erhalten.)

Republik China/Taiwan

(St) China Evangelical Lutheran Church (*Evangelisch-Lutherische Kirche von China*). 4th Floor, No. 127, Section 1, Fu Hsing South Road, Taipei, Taiwan.

(St) Chinese Lutheran Brethren Synod of Taiwan (*Chinesische Lutherische Brüder-Synode auf Taiwan*). 214 Nan Ta Road, Hsin-Chu, Taiwan 300.

(M) Taiwan Lutheran Church (*Lutherische Kirche auf Taiwan*). 15 Hang Chow South Road, Section 2, Taipeh, Taiwan.

Lutheran Church of South Taiwan (*Lutherische Kirche von Südtaiwan*). 14 Lane 240, Chung Shan Road, Fangliao 920.

Hongkong

(M) Chinese Rhenish Church, Hong Kong Synod (*Chinesische Rheinische Kirche, Hongkong-Synode*). 208–212 Nathan-Road, 5/F., Fourseas Building, Kowloon, Hongkong.

(M) Hsiang Kang Hsin Yi Hui (*Evangelisch-Lutherische Kirche von Hongkong, Evangelical Lutheran Church of Hong Kong*). Lutheran House, 50 A Waterloo Road, Kowloon.

(M) Lutheran Church, Hong Kong Synod (*Lutherische Kirche, Hongkong-Synode*). 68 Begonia Road, Yau Yat Chuen, Kowloon.

(M) Tsung Tsin Mission, Hong Kong (*Tsung-Tsin-Mission, Hongkong*). 144 G Boundary Street, 2nd/fl., Kowloon.

The Chinese Lutheran Churches Hong Kong Association (*Hongkong Vereinigung Chinesisch-Lutherischer Kirchen*). 208–212 Nathan Road, Fourseas Building, 5th Floor, Kowloon.

Hong Kong and Macau Lutheran Church (*Hongkong und Macau Lutherische Kirche*). 9 Norfolk Road, Kowloon.

Indien

(M) Andhra Suvesesha Lutheran Sangham (*Evangelisch-Lutherische Andhra-Kirche, Andhra Evangelical Lutheran Church*). P.O. Box 205, Guntur 522002, Andhra Pradesh, Südindien.

(M) Arcot Lutheran Church (*Lutherische Arcot-Kirche*). 53 Mariasusai Nagar, Cuddalore 607 001, Tamil Nadu.

(M) Dakshana Andhra Lutheran Sangham (*Lutherische Südandhra-Kirche, South Andhra Lutheran Church*). East Mission Compound, Tirupati 517501, Chittoor District, Andhra Pradesh.

(M) Gossner Evangelical Lutheran Church in Chotanagpur and Assam, Ranchi (*Evangelisch-Lutherische Gossner-Kirche in Chotanagpur und Assam, Ranchi*). G. E. L. Church, Ranchi 834 001, Bihar.

(M) India Evangelical Lutheran Church (*Evangelisch-Lutherische Kirche von Indien*). Lutheran Center, Nagercoil PO 629 001, K. K. District.

(M) Jeypore Evangelical Lutheran Church (*Evangelisch-Lutherische Jeypur-Kirche*). J. E. L. C. Central Office, Jeypore 764 001 Koraput District, Orissa.

(M) Madya Pradesh Evangelical Lutheran Kalisiya (*Evangelisch-Lutherische Kirche in Madhja Pradesh*, Evangelical Lutheran Church in Madya Pradesh). P.O. Box 30, Chhindwara Madhja Pradesh 480 001.

(M) Northern Evangelical Lutheran Church (*Evangelisch-Lutherische Kirche von Nordindien*). Bandorjuri Mission, Dumka P.O. 814 101, Santal Parganas, Bihar.

(M) Thamil Suvisesha Lutheran Thiruchabai (*Evangelisch-Lutherische Tamil-Kirche*, Tamil Evangelical Lutheran Church). Tranquebar House, Tiruchirapalli 620 001, Tamil Nadu, Südindien.

Delhi Evangelical Lutheran Church (*Delhi Evangelisch-Lutherische Kirche*). E 2 12 Model Town, Delhi 110 009.

Indonesien

(M) Gereja Kristen Protestan Indonesia (*Protestantisch-Christliche Kirche in Indonesien*, Christian Protestant Church in Indonesia). Jalan Kapt. M. H. Sitorus 13, Pematang Siantar, Sumatra.

(M) Gereja Kristen Protestan Simalungun (*Protestantisch-Christliche Simalungun-Kirche*, Simalungun Protestant Christian Church). Jalan Jenderal Sudirman 14, P.O. Box 2, Pematang Siantar, Sumatra.

(M) Gereja Pungua Kristen Batak (*Christliche Batak-Kirche*, Batak Christian Community Church). Jalan HOS, Cokroaminoto No. 96, Jakarta.

(M) Huria Kristen Batak Protestan (*Protestantisch-Christliche Batak-Kirche*, Protestant Christian Batak Church). Pearaja Tarutung, Sumatra.

(M) Huria Kristen Batak Protestan-Angkola (*Protestantisch-Christliche Batak-Kirche Angkola*, Batak Protestant Christian Church-Angkola). Jalan Padang Sidempuan No. 14, Sipirok, South Tapanuli.

(M) Huria Kristen Indonesia (*Indonesische Christliche Kirche*, Indonesian Christian Church). Jalan Marihat 109–111, Pematang Siantar, Sumatra.

Israel

(St) Christian Center – Shalhevetyah, Finnish Missionary Society (*Christliches Zentrum, Finnische Missionsgesellschaft*). 25 Shivtei Israel Street, P.O. Box 584, 91000 Jerusalem.

(St) Haknesia Haluteranit (*Lutherische Kirche*, Lutheran Church). 43 Meir Street, P.O. Box 525, Haifa.

Adresse der Gemeinde in Tel Aviv: Haknesia Haluteranit (Immanuel

Lutheran Church), 9 Beer Hofman Street, P.O. Box 1783, Tel Aviv 61016.

Church of the Redeemer (*Erlöserkirche*), P.O. Box 14076, Jerusalem-Old City.

Danish Israel Mission (*Dänische Israelmission*), Ha-Palmach 423, Qiryat Shemu'el, P.O. Box 20030, 91 199 Jerusalem.

Lutheran Church Jerusalem (*Evangelisch-Lutherische Propstei Jerusalem*), P.O. Box 14076, Jerusalem-Old City.

Japan

(M) Kinki Fukuin Ruteru Kyokai (*Evangelisch-Lutherische Kinki-Kirche, Kinki Evangelical Lutheran Church*). 2-2-18, Isoji, Minato-ku, P.O. Box 32, Osaka 552.

(M) Nihon Fukuin Ruuteru Kyookai (*Evangelisch-Lutherische Kirche von Japan, Japan Evangelical Lutheran Church*). Lutheran Ichigaya Center, 1-1 Ichigaya Sadohara Cho, Shinjuku Ku, Tokio 162.

(St) Nihon Kirisuto Doyukai (*Skandinavische Ostasien-Mission*, Scandinavian East Asia Mission). Yamazaki 5914-367, Fukuroi City, Shizuoka Pref. 4317-13.

(St) Nishi Nihon Fukuin Ruteru Kyokai (*Evangelisch-Lutherische Kirche von Westjapan*, West Japan Evangelical Lutheran Church). 2-2-11 Nakajima-dori, Chuo-Ku, Kobe 651.

(St) Nihon Ruteru Kyodan (*Lutherische Kirche von Japan*, Japan Lutheran Church). 2-32, Fujimi 1-chome, Chiyoda-ku, Tokio 102.
Japan-Mission der Lutherischen Brüder (Lutheran Brethren Japan Mission). 2-57 Tsukigaoka, 2 Chome, Morioka, Iwate Prefecture.

Jordanien

(M) Evangelical Lutheran Church in Jordan (*Evangelisch-Lutherische Kirche in Jordanien*). Muristan Road, P.O. Box 14076, Jerusalem-Old City, Israel.

Korea

Republik Korea

(M) Kidokyo Hankuk Lutuhoi (*Lutherische Kirche von Korea*, Lutheran Church in Korea). Box 1239, Seoul 100.

Libanon

Middle East Lutheran Ministry (*Lutherischer Dienst für den Nahen Osten*). P.O. Box 2496, Beirut.

Malaysia

(M) Gereja Basel Malaysia (*Basler Christliche Kirche von Malaysia*, Basel Christian Church of Malaysia). P.O. Box 1516, Kota Kinabalu, Sabah.

(M) Gereja Evangelical Lutheran di Malaysia dan Singapore (*Evangelisch-Lutherische Kirche in Malaysia und Singapur*, Evangelical Lutheran Church in Malaysia and Singapore). 21 Jalan Sultan Abdul Samad, Kuala Lumpur 09-07.

(M) Gereja Lutheran di Malaysia dan Singapore (*Lutherische Kirche in Malaysia und Singapur*, Lutheran Church in Malaysia and Singapore). No. 4 a, Jalan Utara, Petaling Jaya, Selangor.

Papua-Neuguinea

(M) Evangelical Lutheran Church of Papua New Guinea (*Evangelisch-Lutherische Kirche von Papua-Neuguinea*). P.O. Box 80, Lae.

(M) Gutnius Lutheran Church – Papua New Guinea (*Lutherische Gutnius-Kirche von Papua-Neuguinea*). Irelya, Enga Province, P.O. Box 111, Wabag.

Philippinen

(M) Lutheran Church in the Philippines (*Lutherische Kirche auf den Philippinen*). P.O. Box 16, Baguio City 0201.

Sri Lanka (Ceylon)

Sri Lanka Lutheran Church (*Lutherische Kirche auf Sri Lanka*). No. 31, Haddon-Hill Road, Nuwara-Eliya.

Thailand

Lutheran Church of Thailand (*Lutherische Kirche von Thailand*). P.O. Box 11-1173, Bangkok 11, Thailand.

AUSTRALIEN UND NEUSEELAND

Australien

Lutheran Church of Australia (*Lutherische Kirche von Australien*). Lutheran Church House, 58 O'Connell Street, North Adelaide, Südaustralien 5006.

Neuseeland

Lutheran Church of New Zealand (*Lutherische Kirche von Neuseeland – ein Institut der Lutherischen Kirche von Australien*). 38 Somerset Crescent, Palmerston North.

EUROPA

Belgien

(A) Eglise évangélique luthérienne belge de la confession d'Augsbourg (Paroisse de la Sainte-Trinité) (*Belgische Evangelisch-Lutherische Kirche Augsburgischer Konfession [Trinitätsgemeinde]*, Belgian Evangelical Lutheran Church of the Augsburg Confession [Parish of the Holy Trinity]). 26 rue Major René Dubreucq, B-1050 Brüssel.

Dänemark

(M) Den evangelisk-lutherske Folkekirke i Danmark (*Dänische Evangelisch-Lutherische Volkskirche,* Evangelical Lutheran Church in Denmark). Nørregade 11, DK-1165 Kopenhagen K.

Den evangelisk-lutherske Frikirke i Danmark (*Evangelisch-Lutherische Freikirche in Dänemark,* Evangelical Lutheran Free Church in Denmark). Martinsvej 4, DK-1926 Kopenhagen V.

Deutschland

Bundesrepublik Deutschland

(M) *Evangelisch-Lutherische Kirche in Baden.* Ludwig-Wilhelm-Straße 9, D-7570 Baden-Baden.

(M) *Evangelisch-Lutherische Kirche in Bayern.* Meiserstraße 13, D-8000 München 2.

(M) *Evangelisch-Lutherische Landeskirche in Braunschweig.* Herdweg 100, D-7000 Stuttgart 1.

(M) *Evangelisch-Lutherische Landeskirche Hannovers.* Rote Reihe 6, Postfach 3727, D-3000 Hannover 1.

(M) *Nordelbische Evangelisch-Lutherische Kirche.* Plessenstraße 5, D-2380 Schleswig. Nordelbisches Kirchenamt, Dänische Str. 21–35, D-2300 Kiel.

(M) *Evangelisch-Lutherische Kirche in Oldenburg.* Philosophenweg 1, Postfach 1709, D-2900 Oldenburg.

(M) *Evangelisch-Lutherische Landeskirche Schaumburg-Lippe.* Herderstr. 27, Postfach 1307, D-3062 Bückeburg.

(M) *Evangelische Landeskirche in Württemberg.* Gänsheidestraße 2–4, Postfach 92, D-7000 Stuttgart 1.

Selbständige Evangelisch-Lutherische Kirche. Schopenhauerstraße 7, D-3000 Hannover 61.

(St) *Vereinigte Evangelisch-Lutherische Kirche Deutschlands (VELKD).* Lutherisches Kirchenamt, Richard-Wagner-Straße 26, Postfach 510 409, D-3000 Hannover 51.

Deutschland

Deutsche Demokratische Republik

(M) *Evangelische Landeskirche Greifswald.* Rudolf-Petershagen-Allee 3, DDR-2200 Greifswald.

(M) *Evangelisch-Lutherische Landeskirche Mecklenburgs.* Münzstraße 8, DDR-2700 Schwerin.

(M) *Evangelisch-Lutherische Landeskirche Sachsens.* Tauscherstraße 44, DDR-8021 Dresden.

(M) *Evangelisch-Lutherische Kirche in Thüringen.* Dr.-Moritz-Mitzenheim-Straße 2 a, Postfach 139, DDR-5900 Eisenach.

(St) *Vereinigte Evangelisch-Lutherische Kirche in der Deutschen Demokratischen Republik (VELK/DDR).* Lutherisches Kirchenamt, Auguststr. 80, DDR-1040 Berlin.

Finnland

(M) Suomen Evankelis-Luterilainen Kirkko (*Evangelisch-Lutherische Kirche Finnlands*). Büro des Erzbischofs: Vuorikatu 17 b, SF-00100 Helsinki 10.
Suomen Tunnustuksellinen Luterilainen Kirkko (*Lutherische Bekenntniskirche von Finnland*). Solkikatu 4 B 9, SF-33710 Tampere 71.
Suomen Vapaa evankelis-luterilainen Seurakuntaliito (*Freie Gemeinschaft Evangelisch-Lutherischer Gemeinden in Finnland*). Eero Savola Tesomajärvenk. 10 F 84, SF-33310 Tampere 31.

Frankreich

(M) Eglise de la Confession d'Augsbourg d'Alsace et de Lorraine (*Kirche Augsburgischen Bekenntnisses im Elsaß und in Lothringen*). 1 A quai Saint-Thomas, F-67081 Straßburg-CEDEX.

(M) Eglise évangélique luthérienne de France (*Evangelisch-Lutherische Kirche von Frankreich*). 27 rue de Montbouton, F-90500 Beaucourt.
Eglise évangélique luthérienne – Synode de France et de Belgique (*Evangelisch-Lutherische Kirche – Synode von Frankreich und Belgien*). 21 chemin des Ardennes, F-68100 Mülhausen.

Grönland

Den evangelisk-lutherske Folkekirke i Danmark, siehe *Dänemark.*

Großbritannien

Evangelical Lutheran Church of England (*Evangelisch-Lutherische Kirche von England*). 110 Warwick Way, Victoria, London SW1V 1SD.

Sonstige Einrichtungen des Luthertums

(St) Lutheran Council of Great Britain (*Lutherischer Rat von Großbritannien*). 8, Collingham Gardens, London SW5 0HW.

Irland

(A) Lutheran Church in Ireland (*Lutherische Kirche in Irland*). 21 Merlyn Park, Dublin 4.

Island

(M) Thjódkirkja Islands (*Isländische Nationalkirche*, National Church of Iceland). Biskupsstofa, Klapparstig 27, Reykjavik 101.

Italien

(M) Chiesa Evangelica Luterana in Italia (*Evangelisch-Lutherische Kirche in Italien*). Via Toscana 7, I-00187 Rom.

Jugoslawien

(M) Evangeličanska cerkev A. V. v. SRSloveniji, Jugoslavija (*Evangelische Kirche A. B. in der Sozialistischen Republik Slowenien, Jugoslawien*). Titova c. 9, 69000 Murska Sobota.

(M) Ev. Crkva u SR Hrvatskoj SR Bosni Hercegovini i SAP Vojvodini (*Evangelische Kirche in den Sozialistischen Republiken Kroatien, Bosnien und Herzegowina und in der autonomen Provinz Wojwodina*). Gunduliceva 28, 41000 Zagreb.

(M) Slovenská ev.-kr. a. v. cirkev v SFR Juhoslávii (*Slowakische Evangelisch-Christliche Kirche A. B. in Jugoslawien*). Karadžićeva 2, 21000 Novi Sad.

Liechtenstein

Bund Evangelisch-Lutherischer Kirchen in der Schweiz und im Fürstentum Liechtenstein, siehe *Schweiz*

Niederlande

(M) Evangelisch-Lutherse Kerk in het Koninkrijk der Nederlanden (*Evangelisch-Lutherische Kirche in den Niederlanden*). Geschäftsstelle: Amsterdamse Weg 311, 1182 HA Amstelveen.

Norwegen

(M) Den Norske Kirke (*Norwegische Kirche*, Church of Norway). St. Halvards plass 3, P.O. Box 3673 Gamlebyen, N-Oslo 1.
Den Evangelisk Lutherske Frikirke i Norge (*Evangelisch-Lutherische Freikirche in Norwegen*). St. Olavs plass, P.O. Box 6787, Oslo 1.

Österreich

(M) *Evangelische Kirche Augsburgischen Bekenntnisses in Österreich*. Severin Schreibergasse 3, A-1180 Wien.

Polen

(M) Kosciól Ewangelicko-Augsburski w. R. P. L. (*Evangelisch-Augsburgische Kirche in der VR Polen*). ul. Miodowa 21, 00-246 Warschau.

Rumänien

(M) Biserica Evanghelică C. A. din R. S. R. (*Evangelische Kirche A. B. in der Sozialistischen Republik Rumänien*). Str. General Magheru 4, 2400 Sibiu.

(M) Biserica Evanghelică Sinodo-Presbiterială de Confesiune Augustană din Republica Socialistă România (*Evangelische Synodal-Presbyteriale Kirche A. B. in der Sozialistischen Republik Rumäniens*). Bulevardul Lenin 1, 3400 Cluj-Napoca.

Schweden

(M) Svenska Kyrkan (*Schwedische Kirche*, Church of Sweden). P.O. Box 640, 751 27 Uppsala 1.

Schweiz

(M) Bund Evangelisch-Lutherischer Kirchen in der Schweiz und im Fürstentum Liechtenstein. Hirschwiesenstrasse 9, CH-8057 Zürich.

Evangelisch-Lutherische Kirche in den Kantonen Bern, Freiburg und Neuenburg. Laubeggstrasse 135, CH-3006 Bern.

Evangelisch-Lutherische Kirche, Dänische Gemeinde. 40, rue du Perron, CH-1196 Gland.

Evangelisch-Lutherische Kirche Genf. 20, rue Verdaine, CH-1204 Genf.

Englischsprachige Gemeinde. 20, rue Verdaine, CH-1204 Genf.

Evangelisch-Lutherische Kirche, Schwedische Gemeinde. Geschäftsstelle: 23, Pré du Marché, CH-1004 Lausanne.

Tschechoslowakei

(M) Slezká cirkev evangelická a. v. v CSSR (*Schlesische Evangelische Kirche A. B. in der CSSR*). Na niväch 7, 73701 Cesky Tesin.

(M) Slovenská evanjelická a. v. cirkev v CSSR (*Slowakische Evangelische Kirche A. B. in der CSSR*). Palisády 46, 80100 Bratislava.

UdSSR

(M) Eesti Evangeelne Luterik Kirik (*Estnische Evangelisch-Lutherische Kirche*). Raamatukogu tän. 8, 200103 Tallinn, Estnische SSR.

(M) Latvijas Evangeliská Luteriská Baznica (*Evangelisch-Lutherische Kirche Lettlands,* Evangelical Lutheran Church of Latvia). Lácplésa iela 4, Quartier 4, 226050 Riga, Lettische SSR.

(M) Lietuvos Evangeliku Liuteronu Baznycia (*Evangelisch-Lutherische Kirche Litauens*, Evangelical Lutheran Church of Lithuania). Gagarino 68, 235900 Taurage, Litauische SSR.

Ungarn

(M) Magyarországi Evangélikus Egyház (*Evangelisch-Lutherische Kirche in Ungarn*). Puskin utca 12, 1088 Budapest.

LATEINAMERIKA UND KARIBIK

Antigua

Evangelisch-Lutherische Kirche (Evangelical Lutheran Church). P.O. Box 968, St. Johns.

Argentinien

(M) Iglesia Evangélica Luterana Unida (*Vereinigte Evangelisch-Lutherische Kirche*, United Evangelical Lutheran Church). Simbron 4661, 1417 Buenos Aires.

Congregación Sueca en Buenos Aires (*Schwedische Gemeinde in Buenos Aires*, Swedish Congregation in Buenos Aires). Azopardo 1422/28, 1107 Buenos Aires.

Iglesia Dinamarquesa en Buenos Aires (*Dänische Kirche in Buenos Aires*, Danish Church in Buenos Aires). Carlos Calvo 257, 1102 Buenos Aires.

Iglesia Evangélica del Rio de la Plata (*Evangelische Kirche am La Plata*, La Plata Evangelical Church). Esmeralda 162, 1035 Buenos Aires.

Iglesia Evangélica Luterana Alemana Buenos Aires (*Deutsche Evangelisch-Lutherische Kirche Buenos Aires*). Casilla correo 4106, 1000 Correo Central, Buenos Aires.

Iglesia Evangélica Luterana Argentina (*Argentinische Evangelisch-Lutherische Kirche, Lutherische Kirche – Missouri-Synode*, Distrikt Argentinien). Concordia 3095, 1417 Buenos Aires.

Sociedad Protestante del Sud-Este (*Protestantische Gesellschaft vom Südosten*). Calle 51-2966, 7630 Necochea, Pcia. de Buenos Aires.

Sociedad Protestante del Sud (*Protestantische Gesellschaft im Südlichen Argentinien*). Avenida Moreno 114, 7500 Tres Arroyos, Pcia. de Buenos Aires.

Sonstige Einrichtungen des Luthertums

Consejo Luterano Rioplatense (*Lutherischer Rat am La Plata*, Lutheran Council of the River Plate).

Dem Rat gehören die Argentinische Evangelisch-Lutherische Kirche, die skandinavischen Evangelisch-Lutherischen Kirchen, die Vereinigte Evangelisch-Lutherische Kirche und die Evangelische Kirche am La Plata an.

Er ist bemüht, die zwischen den einzelnen Kirchen bestehenden freund-
schaftlichen Bande zu verstärken und die Gründung einer einzigen
Kirche zu fördern. Er will das Verständnis zwischen Pastoren und
Laien verbessern, theologische Studien durchführen, gemeinsame Tätigkeiten planen, z. B. Jugendarbeit, Laienausbildung.

Belize (Britisch-Honduras)

Iglesia Evangélica Luterana de Costa Rica, El Salvador, Honduras,
Nicaragua y Panamá. (Geschäftsstelle: Siehe *Costa Rica*).

Bolivien

(M) Iglesia Evangélica Luterana Boliviana (*Bolivianische Evangelisch-
Lutherische Kirche*). Cnl. D. Echazu 1737, Casilla de correo 8471, La Paz.

(A) Iglesia Evangélica Luterana de Habla Alemana en Bolivia (*Evangelisch-
Lutherische Kirche deutscher Sprache in Bolivien*). Casilla de correo 2851,
La Paz.

(St) Iglesia Luterana Latinoamericana (*Lateinamerikanische Lutherische
Kirche*, Latin American Lutheran Church). Casilla de correo 3809, La
Paz.

Liga de Oración de Misión Mundial (Weltmissions-Gebetsbund, World
Mission Prayer League). 1676 Avenida Busch, Casilla de correo 266, La
Paz.

Misión Luterana Norwega en Bolivia (*Norwegische Lutherische Mission
in Bolivien*). La Plaza de Padilla No. 3812, Casilla de correo 1519,
Cochabamba.

Brasilien

(M) Igreja Evangélica de Confissão Luterana no Brasil (*Evangelische Kirche
Lutherischen Bekenntnisses in Brasilien*). Caixa Postal 2876, 90.000 Porto
Alegre, Rio Grande do Sul.

Associacão de Igrejas Luteranas Livres do Brasil (*Gemeinschaft Lutherischer Freikirchen von Brasilien*). Avenida Goioere 236, Caixa Postal 44,
87300 Campo Mourão, Parana.

Igreja Evangélica Luterana do Brasil (*Evangelisch-Lutherische Kirche
von Brasilien, Lutherische Kirche – Missouri-Synode*, Distrikt Brasilien).
Avenida Getúlio Vargas 4388, Caixa Postal 202, 93.000 São Leopoldo,
R. S.

Chile

(M) Iglesia Evangélica Luterana en Chile (*Evangelisch-Lutherische Kirche
in Chile*). Av. Ricardo Lyon 1483, Casilla 15167, Santiago.

Corporación Iglesia Evangélica Alemana de Valparaiso (*Deutsche*

Evangelische Kirchengemeinde zu Valparaiso). Calle Abtao 681, Casilla 41, Valparaiso.

Iglesia Evangélica Alemana de Puerto Montt (*Deutsche Evangelische Kirchengemeinde Puerto Montt*). Calle Baquedano s/n, Casilla 737, Puerto Montt.

Iglesia Luterana en Chile (*Lutherische Kirche in Chile*). Piacenza 1090, Casilla 16067, Santiago 9.

Misión de la Iglesia Luterana – Sinodo de Misuri (*Mission der Lutherischen Kirche – Missouri-Synode*), siehe Iglesia Evangelica Luterana Argentina.

Costa Rica

(A) Iglesia Evangélica Luterana de Costa Rica, El Salvador, Honduras, Nicaragua y Panama (*Evangelisch-Lutherische Kirche von Costa Rica, El Salvador, Honduras, Nicaragua und Panama*, Evangelical Lutheran Church of Costa Rica, El Salvador, Honduras, Nicaragua and Panama). Apartado 2159, San José.

Diócesis Luterana de Costa Rica y Panamá, siehe *Panama*.

Ecuador

Federación de Iglesias Evangélicas Luteranas del Ecuador (*Bund Evangelisch-Lutherischer Kirchen von Ecuador*). Geschäftsstelle: Casilla 1334, Cuenca.

(Zwei dem Bund angehörende Gemeinden – die *Evangelisch-Lutherische Adventskirchengemeinde* und die *Evangelisch-Lutherische Erlöserkirchengemeinde in Guayaquil* – sind vom LWB anerkannte (A) Gemeinden.)

El Salvador

Iglesia Evangélica Luterana de Costa Rica, El Salvador, Honduras, Nicaragua y Panamá. Geschäftsstelle: Siehe *Costa Rica*.

Sinodo Luterana Salvadoreno (*Lutherische Salvadorianische Synode*). Calle 5 de Noviembre 242, Apartado (02) 9 Barrio San Miguelito, San Salvador.

Guatemala

Consejo Nacional de Iglesias Luteranas (*Nationaler Lutherischer Kirchenrat*). Apartado Postal 1111, Guatemala.

Guyana

(M) Iglesia Luterana en Guyana (*Lutherische Kirche in Guyana*). Chateau Margot, East Coast Demerara.

Honduras

Iglesia Evangélica Luterana de Costa Rica, El Salvador, Honduras, Nicaragua y Panamá. Geschäftsstelle: Siehe *Costa Rica.*
Misión Luterana de Juticalpa (*Lutherische Mission von Juticalpa*). Apartado Postal 1, Juticalpa, Olancho.

Jungferninseln

Caribbean Synod, Lutheran Church in America, siehe *Puerto Rico.*

Kolumbien

(M) Iglesia Evangélica Luterana – Sinodo de Colombia (*Evangelisch-Lutherische Kirche – Synode von Kolumbien*). Carrera 13 No. 55–56, Apartado Aéreo 51538, Bogotá 2.
(A) Congregación San Martín, Cali (*Evangelisch-Lutherische Martinsgemeinde, Cali*). Diagonal 26 A No. 27–31, Barrio San Fernando, Apartado Aéreo 20048, Cali.
(A) Congregación San Mateo Bogotá (*Matthäus-Gemeinde, Bogota*). Carrera 7 No. 128–129, Apartado Aéreo 100266, Bogotá 10.
Iglesia Evangélica Luterana Confesional, Sinodo de Wisconsin (*Evangelisch-Lutherische Bekenntniskirche – Wisconsin Synode*). Calle 36 No. 81A–50, Medellín.

Mexiko

(M) Iglesia Luterana Mexicana (*Mexikanische Lutherische Kirche*). Avenida Ejercito 796, Apartado Postal 1-1034, Guadalajara, Jalisco.
(St) Congregación Escandinava en México (*Skandinavische Gemeinde in Mexiko*). Geschäftsstelle: Embajada de Suecia, Plaza Comermex, Blvd. Av. Camacho Nr. 16 piso. Mexico D. F., Postanschrift: Embajada de Suecia, Apartado Postal 10-726, Mexiko 10 D. F.
(A) Iglesia Evangélica Luterana de Habla Alemana en Mexico (*Evangelische Gemeinde deutscher Sprache in Mexiko*). Avenida Patriotismo 594, Mexiko 19, D. F.
Alianza Luterana Apostolica de México (*Lutherische-Apostolische Allianz von Mexiko*). Salvador Alvarado No. 16, Colonia Adolfo Lopez Mateos, Mazatlán Sinaloa Mexiko.
Iglesia evangélica luterana confesional en México (*Evangelisch-Lutherische Bekenntniskirche in Mexiko*). Monrovia 522, Apartado Postal M-8996, Mexiko 13, D. F.
Iglesia Evangélica Luterana de México (*Evangelisch-Lutherische Kirche von Mexiko*). Mina Boniente 5808, Nuevo Laredo, Tamaulipas.
Iglesia Luterana El Buen Pastor (*Lutherische Kirche des Guten Hirten*). Paseo de las Palmas 1910, Mexiko 10, D. F.

Sinodo Luterano de México (*Lutherische Synode von Mexiko*). Hospital 2830 Pte., Ciudad Juarez, Chih, Mexiko.
St. Markus Lutherische Kirche, c/o Iglesia Episcopal, Aztecas y Chichimacas Colonia, Monroy.

Nicaragua

Iglesia Evangélica Luterana de Costa Rica, El Salvador, Honduras, Nicaragua y Panamá. Geschäftsstelle: Siehe *Costa Rica*.

Panama

Diocesis Luterana de Costa Rica y Panamá (*Lutherische Diözese von Costa Rica und Panama*). Apartado Postal 445, Panama 9 A.
Iglesia Evangélica Luterana de Costa Rica, El Salvador, Honduras, Nicaragua y Panamá. Geschäftsstelle: Siehe *Costa Rica*.
Redeemer Lutheran Church (*Lutherische Erlöser-Kirche*). P.O. Box 5014, Balboa.

Paraguay

Iglesia Evangélica del Rio de la Plata, siehe *Argentinien*.
Misión de la Iglesia Luterana – Sinodo de Misuri, siehe Iglesia Evangelica Luterana Argentina, *Argentinien*.

Peru

(St) Iglesia de los Marineros Escandinavos (*Skandinavische Seemannskirche*). Juan Pezet 1965, San Isidro, Lima 27, Peru.
(A) Iglesia Evangélica Luterana en el Peru (*Evangelisch-Lutherische Kirche in Peru*). Ricardo Rivera Navarrete 495, San Isidro, Lima 27, Peru.
Centro Cristiano (*Christliches Zentrum*). Avenida 15 de Enero No. 549, San Antonio, Lima 18.
Iglesia Evangélica Luterana Nacional Andina (*Nationale Evangelisch-Lutherische Kirche der Anden*). General Varela 1775, Brena 5, Apartado 4500, Lima 1.
Misión Luterana (Norwegische) *Lutherische Mission*. Urb. Ferroviarios, Benito Bonifaz 151, Apartado 1387, Arequipa.

Puerto Rico

Karibische Synode, Lutherische Kirche in Amerika, siehe *Vereinigte Staaten von Amerika*.

Surinam

(M) Evangelisch Lutherse Kerk in Suriname (*Evangelisch-Lutherische Kirche in Surinam*). P.O. Box 585, Waterkant 102, Paramaribo.

Uruguay

(St) Iglesia Evangélica Luterana del Uruguay (*Evangelisch-Lutherische Kirche von Uruguay*). Calle Dr. Anollés No. 322, Casilla 39, Rivera.
Congregación Evangélica Luterana San Pablo, siehe Iglesia Evangélica Luterana Argentina, *Argentinien*.
Iglesia Evangélica del Rio de la Plata, siehe *Argentinien*.

Venezuela

(A) Consejo Luterana de Venezuela (*Lutherischer Rat von Venezuela*). Apartado 68253, Altamira, Caracas 106.
Conferencia de Iglesias Luteranas en Venezuela (*Konferenz Lutherischer Kirchen in Venezuela*). Apartado 60387, Caracas 1061 A, D. F.

Zentralamerika und Panama

Consejo de Iglesias Luteranas en Centro America y Panama (CONCAP) (*Rat Lutherischer Kirchen in Zentralamerika und Panama*).
Dem Rat gehören die Lutherische Mission von Juticalpa (Honduras), die Lutherische Salvadorianische Synode (El Salvador) und der Nationale Lutherische Kirchenrat (Guatemala) an, die alle mit der Missionsgesellschaft der Lutherischen Kirche – Missouri-Synode in Verbindung stehen.

NORDAMERIKA

Kanada

(M) Evangelical Lutheran Church of Canada (*Evangelisch-Lutherische Kirche von Kanada*). 247 First Avenue North, Saskatoon, Saskatchewan S7K 4H5.
(M) Lutheran Church in America – Canada Section (*Lutherische Kirche in Amerika – Kanada Sektion*), siehe *Vereinigte Staaten von Amerika*.
Church of the Lutheran Brethren (*Kirche der Lutherischen Brüder*), siehe *Vereinigte Staaten von Amerika*.
Evangelical Lutheran Synod (*Evangelisch-Lutherische Synode*), siehe *Vereinigte Staaten von Amerika*.
Lutheran Church – Canada (Lutheran Church – Missouri Synod) (*Lutherische Kirche – Kanada [Lutherische Kirche – Missouri-Synode]*), siehe *Vereinigte Staaten von Amerika*.
Wisconsin Evangelical Lutheran Synod (*Evangelisch-Lutherische Wisconsin-Synode*), siehe *Vereinigte Staaten von Amerika*.

Sonstige Einrichtungen des Luthertums

Lutheran Council in Canada (*Lutherischer Rat in Kanada*).
Im Lutherischen Rat in Kanada (Lutheran Council in Canada) arbeiten die Evangelisch-Lutherische Kirche von Kanada, die Lutherische

Kirche in Amerika – Kanada Sektion – und die Lutherische Kirche – Kanada – Missouri-Synode zusammen. Der Rat nimmt seine Aufgaben durch die Abteilungen Information, Studentenarbeit, Bildungsarbeit, Theologische Studien, Kanadische Missionen, Sozialarbeit und Militärseelsorge wahr.

Vereinigte Staaten von Amerika (USA)

(M) American Lutheran Church (*Amerikanische Lutherische Kirche*). 422 South Fifth Street, Minneapolis, Minnesota 55415.

(M) Association of Evangelical Lutheran Churches (*Vereinigung Evangelisch-Lutherischer Kirchen*). Geschäftsstelle: 12015 Manchester Road, Suite 80 LL, St. Louis, Missouri 63131.

(M) Lutheran Church in America (*Lutherische Kirche in Amerika*). 231 Madison Avenue, New York, New York 10016.

Apostolic Lutheran Church of America (*Apostolisch-Lutherische Kirche von Amerika*). Sekretariat: Rt. 2, Box 99, L'Anse, Michigan 49946.

Association of Free Lutheran Congregations (*Vereinigung Freier Lutherischer Gemeinden*). 3110 East Medicine Lake Boulevard, Minneapolis, Minnesota 55441.

Church of the Lutheran Brethren (*Kirche der Lutherischen Brüder*). P.O. Box 655, 1007 Westside Drive, Fergus Falls, Minnesota 56537.

Church of the Lutheran Confession (*Lutherische Bekenntniskirche*). Route 2, Markesan, Wisconsin 53946.

Evangelical Lutheran Synod (*Evangelisch-Lutherische Synode*). 2670 Milwaukee Street, Madison, Wisconsin 53704.

Lutheran Church – Missouri Synod (*Lutherische Kirche – Missouri-Synode*). Ph. D., 500 North Broadway, St. Louis, Missouri 63102.

Lutheran Churches of the Reformation (*Lutherische Kirchen der Reformation*). Route 2, Box 47, Delano, Minnesota 55328.

Protestant Conference (Lutheran) (*Protestantische Konferenz [Lutherisch]*). 728 North Ninth Street, Manitowoc, Wisconsin 54220, c/o Pfarrer Paul Hensel.

Wisconsin Evangelical Lutheran Synod (*Evangelisch-Lutherische Wisconsin-Synode*). 3512 West North Avenue, Milwaukee, Wisconsin 53208.

Sonstige Einrichtungen des Luthertums

Lutheran Council in the USA (*Lutherischer Rat in den USA*).

Dem 1966 gegründeten Lutherischen Rat in den USA (Lutheran Council in the USA/LCUSA) gehören als Mitglieder die Amerikanische Lutherische Kirche, die Vereinigung Evangelisch-Lutherischer Kirchen, die Lutherische Kirche in Amerika und die Lutherische Kirche – Missouri-Synode an. Die vier Kirchen arbeiten in den theologischen Studien- und christlichen Dienstprogrammen des Rates zusammen. Der Rat ist eine Nachfolgeorganisation des 1918 gebildeten Nationalen Lutherischen Rates (National Lutheran Council).

458 Anhang

EXILKIRCHEN

Estland

(M) Eesti Evangeeliumi Luteri Usu Kirik (*Estnische Evangelisch-Lutherische Kirche im Exil*). Wallingatan 32-2, P.O. Box 45074, 104 30 Stockholm 45, Schweden.

Lettland

(M) Latvijas Evangeliská Luteriská Baznica Eksilá (*Evangelisch-Lutherische Kirche Lettlands im Exil*). 5 Valleymede Road, Toronto M6S IG8, Kanada.

Litauen

(M) Lietuviu Evangeliku Liuteronu Bažnyčia (*Litauische Evangelisch-Lutherische Exilkirche*). 6620 So. St. Louis Avenue, Chicago, Illinois 60629, USA.

II. EXEKUTIVKOMITEE
DES LUTHERISCHEN WELTBUNDES

Das Exekutivkomitee besteht aus:

1. Engerer Vorstand (Amtsträger)
2. Gesamtvorstand
3. Ehrenmitglieder
4. Berater
5. Ständige Unterausschüsse des Exekutivkomitees
6. Vollversammlungsausschuß

Die Arbeit des Lutherischen Weltbundes wird versehen durch:

1. Organe, deren Mitarbeiter in erster Linie in der Hauptgeschäftsstelle des Weltbundes in Genf (Schweiz) tätig sind. Hierunter fallen das Generalsekretariat, einschließlich Büro für Finanzen, Personal und Verwaltung, sowie die Bereiche Kirchliche Zusammenarbeit (Kommission und Abteilung), Kommunikation (Kommission und Abteilung), Studienarbeit (Kommission und Abteilung) und Weltdienst (Kommission und Abteilung). Der Sitz der Hauptgeschäftsstelle befindet sich in:

> 150, route de Ferney
> Postfach 66
> CH-1211 Genf 20

2. Organe, deren Mitarbeiter in erster Linie im Außendienst in Geschäftsstellen außerhalb von Genf tätig sind. An dieser Stelle ist auch die Lutherische Stiftung für Ökumenische Forschung zu nennen, die das Institut für ökumenische Forschung, 8, rue Gustave-Klotz, F-67000 Strasbourg, unterhält.

STATISTIK

(aus LW-Information vom 23. Dezember 1982)

Mitgliederzahl aus dem Weltluthertum für 1982

Allgemeine Zusammenfassung

LWB-Mitgliedskirchen und vom	
LWB anerkannte Gemeinden (97)	54 381 598
Lutherische Kirchen außerhalb des LWB	14 471 883
Insgesamt	68 853 481

Verteilung gemäß den verschiedenen Kontinenten

	alle Lutheraner 1982	LWB 1982
Europa	51 107 974	40 347 206
USA und Kanada	8 819 657	5 606 563
Afrika	3 630 134	3 520 667
Asien (und Nachbarinseln)	3 404 091	3 371 462
Lateinamerika	1 164 851	842 638
Australasien	726 774	607 000

Gesamtzahl für 1982		Gesamtzahl für 1982	
Afrika		*Asien*	
Angola	3 380	Bangladesh	7 350
Ägpten	–	Bhutan	24
Äthiopien	553 425	Birma	680
Ghana	2 500	Republik China	13 682
Kamerun	64 035	Hongkong	40 168
Kenia	20 000	Indien	1 018 780
Liberia	25 000	Indonesien	2 233 450
Madagaskar	600 000	Israel	180
Malawi	5 869	Japan	28 132
Namibia (Südwestafrika)	520 966	Jordanien	1 770
Nigeria	107 437	Korea	1 790
Sambia	4 200	Malaysia	40 582
Senegal	–	Philippinen	16 885
Simbabwe	32 000	Sri Lanka (Ceylon)	606
Südafrika	692 235	Thailand	12
Tansania	950 000		
Togo	195		
Tschad	9 092		
Zentralafrikanische			
Republik	20 000		
Zaire	19 200		

Gesamtzahl für 1982		Gesamtzahl für 1982	
Australasien		*Lateinamerika*	
Australien	115 069	Antigua	338
Neuseeland	4 705	Argentinien	105 621
Papua Neuguinea	607 000	Belice (Britisch-Honduras)	5 802
		Brasilien	982 500
Europa		Chile	14 710
Belgien	825	Costa Rica	440
Dänemark u. Grönland	4 750 155	Ecuador	721
Bundesrepublik		El Salvador	4 000
Deutschland	20 873 710 [1])	Guatemala	2 552
Deutsche Demokratische		Guyana	14 147
Republik	6 518 443 [2])	Haiti	–
Finnland	4 635 127	Honduras	198
Frankreich	276 100	Kolumbien	3 121
Großbritannien	24 811	Mexico	9 833
Irland	800	Nicaragua	–
Island	212 466	Panamakanal-Zone	95
Italien	20 100	Paraguay	–
Jugoslawien	75 501	Peru	1 130
Niederlande	34 000	Puerto Rico und	
Norwegen	3 869 860	Jungferninseln	–
Österreich	384 585	Surinam	4 300
Polen	72 000	Uruguay	120
Portugal	91	Venezuela	3 991
Rumänien	179 692	Zentralamerika u. Panama	5 430
Schweden	7 700 000		
Schweiz u. Liechtenstein	8 625	*Vereinigte Staaten und Kanada*	
Tschechoslowakei	416 083	Kanada	312 021
UdSSR	625 000	Vereinigte Staaten (USA)	8 507 636
Ungarn	430 000		
Exilkirchen	111 000		

1) Davon etwa 8 300 000 Lutheraner aus anderen Protestantischen Kirchen.
2) Davon etwa 2 400 000 Lutheraner aus anderen Protestantischen Kirchen.

ABKÜRZUNGSVERZEICHNIS

AB	Augsburgisches Bekenntnis (siehe auch CA)
AELC	*Association of Evangelical Lutheran Churches* (USA)
ALC	*The American Lutheran Church* (USA)
Apol.	Apologie des Augsburgischen Bekenntnisses
BEK	Bund der evangelischen Kirchen (DDR)
BS(Bek.Schr.)	Bekenntnisschriften der lutherischen Kirche, Göttingen 1963
CA	*Confessio Augustana* (siehe auch AB)
CLC	*Canadian Lutheran Council*
EKD	Evangelische Kirche Deutschlands
EKU	Evangelische Kirche der Union
ELCC	*Evangelical Lutheran Church of Canada*
Ep	Epitome der Konkordienformel
FC	*Formula Concordiae* = Konkordienformel (in: LC)
Gr. Kat.	Luthers Großer Katechismus
IMC	*International Missionary Council*
Kl. Kat.	Luthers Kleiner Katechismus
LC	*Liber Concordiae* = Konkordienbuch
LCA	*Lutheran Church of America*
LCUSA	*Lutheran Council in the USA*
LC-MS	*Lutheran Church – Missouri Synod*
LDt	Luther Deutsch, Stuttgart–Göttingen, 1957 ff.
LR	Lutherische Rundschau
LWB	Lutherischer Weltbund
LWC	*Lutheran World Convention*
MA	Münchener Ausgabe von Luthers Werke, 1948 ff.
NLC	*National Lutheran Council* (USA)
ÖRK	Ökumenischer Rat der Kirchen
RWB	Reformierter Weltbund
Schm. Art.	Schmalkaldische Artikel
Sol. Decl.	*Solida Declaratio* der Konkordienformel
Tract.	*Tractatus de potestate et primatu papae* (in: BS)
VELK	Vereinigte Evangelisch-Lutherische Kirche (in der DDR)
VELKD	Vereinigte Evangelisch-Lutherische Kirche (in der BRD)
WA	Weimarer Ausgabe, M. Luthers Werke
WA-Br	Weimarer Ausgabe – Briefe
WA-DB	Weimarer Ausgabe – Deutsche Bibel
WA-TR	Weimarer Ausgabe – Tischreden

Willem A. Visser 't Hooft

Gottes Vaterschaft im Zeitalter der Emanzipation

ISBN 3-7715-0208-X, 1982, 206 Seiten, DM 28,−

Aus seiner tiefen Kenntnis europäischen Denkens zeigt der Ehrenpräsident des Ökumenischen Rates der Kirchen und dessen früherer Generalsekretär die Formen und Grenzen menschlicher Befreiung aus überkommenen Formen. Visser 't Hooft versteht Emanzipation als eine Herausforderung unserer Geschichte und sieht deren Entwicklung zutiefst im christlichen Denken begründet.

Der Autor geht von den positiven Aspekten patriarchalischer Tradition in den hierarchischen Strukturen von Kirche, Staat und Gesellschaft in der Vergangenheit aus und zeigt die Auflehnung gegen Unterdrückung auf allen Gebieten. Herrscheralluren, Herr-Diener-Beziehung, kolonialer Paternalismus, Libertinismus und die theologischen Fragen nach Gottes Vater- und Mutterschaft u. a. werden in breitem geistesgeschichtlichem Kontext behandelt.

Walther Bienert

Martin Luther und die Juden

Ein Quellenbuch mit zeitgenössischen Illustrationen,
mit Einführungen und Erläuterungen

ISBN 3-7715-0213-6, 1982, 240 Seiten mit 40 Abb., DM 28,−

In einem jahrzehntelangen Lutherstudium hat der Verfasser aus dem Gesamtwerk Luthers 115 Texte, die zur Judenfrage sprechen, herausgestellt und ihren Ort, ihre Bedeutung in der geistigen, kirchlichen, religiösen und politischen Welt des Mittelalters aufgewiesen. Auf diese Weise wird Luthers Auseinandersetzung mit der Judenfrage in all ihren Zwiespältigkeiten und Zwängen, aber auch in der Art, wie Luther beherrschend mit der Sache umging, vor unseren Augen lebendig gemacht. So erfahren wir, daß nahezu alle Ansichten und Argumente, deren sich Luther gegen die Juden bediente, der vorreformatorischen Zeit, der mittelalterlichen, scholastischen Theologie entstammen. Der Verfasser deckt historische Zusammenhänge und Tatsachen auf, die vorschnelle Ansichten von einem „jungen" und einem „altersstarren" Luther hinfällig werden lassen.

Evangelisches Verlagswerk

Leerbachstraße 42 · 6000 Frankfurt am Main 1

Ökumenische Perspektiven

(zusammen mit Verlag Josef Knecht, Frankfurt am Main)
Im Auftrag des Instituts für ökumenische Forschung, Straßburg,
herausgegeben von *Marc Lienhard* und *Harding Meyer*

Verlag Otto Lembeck

Leerbachstraße 42 · 6000 Frankfurt am Main 1